故纸留声

——平谷田房契约品读

龚士宏 主编

李润波 著

北京联合出版公司
Beijing United Publishing Co.,Ltd.

《故纸留声——平谷田房契约品读》编委会

总策划： 葛海斌

主　编： 龚士宏

编　著： 李润波

编　委： 张志梅　何京娟　卢东清　王新燕　秦立丽

序

中华民族在几千年的历史发展进程中，创造了灿烂的中华文化，留存了大量宝贵的文化遗产，这其中包括中国历史上使用时间最长、行用地域最广的家庭档案——田房契约。田房契约是房地产产权的转移凭证，古已有之。常见的房地产契约有地契、绝卖契、活卖契、租约、典约、佃约、退佃约、分家析产、过继子嗣字据等。这些契约是先民生产生活过程中形成的最真实、最严谨的财产变动记录，是最原始的文书档案，是研究地方经济人文历史最珍贵的原始史料。

本书资料来源于平谷区档案馆保存的清朝初期至新中国成立初期300余年间的田房契约档案资料，包括土地房产买卖契约、分家析产单据、官府颁发的纳税凭证以及新中国初期的土地房产所有证存根档案等内容。

《故纸留声——平谷田房契约品读》是一部以平谷田房地产契约为依据，解读地方纳税变化的税政史料；是一部以平谷田房地产契约里的姓名为线索，解读老村大姓繁衍脉络的人文史料；是一部以田房地产契约里的小地名为根据，解读平谷地方村落史事件的地方史料；是一部记录平谷民间最真实的民生史料。为编写此书，李润波先生将其30余年间积累的田房契约资料和家谱资料全部捐献给平谷区档案馆，并系统整理了平谷部分大村的小地名资料，为品读和研究平谷老契约提供了重要参考。

书籍的出版，旨在进一步丰富平谷文化产品供给，助力平谷文化建设；旨在深入挖掘地方历史文化遗产，展现平谷悠久的历史和深厚的文化底蕴；更旨在激励敢为人先、自信自强的平谷干部群众不忘初心，牢记使命，砥砺前行，在习近平新时代中国特色社会主义思想指引下，全力谱写平谷高质量发展新篇章，以优异成绩向党的二十大献礼。

北京市平谷区档案馆
2022 年 5 月

目 录

第一部分　房地契中常见名词解读

第二部分　平谷地产契约实例品读

第三部分　房产类契约实例解读

第一部分
房地契中常见名词解读

本书内容涉及房地产所有权、使用权转移以及与之相关的分家析产、过继子嗣等方面契约文书，而这些契文中保留的是沿传多年的书写格式和用语，时过境迁，有些名词和术语如不加以解读，读者很难准确理解其含义。而不同时代契约上出现的人物，通过追本溯源，又是研究本区大姓家族迁移的重要资料，故将相关名词和事件做些解读，以便阅读。

一、契约称谓

1. 白契：买卖契约书写的格式和内容要素，已有两千年历史。从汉简“受奴卖田契”可以看出，契文包括了卖方的住址、姓名、物业种类、价钱、交割、证人及其酬谢等项。后来所谓的“白契”，就是没有官府加盖印章的自写契约。白契在历史上一般也具有法律效力。

2. 红契：是旧时不动产买卖与典当经向官府纳税盖官印的契约。清制，土地房屋买卖与典当立契约后须向州县纳税，由州县粘连于布政使司颁发契纸的契尾上，加盖“衙门”大印，方成正式契约。此种契约称为“红契”。新业主持白契向官府纳税并加盖官印的行为，称“税契”，经税契后，白契即为红契。

3. 契尾：也称税尾，是田房契约呈官纳税后，官方发的凭证。清代的契尾是由省一级行政机关颁发的，从外形上看，它采用同官契一样的张榜露布式的结构，有鲜明的官方文书特点。清朝前期由布政司颁发连

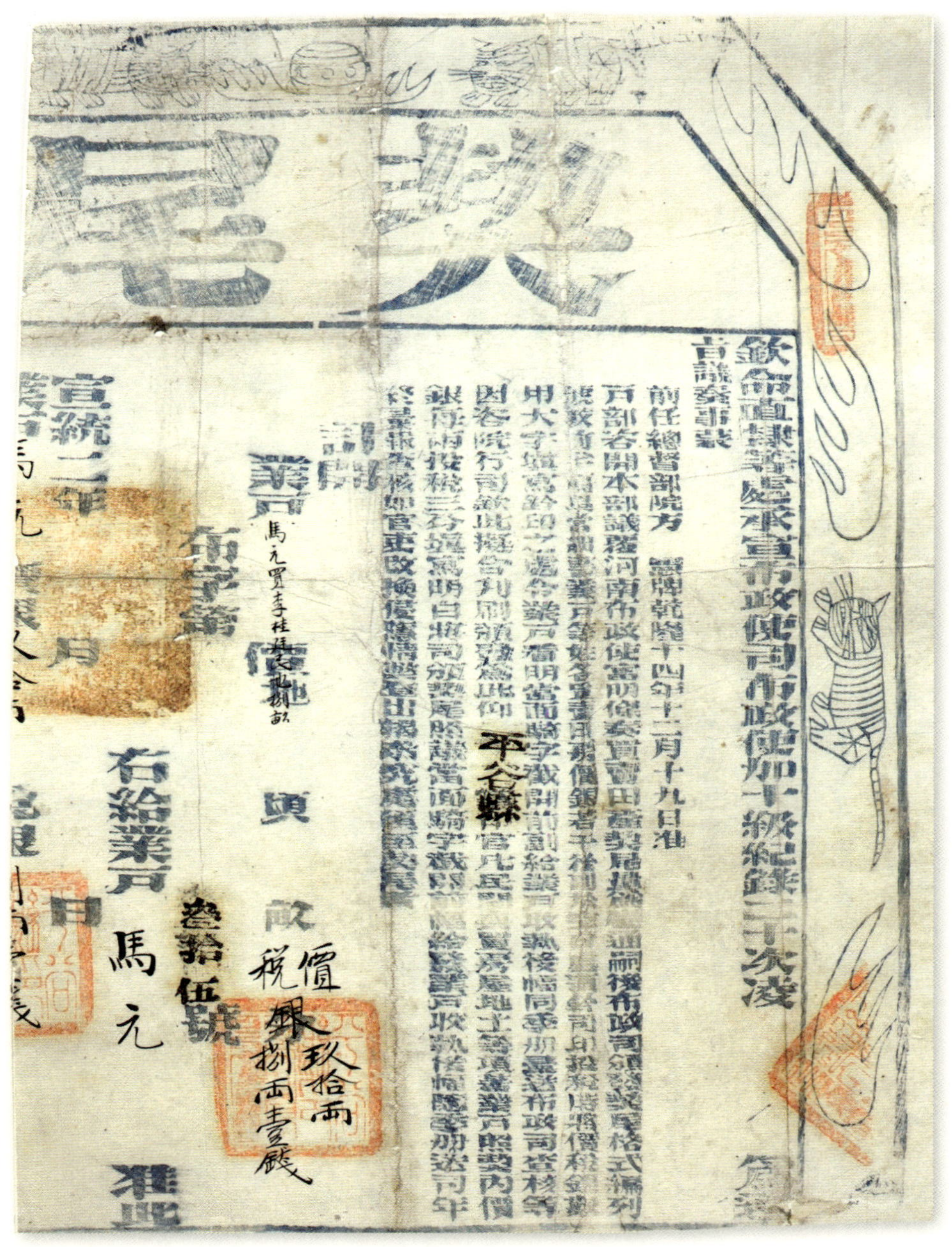
契尾
欽命直隸等處承宣布政使司布政使加十級紀錄二十次凌
平谷縣
右給業戶 馬元
宣統二年

宣统二年（1910）夏各庄马恒买李桂廷地契契尾

环契尾，一份交业户收执，一份存州县备案。这种制度给更改存官契根、侵隐税银以可乘之机。为此，乾隆十四年（1749）颁布了一种新的契尾样式，将契尾分成前、后两幅，前幅与后幅空白处要预盖司印，契税银数目以大字填写其中，令业户骑字截开，前幅给业户收执，后半幅送布政司查核，笔迹统一，很难更改。后来户部又规定，田房契价在一千两以上的，各州县将所填契尾粘连业户原契，按月申送知府、直隶州查验，直隶州再申送该管道员查验相符，即将契尾裁成两半，十日内发还州县，一份给业户收执，一份汇送藩司稽核。联契在平谷地区也有少量发现。

契尾由木雕板印刷，纸张很薄，极少保存完整者，有幸遇几份文字比较清晰的，互相比对，誊写出较完整内容：

钦命二品顶戴兼署直隶布政司布政使分巡清河道加十级录二次高 为遵旨议奏事蒙前任总督部院方 宪牌乾隆十四年十二月十九日准 户部咨开本部议复，河南布政使富明，条奏买卖田地产契尾，量为变通，嗣后布政使颁发契尾格式编列号数。前半幅照常细书业户等姓名，置买田房价银若干，后幅于空白处预钤司印，投税时将价银数用大字填写钤印之处，令业户看明当面，骑字截开，前幅给业户收执，后幅同季册汇送布政司查核等。因咨院行司钦此，拟合刊刷颁发，为此仰 拿印官，凡民间典卖房屋地土等项，著业户照契内价银，每两投税三分，填写明白，约司颁契尾，照议当面骑字截开，前幅给业户收执，随季册送司，年终汇银查核。如官吏改换侵冒，给奖查出，揭参究处，须至契尾者。

计开

业户　价地　顷　亩　分

布字第　号

右给业户　准此

光绪二十六年　月　日

由上可见，乾隆时期制定的契尾格式，到晚清还在用。官契记录立契、成契的过程，契尾的大部分篇幅是在论述契税的法律依据和相关规定，对交易双方业主、田房数目、纳税数目只是简略记录。民国时期，这种固定的粘连结构逐渐瓦解，契尾的内容分解成两部分，对税契的规范条款出现在官契中，称为“例则摘要”“章程摘要”等。

二、官版契约格式

税契制在我国是东晋时期正式开始的，至今已有 1600 多年历史。当初，为了催督纳税，同时也为了维护土地房产交易的合法性，民间契约的格式与内容逐渐形成一种大家认可的大体样式。至宋代太平兴国八年（公元 983 年），一位叫赵孚的官员上奏，认为庄宅买卖中屡屡出现诉讼纠纷，原因在于“衷私妄写文契”，建议朝廷下令，将“两京及诸道州府商税院，集庄宅行人，众定割移，典卖文契各一本，立为榜样，违者论如法”。他的建议得到宋太宗批准。徽宗崇宁三年（公元 1104 年），朝廷又颁诏“印卖田宅契书，并从官私印卖”，意思是朝廷规定的契书格式，官方和民间都可以印卖。这是中国历史上最早下达执行的官版契约文书。元朝也使用官版契书，它分为两联，正契称“契本”，存根称“契根”。明清时代的官版契书有不少流传至今，平谷亦有发现。历朝印行官版契书的重要目的之一在于征税，因此，只要能履行纳税义务，使用民间自写的契约也一样被认可。为适应实际需要，古代文人便编写了这方面的应用文。如元代《新编事文类要启答青钱》一书所收录的《典买田地契式》，《典卖房屋契式》等，是宋元时期较通行的样文。明人陈继儒《尽牍双鱼》卷一所录《卖田契》《卖屋契》则是明清时期通行的样文，明清教科书里也有怎么写契约、婚书、信札等范文，平谷博物馆还征集到一本手抄的地契、分家单、过继单文本格式和案例的册子。在这些样本文中，都有牙人署名作证一项格式。“牙人”即经纪人、中说人。

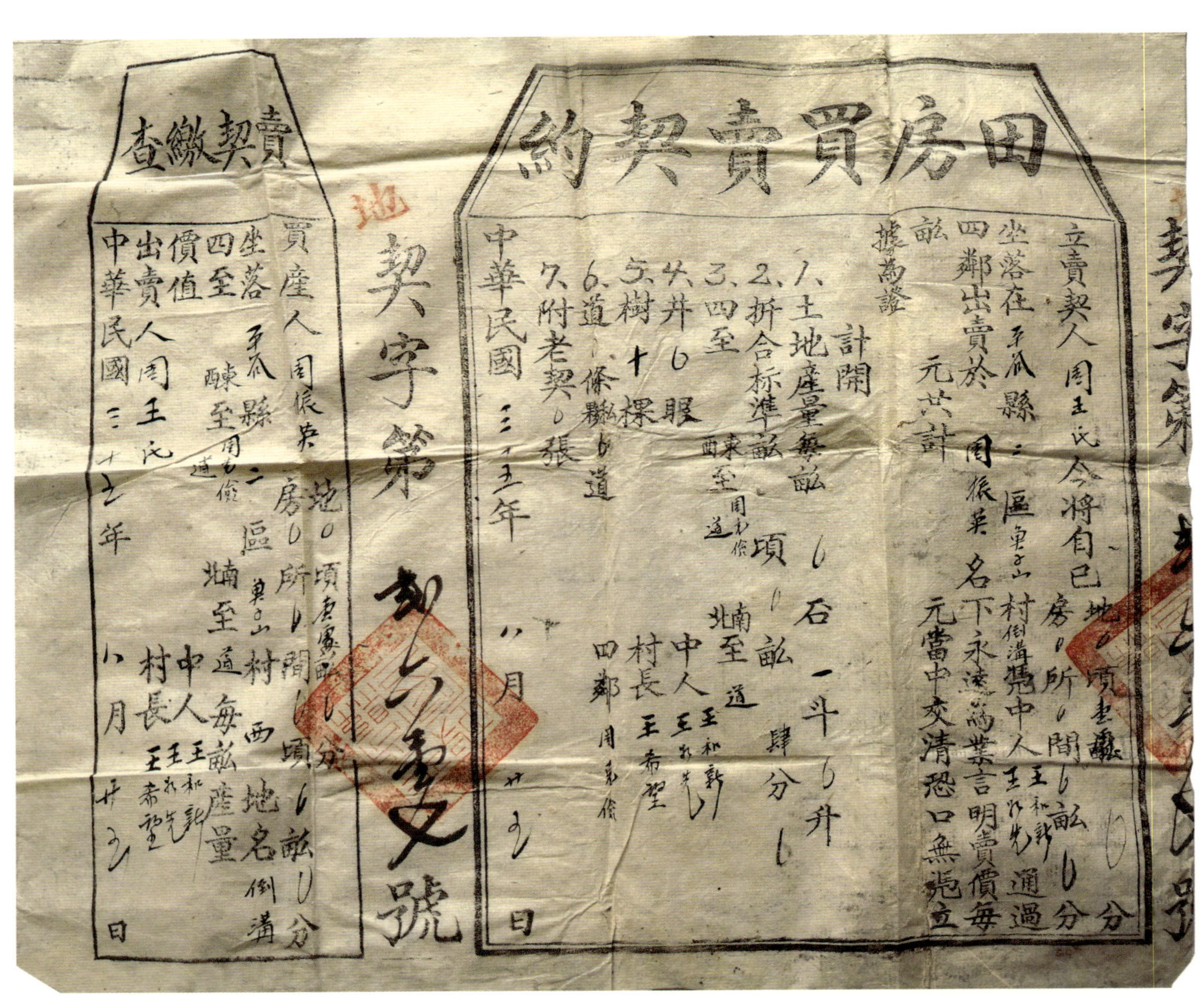
田房買賣契約

立賣契人周王氏今將自已地 項 房 所 間 畝 分
坐落在平谷縣 區 村 憑中人 通過
四鄰出賣於 名下永遠爲業言明賣價每 元當中交清恐口無憑立
畝 元 共計 元
據爲證

計開
1. 土地産量每畝 石 斗 升
2. 折合标準畝 項 畝 分
3. 四至
4. 井 眼
5. 樹 棵
6. 道 條
7. 附老契 張

中人
村長
四鄰

中華民國 年 月 日

契字第 號

賣契繳查

買産人 周振英 地 項 房 所 間 畝 分
坐落 平谷縣 區 村 地名
四至
價值 每畝産量
出賣人 周王氏
中人
村長
中華民國 年 月 日

三、清初京畿“圈地”和“带地投充”

民国二十三年（1934）《平谷县志》卷二，对清初满人在平谷圈地有详细数目记载——明末官民田一千一百五十一顷四亩一厘，存民荒地一千一百二十四顷三十亩六分三厘七毫八丝（民荒地即人或死或逃亡，但账面上仍有应交纳地租的地亩数），内圈投去一千六十四顷八十一亩八分八厘八毫二丝。康熙六年（1667），令圈去民地一百三十九顷十六亩三厘七毫八丝，实剩民荒地一百一十八顷二十七亩一分。圈去口西受补地九十四顷五十八亩九分。意思是因平谷地处京畿，圈去民地太多，于是将500里以外民地补充给平谷部分缺口。平谷受补的主要是张家口和河北任丘县，总计四百五十二顷。表面上把地的亩数给补上了，但当地村民“故土难离”，宁肯就地当佃户也不愿迁移到远方去。实质上也就成了官府变相占地的一种形式了。

清初的圈地，指清顺治二年至康熙八年（1645—1669）间，为解决清代官府贵族要员及“随龙而来”的八旗户生计问题，新政府在京畿、直隶等地开展的强制性土地分配政策，它与投充、逃人法、剃发、易服一道被称为清初“五大弊政”，纯系征服者对被征服者的掠夺。清朝在所圈土地上，实行封建农奴制经营，旨在维护八旗农奴制生产关系，保障满洲贵族的政治经济特权。

最初批准 “圈地令”的是摄政王多尔衮。

康熙三年（1664）出版的《赋役全书 · 平谷县》，内容为平谷知县方成栋整理的顺治元年（1644）到康熙三年间平谷县圈地数和应缴纳粮钱额，上缴户部核准后在赋役全书上刊印，记载了清初策马占圈和带地投充两大事件。

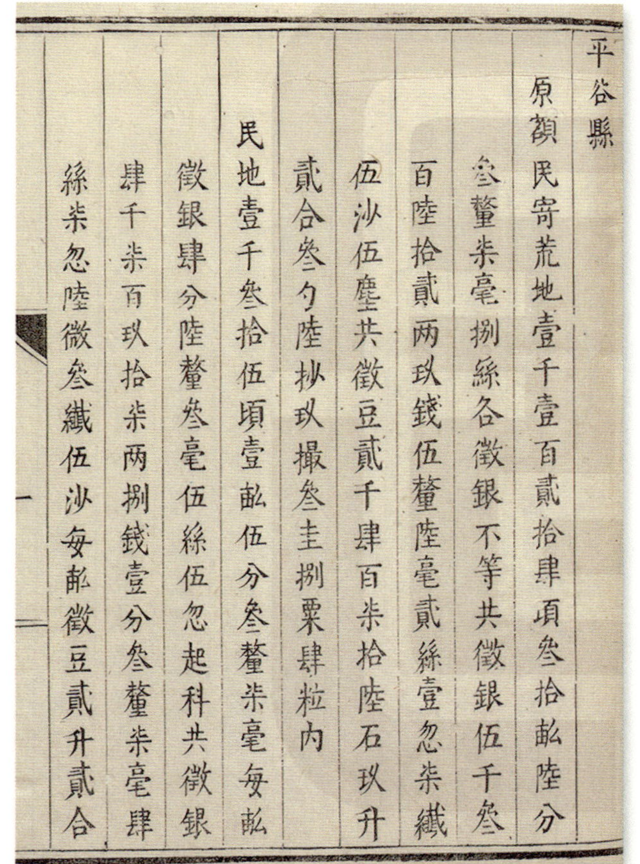
平谷縣
原額民寄荒地壹千壹百貳拾肆頃叁拾畝陸分
叁釐柒毫捌絲各徵銀不等共徵銀伍千叁
百陸拾貳兩玖錢伍釐陸毫貳絲壹忽柒纖
伍沙伍塵共徵豆貳千肆百柒拾陸石玖升
貳合叁勺陸抄玖撮叁圭捌粟肆粒內
民地壹千叁拾伍頃壹畝伍分叁釐柒毫每畝
徵銀肆分陸釐叁毫伍絲伍忽起科共徵銀
肆千柒百玖拾柒兩捌錢壹分叁釐柒毫肆
絲柒忽陸微叁纖伍沙每畝徵豆貳升貳合

康熙三年出版的《赋役全书 · 平谷县》，内容为平谷知县方成栋整理的顺治元年到康熙三年间平谷县圈地数和应缴纳粮钱额。上缴户部核准后在赋役全书上刊印

《清世祖实录》记录：“我朝建都燕京，期于久远，凡近京各州县民人无主荒田及明国皇亲、驸马、公侯、伯、太监等死于寇乱者，无主田地甚多，尔部（指户部）可概行清查。若本主尚存，或本主已死而子弟尚存者，量口给与，其余田地尽行分给东来（即从东北随从而来的）诸王、勋臣、兵丁人等。盖非利其地土，良以东来诸王、勋臣、兵丁人等，无处安置，故不得已而区画。然此等土地，若满汉错处，必争夺不止，可令各府州县乡村，满汉分居，各理疆界，以杜异日争端。今年从东先来诸王、各官、兵丁及现在京各部院衙门官员，俱着先拨给田园。其后到者，再酌量照前与之。至各府、州、县无主荒田及征收缺额者，着该地方官查明，造册送部。其他侯给东来兵丁，其钱粮应征与否，亦着酌议。”也就是说，清廷最初制定圈地政策时，主观上并不是要侵占原有民田，而是为清查、分拨近京无主田地，以便为“随龙”而来的亲族、官僚、兵丁及奴仆们的生活需求。民国时期，蓟县有

位纪庸先生，他在《清初圈地考》（1942 年 8 月发表于《真知学报》第 1 卷 06 期）中曾记录，多尔衮的做法来源于明末官田皇庄制度，明末的宗室勋贵们通过“奏乞”和“投献”的方式不断侵占民田。“奏乞”，就是事先上奏指某处为“荒地”“闲地”，奏请皇帝允许将其占为己有。“投献”，是指农民因破产或为求得庇护而将田产主动献给贵族。清初的圈地主要是在畿辅地区推行的，“圈田所到，田主登时逐出，室内所有皆其有也。妻孥丑者携去，欲留者不敢携。其佃户无生者，反依之以耕种焉”。顺治二年（1645）二月，多尔衮“令户部传谕各州县有司，凡民间房产有为满洲圈占、兑换他处者，俱视其田产美恶，速行补给，务令均平”。同年六月，顺天巡按傅景星在奏疏中说：“田地被圈之民，俱兑拨硷薄屯地。”意思是好地都被圈占了，补给的土地都是偏远瘠薄之地。

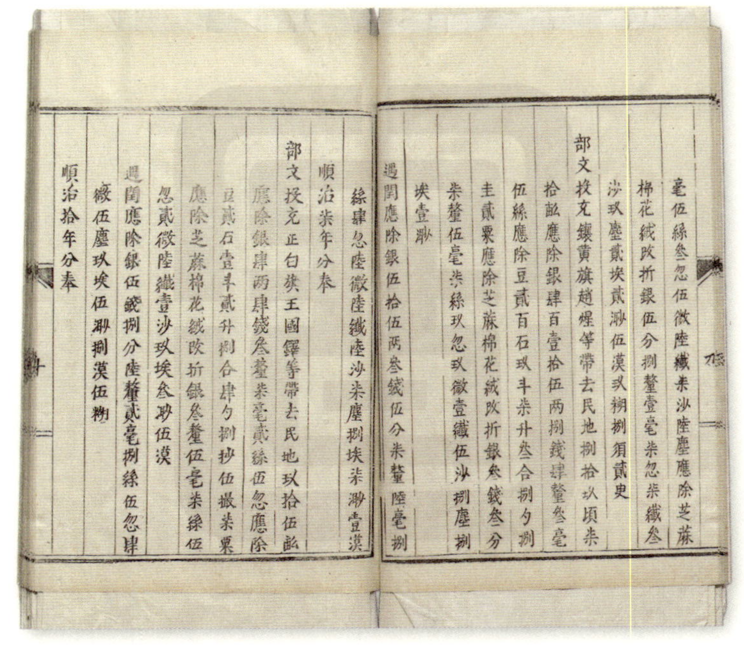
毫伍絲叁忽伍微陸纖柒沙陸塵應除芝蔴
棉花絨改折銀伍分捌釐壹毫柒忽柒纖叁
沙玖塵貳埃貳渺伍漠玖捌捌須貳史
部文投充鑲黃旗趙煋等帶去民地捌拾玖頃柒
拾畝應除銀肆百壹拾伍兩捌錢肆釐叁毫
伍絲應除豆貳百石玖斗柒升叁合捌勺捌
圭貳粟應除芝蔴棉花絨改折銀叁錢叁分
柒釐伍毫柒絲玖忽玖微壹纖伍沙捌塵捌
埃壹渺
遇閏應除銀伍拾伍兩叁錢伍分柒釐陸毫捌
絲肆忽陸微陸纖陸沙柒塵捌埃柒渺壹漠
順治柒年分奉
部文投充正白旗王國鐸等帶去民地玖拾伍畝
應除銀肆兩肆錢叁釐柒毫貳絲伍忽應除
豆貳石壹斗貳升捌合肆勺捌抄伍撮柒粟
應除芝蔴棉花絨改折銀叁釐伍毫柒絲伍
忽貳微陸纖壹沙玖埃叁渺伍漠
遇閏應除銀伍錢捌分陸釐貳毫捌絲伍忽肆
微伍塵玖埃伍渺捌漠伍粅
順治拾年分奉

■ 艾满官下拨给投充大户土地

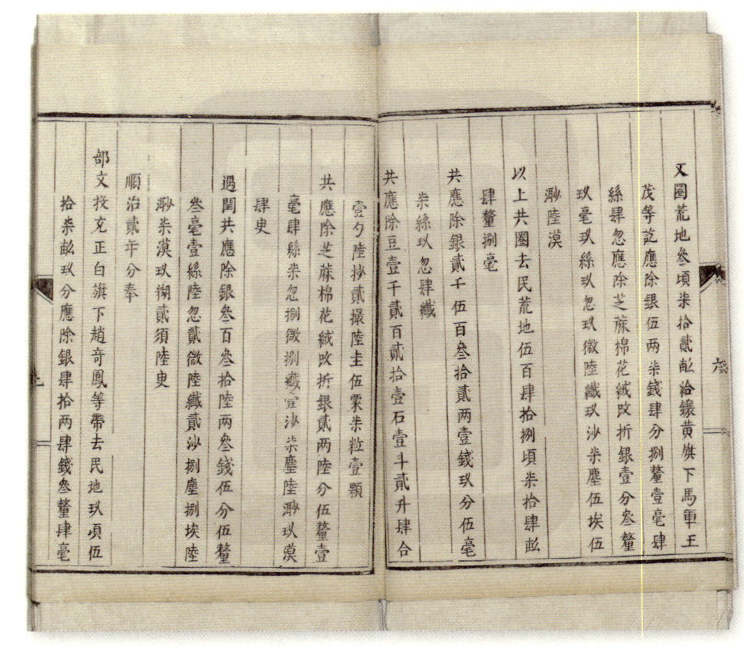
又圈荒地叁頃柒拾貳畝給鑲黃旗下馬軍王
茂等莊應除銀伍兩柒錢肆分捌釐壹毫肆
絲肆忽應除芝蔴棉花絨改折銀壹分叁釐
玖毫玖絲玖忽玖微陸纖玖沙柒塵伍埃伍
渺陸漠
以上共圈去民荒地伍百肆拾捌頃柒拾肆畝
肆釐捌毫
共應除銀貳千伍百叁拾貳兩壹錢玖分伍毫
柒絲玖忽肆纖
共應除豆壹千貳百貳拾壹石壹斗貳升肆合
壹勺陸抄貳撮陸圭伍粟柒粒壹顆
共應除芝蔴棉花絨改折銀貳兩陸分伍釐壹
毫肆絲柒忽捌微捌纖壹沙柒塵陸渺玖漠
肆史
遇閏共應除銀叁百叁拾陸兩叁錢伍分伍釐
叁毫壹絲陸忽貳微陸纖貳沙捌塵捌埃陸
渺柒漠玖捌貳須陸史
順治貳年分奉
部文投充正白旗下趙奇鳳等帶去民地玖頃伍
拾柒畝玖分應除銀肆拾兩肆錢叁釐肆毫

■ 艾满官下拨给旗人土地

《大清赋役 · 平谷卷》原件在国家图书馆，平谷档案馆复制来的电子版入馆，内容对本地顺治到康熙年间被圈地和被投充土地状况有准确数目，令人瞠目。

平谷地区流传下来的“跑马占圈”，意思是满人入关后看中了平原的好地，便任由跑马来“占圈”，圈多少是多少。其实这种传说不确，满人“跑马占圈”是有程序的“规定动作”，他们首先由户部遣“满官”带领笔帖式、甲丁等人（会计和丈量工作人员）到将要圈占的田间目测，再由前后两匹马牵扯绳索进行计量，这种以“绳”为准的丈量过程被称为“绳圈”，每绳圈得土地 7 垧（一垧约为 6 亩）。不过，圈地并不是八旗兵丁个人圈多少就可以占有多少。如何将圈得的土地分配给八旗户，分配时也有等级标准，如副都统以上官员给地 30 垧，八旗士兵则每丁给地 5 垧。给地后，朝廷便开始“停支口粮”，并规定“嗣后虽增丁不添给，亡故降革不退出”，这就是清初的“记丁授田”政策。实际相当于将京畿汉民之地作为“俸禄”拨给八旗官兵为永久养家之资。

当然，在具体实施的过程中，违反“操作规程”做法也屡见不鲜。如一部分夹杂在“无主荒地”之间的有主良田，被强制占据，而后以贫瘠盐碱之地进行“拨补”，受牵连的百姓敢怒而不敢言，由此倾家荡产、颠沛流离者比比皆是。而且，圈地又引发了顺治二年（1645）的《投充法》出台，公开准许八旗官兵招收失业农民屯垦耕地，甚至准许民人地主“带地投充”。虽然清廷几次假意颁布法令，强调 “愿投者听，不

愿投者，毋得逼勒”，可事实上仍有为数众多的失地平民因受到威势逼胁而委身旗下，甚至有无赖之人夺人之田而冒名投充者，趁机隐占土地。

清初大规模的圈地一共进行了三次，分别在顺治二年（1645）、顺治四年（1647年）和康熙八年（1669）。清政府的“圈地令”发出后遭到一部分官僚的反对，认为不利于新政权稳定。朝廷为掩人耳目，在每次“圈地令”发出后不久就追发一次“禁圈令”，如顺治二年“传谕各州县有司，凡民间房产有为满洲圈占，兑换他处者，俱视田产美恶速行补给，务令均平”；顺治四年（1647）“自今以后，民间田屋，不得复行圈拨，着永行禁止。其先经被圈之家，着作速拨补”；康熙八年“自后圈占民间房地，永行停止”。这种松松紧紧政策摇摆的背后，正是朝廷满足在旗官民的长久之计。

京畿直隶在经历了三次圈地、三次禁圈和多次补偿、退地、调整之后，沉淀下来的八旗旗地总额约在15万顷上下，其中宗室圈占1.3万顷，分配给八旗兵丁土地14万顷。

占据平谷土地的主要是镶黄旗兵丁和内务府、恭王府、裕王府。土地来源除开始的一部分实际圈占外，大部分土地是由镶黄旗、正白旗等接受当地的投充户带地投充。

平谷受拨补的土地大多在张家口外和任丘县，总计达452顷（每顷100亩）。其中顺治四年受补的土地295顷是由张家口地区拨补的数额，而张家口被拨地的原主在失去土地后也提出要求，愿以佃户身份来到接受补给的地区种地，于是有南埝头的刘姓家族迁来，落足平谷城南“小碾头庄”，在废墟中重新建村。平谷老县志在这方面也有一些文字记录。

再说“投充”。所谓的“投充”，就是满洲贵族奴役汉民的重要手段，又为进一步侵占汉民耕地房产大开了方便之门。投充旗下为奴根本原因是，畿辅各县大量土地既被满洲旗人圈占，原住汉族百姓被剥夺了资生之业，而满洲贵族、官兵自己不从事耕作，清廷乃以“为贫民衣食开生路”为名，听任汉民投入旗下以奴仆身份耕种。原有农户实际变成了农奴，人身依附关系大大加强。更何况自愿投充很快就变得面目全非，许多地方出现了威逼投充。带地投充的情况大致有两种，一种是地主或有地农民希冀投入旗下后可以免除赋役。如民国五年（1916）版的《怀柔县新志》（平谷西北刘店全部、峪口一部旧属怀柔）所载：“按：怀邑地亩自旗圈之后，所余民地无几。奸黠者又将民地投入旗下，名曰带地投充。其始不过借旗名色希免征徭，其他仍系本人为业。厥后所投之主竟为己业，或将其地另卖，或收其家口另派庄头。向之田连阡陌者，今无立锥，虽悔憾而无及矣。”另一种是当地恶棍为虎作伥，威吓没有家族势力的小门户将人口、田地一齐投充旗下。这样，旗人无端把许多不在圈占范围之内的汉民连地带口强行吞入。顺治三年（1646）四月，御史苏京奏言：“投充名色不一，率皆无赖游手之人，身一入旗，夺人之田，攘人之稼；其被攘夺者愤不甘心，亦投旗下。争讼无已，刁风滋甚，祈敕部严禁滥投。”顺治四年三月，皇帝谕户部：“前令汉人投充满洲者，诚恐贫穷小民失其生理，困于饥寒，流为盗贼，故谕愿投充满洲以资糊口者听。近闻汉人不论贫富，相率投充，甚至投充满洲之后，横行乡里，抗拒官府，大非朕恤穷民初意。自今以后，投充一事，着永行停止”。这道谕旨不过是搪塞反对意见的一纸空文，因为最热衷于接受带地投充的正是以多尔衮为首的满洲权贵。多尔衮本人收纳的投充人数已足定额，又以他的儿子多尔博的名义接受投充户六百八十余，尽皆带有房地富厚之家。顺治十二年（1655）正月，左都御史屠赖等奏言：“近闻八旗投充之人，自带本身田产外，又任意私添，或指邻近之地，据为己业；或连他人之产，隐避差徭。被占之民，既难控诉，国课亦为亏减。上下交困，莫此为甚。”直到清中期乾隆四年（1739）才彻底下令“禁止汉人带地投充旗下为奴，违者治罪”，带地投充前后施行有90多年时间。

投充法实际是圈地的后续，由于直隶畿辅地区大量土地被圈占，必须有大量的人力耕作，顺治二年(1645)春，摄政王多尔衮颁布投充法，允许八旗官民招收贫民役垦，成为近似佃农的农户。

汉人投充之后，身份降为奴隶，生活处境更为艰难。已经成为满人奴隶的汉人因无法忍受血腥的压迫，自杀逃亡的现象不断发生，致使大清统治者感到危机，认为奴隶逃亡将首先损害满人的利益，因为满洲将士，上至诸王贝勒，下至八旗兵丁，都以打仗为职业，不从事社会生产。汉族农民一些土地已被圈占但又不愿迁移的农民，不得不投靠新的土地占有者，因此成为佃户。经过圈地和投充后，蓟县、平谷、三河境内没有投充的民户不到原额的百分之二，而且大多逃亡到深山沟里耕作。投充后可以以旗民自称，这就意味着清代平谷绝大多数曾为“旗人”。

满洲八旗人员采取这种掠夺方式，侵占了大片土地和大批劳动力，过着衣租食税的生活。他们之中的达官显贵所占耕地人口尤多，一般都委用“汉人悍猾者”充任庄头（又名领催，即催促佃户完粮纳税），有的还授予庄头低等品级的官员顶戴，既便于管辖庄园内的农奴，又可以抵制州县官的箝束，借以保证源源不绝的收入。平谷有几个有名的大庄头，县官都轻易不敢招惹。

清初的来平谷的旗人，有的担任了皇粮庄头，有的担任了乡长、屯目。乾隆四十二年（1777）老县志对此有记载：

皇庄：皇庄之设，自明至清由来旧矣。本朝定鼎，从龙之众，率多关左世族，其间随京师应运生者，不乏能奇才异，可以遴用王庭，迨我圣祖仁皇帝，雅化作人，镌除格例，故亲王以下屯长，凡隶籍天家者，子弟俱准考试。而一时递进之彦功名卓卓可征亦得之养育者深矣！尤可羡者，完公乐输之士，不惜名器，褒嘉荣及先后洵不世之隆遇哉！志皇庄。徐长保，马家庄。陈昱，张家庄。

乡长：国家八旗，星列畿辅，户口日繁，岁辛亥，恭值今皇上龙飞九五，宵旰（音 gàn，夜宵）励精，勤劳鸿业，念满汉虽属一体，而整饬实有分途，特允廷臣之请，专差大部之员，按旗分理庶务，或值山隔僻壤，鞭长不及之域，就三韩华阀子弟中，选其醇谨谙达者，充为乡长屯目。本官恭请俞允给以编额，匪惟示宠，异以励清修也，且俾其顾名思义，型范一方，尚美行，戒污俗，行之既久，而协和时雍之盛，不求至而自至矣！其资益于州县也，岂浅鲜哉！志乡长。

在城乡长：李怀璧。东路乡长：陈锡爵。西路乡长：史大正。

南路乡长：刘辅汉。北路乡长：周伯醇。屯目：徐选。

乡耆：康顺，日勤屯人。王之奇，独乐社人。杨文举、崔逢吉，鹿角社人。贺自魁，泰务屯二甲人。宋明辅，坊郭社六甲民。刘兆祥，坊郭社人。郭隆，坊郭社十甲人。

【注】

李怀璧，上纸寨人。陈锡爵，张各庄人，陈梦忠孙，陈朗子。陈朗五子：锡祚、锡爵、锡荣、锡璋、锡瑞，均为庄头。锡爵只有一子，陈昱，是皇粮庄头。

北路乡屯目徐选，北寺人，其祖为清初入关正白旗人，落足马各庄，康熙年间北寺村、大坎村、沥津庄的旗民户之间矛盾重重（后来200年间也是诉状不断），故县令指派徐选为屯目，去北寺村任职。徐姓后辈在北寺村及周边数村一直挺有势力，曾见道光二年（1822）徐国治、徐国本为“会首”时让肖成汗留下的官坑使用字据。“屯目”即清代屯居旗人之头目。散来的旗民到平谷后，按政策聚屯而居，由官府从屯居旗人内选出头目，管理屯居旗人外出之期限等事务，并就近管束偏远零散旗户。“会首”与庄头并存，庄头只管收税粮，会首负责治安、民事纠纷调解等，相当于民国初期的村正和后来的村长，是村民公推的。

四、旗地、民地与官庄

清世祖顺治皇帝在多尔衮辅佐下大肆圈地，地方汉民中有些乖巧的豪强趁机霸占平民土地，将土地投充到八旗门下，受到赏识后大多成为新阶层——“汉旗”。投充人带地多寡不一，亦有不带地者。此外，亦有钱粮庄头（峨嵋山即由银粮庄头掌控）、豆粮庄头（熊儿寨即由豆粮庄头掌控）、果园头、皮户等。单身投充者，每人给地“一绳”，称为“绳地人”，每亩征银 3 分、草一束。投充人虽自称旗人，实即农奴，本身及其土地，悉听主人支配。所以，后世大多耻于提及自家曾投旗当过“旗人”。

平谷上纸寨李家即为“包衣”（满语，家奴之意），始迁祖李廷机因在入关前作战勇猛，有战功赏六品，享受千总待遇，领受密云皮户庄头，最初落户在平谷城内安家胡同，乾隆初年又到上纸寨设立坟茔，并迁居到那里。小辛寨郭姓入关前也是“包衣”，始迁祖为郭善清，原居关东牤牛台花牛堡子，实际是养牛大户，不过他家是给贵族满人养牛。张各庄陈家也是“包衣”，始祖陈梦忠为皇家养马庄头。“包衣”的政治地位很低，唯一可以改变身份的机会就是替主人出丁或服役，在作战中立功。以上几家都做到了，所以迁来时在这里领受并接受了投充地近百顷，当上了皇粮庄头，然后将地陆续出典或出佃给佃户。中桥陈家是在关外迁来的，入关后获得了“皇粮庄头”身份，而且因受裕王府直管，社会地位显得高一些，实际也是六品衔。平谷真正属于满族人的有良庄子山姓、白各庄和杨桥的佟姓、峨嵋山崇姓、大华山的景姓、杨各庄的井姓等，而大旺务耿姓、贾各庄徐姓等，不是纯正满族人，是老汉旗，因和满足贵族阶层有姻亲关系（包括张各庄陈姓），因此在本地也就成了上层阶级。其中大旺务耿姓祖上曾有武功，被授总兵将军（正二品），倒霉的是在皇族宗亲斗争中因“站错队”被贬，幸亏有艾姓满官庇护（艾满官是户部司官，即户部土地司司长或司务，专责土地分配）充当了皇粮庄头。桥头营周家也是因入关前有战功，被授千总（六品），入关后授为平谷狐皮庄头，专门负责收购狐皮，每年有上缴定额。

清代的官庄现在只有峪口镇的官庄名字被完整地保留了下来，而且由于人口分布状况，分为大、小两个官庄。平谷的官庄又分为恭王府官庄和裕王府官庄。清中期后，部分官庄逐渐解体，一些庄头、壮丁、甚至一部分佃户变为新的土地所有者。但事实上，无论什么性质的土地，都是汉民耕种，而且大部分佃户就是原土地的业主。他们的土地被满人无偿占据，转过头来又承佃了自己的原有土地，实在是“羞辱”，而之所以能够接受这种剥削，原因也很简单，因为明末以前是向政府交地租，税率较高，清入关后，土地所有权没了，但依然可以通过租佃形式，继续耕种感情上属于自己的土地，而且缴纳的地租并不高于原来缴纳的数额，尤其是给王公大臣府承佃，税率更低一些。当然，也有负气而奔向本县或邻县山沟自行开垦土地者，于是成为自食其力的“自耕农”。但这种情况也往往“好景不长”，因为自己辛辛苦苦开垦的撂荒地（原被开垦过又荒废了）和纯荒地一旦被官府发现，就要接受丈量，自耕三年后就要缴纳地租，名为“新地升科”。浅山区的多村山地之所以也有旗地的名称，就是这样来的。鱼子山、黄松峪、黑豆峪、峨嵋山都有旗山地。

为保证长治久安，顺治年间清室便大规模推行“移旗就垦”政策，让旗人直接管理土地，但旗人坐稳了江山以后，官人吃俸禄，上等旗民在城里提笼架鸟，享受荣华富贵，一般旗民也不愿吃苦，宁肯少得点也不愿直接经管土地，于是在民人移垦和满汉间租佃关系不断发展的情况下，一般旗地转为民地成为必然，特别是随着下层旗民生计日困和商业高利贷资本的发展，虽然有“旗民交产”禁令，亦难阻止。这样，久而久之，相当一部分土地的所有权又回到了汉民手中，表面上看是汉民“胜利”了，实质上等

于是经过几辈人的艰辛努力，才用血汗钱赎回的。而且，由于自己的省吃俭用，不断积累财富，一些汉民在清末和民国时期，成为新兴地主。北寺蔚祥、夏各庄马家、梁家、放光李家、山东庄张家等都是典型例证。

礼部也有官庄，开始于康熙中叶，荒地屯垦性质，主要为供应陵寝寺庙而设，由壮丁（如府当差之人，多年轻力壮者）为之采办和垦种。平谷马坊、峪口一带有之（当年属三河）。樊各庄付姓、刘姓即是礼部官庄的庄头。

各王公府官庄的大部分庄头与壮丁同属“带地投充”汉人，按其规定，庄头缺则由壮丁中选择，二者虽然都是隶属性，但地位不同。“有土著庄户报效粮石，上嘉以报粮多的庄户派为当头目，封为皇粮庄头，编入旗籍。所种之地，不准驻兵侵占”［光绪三十三年（1907）三月一日《盛京时报》］。庄头不仅不从事一线生产，而且还有可能勒索佃户甚至私自侵占土地。对此，朝廷或王府得知，严加处理。壮丁充当庄头实名“领催”，不属于实际意义的庄头。“壮丁”是旧时代常用词，古时不计人口，只计“丁”，即15岁以上到45岁青壮年。一般将劳动力分为壮丁、中丁、幼丁。担任庄头的“壮丁”都是大汉，对佃户有威慑力。

内务府官庄很多民人佃户从事耕种，他们直接从庄头那里承租土地，根据租权内容分为包山户（也称坐山户，实际是永佃户）和普通佃户。永佃户有两种，一是民人为求官庄保护而献私产者，一是民人为官庄开垦土地而成者。只要不停纳税或违例典当，即永远保有土地使用权，因而也叫世袭佃户。

庄头分四等，按地亩定级。张各庄陈家、大旺务耿家、中桥陈家都有万亩土地，属一等庄头。良庄子山姓、白各庄和杨桥佟姓、大华山景姓等是纯粹满旗，是上等户，直接管理接收上来的税粮。其中良庄子山姓原为满族镶黄旗旗民，始迁祖为萨拉伯 · 萨拉库，顺治元年入关，被“分配”来到此地，接收唐庄子唐家的土地，在西栢店南落户，并建有大型粮仓，村名叫管粮庄（后演化为良庄子，陈粮屯、吉卧村也由此因得名）。第二代萨拉仲金、萨拉仲银弟兄，到第三辈才和地方姓氏“接轨”，改用“山”姓（萨拉满语即“山”）。第三代山自荣、山自启，第四代国齐、国玉、国瑞、国秀，第五辈只记载一人：山祥。山祥之下三子：德福、德湛、德树。德福子二：俊、杰。德湛子四：备、保、议、仲。德树子三：岗、崑、川。到整理家谱者山智老人这辈是第九代，在他之后又有了五辈。山智父亲叫山成顺，爷爷山俊。平谷山姓均源于此，但也有奴随主姓的情况。

五、明清移民

1. 明代移民

平谷绝大部分大姓家族都是明代和清代移民过来的，但很多人搞不清到底是从哪里来的，为什么迁移到此？为此，本章简要介绍一下。

先说明代移民。明代移民分两种情况，一是洪武移民，一是永乐移民。1368 年正月，朱元璋在应天称帝，建立了大明政权。明朝建立后，各地官吏纷纷向明政府汇报各地荒凉情形。北平郊野农民在元末遭受多次自然灾害，包括旱灾和大水灾（元史记载，蓟州所属四县玉田、蓟县、三河、平谷均遭重灾，房倒屋塌死亡很多）特别是元明征战时的绞杀，导致中原以北生灵涂炭。“积骸成丘，居民鲜少”（《明太祖实录》卷一百七十六），劳动力严重不足，土地大片荒芜，财政收入剧减，直接威胁明王朝在北方的统治，朱元璋甚至降旨：“丧乱之后，中原草莽，人民稀少，所谓田野辟，户口增，此正中原之急务”（《明太祖实录》卷二十五），于是采纳了大臣苏琦、户部郎中刘九皋及国子监宋纳等人的奏议，决定移民屯田，一场大规模移民高潮开始。明朝洪武四年，开始大量移民，其中从山西向中原和北部省地区移民 10 次（其中移民至北平 4 次）。农业生产刚刚有所恢复，又发生了“靖难之役”，大批新来不久的移民又在四年的内战中被屠杀和逃亡，于是又有永乐迁民之举。平谷现存的大姓家族多是“永乐移民”，老人称“随龙来的”，或“燕王扫北时来的”，但他们对这个名词并不了解。

所谓“燕王扫北”，就是明太祖朱元璋死后，建文帝继位，为巩固中央集权，采取方孝儒提议的“削藩”政策，严格限制各王爷的权限，引起大多藩王不满，于是燕王朱棣以“清君侧”为名，率部从北平进取南京，建文帝立即指令大帅耿炳文率 30 万大军前往河北、河南、山东、皖北、淮北等地设防线阻击，经过一年拉锯战，南军败北，当时朱棣的行为属于“反叛”，故所过之处的地方武装与之激战，大部分地区的老百姓也自发组织武装，拒抗燕王军队，这反映了人民要求安居乐业，恢复生产的愿望。《明史》记载，燕军在战争中，抢掠屠杀甚为严重，如“燕军掠真定、顺德、广平、大名”（《明史．恭闵帝本纪》），在真定“斩首三万级”，白沟河仗，燕王“乘纵火奋击，斩首数万，溺死者十余万人”（《明史·成祖本纪》）。不久，建文帝又令李景隆为大将，率兵 50 万阻击燕王，欲挽败局，但一战即溃。而燕王且追且战，相继攻入南京，建文帝自焚而亡（亦有逃亡说法）。1403 年朱棣登帝位，改号永乐，永乐十九年（1421）迁都北京，是为明成祖，历史上称此事为“靖难之变”，民间俗称为“燕王扫北”。在扫北过程中，燕王每次取胜后，便对中原地区帮助政府军抗击燕军的老百姓杀无赦。河北、山东等一些族谱中记载，燕兵所至，村城成墟，其中蓟州是最早被屠的城池。当燕王打到冀、豫交界处时，遭到地方武装“十八村联谊会”抵抗，结果燕王把这一带人杀得只留狐、刘两家。“靖难之役”，加剧了中原地区荒凉局势，民非杀即逃。这也是永乐建都北京后必须移民的又一原因。

明成祖在历史上是一位雄才大略的皇帝。他大力发展生产，极力恢复河北一带经济。永乐初年，山西申处山等上言：“请分丁于真定、南宫一带占籍为民”。于是便在山西洪洞县建立一个移民机关，专门办理移民事宜。

永乐年间官府从山西、山东大规模移民八次。这时期的移民既有强制的成分，也有政策吸引因素，移民主要是军籍、民籍和相当一部分罪犯，也有匠人。同时为尽快恢复北京周边经济发展，还由江南迁移一部分富户和商户。光绪三十一年（1905）十月初版《最新修身教科书》中恰好记录了明初迁移富户的一个

故事，主人公为浙江宁波的少年黄润玉。黄润玉（1391—1479），字孟清，号南山，鄞县人。少聪敏，明永乐元年（1403），徙江南富户居北京，润玉时年十三，请代父行。官厌其少，答称“父去日益老，儿去日益长”，遂准其代行。既至北京，于北门外十里荒凉处筑室治圃，鬻蔬自给，闲即力学。十八年中举，授建昌府学训导，后调南昌。宣德年间（1426—1435）任交阯道监察御史。正统元年（1436）巡按湖广，裁退不称职官员百余名。后任广西按察司佥事，提督学政。时有吴姓都指挥掳掠百姓子女万余人，他上疏劾吴，被掳掠者俱得释归家团聚。副指挥使李立乱判死罪数百人，他也力为辩释。改任湖广按察司佥事，遭诬降安徽和州含山知县，浚麻湖，修水利。以老致仕，归里筑南山书院讲学，宗朱熹学说，尝谓“明理务在读书，制行须贵谨独”，学者称南山先生。

孝行

黄潤玉。五歲侍母疾。夜不就寢。年十三。詔徙南方富民實北京。其父當行。潤玉請代父往。有司少之。對曰。父去日益老。兒去日益長。少長不猶愈於老乎。卒行抵北京。受廛都城外十里所。寒沍無人居。同役築室成。比閭傾資給。徭賦墾圃種蔬以為活。人不堪其劬。而潤玉泰然安之。稍隙輒肆力於學。遂成大儒。

明代移民户籍实行“里甲制度”。“里甲”是古代农村的基层社会组织，先秦时期就有了雏形，到北宋王安石变法正式创立保甲制度。明朝里甲组织得到健全，“国初设保甲之法，每十家为甲，甲有长，十甲为保，保有正。凡属甲内人民，各置兵器一件，甲长置锣两面，保正置鼓一面，或铳一杆。”(万历年间吕坤曾《去伪斋文集》)。明初移民，由布政司编里发迁，迁民由后军都督押解送交各地州县辖治，以屯田区域分里甲。洪武四年（1371 年）开始向北京周边区县移民，洪武十四年（1381），平谷编户十三里，计四社九屯。四社：辛寨社、鹿角社、独乐社、坊廓社；九屯：泰务屯、迁民屯、日勤屯、负郭屯、广储屯、广成屯、高村屯、祖务屯、安固屯。燕王“靖难”之役后，北京周边人口锐减，成化八年（1472），平谷再次统编时取消了迁民、广储、祖务、安固、高村五屯。取消并非将人口迁出，而是由于民人太少，将其编入其他社来管。“社”原本是一个地区建立社稷坛，供周边百姓祭祀天神保佑粮食丰收的集合点，后来才演化为基层行政机构名称。元代五十户为一社，明以后户数增多，大约七十户一社。明初，北京周边因常年战乱，人口逃亡殆尽，到永乐三年（1405）编里甲时，大约是每社（里、屯同）十甲，每甲十户，全县仍保持十三里编制，计四社九屯，1400 户，6000 多人。其中四社人口 440 多户，2000 余人。九屯 880 多户，4000 多口人。社屯的区分在于是否土著，原则上是“土著为社，迁民为屯”，但平谷情况比较特殊，土著姓氏编为“社”以后，享有优先权，但拥有土地多的大户不愿“入社”，往往是编制在“社”，实际仍混在移民屯中，以至于有些“屯”和 “社”不得不混称，如“负郭社”，原本是负郭屯，初设于纸寨，后来由于平谷城区附近的村庄难以细加划分，故大多编制到一起，最远到安固、夏各庄，张各庄、杨各庄、马各庄、龙家务等村。

据 1934 年（民国二十三年）《平谷县志》卷三记载："自古每朝之季世……大乱之极……人民之死于锋镝者，何可胜数！所存之兵焚余生，率皆远避遐方。及建立新朝，则必移民以实罹劫郡县。……又夷狄之患，辄与一代相终始，轻则掠掳边郡，甚则攻陷京师，寇马蹂躏，井里邱墟，居民亦必逃亡过半。……纵览前史，千古一辙。""嘉靖以前，平谷人数九千五百五十口，两经大虏蹂践，死亡过半，至隆庆时仅千余矣""清康熙十八年，平谷地震奇重，后又频遭荒歉，民多流亡迁徙也，四望村落，几无烟炊。……经此数番之伤亡迁徙，则金元以前千余年旧族存者希矣。"寥寥数语，道尽平谷先民所经受过的罹难。从而也就引出了明代移民的另一种情况，就是县内移民。

明初几次大迁移后，平谷人口日番，但很多移民心里并不安稳，尤其移民时将亲人强制分散，感觉安全没有保障，于是相当一部分移民逐渐散走，有回原籍的，有联袂到深山当自耕农的，人口呈现锐减态势，到成化八年（1472）不得不缩编为七个社屯。为稳定民心，地方政府出台新政策，民户可以在区域内自行迁移，于是一部分明初移民被强迫分开的，此时走到了一起，如独乐社的马姓、王姓就是在此际来到夏各庄投奔自己近族的。政策感召下人口又有所恢复，到弘治初年（1488）又增加一个"里"。全县仍不足千户，有民 4000 余人。经过一百年相对稳定期，到嘉靖年间，人口增至 9550 口。不料，嘉靖二十五年（1546）周边各县土匪爆发，大肆入境杀掠，嘉靖四十二年（1563）口外后金兵突入，虽未攻入城池，但多村百姓惨遭抢掠，导致这一时期再度出现百姓大逃亡现象。到隆庆六年（1572）编修县志时，平谷人口仅剩千余，户籍降到最低谷。万历二十年（1592）修志时统计，平谷县 551 户，2430 人。

2. 清代移民

清初由东北迁移平谷来的家族后世常自称"随龙入关"或"随龙来的"，甚至由明代山东迁移而来的也称"随龙而来"。"随龙"这个名词由来已久，原始意思是谓东宫僚佐的官吏随太子即位而得重用。宋司马光《郭昭选札子》："国初草创，天步尚艰，故祖宗即位之始，必拔擢左右之人，以为腹心羽翼，岂以为永世之法哉……有司因循踵为故事，凡东宫僚吏，一概超迁，谓之随龙。"《续资治通鉴 · 宋孝宗淳熙四年》。明代"随龙"指朱棣在北京建都后，那些从南京来的族人、军户和富户，百姓过来属于政策性移民，但他们也附和着说是"随龙"，以增加自豪感。清代"随龙"也确有其事，主要是跟随而来的"汉旗"多用此称谓。因为最早的汉八旗是努尔哈赤和皇太极时代掳掠的汉人，赐给各级军官，与主人同旗，是主人的下人，是奴仆，满语叫"包衣"。

在户籍管理上，雍正年以前，平谷仍沿明制，保留四社四屯格局，即辛寨社、鹿角社、独乐社、坊郭社、泰务屯、日勤屯（今北屯）、负郭屯，广成屯（山东庄）。"坊"是城区。城内按街巷划分片区，每小区为一坊。平谷城内有兴贤坊、育才坊、振扬威武坊、保惠黎元坊、桂林坊、宾贤坊、应奎坊、登庸坊等二十多坊。"郭"即城郭，正名为廓，因民间书写不便讹写成"郭"，指城外紧邻的村。"负郭社"，指城外距离县城相对较近的村，既有土著也有移民，上纸寨、马各庄、张各庄、杨各庄、夏各庄、安固等属之。所谓泰务屯、日勤屯、广成屯，是选取一个表示吉祥的或勉励勤奋的词句作一个屯的代名。

清初的大户带地投充，也引发了县内移民现象。一些投充户有了"靠山"和"土地"后，纷纷到适宜管理土地的村庄，或担任"庄头，或担任首批佃户，如夏各庄部分马姓、王姓明初落足独乐社，清初投靠到夏各庄弟兄处。

六、 契约文书中最常见名词

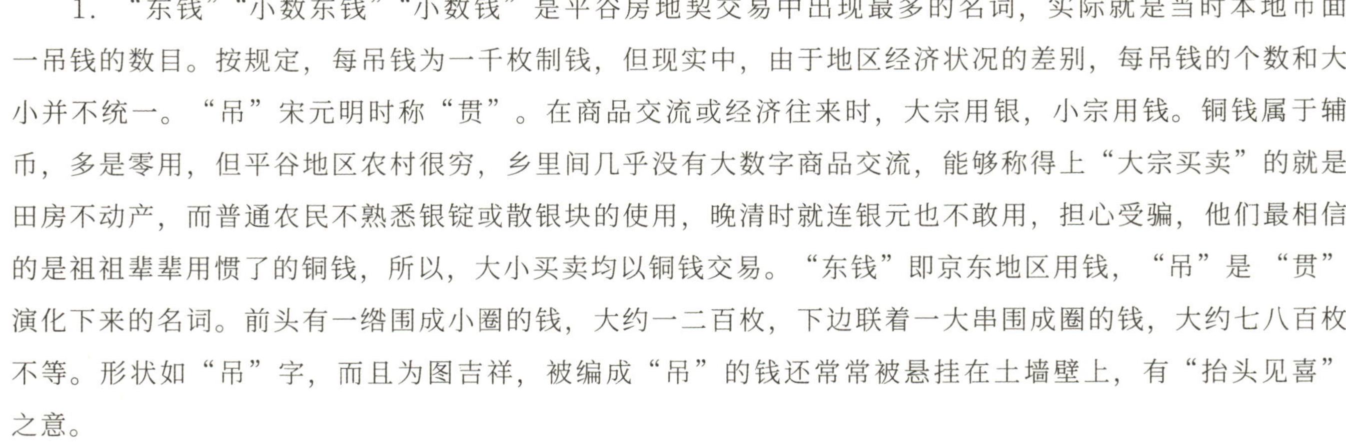

1. “东钱”“小数东钱”“小数钱”是平谷房地契交易中出现最多的名词，实际就是当时本地市面一吊钱的数目。按规定，每吊钱为一千枚制钱，但现实中，由于地区经济状况的差别，每吊钱的个数和大小并不统一。“吊”宋元明时称“贯”。在商品交流或经济往来时，大宗用银，小宗用钱。铜钱属于辅币，多是零用，但平谷地区农村很穷，乡里间几乎没有大数字商品交流，能够称得上“大宗买卖”的就是田房不动产，而普通农民不熟悉银锭或散银块的使用，晚清时就连银元也不敢用，担心受骗，他们最相信的是祖祖辈辈用惯了的铜钱，所以，大小买卖均以铜钱交易。“东钱”即京东地区用钱，“吊”是“贯”演化下来的名词。前头有一绺围成小圈的钱，大约一二百枚，下边联着一大串围成圈的钱，大约七八百枚不等。形状如“吊”字，而且为图吉祥，被编成“吊”的钱还常常被悬挂在土墙壁上，有“抬头见喜”之意。

2. “每年随代粮钱”一词常出现在房地契的末端。“随代钱粮”这种用语应该是保留了明代契约的书写方式，原本就是按常规应缴纳的一种摊派，源于徭役。“徭”就是出“官工”“官差”，“役”是服兵役，有的出官差或服役的名额下达到各里社后，名额摊派不下去，主要原因是有的户应该出，但没有适龄青年，或虽然有适龄青年但家族富庶，不愿让孩子吃苦冒险，总无偿让穷人家服役也说不过去，于是就需要花钱雇人，这个钱一方面由应该出人的富户担负，一方面就需要大家公摊，这就出现了定额的公摊费用。到清代才增加了另一层含义，即清代旗民将所拥有土地或房屋出佃给佃户，有眼光有实力的佃户一次性承佃相当多的土地，然后再经他手分多户转佃出去，每次转佃要抽取一定数量的收益额，而原始的每块地或每所房屋应缴纳给旗户的钱数，就属于基本钱粮，落在转佃契约纸上就是“随带钱粮”“每年随代钱粮”。意思是每年都要按原始规定的数额交纳给初佃户地租，由初佃户代为上交。旧时民间“带”“代”常混用。

【附注】

为便于读者读阅，介绍一下古代计量单位。古代“两”以下的重量单位达18位，即两钱分厘毫丝忽微纤沙尘渺漠埃逡巡溟茫米；升以下容量单位也多达15位，有升合勺抄撮圭粟棵粒黍稷糠秕粞禾。实际按明清时期的计量技术说，最精确的衡器是戥子，重量也只能计算到丝。常用量具最小是升角，即使按理论数据，最小也只可到粒，之所以能分出如此之多的微小单位，估计是历代官吏为显示“精准”而臆造出来的，以捞取“政绩”。

第二部分 平谷地产契约实例品读

一、夏各庄地契

夏各庄保存下来的地契和房契较多，2009 年在该村编写村史时收集到数百份，兹从中选择部分予以品读。

刘广恒家族地契

夏各庄刘姓为两支，均为明永乐年间从山东移民到平谷，但不属于一个家族。其中一支落足城北一带，被编为日勤社第八甲，清初一分支迁到夏各庄。还一支明初迁到西鹿角，编入鹿九甲，内中一分支明末迁到玉田县，清康熙年间由玉田迁到夏各庄。

1. 乾隆二十八年（1763）夏各庄刘良善卖地契：

立卖契系鹿九甲民人刘良善，因无银使用，今将本身自制（置）民荒地一段，计地六亩，坐落在夏各庄南团山，东至山坡，西至坝，南至坎，北至民地，四至明白，系东西界，凭中说合，情愿立契出卖与日八甲民人刘昌宏名下永远为业，当面言明，时值卖价银十五两整，其银笔下交足不欠，并非逼勒成交，亦无私债折准。自卖之后，置主过割纳粮管业，不许亲族邻等争竞，日后如有舛错争论者，其情俱在卖主与说合人一面承管。此系二家情愿，皆不许返悔，如悔者甘罚白银十两入官库公用。恐后无凭，立卖契存照。

乾隆二十八年十二月初二日立卖契人刘良善（十）

说合人张自贵（十）

同兄书字：刘良翰（恕）

永远为业

“立卖契鹿九甲民人”即出卖这张土地契约的人籍贯是鹿九甲民人。“鹿九甲”即鹿角社第九甲。“民人”是清代以后相对于旗人的称谓。“因无银使用”阐述的是卖地原因。尽管土地买卖是常例，但“卖”总被认为是不大光彩的事，必须说明原因，为此，平谷民间地契在卖契上多用“因无钱使用”“因一时乏手”“因正用不足”等语解之。“今将本身自制（置）民荒地一段，计地六亩，坐落在夏各庄南团山，东至山坡，西至坝，南至坎，北至民地，四至明白，系东西界”这里叙述的是将要出卖的土地性质、面积、小地名、四至及地形，是买卖契约中关键词。“自置”即自己购买的地，不是祖遗的。“凭中说合”也是常例，所有房地产交易必须通过中间说合人，中说人是职业，近似于现在的“中介”，但那时多是义务性的。专业机构也有，很少，俗称“牙纪”，市场上充当说合人的叫“牙行”，是按比例收费的，而且也要登记交税的。还有一种情况是特指，即平谷老县志中有大牙、小牙，“大牙”即为大牲畜买卖做中说，“小牙”即猪、羊类买卖的说合人。“情愿立契出卖与日八甲民人刘昌宏名下永远为业”，“情愿”表明卖这块地出于自愿，“出卖与”就是卖给，“日八甲民人刘昌宏”就是籍贯是日勤社第八甲的刘昌宏。查其家谱，日八甲刘姓为清初来夏各庄的（迁移原因是自家土地投充了），始迁祖为刘卓，到刘昌宏是第四辈，到刘广恒是第十三辈。鹿九甲刘姓，清初由西鹿角去了玉田（土地被投充了），康熙年间由玉田迁来，始迁祖就是刘良善，刘良善之子刘天德，再下辈有四：登云、登庸、登起、登立，登云。登庸是文化人，常给人书写契约。“登”字辈下是“贵”字，“贵”字下是“际”字，再下依次是克字、润字辈，润字辈现在也都作古了。

后边签名之处都有不同形式的画押。有画“十”的，有签“忠”“公”“平”“公平”合体字，“公心”合体字或“恕”，也有就画圈或点个点的。画押这种形式历史悠久，十字画押是历史上最流行的方式，明代以后才形式多样，融入了更多的文化元素。清末民初开始有摁手指印出现，民国后期私人印戳多了起来。

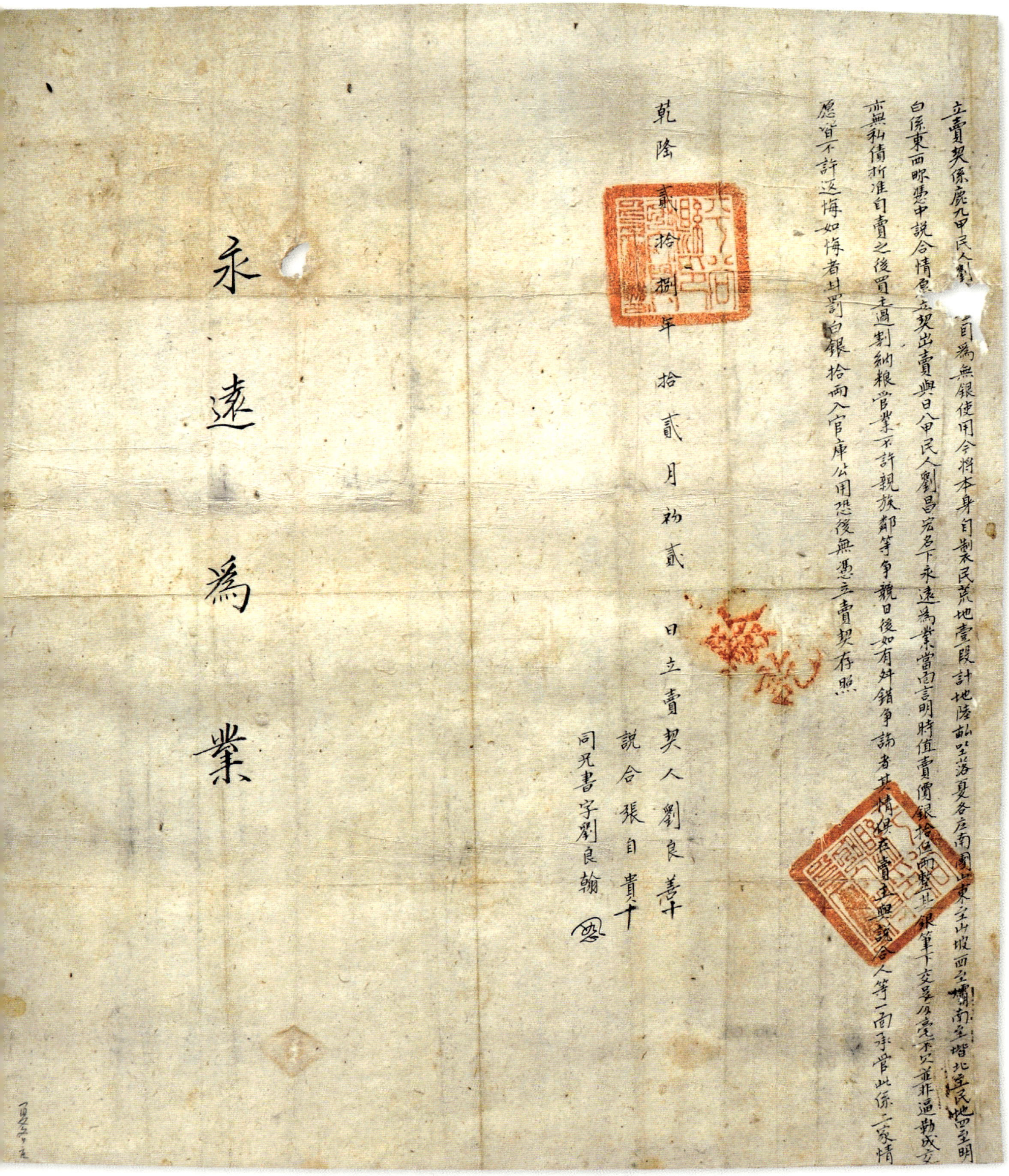

立賣契係鹿九甲民人劉[illegible]自為無銀使用今將本身自制民荒地壹段計地陸畝坐落夏各庄南圍山東至山坡西至墻南至堵北至民地四至明
白係東西畛憑中說合情愿立契出賣與日八甲民人劉昌宏名下永遠為業當面言明時值賣價銀拾伍兩整其銀筆下交足分毫不欠並非逼勒成交
亦無私債折准自賣之後買主過割納粮管業不許親族鄰等爭競日後如有舛錯爭端者其情俱在賣主與說合人等一面承管此係二家情
愿皆不許返悔如悔者甘罰白銀拾兩入官庫公用恐後無憑立賣契存照

乾隆貳拾捌年拾貳月初貳日立賣契人劉良善十
說合張自貴十
同兄書字劉良翰 押

永遠為業

乾隆二十八年（1763）夏各庄刘良善卖地契

2. 乾隆四十二年（1777）泰务王礼臣卖地契：

立杜卖文约系泰四甲民人王礼臣，因为无钱使用，今将自己本身祖遗在册民地一段，计地二亩四分，坐落唐家庄子上，系南北界。东至荒坎，南至坎，西至王姓民地，北至荒坎。四至开清，树木相连，多寡在内，凭中说合，情愿立契出卖与日八甲民人刘昌宏名下永远为业。当面言明，时值卖价纹银七两整。其银笔下交足，分毫不欠。并非逼勒成交，亦无私债折准。自卖之后，听凭置主照册过粮，以便封纳。不许亲族邻等争竞，日后如有舛错争论者，其情俱在卖主与说合人一面承管。此系两家情愿，皆不许返悔，如先悔者，甘罚白银三两入官。恐后无凭。立卖契存照。

乾隆四十二年二月初七日立卖契人王礼臣同子王天荣、王天富

同弟王宾臣。同侄王天祚

说合人：刘清

中见：王深

书字：刘墨林

永远为业

“立杜卖文约”，表明此契卖主是下大决心卖掉永不后悔之意。“杜”是杜绝之意。“泰四甲民人”即太务屯第四甲。这一句表明，南太务王姓是明初就到那的。当时的大户有见、许、王、李四姓。“泰务”是本名，取泰和祥瑞之义，后人为书写方便，简写成“太务”。“坐落唐家庄子上”说明要出卖的土地所处位置，具体位置都是小地名，但“唐庄子”却是个重要信息。平谷城西有个唐庄子，现属大兴庄镇，始迁祖是武举唐福宝和他侄子唐达，燕王平南后因军功一同落户此地，占有土地面积广大，东至小辛寨，西至胡家营，南至周村，北到泃河两岸，北部山区也有很大面积山场。夏各庄是唐福宝远堂叔家的哥们，据传叫唐福忠，也小有军功，初为把总，永乐年间来此时任南峪守备把总，营寨在夏各庄村西，现在夏各庄朝阳寺附近，也称西营，具体还有前营和后营，前营是驻军，后营是家属。到明末，唐英任遵化千总，因抗清顽强以至于清入主北京后，举家化名分散住到遵化、蓟县深山区。其坟墓设于村南团山东侧。“坐落唐庄子上”指的是西大台，即前营南边的高土台，2009 年后在此处建设了夏各庄新城的西区。“当面言明，时值卖价纹银七两整”即谈好的这块土地成交价。“其银笔下交足，分毫不欠”是契约书写惯用语，即签完协议当即交银，一点也不拖欠。这就需要提前沟通好价钱，准备好了以后再约人座谈，签约后立即交钱。“并非逼勒成交，亦无私债折准”实际也是契约卖主表决性用语，表明卖主是自愿的，没有被逼无奈之意。“私债折准”是指卖主没有把此地抵押给别人或打折出当给别人。“自卖之后，听凭置主照册过粮，以便封纳。”意思是这块地卖出后，任由买主按照原册所登记的面积和应纳税数额办理过户手续。“以便封纳”是为了便于缴纳钱粮。明朝以后，民地缴纳钱粮是按编制好的“鱼鳞图册”所登记的土地面积、四至缴纳钱粮的，全年分两次交到县衙西侧的粮柜。“封纳”是明代一条鞭法实行后，衙役看着鱼鳞册对纳税人报告应交纳粮数，交多少要现场过称，并查看粮质，检验合格后由纳税人自己倒入粮柜中，衙役并不经手实物，以减少舞弊行为发生。“不许亲族邻等争竞，日后如有舛错争论者，其情俱在卖主与说合人一面承管”。这句话主要是为说清万一以后出卖的这块地发生纠纷，由谁承担责任问题。如果此地先前有过纠纷，卖出后不与买主相干，全由卖主和中见人来担当。卖主担当责任是天经地义的，但说合人何以参与进来？主要是为增加卖地的可信度。“说合人”或“中见人”“中证人”以及民国时期的“见证人”“监证人”都是当地有些威望的人，有他们署名就有信誉，减少纠纷出现。

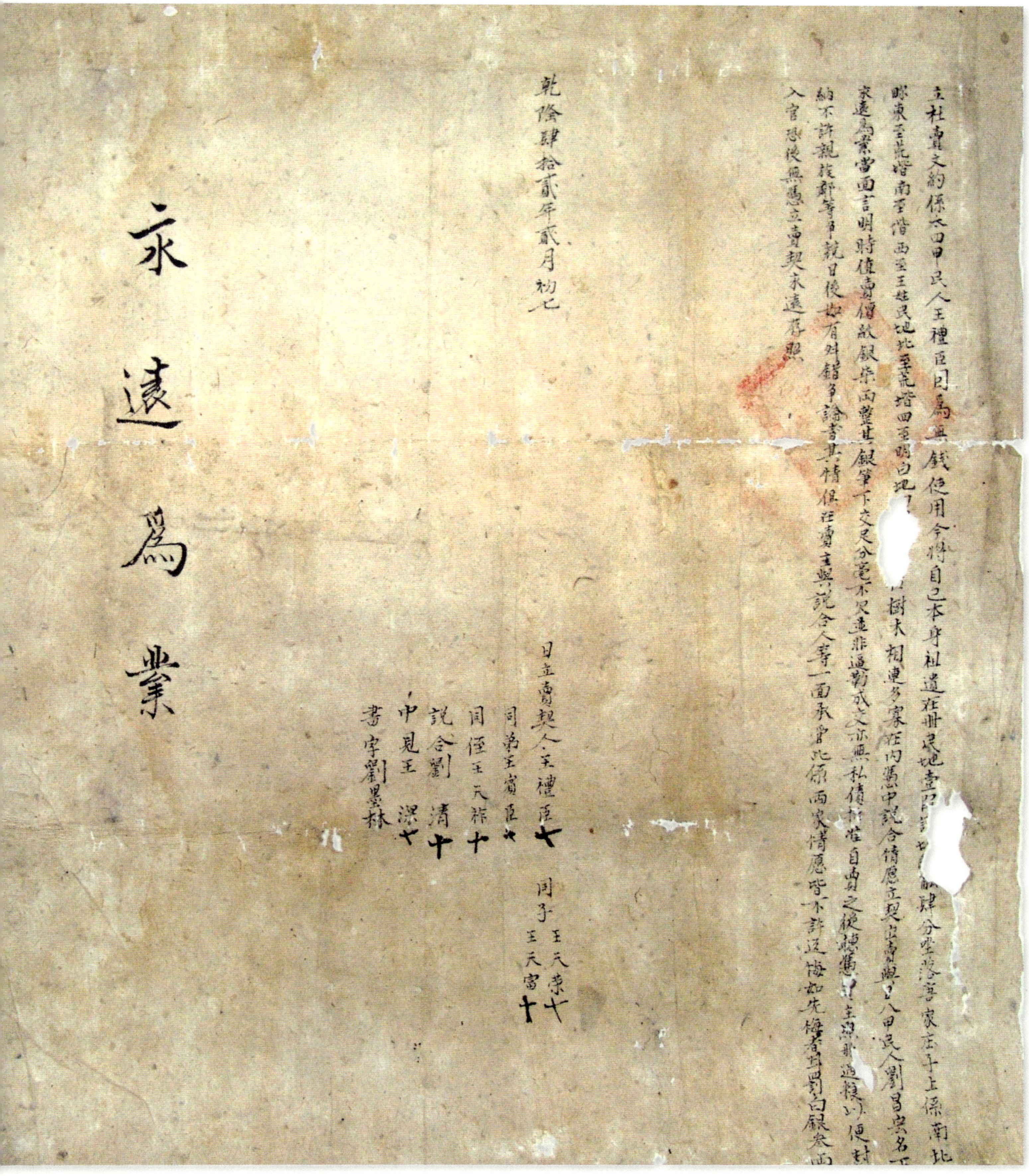

立杜賣文約係本口甲民人王禮臣因為無錢使用今將自己本身祖遺在冊民地壹段計地[illegible]畝肆分坐落夏家庄村上係南北畛東至荒增南至增西至王姓民地北至荒增四至明白地內[illegible]樹木相連多家在內憑中說合情愿立契出賣與口八甲民人劉昌宏名下永遠為業當面言明時值賣價紋銀柒兩整其銀筆下交足分毫不欠並非逼勒成交亦無私債折准自賣之後聽憑買主照冊過糧以便封納不許親族鄰等有說日後如有外錯多論者其情係在賣主與說合人等一面承當此係兩家情愿皆不許返悔如先悔者共罰白銀叁兩入官恐後無憑立賣契永遠存照

乾隆肆拾貳年貳月初七

日立賣契人王禮臣十
同弟王賓臣十
同子王天榮十 王天富十
同侄王天祚十
說合劉清十
中見王深十
書字劉墨林

永遠為業

乾隆四十二年（1777）夏各庄刘昌宏买地契约

3. 咸丰元年（1851）夏各庄刘全卖地给杨文忠契约：

立卖契日八甲民人刘全，因度日难过，无钱使用，今将祖遗在州民地三段，计地四亩，坐落夏各庄南杨家山东，东至道，西至坎，南至张姓地，北至田姓地，四至开明，情愿烦说合立契出卖与坊八甲民人杨文忠名下永远为业，同说合言明，时值纹银十五两整，银契两交不欠。自卖之后，任凭买主过粮税契，不与卖主相干，并无私债折准逼勒成交，倘有亲族人争竞者，尽在说合人一面承管，如有舛错争斗者，甘罚白银十两入官公用。此系二家情愿，各不返悔，恐口无凭，立卖字永远存照。

咸丰元年十月二十八日，立卖契人刘全（十）

说合人：刘登陞（押）

书字人：王如膏（清心）

永远为业

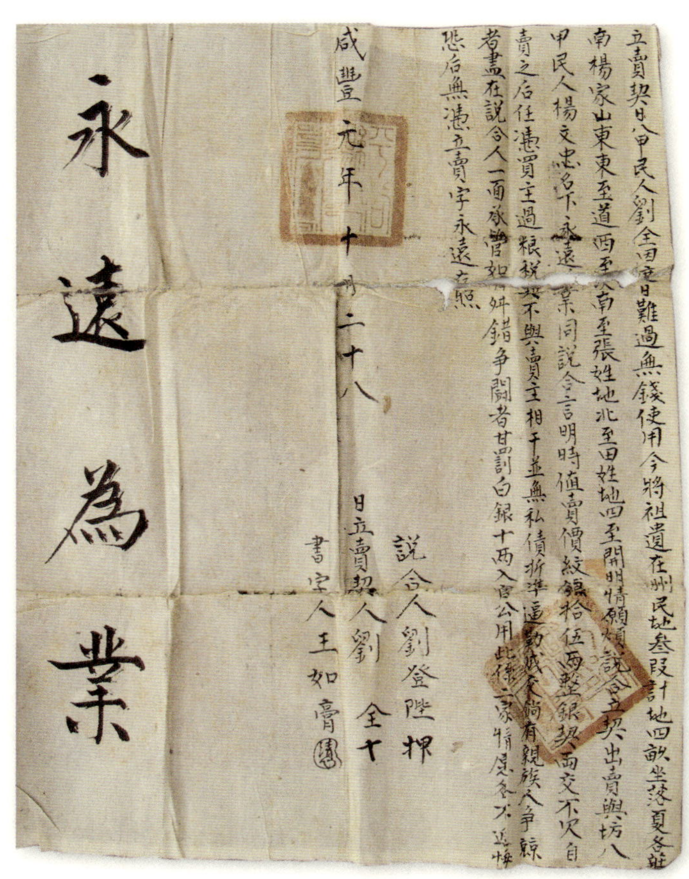
立賣契日八甲民人劉全因度日難過無錢使用今將祖遺在州民地叁段計地四畝坐落夏各莊南楊家山東東至道西至坎南至張姓地北至田姓地四至開明情願煩說合立契出賣與坊八甲民人楊文忠名下永遠為業同說合言明時值價紋銀拾伍兩整銀契兩交不欠自賣之後任憑買主過粮稅契不與賣主相干並無私債折準逼勒成交倘有親族人爭競者盡在說合人一面承管如有舛錯爭鬪者甘罰白銀十兩入官公用此係二家情愿各不返悔恐後無憑立賣字永遠存照

咸豐元年十月二十八日立賣契人劉全十

說合人劉登陞押

書字人王如膏

永遠為業

■ 咸丰元年（1851）夏各庄刘全卖地契约

【注】

“坊八甲”即坊郭社第八甲。“在州民地”即平谷县清初为顺天府蓟州所属县，康熙十五年（1676）平谷县属通永道管辖，雍正四年（1726）清廷以通永道专司河务，平谷改隶霸昌道，乾隆八年（1743）平谷又改为顺天府直属县。因几经隶属变换，老百姓搞不太清，只记得曾属蓟州，故有此说。“过粮税契”指向国家纳税，民间土地交易后要把纳税事宜交代清楚，向县衙有关部门申报纳税人变更手续。因为价钱都是提前通过说合人沟通一致的，所以这里称“同说合言明”，即跟说合人讲明白了。“银契两交不欠”，是书写契约文书的行话，即后来的“钱契两交不欠”，也就是按谈好的价钱当面交清，同时买主将签订的契约带走。“任凭过粮契税”也是土地交易契约的常用语，就是以后这块成交地的税粮由买主负责了。

4. **同治十一年（1872）夏各庄刘玉退地给王家契约：**

立退契文约人刘玉，情因无钱使用，今将自己受分旗熟地一段计地九亩，坐落见太务庄二郎庙前，系南北界，东至马姓地，西至王姓地，南至马姓地，北至沟，四至开明，烦中说合情愿立契出退与王存芳名下永远为业，同面言明，时置（值）退价小数东钱八百吊整，其钱契两交不欠。自退之后，听凭置主任佃交租，修理自便，不与契主相干，并无舛错反悔，亦无亲族争竞等弊，如有其情，尽在说合一面成（承）管，不许与置主书字相涉。此系二愿，各无反悔，恐口无凭，立字为证。

每年交租钱十九吊八百文。

同治十一年十一月十四日　立退契人刘玉（押捺点）

说合：张成（十）

代字人：刘国治（公心）

契约的书写人在契面上要标写出来。有的写“书字人”，有的写“代字人”“代笔人”，即由卖主请本村文化人代表自己写出契约主体内容。也有自己亲笔书写的，后边也要注明。

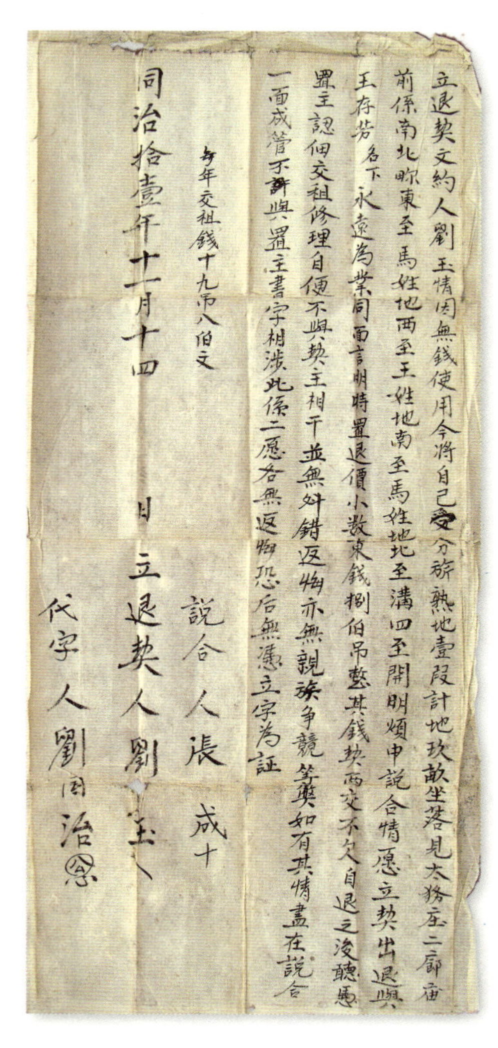
立退契文約人劉玉情因無錢使用今將自己受分旂熟地壹段計地玖畝坐落見太務庄二郎廟
前係南北畛東至馬姓地西至王姓地南至馬姓地北至溝四至開明煩中説合情愿立契出退與
王存芳名下永遠為業同面言明時置退價小數東錢捌伯吊整其錢契兩交不欠自退之後聽憑
置主認佃交租修理自便不與契主相干並無舛錯返悔亦無親族爭競等弊如有其情盡在説合
一面成管不許與置主書字相涉此係二愿各無返悔恐后無憑立字為証
每年交租錢十九吊八伯文
同治拾壹年十一月十四日　立退契人劉玉
説合人張成十
代字人劉国治

■ 同治十一年（1872）夏各庄刘玉退地契

5. **光绪五年（1881）夏各庄刘用退受分旗场院给刘永莲文约：**

立文约人族侄刘用正用不足情因手乏，今将自己受分旗场园一处，计园地六分，坐落西大街路北，土木相连，南至置主，北至于、刘二姓，西至石河，东至出主，四至说明，今烦说合，情愿立契出退与族叔刘永莲名下永远为业。同面言明，时值退价东钱一百四十吊整，其钱笔下交足不欠，自退之后并无私债折准逼勒成交，此中并无亲族人等争论，舛错者尽在说合一面承管，不与置主相干，自退之后任凭置主认佃（佃）交租。此系两家情愿，各无返悔，恐口无凭，立退契永远为业。

光绪五年十二月二十四日　立退契文约人族侄刘用（画斜十字押）

说合人：刘登庸（十）

代字人：于登云（押“情愿”合体字）

永远为业

“正用不足情因手乏”是个病句，叙述的原因重复。“受分旗场园”就是分家时接受分配的场院。“旗”是产权性质为在旗，即属于旗民，可见日八甲刘姓在顺治初年也带地投旗了。真正的旗产是不允许买卖的，可以租佃，但汉旗的房地产原本大多属于自己的，所以管理较松。“退与”是卖与之义，不说卖与而说退，是因为土地性质原因，没有所有权就没有买卖之说。使用权转移称为“退与”。“族叔”是家族按辈分论是叔叔辈。

比族叔近的是堂叔和紧堂叔。“时值退价东钱一百四十吊整”，即当时大众认可的交易价为一百四十吊。“东钱”即京东一带每吊常数，光绪年间平谷三河一带每吊大约 600 文，民国初期甚至有跌到 300 文。“自退之后任凭置主认佃交租”，就是买主办完产权转移手续后，可以任意出佃，只要保证上交原租即可。

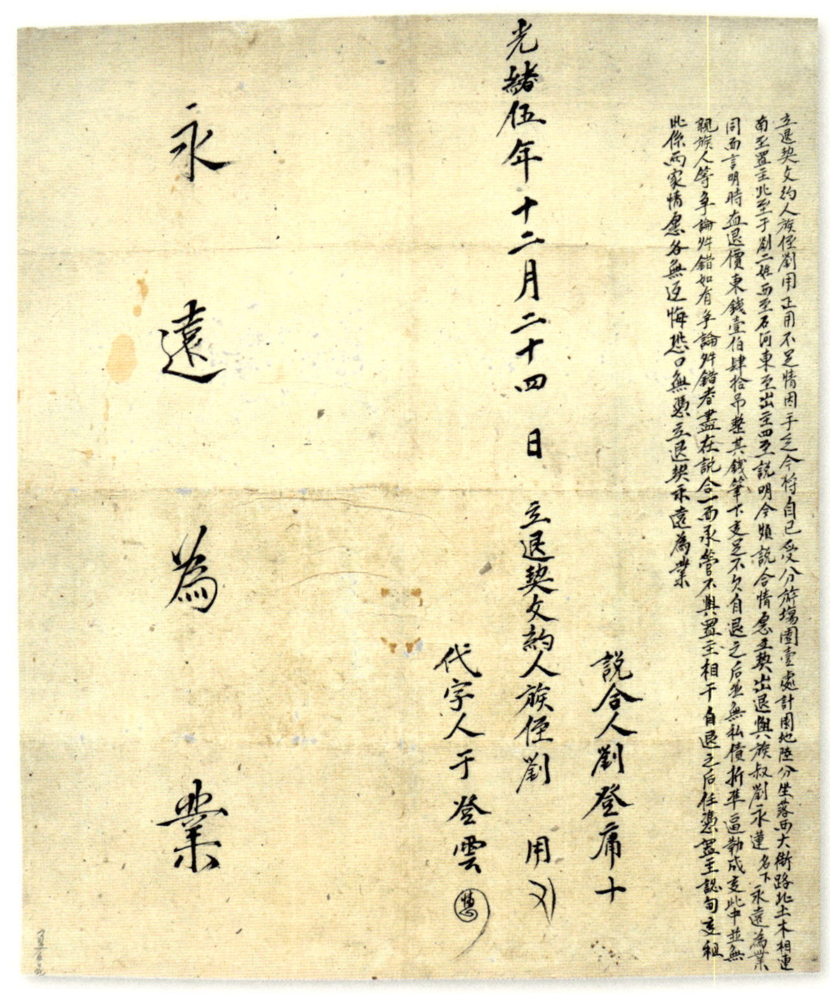

立退契文约人族侄劉用工用不足情因手乏今将自己受分旗場園壹處計園地陸分坐落西大街路北土木相連南至置主北至于劉二姓西至石河東至出至四至說明今煩說合情愿立契出退與族叔劉永蓮名下永遠為業同面言明特立退價東錢壹伯肆拾吊整其錢筆下交足不欠自退之后並無私債折準逼勒成交此中並無親族人等爭論外錯如有爭論外錯者盡在說合人一面承管不與置主相干自退之后任憑置主認佃交租此係兩家情愿各無返悔恐口無憑立退契永遠為業

說合人劉登庸十

光緒伍年十二月二十四日 立退契文約人族侄劉用

代字人于登雲

永遠為業

光绪五年（1881）夏各庄刘用退旗场院文约

6．光绪十二年（1886）刘永莲买地契约：

立卖契日八甲人刘存，因手乏将自己受分民地二段计地三亩，多寡在内，坐落在南张家坟南，东西界，东至荒坎，西至荒坎，南至荒坎，北至置主。又一段坐落姜山，计地二亩半，三至荒坎，北至置主，东西界，四至开明，烦中说人情愿立契出卖与族叔刘永莲名下永远为业。言明卖价共纹银十八两整，银契两交不欠。自卖之后任凭置主更名税契，不与契主相干。此中并无外错，如有外错，尽在契主说合人一面承管。二家情愿，各无返悔，恐后无凭，立文约为证。

光绪十二年十二月廿四日　立卖契人刘存（十）

中说人：刘登庸（十）

书字人：刘占先（公心）

永远为业

此契附带契尾。

这份地契的卖主刘永莲是笔者外祖父刘正友的祖父。平谷图书馆馆长刘春雨家也曾捐赠过地契，契主也是夏各庄刘永莲。

“三至荒坎”是东、南、西三个方位的简称。“纹银”亦称足纹，全称是户部库平十足纹银，为清朝法定银两标准成色。清廷规定缴纳钱粮等都以纹银为标准，其他银两均须按成色折合计算。

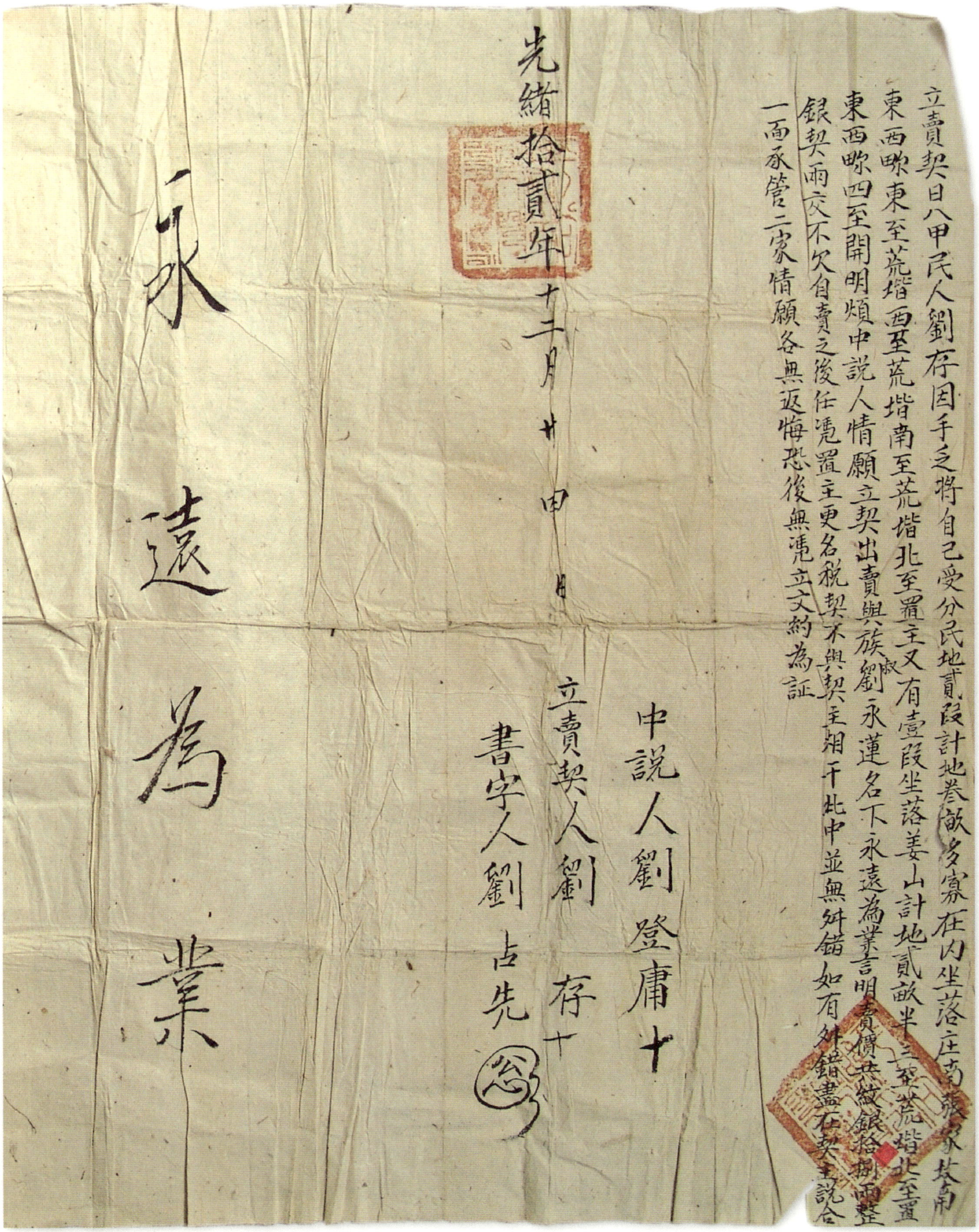

立賣契日八甲民人劉存因手乏將自己受分民地貳段計地叁畝多寡在內坐落庄南殷家墳南
東西畛東至荒塄西至荒塄南至荒塄北至買主又有壹段坐落姜山計地貳畝半三至荒塄北至買
東西畛四至開明煩中說人情願立契出賣與族叔劉永蓮名下永遠為業言明賣價共紋銀拾捌兩整
銀契兩交不欠自賣之後任凴置主更名稅契不與契主相干此中並無舛錯如有舛錯盡在契主說合
一面承管二家情願各無返悔恐後無凴立文約為証

中說人劉登庸十
立賣契人劉存十
書字人劉占先

光緒拾貳年十二月廿四日

永遠為業

光绪十二年（1886）刘永莲买地契约

7. 光绪二十一年（1895）安固熊家推佃给夏各庄刘永莲龙坡地契：

立推佃契文约人熊从刚、熊好刚、熊本刚，因乏手愿将祖遗受分旗官地一段计地八亩，坐落夏各庄西龙坡道南，系南北界，东至旗地，西至旗地，南至荒坎，北至大道，四至开清，自烦中说，情愿立契出推与夏各庄刘永莲名下永远认佃。同众言明，时值推价东钱 四百六十五吊整，其钱笔下交足不欠。自推佃之后，任凭佃主更名认佃交租，不与推主相干，其中并无舛错，亦无亲族争竞，如有亲族争竞，尽在推主与中人一面承管。两家情愿，各无返悔，恐口无凭，立推契永远为证。

大清光绪二十一年十一月初二日　立推佃契人熊从刚、熊好刚、熊本刚

中说人：熊怀刚、熊崇刚

代字人：张廷梁（合体字）

永远认佃

熊姓顺治元年（1644 年）由广东开平迁来，落户安固。

由中说人向外公布信息并做信息对接工作。一个村可能有几个善于做此项工作的，开始就是帮忙，后来成为兼职性质。买卖双方由“中说人”斡旋，讲明条件后，再找亲友作为中见人或中证人汇集在一起，将要表述的内容请代笔人书写的毛草纸上。代笔人大部分是职业性的，一般自带纸张，书写完后收取少量费用。“中见人”和“中证人”性质有所不同，“中见人”只是旁证，“中证人”则是硬证。大户人家一般都给些费用，小门小户又是小宗买卖，就一起吃顿便饭。

“龙坡”位于安固与夏各庄之间的大土台西段，原张各庄公社“五七中学”西北土坎。这一带有典型的商周遗址，古时一定出土过古化石，因为各地只要叫“龙骨山”“龙山”“龙坡”的，都是古代出土过化石的遗址。安固“龙坡”为商周遗址，是 1982 年文物普查才被确认，发掘时只发现商周时期大量的陶器残片，完整的也有几个。“情愿立契出推与夏各庄刘永莲名下永远认佃”中的“情愿立契”就是甘心情愿地立下此契，“出推”即推出之意，因为这块地是旗产，没有权利买卖，但熊家是始佃户，佃户不愿承种是可以转让给别人的，这种转让不是买卖，而是继续按照原有纳租条件交纳钱粮。“永远认佃”是一句书契用语，并非真的“永远”，刘永莲不愿承种了，也可转佃给下家。这块地所有权在恭王府，掌控权在庄头，恭王府要的是原始核定的钱粮数，只要到期如数交来钱粮，谁耕种他不管，负责变更转佃手续的是“庄头”。“如有亲族争竞，尽在推主与中人一面承管”也是契约常规用语，表示这块地没有争议，没有纠纷，如果转手后出现了纠纷，与置主无关，均由转让人和中说人负责。

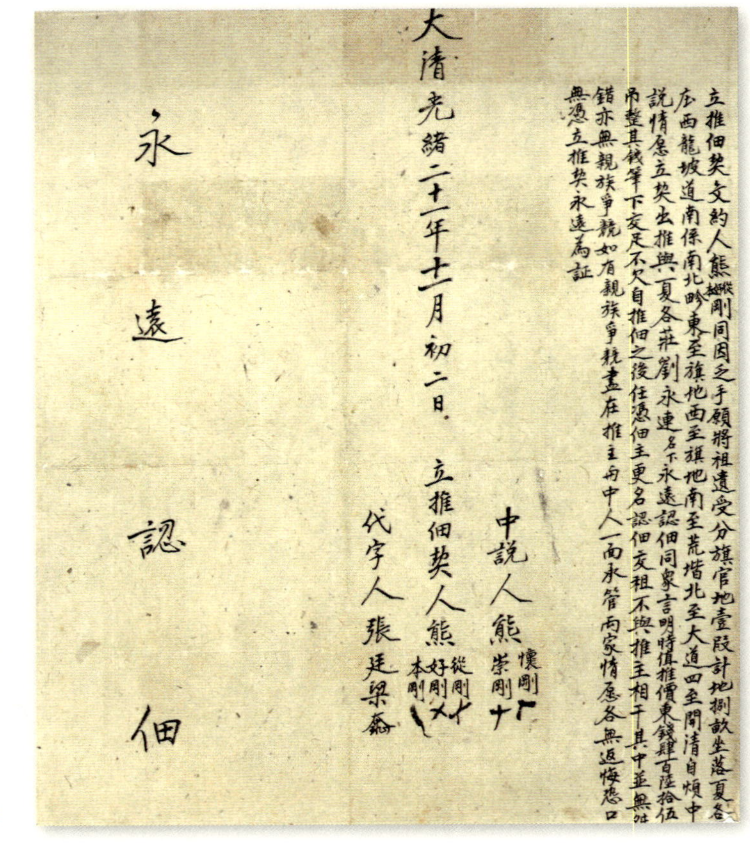
立推佃契文約人熊從剛好剛本剛同因乏手願將祖遺受分旗官地壹段計地捌畝坐落夏各庄西龍坡道南係南北畛東至旗地西至旗地南至荒堦北至大道四至開清自煩中說情愿立契出推與夏各莊劉永連名下永遠認佃同衆言明時值推價東錢肆百陸拾伍吊整其錢筆下交足不欠自推佃之後任憑佃主更名認佃交租不與推主相干其中並無舛錯亦無親族爭競如有親族爭競盡在推主與中人一面承管兩家情愿各無返悔恐口無憑立推契永遠爲証

大清光緒二十一年十一月初二日　立推佃契人熊從剛 好剛 本剛 十

中說人熊懷剛 崇剛 十

代字人張廷梁

永遠認佃

■ 光绪二十一年（1895）安固熊家卖地契

8. 光绪二十四年（1898）夏各庄刘门史氏与外甥刘永来卖地契：

立卖契负五甲民人刘门史氏同外生（甥）刘永来，因乏手今将自己民地一段，计地十四亩，坐落白道子，东至荒坎，西至道南至荒坎，四至书明，今烦说合，情愿立契出卖与李朝阳名下永远为业，同面言明，时值卖价银一百五十两，其银笔下交足不欠，自卖之后，任凭置主过粮税契，不与卖主相涉，其中并无外错，亦无异说，如有外错异说，尽在卖主与中人一面承管，不与置主相干。二家情愿，各无返悔，恐后无凭，立卖契永远存照。

光绪二十四年二月十三日　立卖契人负五甲刘门史氏、刘永来

中说人：于德奎、于登云（忠）、陈好生（正）

书字人：于登瀛（忠）

永远为业

“负五甲”即负郭社第五甲，“民人刘门史氏”即卖地人籍贯为负五甲的刘门史氏，说明夏各庄史家也是明永乐年间迁过来的，而史氏又嫁给了本村西大街刘家，故称刘门史氏。“同外甥刘永来”，说的是刘门史氏和外甥刘永来商定，将“自己民地”说明这块地是刘史氏的，但外甥和姥姥一起生活，所以要有外甥名份，以免日后出现异说。夏各庄史姓曾是个大姓，清道光元年和四年发生两次瘟疫，平谷深受其害，很多村庄都死了不少人，可惜官方没有调查统计，只有很多村的“官坟”“乱葬岗”地名成为见证。据老人说，史家、柴家住在一个胡同，在两次瘟疫中有多户灭绝。买地方李朝阳是夏各庄大户，清末至民国期间在全村属十富户之一，家里的住房为全村最好。在抗战爆发前夕就逐渐败家了，到抗战结束，仅有存身的房产和几亩破地。

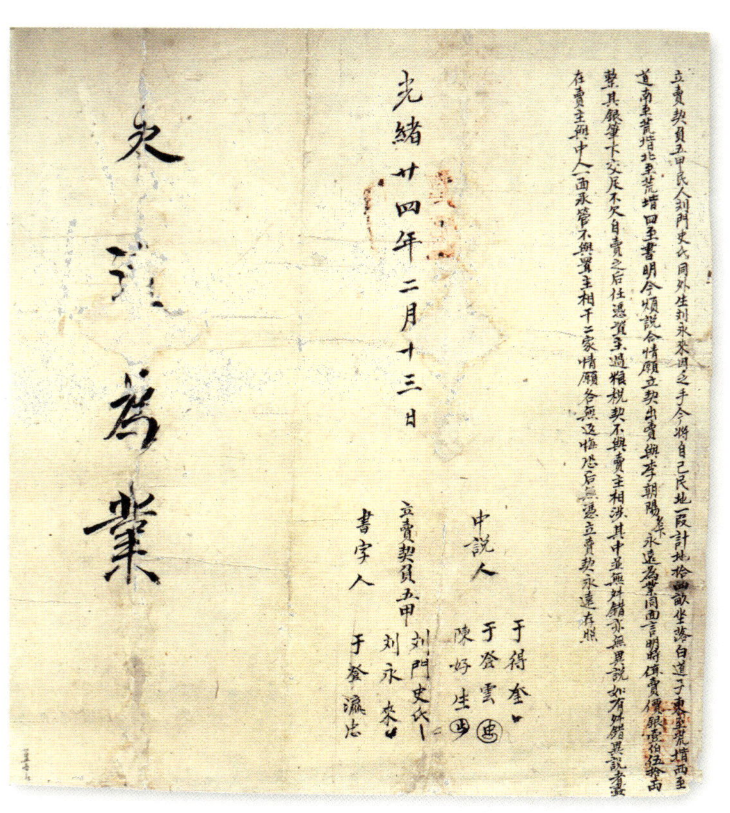
立賣契負五甲民人劉門史氏同外生劉永來因乏手今將自己民地一段計地拾四畝坐落白道子東至荒堷西至道南至荒堷北至荒堷四至書明今煩說合情願立契出賣與李朝陽名下永遠為業同面言明時值賣價銀壹佰伍拾両整其銀筆下交足不欠自賣之后任憑買主過粮税契不與賣主相涉其中並無外錯亦無異說如有外錯異說盡在賣主與中人一面承管不與買主相干二家情願各無返悔恐后無憑立賣契永遠存照

光緒廿四年二月十三日

中說人　于得奎　于登雲（忠）　陳好生（正）

立賣契負五甲　劉門史氏　劉永來

書字人　于登瀛（忠）

永遠為業

光绪二十四年（1898）夏各庄刘门史氏与外甥刘永来卖地文约

9. 民国三年（1914）验收夏各庄刘良善乾隆二十八年（1763）地契新契纸：

为增加税收，减少原征税册中有瞒报、少报问题，自袁世凯当上民国政府大总统后，即对全国土地实行重新清丈，对老契进行核对，经核对无误后填写新契纸，以后纳税以新契纸为依据。新契纸前半部分是京兆财政分厅（相当于北京市财政局）做的关于“财政部颁行划一契纸”说明：所有民间田房旧契无论旗产民产，典契卖契，已税未税以及印契实在遗失或田房典契载不符，并有产而无契据者，均应一律照章报验注册，换给新契纸，以为各业户等执据。兹奉大总统教令，公布验契条例十七条，契税条例十二条，亟应遵照办理。凡呈验旧契，以六个月为限，逾限如不呈验，照章科罚，并于诉讼时不能作为凭据。嗣后成立之新契，仍一律照章纳税，毋得隐匿，致干罚办。须至契纸者。

下边“计开”为原旧契关键词：

京兆平谷县业户刘昌宏住夏各庄，于乾隆二十八年十二月初二日买刘良善地一段，计民地五亩，用价市平纹银十五两。兹据呈验，照契并缴查验费洋一元，注册费一角，已予遵章注册讫。中华民国三年十二月五日。右给业户刘昌宏收执。

两边还有一些说辞和另行收费原因，收费一元多。

土地不会增多，原契约明清两代都查验过，进入民国还要查验，显然就是为收费找借口。看验契收费大洋一元，左契边收“号纳费陆角”，右边收“号新费柒角”，不知什么名词，可能近似于挂号费。试想全国一亿多户，仅此一项就从老百姓手里无端掠走多少大洋。

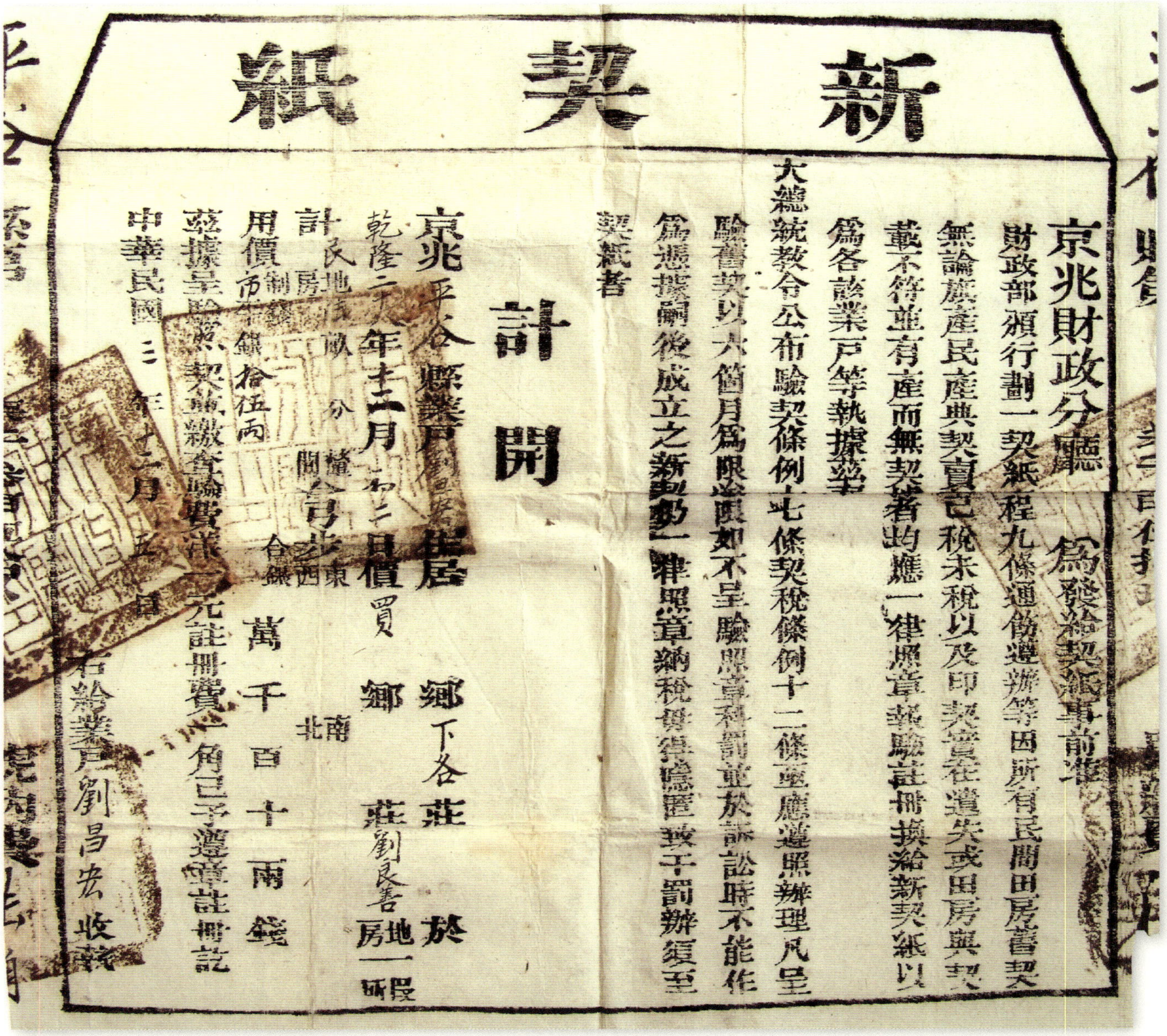

新契紙

京兆財政分廳 為發給契紙事前准
財政部頒行劃一契紙程九條通飭遵辦等因所有民間田房舊契
無論旗產民產典契賣契已稅未稅以及印契遺失或因房與契
載不符並有產而無契者均應一律照章驗註冊換給新契紙以
為各該業戶等執據案
大總統教令公布驗契條例十七條契稅條例十二條亟應遵照辦理凡呈
驗舊契以六箇月為限逾限如不呈驗照章科罰並於訴訟時不能作
為憑據嗣後成立之新契均一律照章納稅毋得隱匿致干罰辦須至
契紙者

計開

京兆平谷縣業戶劉昌宏 居 下各 鄉 夏各 莊 於
乾隆二十八年十二月初二日價買 劉良善 鄉 莊 房地一段
計 民地五畝 分 釐 東 西 南 北
用價 市平紋銀拾伍兩 萬 千 百 十 兩 錢
茲據呈驗照契并繳查驗費洋一元註冊費一角已予遵章註冊訖
中華民國三年十二月五日
右給業戶劉昌宏收執

民国三年（1914）新契纸

10. 民国二十九年（1940）夏各庄刘于氏卖地给马如霆地契：

立卖契人刘于氏因正用不足，今将自己受分民地一段计地五亩坐落茶棚沟，系南北界，西至李姓，东至马姓、南至官道，北至王姓，四至开清，今烦说合情愿立契出卖与本庄马如霆名下承种，言明卖契永远为业，时值国币洋柒佰壹拾元整，笔下交清不欠。自卖之后，任凭置主过租税契，以便交纳。倘有亲族人等争竞，俱有中保一面承管，不与置主相干。两家情愿，恐口无凭，立字永远存照。

中华民国二十九年十二月十二日　立卖契人刘于氏（心）

中说人：于福元（十）

出名人：刘廷喜（十）

代字人：于耀鳞（忠）

“茶棚沟”在村西南，今新城西区南部商品楼区。“国币洋”不是真的大洋，而是当时流通的纸币。

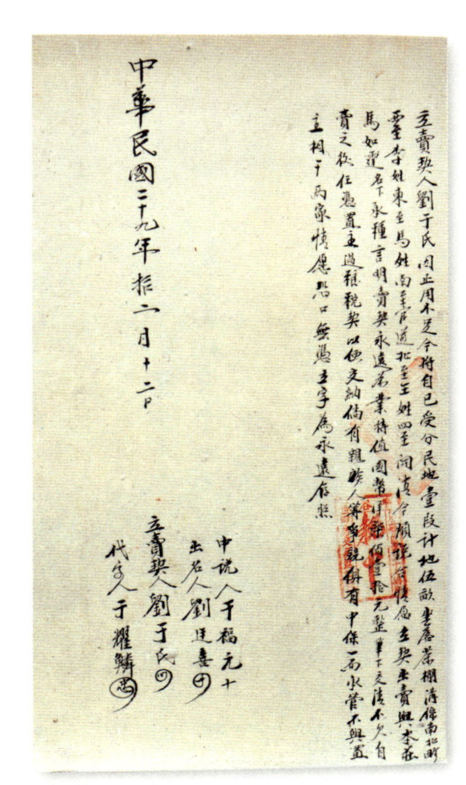

民国二十九年（1940）夏各庄刘于氏卖地契

11. 民国三十二年（1943）夏各庄王俊廷、刘全顺指地借大洋契约：

立指地借洋字据人王俊廷、刘全顺：情因手乏，愿将刘全顺自己民地一段三亩，坐落庄西辘轳把，系东西界，四至不开，烦中说合愿立契指此地借到与张各庄吕起章名下为凭，同中言明，借价国币洋一千元整，其洋即日交清不欠。自借之后，按月三分行息，不许短少，是日倘本不到，按月将利息付清，年齐至惊蛰，本利不清，地归钱主耕种为利。此系两家情愿，各无返悔，恐口无凭，立字为证。

中华民国三十二年旧历十一月二十九日立指地借洋圆人王俊廷、刘全顺

中说人：王仲品

代字亲笔

这是一份向邻村债主指地借款协约。“指地”意思是用手指的这块地做抵押，目的是用这块地的使用权做抵押短期借款。“指地”很形象，就是双方都到地头看清这块地的四至，然后现场约定借款事宜。借款没有约定时期，只规定所借的一千元国币每月利息是 0.3%，计算起止时间以“惊蛰”为界限。到时本利要还清，如果不能还清，地还归出借钱一方耕种，以作为利息补偿。“辘轳把”，小地名，在村西南七队社场南，地形呈带弯的长条状，似“辘轳把”。

民国三十二年（1943）夏各庄刘全顺指地借钱契约

12. 民国三十年（1941）夏各庄王仲臣卖地给马如霆契约：

立卖契文约人王仲臣，因一时不便今将自置民地一段四亩坐落瓦窑，系南北界，东至李翠华，西至李凤仪，南至张德，北至李凤仪，四至开清，今烦中说，情愿出卖与马如霆名下永远为业。同众言明，卖价国洋二百元，其洋笔下交清不欠，自卖之后任凭置主自便交纳过割税契，其中并无舛错纠葛等弊，如有舛错纠葛，尽在契主、中人一面承管，与置主、书字人无涉，各无异说，恐后无凭，立字永远存照。

中华民国三十年夏历一月六日立卖契人王仲臣（公）

说合人：田作然（十）

代字人：李殿勋（忠）

永远为业

这是一份卖地契。买卖双方都是夏各庄人，地的位置是“瓦窑”。夏各庄有瓦窑两处，一在村北后鸭子坑畔，一处在村东南里许，即现在的夏兴园西边大道位置。这里指的是东南部的“瓦窑”，现在仍有瓦窑南、瓦窑北地名，都是上等熟地。

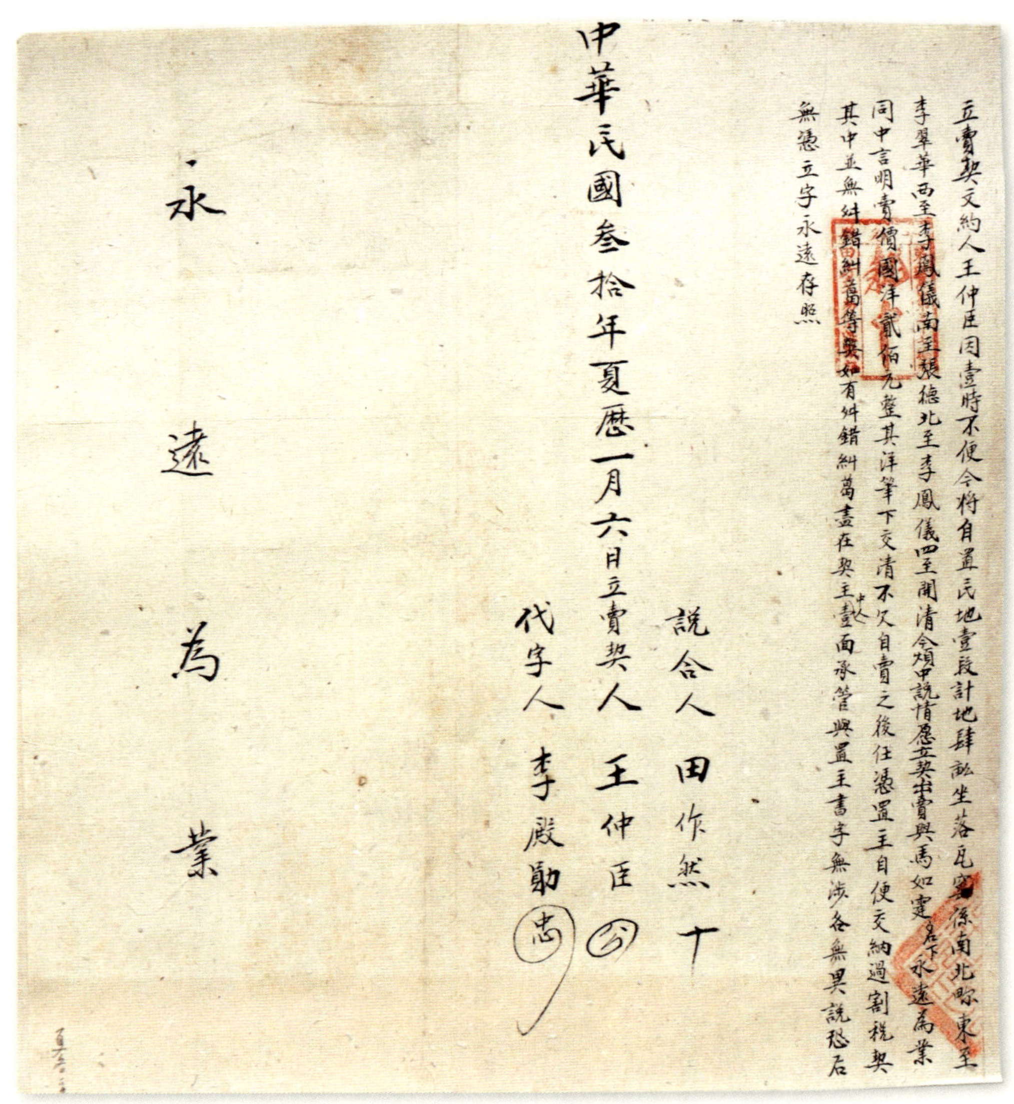

立賣契文約人王仲臣因壹時不便今將自置民地壹段計地肆畝坐落瓦窑係南北畔東至李翠華西至李鳳儀南至張德北至李鳳儀四至開清今煩中説情愿立契出賣與馬如霆名下永遠爲業同中言明賣價國洋貳佰元整其洋筆下交清不欠自賣之後任憑置主自便交納過割税契其中並無舛錯糾葛等弊如有舛錯糾葛盡在契主中人壹面承管與置主書字無涉各無異説恐后無憑立字永遠存照

中華民國叁拾年夏歷一月六日立賣契人　王仲臣（公）

説合人　田作然　十

代字人　李殿勛（忠）

永遠為業

■ 民国三十年（1941）夏各庄王仲臣卖地契约

13．民国三十四年（1945）夏各庄刘理当地契约：

立当契文约人刘理：情因正用不足，愿将祖遗民地一段计生地三亩，坐落贤王庄北，系南北界，东边除四至不开，烦人说合出当与刘全顺名下，三面言明，时值国币洋一万六千元整，其洋笔下交足不欠，秋成后不拘年限，方许原价赎回，不许短少。自当之后，情愿二家各无返悔，恐口无凭，立字为证。

中华民国三十四年二月初十日立当契文约人刘理

中说人：刘祥友

代字人：亲笔

这是一份当地契。“当”就是短期转让使用权。从地价看，跟前边王仲臣出卖的地价比较，这个地价明显高出许多。可能是前者支付的是真实的银元，此际支付的是纸币。约定不管几年，以秋后为界结算，以粮食收成抵顶利息。

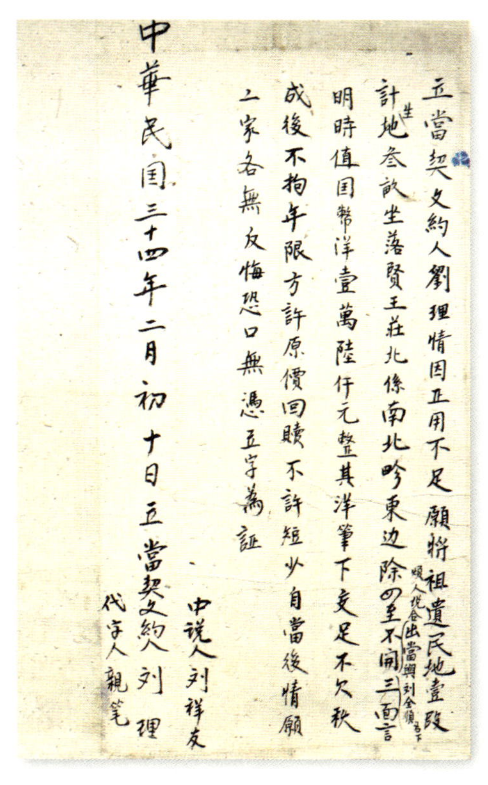

立當契文約人劉理情因正用不足願將祖遺民地壹段計生地叁畝坐落賢王莊北係南北畛東边除四至不開烦人说合出當與刘全顺名下三面言明時值国幣洋壹萬陸仟元整其洋筆下交足不欠秋成後不拘年限方許原價回贖不許短少自當後情願二家各無反悔恐口無憑立字為証

中華民国三十四年二月初十日立當契文約人刘理

中说人刘祥友

代字人親笔

民国三十四年（1945）夏各庄刘理当地契约

14．民国三十五年（1946）夏各庄刘锡玉当地契约：

立高价文约人刘锡玉，情因手乏，亲烦说合将当与刘全顺名下之地贤王庄北一段，系、界、亩、当价及亩数前契说明不另，三面言明，将此地高价高（此“高”似应为“当”字）小米一百七十五斤整，其米笔下交足不欠，秋成后连前契原价一并赎回，不许短少，不许异说，或如不许赎，尽在中人一面承管。此系两家甘愿，三面议定，各无返悔，恐口无凭，立此高价文约为证。

中华民国三十五年二月初二日立高价文约人刘锡玉

中说人：王绪山、刘祥友

代字人：刘理

这也是一块出当地契，和前一份比相隔一年，这次不再用现金支付，而是用小米支付，说明市场物价极不稳定，通货膨胀严重，百姓甘愿回到实物支付阶段。“高价”是当时常用语。此契约是刘锡玉二次出当与同一个人——刘全顺。何以再写一次协议呢，盖因物价上涨，执行原约定的现金支付已不适宜，于是立新契改支付小米。小小一份契约，见证了平谷人民经历的那段辛酸史。

民国三十五年（1946）夏各庄刘锡玉当地契约

西大街刘恩家族地契

1. 光绪十年（1884）夏各庄退契：

立退契人王作仁，因手乏将受分旗地一段计地四亩，坐落北港，东西界，东至道，西至顺地，南至香火地，北至置主，四至开明，烦中说人情愿立契出退与本庄刘玉林名下承种，言明退价小数钱一百六十二吊整，钱契两交。自退之后，任凭置主认佃交租，不与去主相干。二家情愿，各无反悔，恐后无凭，立约为证。

光绪十年十一月初五日　立退契人王作仁（十）

说合人：刘显玉（忠）

书字人：刘占先（押）

永远为业

这是典型的自有旗地，自己有权转让所有权。夏各庄王氏家族有两支，实为一宗，都是明洪武年间由山西来到平谷的，是亲兄弟。老大落足望马台，永乐年间大移民后被编为独十甲房十舍；老二落足夏各庄，被编为负五甲房四舍。清初和夏各庄王氏因为带地投充，走到一起。既然是带地投充，所有原自有地变更为旗地。“北港”是后牙子坑北岸中段名称，这里不是河湾，只是长条坑（东西呈月牙状，水面常年有300多米长，40多米宽）的弯，不知为何称为港，也可能是“岗”的别字。因为这里原来有土台，土台边上是瓦窑，至迟清代就存在了，1975年为修路才将窑平掉。“香火地”一般指无偿捐赠给寺庙的土地。

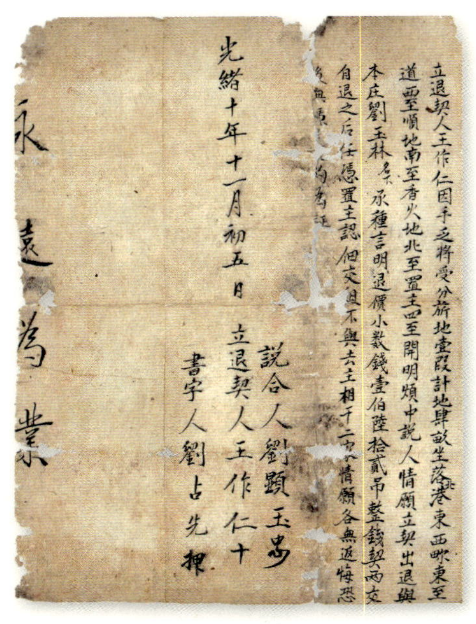
光緒十年十一月初五日
立退契人王作仁十
說合人劉顯玉忠
書字人劉占先押
永遠為業

■ 光绪十年（1884）夏各庄退契

2. 民国十二年（1923）徐志凌退契：

立退契文约人徐志凌，情因正用不足，今将受分旗官地二段计地一亩，坐落庄西北乱葬岗，系南北界，东至马姓，南至顶头张姓，西至梁姓，北至李姓，四至开明，亲烦中人说合，情愿立契出退与王喻名下承种。同面言明白，退价东钱四百三十五吊整，齐倩奇两交不欠。自退之后，地兴置主认佃交租，不与出主相涉。其中并无舛错，亦无亲族人等争竞。此系两家情愿，各不返悔，恐口不凭，立退契为证。

中华民国十二年十二月十五日　立退契文约人徐志凌

中见人：王品卿

代字人：张雅清

永远为佃

■ 民国十二年（1923）夏各庄徐姓退契

夏各庄徐姓不多，清代中后期由马各庄迁入。夏各庄村南荒地和无主土地被纳入官产旗地，属于马各庄徐家管辖，夏各庄的徐家就是派遣来的坐地收租户。“乱葬岗”是旧中国大乱时代的产物，很多地方都有，这个地名本身就是一部“无字史书”，见证曾经的苦难。

夏各庄在晚清有几位“村秀才”，常为邻里书写契约，很受人尊敬，享有很高的社会地位。此契代笔人张雅清，另有张文清、梁文焕、马子蓝等均为书契名手。

3. 民国十九年（1930）退地契：

立退契人马子蓝，因正用不足，烦说合情愿将自种旗地一亩一分一厘，坐落庄西三官庙后，东至于姓，西至去主，南至置主，北至去主，东西宽八丈三尺四寸，南北长八丈，水西北流，四至尺丈开明，烦说合情愿立契出退与刘恩名下为佃。同众言明，时值退价东钱四千二百二十吊整，其钱契两交不欠。自退之后任凭置主认佃交租。此系二家情愿，各无反悔，恐口无凭，立退契存照。

中华民国十九年旧历十月初一日　立退契人马子蓝亲笔（公心合体字押）

说合人：马德珍、王仲武

马子蓝是夏各庄马家大户，也属于文化家族，崔家山下的老马家坟前曾有 18 块碑，（小马家坟还有 9 块碑，彼时有功名才能立碑）。

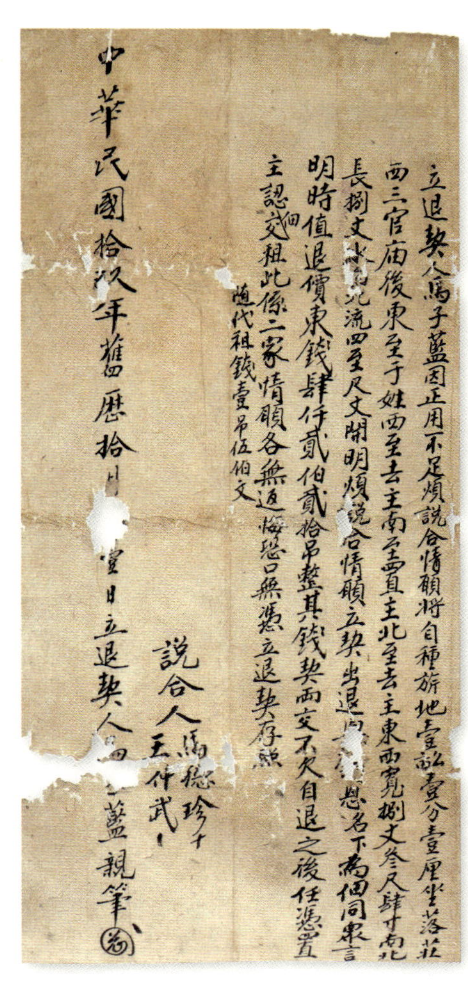

立退契人馬子藍因正用不足煩說合情願將自種旗地壹畝壹分壹厘坐落莊
西三官廟後東至于姓西至去主南至置主北至去主東西寬捌丈叁尺肆寸南北
長捌丈水西北流四至尺丈開明煩說合情願立契出退與劉恩名下為佃同衆言
明時值退價東錢肆仟貳佰貳拾吊整其錢契兩交不欠自退之後任憑置
主認佃交租此係二家情願各無返悔恐口無憑立退契存照
隨代租錢壹吊伍佰文
說合人馬德珍 王仲武
中華民國拾玖年舊曆拾月初壹日立退契人馬子藍親筆

民国十九年（1930）夏各庄马家退佃旗地与刘恩契约

4. 民国三十三年（1944）当契：

立当契文约人孔繁通，情因正用不足，自烦说合情愿将祖遗民地一段计地四亩，坐落前龙家务，东南四方坑，南上坡，南北界，四至不开，今烦中说出当与夏各庄刘恩名下承种，言明时值小米五百斤整，其粮笔下交清不欠。自当之后，经三秋方许回赎。此系二家情愿。同众言明，各无反悔，恐口无凭，立当契字为证。

中华民国三十三年十月十三日　立

中说人：孔庆生、刘德永

立当人：孔繁通

代笔人：刘志

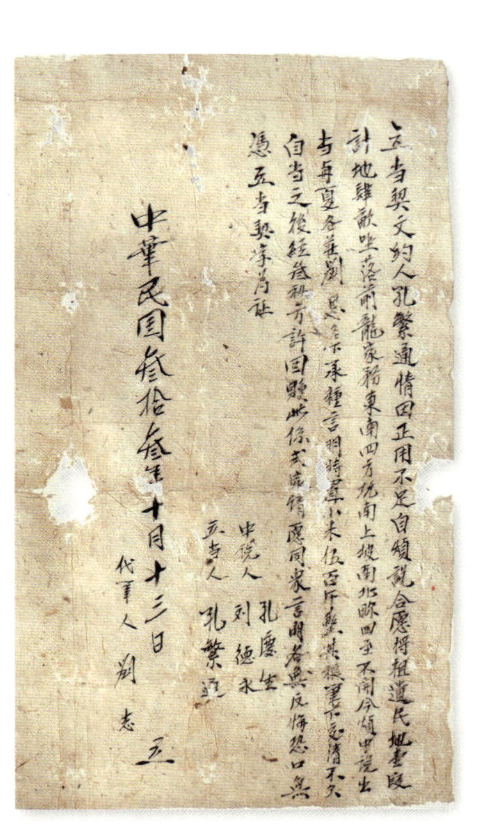

立當契文約人孔繁通情因正用不足自煩說合情願將祖遺民地壹段
計地肆畝坐落前龍家務東南四方坑南上坡南北界四至不開今煩中說出
當與夏各莊劉恩名下承種言明時值小米伍百斤整其糧筆下交清不欠
自當之後經過三秋方許回贖此係二家情願同衆言明各無反悔恐口無
憑立當契字為證
中說人 孔慶生 劉德永
立當人 孔繁通
中華民國叁拾叁年十月十三日
代筆人 劉志 立

民国三十三年（1944）龙家务孔繁通当地给夏各庄刘恩地契

马福才家族地契

夏各庄马姓有独六甲和负十甲两支，是亲兄弟，明永乐年来此，老大被分独乐河，编入独乐社第六甲，老二分到夏各庄，被编入负郭社第十甲。还有老三被分到大兴县的采育。

1. 咸丰七年（1857）夏各庄马希旺退地契：

立退契文约人马希旺，因一时乏手，今将自种旗地一段计地六亩，坐落夏各庄北赵家坟北，系东西界，东、西至道，南至李姓地，北至王姓地，四至开清，映(央)中说合，情愿立契出退与李怀报名下永远为业。同众言明，时值退价小数钱五百吊整，其钱笔下使完不欠，自退之后任凭李姓过名任佃，永不与马姓相干。此系二家情愿，各无反悔，今欲有凭，立退契永远存照。每年交现租小数钱六百文。

咸丰七年十一月十五日　立退契人马希旺（十）

中保人：张奎（十）

说合人：李怀德（十）

代字人：马慧足（公心）

永远为业

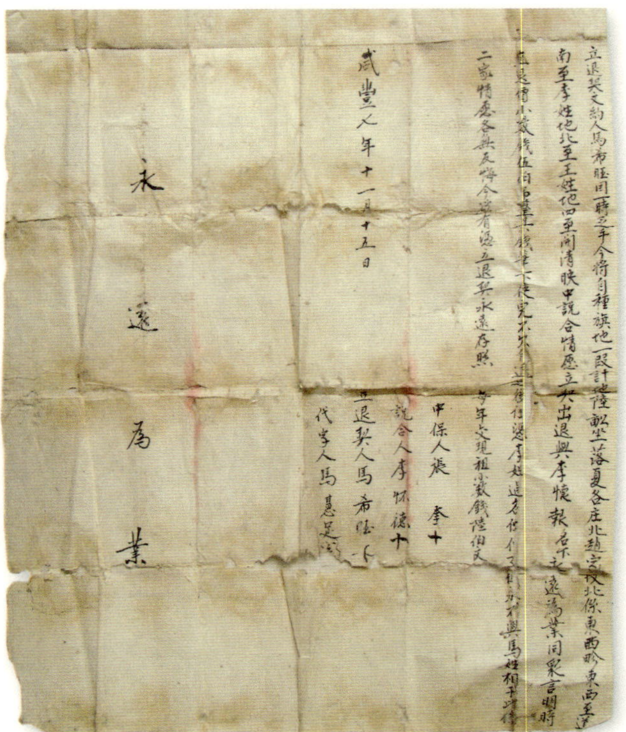

咸丰七年（1857）夏各庄马希旺退地契约

2. 光绪二十六年（1900）马贞买地契：

立卖契人路三甲民人贾焕恩同胞弟得荣，因乏手今将祖遗民荒地七段计地六亩坐落夏各庄庄东高家坝，界段不齐，并无遗漏，东西南北四至开明，今烦中说情愿立契出卖与负十甲民人马贞名下承种，永远为业。同面言明时值卖价纹银三十五两整，银契两交不欠。自卖之后任凭置主过割契税，以纳国课。其中并无私债择（折）准，亦无逼勒成交，亦无亲族人等争竞舛错之弊，如有此弊者尽在说合契主二家承管，不与置主相干。此系二家情愿，各无反悔，恐后无凭，立卖契永远存照。

光绪二十六年二月初四日　立卖契人贾焕恩、贾德荣

说合人：张全

中见人李宝先

书字人：李桂清

永远为业

高家坝即高家坟，是明初高姓来此开荒承种的土地，在中部还没有坟茔，马各庄北部高姓就是清初由夏各庄过去到河滩开荒落足的，直到清末还有人来夏各庄上祖坟。现在高家坟位置恰好是新城东区的“夏兴园”居民区内。这份地契还解决了贾姓来源问题，证明贾姓是由西鹿角迁来。在书契时，因“鹿”字比较复杂，常以“路”字代之。

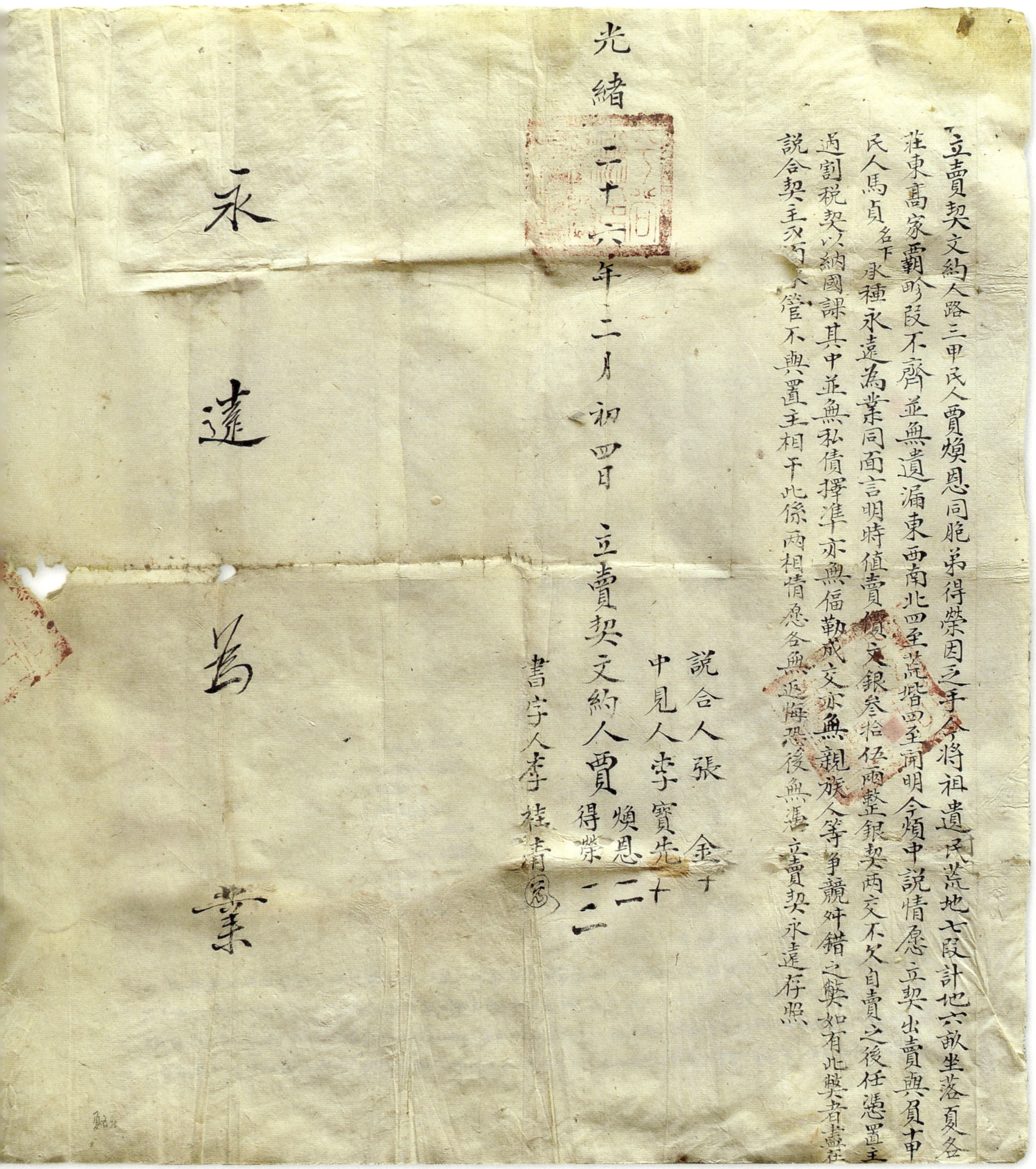

立賣契文約人路三甲民人賈煥恩同胞弟得榮因乏手無將祖遺民荒地七段計地六畝坐落夏各莊東高家覇畂段不齊並無遺漏東西南北四至荒塲四至開明今煩中說情愿立契出賣與夏中民人馬貞名下承種永遠為業同面言明時值賣價文銀叁拾伍兩整銀契兩交不欠自賣之後任憑置主過割稅契以納國課其中並無私債擇準亦無偪勒成交亦無親族人等爭競舛錯之弊如有此弊者盡在說合契主及説合人不管不與置主相干此係兩相情愿各無返悔恐後無憑立賣契永遠存照

光緒二十六年二月初四日　立賣契文約人賈煥恩 十
得榮 十

說合人張金 十

中見人李寶先 十

書字人李桂青

永遠為業

光绪二十六年（1900）夏各庄贾家卖地契

故纸留声——平谷田房契约品读

第二部分 平谷地产契约实例品读

3. 光绪三十年（1904）夏各庄张廷贵卖坟地契：

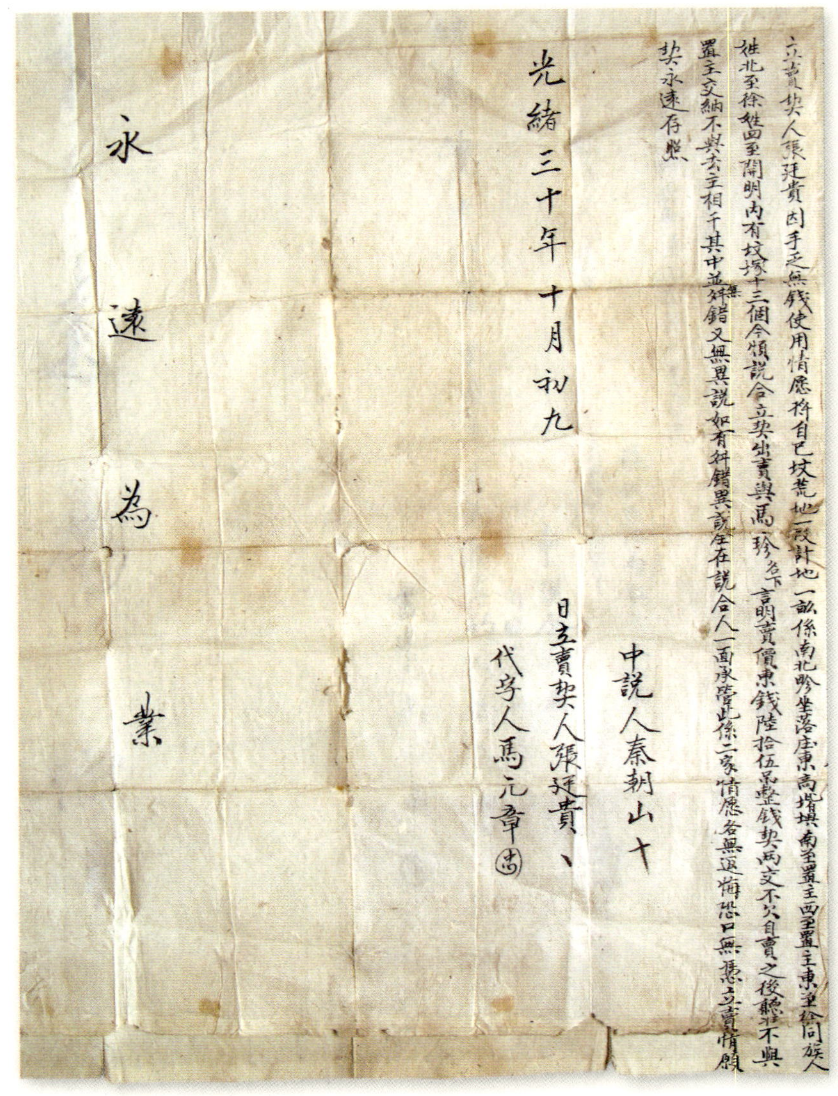

立賣契人張廷貴因手乏無錢使用情愿將自己坟荒地一段計地一畝係南北畛坐落庄東高坎坝南至置主西至置主東至徐同族人姓北至徐姓四至開明內有坟塚十三個今煩說合立契出賣與馬珍名下言明賣價東錢陸拾伍吊整錢契兩交不欠自賣之後聽憑不與置主交納不與去主相干其中並無舛錯又無異說如有舛錯異說全在說合人一面承管此係二家情愿各無返悔恐口無憑立賣情願契永遠存照

光緒三十年十月初九日立賣契人張廷貴、

中說人秦朝山十

代字人馬元章（忠）

永遠為業

■ 光绪三十年（1904）夏各庄张廷贵卖坟地合契

立退契文约人张廷贵，因手乏无钱使用，情愿将自己坟荒地一段，计地一亩，系南北界，坐落庄东高坎坝，南至置主，西至置主，东至徐姓，北至徐姓，四至开明，内有坟冢十三个，今烦说合立出卖与马珍（贞）名下，言明卖价东钱六十五吊整，钱契两交不欠，自卖之后，听凭置主交纳，不与去主相干，其中并无舛错，又无异说，如有舛错异说，全在说合人一面承管，此系二家情愿，各无反悔，恐口无凭，立卖情愿契永远存照。

光绪三十年十月初九日立卖契人张廷贵

中说人：秦朝山（十）

代字人马元章（忠）

永远为业

“坟荒地”即荒废的老坟地，可能是战乱或瘟疫等原因后辈人没了，无人上坟导致荒芜。也有出卖祖坟地的，但一般不到特别困难不会出卖祖坟地。“高坎坝”即高家坝，高家坟。

4. 宣统元年（1909）夏各庄马元买地契：

立卖契负五甲民人李桂廷同弟妇人李门田氏，因手乏，今将在册民地一段计地八亩，坐落庙岭，系东西界，西至荒坎，东至马姓，南北至道，四至开清，今烦说合情愿立契出卖与本庄负十甲民人马元名下永远为业，同中言明，卖价纹银九十两整，其银笔下交足不欠。自卖之后过割税契任凭置主照册以便交纳，不与契主相干。其中并无舛错，亦无亲族人等争竞，如有弊者，在中人与契主承管，不与置主相干。此系各家情愿，各无反悔恐口无凭，立卖契永远存照。

宣统元年十二月十七日　立卖契人李桂廷（正）、李田氏（忠）

中见人：张金

中说人：于振全、张福

代字人：李广茂押

永远为业

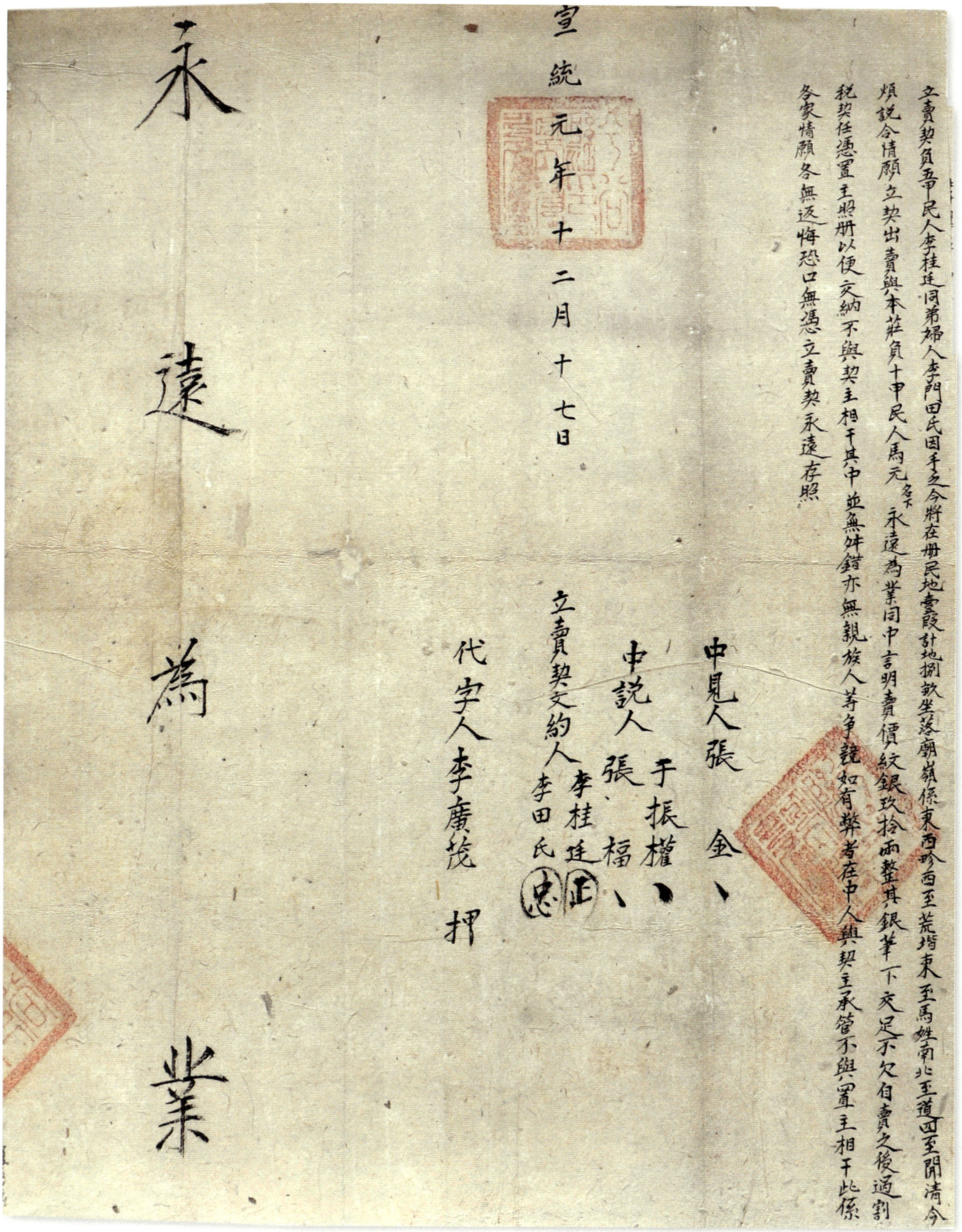

立賣契貟吾帝民人李桂廷同弟婦人李門田氏因手乏今將在冊民地壹段計地捌畝坐落廟嶺係東西畛西至荒埝東至馬姓南北至道四至開清今煩說合情願立契出賣與本莊貟十甲民人馬元名下 永遠為業同中言明賣價紋銀玖拾兩整其銀筆下交足不欠自賣之後過割稅契任憑置主照冊以便交納不與契主相干其中並無舛錯亦無親族人等爭競如有弊者在中人與契主承管不與置主相干此係各家情願各無返悔恐口無憑立賣契永遠存照

宣統元年十二月十七日

中見人張 金、

中說人 張 福、 于振權、

立賣契文約人 李桂廷（押） 李田氏（押）

代字人李廣茂 押

永遠為業

宣统元年（1909）夏各庄李桂廷卖地契约

5. **民国四年（1915）马李氏同子马有卖地契约：**

立卖契文约人马李氏同子马有，因手乏将受分未经开垦山坡一处坐落毛家沟西坡，系南至置主，北至李姓，东至契主，西至西岭，四至开清，今烦说合情愿立契出卖与堂侄马亨名下开垦承种，同中言明时值卖价东钱二百吊整，钱契两交不欠，自卖之后任凭置主呈报交纳，不与契主相干。此系二家情愿，各无反悔，恐口无凭，立卖契永远存照。

中华民国四年九月阴历十七日　立卖契文约人马李氏同子马有

中说人：李在堂

代字人：马如岗（忠）

永远为业

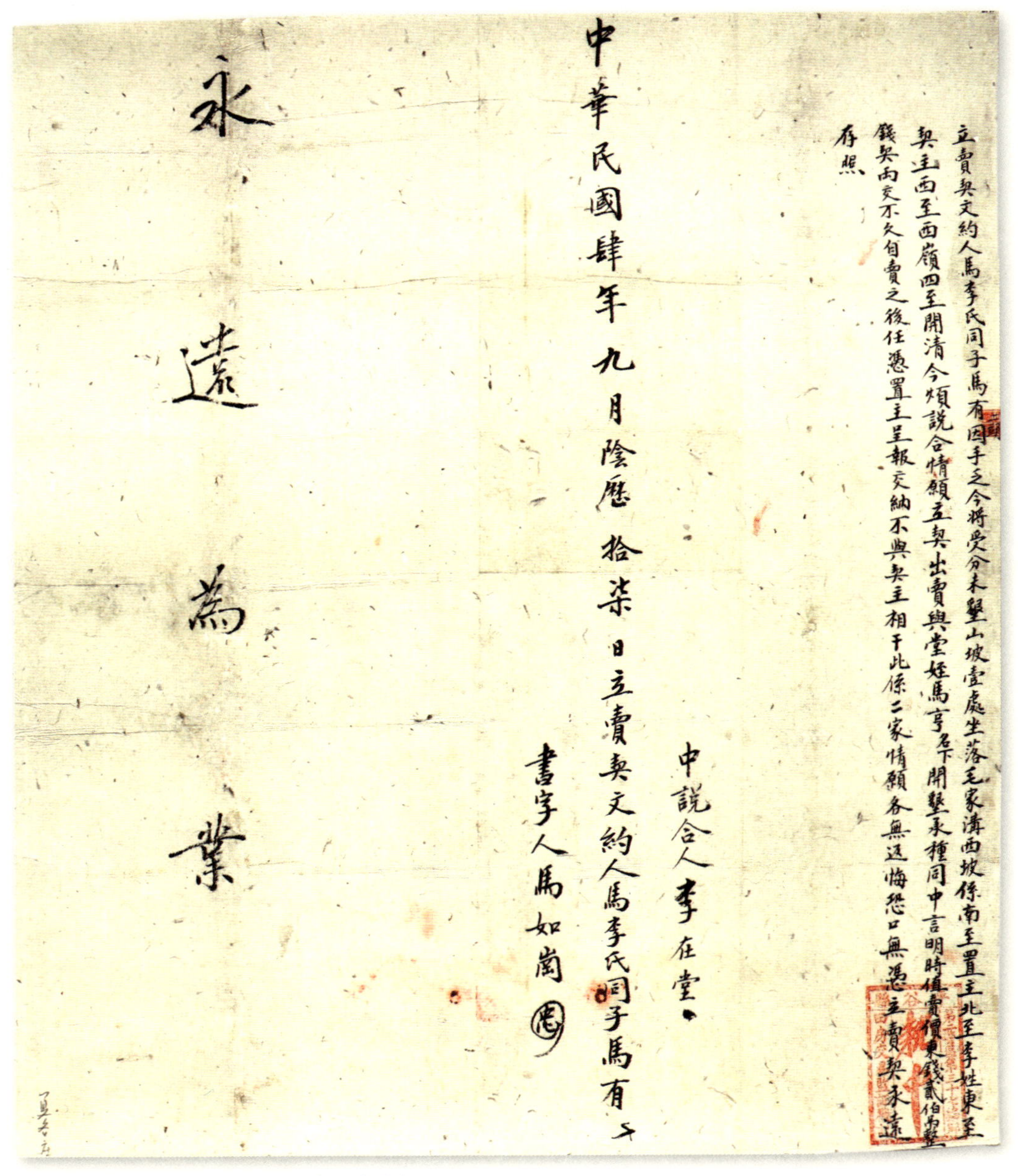
立賣契文約人馬李氏同子馬有因手乏今將受分未墾山坡壹處坐落毛家溝西坡係南至置主北至李姓東至契主西至西嶺四至開清今煩說合情願立契出賣與堂姪馬亨名下開墾承種同中言明時值賣價東錢貳伯吊整錢契兩交不欠自賣之後任憑置主呈報交納不與契主相干此係二家情願各無返悔恐口無憑立賣契永遠存照

中華民國肆年九月陰歷拾柒日立賣契文約人馬李氏同子馬有十

中說合人李在堂

書字人馬如崗（忠）

永遠為業

民国四年（1915）夏各庄马李氏卖地契约

6. **民国七年（1918）夏各庄马步青推佃契：**

立推佃文约人马步青，因正用不足，将自种旗地一段计地五亩，坐落尖山前，系东西界，东、南二至石河，西、北二至张姓，四至开明，自烦说合情愿立契出退与李丛名下永远为佃。同众言明，时值退价东钱一千零十吊整，其钱笔下交足不欠，自推之后，任凭置主更名，任佃封纳，不与契主相干，其中并无舛错，亦无亲族人等争论，如有舛错争论者，尽在契主、中人一面承管。此系二家情愿，各不返悔，恐口无凭立字永远存照。

随代原租

中华民国七年十二月二十四日 立，推佃人马步青亲笔（忠）

中说人：马得元

永远任佃

“任佃封纳”即自愿签约承种这块旗地，并按照规定缴纳契税。“封纳”是交税粮的方式，佃户到收粮的地点当管理者面自己过斗，按应缴纳数额自己放入柜子里。大的收粮点的名称叫“务”。

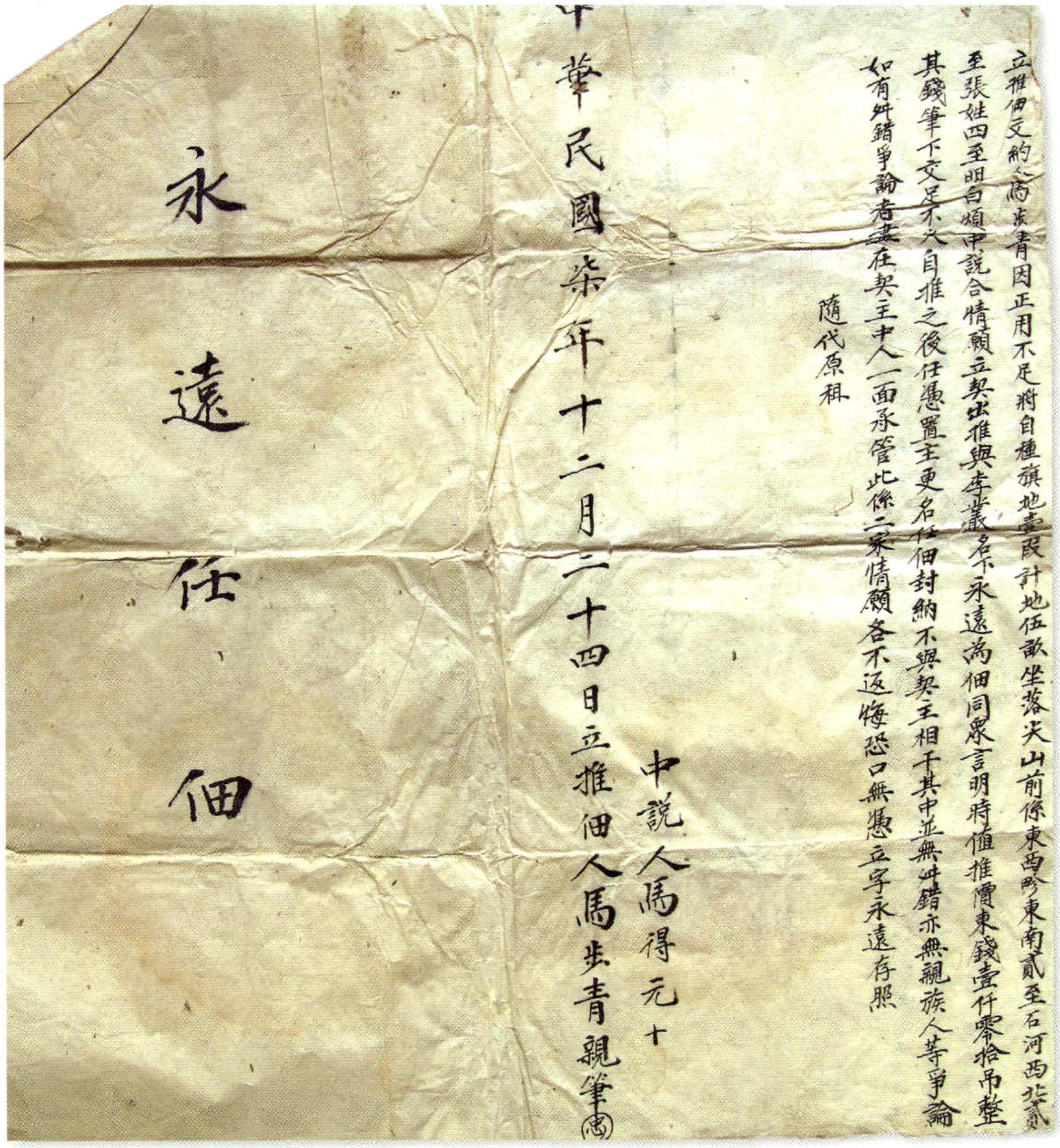
立推佃文約人馬步青因正用不足將自種旗地壹段計地伍畝坐落尖山前係東西界東南貳至石河西北貳
至張姓四至明白煩中說合情願立契出推與李叢名下永遠爲佃同衆言明時值推價東錢壹仟零拾吊整
其錢筆下交足不欠自推之後任憑置主更名任佃封納不與契主相干其中並無舛錯亦無親族人等爭論
如有舛錯爭論者在契主中人一面承管此係二家情願各不返悔恐口無憑立字永遠存照
隨代原租
中華民國柒年十二月二十四日立推佃人馬步青親筆（忠）
中說人馬得元十
永遠任佃

民国七年（1918）马步青退旗地契约

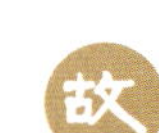

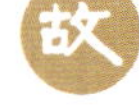

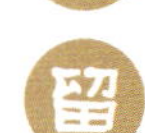

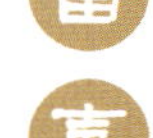

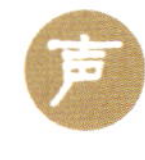

7. 民国二十六年（1937）马山立补契：

立字据人马山，情因前于民国四年有慈母马李氏同兄马有，将毛家沟西坡垦荒地一处出卖与族兄马恒名下为业，有文约为证，此时马山年幼尚未知晓，今因家窘，奈难度日，情愿邀请乡长亲族公同议定，今有族兄马恒又助给大洋六元整，其钱交清，自立字据之后，所有地亩纠葛两清，永无（狡）搅扰，其中并无强迫，情愿出名签字各无异说，恐口无凭，立字为证。

民国二十六年新正月十三日 立字据人马山

乡长：田喜亭（公平）

中保人：张福、于福臣、马尚林

代字人：秦泉芳（忠）

上述这两份地契为同一家庭同一块山地在22年间形成的两张契约，读者通过字里行间品出另一种滋味。

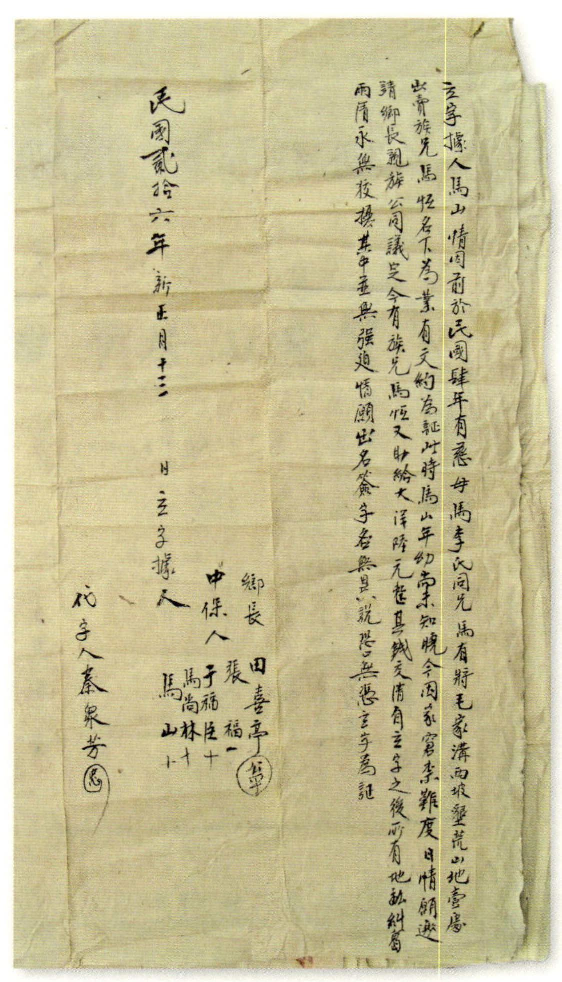

立字據人馬山情因前於民國肆年有慈母馬李氏同兄馬有將毛家溝西坡墾荒山地壹處出賣族兄馬恒名下為業有文約為証此時馬山年幼尚未知曉今因家窘柰難度日情願邀請鄉長親族公同議定今有族兄馬恒又助給大洋陸元整其錢交清自立字之後所有地畝糾葛兩清永無狡擾其中並無强迫情願出名簽字各無異説恐口無憑立字為証

民國貳拾六年新正月十三日 立字據人

鄉長 田喜亭（公平）

中保人 張福、于福臣、馬尚林

代字人 秦泉芳

■ 民国二十六年（1937）马家卖毛家沟地补钱契约

8. 民国三十四年（1945）马荣林卖地契：

立卖契文约人马荣林，情因正用不足，今将受分民地一段计地二亩，坐落老罗房山，系东西界，东至丁头李恒茂，西至出主，南至李仲春，北至马凤，四至开清，今烦中说人说合，情愿立契出卖与马如霆名下永远为业，同面言明，时值卖价国币洋十六万二千元整，其洋笔下交清。自卖之后，任凭置主自便交纳过割契税，其中并无舛错，永无复萌，如有舛错，尽在去主中人一面承管，不与置主无涉，各无异说，恐口无凭，立字永远存照。

中华民国三十四年旧历十月十八日　立卖契人马荣林（押私章）

监证人：刘清（押私章）

中见人：马春融、张信

代笔人：马良（忠）

这份契约诞生于日本投降以后，平谷正处于革命政权管理时代，所以监证人是村长刘清。刘清对外化名常纪，是一位非常有能力有作为的村干部，此际县政府已将他抽到县政府，正打算调他随军赴东北建立新政权，村民闻讯坚定挽留，有四五十口人步行二十多里，到小辛寨找到集训地，向县领导恳请将刘清留下来，结果得到批准。可惜后来被错误地当做“绊脚石”而处理，尽管很快得到了平反，但留下的教训非常深刻。这里能见到他的名字和印章，也算是一个地方史人物见证。这份契约里的“国币洋”，实际是当时通行纸票，面值很高。此契行文中病句较多，比较明显的是“永无复萌”“不与置主无涉”等。在夏各庄契约中，这里出现了由签字画押向押私章过渡的物证。

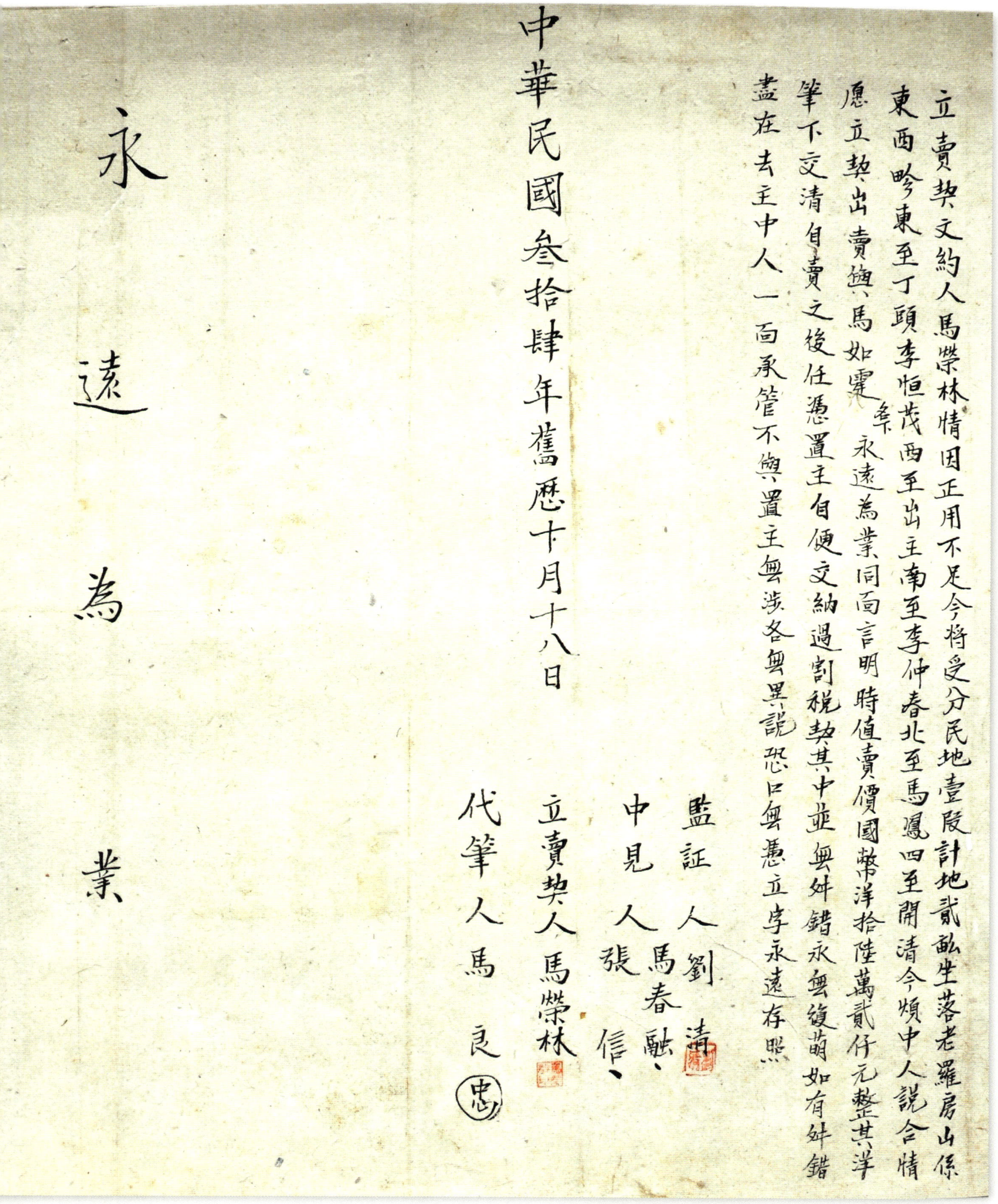

立賣契文約人馬榮林情因正用不足今將受分民地壹段計地貳畝坐落老羅房山係東西畛東至丁頭李恒茂西至出主南至李仲春北至馬鳳四至開清今煩中人說合情願立契出賣與馬如霖名下永遠為業同面言明時值賣價國幣洋拾陸萬貳仟元整其洋筆下交清自賣之後任憑置主自便交納過割稅契其中並無舛錯永無復萌如有舛錯盡在去主中人一面承管不與置主無涉各無異說恐口無憑立字永遠存照

中華民國叁拾肆年舊歷十月十八日

監証人 劉清

中見人 馬春融、張信、

立賣契人 馬榮林

代筆人 馬良（忠）

永遠為業

民国三十四年（1945）夏各庄马荣林卖地契

9. 民国三十六年（1947）夏各庄马爱泉卖地契：

立卖地契文约人马爱泉，因从正用不足，今将祖遗民地一段计地二亩，坐落白塔子后，东西界，东至荒坎，西至荒坎，南至李姓，北至李姓，四至开清，今烦说合情愿立契出卖与本庄田万有名下承种，永远为业。言明卖价小米老称二千六百斤整，其米契两交不欠。自卖之后，任凭置主过割税契，以便交纳，不与出主相干。其中并无舛错，亦无亲族争论，如有者尽在中人与出主二面承管，不与置主相干。此系二家情愿，各不返悔，恐口无凭，立字为证。

中华民国三十六年旧历闰二月二十日　立卖契人马爱泉（十）

中说人：史仲田、马玉（公）

代字人：马凤（私章）

永远为业

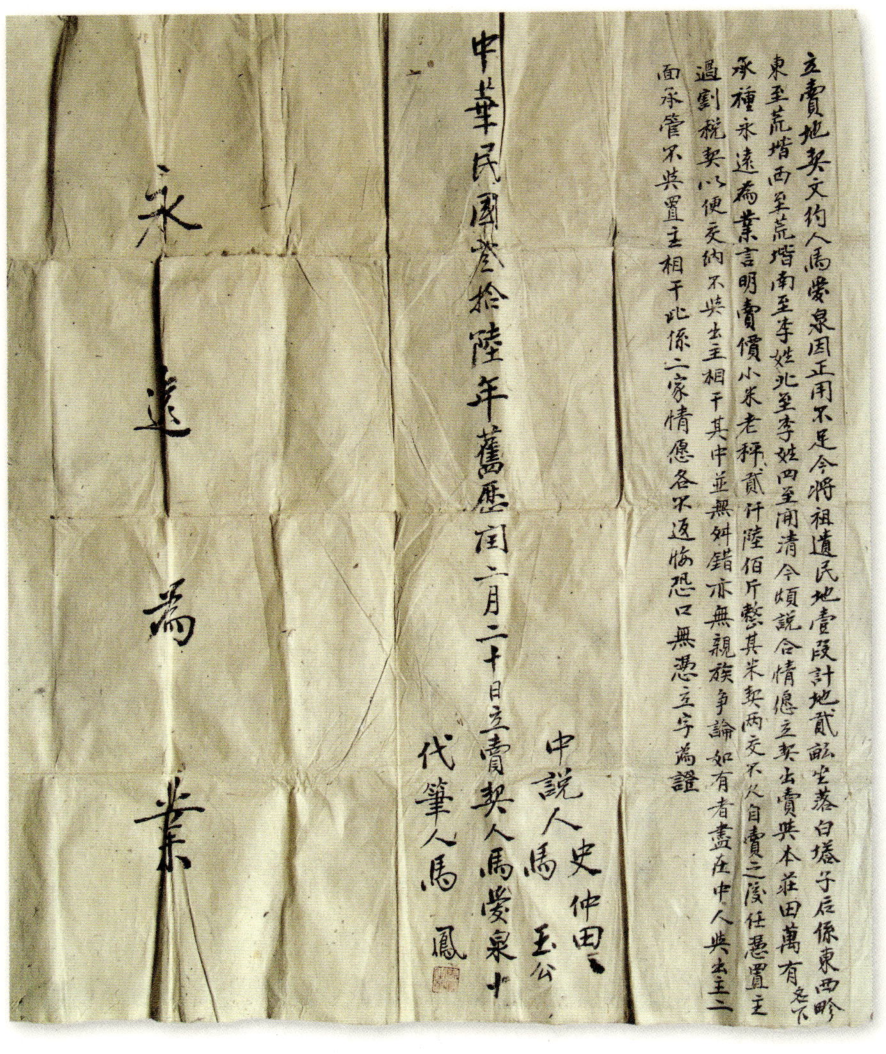
立賣地契文約人馬愛泉因正用不足今將祖遺民地壹段計地貳畝坐落白塔子后係東西畛
東至荒塄西至荒塄南至李姓北至李姓四至開清今煩說合情愿立契出賣與本莊田萬有名下
承種永遠為業言明賣價小米老秤貳仟陸佰斤整其米契兩交不欠自賣之後任憑置主
過割稅契以便交納不與出主相干其中並無舛錯亦無親族爭論如有者盡在中人與出主二
面承管不與置主相干此係二家情愿各不返悔恐口無憑立字為證

中華民國叁拾陸年舊歷閏二月二十日立賣契人馬愛泉十

中說人史仲田 馬玉公

代筆人馬鳳

永遠為業

■ 民国三十六年（1947）马爱泉卖地契约

“言明卖价小米”中的小米就是货币，此时因物价高涨，钱钞严重贬值，百姓不愿使用，于是恢复到小米支付阶段。“老称”也是对称量小米的衡器要求，民间有新称和老称之分，新称十两一斤，老称十六两一斤，二者通用，但需在契约上说明。代字人马凤在村是有名的“乡绅”，他家的老宅院在村正中，即老大队部东，有两套三进四合院，占地十八亩，1939 年曾驻警防队一个营。他为人和善，常为邻里无偿服务。

10. 民国三十六年（1947）马春田当地契：

立当契文约人马春田，情因正用不足，愿将自种民地一段，坐落姑娘峪，系东西界，四至不开，烦中说合情愿立契出当与本村李云枝名下。同中言明，当价小米五百九十五斤整，其米即日交清不欠，自当之后不局年限，秋成之后米满到齐，即许回赎，不许短少。此系两家情愿，各无返悔，恐口无凭，立字为证。

中华民国三十六年正月十六日　立当契人马春田

中说人：刘祥友、马相、李林瑞

代字人：亲笔

本契为出当人马春田自己书写的契约，文字功底不错。“姑娘峪”在村南南峪的一个山谷，因山谷下有许多被当地人称为“姑娘”的酸甜可食的果实，故而有此名。“米满到齐”应该是谷子穗长饱满了，稻谷也出穗齐全了，是秋粮接近成熟之意。

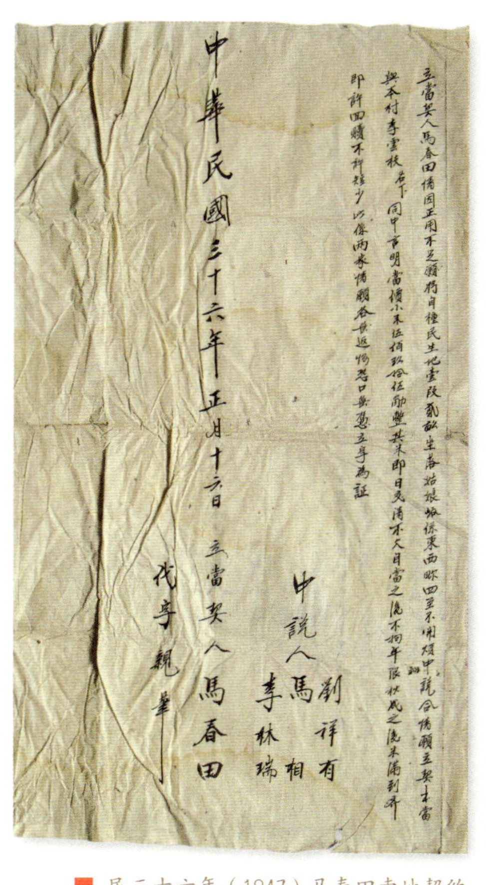
中華民國三十六年正月十六日　立當契人馬春田

中說人　劉祥有　馬相　李林瑞

代字人親筆

■ 民三十六年（1947）马春田卖地契约

11. 光绪二十一年（1895）夏各庄田万彻退地契约：

立卖契坊九甲民人田万彻，情因乏手，今将自己祖遗受分民熟地二段，计地五亩，坐落夏各庄南峪，俱系东西界，东至道，西至荒坎，南至王姓，北至田姓，二段四至明白，今烦人说合，情愿立契出卖与本庄独十甲民人王绅名下永远为业。同面言明卖价纹银四十九两整，其银笔下交足不欠。自卖之后任凭置主税契更名纳册，封纳钱粮，永不与卖主相干，其中并无舛错，亦无户人争竞，如有者，有说合人与卖主二面承管，不与买主相干。此系二家情愿，各无反悔，恐口无凭，立卖契永远为业。

光绪二十一年十月十四日　立卖契人田万彻（中）

中说人：梁桢（押“公平”合体字）

代字人：王成功（押“正心”合体字）

永远为业

后附契尾。

正契文中有业主籍贯，即坊九甲民人田万彻和独十甲王绅，坊九甲即坊郭社第九甲，说明田姓是永乐年间移民以前的民户，按可查的辈分推理，应该是洪武年间由山西迁来。其后人说是九甲九舍，意思是在永乐年间大移民后被编入坊郭社第九甲九舍。田家保存一份宣统年田万元手抄的老家谱，上边有准确记载——“原籍山西汾阳县大回头村溢善里城东北，距城二十八里，由大明朝迁民至此”“今现居直隶顺天府北路厅城东距城八里夏各庄”“高高祖田云峰、云贤、云喜、云增，高高祖母贾氏放光庄人”由长门记高祖父（指第一次抄录家谱人田启龙高祖父）田庸、祖父永安、父聪。由后辈田万元增记：祖父田聪道光二年三月初一日生，光绪十九年寿终。父起龙，道光二十二年四月初八日生，民国十二年寿终。万元光绪二年八月十八日生，一九五七年寿终。以下又有新的续谱。2009 年 9 月，笔者找时年 88 岁老人田作富调查得知，田家在洪武移民时落足夏各庄，燕王“靖难”后平谷村民大部逃亡，永乐登基后又向北京移民，原民户大多迁到平谷城内，编社屯时他家老祖被编为坊郭社第九甲第七舍，因地在夏各庄，举家并没有离开夏各庄。买主王绅为永乐年间由山东迁来，编入独乐社第十甲房十舍（家谱有载，独乐社第十甲在望马台村），清初移居夏各庄。“南峪”即夏各庄老村正南之山。

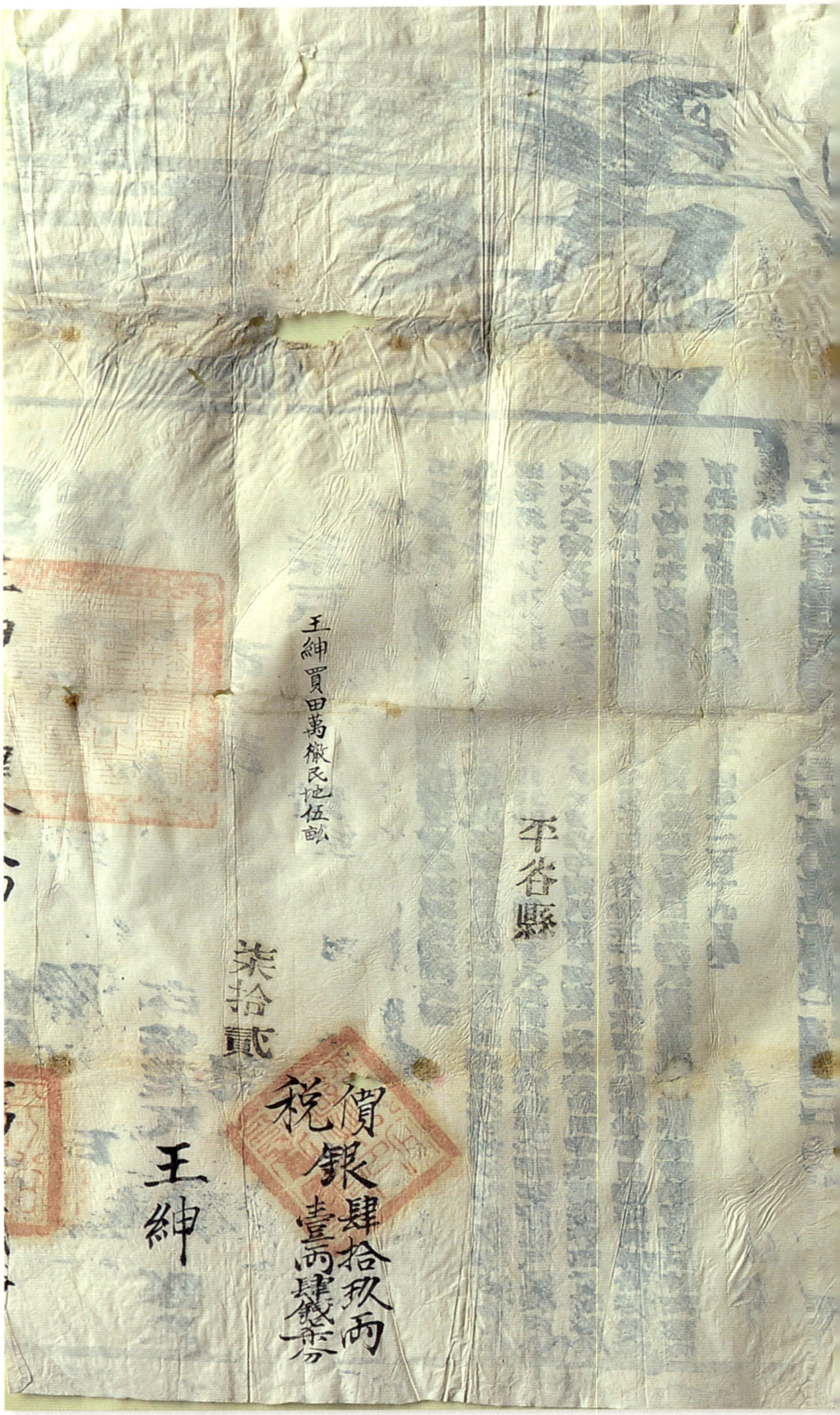
平谷縣
王紳買田萬徹民地伍畝
柒拾貳
價銀肆拾玖兩
稅壹兩肆錢柒分
王紳

■ 光绪二十一年（1895）夏各庄田万彻退地契约

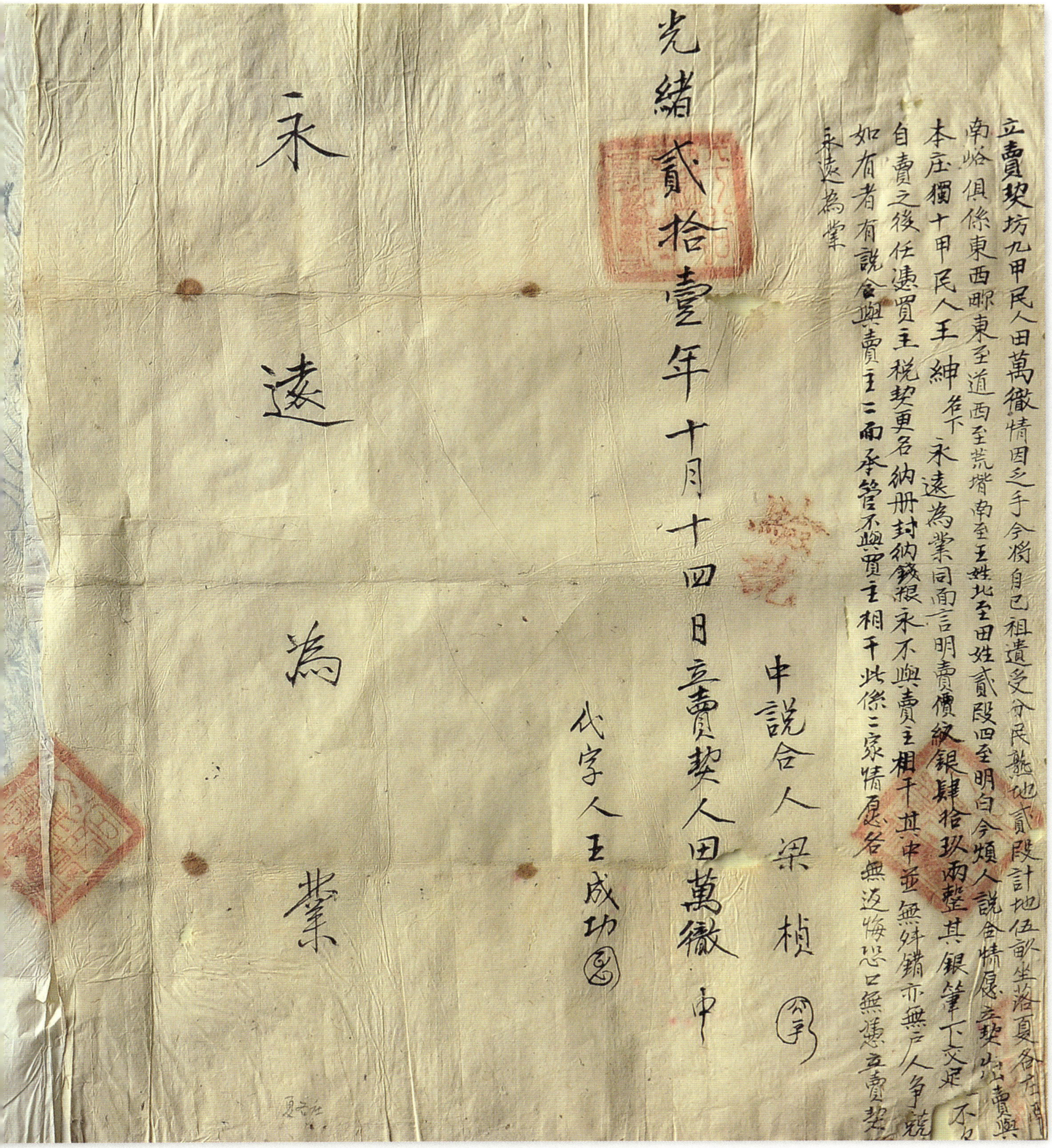

立賣契坊九甲民人田萬徵情因乏手今將自己祖遺受分民糧地貳段計地伍畝坐落夏各庄
南峪俱係東西畛東至道西至荒增南至王姓北至田姓貳段四至明白今煩人說合情愿立契出賣與
本庄獨十甲民人王紳名下永遠為業同面言明賣價紋銀肆拾玖兩整其銀筆下交足不
自賣之後任憑買主税契更名納册封納錢粮永不與賣主相干其中並無舛錯亦無戶人爭競
如有者有說合與賣主二面承管不與買主相干此係二家情愿各無返悔恐口無憑立賣契
永遠為業

光緒貳拾壹年十月十四日立賣契人田萬徵 中

中說合人梁楨 押

代字人王成功 押

永 遠 為 業

夏各庄

前营王家地契

1. 光绪二十四年（1898）夏各庄杨树森卖地契约：

立当文约人杨树森：因手乏愿将祖遗民地三段计地四亩，坐落黄土坎，系东西界，南至置主，东、西、北三至荒坎，四至开明，自烦中人说合，情愿立契出当与王孝名下承种，同面言明，时值当价东钱九百吊整，钱契换交不欠，自当之后任凭置主自便，不与契主相干。此系二家情愿，各无反悔，恐口无凭，立字为证。

光绪二十四年十二月廿日立当契人杨树林亲笔

说合人：王存宝、田万捻

杨树森系前契契主杨文忠之孙。夏各庄杨姓户不多，都是清中期因方便管理土地从安固村迁过去的。这份契约是契主本人书写，字迹工整美观，足见夏各庄普通平民甚至是贫民毛笔字功底。

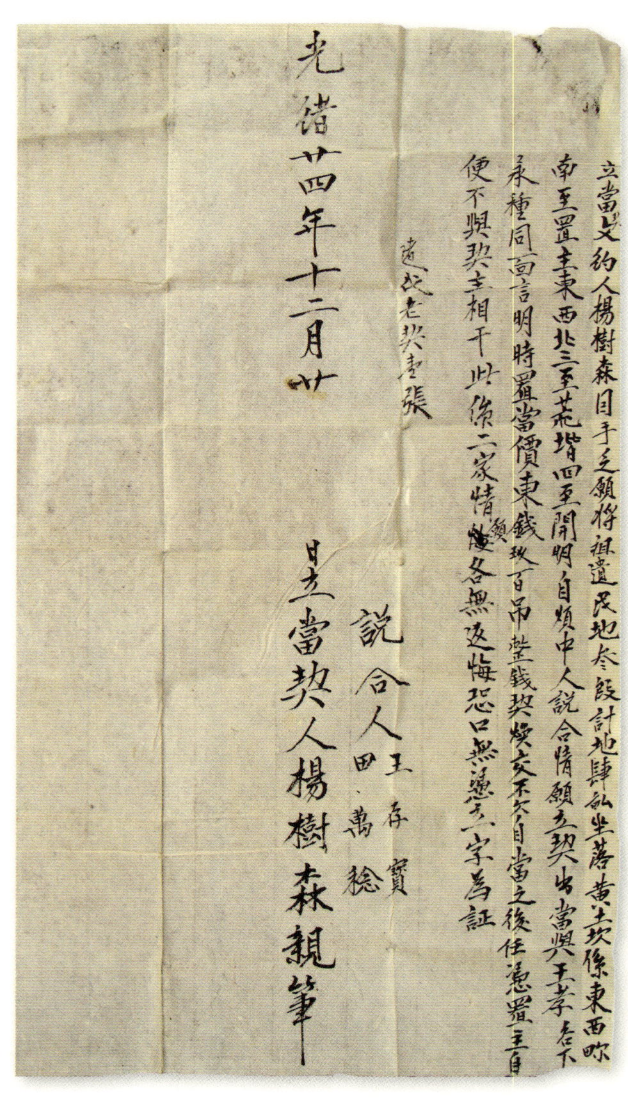
立當文約人楊樹森因手乏願將祖遺民地叁段計地肆畝坐落黃土坎係東西畛
南至置主東西北三至荒坎四至開明自煩中人説合情願立契出當與王孝名下
承種同面言明時值當價東錢玖百吊整錢契換交不欠自當之後任憑置主自
便不與契主相干此係二家情願各無反悔恐口無憑立字為証
隨帶老契壹張
光緒廿四年十二月廿 日立當契人楊樹森親筆
説合人王存寶 田萬捻

■ 光绪二十四年（1898）夏各庄杨树森卖地契约

2. 民国十三年（1924）夏各庄王门王氏退契：

立退契文约人王门王氏：情因手乏，愿将自置旗地一段，道南道北计地一亩，坐落乱葬岗北，系南北界，道南东至刘姓，西至梁姓、南至顶头张姓，北至道；道北东至置主，西至梁姓、南至道北王、李姓，四至开清，今烦中人情愿出退与刘郁文名下承种，并永远为佃。同众言明，时值退价东小数钱四百吊整，其钱笔下交租不欠。自退之后任凭置主任佃交租，修理自便，不与退主相干，其中并无舛错，亦无亲族人等争竞，如有者，全在退主与中人一面承管。此系二家干（甘）愿，各无反悔，恐口无凭，立字为证。

中华民国十三年旧历十二月初一日　立退契人王门王氏同长兄王合

中说人：刘瑞（十）

代字人：梁文焕（中）

永远为佃

此为王家自置旗地，此时转佃给刘姓。虽然民国了，但旗地性质没变，只是税粮不用交清政府或各王府了，改交民国政府。梁文焕是地方有名文人，民国二十三年（1934）县志有其名。擅长书法、国画，民国期间曾担任香河县长秘书，解放后以其才艺为本村大众服务，每条大街都书写宣传标语，书写民户的“户公约”，为邻里画影壁，“大跃进”阶段在公众场所绘画宣传画等。至 2009 年旧村拆除时仍见到多处他留下的墨迹。

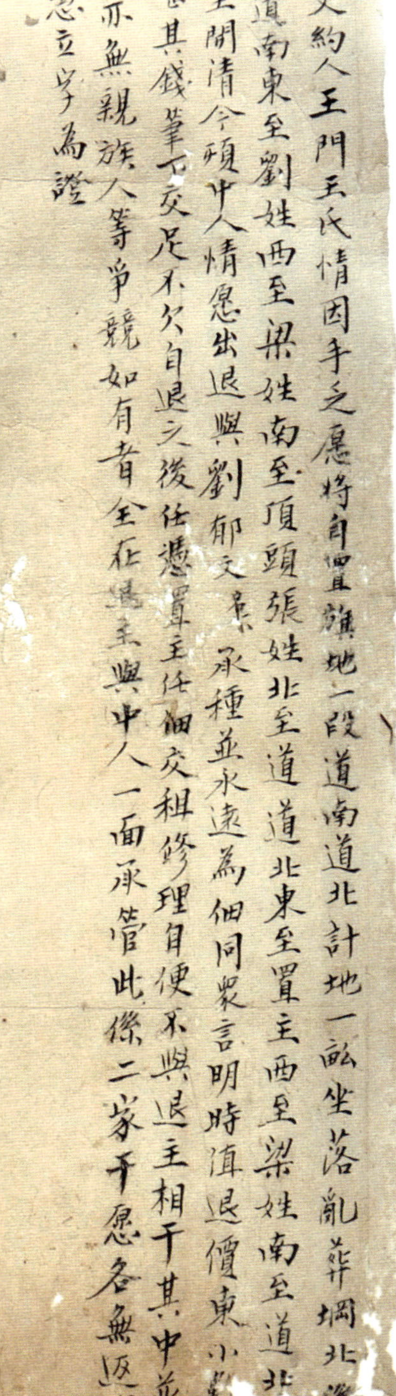

立退契文約人王門王氏情因手乏愿將自置旗地一段道南道北計地一畝坐落亂葬堈北除南北吟道南東至劉姓西至梁姓南至項頭張姓北至道道北東至置主西至梁姓南至道北至李姓四至開清今煩中人情愿出退與劉郁文耒承種並永遠為佃同衆言明時值退價東小[illegible]肆佰吊整其錢筆下交足不欠自退之後任憑置主任佃交租修理自便不與退主相干其中並無舛錯亦無親族人等爭競如有者全在退主與中人一面承管此係二家干愿各無返悔恐口無憑立字為證

中華民國十三年夏歷十二月初日立退契人王門王氏同長兄王合

中說人劉瑞十

代字人梁文煥中

永遠為佃

民国十三年（1924）夏各庄王门王氏退契

李兆勋家族地契

夏各庄李姓分两门，一是明永乐年间由山东迁来，被编为负五甲十舍，即本书著作者家族，始迁祖李洪儒；一是平谷土著李姓，明初编为坊四甲五舍，明末一个分支由平谷迁到三河李旗庄，清初颇有势力，是个大庄头，所管辖的土地上万亩，平谷境内多处土地属之。为收地租，乾隆年间由李旗庄来夏各庄一个支派，即李纯志家族。此处列举的是负五甲李兆勋老人提供的家族契约。

1. 道光二十九年（1849）夏各庄刘君重卖地契：

立卖契人刘君重，因手乏，今将自置民地十九亩，界段、坐落、四至开列于后，烦人说合情愿立契出卖与李明名下永远为业，言明卖价纹银三十六两整，银契两交不欠。自卖之后，任凭买主税契过格（割），以便封纳，永不与卖主相干，其中并无舛错、争竞、不明之事，如有者，尽在说合、契主承管。此系同愿，各无返悔，恐后无凭，立卖契永远存照。

计开：一段五亩四分，东西界，坐落庙儿岭，东西二至荒坎，南至道，北至马姓地。

一段二亩七分，东西界，坐落庙儿岭，东至道，西南二至荒坎，北至李姓地。

一段六亩，东西界，坐落庙儿岭，东至民地，西至荒地，南至道，北至民地。

道光二十九年十一月三十日　立卖契人刘君重（十）

说合人：王喜（十）

书字人：李茂林（正心）

永远为业

此契较有特点：第一地亩多，一次成交不同地块总数达十九亩。第二，地块的四至附于契约主体文之后。第三，给李家的现有家谱往前增了一辈。原来李兆勋老人家谱最上祖由李怀报开始，其下是李桂芳、李桂林、李桂清，李桂林下是李春荃，李春荃之下李寿增，李寿增之下是李兆勋，李兆勋之下李斌（现年66岁），李明正是李怀报之父。为家族史做了必要的弥补。

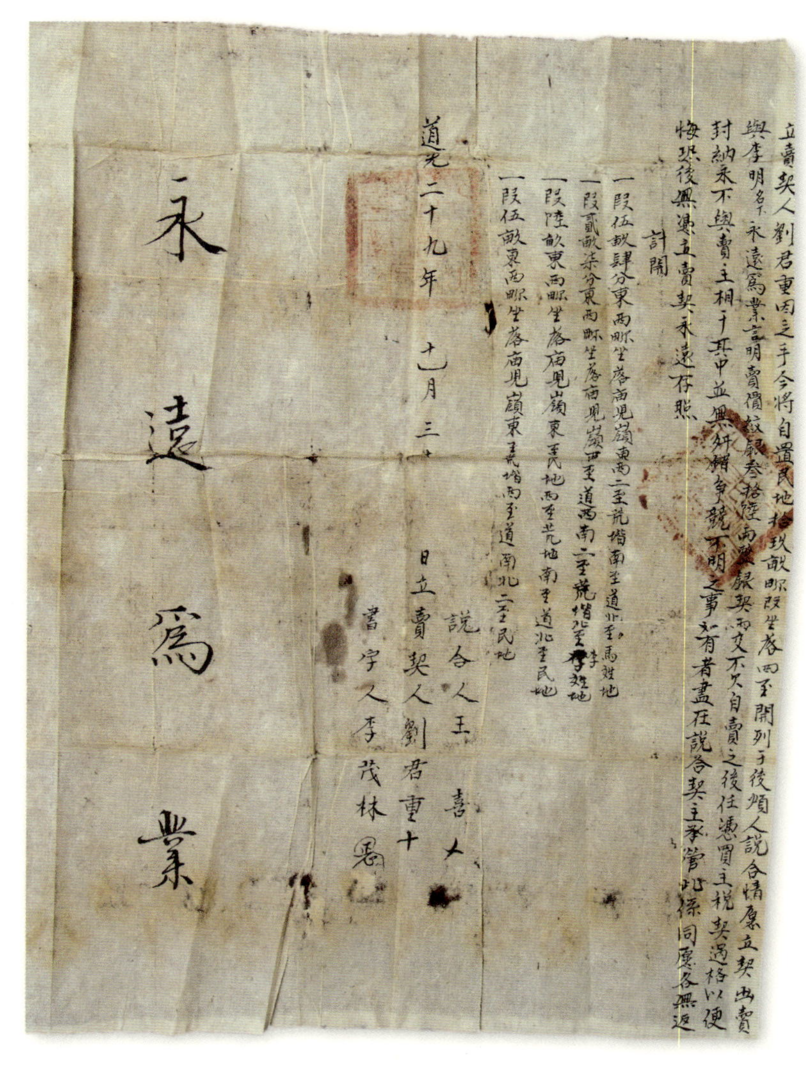
立賣契人劉君重因乏手今將自置民地拾玖畝界段坐落四至開列于後煩人說合情愿立契出賣
與李明名下永遠爲業言明價紋銀叁拾陸兩整銀契兩交不欠自賣之後任憑買主稅契過格以便
封納永不與賣主相干其中並無舛錯爭競不明之事如有者盡在說合契主承管此係同愿各無返
悔恐後無憑立賣契永遠存照
計開
一段伍畝肆分東西畛坐落廟兒嶺東西二至荒堉南至道北至馬姓地
一段貳畝柒分東西畛坐落廟兒嶺西至道西南二至荒堉北至李姓地
一段陸畝東西畛坐落廟兒嶺東至民地西至荒地南至道北至民地
一段伍畝東西畛坐落廟兒嶺東至荒堉西至道南北二至民地
道光二十九年十一月三十日立賣契人劉君重十
說合人王喜十
書字人李茂林（押）
永遠爲業

■ 道光二十九年（1849）夏各庄李明买地契

2. 同治四年（1865）夏各庄李怀玉卖空地契：

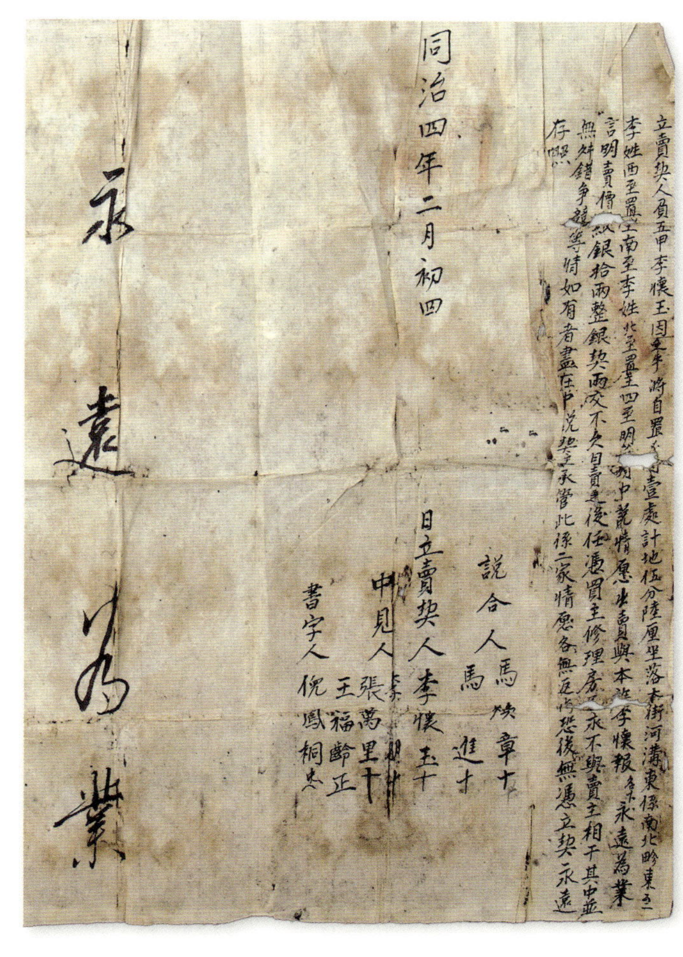

■ 同治四年（1865）夏各庄李怀玉卖地契

立卖契人负五甲李怀玉，因乏手将自置民地一处计地五分六厘，坐落大街河沟东，系南北界，东至李姓，西至置主，南至李姓，北至置主，四至明白，烦中说情愿立契出卖与本族李怀报名下永远为业。言明卖价纹银十两整，银契两交不欠。自卖之后任凭置主修理房屋，永不与卖主相干。其中并无舛错、争竞等情，如有尽在中说、契主承管。此系二家情愿，各无返悔，恐后无凭，立契永远存照。

同治四年二月初四日　立卖契人李怀玉（十）

说合人：马焕章、马进（十）

中见人：李朋（十）、张万里（十）、王福龄（正）

书字人：倪凤桐

永远为业

3. 同治十年（1871）李怀抱买地契：

立卖契系负十甲民人马成章，因为无钱使用，今将自己本身受分民地一段，计地十亩，坐落夏各庄后大道，系东西界，东至道，西至顺地，南至马姓，北至傅姓，四至明白，自烦说合情愿立契出卖与负五甲民人李怀抱名下永远为业。同面言明，时值卖价纹银四十两整，其银笔下交足不欠。自卖之后，听凭置主照册过粮，以便封纳，永不与卖主相干。其中并无舛错，亦无亲族人等争竞，如有舛错，尽在契主、中人一面承管。此系二家情愿，各无返悔，恐后无凭，立卖契永远存照。

同治十年正月二十日　立卖契人马成章（忠）

说合人：李占魁（十）

书字人：王作毅（押）

永远为业

夏各庄马家是个文化大家庭，清代出过27个举人、贡生和秀才，马成章是咸丰年间贡生，老县志有其名。由此契可知，在古代，如果没有当上官，或即使当了官，但人品清廉，也没有“发财”的可能。马家读书人多，知礼义廉耻，无论当官还是当幕僚，都规规矩矩，所以家族并不怎么富裕，本家族中真正富裕的，是在家不断经营土地和在平谷城内做买卖的户。

4. 宣统元年（1909）推佃地契：

立推佃字据僧人圣缘、圣朴，因本庙师祖所遗山荒一处，坐落交界上下，先年当与夏各庄贾得琦，自己开创承种，今因本县清查地亩，升科公议，情愿将所当之地找价东钱四十吊，认（任）凭置主自己升科报入，永远为佃，不与庙中相干，此系两乡（厢）情愿，各无返悔，恐口无凭，立字据为证。

宣统元年六月二十八日 立推佃字据僧人圣缘、圣朴

中说人：贾朝用、杨永全、牛步青、李桐、于登瀛

代字人：张廷梁（押“大中正心”合体字）

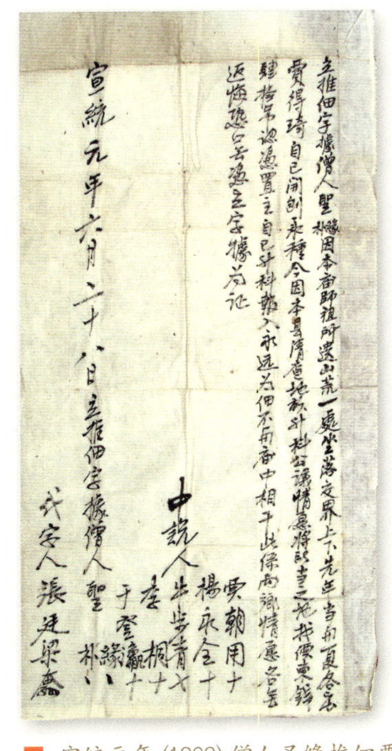

■ 宣统元年（1909）僧人圣缘推佃票

这份地契见证了夏各庄朝阳寺住持圣缘、圣朴的庙产地曾出当给民户。这块出当的庙产地块坐落交界牌，交界牌是南大岭下的小地名，古代这里树立有平谷和蓟县交界显示牌，此处的地属于深山里的零散小地坝。“本县清查地亩”说明清朝快灭亡时仍在以清查地亩为借口，搜刮民财，甚至连这样偏僻的小地坝都不放过。“升科公议”是这块地按规定要升科，即原属于开荒地，不用交税，现在这块地垦种够三年了，应纳入“新升科”，即交纳半税，再过三年，再升科，由“新升科地”转为熟地。通过契约可知，是否升科需要“公议”，即有专门的评论组。契约还可以读出，这块山地产权属于寺庙，但地是他们出当后由民人贾家开垦的，可能有几年了。“找价”是再补交的价钱。即补交四十吊后产权就归贾家了，由他办理升科和过户手续。

5. 民国十二年（1923）夏各庄李景贤退地契：

立退契文约人李景贤，因正用不足，将本身旗地一段，计地六亩，坐落庄东江山前，东西界，东南二至石河，西北二至荒坎，四至开清，今烦说合情愿立契出退与李怀旺名下承种，永远为佃。同面言明，时值退价东钱一千二百吊整。其钱笔下交足不欠。自退之后，任凭置主自便，不与退主相干，其中如有舛错，亲族人等争论，有退主与中人一面成（承）管，不与置主相干。此系二家情愿，各不返悔，口说无凭，立退字永远存照。

随代原契一张

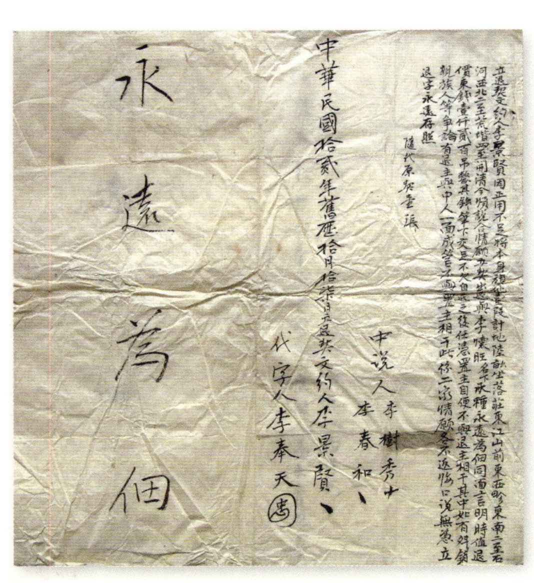

■ 民国十二年（1923）李景贤退旗地契约

中华民国十二年旧历十月十七日 立退契文约人李景贤

中说人：李树秀，李春和

代字人：李奉天（忠）

永远为佃

“江山”在村东大台西头孤立的一个土阜，之所以叫“江山”，是因为土阜南部土坎中出现大量“僵石狗”，当地老百姓传说古代这里曾是战场，血水和土凝固在一起造成的。其实是一种地质现象，是土层中的含钙元素很高的土壤在高温下凝结而成，至少有几十万上百万年历史了，这种现状在平谷东部多地有发现，主要在山脚下的台地。

6. 民国十五年（1926）夏各庄李景顺买契：

立卖契文约人李景顺，因正用不足，今将祖遗民地一段计地二亩，坐落本庄南头，系南北界，南至出主，本至道，东至北头张姓，南头李姓，西至李姓，四至开清，今烦说合情愿立契出卖与本庄李荣春名下承种，永远为业。同重（众）言明，时值卖价大洋八十一元整，其钱笔下交足不欠。自卖之后，不与出主相干，由置主自便，如有人争论，不与买主相干，全在出主一面承管。自卖之后，但凭买主过粮税契。同众言明，各不返悔，恐口无凭，立为证。

中华民国十五年十月廿一日　立卖契人：李景顺（十）

中人：李瑞春（立）

代字人：李仲春（正）

契约中代字人李仲春是夏各庄显赫人物，当过乡绅（村长），因为他的胞兄就是显赫一时的李逢春，此际正在军阀石友三部任教导师师长，1929 年担任后勤司令，1930 年中原大战时扣下军饷由新乡回到北京，在京东西南北四城购置了共 200 多间房屋，遂成为京城富豪。李仲春在夏各庄也是最富裕人家，本村有 1500 多亩土地，30 多间房屋，在太务、甘营、望马台等还有 1000 余亩土地，但他家为人和善，相邻有求必助，以至于能为贫民写契。

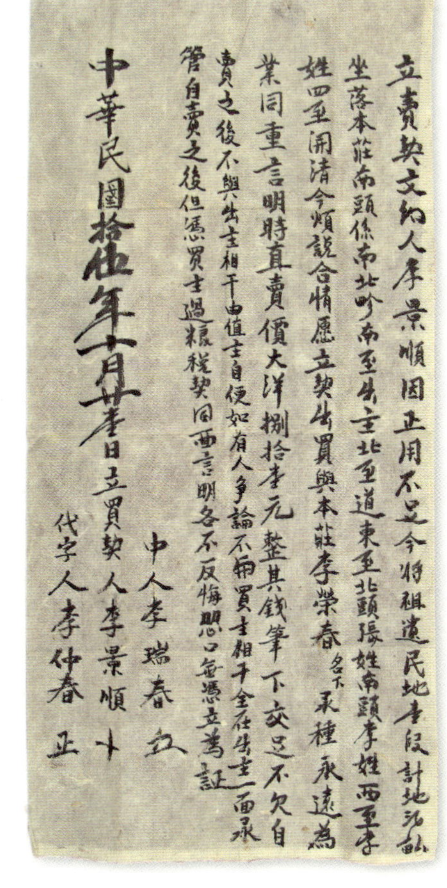

立賣契文約人李景順因正用不足今將祖遺民地壹段計地弍畝
坐落本莊南頭係南北畛南至出主北至道東至北頭張姓南頭李姓西至李
姓四至開清今煩說合情愿立契出賣與本莊李榮春名下承種永遠為
業同重言明時直賣價大洋捌拾壹元整其錢筆下交足不欠自
賣之後不與出主相干由值主自便如有人爭論不與買主相干全在出主一面承
管自賣之後但憑買主過粮稅契同面言明各不反悔恐口無憑立為証
中華民國拾伍年拾月廿壹日立賣契人李景順 十
中人李瑞春 立
代字人李仲春 正

民国十五年 (1926) 夏各庄李景顺买契

7. 民国十九年（1930）夏各庄李景顺卖地契约：

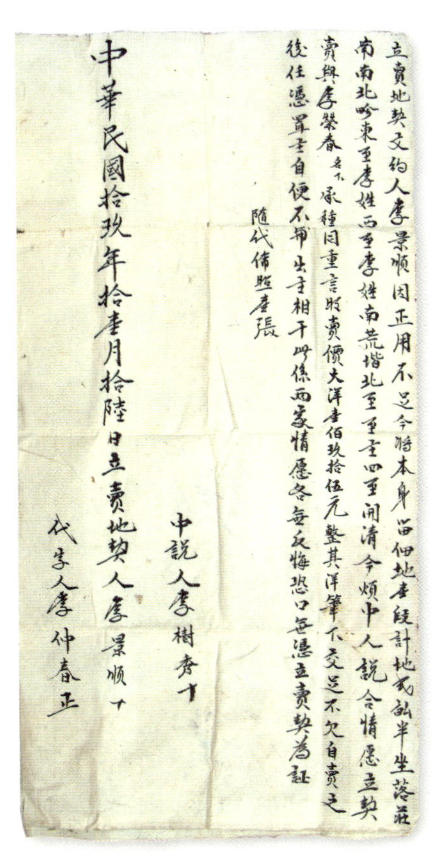

立賣地契文約人李景順因正用不足今將本身留佃地壹段計地弍畝半坐落莊
南南北畛東至李姓西至李姓南荒塄北至置主四至開清今煩中人說合情愿立契
賣與李榮春名下承種同重言明賣價大洋壹佰玖拾伍元整其洋筆下交足不欠自賣之
後任憑置主自便不與出主相干此係兩家情愿各無反悔恐口無憑立賣契為証
隨代佛照壹張
中華民國拾玖年拾壹月拾陸日立賣地契人李景順 十
中說人李樹秀 十
代字人李仲春 正

民国十九年（1930）夏各庄李景顺卖地契

立卖地契文约人李景顺，因正用不足，今将本身留佃地一段计地二亩半，坐落庄南，南北界，东至李姓，西至李姓，南荒坎，北至置主，四至开清，今烦说合情愿立契卖与李荣春名下承种。同重（众）言明，卖价大洋一百九十五元整，其洋笔下交足不欠。自卖之后，任凭置主自便，不与出主相干，此系两家情愿，各无反悔，恐口无凭，立契为证。

中华民国十九年十一月六日　立卖地契人李景顺（十）

中说人：李树秀（十）

代字人：李仲春（正）

旧时书写契约买主受尊，所以李景顺的名字直书，而李荣春的名字下边的“名下”二字在一侧小写表示恭敬。如同古人称对方为“足下”，即不敢直视其人直呼其名，非说不可也只能说对方脚底下踩着的这块地。

8. 民国十五年（1926）夏各庄张贵堂转当地契：

立转当地契人张贵堂，因一时不便，今将自置旗地一段计地三亩，坐落南坝外，系南北界，四至不开，今烦中人说合，情愿立契出当与贾奎名下承种，言明当价东钱五百零八吊整，其钱笔下交足不欠。自当之后。不拘秋成后钱到全价赎回，不许短少。此系二家情愿，各无返悔，口说无凭，立字为证。

中华民国十五年正月二十一日 立转当地契人张贵堂

说合人：贾德昌

代字人：王德臣

此契的名称与众不同，在清代或民国初，这种性质的契约为转佃，可见此际土地属性已变，“佃”的基本功能消失。“南坝”即村南挡水坝，是一道人工屏障。原本村南有一道土垄，有挡水作用，但在乾隆三十年出现一次大雨，村民住房受到威胁，于是西部村民集合劳动力，筑起一米多高拦水坝，坝形呈“S”状，沿石河走势而建，长度380多米。不料光绪三年（1877）发生罕见大水，将水坝冲毁，里边的张家胡同、赵家胡同全部被冲，溺亡73口，为此，重新构筑高坝，坝高达三米。1958年又逢大水，漫过坝沿，于是再次加高。最高点达到5米。这道石坝直到2012年因新城建设而拆掉。

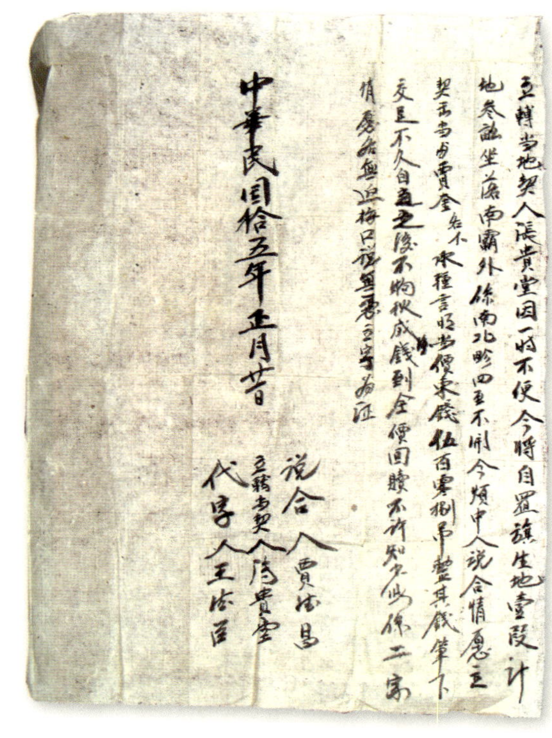

■ 民国十五年（1926）夏各庄张贵堂转当契

9. 民国十八年（1929）夏各庄李朝凤补契：

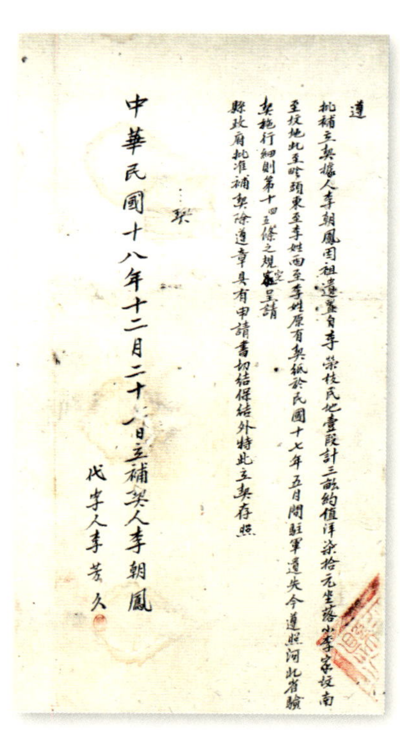

遵批补立契据人李朝凤，因祖遗置自李荣芝民地一段计三亩，约值洋七十元，坐落小李家坟，南至坟地，北至界石，东至李姓，西至李姓，原有契纸于民国十七年五月间驻军遗失，今遵照河北省验契行则第十四、五条之规定，呈请县府批准补契，除遵章具有申请书切结保结外，特此立契存照。中华民国十八年十二月二十七日立补契人李朝凤

代字人：李久芳

这份补契有特殊意义，见证了1928年张作霖在“皇姑屯”事件前夕曾在京东大批驻军，而且这支驻军奉命撤出关外时大肆抢劫，也见证了平谷东樊各庄三王爷允祉墓曾被东北军盗挖的事实。据夏各庄老人讲，东北军驻夏各庄达一个团，时间近一个月，临走时将“大户”抢掠，李朝凤、李朝阳当时也属于数一数二的大户，很多能够携带的财物被抢走。这张地契也是在这次被抢掠时丢失的。峪口当时驻军最多，达一个旅，有很多商铺和大户被抢。

■ 民国十八年（1929）夏各庄李朝凤补契

二、小辛寨地契

小辛寨与大辛寨在明代以前是一个村，是个古老村庄，1965 年村北曾一次性发现 60 多处并排的汉代墓葬，而且还有战国铜矛出土。据史料和出土石碑记载，宋初名为西寨务，宋辽征战之际，传说这里有位辛姓将军在这里把守，为国捐躯后葬于此地，坟墓称为“将军坟”，位于小辛寨五金厂院内。清中期就有民谣“扳倒井，自来佛，将军坟前松柏多”，可见将军坟的规格。可惜原石碑被毁，难以详考。笔者冒昧猜测，未必有辛姓将军，可能是后人望文生义猜想来的，当年名称应该是大西寨和小西寨，“西”字讹传为“辛”。还有“新”字也往往简化为“辛”，如辛店、张辛庄、杜辛庄等，附近的安驾会后来就被讹传为“杨家会”。但“西寨务”之名是来自古碑，曾得到北京史学专家尹钧科、陈平二先生确认。大、小辛寨在明永乐年间移民编排时被编入辛四甲，当时有张姓、方姓等。张姓永乐二年由山东齐河县迁来，清初一支迁到中胡务，一支迁到北城子。现存的小辛寨村郭姓、白姓均为清代迁来，其中郭姓原籍黑龙江牤牛台花牛堡子，是满族包衣，在牤牛台子负责给主人规模养牛，清顺治入关以后“随龙而来”，在小辛寨落户，始迁祖郭振清、郭义父子（郭振清去世后回葬于关东老祖坟）。郭家在关外为正白旗包衣，因有军功来平谷小辛寨，奴随主贵，领旗地 4000 多亩，当上了收租庄头。郭家主脉在清朝历代都是平谷大户，民国时期有郭子高成为城西大财主，顺义有烧锅（酒厂）、平谷城内和峪口镇都有商铺。民国初期郭家的纳粮执照中可见有多份带有“代郭大先生交纳”字样。小辛寨白姓原籍山东，明后期闯关东到了黑龙江，清初也“随龙”入关，落到香河，康熙年间来到小辛寨。乾隆年间从小辛寨分出一支白姓去了稻地，清光绪年间从稻地又分出一支去了夏各庄。本部分地契由郭姓村民和白姓村民提供。

1. 嘉庆五年（1800）小辛寨贾门刘氏卖地给白显明契约：

立卖契文约人贾门刘氏同子贯有，因乏手，烦中说将自己分内民地二段俱坐落中罗家西，东西界，一段七亩一分三厘，一段二亩二分三厘，共折地九亩三分六厘，东南北至民地，西至道，四至明白，今立契出卖与小辛寨白自明名下永远为业，同众言明卖价纹银五十两整，其银笔下交完不欠。此地自卖之后，由其买主投税过割，与卖主无干，倘有亲族人等妄生是非者，尽在中说承管。实系三面言明，二家情愿，各无返悔，恐后无证，立卖契存照。

嘉庆五年十一月十六日立卖契文约人贾门刘氏同子贯有

中说人：贾起名

代字：张峻

永远为业

“贾门刘氏”即本姓刘，出嫁给贾家。“中罗家西”显然脱一“庄”字，即中罗家庄西。

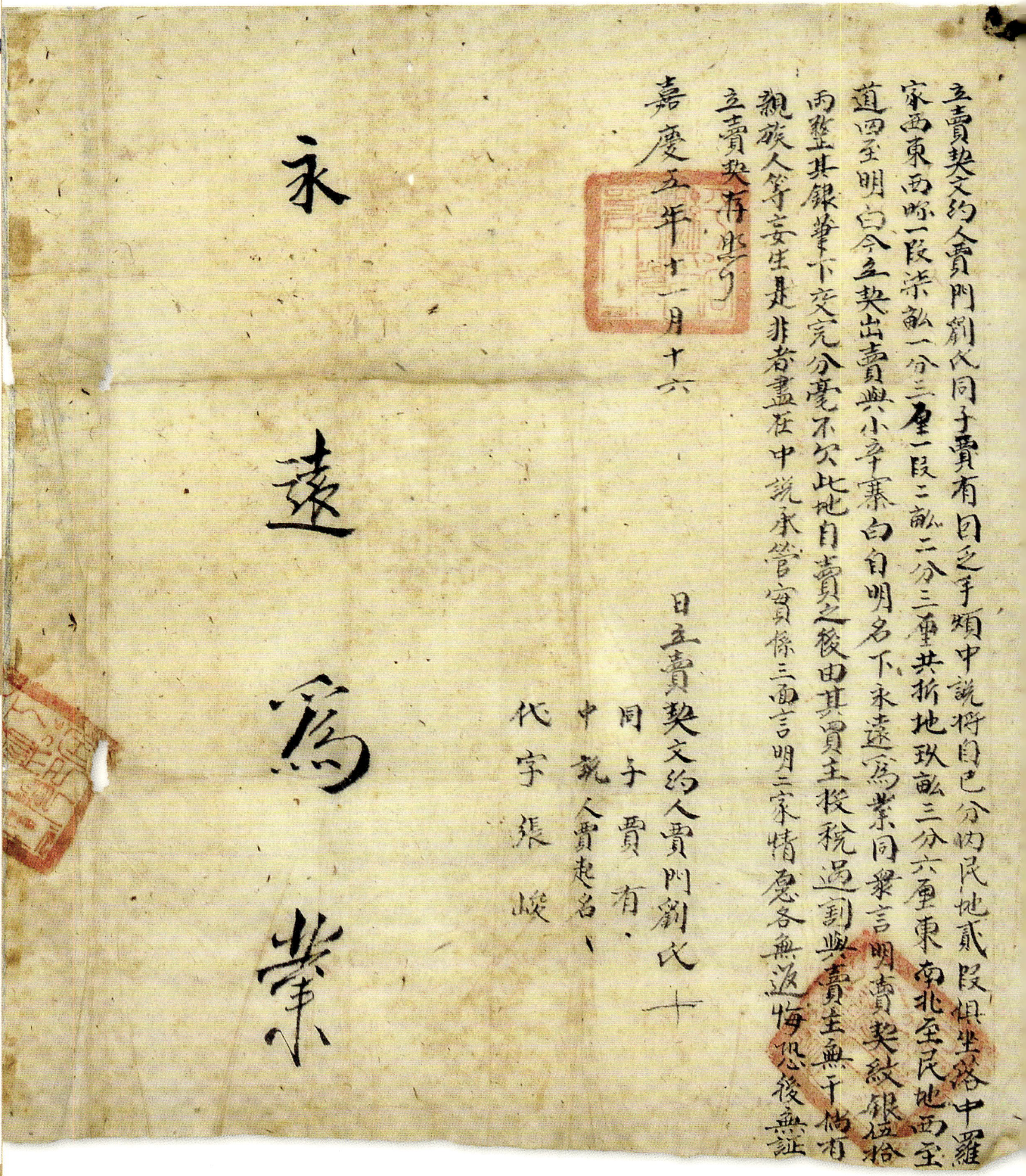

立賣契文约人賈門劉氏同子賈有因乏手頗中說將自己分内民地貳段俱坐落中羅
家西東西畛一段柒畝一分三厘一段二畝二分三厘共折地玖畝三分六厘東南北至民地西至
道四至明白今立契出賣與小辛寨白自明名下永遠爲業同衆言明賣契紋銀伍拾
兩整其銀筆下交完分毫不欠此地自賣之後由其買主投稅過割與賣主無干倘有
親族人等妄生是非者盡在中說承管賣係三面言明二家情愿各無返悔恐後無証
立賣契存照

嘉慶五年十一月十六日立賣契文约人賈門劉氏十

同子 賈有、

中說人賈起名、

代字 張峻

永遠爲業

嘉庆五年（1800）小辛寨贾刘氏卖地契约

2．**嘉庆十八年（1813）小辛寨王廷杞卖地给白彦明契约**：

立卖契文约人王廷杞同侄王泮，之（因）无钱使用情愿将自己祖遗白地一段计地三亩五分坐落小辛寨庄东。东西界。东至香火地，西至旗地，北至道，南至本身地，四至开明，今烦中说合，立契出卖与白彦山名下永远为业。时值卖价纹银十五两整。其银笔下交足不欠。自卖之后，与至（置）主投税过割，永远不与卖主相干。又言明此地倘有差失，全在卖主中说一面承管，如有亲族人等争竞者，进（尽）在卖主一面承管，不与买主相干。此系两家情愿，恐后无凭，立卖契存照。

嘉庆十八年十一月十九日立卖契人王廷杞同侄王泮（十）

中说人：郭君爱（十）

代字人：王廷楷（好心）

“香火地”是富户捐献给寺庙的地产。还有一个名词叫“胭脂地”是富户陪送给女儿的地产。

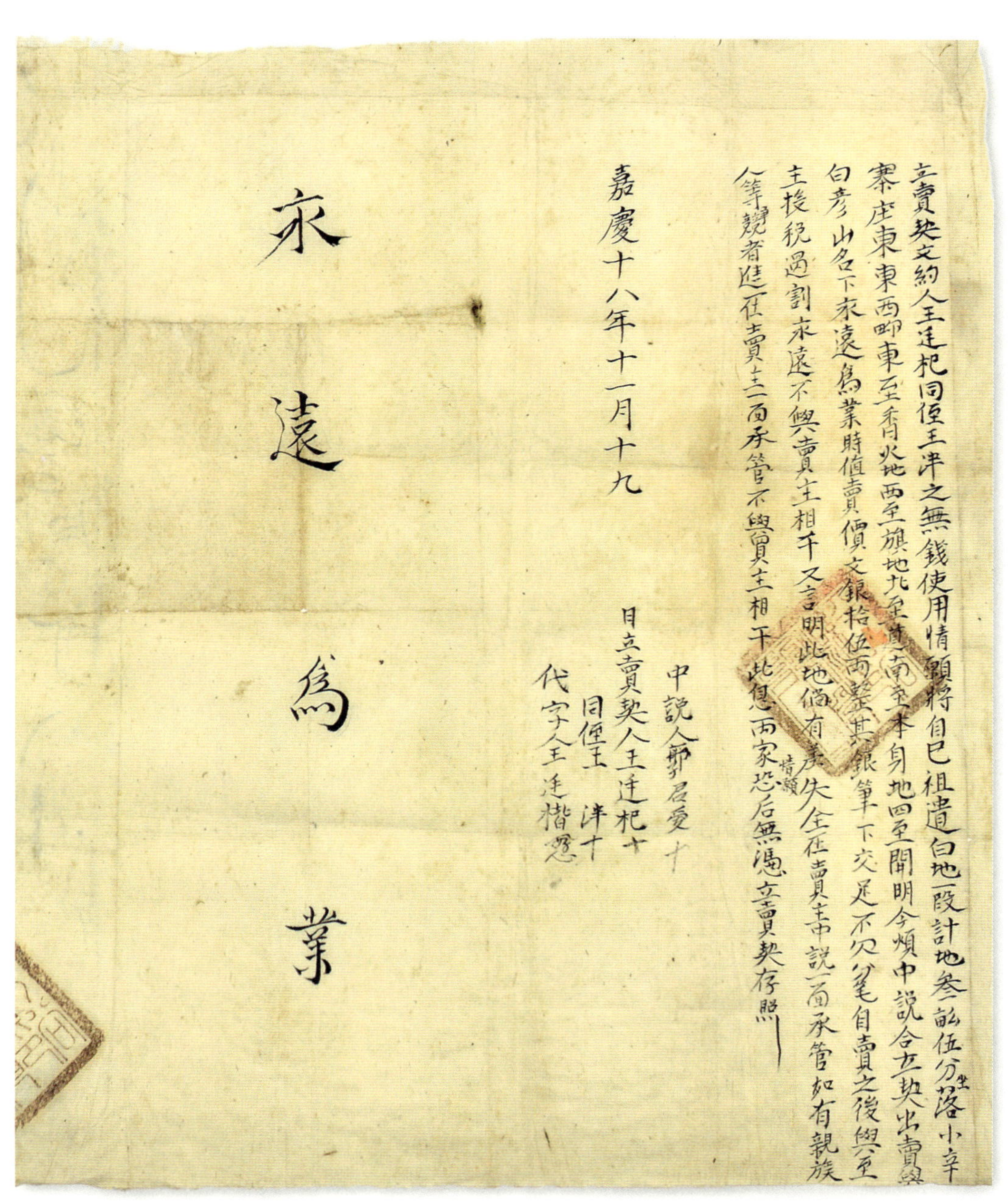

立賣契文約人王廷杞同侄王泮之無錢使用情願將自己祖遺白地一段計地叁畝伍分坐落小辛寨庄東東西畛東至香火地西至旗地北至道南至本身地四至開明今煩中説合立契出賣與白彥山名下永遠爲業時值賣價文銀拾伍兩整其銀筆下交足不欠自賣之後與至主投税過割永遠不與賣主相干又言明此地倘有差失全在賣主中説一面承管如有親族人等競者進在賣主一面承管不與買主相干此係兩家情願恐后無憑立賣契存照

嘉慶十八年十一月十九 日立賣契人王廷杞十 同侄王泮十

中説人郭君愛十

代字人王廷楷（押）

永遠爲業

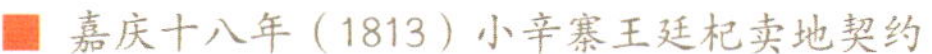
嘉庆十八年（1813）小辛寨王廷杞卖地契约

3. **道光二十三年（1843）小辛寨李国安当地契：**

立当契文约人李国安，因手乏自烦说合人，情愿将自种官租地一段计地二亩，坐落庄东，南北界，四至不开。今将此地当与三义公字号承种，每年随代官租，言明当价钱五十六吊，其钱笔下收足不欠，恐口说无凭，立当契存照。

道光二十三年四月初十立当契李国安

说合人：孙景休

亲笔字书

后补文字：咸丰七年二月初五日将此地契白汗章抽去，如李姓赎地之时，到白姓手赎原价。亲笔自书。

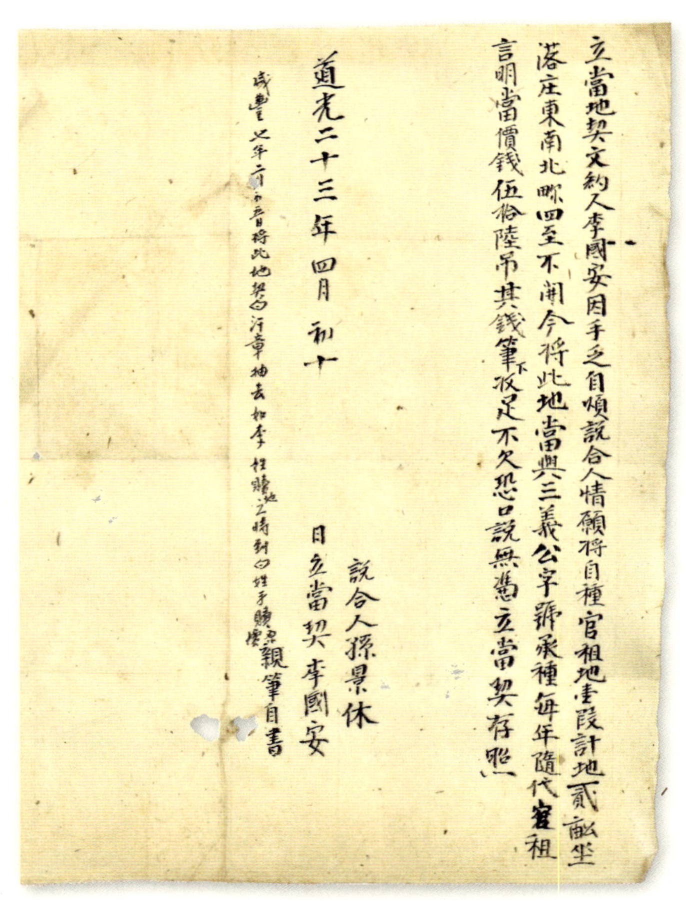

立當地契文約人李國安因手乏自煩說合人情願將自種官租地壹段計地貳畝坐落庄東南北畛四至不開今將此地當與三義公字號承種每年隨代官租言明當價錢伍拾陸吊其錢筆下收足不欠恐口說無憑立當契存照

道光二十三年四月初十日立當契李國安

說合人孫景休

親筆自書

咸豐七年二月初五日將此地契白汗章抽去如李姓贖地之時到白姓手贖原價

道光二十三年（1843）小辛寨李国安当地契

这是一份当地契。“官租地”是旗地的一种，一般指清初官府查验的无主地，被登记造册后出租给佃户，地租交给官府。“每年随代官租”即除了交给出当方当地价钱外，还要交原始的官租钱或粮。“咸丰七年二月初五日将此地契白汗章抽去，如李姓赎地之时，到白姓手赎原价。亲笔自书”是后补写的，书写人就是白汉章本人。意思是这份契约已和白汉章交易，如果赎回此契，要到白汉章家去赎。由多件契约看，白汉章与白汗章互有出现，但还是白汉章更为准确。“三义公字号”说明是当地的一家商号，当时还有“堂号”，是大户姓氏的祖堂字号，是考察家族来源的一个重要依据。

4. **光绪十二年（1888）小辛寨郭文元卖地契约：**

立卖契人郭文元，愿将官地一段计地五亩五分，坐落齐各庄北，南北界，南至坑，西至道，北至道，东至李姓，四至开清，今立契出卖与郭秉油名下，纹银十九两整，其银笔下交足不欠。自卖之后，任凭制（置）主投税粘尾，不与去主相干。此系二家情愿，各无返悔，恐无凭，立契为证。代老契一纸，代原租。

光绪十二年十二月二十七日立卖契人郭文元（十）

说合人：郭会（十）

白永合（公）

代字人：郭从周（押“忠恕”合体字）

这是一份三联契。既有当时的主契，也有同一时期交纳契税后给予的契尾，还有后来的民国初期验契后附加的“新契纸”。这份契约用语比较简约，一些模式化用语舍去不用。几乎所有契约中只要有数字“一”的字体，都不直书，或两端翘起，或用“乙”字代之。之所以这样写应该是为严谨起见，防止有人在这个数字上做手脚。旗地在清代后期便逐渐或明或暗转变为民地，尽管朝廷屡加禁止，但落破的旗民无法维持生计，不得不转卖新主。附主的“代老契一纸”就是将这块地在此次交易之前的上次交易形成的契纸附带上。这也是常见做法，以免日后发生纠纷。“代原租”，即最原始的地租也要买主继续承担，这样的词组只出现在旗地或官租地契约上。

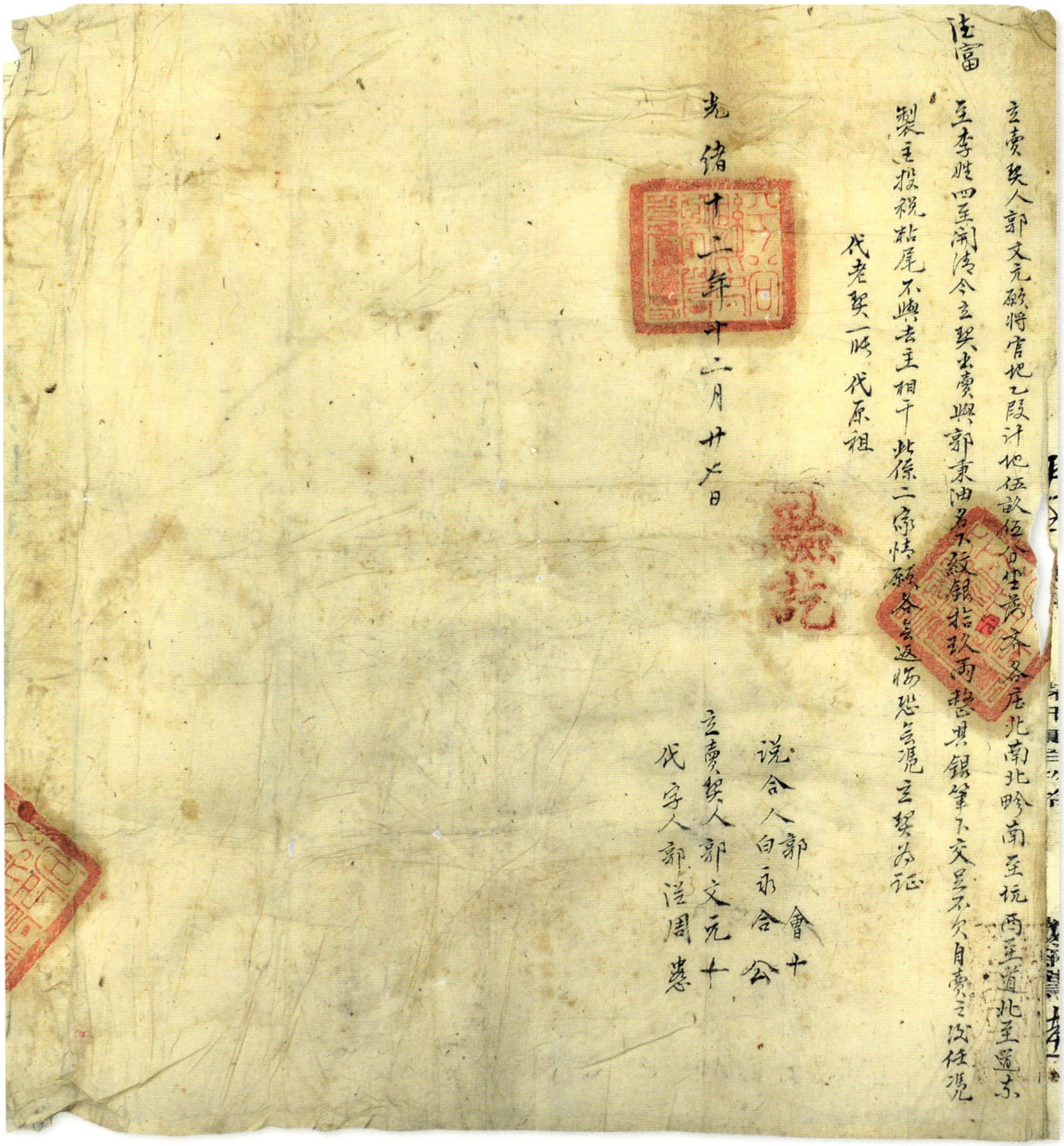

光绪十二年（1888）小辛寨郭文元卖地契

5. 光绪二十七年（1901）小辛寨郭恩承退地契约：

立退契文约人郭恩承、郭恩普，因手乏，烦中见人说合，情愿将祖遗旗地三段计地二十八亩，坐落小辛寨庄东，四至界段已有前契明白。今立退契出退与白建章名下永远承种。言明退价东钱两千一百六十吊整。其钱笔下交清。自退之后，许白姓自便，永不许郭姓相甘（干），如有舛错，有中见人一面承馆（管）。此系同众言明，二家甘愿，各无返悔，空口无凭，立退契为证。

光绪二十七年十二月二十三日立退契人郭恩承（光明）、郭恩普（正大）

中见人：郭佩馨（无私）

书字人：郭珣（公平）

补注：字存长门白永发手

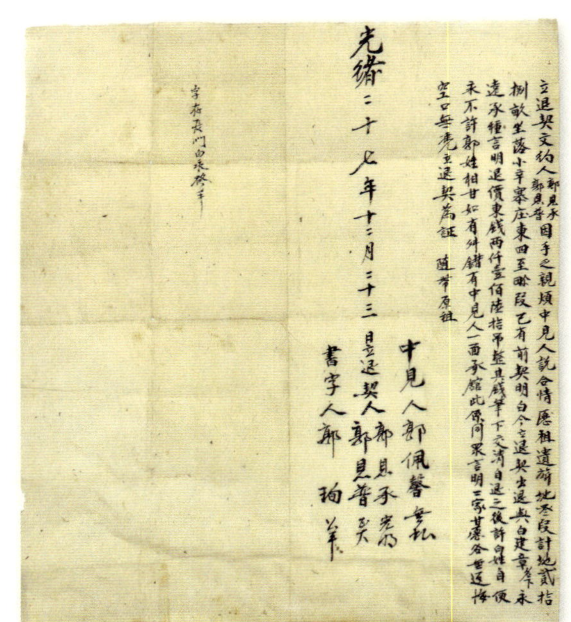
光绪二十七年（1901）小辛寨郭家退地契

此契相关人在契末签字画押有特色。补注的“字存长门白永发手”意思在本契由买主白建章签字，但收存却保存在白建章的长子手中。这也是那个时代一般性规律，几乎所有家谱、先祖契约都由长门妥善保存。

契面的“祖遗旗地”，证明郭家原为旗民，享受领受旗地待遇，将旗地不断外佃。如果是字面有“转佃”一词，则说明是初期佃户向下一级佃户转佃行为。这份契约涉及28亩土地，属于大面积交易契约。

6. 民国八年（1919）白永春兑契：

立兑契文约人堂叔白永春，因手乏，自烦中说，愿将祖遗本身承受民地一段计地二亩，坐落东大石桥南，东西界，东至顶头，西至道，南至郭姓，北至张姓，四至开清，今烦说合情愿立契出兑与堂侄白显达名下永远为业。言明兑价东钱四百六十五吊整，钱契当日亲手两交不欠。自兑之后，此地俱凭（买）主交钱粮自便，永远绝不与去主相干，并无舛错，如有舛错者全凭中说人一概承管。此系三面言明，均相各不返悔，恐口无凭，立兑契永远存照。

代交钱粮钱四百文。

民国八年阴历正月二十六日立兑契人白永春

出名：白永起

中说人：白凤林、白作林

代字人：白显才（忠）

民国八年（1919）白永春退契给白显达契约

“兑契”，“兑”原本是“喜悦”，兑换是表示愉快的交换，这里指家族内的买卖。因为在家族间用“买卖”字眼好说不好听，于是以“兑”字代之。“祖遗本身承受民地”实际就是“官荒民地”，所以末尾有“代交钱粮钱四百文”一说，钱粮钱即应交地税钱，四百文即400个普通铜制钱。此钱清初由官府核准后丰欠不变。

7. 民国十五年（1926）小辛寨郭德忠当地契约：

立当契文约人郭德忠，因一时手乏，自烦中说，愿将自置留佃地一段计地二亩，坐落在本庄西苏家沟，系南北界，东至张姓北头至沟，西至秦姓，南至顶头，北至荒坎，四至开明，今烦说合立契出当与白显有名下承种。言明东钱六百五十吊整，钱契当日各交不欠。自当之后，种过秋收，不拘年限，至秋成之后价到即便方许回赎。此系各无返悔，恐口无凭。故立当契存照。

种地代交租子银。代老契佃契各一章（张）。白地三段。

民国十五年二月初一日立当契人郭德忠

中说人：杨集勇、郭茂亭

代字人：郭子秀

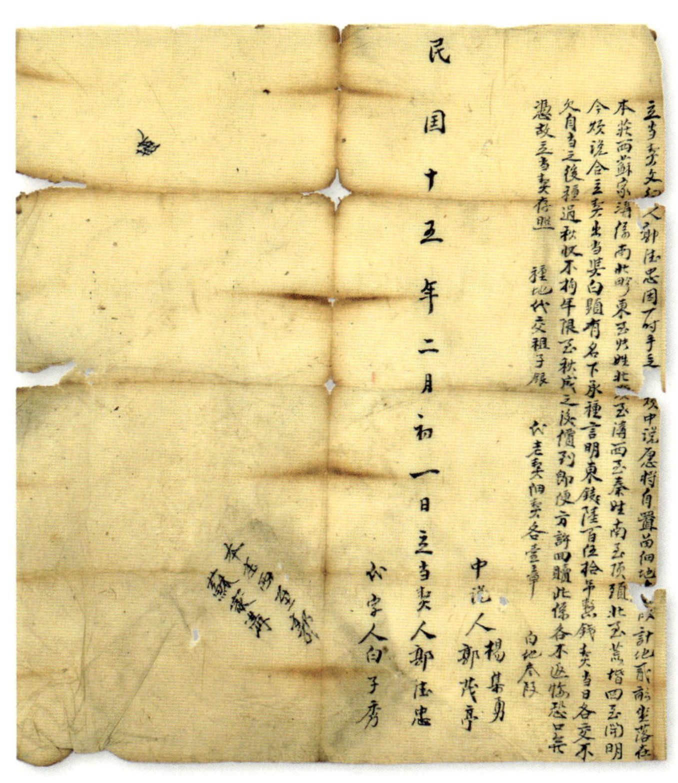

民国十五年（1926）小辛寨郭德忠当地给白显有契约

8. 民国十六年（1927）小辛寨白显达出兑契：

立兑契文约人堂弟白显达，因一时手乏，自烦中说，愿将先人所置自己永受民地一段计地二亩，坐落东大石桥南道东，东西界，东至顶头，西至道，南至郭姓，北至置主，四至开清，今烦说合情愿立契出兑与堂兄白显忠名下永远为业。言明东钱一千八百吊整，钱契当日各交不欠。自立兑契之后，此地俱凭置主自便，永远不与去主相干，并无舛错，如有舛错者全凭中人所管。此系三面言明，均相各不返悔，恐口无凭，立兑契永远存照。

历年种地随代钱粮。

中华民国十六年新正月二十日立兑契人白显达（十）

中说人：白显智、白显臣（十）

代字人：白显才（忠）

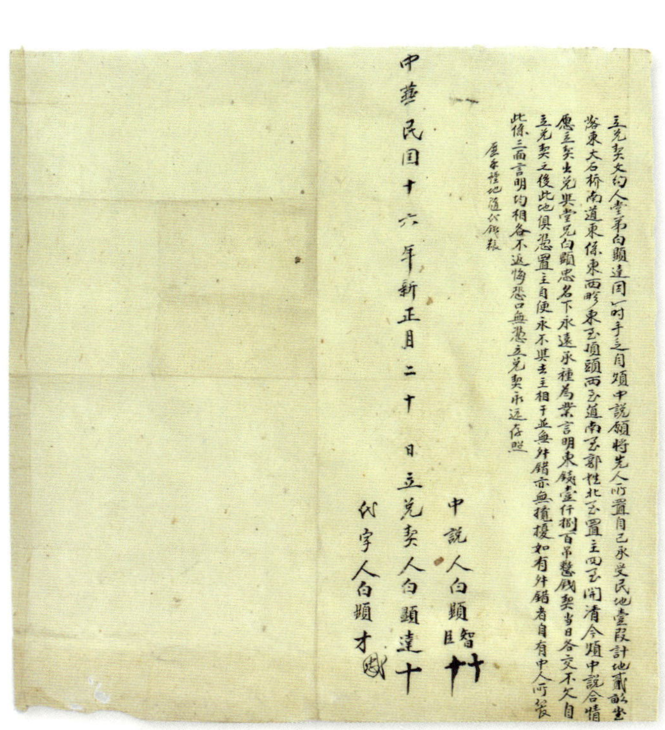

民国十六年（1927）小辛寨白显达出兑给白显忠地契

9. 民国二十五年（1936）小辛寨郭贵全卖地契约：

立卖契文约人郭贵全，因一时手乏，今烦说合，将本身地一段，计地二亩，坐落齐各庄北，南北界，南至坑，北至道，东至郭姓，西至道，四至开白。今立契出退与白显有名下。言明大洋六十一元整，其洋笔下交足不欠。自退之后，三面言明，两家情愿，各无返，并无舛错，如有舛错，有来人一面承管，各无返悔，空口无凭，立退契为证。

随代老纸契一章又验单一张。

中华民国二十五年阴历二月初四日　退契人郭贵全

监证人：郭贵卿（私章）

中说人：方呈玉、郭贵亮

代字人：白玉宽（忠）

这是一份卖地契，代字人因书写习惯，误将“卖”写成“退”，写完后才察觉不是本家族内交易，应该用“卖”，故在开首将“退”改为“卖”，但中间内容和落款仍是“退”字没改，可能是忽略了，也可能是觉得意思差不多，改不改无所谓。这也恰好证明“退”字的适用场合。

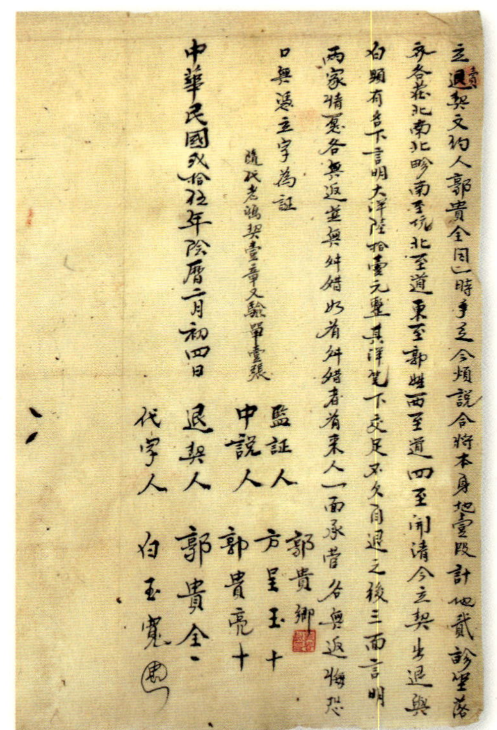
立退(賣)契文約人郭貴全因一時手乏今煩説合將本身地壹段計地貳畝坐落齊各莊北南北畛南至坑北至道東至郭姓西至道四至開清今立契出退與白顯有名下言明大洋陸拾壹元整其洋笔下交足不欠自退之後三面言明兩家情愿各無返並無舛錯如有舛錯者有來人一面承管各無返悔恐口無憑立字為証

隨代老紙契壹章又驗單壹張

中華民國貳拾伍年陰曆二月初四日

監証人 郭貴卿

中説人 方呈玉十 郭貴亮十

退契人 郭貴全

代字人 白玉寬

■ 民国二十五年（1936）小辛寨郭贵全退地给白显有契约

10. 民国二十八年（1939）小辛寨白显臣归兑地文约：

立归兑文约人白显臣，因手乏自烦中人说合，愿将祖遗受分民地一段计地一亩三分三，坐落本庄东和尚坟，东西界，东至顶头，西至置主，南至顺地，北至顺地，四至俱已开清，今立契出兑与白显忠名下，同众言明国币一百元整，其洋笔下交足不欠。自兑之后，此地永远为业，交租自便，永不与去主相干，并无逼勒成文，亦无私债折准，初无舛错，如有搅扰者有中人一面承管。此系二家情愿，各无返悔，恐口无凭，立契为证。

中华民国二十八年正月十四日立归契人白显臣（十）

中说人：郭万全、张恩普（公）

代笔人：方仲元（忠）

■ 民国二十八年（1939）小辛寨白显臣归退地给白显忠文约

“归兑”就是“退”的意思。“和尚坟”在平谷农村就是小型宝顶坟，用三合土砸实，表面光圆。有的真是寺院的出家人坐化后的坟墓，有的则是身份较高，有地位够品级的官员坟。小辛寨方姓为顺治年由放光来到小辛寨的带地投充庄头。1950年小辛寨共295户，郭姓是最大族群，有196户，白姓24户，方姓有24户。

三、安固地契

安固是平谷最古老大村之一，主要有贾、熊、张、何、王、周等几大姓。其中贾姓是明永乐年间由山东迁来，与西鹿角贾（西鹿角有两个贾姓：一个是土著贾，清初从罗庄迁来，即放光贾名伸一个家族，另一支由山东迁来，即鹿三甲之贾）在山东原籍是一个村同族。安固的祖坟旧称松树坟，平谷老村叫松树坟的地方不少于百余处，这是明初由山东迁来的重要标志。

安固张家地契发现有 30 多件。安固张家有两支，其中以中部即原第八生产队张姓为大宗。因有家谱可寻，得知其准确来源。始迁祖张瑾，坊三甲民人，顺治年间由杨各庄迁到安固，因家族较为富庶，且有文化，乾隆元年（1736）始立家谱。乾隆十四年（1749）始在安固庄南立墓。祖坟的始祖为张瑾。二世张朝凤、张岐凤。张岐凤曾于乾隆年间被授乡饮老宾。所谓“乡饮老宾”也称“乡饮耆宾”，是清代一种尊老制度，每岁由各州县遴访年高、有声望的士绅聚餐，首为宾，次为介，又次为众宾，详报督抚，于中秋节举行乡饮酒礼。所举宾介姓名籍贯，造册报部，统称为乡饮大宾。清代 200 多年间，平谷县被州府举荐为“乡饮耆宾”殊荣的，仅知有二人，一是贾名伸父亲贾国杰，再一个就是安固张岐凤，被恩赏寿杖、银牌等。凡被拟定的“耆宾”，均需经县、州、府三级举荐并将其姓氏，籍贯，事迹上报朝廷。朝廷发给顶戴、官服，核准乘坐轿子赴宴。其社会地位高于读书出身的举人，举人如不入仕是没有顶戴官服的。“耆宾”的荣誉职衔可达知州知府，这可是花钱买不到的荣誉。

张朝凤之下是张仑、张岩。张仑无后。

张岩下张名显、张名士等“名”字辈共五位。张名显以下长门下传依次为张维鹏、张好仁、张有先、张廷枢、张梦清、张奎、张胜华。四世张名士之下张成鹏、张廷枢。张廷枢是第八世祖，有三子，梦清、梦兰、梦英。张梦英下为张任，张任次子殿华（68 岁）。安固张家契约即家谱主要部分由张殿华提供。

安固张家先祖寻迹：平谷城内的张家为土著，金代张格后人。明永乐年间被编为坊郭社第三甲，还有一支迁到杨各庄。顺治年间杨各庄张家又分出一支到安固置地落户，另一支迁到夏各庄，也是乾隆元年（1735）在村南设立祖坟。城关的土著张姓与金代转运使张格有关。张格，金章宗初期的京畿转运使，三品，在中都（北京）任职，专门负责漕运事宜（食邑万户），请旨对潮白河、北运河加修，同时为改善洵河漕运功能，增加洵河水量，指示天津河使吏司巨构（后升任横海军节度使，二品，东高村巨、密云巨各庄巨均为其后），在平谷周边山口“开六岭、凿九泉，引七水入洵河，同时开七沟引七水以壮洳河”从此洵河、洳河便成了多源汇集之水，芮营以下河槽加宽加深（新《三河县志》270 页水运）。旧县志记载，“张格墓在城北八里”。元代，张格后人在平谷主要居住在张各庄城里和西沥津。西沥津村西高土台有“张格、张伯道墓，墓区有石人石马。据当地多名老人介绍，上世纪五十年代尚能见到有一通碑镌刻有张伯道名字。老县志记载在城北八里。1972 年曾在墓区土台上发掘一个古墓，六棱型砖碹，没搞清墓主身份，或许就是张格墓，墓室被盗过，仅存有辽代瓷壶一件（文物所仅存十余幅发掘照片，没见到文字记录）。明初，张格后人张仲文曾在西沥津北（原平谷砖瓦厂为核心地带）购置土地数顷，自家出人管理。明代负郭屯张溥即张仲文孙，张格 8 世孙，正统进士，曾任工部主事，管吕梁洪闸，后升任工部郎中、重庆府同知。安固、杨各庄张姓即张溥后人。

1. 道光元年（1821）安固张成鹏买卖地契：

立卖契负六甲民人王国福、国禄情因手乏，愿将祖遗民荒地廿段十亩，坐落本庄东南沟，东至道，南至纪姓，西至岭，北至王姓，四至开清，凭中说人，情愿立契出卖与本庄坊三甲民人张成鹏名下永远为业，同面言明，时值卖价银二十三两整，银契换交不欠，自卖之后任凭置主税契割自便封纳，永不与契主相干，其中倘有亲族地邻人等争竞者，尽在契主与说合人一面承管此系二家情愿，恐口无凭，立卖契永远存照。

道光元年十二月二十二日立契人王国福、国禄

中见人：熊朝宾（十）

说合人：王天贵

书字人：魏焕文（押“一片清心”合体字押）

永远为业

从契约上不难看出，安固王姓为负六甲民人，说明安固王姓也是明初由山东过来的。在这幅地契上加盖了“平谷县印”，表明是红契，已经缴纳过地税，但到了民国时期，新政府为了丰富税源，减少疏漏，于是重新丈量土地并验旧契，验过的按新税政纳税。

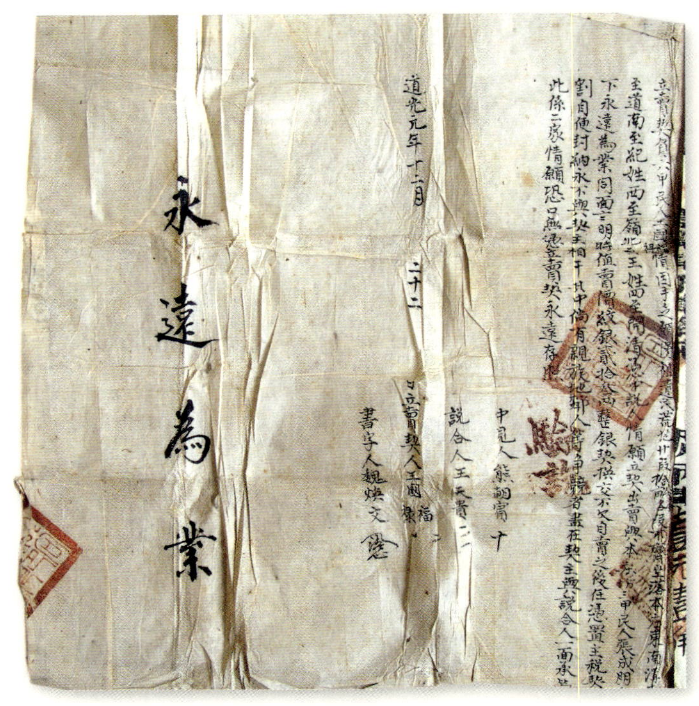
永遠為業

道光元年十二月二十二日

■ 道光元年（1821）安固张成鹏买地契

2. 民国三年（1914）安固张家买圣缘庙产地契验契后改用新契纸。这幅“新契纸”就是民国三年（1914）全国普遍行用的格式化契纸。新契纸开首介绍发给新契纸原因：

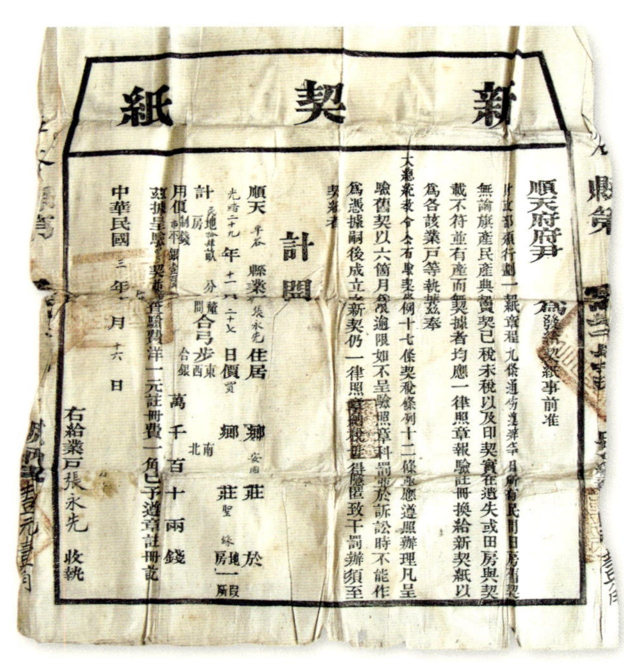
新契紙

順天府府尹

計開

中華民國三年 月 十六 日

右給業戶張永先 收執

顺天府尹为发给契纸事前准财政部颁行划一契纸章程九条通饬遵办等因所有民间田房旧契无论旗产民产典契卖契，已税未税以及印契实在遗失或田房与契载不符并有产而无契据者，均应一律照张报验注册，换给新契纸以为各该业户等执据。兹奉大总统教令，公布验契条例十七条，契税条例十二条，亟应遵照办理。凡呈验旧契以六个月为限，如不呈验照章课 = 科罚，并于诉讼时不能作为凭据，嗣后成立之新契，仍一律照章纳税，毋得隐匿致干罚办，须至契纸者。

■ 民国三年（1914）安固张家买圣缘庙产地契验契后改用新契纸

3. 民国二十一年（1932）安固张家退地契：

立退契文约人张梦云因乏手愿将受分民地各段不齐计地三亩，坐落王报沟东叉盆股，果树在内，东至张姓，西、南至置主，北至土台在内，四至开清自烦中说情愿立契出退与胞叔张廷枢名下永远承种，同面言明，时值退价大洋一百五十二元整，其洋笔下交清不欠，自退之后，任凭置主更名交租，不与退主相干，两家情愿各无返悔，恐口无凭立退为证。

民国二十一年十二月十八日　立退契人张梦云（平）

中证人：熊满贺（十）、熊宝路（公）

书字人：张廷梁（押）

永远为业

“王报沟”原俗名“王八沟”，因业主忌讳才改用此名。

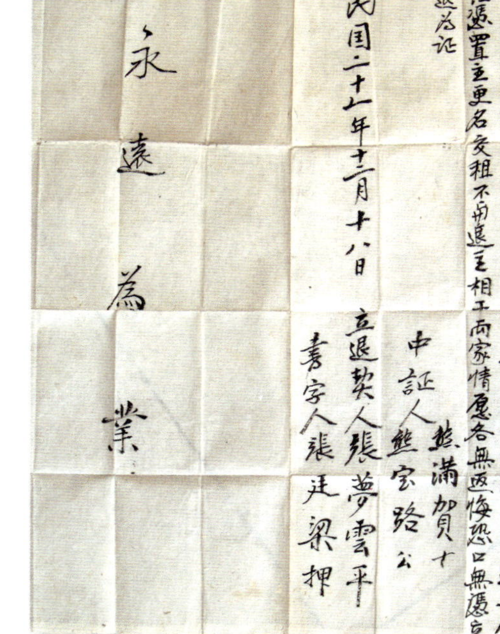

民国二十一年（1932）安固张家退地契

4. 民国二十六年（1937）安固张家退地契：

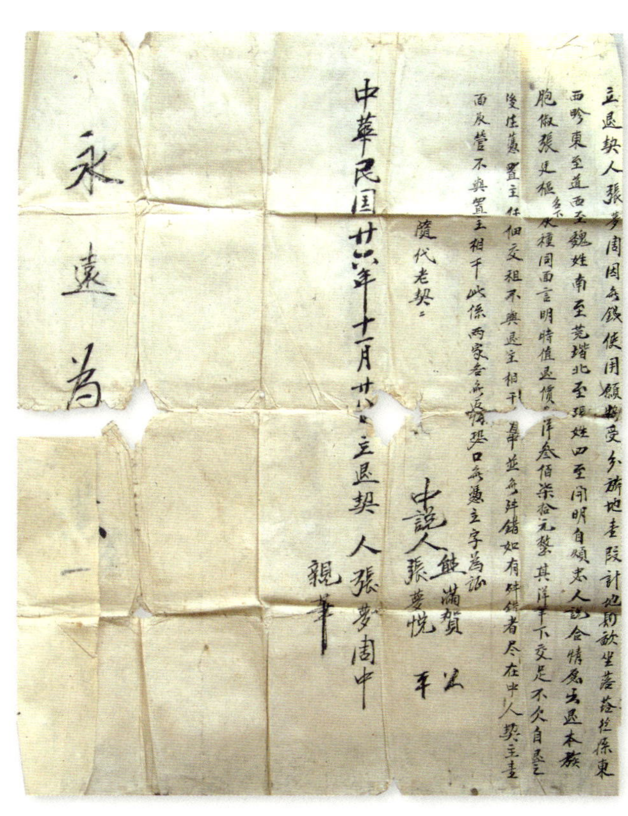

民国二十六年（1937）安固张家退地契

立退契人张梦周因无钱使用，愿将受分旗地一段计地四亩，坐落塔后，系东西界，东至道，西至魏姓，南至荒坎，北至张姓，四至开明，自烦忠（中）人说合，情愿出退本族胞叔张廷枢名下承种，同面言明时值退价大洋三百七十元整，其洋笔下交足不欠，自退之后任凭置主认佃交租，不与退主相干，其中并无舛错，如有舛错者，尽在中人契主一面承管，不与置主相干，此系两家，各无返悔，恐口无凭立字为证。

随代老契

民国二十六年十一月二十八日立退契人张梦周（中）亲笔

中说人：熊满贺（公）、张梦悦（平）

永远为业

四、马坊蒋家地契

马坊蒋家是乾隆初年由山海关迁来，而且是裕王府指派来此收地租的庄头。可以推想，康熙十八年（1679）八月三河、平谷大地震，震级达八级，马坊是实际的震中，受灾最重，当地百姓死伤逃亡殆尽，很长时间内无人落足。直到雍正年间开始有批量民户返回或来此落户。乾隆初期，裕王府开始考虑对这个地区的自耕户收租，于是派山海关的蒋家来此收租。蒋家第一代庄头蒋培基，一同来的是弟兄三个，蒋培基是老大，老二蒋培柱在三河晾台子，还有一个不知在哪村，也在三河界内。蒋培基儿子蒋龙，以下三代单传，到重孙子辈三人：蒋德天、德山、德泉。德天之下四人：茹达、茹通、茹联、茹松。同辈还有如荷、如顺等，均为道光年间青壮年人。茹达下有三子：向桂、沛桂，偕桂。向桂下四子：清芬、清右、清左、清来。清芬有三子：士恒、世丰、世盈。蒋宝庆是世峰之子。三条街蒋家现有百十户。清代的庄头有养女庄头（为朝廷养秀女和为大家族提供使唤丫头）、纳粮庄头（专责收粮税），蒋家此来是纳粮庄头。蒋姓在 1950 年为全村最大户，共 34 户。何姓第二，24 户。据地契持有人蒋宝庆介绍，他所见过的地契年代最早的是嘉庆年间（1806）的。这次发现的有 32 件，还有很多，可惜一时找不到了。

1. 道光十四年（1835）马坊赵永荣杜绝文书：

立杜绝文约人赵永荣、永奇，因乏手将自己蒋姓租子地一段二十亩，坐落四至后开，烦中说合，情愿将此地同中人将租向兑清，永远交租种地为业，言明东钱二百五十吊整，其钱笔下交足不欠，又言明自立字据之后，他田姓任蒋姓交租种地，或自己租典，由其自便。赵姓自兑佃之后，永不异说。此系三家情愿，各不反悔，恐口无凭，立字存照。

东西界，东西至道，南北至蒋姓地。

中保说合人：赵安平（十）

代笔人：田贵淳（押“正直公心”合体字）

道光十四年十二月十六日　立字人赵永荣（十）、永奇

信行为绳

这份地契是蒋宝庆（2019 年 72 周岁）祖上传下来的，书写风格与其他村不太一样。杜绝文书在平谷少有，但在南方常见。“杜绝”表示“彻底根除”。代笔人字迹不错，但对此类文书可能开始接触，不怎么会用“行话”，以致文书中有些句子不通顺。“将自己蒋姓租子地”其实是自己承佃的蒋姓地。“情愿将此地同中人将租向兑清，永远交租种地为业”。前边半句话意思是，与中保人讲明，情愿把这块杜绝地的各项地租清算完结。之后应该是脱漏一句话，而且是最关键一句话，即转佃给田姓，由田姓永远交租种地为

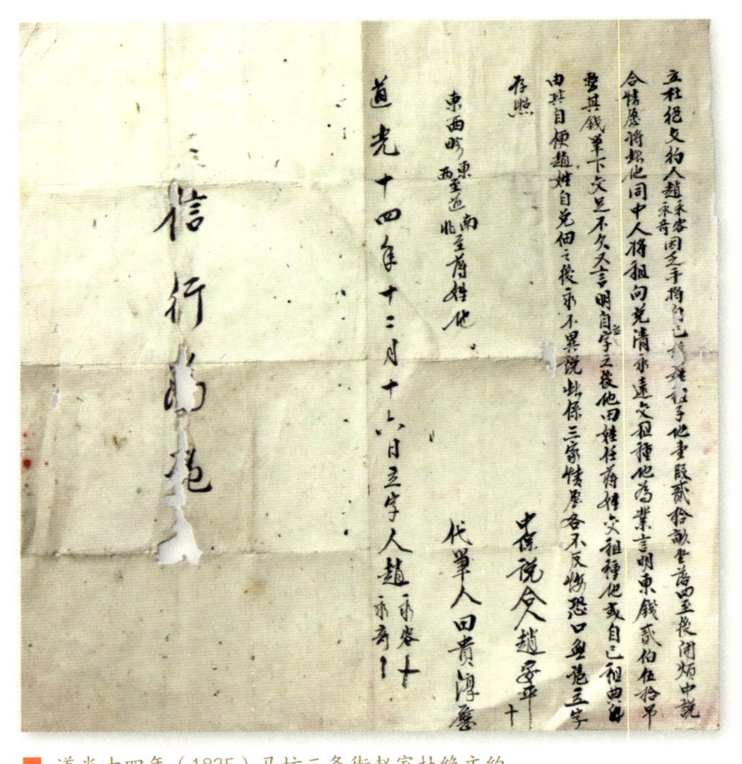
立杜絕文約人趙永榮永奇因乏手將自己蔣姓租子地壹段貳拾畝坐落四至後開煩中說合情愿將此地同中人將租向兌清永遠交租種地為業言明東錢貳佰伍拾吊整其錢筆下交足不欠又言明自立字之後他田姓任蔣姓交租種地或自己租典由其自便趙姓自兌佃之後永不異說此係三家情愿各不反悔恐口無憑立字存照

東西畛東西至道南北至蔣姓地

中保說合人趙安平 十

代筆人田貴淳

道光十四年十二月十六日立字人趙永榮十 永奇十

信行為絕

■ 道光十四年（1835）马坊三条街赵家杜绝文约

业。“自立字据之后，他田姓任蒋姓交租种地，或自己租典，由其自便。”这句话里又有病句，实际意思是“自立字据后，由田姓与蒋姓重新确认租种手续，继续承佃耕种或转佃由其他人承种这块土地”。“此系三家情愿，各不反悔”，一般契约都是两家情愿，这里用三家是妥当的，因为佃户赵姓转佃给田姓是当蒋姓面办理的手续，所以有此一说。“各不反悔”的“反”一般用“返”，现在同样的词义多用“翻悔”表述。

落款形式也有区别，中保人、代字人在日期前边。

最后压契用语一般是“永远承佃”或“永远为业”等，这里用“信行为绳”很别致，但意思很容易懂，以讲信义为根本原则。

2. 道光二十六年（1847）马坊蒋茹达指地借钱文约：

立指地借钱文约人蒋茹达，因乏手无资，烦中说合情愿将自种地一段四亩，坐落马坊镇东店家西新街东头，路北，今指此地借到张永春名下承种，同众言明，地价东钱六十吊整，其钱笔下兑足不欠，钱无利息，地有代租，笔下代租钱四吊整。此系两家情愿，各无返悔，恐后无凭，立字存照。

中保人：元福得（十）

道光二十六年二月十一日 立字人蒋茹达（十）

代字人：贾常龙（押“一片好心”合体字）

此契为因借钱而形成的契约。“指地借钱”在旧社会常见，因为每个家庭都有一时不便，急需钱花，而对于大额借资，可以用地产抵押，至于借贷条件，双方看关系远近。“地价六十吊整”不是卖地价，而是借地价，是使用地的地租。借钱方不要利息，但地是有“代租”费的，即原始的地租钱。4 亩地的地租才 4 吊钱，说明地租很便宜，这也就反映出裕王府在马坊这一带有用低地租吸引民户来此落足耕种的策略。“马坊镇”一词的出现也很有历史意义。“马坊”原本是养马的地方，唐宋辽元明，这里都是重要养马区，而且有几个“马坊”，如“兔西马坊”“河北马坊”“杨桥马坊”等，而马坊镇是因为靠近兔西马坊和河北马坊，更主要是这里紧邻泃河湾码头，所以人流辐辏，市场繁荣，故有此名。“东店家”就是现在的东店村，在马坊三条街东一公里。这里很久以前村名为“大屯”，因为紧邻泃河，这里原为码头，是古代商人囤积货物之地，至少在辽代还有此名，明代村西有个旅店，三条街是繁华地，所以从三条街角度去称呼，这个旅店就叫“东店家”，开店户主为李姓。民国以后将那片居民地称为“东店”。

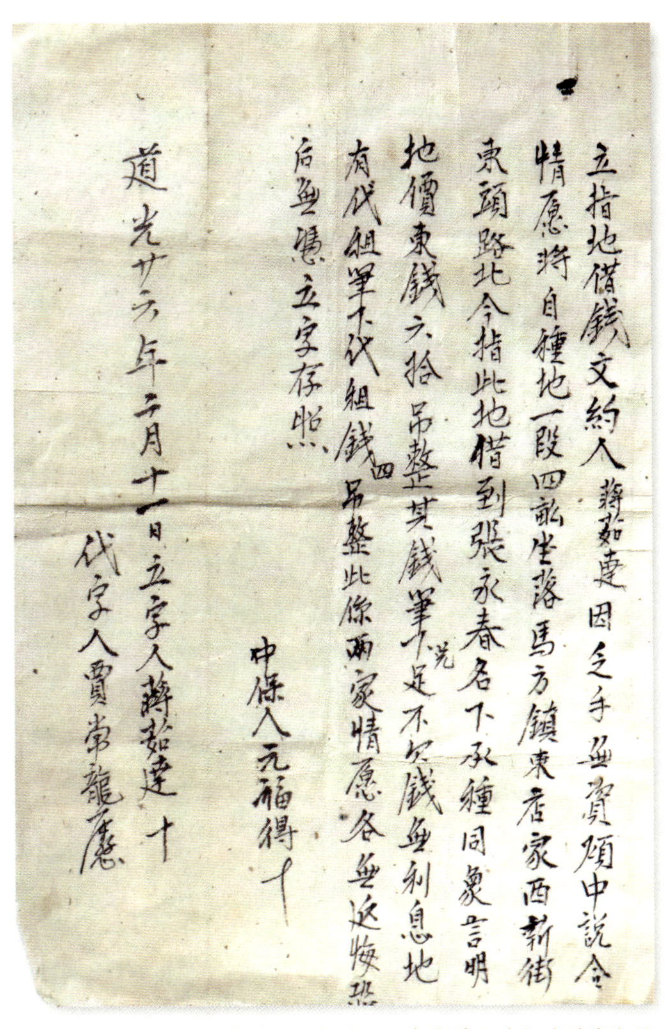
立指地借錢文約人蔣茹達因乏手無資煩中說合
情愿將自種地一段四畝坐落馬方鎮東店家西新街
東頭路北今指此地借到張永春名下承種同衆言明
地價東錢六拾吊整其錢筆下兊足不欠錢無利息地
有代租筆下代租錢四吊整此係兩家情愿各無返悔恐
后無憑立字存照
中保人元福得 十
道光廿六年二月十一日立字人蔣茹達 十
代字人賈常龍 押

道光二十六年（1847）马坊三条街蒋如连指地借钱文约

3. 咸丰四年（1854）马坊张富卖地契：

立卖地契文约人张富，因手乏，烦中说合，情愿将自己空庄窠一所，今出卖与族侄张守库名下永远为业。时值卖价东钱二百一十七吊整。其钱笔下交足不欠。此系两家情愿，各无返悔，如有返悔者，有卖主一面承管，恐后无凭，立字存照。

咸丰四年三月初五日　立卖契文约人张富（十）

说合人：张有（十）

代字人：张莱元（十）

此为卖地契约，所卖为村庄外有一所可以盖房子的小院。没有四至，没有坐落地，可见是一处没有争议的地块。契约末尾不够严谨，“如有返悔者有卖主一面承管”，可能是买主没问题，担心卖主返悔。

4. 同治七年（1868）马坊张福特典契：

立典契文约人张福特，因一时乏手，烦中说合，将自己本身地，坐落南园子地一段，东西界，今将此地出典人（入）赵增名下承种。当面言明，时值价东钱六十五吊五百文，其钱笔下交足不欠，钱无利息，不拘年限，全价回赎。此系二家情愿，并无返悔，如有返悔者有中保说合人一面承管。凭惊整钱不到，地属钱主，自收自种，恐口无凭，立字为证。

同治七年三月廿四日　立典地人张福特（十）

中保说合人：张守库

代字人：张富（記）

文约中有“凭惊整”三个字很费解，应该是“如果到期”之意。

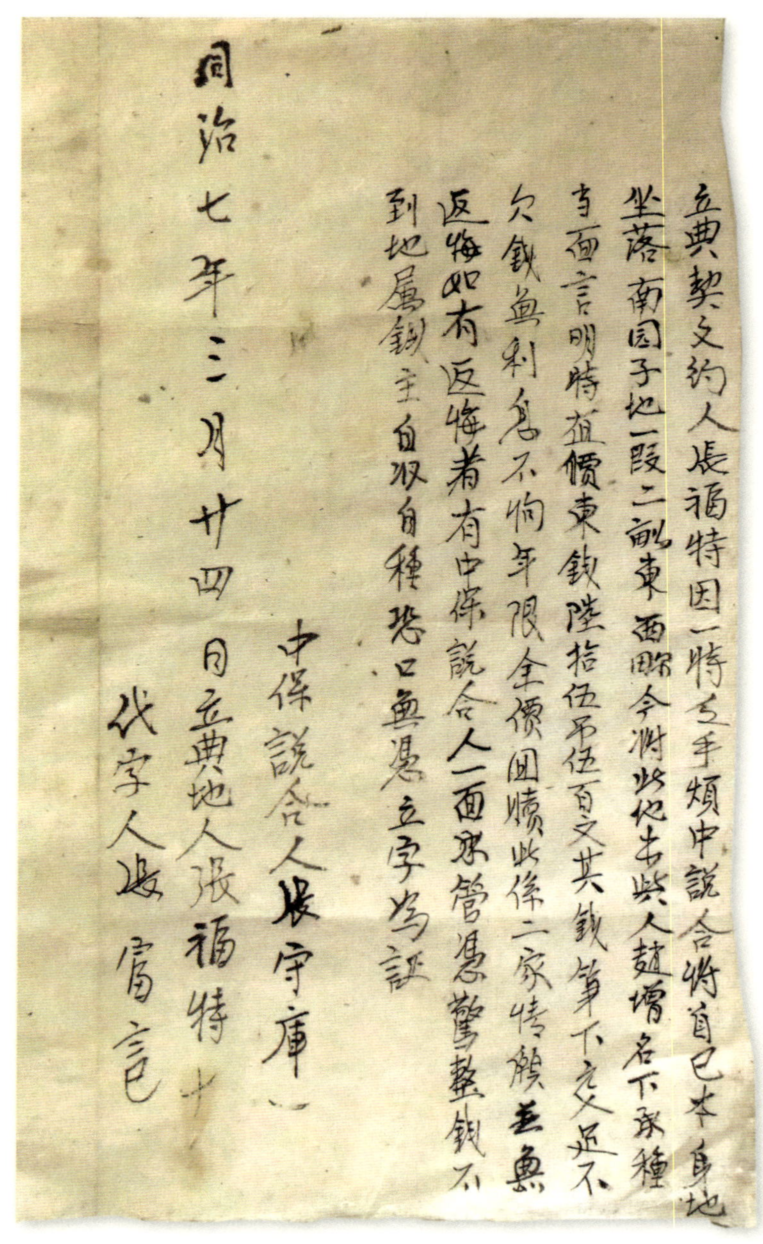

立典契文约人張福特因一時乏手煩中說合將自己本身地
坐落南園子地一段二畝東西界今將此地出典人趙增名下承種
當面言明時值價東錢陸拾伍吊伍百文其錢筆下交足不
欠錢無利息不拘年限全價回贖此係二家情願並無
返悔如有返悔者有中保說合人一面承管憑驚整錢不
到地屬錢主自收自種恐口無憑立字為証
中保說合人張守庫
同治七年三月廿四日立典地人張福特十
代字人張富記

同治七年（1868）马坊张福典地文契

5. 同治十年（1871）马坊蒋德天父子指地借钱文约：

立指地借钱文约人同父蒋德天、弟偕桂、沛桂，因手乏自烦中说合，情愿将自己种地一段十亩，坐落马坊家南杨家坟，东西畔。今指此地借到长儿向桂名下承种，言明借价小数东钱八百吊整，其钱笔下兑完不欠，言明钱无利息，地有租价，每年随代交租钱五吊文，不拘年限，全价回赎，地归本主。此系一家情愿，各无返悔，恐口无凭，立字存照。

同治十年十月初六日　立契人同父德天，弟偕桂、沛桂

亲字代笔

这份是家庭间的借款契约，很少见，说明旧时代家庭间也讲究财情分明，乍看似乎于亲情有碍，实际是避免矛盾发生的最好办法。字是出借款方蒋向桂所写，父亲蒋德天和两个弟弟是借贷方，权责分明。

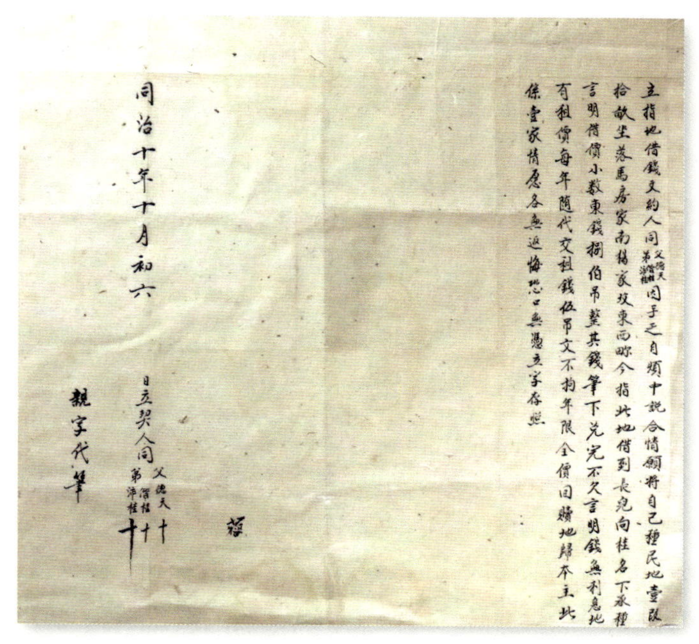
立指地借錢文約人同父德天弟偕桂沛桂因手乏自煩中說合情願將自己種民地壹段
拾畝坐落馬房家南楊家坟東西畔今指此地借到長兒向桂名下承種
言明借價小數東錢捌佰吊整其錢筆下兑完不欠言明錢無利息地
有租價每年隨代交租錢伍吊文不拘年限全價回贖地歸本主此
係壹家情愿各無返悔恐口無憑立字存照
同治十年十月初六
日立契人同父德天 弟偕桂 沛桂 十十十
親字代筆

同治十年（1871）马坊三条街蒋德天父子指地借钱文约

6. 光绪二年（1876）马坊蒋如顺退地契：

立退契文约人蒋如顺，自烦中说合，情愿将自住房身地一处，坐落马坊镇三条街路南中截望南，宽一丈九尺，长通道，南至官道，北至官道南头，宽九丈二尺，北头七丈九尺宽，西至姚姓，东至官过道，出竞五尺宽，四至开列于后，今将住宅房身一处焕（换）与蒋德天名下盖房居住，同众言明，立契之后与蒋德天日后掘坑使土，修养树木，土木相连，每年交租钱二吊整，永远为业，不与蒋如顺相干。此系两家情愿，各无返悔，恐口无凭，立字存照。

大清光绪二年二月二十八日　立字人　蒋如顺（十）

中保说合人：蒋德山、蒋如荷、蒋德泉

代笔人：朱俊达（押“一片好心”合体字）

这个契约拟写得有些问题，既然题目是退契，就应该有退给谁，什么条件，这里不明确。“退”用于家族人没问题，可能是分家的房园地一处，因为不规则，所以愿意“退”或“换”给族叔蒋德天，条件就是“每年交租二吊整”，而“永远为业”又是产权彻底送给了对方。也可能是看族叔可怜，有意照顾。

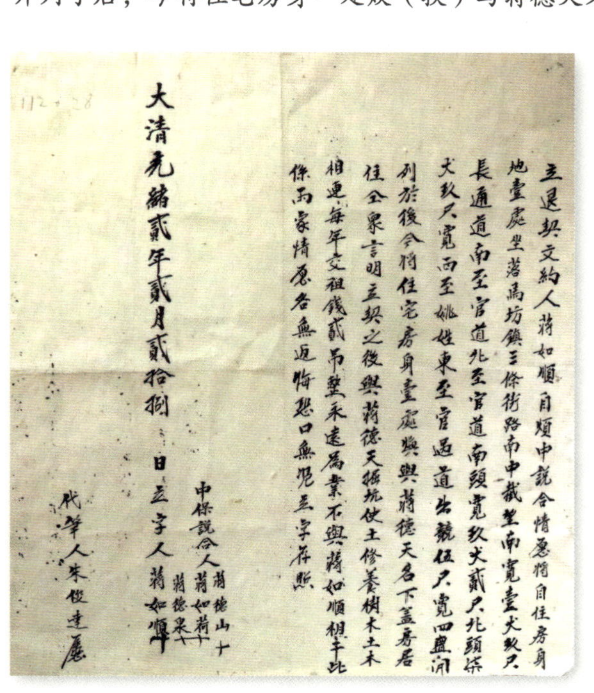
立退契文約人蔣如順自煩中說合情愿將自住房身
地壹處坐落馬坊鎮三條街路南中截望南寬壹丈玖尺
長通道南至官道北至官道南頭寬玖丈貳尺北頭柒
丈玖尺寬西至姚姓東至官過道出競伍尺寬四面開
列於後今將住宅房身壹處換與蔣德天名下蓋房居
住仝眾言明立契之後與蔣德天掘坑使土修養樹木土木
相連每年交租錢貳吊整永遠爲業不與蔣如順相干此
係兩家情愿各無返悔恐口無憑立字存照
大清光緒貳年貳月貳拾捌日立字人蔣如順
中保說合人蔣德山 蔣如荷 蔣德泉 十
代筆人朱俊達

光绪二年（1876）马坊三条街蒋如顺退地文约

7. 光绪四年（1878）马坊蒋德天指地借钱文约：

立指地借钱文约人蒋德天，因乏手无资，自烦中人说合，情愿将本身自种地两段八亩，坐落马坊镇三条街家南，今指此地借到张忠名下承种，同众言明，借价钱二百八十吊整，其钱笔下兑足不欠少，言明钱无利息，地有租价，笔下交现租钱八吊整，十月十五日本利不到，许张忠则办，不许蒋姓香（相）干。此系两家情愿，各无返悔，恐后无凭，立字为证。

大清光绪四年正月二十八日

说合人：蒋朝桂（十）

中保人：蒋德全（十）

代笔人：蒋清源（愿）

这也是一笔指地借款契约，以八亩好地为抵押，借款二百八十吊。“十月十五日本利不到，许张忠则办”，是指本年度秋收之后本钱归还，因为讲好无利息，这里的“本利”是写顺手了。“则办”应是续办之意，即允许张忠下年继续耕种。

8. 光绪十三年（1887）马坊刘玉刚退佃文约：

立退佃文约人刘玉刚，因乏手烦中说合情愿将本身佃地一段四亩，坐落辛街东头北上坡，南北界，四至开到，东至李姓，四（西）至蒋姓，南至官街，北至道，今将此地退与刘通名下永远为佃，地价东制钱一百一十五吊整，其钱笔下兑完不欠，地有代租，历年交租制钱五吊整，自立字据之后，与刘姓自便，不与刘玉刚相干，认佃交租，永远为佃。此系两家情愿，各无返悔，口说无凭，立字存照。

光绪十三年十月三十日　立字人刘玉刚（十）

代笔人：傅继轩（押“公正心”合体字）

中保说合人：何朝俊（十）

这时一份退佃地契约，这里的“退”实际是转佃之意。说明刘玉刚是始佃户，因为需要钱花，将自家耕种的一块承佃地转佃给族人刘通。这里用“退”也有族人之间转佃的含意。

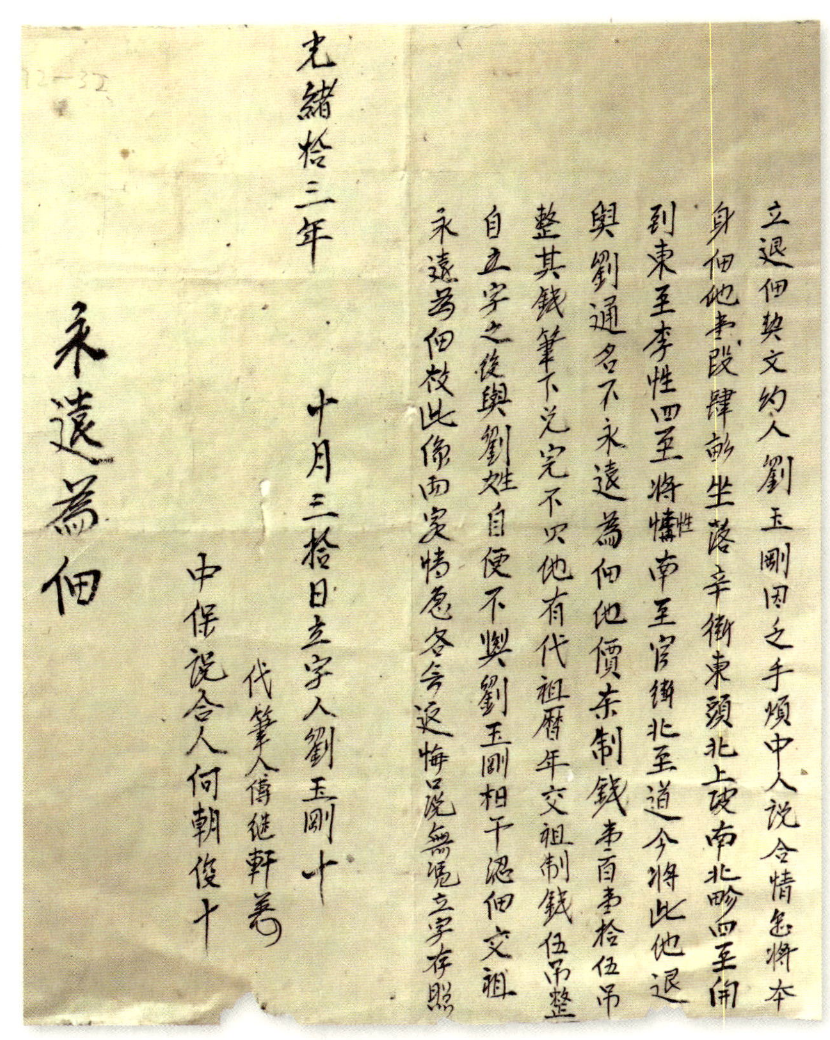
立退佃契文约人劉玉剛因乏手煩中人說合情愿將本
身佃地壹段肆畝坐落辛街東頭北上坡南北畛四至開
到東至李性四至將姓南至官街北至道今將此地退
與劉通名下永遠為佃地價東制錢壹百壹拾伍吊
整其錢筆下兌完不欠地有代租曆年交租制錢伍吊整
自立字之後與劉姓自便不與劉玉剛相干認佃交租
永遠為佃故此係兩家情愿各無返悔口說無凭立字存照
光緒拾三年　十月三拾日立字人劉玉剛十
代筆人傅继軒
中保說合人何朝俊十
永遠為佃

■ 光绪十三年（1887）马坊三条街刘玉刚退典地文约

9. 光绪二十八年（1902）马坊傅永生典地契约：

立典地文约人傅永生，因手乏，无钱使用，自烦中人说合，情愿将自己祖遗旗地两段十九亩，坐落东店庄家东北，地名萧家坎北，南北界，今将此地典与傅永堂名下承种，同众言明典价京东铜制钱五百吊整，其钱笔下兑完，分文不欠，钱无利息，地有租价，历年秋后交租钱九吊整，钱到许赎，不拘年限。此系两家情愿，各无返悔，恐后无凭，立字为证。

大清光绪二十八年十二月初六日 立字人 傅永生（十）

中保人：石永祥、傅廷峰（十）

代笔人：王瑞云（押“一片好心”合体字）

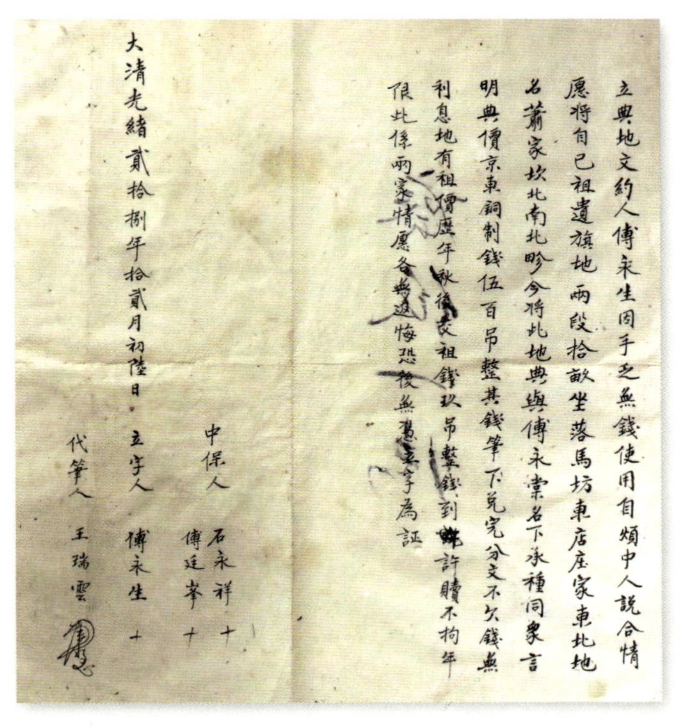
立典地文约人傅永生因手乏無錢使用自煩中人説合情
願將自己祖遺旗地兩段拾畝坐落馬坊東店庄家東北地
名蕭家坎北南北畛今將此地典與傅永堂名下承種同衆言
明典價京東銅制錢伍百吊整其錢筆下兑完分文不欠錢無
利息地有租價歷年秋後交租錢玖吊整錢到許贖不拘年
限此係兩家情願各無返悔恐後無憑立字為証

大清光緒貳拾捌年拾貳月初陸日 立字人 傅永生 十

中保人 石永祥 十 傅廷峯 十

代筆人 王瑞雲

光绪二十八年（1902）马坊三条街傅永生典地文约

这是一份典地契。典地不同于佃地，是“抵押出去”的意思。“祖遗旗地”说明地产是自家的，换句话说，傅家在清初是旗人，很可能也是带地投充的汉旗户，他们日常靠出佃收租生活，现在生活拮据了，要靠出典一大块地来换钱使用。接典方也是本族弟兄。“钱到许赎，不拘年限”，是说这块地典出无需约定年限，只要每年照数交地租钱即可。交接日期不定年限，但约定时节，即秋后收粮完毕。

马坊一带代笔人签字所用的这种画押字是古代签字形式的一种，很有艺术和科学含量，现实中具有防伪作用。

10. 光绪三十一年（1905）马坊三条街典地文约：

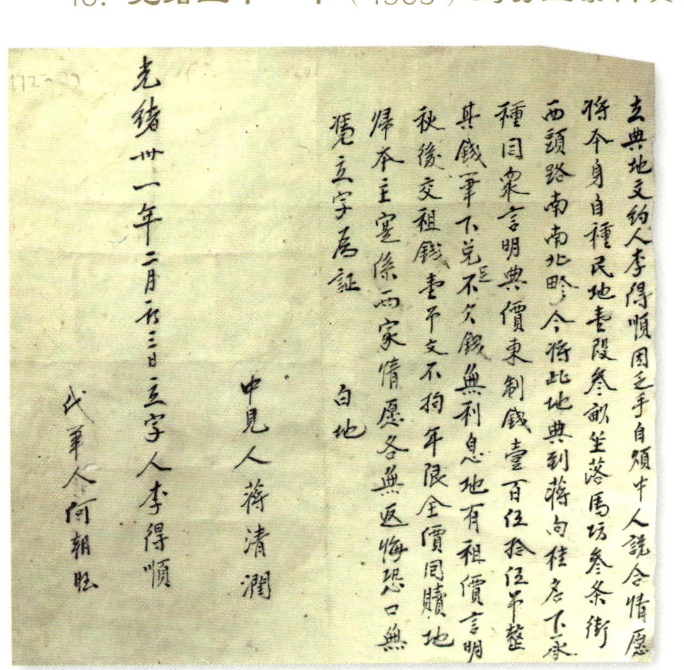
立典地文约人李得順因乏手自煩中人説合情願
將本身自種民地壹段叁畝坐落馬坊叁条街
西頭路南南北畛今將此地典到蔣向桂名下承
種同衆言明典價東錢壹百伍拾伍吊整
其錢筆下兑完不欠錢無利息地有租價言明
秋後交租錢壹吊文不拘年限全價回贖地
歸本主實係兩家情願各無返悔恐口無
憑立字為証

白地

中見人 蔣清潤

光緒卅一年二月初三日立字人李得順

代筆人何朝旺

光绪三十一年（1905）马坊三条街李德顺典地文约

立典地文约人李得顺，因乏手自烦中说今情愿将本身自种民地一段三亩，坐落马坊三条街西头路南，南北界。今将此地典到蒋向桂名下承种，同众言明，典价东钱一百五十五吊整。其钱笔下兑完不欠，钱无利息，地有租价，言明秋后交租钱一吊文，不拘年限，全家回赎，地归本主。实系两家情愿，各无返悔，恐口无凭，立字为证。白地。

光绪卅一年二月初三日 立字人李得顺

中见人：蒋清润

代笔人：何朝旺

11. 宣统三年（1911）马坊三条街典地文约：

立典地文约人因乏手，蒋向桂自烦中人说合，情愿将自种旗地一段四亩，坐落马坊镇家南，东西界，今将此地典与蒋清莲名下承种，同众言明，东制钱五百吊整，其钱笔下不欠。自典之后，不居（拘）年限，钱到回赎。此系两家情愿，各无返悔，恐口无凭，立典字为证。

秋后交租钱四吊整。

宣统三年正月初十日　立字人蒋向桂（十）

中保人：蒋元桂、蒋清来（十）

代笔人：蒋福堂（平心）

附注：中华三年二月二十日顺和成兑出五百吊。

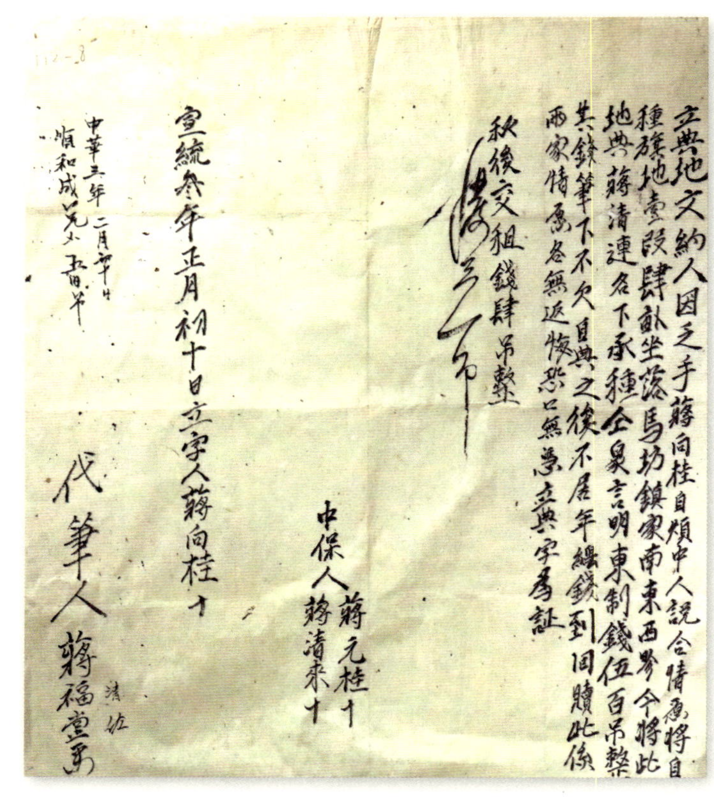

立典地文約人因乏手蔣向桂自煩中人説合情愿將自
種旗地壹段肆畝坐落馬坊鎮家南東西界今將此
地典與蔣清蓮名下承種仝衆言明東制錢伍百吊整
其錢筆下不欠自典之後不居年限錢到回贖此係
兩家情愿各無返悔恐口無憑立典字爲証
秋後交租錢肆吊整
宣統叁年正月初十日立字人蔣向桂十
中保人蔣元桂十　蔣清來十
代筆人蔣福堂平心
中華三年二月二十日順和成兑出五百吊

宣统三年（1911）马坊三条街蒋向桂典地文约

12. 民国三年（1914）马坊傅殿甲退契：

立退契地文约人傅殿甲，因自种不便，亲烦说合，情愿将养身旗地二段十一亩，坐落东店庄南，地名王家坟，南北界，四至开列于后。今将此地退典与蒋向桂名下永远为业。同众言明，退价东制钱一千五百七十吊整，其钱笔下交清不欠。自退字之后，认佃交租钱十二吊整，与置主自便，不与退主相干。此系两家情愿，恐口无凭，立退契永远为证。

四至：南至道边，北至李姓、王姓，东至肖姓，西至王姓道

中华民国三年腊月廿七日　立退字人傅殿甲

中保人：许名琪（押）、张希增（公心）

代笔人：杜蓬瀛（押"一片中心"合体字）

永远为业

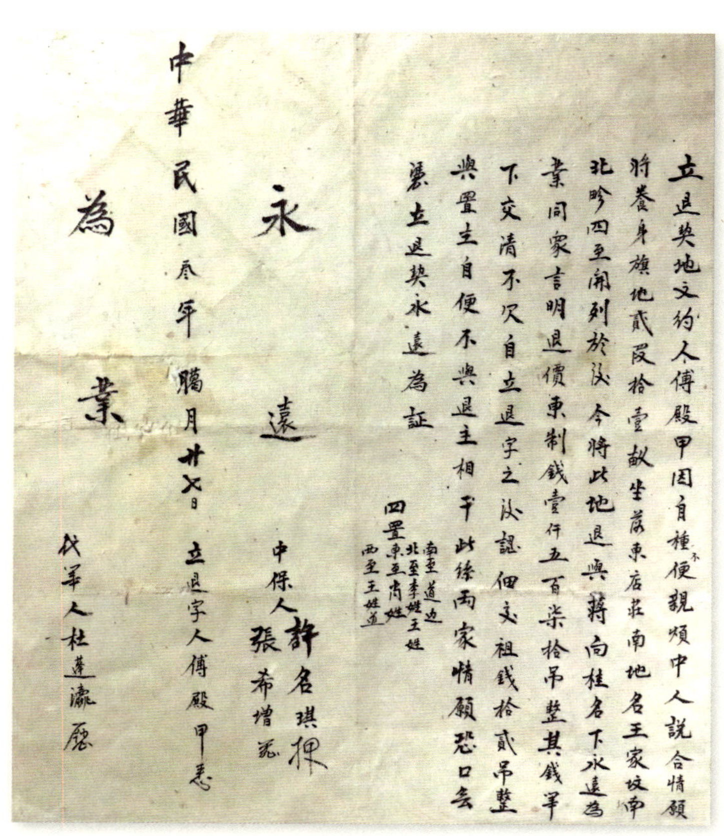

立退契地文約人傅殿甲因自種不便親煩中人説合情願
將養身旗地貳段拾壹畝坐落東店莊南地名王家坟南
北畛四至開列於後今將此地退與蔣向桂名下永遠為
業同衆言明退價東制錢壹仟五百柒拾吊整其錢筆
下交清不欠自立退字之後認佃交租錢拾貳吊整
與置主自便不與退主相干此係兩家情願恐口無
憑立退契永遠為証
四至　南至道邊　北至李姓王姓　東至肖姓　西至王姓道
中保人　許名琪押　張希增公心
中華民國叁年臘月廿七日　立退字人傅殿甲押
永遠為業
代筆人杜蓬瀛押

民国三年（1914）马坊三条街傅殿甲退契文约

五、东古和西古村地契

平谷北部明初因有个军事后勤基地——防胡务府，又因有军官家属居住在不同地块，故分东营防胡府、中营防胡府、西营防胡府，旧时府、务互称，清代被习惯地称为东胡家务、中胡家务和西胡家务，而西胡家务抗战期间起，以河为界也分两部分，东部也化名“东古”，西部化名“西古”。

东古大姓家族是王姓和陈姓，早年都是平谷城内人，与城关王姓在明初为一家，编为坊八甲。王扎、王辑及后辈王国瓒等是其后人一家，明代一支在村南建新村，称“小南庄窠”，又称“王庄”（清代平谷县志如此称谓），与西胡家务属于一村。西古王家也是大户，顺治七年王国振带地二百三十亩，部颁发文断归正白旗下，为庄头。同时其堂弟王国铎带地九十五亩投充正白旗下。王家在平谷占地较多，所以平谷周边许多村的王姓都是由城关王家分派出去的。查阅史料，结合走访老人得知，清初艾满官（镶黄旗人，户部主管土地分配官员）圈去民地三百四十九顷给正黄旗下周千总（桥头营），正白旗方满官圈地给史庄头、邵满官，部差正白旗曹榜式圈去民地一十四顷给正白旗下刘庄头（南埝头刘，由张家口外迁来）。部差镶黄旗马哈喇圈去民地五顷五十四亩八分给镶黄旗下方庄头（小辛寨方姓）。顺治二年部文投充正白旗下赵奇凤带去民地九顷五十七亩九分。部文投充镶黄旗崔彦魁等带去民地二百七十六顷七十六亩。崔家原为平谷城内大姓，清初一支移到赵各庄为庄头，即现在赵各庄的崔姓和平谷城关崔姓。赵各庄的崔姓始迁祖为崔英坤，到2009年笔者调查时已传至15辈，有手抄家谱存世。

东古地契

1. 乾隆十七年（1743）东古陈家地契：

立卖契人王贵龙、王贵凤，系坊八甲民，因为度日艰难，凭中说合，情愿将祖遗民地一段八亩，坐落西胡家务庄北，南北界，东至刘仲文，西至沟，南至石河，北至官道，四至明白，立契出卖与本庄陈景华名下永远为业，言明卖价小钱一百四十千整，其钱笔下交足分文不欠短，自卖之后听从卖主管业照，地下过割。此系二姓情愿，并非逼勒成交，亦无私债折（折）准等弊，倘有亲族人等争竞者，有卖主一面承管，不与置主相干，言过各不许返悔，如先悔者甘罚白米十石入官公用。恐后无凭，立卖契永远为业存照。

乾隆十七年十一月二十四日　立卖契人王贵龙、王贵凤(十)

说合人：梁自兴

书字人：邢溥

永远为业

这份契约是1996年12月由东古陈华老人家里找到的40余件老地契之一，内容是乾隆年间陈家买王家的地契。这份地契证明了原契主王家祖上是平谷城内“坊八甲”人，也就是和现在的和平街最早的一支王姓是一个家族，在王家没找到家谱，通过访问得知可能是清顺治年间迁移过来的。东古还有一支王姓是从大辛寨过去的，也是顺治年间，他们是“辛二甲民人”。由同一批另一份契约中还看出，陈家也是“坊八甲”民人，说明东古陈姓也是平谷土著。“言明卖价小钱一百四十千整”

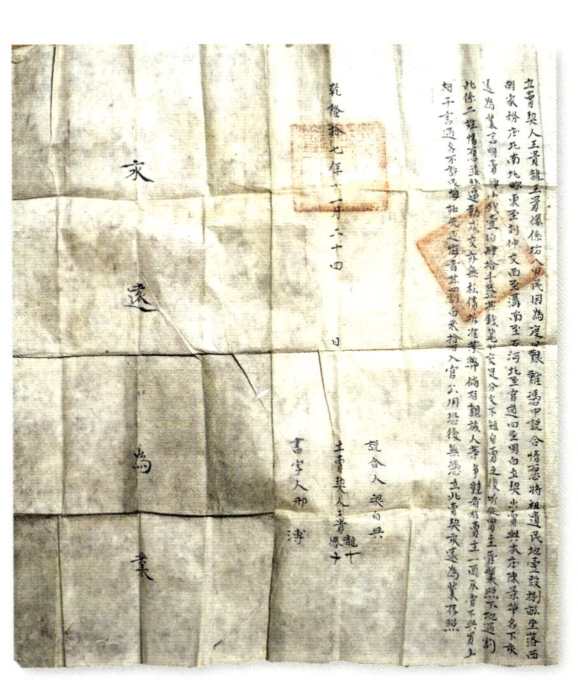

乾隆十七年（1743）东古村王家地契

中的“小钱”就是不足分量的铜制钱。“先悔者甘罚白米十石入官公用”，历史上任何一个时代谈“业务”都有违约的惩罚办法，以此制约协议双方信守承诺，不守诺言大多罚钱，或约定“各不返悔”，不做具体约定。但这一时期平谷出现的契约动辄罚钱、罚粮“入官公用”，说明当时各村也有“行政机构”。那时村长的名称叫“会首”，负责协调村民间矛盾、劝导村民向善，领受县府官吏布置的任务等。会首由村里有威望的大户户主担当，后来也称“乡绅”。在北寺村曾发现有道光二年到光绪年间因水坑捕鱼而与周边村民发生的激烈矛盾，这些情况都是由会首联络村民向上反映，通过县官解决的，之后还制订了管理“公约”。“石”读“dan”，旧时是常用容量单位，大约 120 斤，“石、斗、升、合、勺”由高到低十进位制。新中国以后推行公制，旧的容量单位逐渐取消。

2. 乾隆二十七年（1762）东古王辅臣卖地契约：

立卖契人王辅臣，系辛二甲民，因度日不过，凭中说合，情愿将自己父分在册民地一段十亩，南北界，坐落家北，东至民地，西至民地，南至民地，北至荒坎，四至开明，情愿立契出卖与坊八甲民人陈天美名下永远为业，同众言明，时值卖价小数钱一百七十千整，其钱笔下交足不欠。自卖之后，听从买主管业，税契过割。此系二家情愿，并无逼迫私债折（折）准等，如有亲族人等争论者，俱在卖主与契内之人一面承管，不与买主相干，言明各不许返悔，如有先悔之人，愿甘罚契内卖价一半入官公用。恐后无凭，立卖契永远为业存照。

乾隆二十七年十一月三十日　立卖地契文约人王辅臣（丁）

中见人：陈景富

说合人：王德君（十）同弟王仲辰、同兄王拱辰、同伯父王云、同弟王志勋

书字人：邢溥（押“一片好心”合体字）

永远为业

“王辅臣系辛二甲民”说明王辅臣是辛寨社二甲人（大辛寨）。“陈天美”坊郭社第八甲人。“如有先悔之人愿甘罚契内卖价一半入官公用”，是当年对双方的约束条件，是悔约方要付出的代价，主要为防止悔约。嘉庆朝以后的地契一般不再出现对悔约方的具体惩处条件。

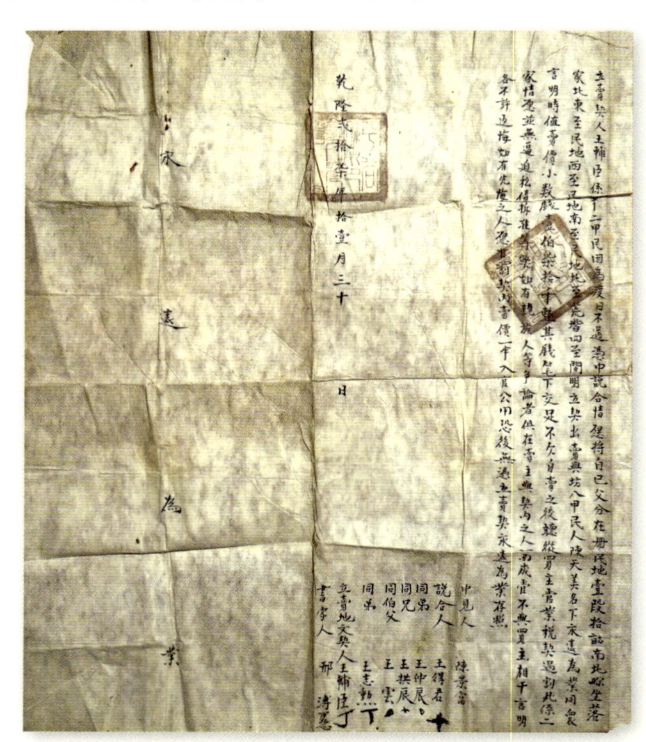

乾隆二十七年（1762）东古王辅臣卖地契约

3. 乾隆三十二年（1767）东古王鉚地契：

立卖契人王鉚，系辛九甲民，因为度日不过，凭中说合，情愿自己在注册民地一段，计地十二亩，坐落北喇嘛桥西路北，南北界，东至李姓，西至李姓，南至官道，北至杜姓，四至开明，立契除（出）卖与坊八甲民陈策名下永远为业，同众言明，时值卖价小数钱三百一十千整，其钱笔下交足不欠。自卖之后，听从买主管业，税契过割。此系二家情愿，并无逼迫私债折准等弊，倘有亲族人等争竞者，尽在卖主一面承管，不与买主相干。恐后无凭，立卖地文契永远为业存照。

乾隆三十二年十二月初九日　立卖地文契人王鏰（押“一片香心”合体字）同胞伯王聿修（押“一片福”）

说合人：刘德祚（十）

王其正（押）、张国兰（十）

书字人：邢溥（押“一片香心”合体字）

永远存照

“王鏰系辛九甲民”，即源自岳各庄的王姓。本契同时出现他的伯父王聿修名字，说明这支王姓存在时间不短，可能清初就过去了。

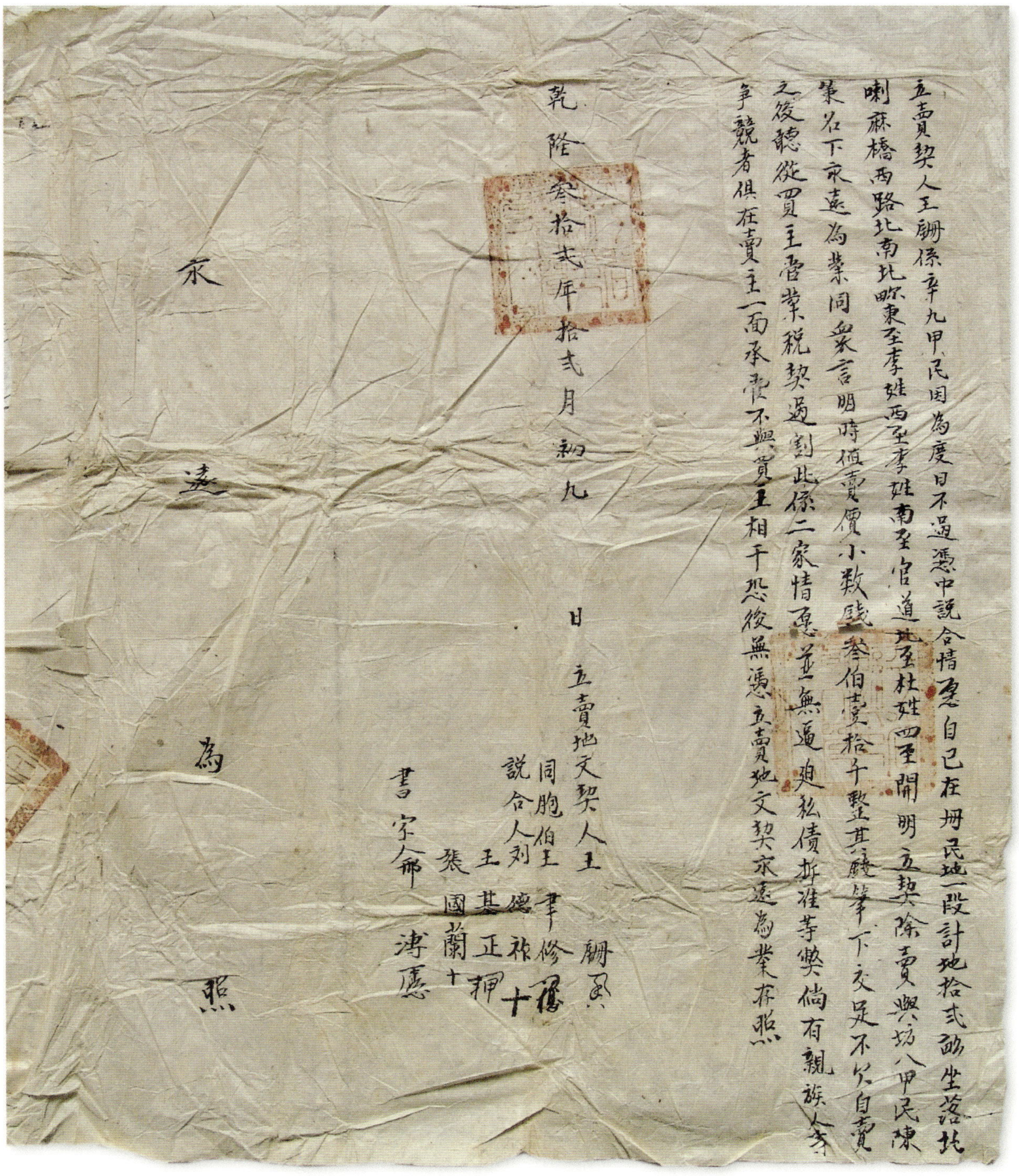

立賣契人王鏰係辛九甲民因為度日不過憑中說合情愿自己在冊民地一段計地拾弍畝坐落北喇麻橋西路北南北畛東至李姓西至李姓南至官道北至杜姓四至開明立契除賣與坊八甲民陳策名下永遠為業同衆言明時值賣價小數錢叁伯壹拾千整其錢筆下交足不欠自賣之後聽從買主會業稅契過割此係二家情愿並無逼迫私債折准等弊倘有親族人等爭競者俱在賣主一面承當不與買主相干恐後無憑立賣地文契永遠為業存照

乾隆叁拾弍年拾弍月初九　日

立賣地文契人王鏰　押

同胞伯王聿修　押

說合人刘德祚　十

王其正　押

張國蘭　十

書字人邢溥　押

永　遠　為　照

乾隆三十二年（1767）东古王鏰卖地契

4. 道光十五年（1835）东古王永退地契：

立退契文约人王永，因手乏，自烦中说，有本身佃种祖应官文租地一段，计红地九亩五分，坐落本庄西北，东西界，东西南北俱至官租子地，四至开明，今凭中说，情愿立契退与陈镜名下永远承佃，言明退价时值小数钱四百四十吊整，其时钱契两交丝毫不欠，自退之后，陈镜自行认佃交租，王姓并不拦阻，亦无私债折准，倘有外错以及亲族人等争竞异言者，尽在退主与中说人一面承管，不与陈姓相干。此系两家情愿，各无返悔，恐口无凭，立退契永远承佃。

道光十五年十一月二十九日　立退契人王永

中说人：芮成发、张永（十）

族叔：王宪程

族兄：王纯、王绅

代字人：张起凤（押“一片公心”合体字）

永远承佃

此契中“本身佃种祖应官文租地”意思是王永家祖上应承的带有官方文书的租地。“红地”就是有官文佃地执照的佃地。“租子地”就是官租地，属于旗地的一种，但又不同于普通旗地。官租地往往是没有业主的土地（即原契主常年逃亡在外或死于战乱、灾难，没有人耕种，而圈划旗地时又没被圈入）。这里的“退佃”就是土地使用权退回主管人，由他转给新佃户。当时有规定，自己找下家承佃，找好后办理退佃手续，没有下家不能退佃。

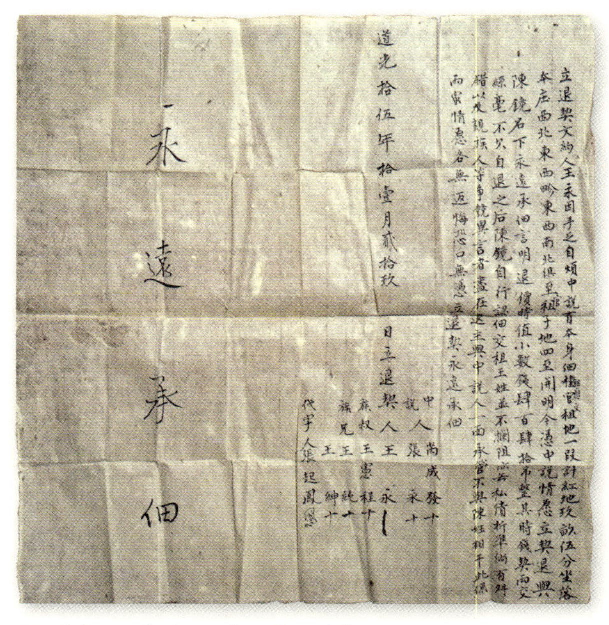

■ 道光十五年（1835）王家退地契

5. 道光十七年（1837）指地租借钱文契：

立指地租借钱文约人王廷栗、廷辅，因一时手乏，情愿指本身地二段，计地十亩，坐落胡家务庄北，东西界，除四至不开，今烦中说，立契出借到梨各庄邢天杞名下，言明借东钱七十吊整，其钱笔下交足，言明每年起租钱十六吊整，自借之后，租钱应许邢姓自起，不许王姓私要，日后若归钱时，租钱仍许地主自起，不许邢姓再要。此系二家情愿，各无返悔，恐口无凭，立借契存照。

道光十七年十二月廿二日　立指地租借钱人王廷栗、廷辅

中说人：杨思禄

代字人：王澄

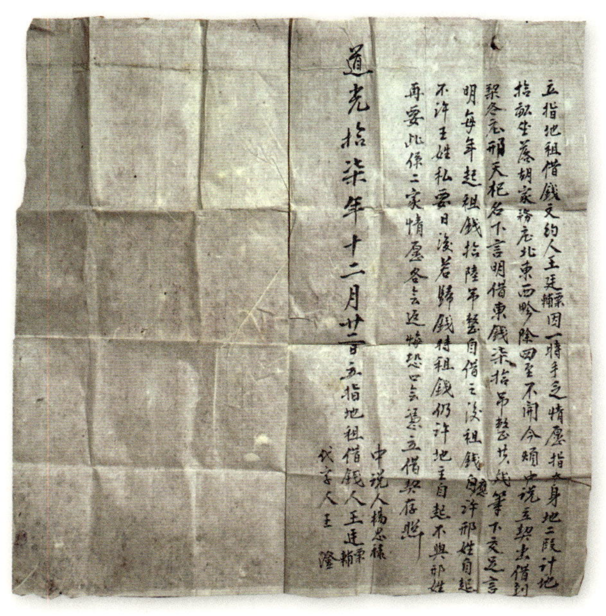

■ 道光十七年（1837）王家指地借钱文约

指地租借钱，就是用这块地每年的地租金十六吊的契约作抵押，借钱使用，不约定期限，只需按约定办法执行即可。“自借之后，租钱应许邢姓自起，不许王姓私要，日后若归钱时，租钱仍许地主自起，不许邢姓再要。”意思是自己按期主动交来，不许私下去索要。

6. 同治二年（1864）东古康家地契：

立卖契文约人康富、康裕才同任康德仲、德印、德成、德贵，因无银使用，有祖遗粮民（田）二亩，坐落庄南，系东西界，东至道，西至河滩，南至陈姓，北至陈姓，四至开清，土木相连，今亲烦中说，情愿立契卖与陈镕名下永远为业。同众言明，任凭置主掘井修房，弃主并不拦阻，时值卖价纹银二十两整，其银笔下交足不欠。自卖之后凭置主照册过割输粮，永不与康姓相干，亦无族中人争论，倘有舛错，尽在弃主承管。此系三面言明，二家情愿，各不返悔，恐后无凭，立卖契永远存照。

同治二年正月十二日　立卖契人康富、康裕才同任康德仲、德印、德成、德贵

中说人：张宣、陈邦贵、陈相

代笔人：张腾蛟（押“一片好心”合体字）

永远为业

这份卖地契涉及人名较多。内中“掘井修房”是表意，即别管买主在这块地上干什么。“凭置主照册过割输粮”是任凭买主按照县衙底册规定的数目办理过户手续和按照数额交纳税粮。

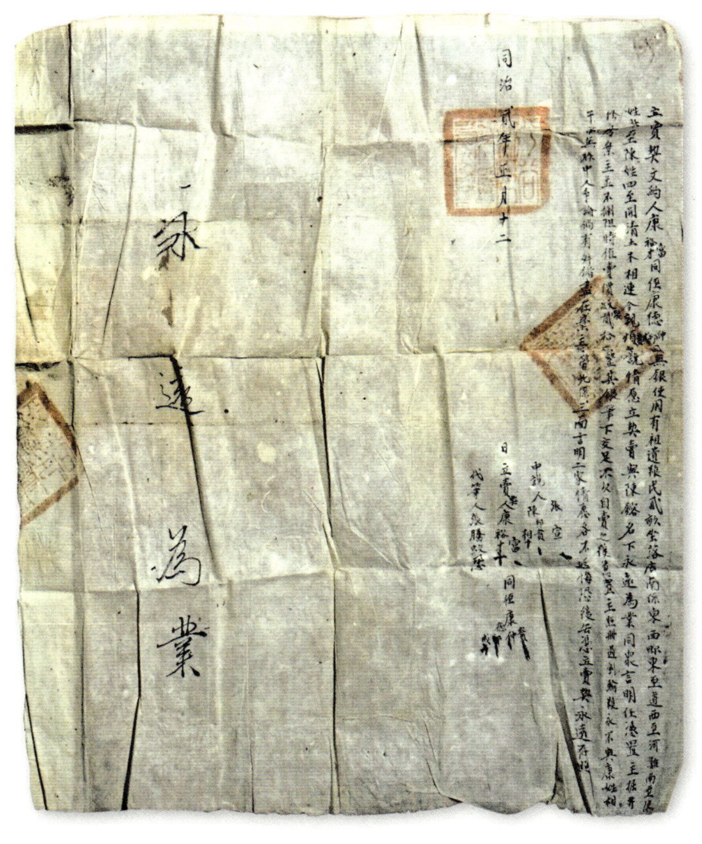
同治貳年正月十二

永遠為業

同治二年（1864）康家地契

7. 同治五年（1867）东古张家兑地契：

立兑契人张博，为葬越（岳）母无钱使用，自烦说合将岳母本身旗地一段计地五亩，坐落庄北，东西界，东至道，西至坟，北至本身地，南至旗地，四至开明，今立契出兑与陈邦宾名下承佃。同众言明，兑价小数钱三百吊整，钱契两交。自立契之后，与置主相视土宜，以为自便，此中实无舛错，亦并无亲族人争等（争竞），如有争竟者，自有契主与来人一面承管。此系在契人等同愿，各无反悔，恐口无凭，立兑契为证。

钱粮随代

同治五年正月十二日立兑契人承种胥张博（十）

中说人：王彦、陈邦贵

代笔人：张希武（笔）

永远承佃

此契出现几处别字和脱字，用语也不常规。末尾“立兑契人承种胥”中的“承种胥”较费解，应该是实际承种人是契主的女婿的意思，即退佃的承种人为张博。“相视土宜”意思陈邦宾是同村河东人（村东西很长，中间有河流相隔），以后要到河西耕种这块土地，不能歧视，应视为友好的邻居。“兑契”就是更换新契主。

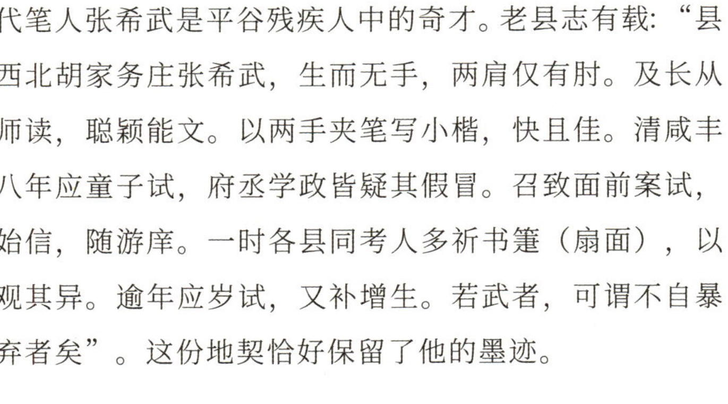

代笔人张希武是平谷残疾人中的奇才。老县志有载："县西北胡家务庄张希武，生而无手，两肩仅有肘。及长从师读，聪颖能文。以两手夹笔写小楷，快且佳。清咸丰八年应童子试，府丞学政皆疑其假冒。召致面前案试，始信，随游庠。一时各县同考人多祈书箑（扇面），以观其异。逾年应岁试，又补增生。若武者，可谓不自暴弃者矣"。这份地契恰好保留了他的墨迹。

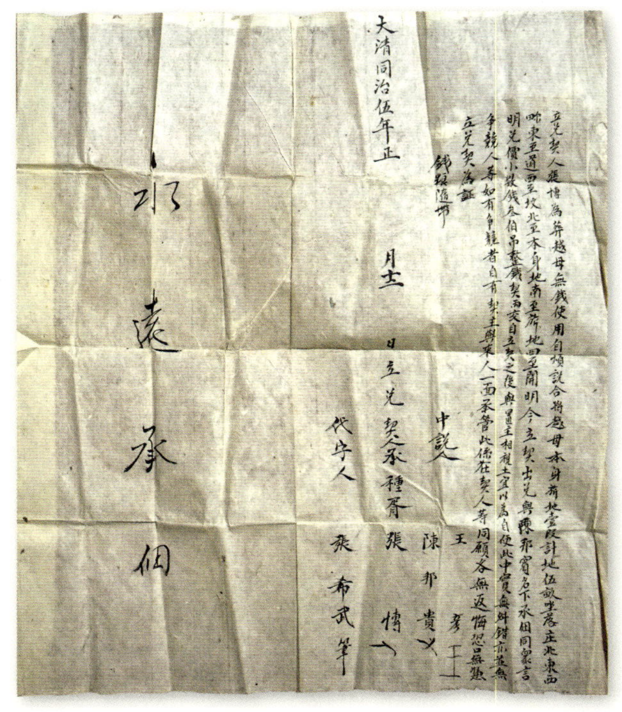

同治五年（1867）张家承种地契

8. 宣统四年（1912）西古陈家续墓人契约：

立字样人陈邦宾、陈邦寅。因三弟少亡之时缺子无后，今与祖茔同厝，不忍坐视，恐后墓下无人承续，今邦宾同弟邦寅议订与三弟主祭之香烟。前日三弟没之时陈璋顶过丧驾过灵，后日年湮之时，陈璞身安于三弟坟墓以下，兄弟令大家人等情愿将牛道口东系大道北地二段，一亩归与陈璋以为送终之资，又河西坟茔地靠西边拨出三亩归与陈璞，以为香烟之祭地，无租粮折价，仍然夥（同伙）同种，日后分关之际，地在拿出与陈璋同老胞弟博自便，不许别位兄弟相争矣。如有相争，即为不仁不义。此系同众言明，大家均愿各无返悔，恐无凭以字为证。

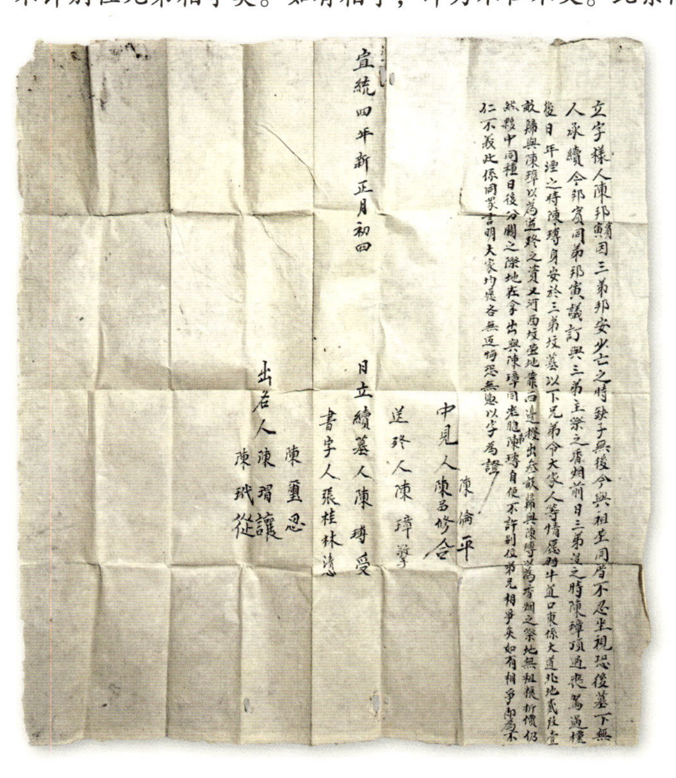

宣统四年（1912）西古陈家续墓人契约

宣统四年正月初四日立续墓人陈璞（受）

送终人：陈璋（擎）

中见人：陈伦（平）、陈品修（合）

书字人：张桂林（押"清心"合体字）

出名人：陈玺（忍）

陈瑁（让）

陈玳（从）

这是一件罕见的文约，其内容是：西古陈家为确保给早亡无子的三弟祭奠和扫墓，让侄子陈璋为之顶丧驾灵，让另一侄子陈璞祭扫而立下的经济补偿文约。此契每个人的画押方式也极少见，透着有学问。

9. 民国八年（1919）德公府正蓝旗第六族宗室会仲衡卖西胡务租籽地契约：

立字据人德公府正蓝旗第六族宗室会仲衡因正用需款，原有祖遗租籽地三亩，坐落京兆平谷县胡家务庄，今立字愿将此租籽地卖给原佃户王长聘名下，凭中议定，卖价每亩六角，共卖大洋一元八角，钱字换交不欠。自立字后，任凭地主报粮升科，永不与租主相干。此系双方乐从，各无返悔，恐口不凭，立字为证。

民国八年十月十五日立卖租籽字据人会仲衡

中说人赵育生代字（正）

※“会”在姓氏读音为“guī”

顺治年间常颖为和硕恭亲王，恭王府一支入旗后作为远宗支被分配到正蓝旗第六族。第八世孙常德荫，光绪二十年受封不入八分镇国公。所谓“八分”，是爱新觉罗家庭形成的礼仪。以八分为与顺治帝最近，所享受待遇最优。“八分”是享受八种待遇的标准，“入八分”可代表八旗参与议政王大臣会议决定军国重事的权力。“不入八分”是不能受此待遇。光绪二十年（1894），海善孙常德荫袭不入八分镇国公，俗称德公。按世袭待遇，除每年固定的禄银禄米外，还享受功勋籽粒地收租待遇。而德公府所享受的功勋籽粒地，就在平谷的城北一带。

根据民国二十三年（1934）刊印的《平谷县志》卷二下“赋税”记载，平谷功勋籽粒地有七十七顷三十九亩四分四。本契的文字证实了功勋籽粒地使用性质，即由佃户承佃以后，可以世袭承佃，王长聘即是世袭承佃户，会仲衡则是德公府负责收租的管家，到了民国，土地所有权变更了，政府无暇去管，还按原来方式继续收租，只是收来的租子不用交到“德公府”了，而是交给政府。“卖价每亩六角”是不是太便宜了，其实不是，这个地价实际是使用权，不是所有权。买主还要继续照章纳地租。“任凭地主报粮升科”中的“升科”是改变土地收租性质，原旗地和功勋籽粒地都改为民地，统一按照国家规定的税率纳地租。“升科”还有几种情况，如垦荒三年不纳税，三年后为生地，升科为“生地”纳税按好地减半，六年后为“熟地”，升科为正常纳税标准。经调查，王长聘的始祖为辛二甲民，他家是顺治到康熙初年由大辛寨迁来的，现在的东古王刚家族即是。

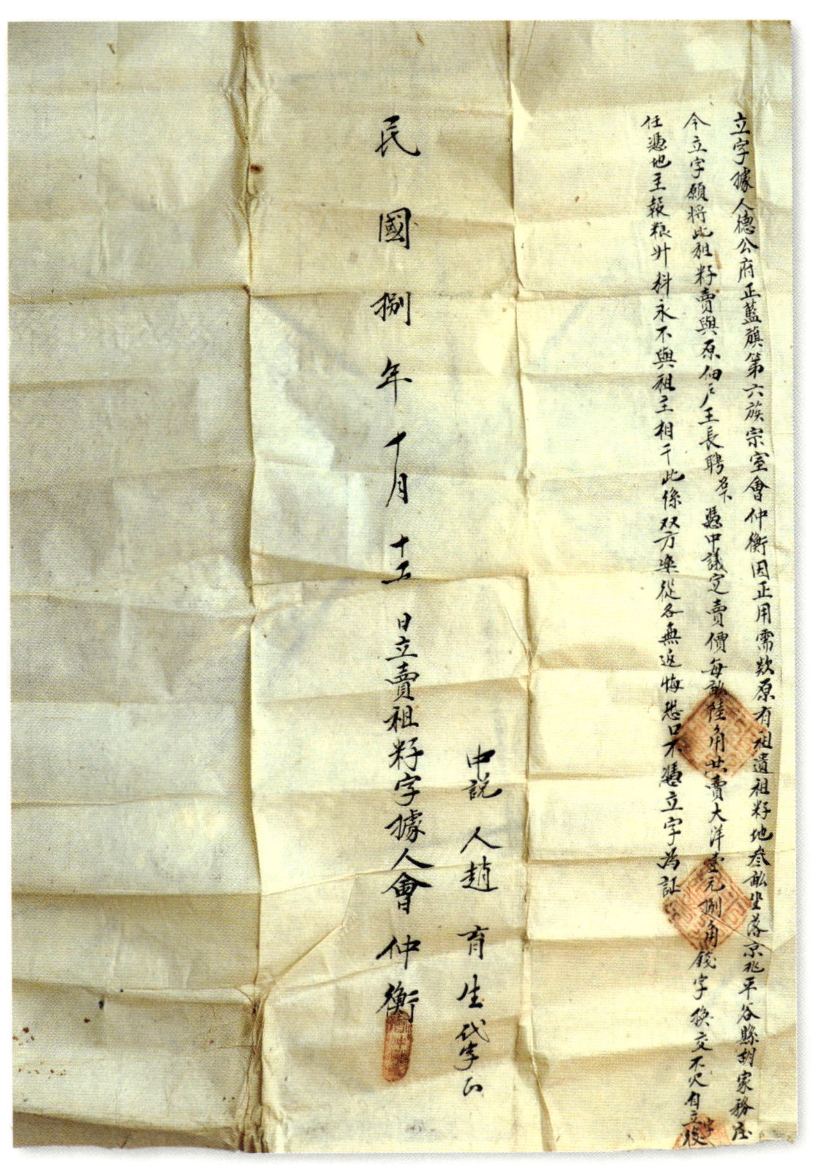
立字據人德公府正藍旗第六族宗室會仲衡因正用需款原有祖遺租籽地叁畝坐落京兆平谷縣胡家務庄
今立字願將此租籽賣與原佃户王長聘名下憑中議定賣價每畝陸角共賣大洋壹元捌角錢字換交不欠自立字後
任憑地主報粮升科永不與租主相干此係双方樂從各無返悔恐口無憑立字為証
民國捌年十月十五日立賣租籽字據人會仲衡
中説人趙育生代字

民国八年（1919）东古王家卖籽粒地契约

西古村地契

1. 乾隆五十八年（1793）西古王珍退官租地契约地契：

立退官租地人王珍，因一失乏手，今情愿将自种官地一段十五亩，坐落庄西，东西界，四至不开，今情愿立契出退与王宪文名下承种，言明退价小数钱一百二十千整，其钱即日交足不欠。言明自退之后，钱粮草束供是王宪文封纳，不与王珍相干。此系两相情愿，各无返悔，恐后无凭，立退契存照。

乾隆五十八年二月初三日立退契人王珍

书字人：杨桂玺

此契约显然是双方直接商妥，找书字人写出约定内容，没有经过中见人。契约中“钱粮草束”是清初国家规定应缴纳的，这项义务随地契走，所以书写契约必须注明。“封纳”是纳税方式，明万历年间之后，为减少负责税收工作衙役们的盘剥克扣，业主当衙役面，经他们过眼后自己将粮食或钱投放到加有封条的木柜中。

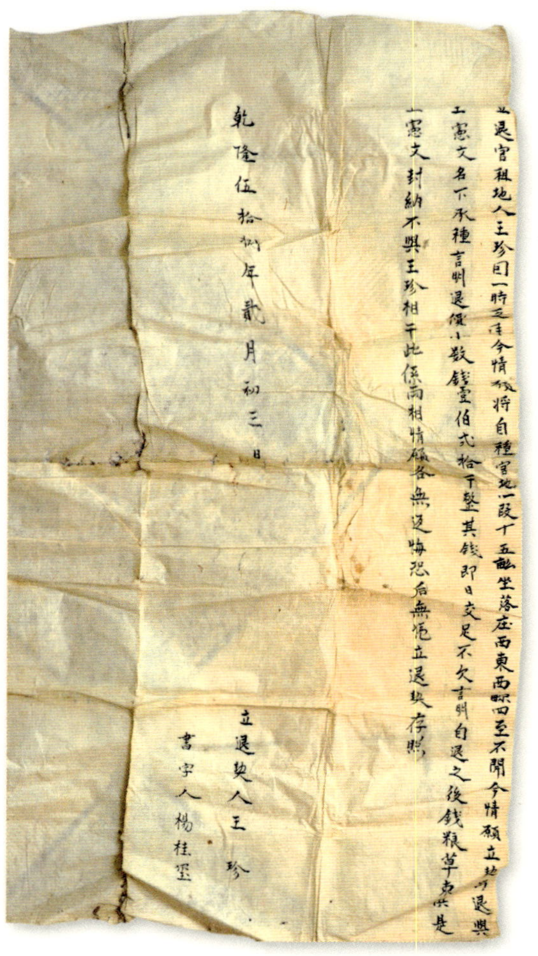
乾隆伍拾捌年貳月初三日
立退契人王珍
書字人楊桂璽

乾隆五十八年（1793）西古王珍退官租地契

2. 同治八年（1869）西古王大成兑地契约：

立兑契文约人王大成，因无钱使用，有永佃地、代投地一段计地三亩，坐落西胡家务庄南河南，系南北界，东至旗地，西至旗地，南北至河，四至明白，自烦说合，今立契出兑与梁永全名下永远承佃，言明兑价东钱二百八十吊整，钱契两交。自兑之后，并无舛错，亦无族人争论，如有舛错、族人争论者，自有去主一面承管，置主认佃更名自便，不与去主相干。此系两相情愿，并无私债折准等弊。恐后无凭，立兑契地永远存照。

每年随代钱粮钱一吊整。

同治八年正月十九日立兑契地文约人王大成

中说人：王克孝

代字人：陈云（画好心）

永远承佃

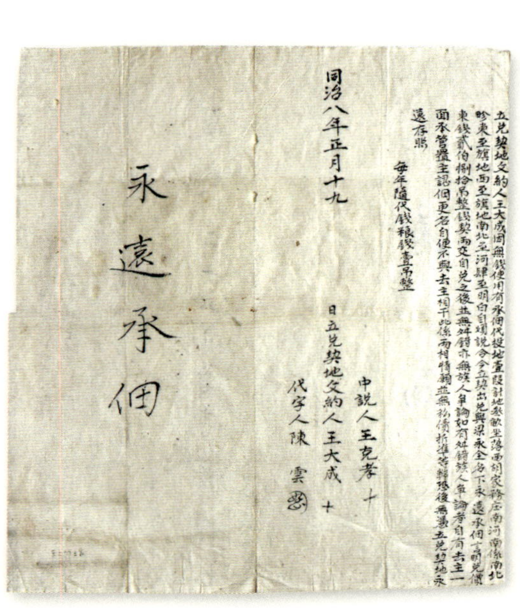
永遠承佃
同治八年正月十九日立兑契地文約人王大成 十
中說人王克孝 十
代字人陳雲

“永佃地”即供永久出佃的土地。“代投地”即清初大户投充到官府或满官的土地。四至表明中东西都是旗地。据调查，东古北靠近山边有一条小河，即现在北干渠位置，小河南都是好地，清初都被圈去，授给德公府向外出佃。

同治八年（1869）西古王大成兑地契约

六、中桥陈家地契

中桥陈家是该村最大户，1950 年全村 225 户 952 口人，其中陈姓 175 户，石姓 21 户。陈家自称是明初由江西来的军户，按照一般规律，这个说法应该是可信的。那时中桥属于三河，三河丞相村也有同族，平谷大旺务陈姓也是同族，具体关系很难厘清。明代陈家情况因无家谱已难知其详。清初，中桥陈家带地投充给裕亲王充当庄头。早期庄头为陈德新，根据陈家当代老人介绍，结合老地契和分家单记述，陈德新下有陈振、陈速、陈悌，陈悌这一门向下依次为陈炳军、陈尧、陈学珠、陈彦、陈树基、陈庄、陈文元、陈卜昌、陈继广、陈共和（1945 年生）。陈尧兄陈舜，陈舜向下有陈拔、陈官，再下有陈志鹏等，后辈们叙说不明。从光绪初年分家单看，仅陈庄这一支就有很多房地产，在村中属于大户人家。中桥陈家因靠山硬，关系处得好，一直受到裕王府庇护。中桥石姓始迁祖和陈姓一起来的，传说是陈家的管家。中桥陈家在清军入关之际不知何因有军功，享受六品武官待遇，第五代庄头陈彦在任时，三河县令来中桥巡察（行政属三河县管辖）时摆派头，进马道西拐进村不下轿，被陈彦遇见，令家人将轿子掀翻。县令受辱，一纸诉状告到顺天府，结果府尹不但没处置陈家，反而将三河县令当堂狠批一顿。盖因清朝平等品级的文武官员文官礼遇高于武官，武官六品和文官七品在政治地位上基本持平，但受礼时六品武官优于七品文官，更主要的是陈彦是裕亲王的庄头，属于裕亲王府人，爱新觉罗·继善正担任正白旗总族长，一般官员哪里惹得起。

1. **民国三年（1914）新契纸，确认嘉庆五年中桥陈彦买陈灏（陈庄伯祖父）地契：**

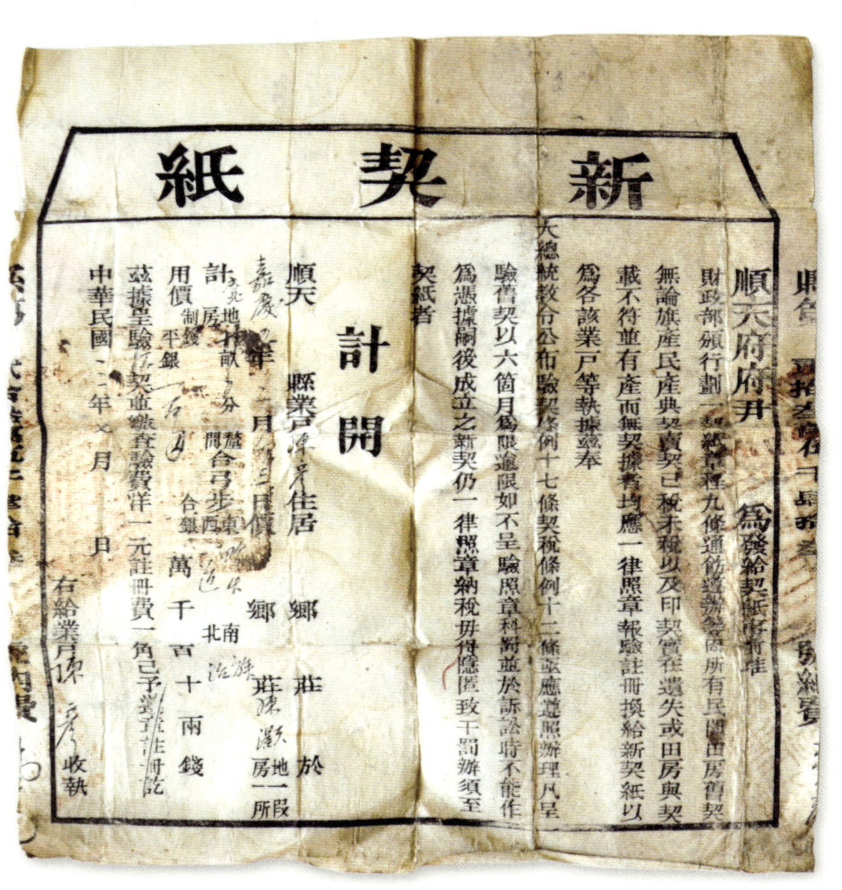

新契紙

順天府府尹 為發給契紙事[illegible]
財政部頒行劃一契紙章程九條通飭遵辦[illegible]所有民間田房舊契無論旗產民產典契賣契已稅未稅以及印契實在遺失或田房典契載不符並有產而無契據者均應一律照章報驗註冊換給新契紙以為各該業戶等執據茲奉
大總統教令公布驗契條例十七條契稅條例十二條亟應遵照辦理凡呈驗舊契以六箇月為限逾限如不呈驗照章科罰並於訴訟時不能作為憑據嗣後成立之新契仍一律照章納稅毋得隱匿致干罰辦須至契紙者

計開

順天 縣業戶陳彥住居 鄉 莊 於
嘉慶五年 月 日價[illegible] 鄉 莊陳灝 房地一段/一所
計 地 畝 分 房 間 合弓步 東 西 南 北
用價 制錢 平銀 合銀 萬 千 百 十 兩 錢
茲據呈驗[illegible]契並繳查驗費洋一元註冊費一角已予[illegible]註冊訖
中華民國三年 月 日
右給業戶陳彥收執

民国三年（1914）新契纸，确认嘉庆五年中桥陈彦买陈灏地契

故纸留声——平谷田房契约品读

第二部分 平谷地产契约实例品读

2. 道光七年（1827）中桥陈家退地契：

立退契文约人陈志鹏同侄鳌，因乏手无钱使用，自烦中说合情愿将自置地一段十亩，坐落本庄西北，南北界，四至开明于后，同众将此地情愿退与陈有德名下永远为业。言明时值退价小数钱三百三十吊整，其钱笔下交清不欠，钱粮裕府自封自纳，不与退主相干。自退之后，任凭置主修理自办，永不与退主相干，同众议定，并无族人争竞，倘有族人争竞者，自有中人与退契人一面承管。此系二家情愿，各无返悔，恐后无凭。立退永远存照。

四至开明：东至石姓，西至陈姓，南至横头，北至丁头

道光七年十二月十九日

立退契人陈志鹏同侄鳌

中保说合人：陈拔、陈官、陈九龄、陈怀福

代字人：石珍

永远为业

“钱粮裕府自封自纳”，即原始入册的钱粮数由买主自己去裕王府交纳。裕王府每年要过来两次收租。“横头”即耕地顺序，已经不是顺式而是横式，一般说明已经是别人家地。“丁头”即顶到头。

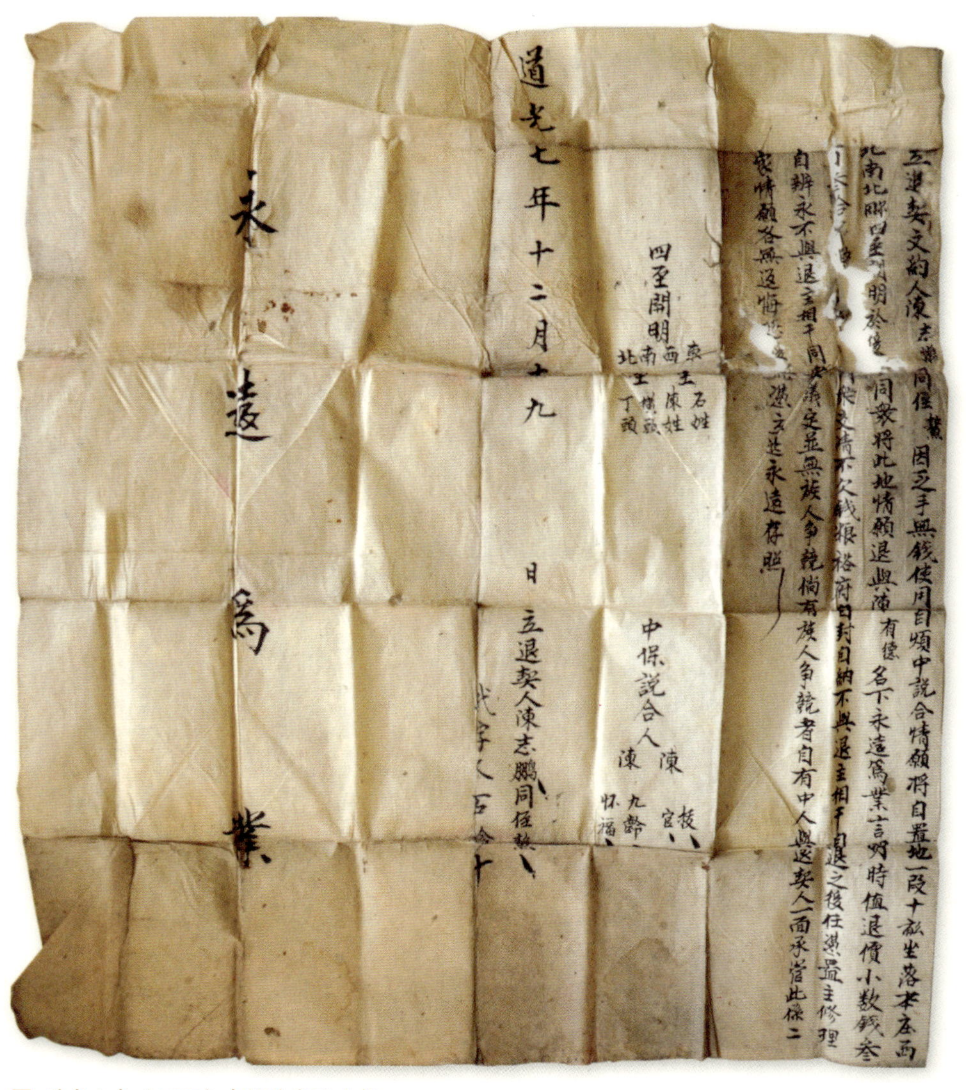

立退契文約人陳志鵬同侄鼇 因乏手無錢使用自煩中説合情願將自置地一段十畝坐落本庄西
北南北界四至開明於後 同衆將此地情願退與陳有德名下永遠爲業言明時值退價小數錢叁
[illegible]不欠錢粮裕府自封自納不與退主相干自退之後任憑置主修理
自辦永不與退主相干 同衆議定並無族人爭競倘有族人爭競者自有中人與退契人一面承管此係二
家情願各無返悔[illegible]立退永遠存照

四至開明 東至石姓 西至陳姓 南至横頭 北至丁頭

道光七年十二月十九日

中保説合人 陳拔 陳官 陳九齡 陳懷福

立退契人陳志鵬同侄鼇

代字人石珍

永遠爲業

■ 道光七年（1827）中桥陈家退地契

七、大旺务耿家地契

平谷旧时曾有六府八台七十二各庄之说。府、务大多互称。龙家务亦称龙家府，赵家务亦称赵家府或简称赵府，大旺务称“担儿府”，是缩音所致。但中胡务、祖务等不称府。元代在元大都设置“营田提举司”负责田税管理，为确保粮食及时收上来，在下边设置很多基层征收税粮机构和季节性的固定收粮点。收粮机构都是委派官员管理，这个机构具有征收和储存功能，百姓称之为府。务是沿袭宋代叫法，经办业务的地方都称务，元代衙役收税粮的地方也称务，每府都有务，府下收粮大村也设务，这个务只有在每年麦秋和大秋两季定期征收，这样的村则单称务。不管是府是务，均以管理官员或衙役的姓氏冠名。

大旺务耿家是该村最大姓，顺治年间迁来，始祖耿索图，镶黄旗人，在密云古北口任总兵（二品），因康熙年间曾紧密跟随太子，太子被废后受牵连，被贬官并开除旗籍。但他毕竟曾是高官，家底厚，人脉广，来到平谷大旺务仍受内务府旗地分封，由上属艾满官署理。艾满官是户部司务，在京都势力很大，税政史料显示，京东通州、顺义、平谷、密云等多县的土地均由他分派。在艾家势力庇护下，耿家曾为庄头多辈。2010 年收集到耿家田房契约 40 多份。尤其乾隆二十五年的分家单，上边分割的房地产更能证实其家族之富庶。不仅大旺务有很多地，在平谷城南城北，乃至放光庄都有。放光的耿姓就是那时迁过去收租的，始迁祖耿平显，二世祖耿文魁，放光地契中均有出现。

1. 乾隆四十四年（1779）大旺务耿家与张家换地单：

立兑换契文约人张礼祖因耿姓求地作茔，凭中说合情愿将白庙大道南民地三亩六分五厘应允耿天爵以为立茔之所，流传后代，以换耿姓民地七亩三分，坐落神堂，系南北界，并无亲族人异说，亦无逼勒成交，此系二家情愿，各不许返悔，如有先悔者，尽在中说人一面承管，恐后无凭，立兑换契永远存照。

乾隆四十四年正月二十六日　立兑换契人张礼祖

说合人：张宽（正心）

中见人王建德（神）

书字人 耿自立（证）

这是一份互换土地的协议。旧时对坟茔的设置十分重视，选址时一定要找“风水先生”助选。大旺务张家和东高村张家都是明初由山东即墨迁来的，占土地比较多，也大多是好位置。耿家是清初才来的，虽然势力强硬，但为了安居乐业，也和原村民和睦相处。耿家在村东虽设立了祖坟，但到耿天爵这辈两家的孩子出现夭折，怀疑是坟地有问题，于是找平谷城里一位老王先生给看看，得出的结论是坟地正对一道沟，是严重缺陷。按照风水先生建议，重新在附近选址，结果选中了张礼祖家面对青龙山下的一地块，请托张礼祖的叔父张宽说合，愿意以多出一倍面积的土地与此地置换。张礼祖同意，由是有此协议产生。“白庙大道南”村东南一块台地，北部原有一座庙，因庙墙白色而得名。“神堂”也是个小地名，位置在村南。这个地名全国多处有，远如张家界神堂湾，近如怀柔神堂峪风景区等。这个地名应该是得自中医，指一个重要穴位。

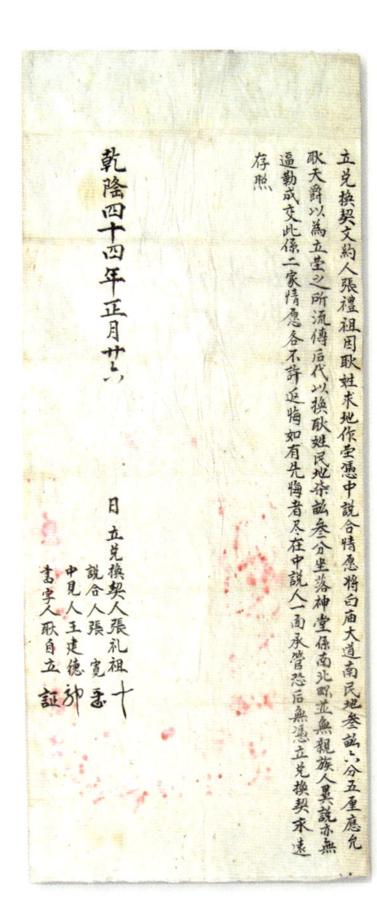
立兑換契文約人張禮祖因耿姓求地作塋憑中說合情愿將白廟大道南民地叁畝六分五厘應允
耿天爵以為立塋之所流傳后代以換耿姓民地柒畝叁分坐落神堂係南北畛並無親族人異說亦無
逼勒成交此係二家情愿各不許返悔如有先悔者尽在中說人一面承管恐后無憑立兑換契永遠
存照

乾隆四十四年正月廿六日　立兑換契人張礼祖　十
說合人張　寬
中見人王建德
書字人耿自立　證

■ 乾隆四十四年（1779）大旺务耿家与张家换地单

2. 同治九年（1823）大旺务张纶卖地给耿圣和地契：

立卖契人张纶，因手乏无措，烦中说合情愿将祖遗在册民大地三亩三分坐落上虎峪，南北界一段，东至耿姓坝齐，西至荒坎坝基在内，南至道，北至坟，四至分明，立契出卖与耿圣和名下为业，言明卖价时值纹银一百零五两整，其银亲手收足不欠，自卖之后，任凭买主过割税契，封纳钱粮，永远自种。此系三面言明，各无翻悔，亦无肥瘦留补私债折准等弊，如有舛错，有中人与卖主承管，恐后无凭，立契存照。

同治九年八月二十四日立契人张纶

中见人：李庆昌

书字人：陈荩（押“一片正心”合体字）

永远为业

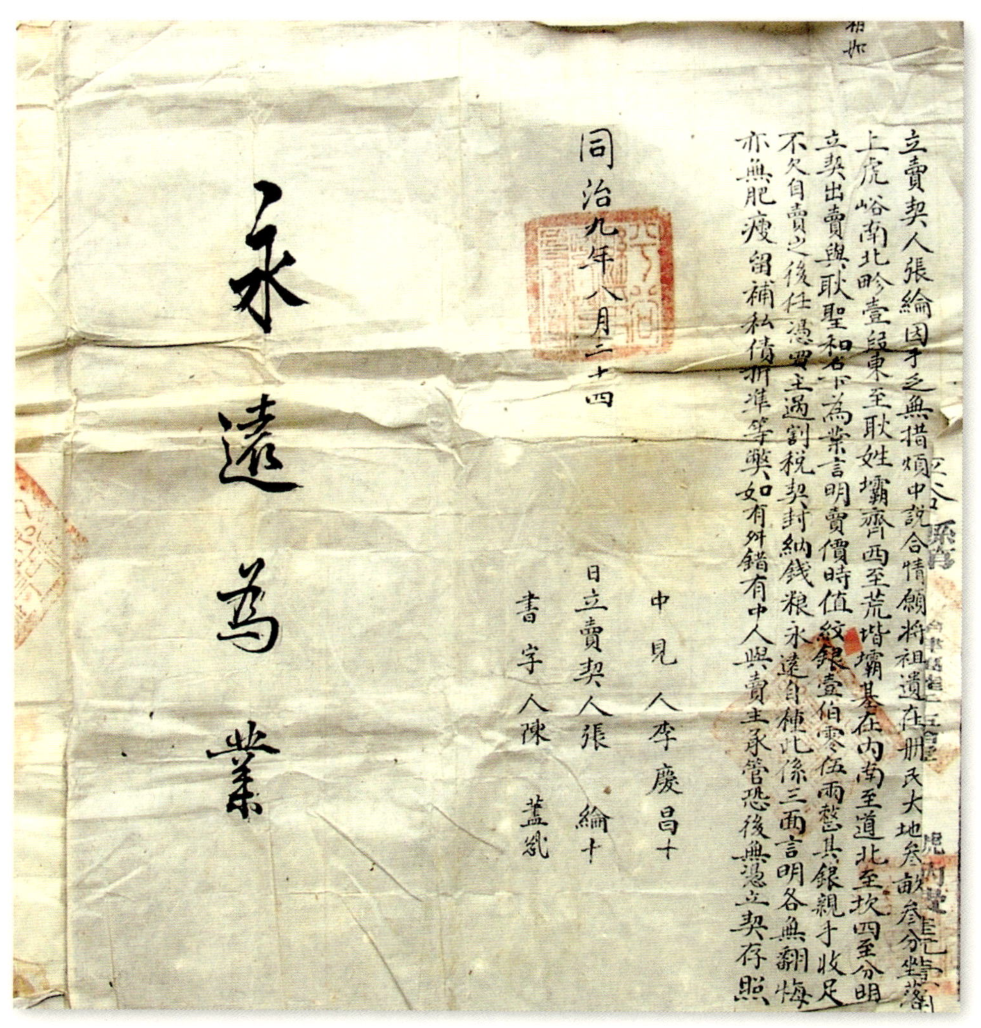
立賣契人張綸因手乏無措煩中説合情願將祖遺在册民大地叁畝叁分坐落
上虎峪南北畛壹段東至耿姓壩齊西至荒塄壩基在内南至道北至坟四至分明
立契出賣與耿聖和名下為業言明賣價時值紋銀壹伯零伍兩整其銀親手收足
不欠自賣之後任憑買主過割税契封納錢粮永遠自種此係三面言明各無翻悔
亦無肥瘦留補私債折準等弊如有外錯有中人與賣主承管恐後無憑立契存照
中見人李慶昌十
同治九年八月二十四日立賣契人張綸十
書字人陳蓋
永遠為業

同治九年（1823）大旺务张纶卖地契

“上虎峪”在村东南约 2 公里处，属于山沟土坝地。“无肥瘦留补私债折准”一般属于契面常用语，意思是没有好地与破地相互补偿方面的协议，也没有私下用此地抵顶债务或打折抵顶等弊端。

从契尾可知，当时纳税三两一钱五分，税率 3%。

并附有民国四年（1915）三月二十九日验契时填写的新契纸一张。

3. 光绪五年（1879）大旺务耿达顺卖地给耿逾信地契：

立卖契文约人耿达顺，因手乏烦中说合，情愿将祖遗产受分民地五段计地六亩，坐落白庙，东西界三段，南北界两段，西至耿姓，东至山坡，南北俱至置主，四至开明，今立契出卖与耿逾信名下永远为业。卖价纹银二十五两整，其银亲手收足不欠，自卖之后任凭置主更名过割粘尾税契，异日任其自便，永不与卖主相干。至于地之肥瘦，并无留补，亦无亲族人争竞等弊，如有舛错，尽在中人与卖主一面承管。此系三面言明，无不情愿，恐口无凭，立卖契永远为证。

光绪五年十一月二十九日立卖契文约人耿达顺

中说人：耿鸿起

代字：耿福庆（押“忠正”合体字）

永远为业

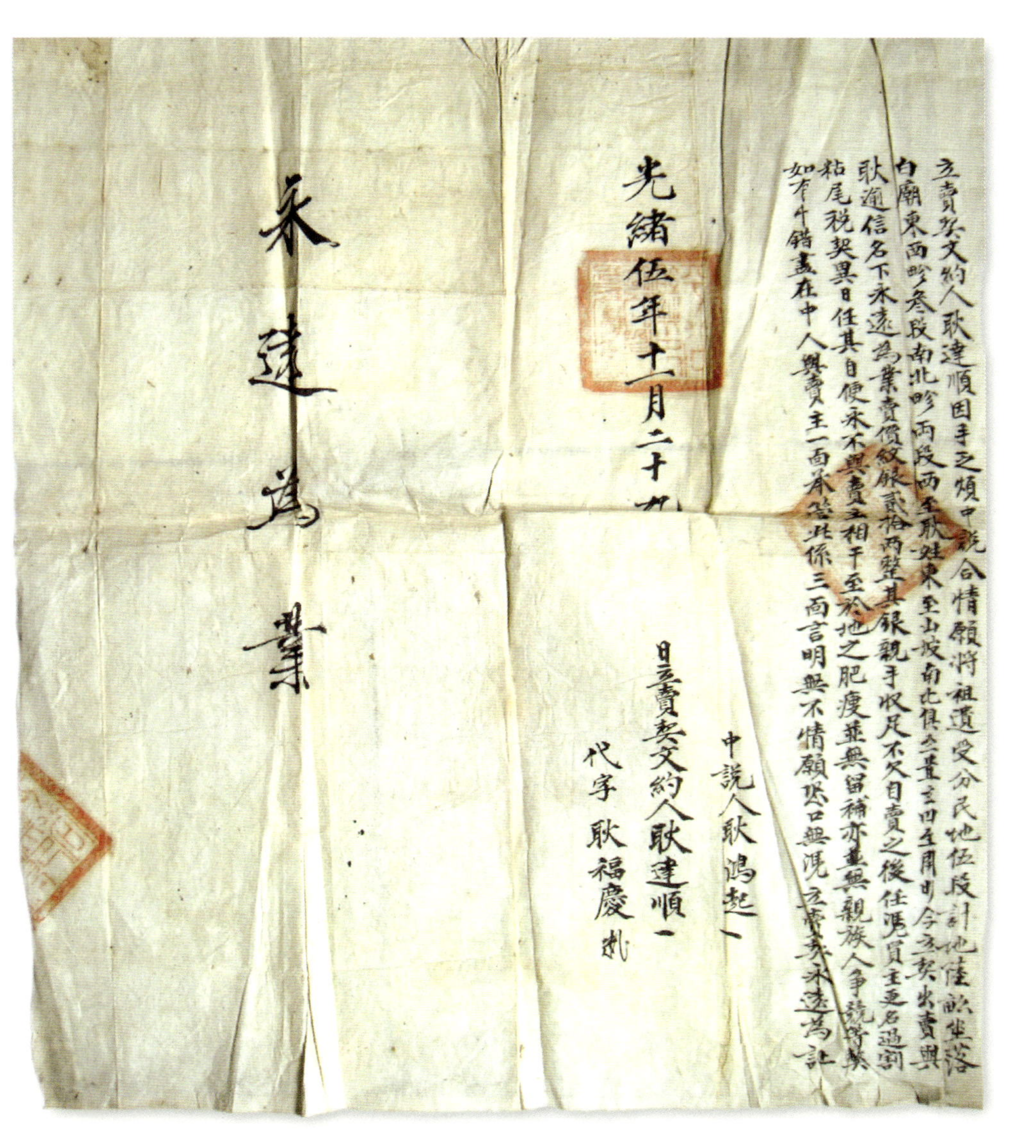
立賣契文約人耿達順因手乏煩中說合情願將祖遺受分民地伍段計地陸畝坐落白廟東西畛叁段南北畛兩段西至耿姓東至山坡南北俱至置主四至開明今立契出賣與耿逾信名下永遠為業賣價紋銀貳拾伍兩整其銀親手收足不欠自賣之後任憑買主更名過割粘尾稅契異日任其自便永不與賣主相干至於地之肥瘦並無留補亦無親族人爭競等弊如有舛錯盡在中人與賣主一面承管此係三面言明無不情願恐口無憑立賣契永遠為証

光緒伍年十一月二十九日立賣契文約人耿達順

中說人耿鴻起

代字 耿福慶

永遠為業

■ 光绪五年（1879）大旺务耿达顺卖地契

“更名过割粘尾税契”属于土地转让后办理契税手续的惯用语。“更名”是更换契主名称，“过割”是完善名册上的过户手续，“粘尾税契”就是到官府完成过割后，在原白契的后边黏贴一张官府发给的契尾，表示这块地手续完备了，以后永远按照契尾上标定的税额缴纳税款。

4．光绪七年（1881）大旺务耿逾信卖地给耿圣和地契：

立卖契人耿逾信，因手乏烦中说，合情愿将自置民地六亩坐落白庙，东西界一段，东南北三面俱至卖主，西至耿姓，四至分明，今立契出卖与耿圣和名下为业。言明卖价时值纹银二十两整，其银亲手交足不欠。自卖之后任凭置主过割税契，封纳钱粮，永远为业，不与卖主相干。此系三面言明，各无返悔，亦无肥瘦留补，如有舛错，有中人与卖主承管。恐口无凭，立卖契存照。

光绪七年十月十九日立卖契人耿逾信

中见人：耿成美、耿逾谨（公）

书字人：陈荩（押“公正心”合体字）

永远为业

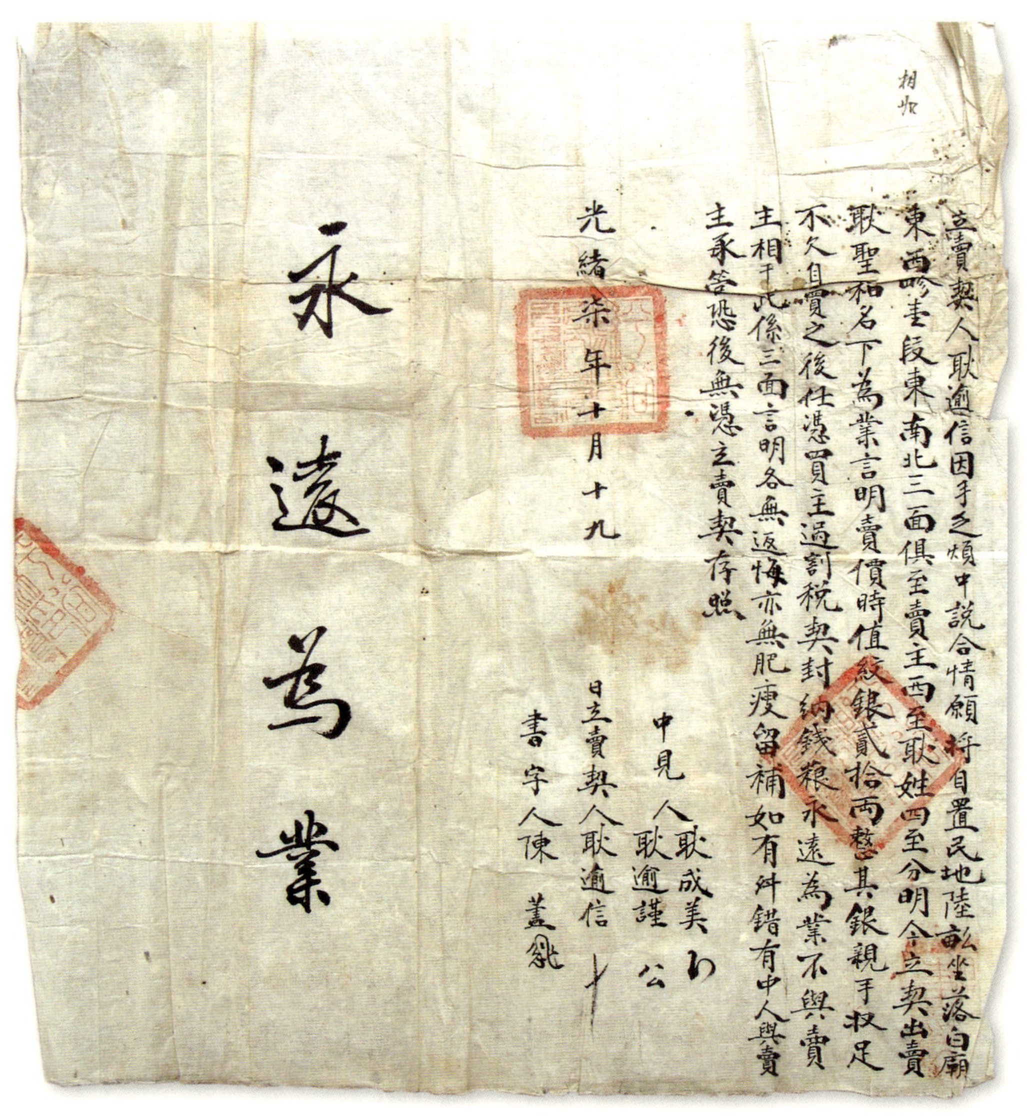
立賣契人耿逾信因手乏煩中說合情願將自置民地陸畝坐落白廟
東西畛壹段東南北三面俱至賣主西至耿姓四至分明今立契出賣
耿聖和名下為業言明賣價時值紋銀貳拾兩整其銀親手交足
不欠自賣之後任憑買主過割稅契封納錢糧永遠為業不與賣
主相干此係三面言明各無返悔亦無肥瘦留補如有舛錯有中人與賣
主承管恐後無憑立賣契存照
光緒柒年十月十九日立賣契人耿逾信
中見人耿成美
耿逾謹 公
書字人陳蓋
永遠為業

■ 光绪七年（1881）大旺务耿逾信卖地契

有时地契之间互相印证可以弥补文字不清者。如卖契人耿荣同治十三年（1874）九月二十五日契约中的中说人耿逾谨的“谨”因纸面褶皱原因，根本看不出是什么字，是从光绪七年（1881）十月十九日耿逾信卖地契中的中见人耿逾谨来确定为“谨”字的。

5. 民国二十八年（1939）大旺务耿向如卖地给长子耿仲禄地契：

立卖地契人耿向如，因有正用无资，情愿将本身所留养老地坐落长行，计地三亩一段，东西界，东至张姓，西至耿姓，南至张姓，北至李、陈姓。四至开清，自烦中人说合情愿立字卖与长子耿仲禄名下承种，永远为业，同中言明，卖价票洋一百三十五元整，其洋卖日交清不欠，自卖之后，买主交租，地许置主自便，不与卖主相干，折准私债，并无逼勒，倘有亲族人等争竞，抑或有来历不明以及重复典卖等情，俱有胞弟中人卖主一面承管，绝不与买主相干。此系三面言明，各自甘愿，恐后无凭，立卖地契永远为业。

民国二十八年阴历正月二十七日立卖契人耿向如

凭证人：耿福卿、耿子和（公）

出名人：胞弟耿仲林

代笔人：耿聘如（押“正直”合体字）

永远为业

此为父子间发生的土地买卖协议。这样性质的协议在平谷也很少出现。原来分家产时父亲留下一块养身地，因需要资金，现在愿将此地卖给长子。这在有多子并存的情况下属于正常。

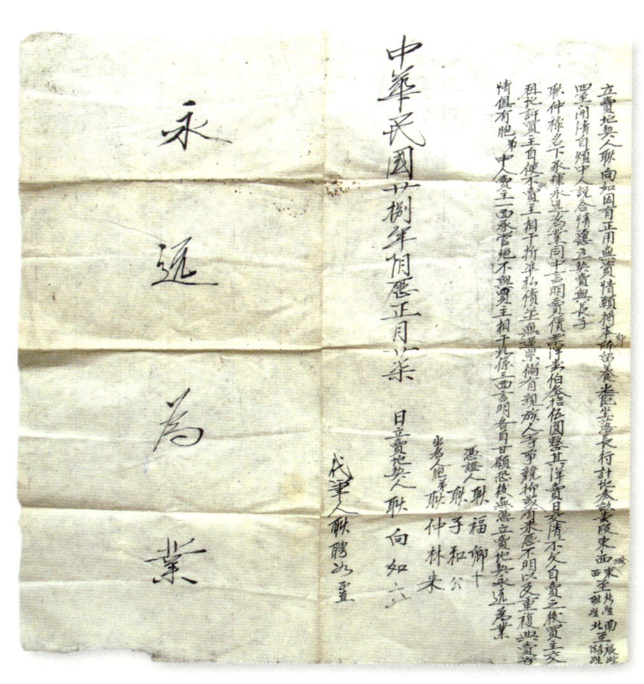

永远為業

中華民國廿捌年陰歷正月廿柒日立賣地契人耿向如

民国二十八年（1939）大旺务耿向如卖地契

6. 民国二十九年（1940）大旺务耿仲林卖场院给耿仲禄契约地契：

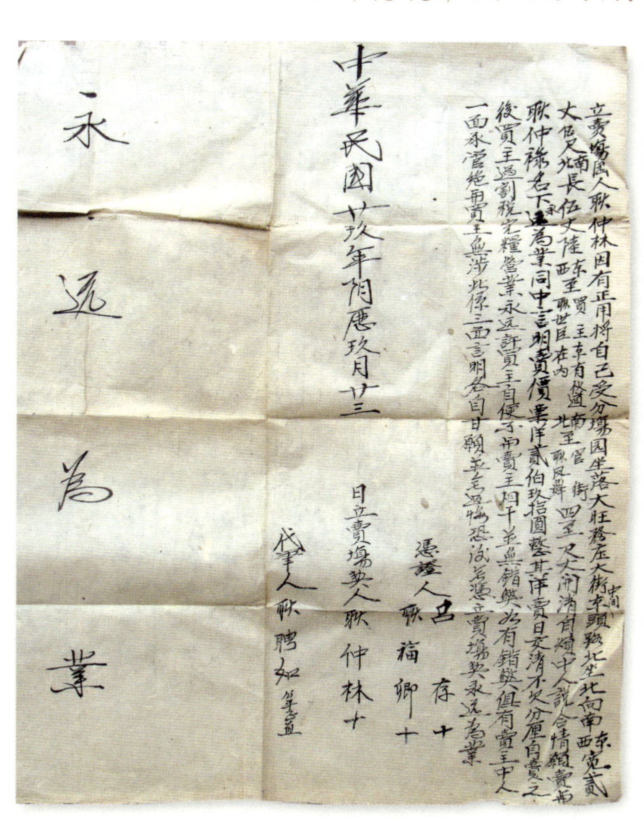

永远為業

中華民國廿玖年陰歷玖月廿三日立賣場契人耿仲林

民国二十九年（1940）大旺务耿仲林卖场院契

立卖场园人耿仲林，因有正用，将自己受分场园坐落大旺务庄大街中间东头路北，坐北向南，东西宽二丈五尺，南北长五丈六，东至置主享有伙道，西至耿凤舞，四至尺丈开清，自烦中人说合，情愿卖与耿仲禄名下，永远为业。同中言明，卖价票洋二百九十元整，其洋卖日交清，不欠分厘。自卖之后，买主过割税完粮营业，永远许买主自便，不与卖主相干，并无错弊，如有错弊，俱有卖主中人一面承管，绝与买主无涉。此系三面言明，各自甘愿，并无返悔，恐后无凭，立卖场契永远为业。

民国二十九年阴历九月二十三日立卖场契人耿仲林

凭证人：吕存、耿福卿

代笔人：耿聘如（押“公平正直”合体字）

这份契约与上一个买地契约性质上基本相同。

八、北寺村蔚姓家族地契

北寺蔚姓源于魏太务的魏姓，明末清初因出现重大变故改姓为蔚，先到鱼子山后有一支迁至北寺，到契约保存人蔚祥这辈是第五辈。在民国初蔚祥编制的家谱中，约略可知其始迁祖为蔚富、蔚贵、蔚财弟兄三个，迁到北寺时间大约是乾隆初年。他属于蔚贵这一门，二世祖蔚得仁、三世祖蔚学、四世祖蔚克勤。蔚克勤道光五年（1825）生，过继给蔚学，生子蔚祥。蔚祥（1850——1938）聪明好学，1916 年由他整理并保存下了一批家族史和村史档案，良足宝贵。

北寺蔚家族保存了上百件清代到民国时期的契约、上诉状、调解矛盾书、村务账簿公示等农村档案，其中最有历史价值的是道光二年（1822）北寺庄头徐国本、徐国治为治理水塘留下字据、民国五年（1916）四月十六日北寺村出花英局饭帐（为解决村官坑问题村里所花的招待费）、民国五年（1916）北寺村蔚祥为官坑多年来发生的纠纷留下的查证底案、民国五年（1916）三月五日北寺村控告信等，都是极难一遇的村史档案。区情党史文化人才工作室研究员王宝成慧眼识珠，发现后及时提供给笔者。此为其中地契部分的复印件图片和照片。

1. 道光三年（1823）北寺村尹有德卖地契：

立卖地契文约人尹有德，因一时手乏，亲烦中说人愿将自己祖遗民地土木相连一处，坐落官地边，东至河滩沿，西至钱主，南至巨姓，北至钱主，四至开明，情愿立契出卖与本庄蔚还名下承种，同众言明时值卖价东钱四十六吊整，其钱笔下交足，自卖之后与钱主自便，恐后无凭，立卖契存照。

随带钱粮一百文。

道光三年十二月初九日立卖契人尹有德、有杰、有立（十）

说合人：蔚进（十）

钱主人：蔚还（十）

书字人：王朝辅（十）

永远为业

“随带钱粮一百文”是这块地的原本契税。

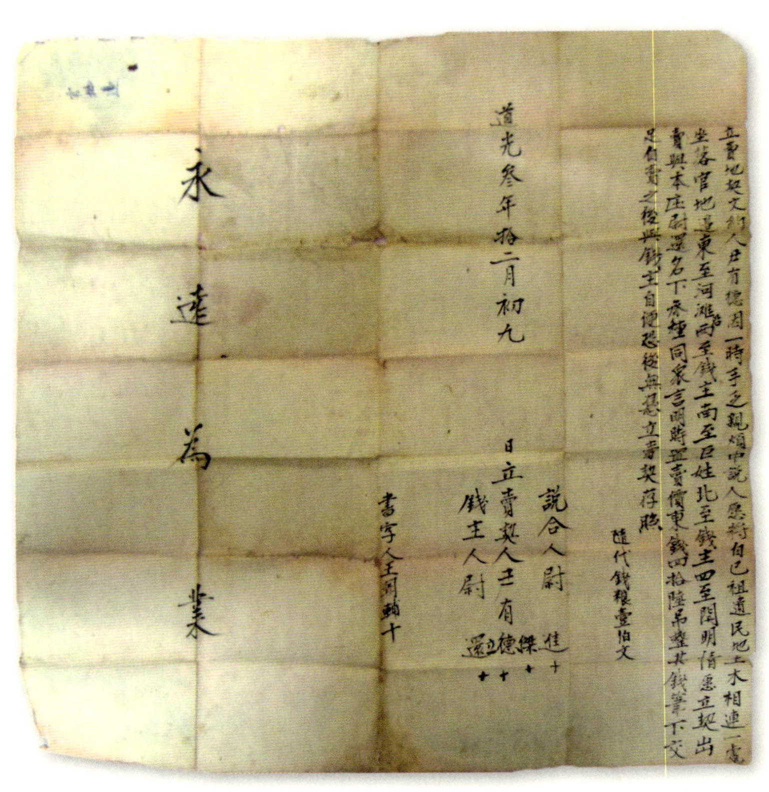
立賣地契文約人尹有德因一時手乏親煩中說人愿將自己祖遺民地土木相連一處坐落官地邊東至河灘沿西至錢主南至巨姓北至錢主四至開明情愿立契出賣與本庄蔚還名下承種同衆言明時值賣價東錢四拾陸吊整其錢筆下交足自賣之後與錢主自便恐後無憑立賣契存照

隨代錢糧壹伯文

道光叁年拾二月初九日立賣契人尹有德 傑 立 十 十 十

說合人蔚進 十

錢主人蔚還 十

書字人王朝輔 十

永遠為業

道光三年（1823）北寺村尹有德卖地契

2. 道光十三年（1833）北寺萧廷喜退地给张腾云名下契约：

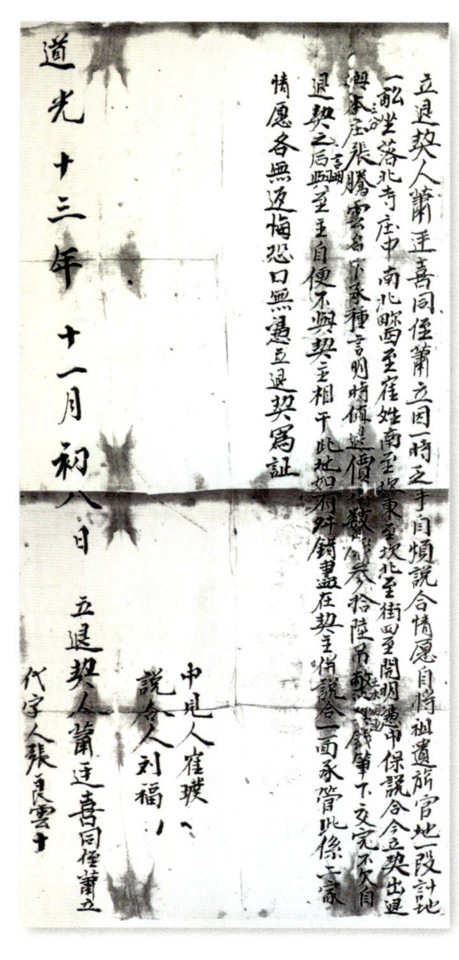

道光十三年（1833）北寺萧廷喜退地契约

立退契人萧廷喜同侄萧立，因一时乏手自烦说合情愿自将祖遗产旗官地一段，计地一亩，坐落北寺庄中，南北界，西至崔姓，南至坎东至坎，北至街，四至开明凭中保说合，今立契出退与本庄张腾云名下承种，言明时值退价小数东钱三十六吊整，土木相连，其钱笔下交完不欠，自退契之后，言明与至（置）主自便，不与契主相干，此地如有舛错，尽在契主并说合一面承管，此系二家情愿，各无返悔，恐口无凭，立退契为证。

道光十三年十一月初八日 立退契人萧廷喜同侄萧立

中见人崔璞

说合人：刘福

代字人：张良云

“祖遗产旗官地”：“祖遗产”是说明这块土地的来源，“旗官地”是这块土地的债权人，表明这块地是旗产官地。旗地有两种，一种是按定额分配给王公大臣及兵丁的，一种是没有分配出去而由政府直接收租的，政府直接收租的叫“官地”。

3. 同治元年（1862）北寺张腾云退地给蔚克勤契约：

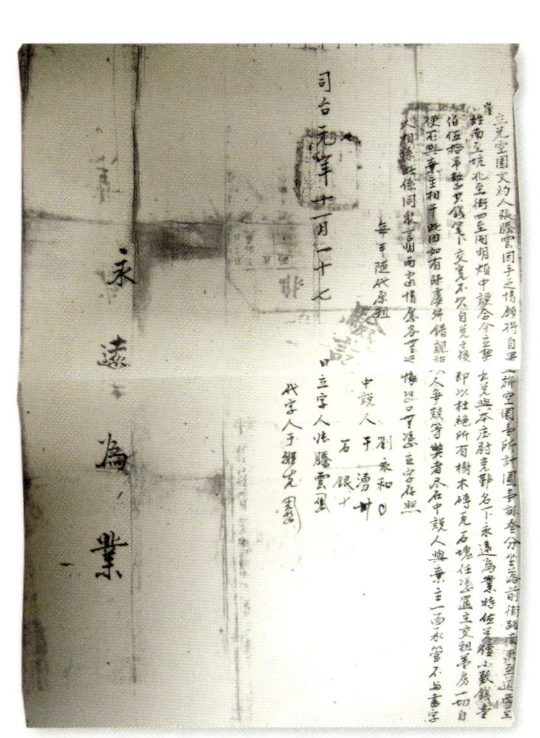

同治元年（1862）北寺当空园契约

立兑空园文约人张腾云，因手乏情愿将自置旗空园一所，计园一亩三分，坐落前街路南，东至道，西至崔姓南至坑，北至街，四至开明烦中说合今立契出兑与本庄蔚克勤名下永远为业，时值兑价小数钱一百五十吊整，其钱笔下交完不欠，自兑之后，即以（已）杜绝，所有树木砖瓦石块，任凭置主交租盖房，一切自便，不与弃主相干，此因如有疏虞舛错，亲族人争竞等弊者尽在中说人与弃主一面承管，不与书字人相系，此系同众言明，两家情愿，各无返悔，立字存照。

每年随代原租

同治元年十一月二十七日立字人张腾云（售）

中说人：刘永和、于湧、石银（十）

代字人：张继先（押“一片光明心”合体字）

永远为业

4. 同治十年（1872）北寺蔚还卖地契：

立卖民地契文约人蔚还，因乏手亲烦中说合，情愿将自己受分地坐落贾家坟，地大小三段，土木相连地一亩，界段不齐，东至坎，西至坎根，南至小岭，北至小山分水梁，四至开明，情愿出卖与本族孙蔚白儒名下为业，卖价东钱一百五十吊整，其钱笔下交足不欠，自卖之后任凭钱主自便，不与契主相干，同众言明，各无舛错，如有舛错者，尽在说合人一面承管，此系二家情愿，并无返悔，恐口无凭，立卖契为证。每年随代钱粮钱一百文。

同治十年十一月十四日立卖契人蔚还

出名人：蔚从儒、蔚青如、蔚天申、蔚天和、蔚天然

中见人：蔚遵

说合人：贾惟山

代字人：李永薰（押字难辨，似“公正直意”）

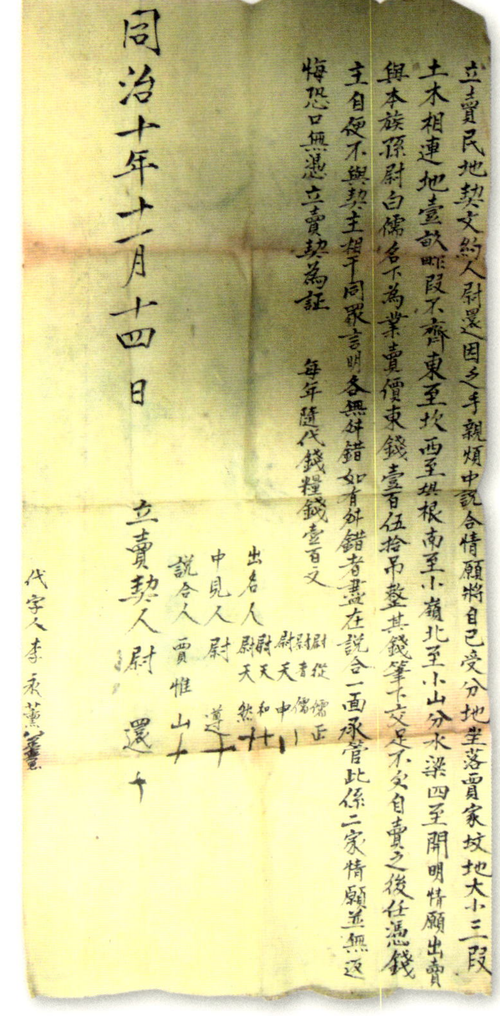
立賣民地契文約人尉還因乏手親煩中說合情願將自己受分地坐落賈家坟地大小三段
土木相連地壹畝畔段不齊東至坎西至坎根南至小嶺北至小山分水梁四至開明情願出賣
與本族孫尉白儒名下為業賣價東錢壹百伍拾吊整其錢筆下交足不欠自賣之後任憑錢
主自便不與契主相干同衆言明各無舛錯如有舛錯者盡在說合人一面承管此係二家情願並無返
悔恐口無憑立賣契為証
每年隨代錢糧錢壹百文
同治十年十一月十四日
立賣契人 尉還 十
出名人 尉從儒 尉青如 尉天申 尉天和 尉天然
中見人 尉遵 十
說合人 賈惟山 十
代字人 李永薰

同治十年（1872）北寺蔚还卖地契

5. 宣统四年（1912）北寺王李氏退佃地契：

立退佃契文约人王李氏同子王守先因一时乏手，无钱使用，自烦说合情愿将自种旗地一段，计地五亩，坐落三马坎河东边，东至张姓，北至张姓地四至开清，今立契出退与本庄路焕廷名下永远承佃，时值退价小数东钱一千零六十吊整，其钱笔下交完不欠，自退之后，任凭置主认佃交租，宜（一）切自便，毫不与契主相干，倘有不测，尽在契主与中说人一面承管，此系两家情愿，各无返悔，恐口无凭，立退字存照。

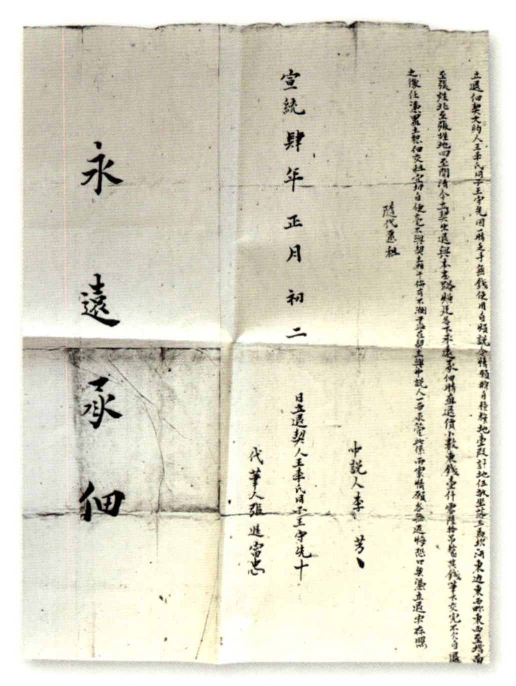
永遠承佃
隨代原租
宣統肆年正月初二日立退契人王李氏同子王守先十
中說人李芳
代筆人張進富忠

宣统四年（1912）北寺地契

随代原租。

宣统四年正月初二日立退契人王李氏同子王守先（十）

中说人：李芳

代笔人：张进富（忠）

北寺路姓来自平谷城内，二中东街即路家胡同。路姓是明永乐年间由山东济南府信阳县迁来的“军户”。查老县志有百户路大径之名，可能就是其在平谷的始祖了。

“自种旗地”表明清初路家因为是投充大户，为收租有分支被迁到沥津庄（北寺过去属于西沥津一个小自然村）。

宣统帝是清代最后一个皇帝，也是中华历史上最后一帝，1909 年登基，1912 年辛亥革命成功即退位，在位三年，这份契约何以出现了“宣统四年”，盖辛亥革命成功，北方还不甚详，而且此际袁世凯还在和南京临时政府交涉国府是否南迁问题，根本不宣传辛亥革命事宜，所以北方仍沿用旧制。

6. 民国十一年（1922）北寺路芝退地给蔚祥地契：

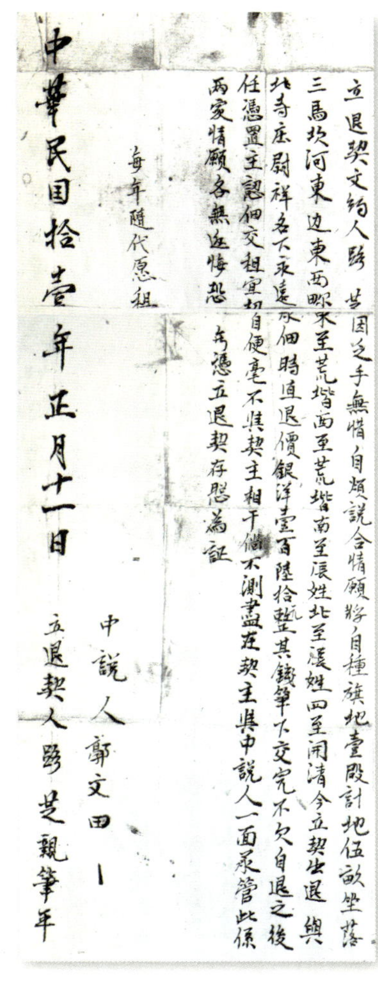

立退契文约人路芝因乏手无措，自烦说合情愿将自种旗地一段计地五亩，坐落三马坎河东边，东西界，东至荒坎，西至荒坎、南至张姓，北至张姓，四至开清，今立契出退与北寺庄蔚祥名下永远承佃，时值退价银洋一百六十元整，其钱笔下交完不欠，自退之后任凭置主任佃交租宜切自便，毫不与契主相干，倘有不测，尽在契主与中说人一面承管，此系两家情愿，各无返悔恐口无凭，立退契存照为证。

每年随代愿（原）租

民国十一年正月十一日立退契人路芝亲笔（平）

中说人：郭文田

■ 民国十一年（1922）北寺路芝退地给蔚祥地契

7. 民国十二年（1923）北寺于普云卖地给蔚祥契约：

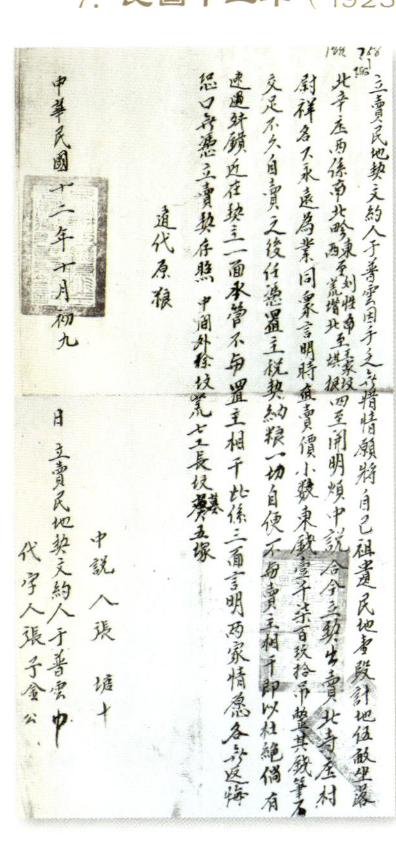

立卖民地契文约人于云普，因手乏无措情愿将自己祖遗民地一段计地五亩，坐落北辛庄，系西南界，东至刘姓，西至荒坎，南至王家坟，北至坎根，四至开明，烦中说合，今立契出卖与北寺庄村蔚祥名下永远为业，同众言明时值卖价小数东钱一千七百九十吊整，其钱笔下交足不欠，自卖之后任凭置主契税纳粮，一切自便，不与卖主相干，即以杜绝，倘有迎遇舛错，近（尽）在契主一面承管，不与置主相干，此系三面言明，两家情愿，各无返悔，恐口无凭，立卖契存照。中间外除坟荒七工长，坟墓五冢。

随带原粮

中华民国十二年十月初九立卖契人于普云（中）

中说人：张塘

代字人：张子金（公）

工即弓，古人习惯以步伐量地，向前迈一下为“步”，两下为“弓”，中等步每弓长约 160 公分（古时 360 弓为一里，240 方弓为一亩）。“随带原粮”指的是本契原始规定的地税。

■ 民国十二年（1923）北寺于普云卖地给蔚祥契约

8. 民国十八年（1929）北寺刘来与蔚祥换地契约：

立换地契文约人刘来，今有黄家坟东地二亩三分，两段，东至荒坎，西至任姓，南至荒坎，北至尹姓，四至开明，因自种不便，凭中说合将此地换与北寺庄蔚祥名下永远为业。自换之后各人交各人原地租项，此系两愿，各无返悔，如有返悔者罚洋五十元充公，恐口无凭，立此换契为证。

此即北辛庄场边地所换

民国十八年十一月十二日立换契人刘来

中说人：于淮（忠）

书字人王泽普（公正）

民契一般不约定违约惩罚办法，但偶尔也出现，出现的村往往是经常发生民事纠纷，为加大约束双方力度，以罚钱为律。

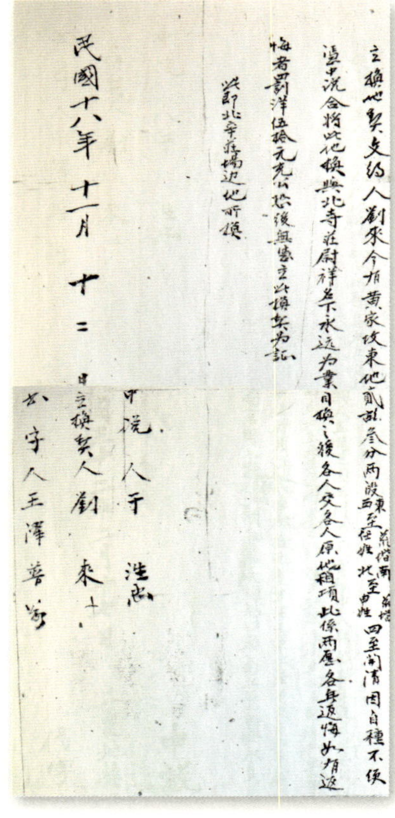
立換地契文約人劉來今有黃家墳東地貳畝叁分兩段東至荒坎西至任姓南至荒坎北至尹姓四至開清因自種不便憑中說合將此地換與北寺莊蔚祥名下永遠為業自換之後各人交各人原地租項此係兩愿各無返悔如有返悔者罰洋伍拾元充公恐口無憑立此換契為證

此即北辛莊場邊地所換

民國十八年十一月十二日立換契人劉來 十

中說人于淮 忠

書字人王澤普 公

■ 民国十八年（1929）北寺刘来与蔚祥换地契约

9. 民国二十三年（1934）北寺王翠卖地给蔚祥地契：

立卖地文约人王翠，因手乏无措，自烦中说，情愿将受分民地一段计地二亩七分，坐落大马坎上，系南北界，东至荒坎，西至张姓地，南至界头，北至王姓地，四至开清，今烦中人，出卖与北寺庄蔚祥名下永远为业。言明时值卖价大洋七十七元整，其钱笔下交清不欠，自卖契之后，许蔚姓更名契税耕种一且（切）自便，不与去主相干，此系并无私债折准，亦无葛藤之弊，如有不测，尽在契主并中人一面承管，此系三面言明，二家情愿，各无返悔，恐口无凭，立卖契为证。

中华民国二十三年十二月五日　立卖地契人王翠（十）

中说人：石祥、张士荣（公）

代字人：王碧川（义）

“葛藤”是一种缠绕在树干上的爬蔓植物。用于此处表示没有其他摞累事。

■ 民国二十三年（1934）北寺王翠卖地给蔚祥地契

九、放光地契

放光也是发现地契较多的村庄，这可能与放光历史上文人辈出有关，大多有留存家族档案意识。放光是个古村，村南有很具规格的汉代古墓，有说法是汉代霍光家族后裔墓。明代之前有苏姓、过姓、陈姓、方姓、抗姓。贾姓是平谷土著大姓之一，据中罗庄贾家后人介绍，宋辽时期来自山东琅琊郡（今临沂），初在贾各庄建庄，明初大部分土地被营州中屯卫“家属院”占据，故迁到齐各庄。明天启年间，齐各庄贾家弟兄三人分别迁出，老大贾大贵落放光，老二贾大任落中罗庄，堂弟贾大柱落西鹿角。据放光村嘉庆元年进士贾名伸撰写的家谱和调查得知，由齐各庄贾在清初迁到放光，而且根据设立在王辛庄村东的第三次迁移的祖坟石碑可知，放光这一支的始迁祖为贾大贵，和罗庄始祖贾大任，始迁祖为辛七甲民。清代嘉庆年间贾名伸曾整理家谱，内中又一段：“贾氏世为平谷土著，以三茔世次计之，盖自宋元至今，殆将千年相传，始祖世居本县城北五里许之齐各庄，后散处各村，或远徙他州县，莫能备悉。以今所知，除齐各庄故居外，如本县城西门外之西关及山东庄、洙水庄、高村、太平庄（此庄旧有同族，非止谱中所载国卿一门）、鹿角庄（此庄贾姓有二，一同族，一不同族）、前罗家庄、杜家胡家务并三河县之许家务、兴隆庄、北宫、云峰寺等”。可证平谷多村贾姓和放光贾是一个家族。不过他在家谱中并没有说到始祖在贾各庄，可能当时也是不知情，只知道祖上很早就在平谷了。放光张姓是岳各庄张家的支派，分三次迁来，第一次大约明成化四年间（1468），即现在的张仲安之祖，不久张福科（现 89 岁）先祖也迁来，时间约弘治年间，于是张姓也成了放光大姓，张凤和老人上溯始迁祖张栋，立坟村东，其子张云臣，云臣子张宗实、张宗珠，宗珠下如琪、如琳，如琪下进绅、进绅下福奎、福奎下风和（88 岁）弟兄四人。放光武姓祖籍山西，明洪武年间以民籍迁来，现在有家谱可查的武姓可追溯到清初，时有武国梁、国栋弟兄两支向下繁衍。其中武国栋二子武景、武美（无子）。武景下长安、久安、保安、德安，长安下众文、众路（无后），众文下焕成，焕成下盛勋、盛宅，盛勋下孝先、述先、遵先，再下是当代“维”字辈。平谷武姓基本都源于此。放光李姓也是大家族，清初来自南太务。

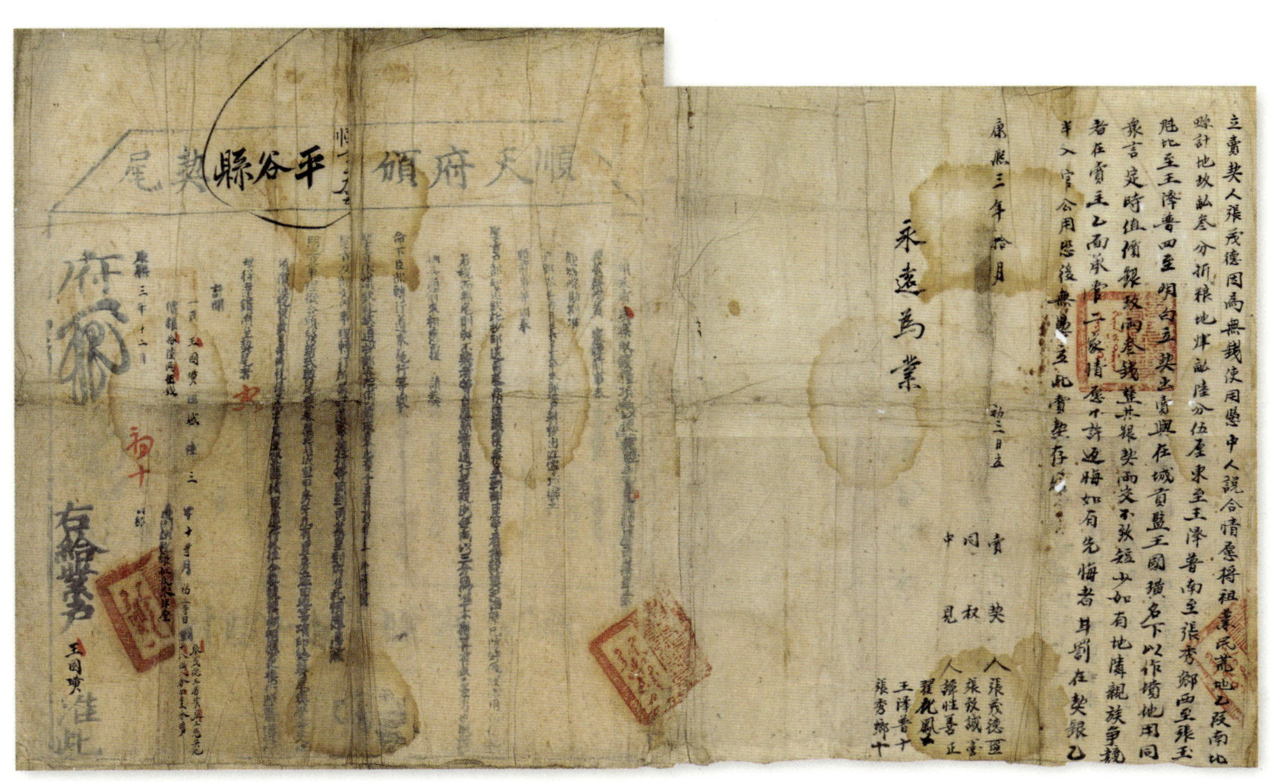
順天府頒平谷縣契尾

立賣契人張茂德因爲無錢使用，憑中人說合，情愿將祖業民荒地乙段，南北壠計地玖畝叁分，折粮地肆畝陸分伍厘，東至王澤普，南至張秀卿，西至張玉魁，北至王澤普，四至明白，立契出賣與在城貢監王國璜名下以作墳地用，同衆言定時值價銀玖兩叁錢，其銀契兩交不欠短少，如有地隣親族爭競者，在賣主乙面承當，二家情愿，不許返悔，如有先悔者，甘罰在契銀乙半入官公用，恐後無憑，立此賣契存照。

康熙三年拾月初三日立

永遠為業

賣契人 張茂德
同叔 張致城
中見人 韓性善 翟龍鳳 王澤普 張秀卿

康熙三年（1664）王国璜家地契

放光李家地契

1. 康熙三年（1664）放光村张家地契：

立卖契人张茂德，因为无钱使用，凭中人说合，情愿将祖业民荒地一段，南北界，计地九亩三分，折粮地四亩六分五厘，东至王泽普，南至张秀卿，西至张玉魁，北至王泽普，四至明白，立契出卖与在城贡监王国璜名下以作坟地用，同众言定时值价银九两三钱整，其银契两交，不致短少，如有地邻亲族争竞者，在卖主一面承管，二家情愿，不许反悔，如有先悔者，身罚在契银一两半入官公用，恐后无凭，立此卖契存照。

永远为业

康熙三年十月初三日立

卖契人 张茂德画押

同叔 张致诚画押

中见人 谭性喜 翟化凤、王泽普、张秀卿画押

此契为康熙三年地契，契约中涉及的名字透露出很多重要信息，如已知的名人主要是王札、王楫、王国璜、王渔璜等，主要居住在平谷城内。

放光李家地契最多，由两门共发现有百余件，兹选择研究价值较高者做些解读。

2. 乾隆三十三年（1768）刘辅君卖地契：

立卖契文约人系辛十甲刘辅君，因为无钱使用，今将自己本身在册民地一段，计小亩地五亩，坐落放光庄北，东西界，东至横头旗地，西至到南至孙姓民地，北至旗地，四至明白，平中说合，情愿立契出卖与太务屯七甲李国禄名下永远为业，同众言明，时值卖价小数钱一百四十五吊整，其钱笔下交足不欠，并无私债折准，亦无重复当卖，自立契之后，过割税契，历年照地封纳，听其买主自便，不与卖主相干，倘有亲族人等以及地邻争竞，尽在卖主一面承管，并不与买主相干。此系二家情愿，各无返悔，如有先悔者，罚卖价一半入官公用。恐后无凭，立卖契永远存照。

乾隆三十三年十一月二十一日 立卖契文约人刘辅君（十）

同胞侄刘从善、刘嗜善、刘性善（十）

说合人：张文显

中见人：朱荣先、李得禄

书字人：张清擢（押“一片好心”合体字）

永远为业

此契的出现很有意义，首先把放光刘姓的来源确定了，应该是来自周村，因为周村王姓就是辛十甲，刘姓在地契中也标明是辛十甲，不知各为第几舍。有老人说是赵姓一舍、王姓二舍、刘姓三舍。从此契中还得知，放光李姓家族是泰务屯七甲民人，论起来和笔者是同族。笔者的先祖是永乐年间来到夏各庄的，兄弟三人，老大李洪儒落夏各庄，编入负五甲房十舍，老二李洪武落泰务编入太七甲房三舍，老三李洪贤残疾跟随老大生活。

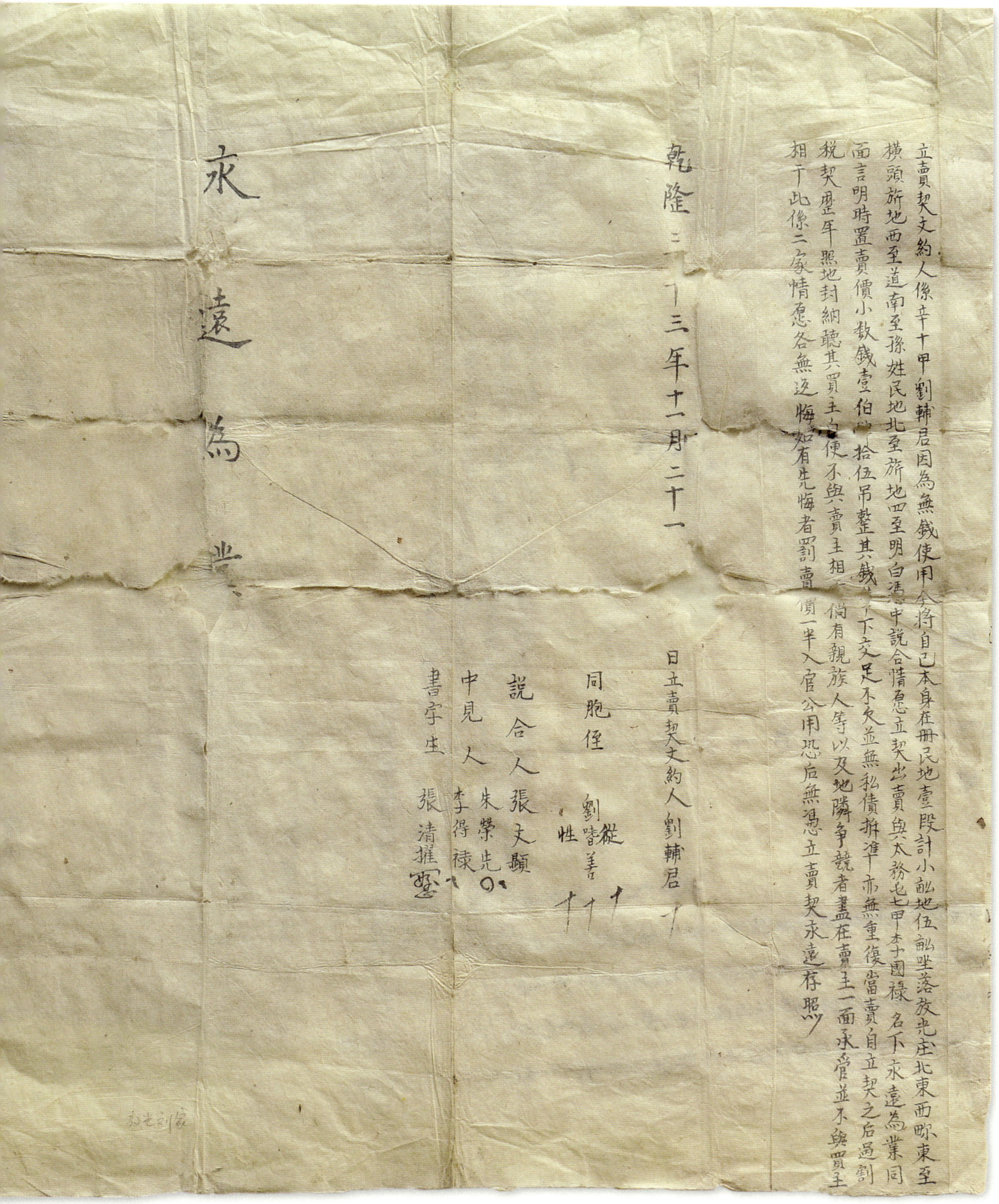

立賣契文約人係辛十甲劉輔居因為無錢使用今將自己本身在冊民地壹段計小畝地伍畝坐落放光庄北東西畛東至横頭旂地西至道南至孫姓民地北至旂地四至明白憑中説合情愿立契出賣與太務屯七甲李國祿名下永遠為業同面言明時置賣價小數錢壹伯[illegible]拾伍吊整其錢當下交足不欠並無私債折準亦無重復當賣自立契之后過割税契壓年照地封納聽其買主自便不與賣主相干倘有親族人等以及地隣爭競者盡在賣主一面承管並不與買主相干此係二家情愿各無返悔如有先悔者罰賣價一半入官公用恐后無憑立賣契永遠存照

乾隆三十三年十一月二十一日立賣契文約人劉輔居 十

同胞侄 劉從性 十 劉嗜善 十

説合人張文顯 十

中見人 朱榮先 ○ 李得祿 ○

書字生 張清擢 押

永遠為業

乾隆三十三年（1768）放光刘家卖地契

3. 乾隆四十七年（1782）放光张问儒卖契：

立卖契人张问儒，因为乏手，烦中保人说合，情愿将自己本身代投旗地一段三亩，东西界，东至道，现在道南至代投旗地，北至民地，四至明白，坐落庄东北，立契出卖与本庄李名下承种，言明卖价小数钱五十五千整，其钱笔下交收讫，外无欠少。自卖之后钱粮买主交纳，不与卖主相干，则地并无私债折准，亦非逼勒成交，倘有族人等争竞者，尽在卖主与说合人一面承管。此系二家情愿，各无返悔，如有先悔者，罚卖价一半入官公用。恐后无凭，立卖契永远存照。

乾隆四十七年二月二十六日　立卖契人张问儒（十）

说合人：王灿（士）

书字人：刘辅君（十）

永远为业

此契证明张问儒是代地投充人。时有两个概念，即带地投充和代地投充，前者是带自己地投充，后者是代替多家的土地一并投充。前契刘辅君是卖主，此契刘辅君又成为书字人，从字迹可以看出通篇流畅，笔墨娴熟，功底较好，尤其“永远为业”四字，更显水平。

4. 嘉庆四年（1799）放光李氏退地契：

立退契人李氏同子文斌，因度日窘迫，无力抛（耕）种，情愿将祖遗在册民地一段三亩二分，坐落本庄西北，东至道，西至贾姓，南至贾姓，北至本主，出退与本族堂弟文显永远为业，世世不许争竞，如要后嗣争竞，罚银二十五两交予文显方许将地撤回。此系母子同愿，并无强迫，亦无折准，再有亲族争竞者，尽在文斌一面承管，不与文显相干，恐后无凭，立退契存照。

嘉庆四年十二月十四日　立退契人李氏同子文斌（十）

说合人：李守荣

中见人：贾景诚

书字人：景诚

永远为业

此契为孤子寡母退地给本族人契约，从字面可以读出李氏母子生活之艰辛。“在册民地”就是已经被国家政府征税机构造册登记的地块。这里的“退”看来是无条件的“退”。违约方承担的违约补偿直接给对方，在平谷契约中仅见，一般不约定具体责任，即便有约定也多是入官公用。

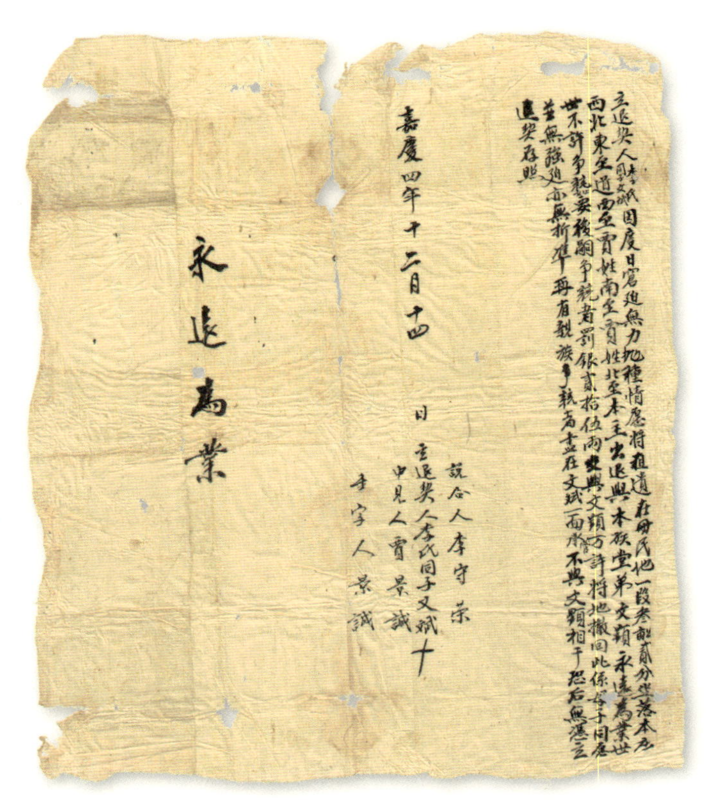
立退契人李氏同子文斌因度日窘迫無力抛種情愿將祖遺在冊民地一段叁畝貳分坐落本庄
西北東至道西至賈姓南至賈姓北至本主出退與本族堂弟文顯永遠為業世
世不許爭競如要後嗣爭競者罰銀貳拾伍兩交與文顯方許將地撤回此係母子同愿
並無強迫亦無折准再有親族爭競者盡在文斌一面承管不與文顯相干恐后無憑立
退契存照

嘉慶四年十二月十四日

立退契人李氏同子文斌 十

說合人 李守榮

中見人 賈景誠

書字人 景誠

永退為業

■ 嘉庆四年（1799）放光李氏同子文斌契约

5. **嘉庆四年（1799）放光李家当地契：**

立当契人李文仕，因无钱使用，烦说合情愿将自己民地一段计熟地四亩，坐落放光庄北，东西界，除四至不开，出当与张问孚名下承种。言明时值当价小数钱一百二十吊整，其钱笔下交足不欠，则地自嘉当后，五年春种起，以致种过三年后原件取赎。此系二家情愿，恐后无凭，立当契存照。

嘉庆四年十二月十七日立当契人李文仕

说合人：武景贤

书字人：耿文魁

“嘉当”是当的美化用语，即“最好的出当”。“五年春种起”即由嘉庆五年开春播种起计算当期。

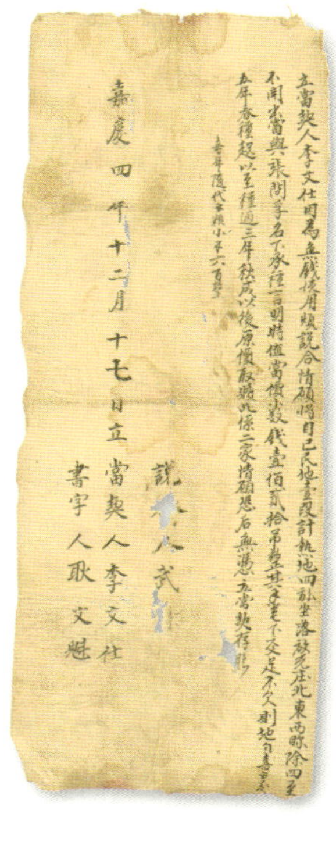

嘉庆四年（1799）放光李文士当地契

6. **嘉庆五年（1800）放光张可通退地契：**

立退契文约人张可通，因官租难以凑办，烦中说合情愿将自己分受官租地一段一亩半，坐落本庄北，南北界，四至不开，立契退与李文显名下承种。言明小数钱三十吊整。其钱笔下交足不欠，每年李姓交约，倘有塌（拖）欠，交纳不完，当自有李姓一面承管，不与张姓相干。此系两家情愿，各无返悔，恐后无凭，立退契存照。

嘉庆五年十二月初三日　立退契文约人张可通

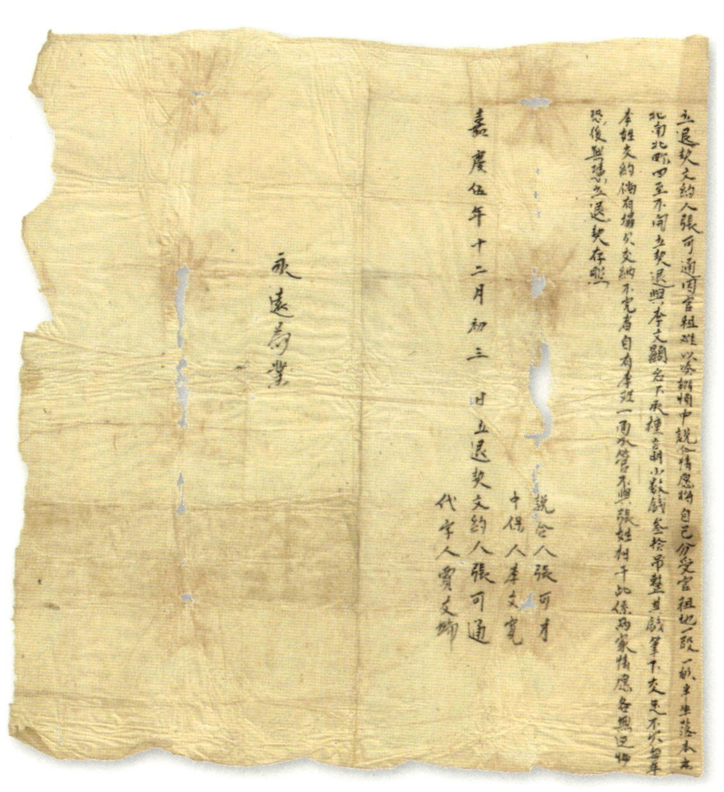

说合人：张可才

中保人：李文宽

代字人：贾友端

永远为业

通过这份契约能读出放光村民张可通当年生活艰辛状态，交不起地租，经济又别无来源，这是那时代众多贫苦农民的真实生活写照，最终只能靠卖地抵租，正如唐诗人聂夷中《咏田家》所谓：“医得眼前疮，剜却心头肉”。“每年李姓交约”就是签订此契约后，每年这块官租地的地租由李姓交纳。

嘉庆五年（1800）放光张可退地契

7. 嘉庆六年（1801）放光张可达兑契：

立兑契文约人张可达，因为一时手乏，烦中说合，情愿将自己投充地一段，计地六亩，坐落放光庄东北，东西界，东至道，西至道，南至张姓，北至张姓，四至开明，出兑与李文显名下永远为业。时值兑价小数钱二百吊零六吊整，其钱笔下交足不欠。自兑之后，每年秋成交钱粮一千整，并无亲族争竞，亦无私债折准，如有争竞者，自在兑主一面承管，不与钱主相干。此系两家情愿，恐后无凭立兑契永远存照。

嘉庆六年十一月十九日 立兑契文约人张可达

同兄张可才同叔张起文（十）

说合人：武景贤（十）

书字人：耿文魁（十）

这份契约证实了放光张家曾是清初的带地投充户。民地一旦投充，即为旗地，主人也就自然而然成了“旗人”，实际跟正式旗人差得远，只不过那时旗人“吃香”，挨上边就有点优越感，免受其他人欺辱。书字人耿文魁是大旺务迁过去的，主要为便于管理佃户。耿文魁之父耿平显为始迁祖。

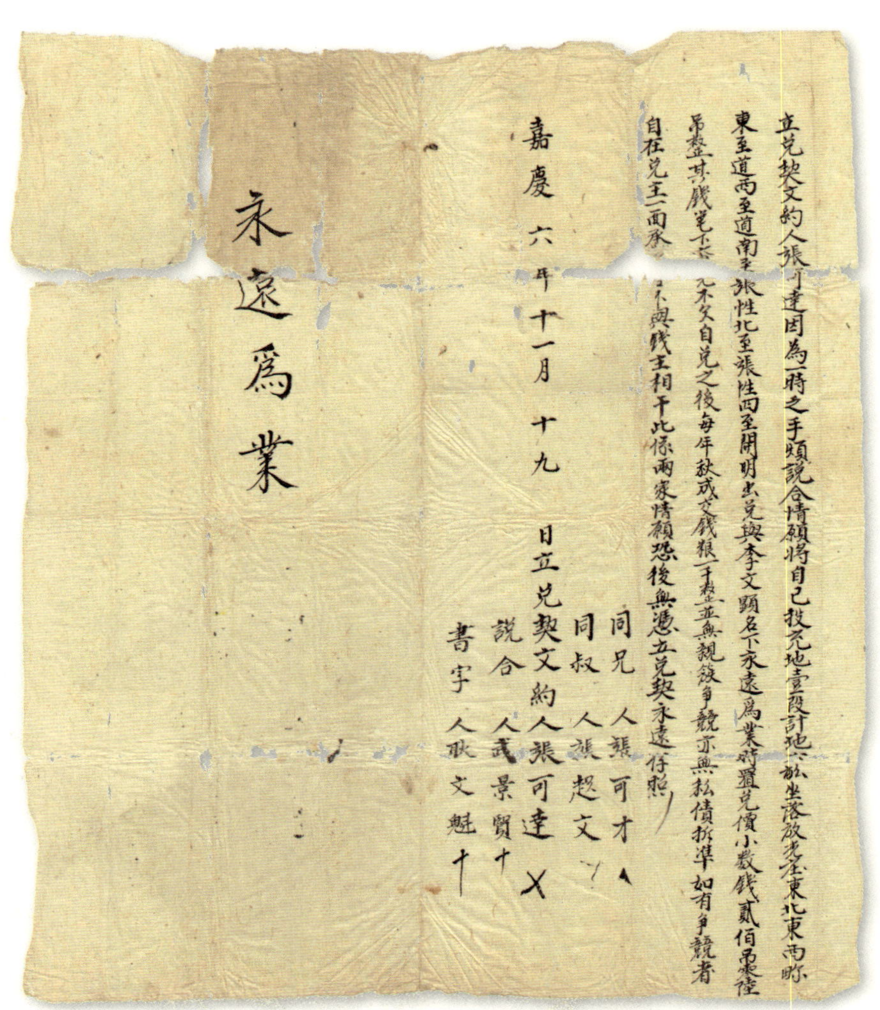
立兑契文約人張可達因為一時乏手頓說合情願將自己投充地壹段計地六畝坐落放光庄東北東西畛
東至道西至道南至張姓北至張姓四至開明出兑與李文顯名下永遠為業時值兑價小數錢貳佰零陸
吊整其錢筆下交足不欠自兑之後每年秋成交錢粮一千整並無親族爭競亦無私債折準如有爭競者
自在兑主一面承管不與錢主相干此係兩家情願恐後無憑立兑契永遠存照

嘉慶六年十一月十九日立兑契文約人張可達 X

同兄人張可才

同叔人張起文

說合人武景賢十

書字人耿文魁十

永遠為業

■ 嘉庆六年（1801）放光张可达地契

8. 嘉庆五年（1800）放光贾家杜卖契：

此为残契，但内容很宝贵。“杜卖”就是杜绝的意思，表示出卖这块地的决心。“辛寨社七甲民人”说明放光贾家明初被编为辛寨社第七甲。经调查得知，小辛寨为辛四甲（中胡务张姓家谱有载），齐各庄是辛寨社第五甲（地契中得知）。

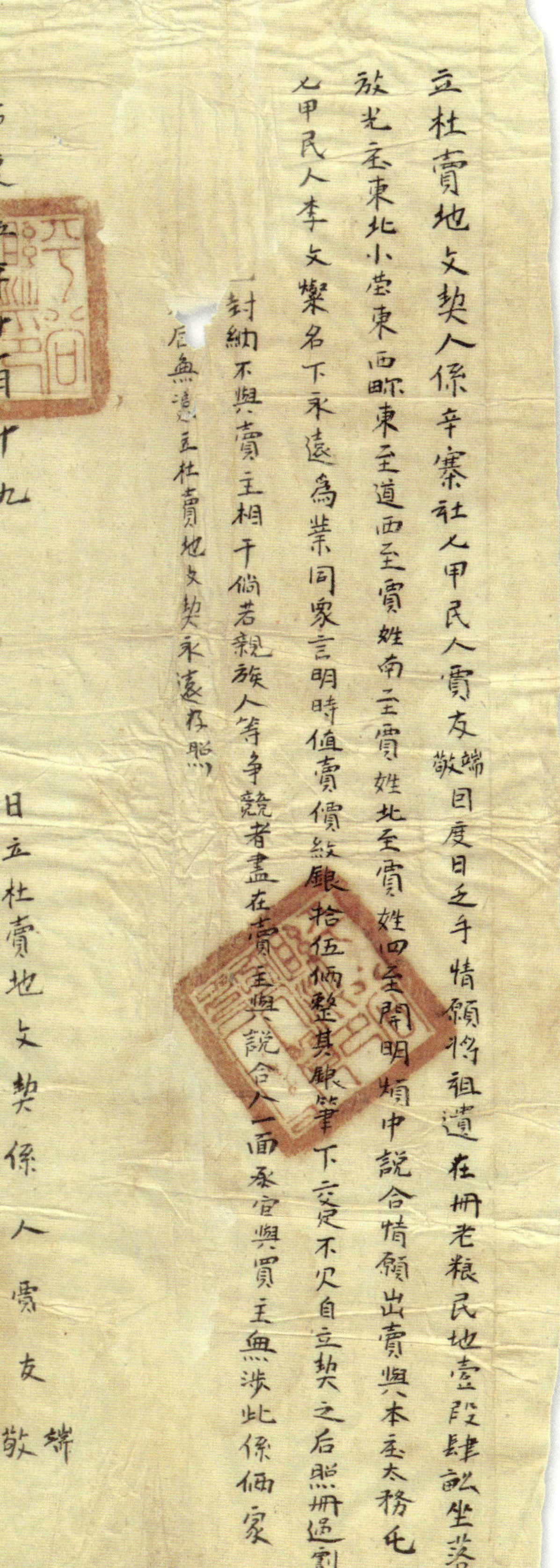

立杜賣地文契人係辛寨社乙甲民人賈友敬端因度日乏手情願將祖遺在冊老粮民地壹段肆畝坐落
放光莊東北小岔東西畛東至道西至賈姓南至賈姓北至賈姓四至開明煩中說合情願出賣與本莊太務屯
乙甲民人李文槃名下永遠為業同衆言明時值賣價紋銀拾伍兩整其銀筆下交足不欠自立契之后照冊過割
封納不與賣主相干倘若親族人等爭競者盡在賣主與說合人一面承管與買主無涉此係兩家
后無憑立杜賣地文契永遠存照

嘉慶伍年十二月十九日立杜賣地文契係人賈友敬端

說合人賈友諒

中見人武景賢

書字人張宗仁

永遠為業

嘉庆五年（1800）贾家卖地文书

9. 嘉庆十七年（1812）放光李家当地契：

立当契人李文士同子李守金，因乏手，烦说合情愿将自己民地一段二亩，坐落庄东，东西界，四至不开，言明当价小数钱八十吊整，其钱笔下交租不欠，李文显名下承种，以至秋成后原价回赎。若不回赎者，钱无利息，地无租价。此系二家青原（情愿），各无反悔，立当契存照。

嘉庆十七年二月十六日立当契人李文士同子李守金

说合人：李文宽

代字人：张可兴

这是一份当地简约，书字人对书契格式不甚熟谙，字体、句子和多处出现错别字可证，而且都没有画押。但基本意思都能表达清楚。

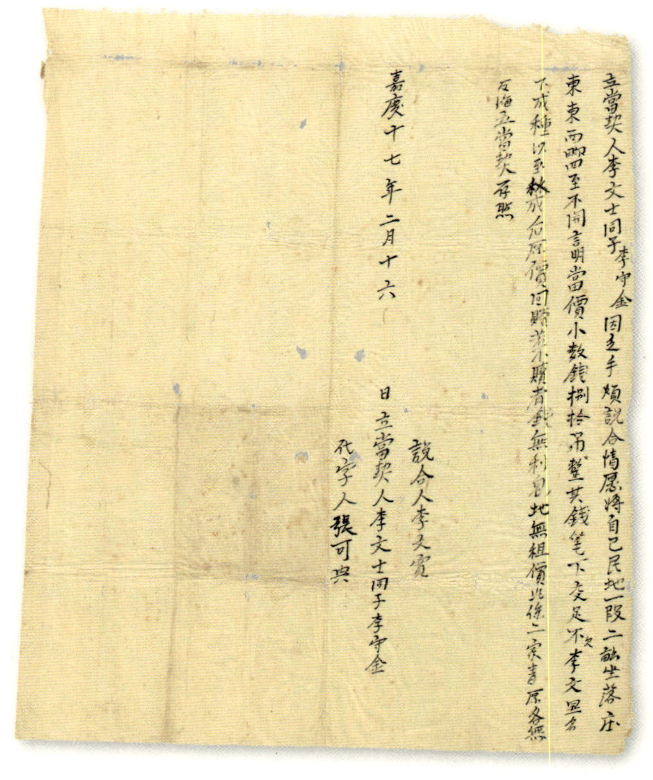

嘉庆十七年（1812）放光李文士当契

10. 嘉庆十九年（1814）放光李文斌兑地契：

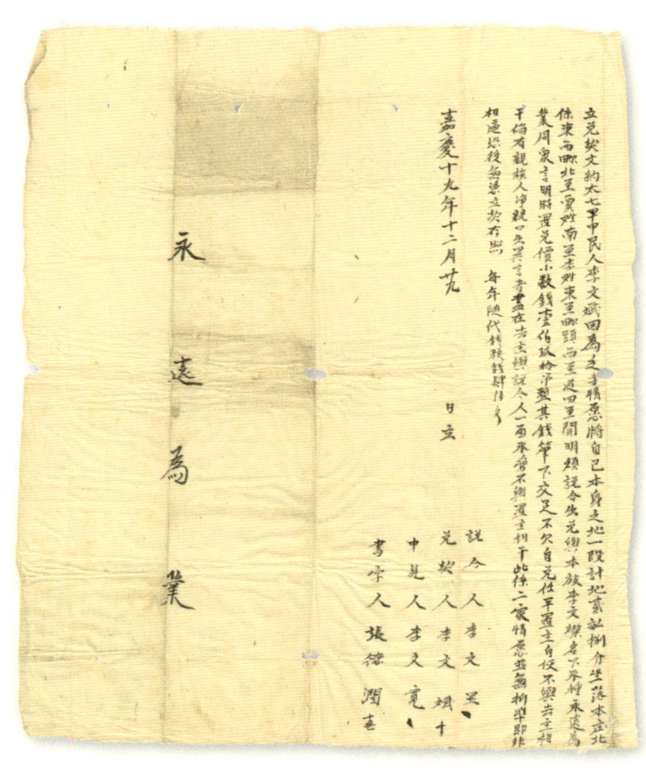
嘉庆十九年（1814）放光李家地契

立兑契文约太七甲民人李文斌，因为乏手，情愿将自己本身之地一段计地二亩八分，坐落本庄北，系东西界，北至贾姓，南至李姓，东至界头，西至道，四至开明，烦说合出兑与本族李文灿名下承种，永远为业。同众言明，时值兑价小数钱一百九十吊整，其钱笔下交租不欠，自兑任平（凭）置主自便，不与去主相干，倘有亲族人争竞，口出异言者，尽在去主与说人一面承管，不与置主相干。此系二家情愿，并无折准，即非相逼，恐后无凭，立契存照。每年随代钱粮钱四百文。

嘉庆十九年十二月二十九日　立兑契人李文斌（十）

说合人：李文显

中见人：李文宽

书字人：张德润（画押）

永远为业

11. 嘉庆十九年（1814）放光高契：

立高契文约人同母子李守银、马儿四，言明高契，情愿烦说合将自身民地计地二亩，坐落放光庄东北，东西界，四至不开，出高与老叔李文显名下承种，言明高价钱小数钱二十吊整，其钱笔下交足不欠。自高之后，元（原）价许读（赎）。此系二家情愿，各无返悔，恐后无凭，立高人（契）存照

嘉庆十九年二月　立高契人李守银

说合人：李文宽

书字人：张如陵

这份契约比较特殊。首先立契名称特殊，“高契”即高价契，其他村也偶有出现，多现于当契。“高”的意思应该是自谦之谓，意思是不好意思，价格要高了。这种情况大多出于本家族内发生的买卖或出当关系。“同母子李守银马儿四”，是说李守银和马儿是同母异父兄弟，马儿显然是乳名，是随母出嫁带过来的，这里的立契人中并不包括他母亲。

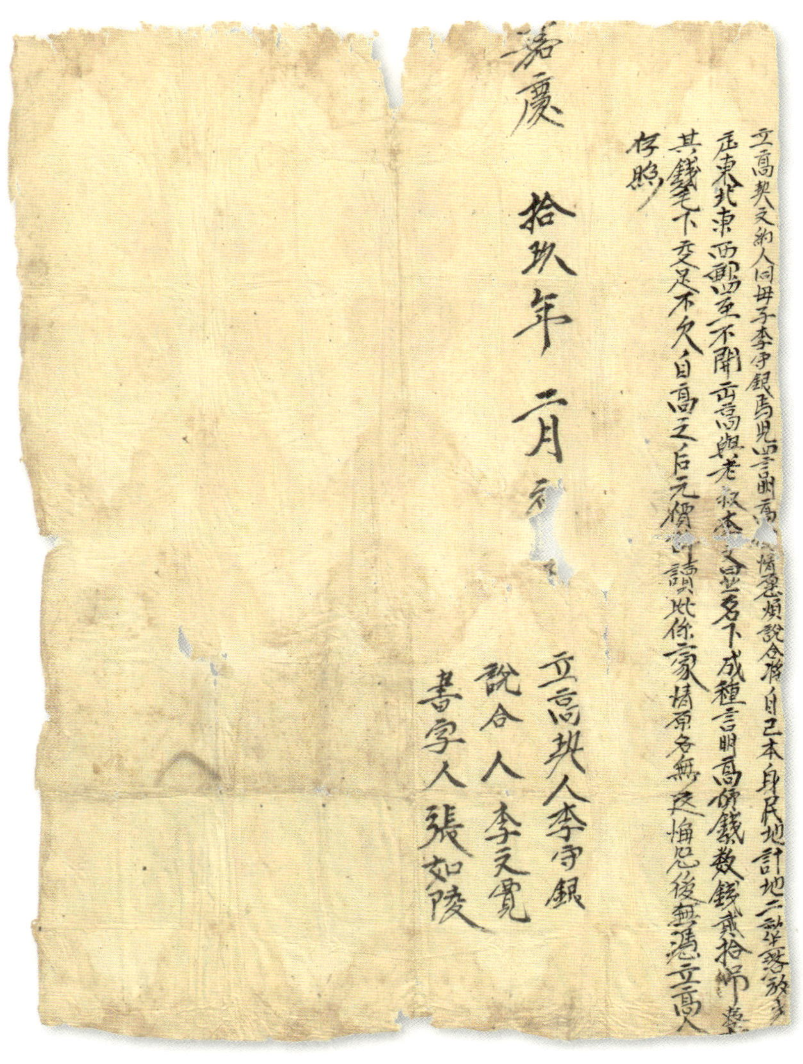
立高契文約人同母子李守銀馬兒四言明高契情愿煩說合將自己本身民地計地二畝坐落放光庄東北東西界四至不開出高與老叔李文顯名下承種言明高價錢小數錢貳拾吊整其錢筆下交足不欠自高之后元價許贖此係二家情愿各無返悔恐後無憑立高人存照

嘉慶拾玖年二月立

立高契人李守銀

說合人李文寬

書字人張如陵

嘉庆十九年（1814）放光李守银契约

12. 嘉庆十九年（1814）放光张国太出兑给李文显土地契：

立兑契文约人张国泰同侄张景亮、景生、景春，因为一时乏手，烦说合情愿将自己本身地一段计地六亩，坐落放光庄西，南北界，东至贾姓地，西至贾姓地，南至界头地，北至顶头地，四至明白，立契出兑与李文显名下永远为业，言明兑价小数钱四百吊整，其钱笔下交足不欠，自兑之后，每年秋成置主自己交纳钱粮小钱二百文，当面言明，并无亲族人等争竞，亦无私债拆（折）准，如有人争竞者，尽在兑主一面承管，不与置主相干。此系二家情愿，各无返悔，恐后无凭，立兑契永远存照。

嘉庆十九年十二月二十四日立兑契人张国太同侄张景亮、景生、景春（十）

代笔人：耿文魁（押）

永远为业

“亦无私债拆准”的“拆准”有写成折准的，二者并存，应以“折准”为准确。可能当时书字人或者不了解其真实含义，或者无意写成白字。全句意思是没有抵债、打折抵押之意。

13. 道光二年（1822）放光李门赵氏当地契：

立当价文约人李门赵氏同子李守金、守良、守勤，因为一时乏手，情愿将自己受分民地一段二亩半，坐落庄北，东西界，又一段坐落庄东北，东西界，除四至不开，烦说合出当与李守本私自所积之钱不与官中相干名下承种。言明当价小数钱一百七十吊整，其前（钱）笔下交足不欠。自当之后，种过三年，全（钱）到取赎。如不赎者，钱无利息，地无租价。此系二家情愿，各无返悔，恐后无凭，立当契存照。

每年随代一吊

道光二年十一月二十三日　立当契文约人李守金

说合人：李文灿

代字人：李存怀

“私自所积之钱不与官中相干”，这句话可能是代笔人抄错了，应放最后边做附注。“每年随代一吊”是原始地租钱谁承当谁要交这个“份子”。

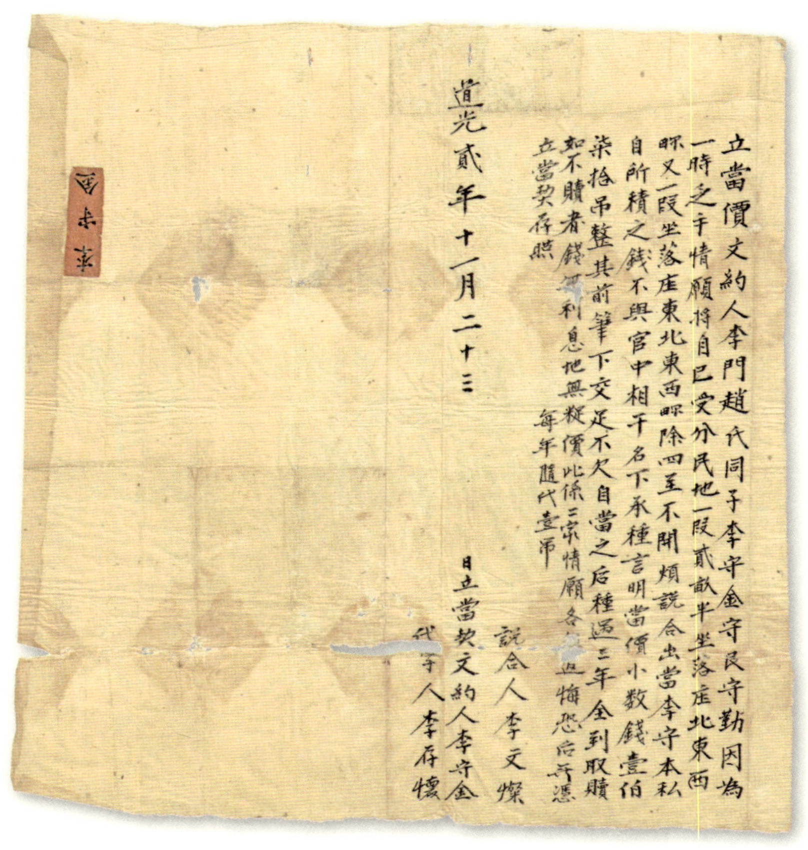
立當價文約人李門趙氏同子李守金守良守勤因為一時乏手情願將自己受分民地一段貳畝半坐落庄北東西畔又一段坐落庄東北東西畔除四至不開煩說合出當李守本私自所積之錢不與官中相干名下承種言明當價小數錢壹佰柒拾吊整其前筆下交足不欠自當之后種過三年全到取贖如不贖者錢無利息地無粮價此係二宗情願各無返悔恐后無憑立當契存照

每年隨代壹吊

道光貳年十一月二十三日立當契文約人李守金

說合人李文燦

代字人李存懷

■ 道光二年（1822）放光李家当契

14. 道光二年（1822）放光张宗美卖契：

立卖契系独一甲张宗美民人，因乏手，情愿将自己空园五亩，东西宽五丈六尺，南北界，坐落放光庄南，东至张姓，西至李姓，南至坎，北至道，四至开明，烦说合出卖与本庄李文显（太又七甲民人）永远为业。土木相连。言明卖价纹银十七两整，其银笔下交足不欠。自卖之后，置主报税纳粮，并无亲族人争竞，如有争竞者，尽在弃主一面承管，不与银主相干，此系二家情愿，各无返悔，恐后无凭，立卖契存照。

道光二年十一月十三日　立卖契人张宗美（十）亲笔

说合人：贾友信

永远为业

此契也是出主自写，因不常写，大体是套用它契格式而来，有些句子明显不合体例。通过这份契约，得知放光张姓不是一个源头。本契主张宗美是独乐社第一甲，说明就是现在南独乐河的大姓张家是一个宗族。在这时段内，放光村很多房地产都围绕李文显发生交易关系，而且他都是买主，可见他的经济实力比较强。空园也是地，但是属于村内的地。那时村里大一些户主都有园，可盖房也可种菜。一两亩居多，五亩少见。

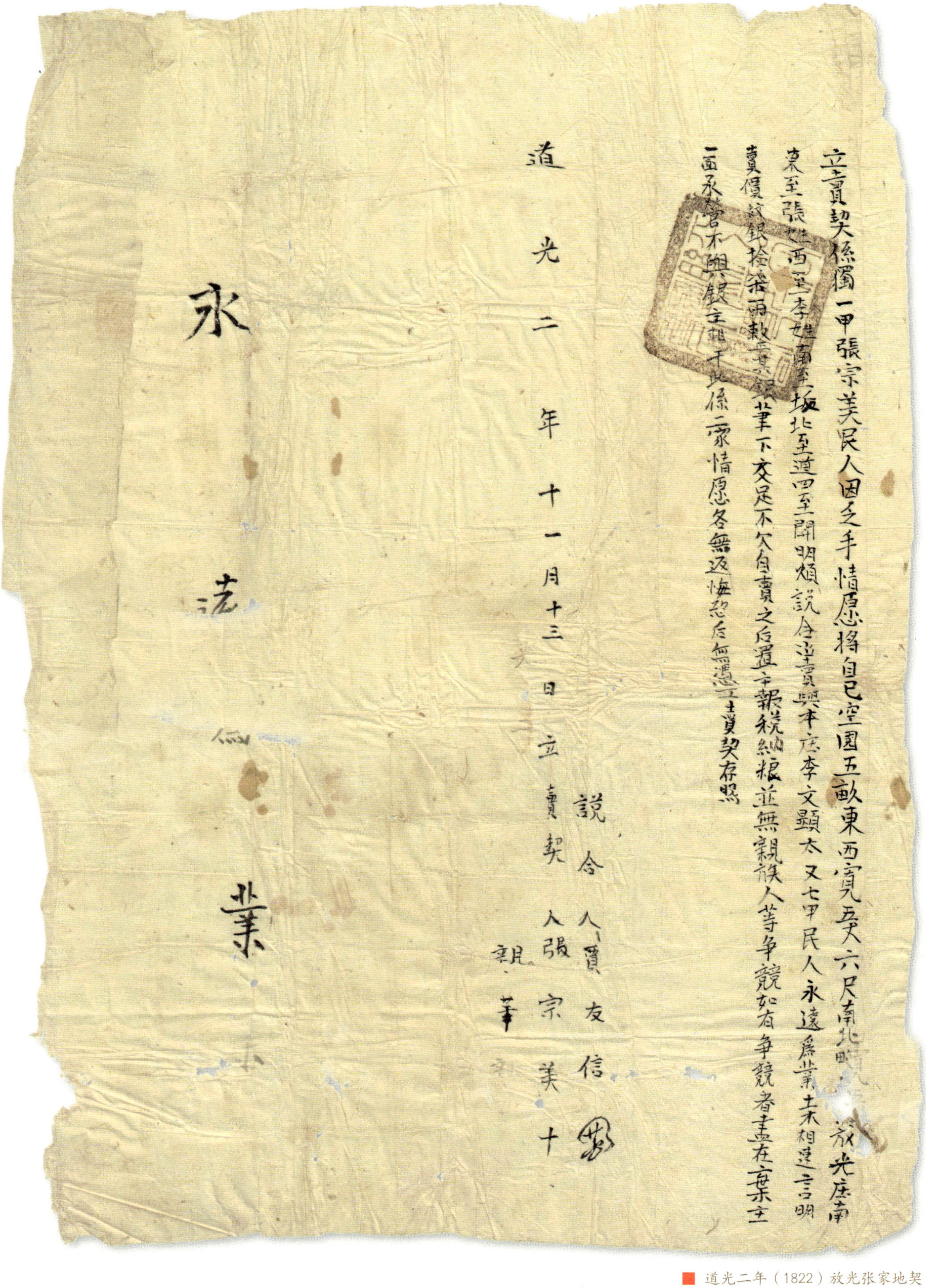

立賣契人係獨一甲張宗美民人因乏手情愿將自己空園五畝東西寬五丈六尺南北畤[illegible]坐落放光庄南
東至張姓西至李姓南至坂北至道四至開明煩說合說賣與本庄李文顯太又七甲民人永遠為業土木相連言明
賣價紋銀拾兩整其銀筆下交足不欠自賣之後過官親稅納粮並無親族人等爭競如有爭競者盡在賣主
一面承管不與銀主相干此係兩家情愿各無返悔恐後無憑立賣契存照

說合人賈友信 押

道光二年十一月十三日立賣契人張宗美十

親筆

永遠為業

■ 道光二年（1822）放光张家地契

15. 道光三年（1823）放光李门刘氏退地契：

立退契人李门刘氏同子李存美、存秀、存四，因为一时乏手，情愿将自己祖遗受分之地一段，一亩半，东至张姓，西至李姓，北至顶头，南至界头，又一段一亩，东至李姓，西至李姓，北至顶头，南至界头，共二段二亩半，坐落庄南，南北界，四至分明，烦说合出退与李守本名下承种，言明退价小数钱九十一吊整，其钱笔下交足不欠。自退之后，每年随代租子三千七百五十文，交与大道理（李）辛庄。此地许治（置）主自变（便），不许去主相干，亦不许亲族人等争竞。此系二家情愿，各无返悔，如有返悔者，罚白银二十两入官中所用。恐后无凭，立此字存照。

永远为业

道光三年十月十三日　立退契人李门刘氏同子李存美、存秀、存四（十）

说合人：李本顺（十）

代字人：李存怀（感）

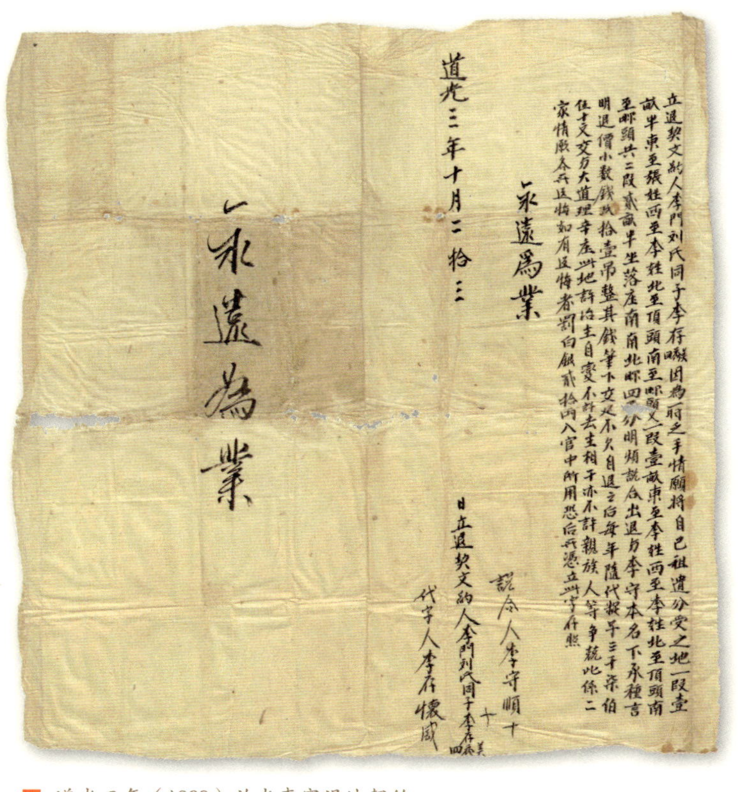

立退契文約人李門刘氏同子李存嶶因為一時乏手情願將自己祖遺分受之地一段壹
畝半東至張姓西至李姓北至頂頭南至邮頭又一段壹畝東至李姓西至李姓北至頂頭南
至邮頭共二段貳畝半坐落庄南南北邮四至分明煩說合出退与李守本名下承種言
明退價小數錢玖拾壹吊整其錢筆下交足不欠自退之後每年隨代擬子三千柒佰
伍十文交与大道理辛庄此地許治主自變不許去主相干亦不許親族人等爭競此係二
家情願各無返悔如有返悔者罰白銀貳拾兩入官中所用恐後無憑立此字存照

永遠爲業

道光三年十月二拾三日立退契文約人李門刘氏同子李存美存秀存四　十

說合人李守順　十

代字人李存懷　感

永遠爲業

■ 道光三年（1823）放光李家退地契约

此契“交与大道理辛庄”，中的“大道理辛庄”是书契人没明白其真实意思，本意是交给“大道李旗庄所属的李家新庄”，即山东庄镇的李辛庄。此地契见证了李辛庄是三河李旗庄的分支。《平谷地名志》的记载可证实这个说法。2009年走访夏各庄李纯智老人，他介绍他祖先明代在平谷城内，为坊五甲四舍民人，清军入关后，他家成了代地投充大户，也就成了汉旗，被内务府派到三河县管理地租，其中最大一支去了三河“李七庄”建立新村，时名李家庄，不久改名李旗庄，原有村民东迁，叫李民庄。因为三河到北京这段自秦汉时就有一条“国道”，故又称其为“大道李旗庄”。康熙年间为收地租，由李旗庄分一支到平谷县夏各庄坐地收租，分一支到平谷东北收租，李旗庄派人网罗佃户到一个地震废墟（康熙十八年大地震时人口剧减）重新建村，外人称其“大道李新庄”，后“新”变为“辛”。

16. 道光四年（1824）放光李起卖地契：

立卖契文约人李起同子李存善，因一时乏手，烦说合情愿将自己分受空庄窠一处，坐落街南，东西四丈三尺零二寸，南北四丈三尺零二寸，东至李姓，西至街，北至置主，南至李姓，四至分明，立契出卖与李守本名下为业，言明价银六两整，其银笔下交足不欠。自卖之后，倘有亲族人等争竞者，尽在去主中见说合一面成（承）管。此系二家情愿，各无返悔，恐后无凭，立契永远存照。

道光四年二月初六日　立卖契人李起同子李存善（十）

同侄李存美。

说合人：贾友臣（十）

中保人：李守英（十）

代字人：李存怀（0）

永远为业

庄窠是指村外边的空园，一般有墙或篱笆围圈，可以盖房，也可种菜，一般不种粮，种粮的叫地。

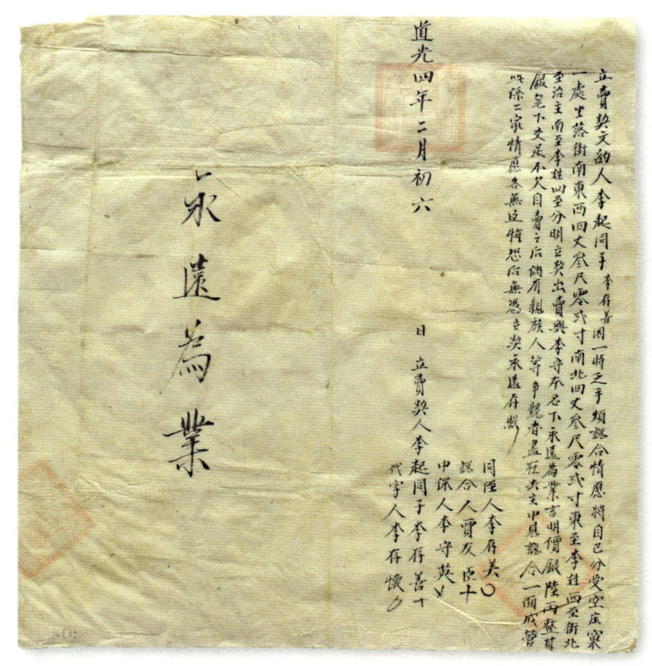

道光四年（1824）放光庄户地买卖契约

17. 道光十一年（1831）放光李文灿兑契：

立兑契文约人李文灿，因乏手，无钱使用，烦说合情愿将祖遗分受民地一段四亩，坐落放光庄东北，东西界，东至道，西至顶头，南至贾姓，北至张姓，四至分明，立契出兑与堂侄李守本名下永远承种。同众言明，时值兑价小数钱二百二十吊整。其钱笔下交足不欠。自兑之后，任凭置主照册交纳，不许去主相干，亦不许亲族人等争竞，如争竞者，尽在去主说合一面承管。此系二家情愿，各无返悔，如返悔者，甘罚纹银十两。恐后无凭，立兑契永远存照。

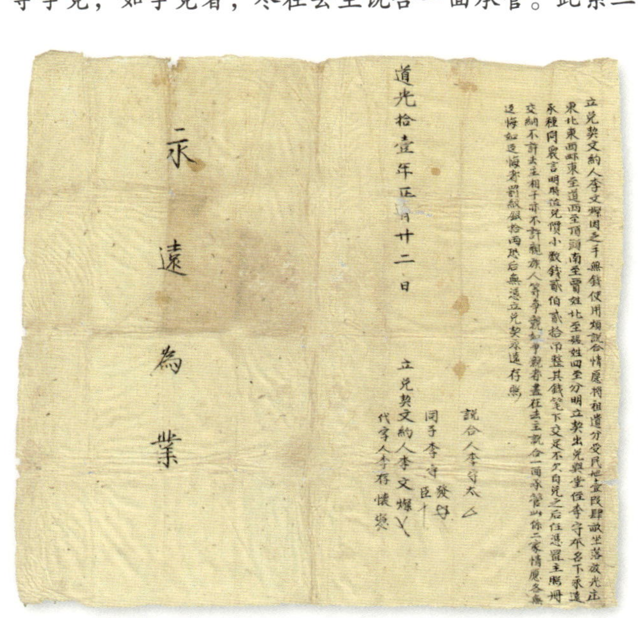

道光十一年正月廿二日　立兑契文约人李文灿（十）同子李守发、守臣（十）

说合人：李守太（0）

代字人：李存怀（好心）

永远为业

“去主”即卖主，有时称“弃主”。“甘罚纹银十两”是违约责任，但没有交代是给守约方还是交给官方。

道光十一年（1831）放光李文灿出兑地契约

18. 咸丰三年（1853）放光张永祥兑契：

立兑契文约人张永祥，因手乏自烦说合，情愿将本身旗地一段计地二亩，坐落庄北，南北界，东至孟姓，西至张姓，南至大道，北至河，四至开名（明），今立契出兑与张德裕名下永远为业。言明兑价东钱一百零五吊整，笔下交完不欠。自兑之后，若有亲足（族）争论者，自有说合人一面承管，不与中见钱主相干。此系两家情愿，各无返悔，恐后无凭，立字存照。

大清咸丰三年正月十七日　立兑契人张永祥

说合人：李某某

中见人：张起武

代字人：安永通（忠）

永远为业

此契略残。契主张永祥也是独乐社一甲民，所种旗地的地租也要交到李辛庄。中说人在村比较有威望，所以如以后有亲族人争论，敢于承诺“有说合人一面承管”。

19. 光绪十六年（1890）放光张训兑地契：

立兑契文约人张训，因手乏，自烦说合情愿将本身旗地一段计地二亩，坐落太平庄北，南北界，东（至）王姓，西至张姓，南至大道，北至河，四至开明，今立契兑与放光庄李家老坟名下永远为业，言明兑价东钱二百一十四吊整，笔下交完不欠。自兑不与张相干，自与李家老坟自便，每年代交足二吊六百文。

光绪十六年二月十九　立兑契人张训亲笔（十）

中见人：李贵（十）李存元、李存义、李天福、李天交

永远为业

“放光庄李家老坟名下”放光李家原有堂号，叫“福顺堂”，有时不称堂而称“老坟”。“每年代交足二吊六百文”这是这块旗地的原始地租。

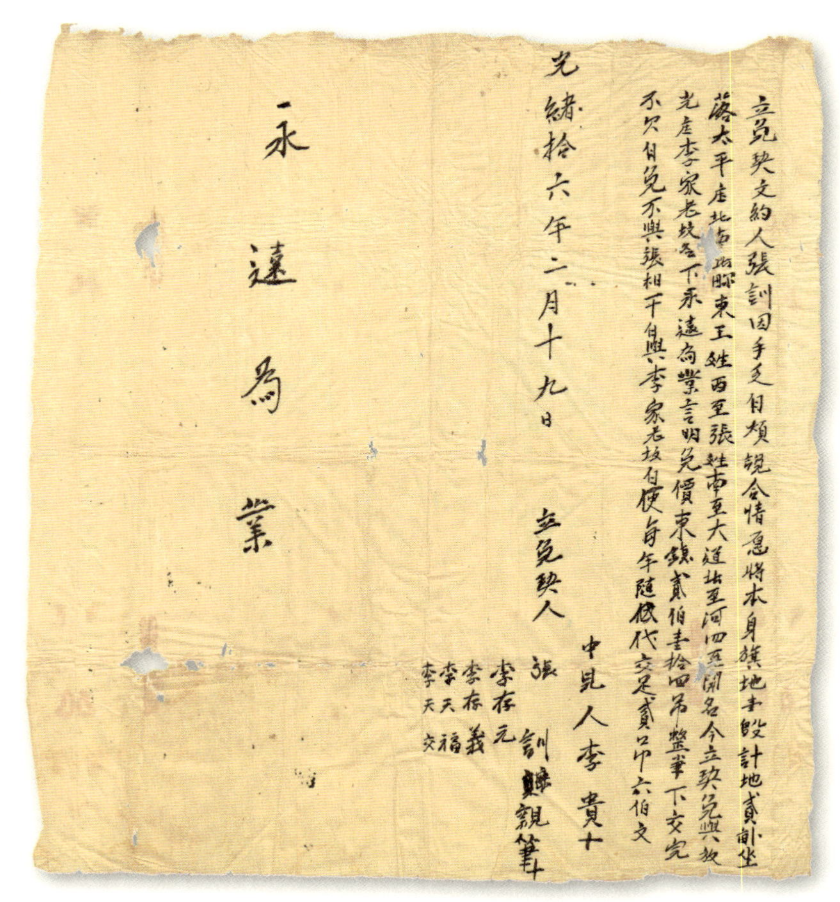
立兑契文約人張訓因手乏自煩說合情愿將本身旗地一段計地貳畝坐落太平庄北南北界東王姓西至張姓南至大道北至河四至開名今立契兑與放光庄李家老坟名下永遠為業言明兑價東錢貳佰壹拾四吊整筆下交完不欠自兑不與張相干自與李家老坟自便每年隨代交足貳吊六佰文

光緒拾六年二月十九日　立兑契人　張訓親筆十

中見人李貴十　李存元　李存義　李天福　李天交

永遠為業

■ 光绪十六年（1890）放光张训兑换李家老坟地契约

20. 民国十二年（1923）放光张绍卿退地契：

立退契文约人张绍卿，因乏手，自烦说合情愿将祖遗旗地一段五亩，坐落葸地，东西界，计开四至，东至界头，西至道，南至贾姓，北至张姓，四至开清，立契出退与本庄张明元名下永远为业。同众言明，退价京东平邑钱三千五百吊整，其钱笔下交足不欠。自退之后，刨坑使土，栽培树木，认佃交租，一概置主自便，不与去主相干。此系三面言明，各无返悔，恐口无凭，立退契永远为证。

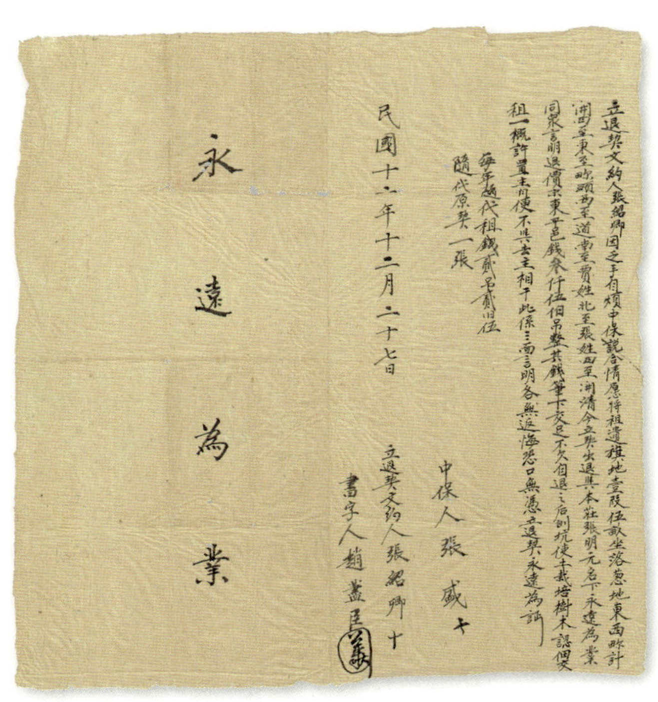
永遠為業
民國十二年十二月二十七
每年随代租钱贰吊五百文
随代原契一張
中保人 張盛 十
立退契文約人 張紹卿 十
書字人 趙盡臣

每年随代租钱二吊五百文。随代原契一张。

民国十二年十二月二十七日 立退契文约人 张绍卿

中保人：张盛

书字人：赵尽臣（公平正大）

“京东平邑钱”就是按照平谷县当时市场通用的铜制钱，每吊的数量。“随代原契一张”即把这块地上次交易时形成的契约交给置主。“刨坑使土，栽培树木，认佃交租”意思是任凭置主怎样使用这块地，只要认佃交租就行，别让庄头再找出主。

民国十二年（1923）放光张绍卿退地给张明元契约

21. 民国十八年（1929）放光张好文当契：

立当契人张好文，因手乏，自烦中人说合，愿将祖遗民地一段五亩，坐落杨山子前，东西界，四至不开，今立契出当与李天仲名下承种，言明当价银元一百四十块，其洋当面交足不欠，自当之后，种过秋收以后洋元到原数方许赎回。此系大家甘愿，均无返悔，恐口无凭，立契为证。

每年随代交原钱粮钱

中华民国十八年十二月初九日 立当契人张好文亲笔

说合人：张连福

“银元”是民国初期流通性最好的银币，市场流通的以袁世凯头像和孙中山头像为最多。1935 年以后流通法币，银元逐渐退出流通市场。但老百姓最认可的货币还是银元。

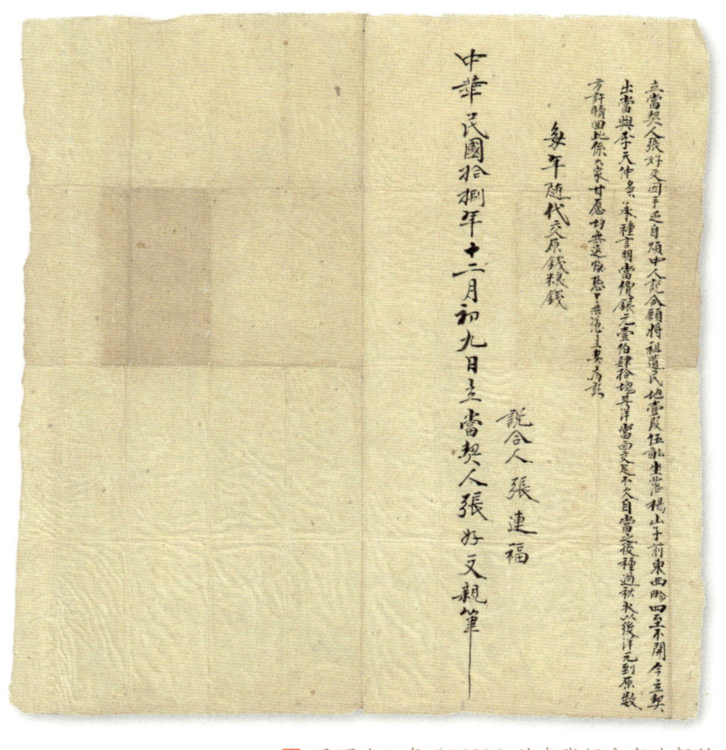
中華民國拾捌年十二月初九日立當契人張好文親筆
說合人 張連福
每年随代交原錢粮錢

民国十八年（1929）放光张好文当地契约

22. 民国二十一年（1932）放光张明坦当地契：

立当地文约人张明坦，因财政一时困难，自烦中人说合，将祖遗旗地两段五亩，坐落本村庄北葱地，东西界，除四至不开，今立契出当与李天仲名下承种。言明当价洋壹佰叁拾六元整，其洋笔下交足不欠。自当过秋成后全价回赎。此系两家情愿，各无返悔。恐口无凭，立当契为证。

随代老契一张

中华民国二十一年十一月二十二日 立当契人张明坦

中见人：贾益福

代笔人：张福泰

“财政”一词一般不出现在家庭，这里可能是调侃的用词。“自当过秋成后全价回赎”意思是出当以后要等待大秋作物成熟后再用出当时的全部价钱回赎。

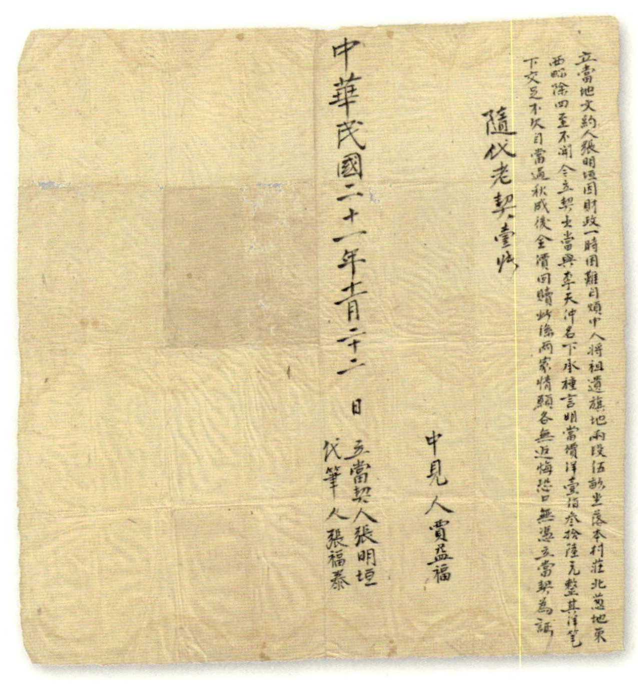
立當地文約人張明坦因財政一時困難自煩中人說合將祖遺旗地兩段伍畝坐落本村莊北蔥地東西界除四至不開今立契出當與李天仲名下承種言明當價洋壹佰叁拾陸元整其洋筆下交足不欠自當過秋成後全價回贖此係兩家情願各無返悔恐口無憑立當契為證

隨代老契壹張

中華民國二十一年十一月二十二日

中見人賈益福

立當契人張明坦

代筆人張福泰

■ 民国二十一年（1932）放光张明坦当地契约

23. 民国二十四年（1935）放光张好文卖地给李天元契约：

立卖契人张好文因手乏，自烦说合愿将祖遗受分民地一段五亩，坐落杨山子前，东西界，东至顶头地，西至道西坝坎下，南至顺地孙姓，北至李姓，四至开明，今立契卖与本庄李天仲名下永远为业。言明卖价国币洋一百七十二元整，其洋笔下交足不欠。自卖之后，任凭置主过格（割）税契，永无去主相干，实无舛错，如有舛错，有中人一面承管。此系大家甘愿，均无返悔。恐口无凭，立卖契永远为证。

中说人：贾益聚（丁）、武益轩（中）

民国廿四年十二月十三日 立卖契人张好文亲笔

（押“一片公心”合体字）

永远为业

卖契人张好文字迹流畅，看得出有很深的笔墨功底，常为本村邻里写契和分家单等。“杨山子”即放光村北的小山脉。

■ 民国二十四年（1935）放光张好文卖地契约

24. 民国二十五年（1936）放光张明元退地给李天仲契约：

立退契文约人张明元，因乏手自烦中保说合，情愿将祖遗旗地一段五亩，坐落葱地，东西界，计开四至，东至界头，西至道，南至贾姓，北至张姓，四至开清。今立契出退与本庄李天仲名下永远为业。同众言明，退价大洋一百八十六元整，其洋笔下交足不（欠）。自退之后，刨坑使土，栽培树木，认佃交租，一概许置主自便，不与去主相干。此系三面言明，各无返悔，恐口无凭，立退契永远为证。

每年随代元租。随代原契一张

民国廿五年二月十一日　立退契人张明元（平）

中保人：贾益福

代笔人：李际昌（中）

永远为业

在此际，“祖遗旗地”是沿用名称，早已不是原来旗地的性质。“葱地”以前的地契中出现过几次，是个小地名，是清末民初因大面积栽葱而出了名。“每年随代元租”是按照以前方法，继续缴纳原始定额的地租。只是民国以后的地租是交给国家。

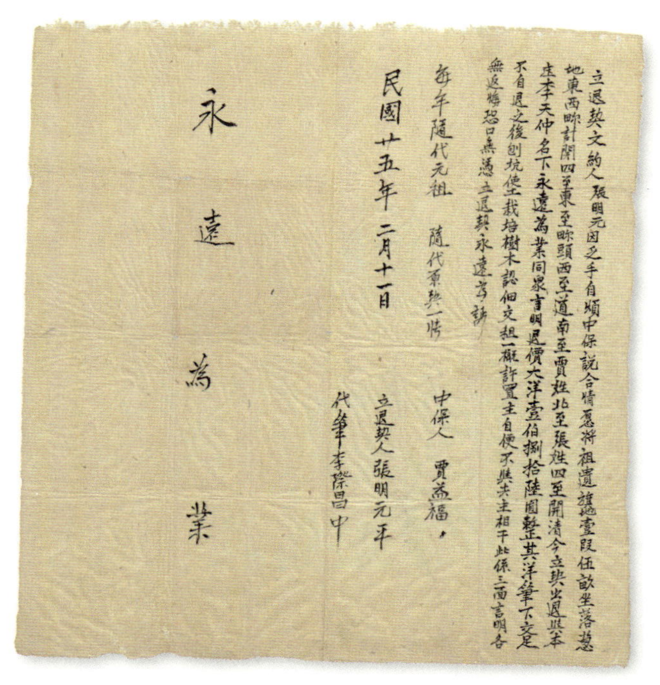

立退契文約人張明元因乏手自煩中保說合情愿將祖遺旗地壹段伍畝坐落葱地東西畔計開四至東至畔頭西至道南至賈姓北至張姓四至開清今立契出退與本庄李天仲名下永遠為業同眾言明退價大洋壹佰捌拾陸圓整其洋筆下交足不自退之後刨坑使土栽培樹木認佃交租一概許置主自便不與去主相干此係三面言明各無返悔恐口無憑立退契永遠為証

每年隨代元租　隨代原契一張

民國廿五年二月十一日

中保人　賈益福

立退契人張明元平

代筆人李際昌中

永遠為業

民国二十五年（1936）放光张明元退地契约

25. 民国三十六年（1947）放光张家卖地契：

立卖地文约人本村张有峰，因手乏，自烦说合，愿将本身民地一段二亩五分，坐落庄北大道，东西界，东至道，西至枕头，南至孙姓，北至刘姓。四至开清，今立契出卖与李义昌名下永远管业。言明卖价小米三百七十觔整，其米笔下交清不欠。自卖之后，任凭置主管业，不许去主相干，倘有亲族人等争论者，尽在去主中人一面承管。此系大家甘愿，各无返悔。恐口无凭，立字为证。

中华民国三十六年五月初四日　立卖契人张有峰

中说人：李富

代字人：李明静

永远为业

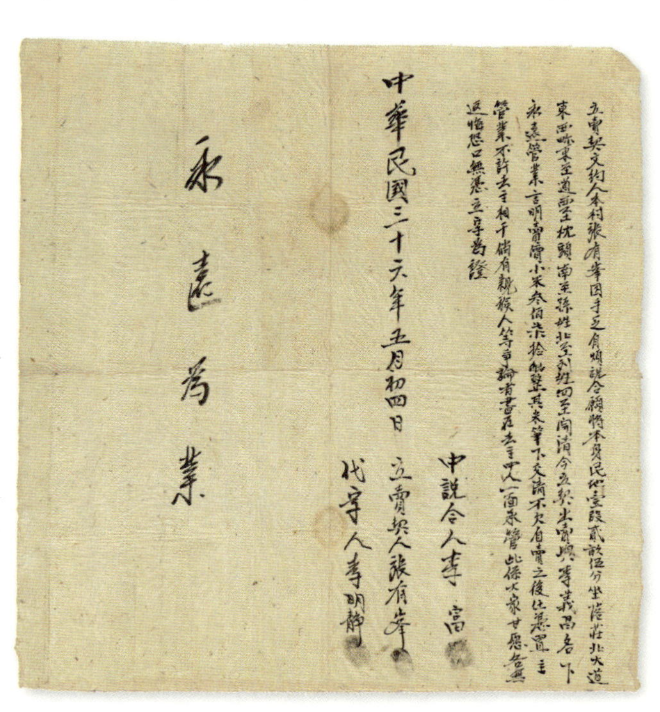

立賣契文約人本村張有峰因手乏自煩說合願將本身民地壹段貳畝伍分坐落庄北大道東西畔東至道西至枕頭南至孫姓北至劉姓四至開清今立契出賣與李義昌名下永遠管業言明賣價小米叁佰柒拾觔整其米筆下交清不欠自賣之後任憑置主管業不許去主相干倘有親族人等爭論者盡在去主中人一面承管此係大家甘愿各無返悔恐口無憑立字為證

中華民國三十六年五月初四日

中說合人李富

立賣契人張有峰

代字人李明静

永遠為業

此契中小地名“枕头”即村北有一道土岗，形似枕头。“小米三百七十觔”证明在这一时节，地方政权不稳，人们感到最稳定的货币就是小米，于是以小米交易。“觔”即“斤”，旧时以十六两为一斤。“管业”即拥有了这块地的使用权，经营管理自便。

民国三十六年（1947）放光张家地契

放光贾家地契约

贾家是放光村旺族，居住“老根”在贾家胡同。贾家是大户，所以遗留下来的田房地产契约较多。内中每一件契约的文字和格式，都是历史状况的真实再现，极为珍贵。

1. 乾隆八年（1743）放光张显卖契：

立卖契文约辛四甲民人张显，因为钱粮无出凑办，凭中说合情愿将自己本身祖遗在册民地一段，计小地六亩，折上册大地二亩，土木相连，坐落庄东，东至顶头地，南至买主，西至顶头地，北至置主，四至明白，出卖与辛七甲民人贾国辅、贾国用名下永远为业。言明实（时）值卖价银二十二两整，其银笔下交足不欠。自卖之后，钱粮买主封纳，与卖主无干，倘有亲族人等争竞者，尽在卖主与说合人一面成（承）管，不与买主相干。此系二家情愿，各无返悔，若先悔者，罚卖价一半入官公用。恐后无凭，立字存照。

乾隆八年六月初二日　立卖契人张显（十）

说合人：张柱（十）

中保人：李成河（十）

书字人：张云鳌（十）

永远为业

附有契尾，记录纳税银六钱六分。“辛四甲”即西胡家务张姓。辛七甲贾国辅，即原始为贾各庄贾，也就是明代齐各庄的贾，清初迁至放光村。

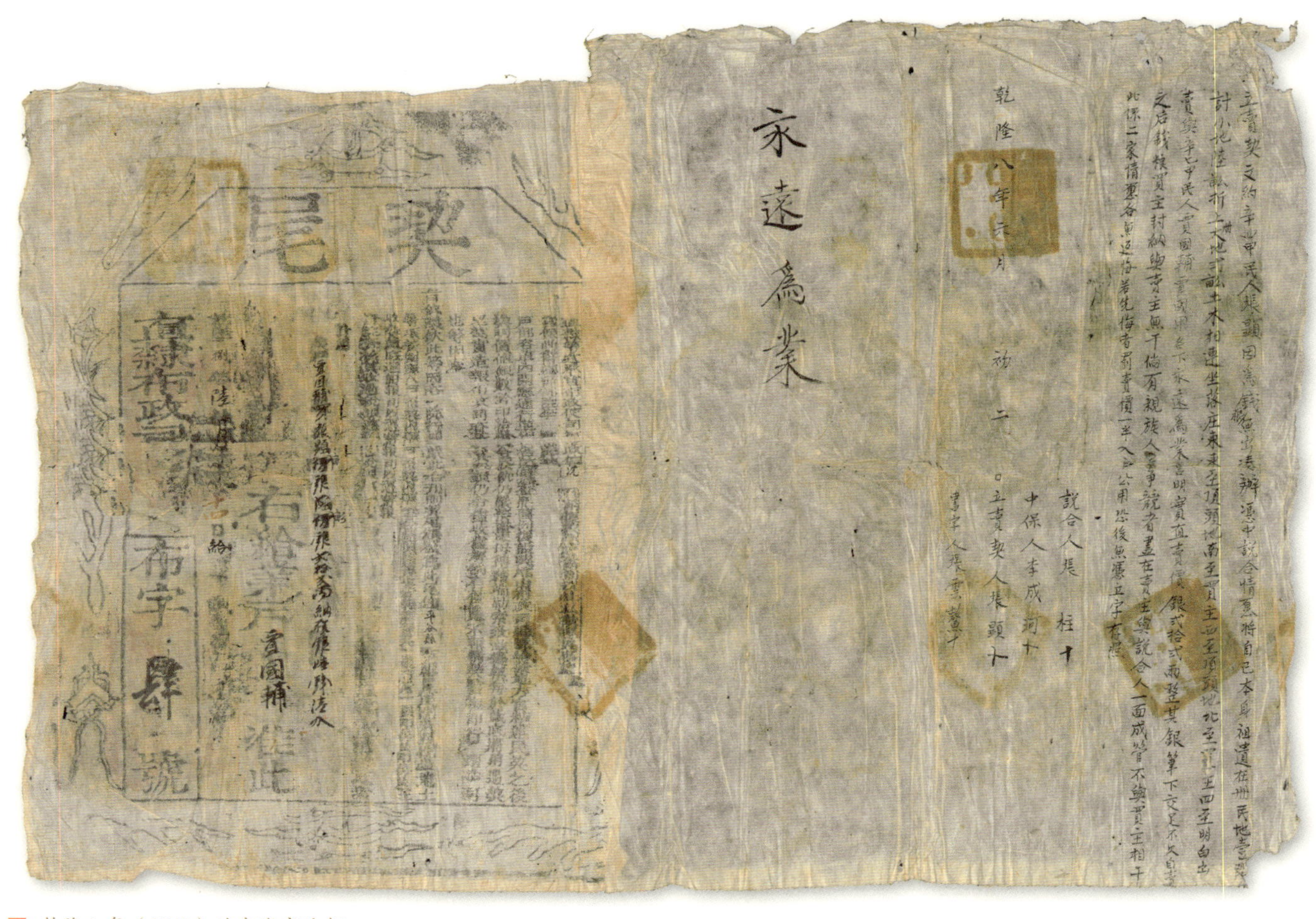
契尾

永遠為業

乾隆八年（1743）放光张家地契

2. 乾隆四十九年（1784）放光张文儒杜卖契：

立杜卖契文约人辛八甲张文儒，因为乏手，烦中说合将自己分受祖遗在册民地四亩，坐落放光庄西，东西界，东至刘姓民地，南至陈姓，西至河，北至顶头地，四至明白，情愿除卖与本庄贾名闻名下永远承种。当面言明，时值卖价纹银二十二两整，其银笔下交足不欠。自卖之后，贾姓照契纳税过割封银，并无逼勒成交，亦无私债折准等情，倘有亲族傍人争竞者，尽在说合卖主一面承管，不与买主相干。此系二家情愿，各无返悔，恐后无凭，立卖契永远存照。

乾隆四十九年十二月二十六日　立卖契人张文儒同胞叔张良俊（十）

中见人：张可才（十）

书字人：张騰蛟（押）

永远为业

辛八甲张即岳各庄的张。此契满汉文县府大印非常清晰，保留了250年前县府大印的真实印痕。“照契纳税过割封银”以及类似的用语在契面一定要表述清楚，不然届时无人纳税县衙要追责，不说清就得自己负责。

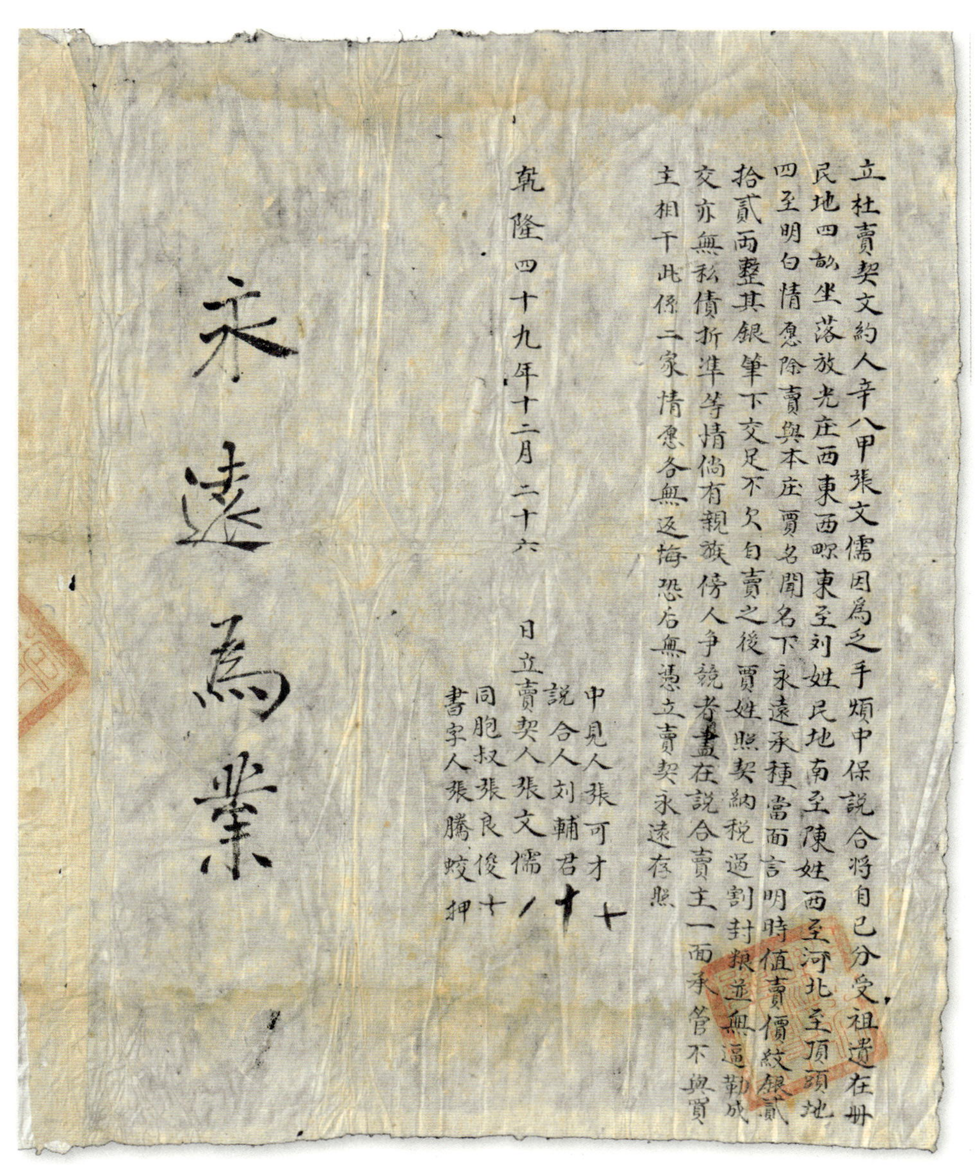

立杜賣契文約人辛八甲張文儒因為乏手煩中保說合將自己分受祖遺在冊民地四畝坐落放光庄西東西畛東至刘姓民地南至陳姓西至河北至頂頭地四至明白情愿除賣與本庄賈名聞名下永遠承種當面言明時值賣價紋銀貳拾貳兩整其銀筆下交足不欠自賣之後賈姓照契納稅過割封銀並無逼勒成交亦無私債折準等情倘有親族傍人爭競者盡在說合賣主一面承管不與買主相干此係二家情愿各無返悔恐后無憑立賣契永遠存照

乾隆四十九年十二月二十六日

中見人張可才 十

說合人刘輔君 ／

立賣契人張文儒 十

同胞叔張良俊 十

書字人張騰蛟押

永遠為業

乾隆四十九年（1784）放光张家地契

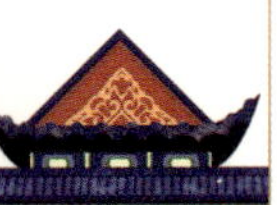

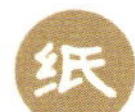

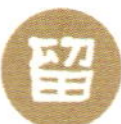

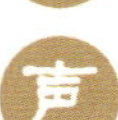

3. **道光十九年（1839）放光贾家退契：**

立退契人贾友信，因乏手自烦说合愿将祖遗旗地一段计地一亩二分，坐落庄东，东西界，四至不开；又庄东南地一段，一亩半，南北界，四至开明；又庄东北地一段地一亩；又庄西地一段一亩，东西界，四至不开。今立契退与贾兆龄名下承种。言明退价钱一百零五吊，其钱笔下交完。此系二家情愿，恐口无凭，立字存照。

道光十九年十二月十五日 立退契人贾友信

说合人：贾廷乎（大）

代字人：贾知恩

永远为佃

“旗地”而称祖遗，说明是老辈承佃后没有变更过。而且这份契约涉及的地块比较零乱，可见这是清初小民户带地投充的旗地。

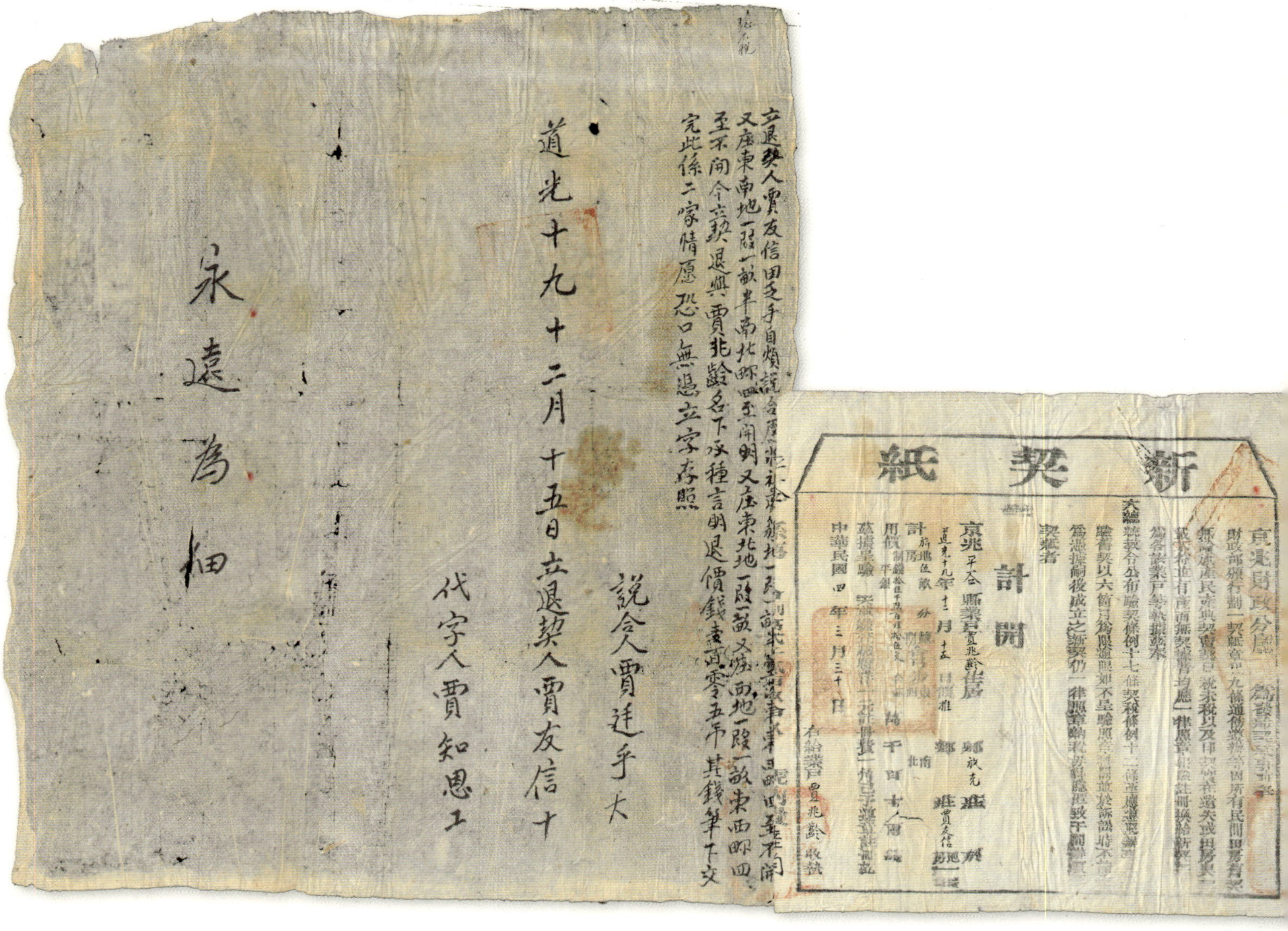
立退契人賈友信因乏手自煩說合愿將祖遺旗地一段計地一畝二分坐落庄東東西界四至不開又庄東南地一段一畝半南北界四至開明又庄東北地一段一畝又庄西地一段一畝東西界四至不開今立契退與賈兆齡名下承種言明退價錢一百零五吊其錢筆下交完此係二家情愿恐口無憑立字存照

道光十九年十二月十五日立退契人賈友信十

說合人賈廷乎大

代字人賈知恩十

永遠為佃

新契紙

計開

中華民國四年三月三十日

■ 道光十九年（1839）放光贾有信地契

4. 民国十四年（1925）放光贾启厚卖地契：

立卖契人贾启厚，情因手乏，自烦说合，愿将祖遗空园一处，坐落贾家院北路北，东至贾姓，西至置主，南至官产，北至置主，四至分明，今立契出卖与贾益照名下承种，言明卖价平谷市钱四十吊整。其钱笔下交足。自卖之后任凭置主栽养树木，不与去主相干。倘有舛错，全在去主说合人一面承管。此系二家情愿，三面言明，各无返悔。恐后无凭，立字为证。

民国十四年三月二十九日　立卖契人贾启厚

说合人：贾益矗、贾启存、贾吉亭、贾启志、贾子厚、贾重三、张子洲、张春魁、贾益琢、贾益亨（中）

代字人：贾子衡（正）

永远为业

附带买契、买契契稿

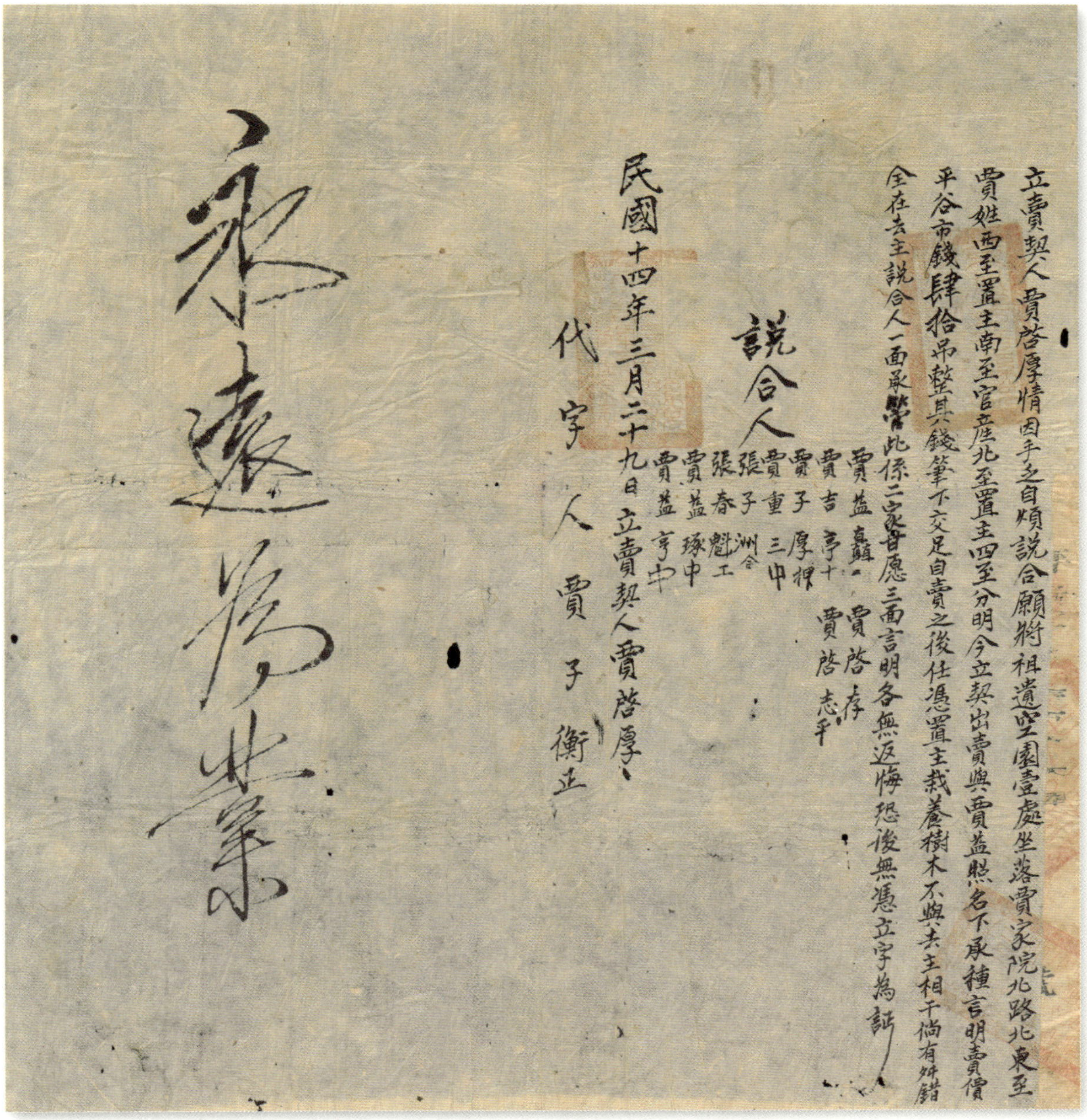

民国十四年（1925）放光贾启厚卖地契

十、峨嵋山地契

峨嵋山村是明代天顺七年（1463）建筑的军营，在军营南侧居住军人“家属”，名叫“峨嵋山营”，清代由此划界，归蓟县管辖；西部自然汇聚的民户称为西文家庄，归平谷县管辖。1945 年以后统为一村，称“峨嵋山”。据传姬姓、丁姓、梁姓、贾姓、韩庄的訾姓、北寨支姓和李姓为明代军户，崇姓为清初来这里的旗民户。平谷黄姓明初由浙江迁来富户，落户峨嵋山村（英城、中胡务有分支派）编为独乐社七甲。黄氏家族的始迁祖黄进卿，其子黄仲礼为山东兖州狱官，其孙黄绶于正统十年（1445）考中进士，授监察御史，明英宗北征时曾力谏，不听，土木之变时卒于乱军中。

1. 康熙二十六年（1687）峨嵋山贾家卖地给吉禄契约：

立卖地契人贾育才，因为钱粮尚纳不起，凭中人说合，情愿将营北庙西边地十段，东西界，计地五亩，北至山坡，南至买主，东至随庙地，西至山沟，四至明白，立契卖契本营吉禄名下永远为业，言定卖价钱四千文，随带木（本）地钱粮（注：即原始纳税钱在内），其钱当面交足，如有亲族人等邻佑人争竞，本主一面承管，恐后无凭，立卖契存收。本地钱粮金下（应纳税款完结之意）。

康熙二十六年十一月二十四日立卖地契人贾育才同兄贾三才、弟贾增才

中人：孙一凤、柴文会

代书人：梁大至（丁）

此件地契可证姬姓原被写为吉姓（乾隆年间起逐渐改为“姬”），此姓氏原本为峨嵋山军营的军户。代书人，即代契约主人书写的人，不承担法律责任。从字形间架结构和流畅程度看，代书人具有一些书法功底，受书写习惯和商业记账符号书写方式的影响，有些字不好辨别。如“界”，村民书写作“左田右参”，亩为“左亩右厶”。本地钱粮之“钱”使用的是商业记码。契主卖地原因，开首说得清，就是穷，基本地税钱都交不起。

2. 康熙二十六年（1687）峨嵋山营贾育才卖地契约：

立卖地契文约人贾育才，因为钱粮尚纳不起，凭中说合，情愿将营北庙西边地二段，东西界，计地五亩，东至随庙地，南至买主，西至山沟，北至山坡，四至明白，情愿立契卖与本营吉名下永远为业，言明卖价四千整，随带钱粮一亩一分，其钱当将笔下交足，毫无短少，如有亲人邻居等情争竞者，在与卖主一面承管，此系二家情愿，不许反悔，如有先悔者，甘罚白米一石入官公用，恐后无凭，故立卖契存照。

验应税（验收应纳税款）

康熙二十六年十二月二十四日

立卖契人：贾育才同兄贾三才弟贾增才（十）

中人：柴文惠、孙一凤

书字人 丁维春

永远为业

“钱粮尚纳不起”说明契主日子过得非常窘迫，基本地租都交不上。“卖价四千整”即四千枚方孔圆钱，也就是日常说的“麻钱”。

3. 康熙三十八年（1699）峨嵋山吉李卖地契：

立卖山坡文约人吉李，因年近，烦中说人愿将自置山坡一所，坐落营北庙西，东至山梁，西至河漕，南至吉姓，北至山岭，四至已开，立契卖与李名下永远为业。时值卖价钱四吊整，其钱当面交完不欠。自卖之后，任凭钱主开地养树以为利息，不与卖主相干，如有族人争竞者，有卖主一面承管。此系二家，各无返悔，如有先悔者，干罚价钱入官。恐后无凭，立此卖契永远存照。

康熙三十八年十二月廿六日　立契人吉李（十）

中人：柴文会、孙一凤（十）

出字人：梁大至（平字倒写）

永远为业

“因年近”即年关将近。“干罚价钱入官”即甘愿将卖价全部入官公用。

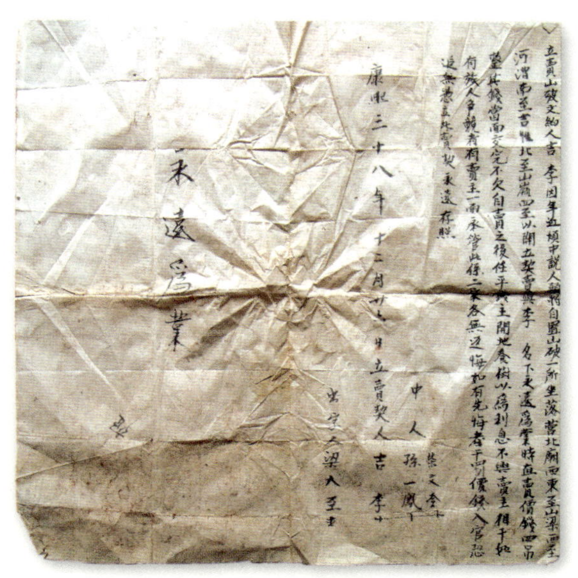

康熙三十八年（1699）吉李卖土地契约

4. 乾隆四十九年（1784）峨嵋山李文贵退地契：

立退山场树株立契人李文贵因年近手乏，凭中说合，情愿将祖遗山场杂果树一处，坐落北黑枣沟，三面山岭，南至钱主，四至明白，土木相连，立契出退与刘家河刘秉礼名下永远为业，三面言明，时作出退价小数钱九十千整，笔下交足不欠，自退之后，任凭钱主开垦地土修剪树株并无人争竞，如有争竞者，尽在退主与说合人承管。恐后无凭，立此退契永远为证。

过钱粮小钱一千五（纳税）

乾隆四十九年十二月二十二日　立退契人李文贵（十）同堂弟李文瑞（叉）

说合人：刘镇

书字人：陈耀　（忠）

永远为业

此契约见证了刘家河乾隆年间就有此村名，刘姓清初由南独乐河迁入，时称文家庄，刘家成大户后俗称“刘家河”，因为北部有灵泉，小溪水能流到各家门前而得名。

“黑枣沟”是峨嵋山村所辖的小自然村，在北山，以产黑枣出名。“退价小数钱九十千整”即当时平谷县市场通用的小铜钱共九十千。“千”是吊的意思，但日常每吊已不足一千之数，为确保达到满数，用此称谓。

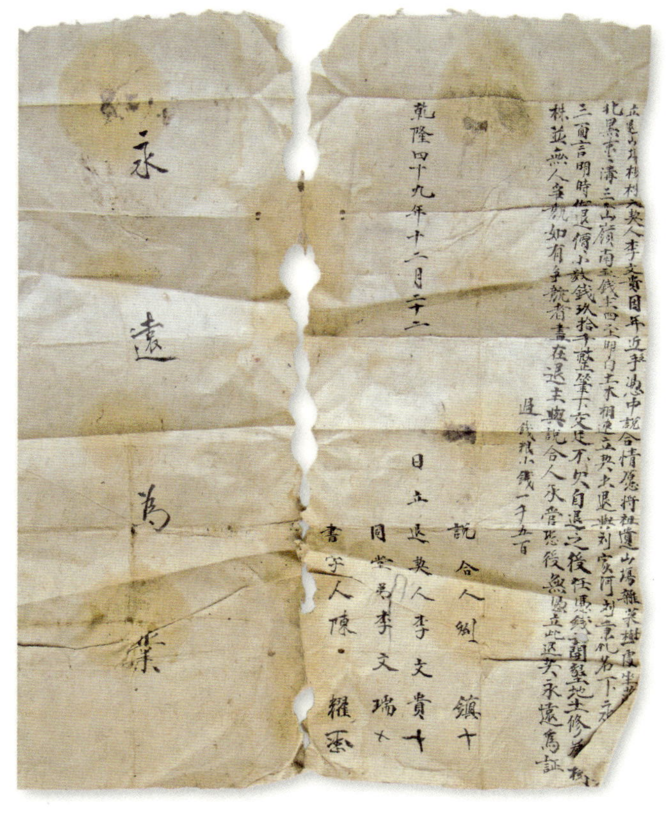

乾隆四十九年（1784）峨嵋山李文贵退山地给刘家河刘秉礼地契

5. **嘉庆二十二年**（1817）**峨嵋山村姬士荣退地契约**：

立退契文人姬士荣，因年近乏手，央中人说合，愿将祖致（置）边地一段五亩，坐落庄西下坎，南北界，四至荒坎，以上四至明白，今立契土木相连，退与族叔姬禄名下永远为业。时值退价小数钱一百一十千整，其钱笔下交足不欠。自退以后，倘有傍人无故争竞，尽在士荣等一面成（承）管，不与致（置）主相干，此系二家情愿，各无返悔，如有先悔，违约者甘罚地价入官公用，恐后无凭，立此退契，永远存照。

嘉庆二十二年十二月初十日立退契人姬士荣（十）

说合人：张立科

中见人：高讃

书字人：丁守端

永远为业

“祖置”即老祖宗置下的地产。

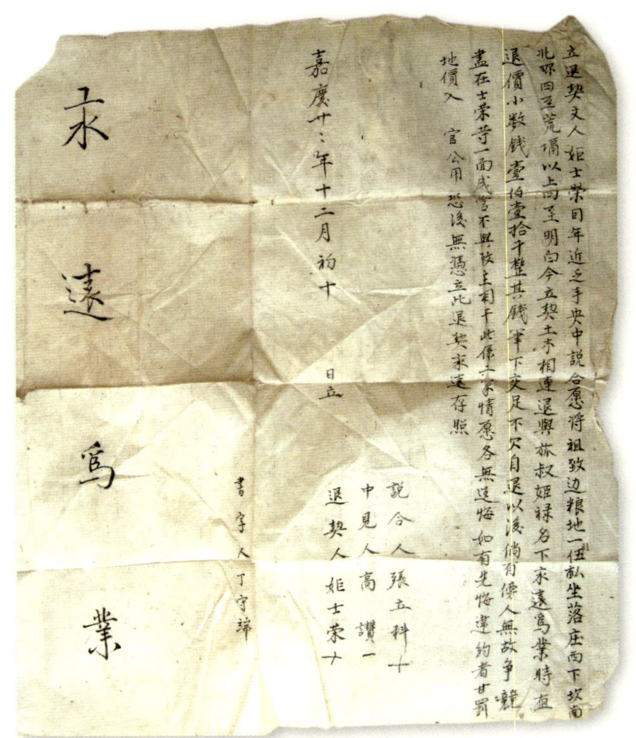

■ 嘉庆二十二年（1817）峨嵋山村姬士荣退地契约

6. **道光六年**(1826)**李家卖祖遗旗地契约**：

立退地文契人李学生，因一时乏手，凭中说合，愿将祖遗旗地一段一亩，坐落西洼，东西界，北至土坎，南至道，西面至荒坎，四至明白，今立契出退与李延禄名下永远为业，言明小数钱二十三吊整，笔下不欠，土木相连，自此后任凭置主开垦修养，并无亲族争竞，如有舛错，尽在去主一面承管，二家情愿，各无返悔，恐后无凭。立契存照。

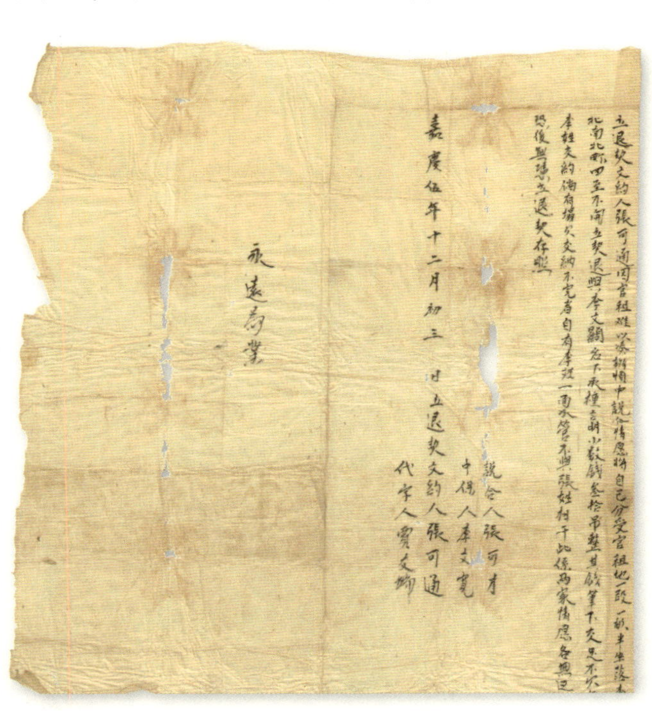

■ 道光六年（1826）李家卖祖遗旗地契约

随原租一吊

道光六年十二月初九日立　退契人李学生

说合人：赵美全

代笔人：董良　（忠）

永远为业

“随原租一吊”即交纳这块地的原始地租价一吊。一亩地一吊钱，正常民地要三至四吊，这也正是佃户默认当佃户的原因。

7．道光十二年（1832）峨嵋山村刘立章退地契约：

立退契人刘立章，因手乏烦中说合愿将自置旗地二段计地三亩南北界，北至张姓，南至坎，东至山坡，西至本姓，四至明白，今立契出退与姬兆麟名下承种，土木相连，永远为业，时值退价东钱十六千整，其钱笔下交足。自退之后，任凭钱主开垦地土，修理树株，不与退主相干，如有亲支近派争竞者，尽在退主中说人一面承管，此系二家情愿，各无返悔，恐后无凭，立字为证。

每年随带租钱五百文

道光十二年十一月二十四日　立退人刘立章

说合人：张诚

书字人　丁至善　（签“正直公心”合体字）

永远为业

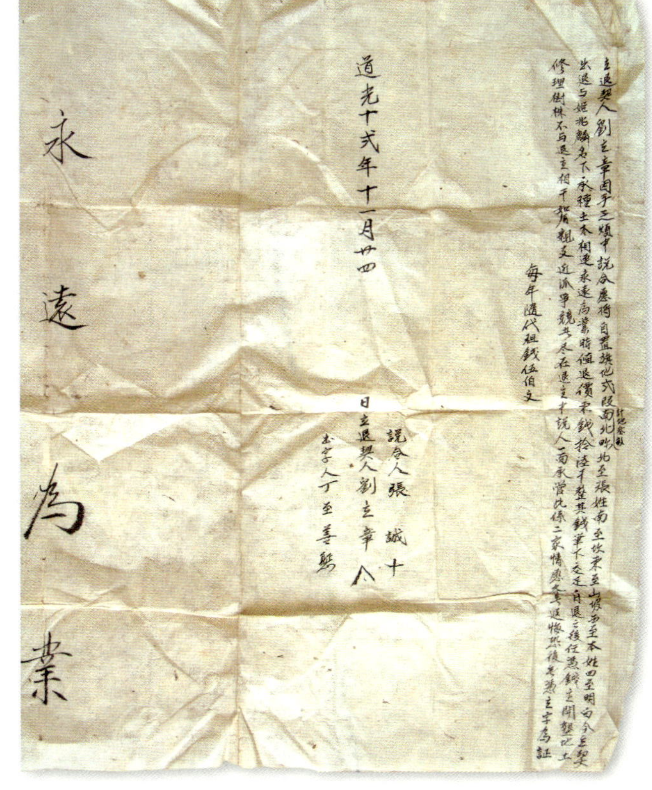

道光十二年（1832）峨嵋山村刘立章退地契约（吉、姬通用）

8．道光十五年（1835）峨嵋山村姬士富退地契：

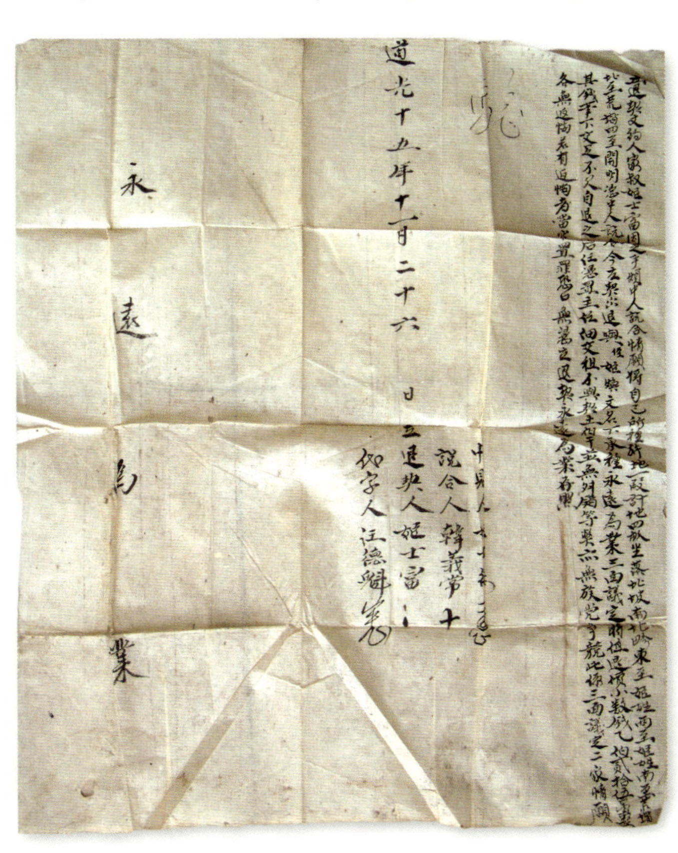

立退契文约人家叔姬士富，因乏手烦中人说合情愿将自己所种旗地一段计地四亩，坐落北坡，南北界，东至姬姓，西至姬姓，南至荒坎，北至荒坎，四至开明，凭中人说合，今立契出退与侄姬焕文名下永远为业，三面议定，时值退价小数钱一百二十五吊整，其钱笔下交足不欠，自退之后，任凭置主任佃交租，不与契主相干，并无舛错等弊，亦无族党争竞，此系三面议定，二家情愿，各无返悔，若有返悔者当官置（治）罪，恐口无凭，立退契永远为业存照。

道光十五年十一月二十六日立退契人：姬士富

中见人：姬士禄

说合人：韩义常

代字人：汪德魁（“公忠”合体字）

“当官置罪”意思是应当诉之官府按律治罪。

道光十五年（1835）峨嵋山村姬士富退地契约

9. 道光二十八年（1848）峨嵋山李家馈赠旗地契约：

立退契人李彦福，因一时有症在身，将旗地二亩南北界，坐落庵东，土木相连，今作念相（想）送与侄子李发名下承种，价钱无有，并无他，如外错之事，有伯父与中说承揽，与种地主无干，二家愿意，（恐）各不许返悔，立退字为证。

道光二十八年五月十五日 立退字人 李彦福

中说人 张名近

书字人 任秀生

永远为业

契面有“验”（说明经官交税了）字标志。此为赠与家族亲人的“念想地”。此旗地李姓为始佃户，有权转让使用权，故有“与种地主无干”字样。

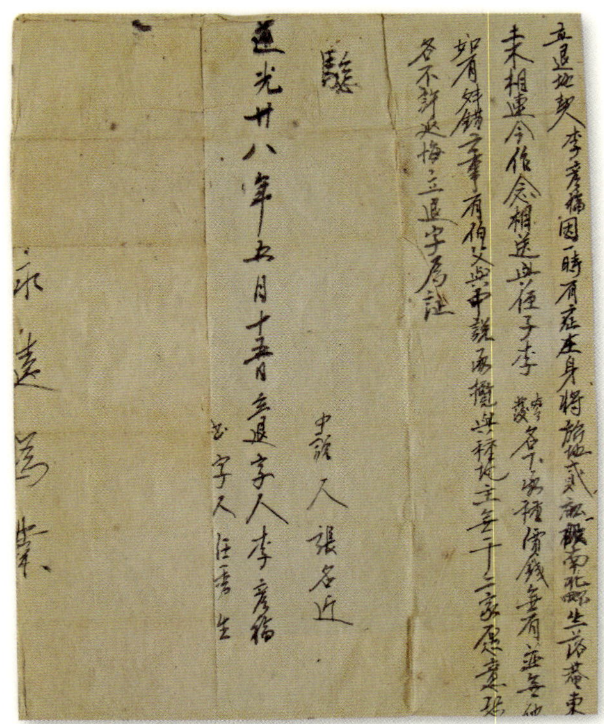

道光二十八年（1848）峨嵋山李家馈赠旗地契约

10. 咸丰二年（1852）峨嵋山黄家卖民地契约：

立卖地契文约人黄廷良，因一时手乏无钱用，烦中说合情愿将置民地两段计地两块，坐落东道沟，南北界，东至荒山坡，西至刘姓，北至道，南至河漕，四至明白，今立契出卖与本庄李奭名下承种为业。地内谷坟一左，许置主开种地土，修养树株，任凭主。同面言明，立卖价小数钱十二吊整，其钱笔下交足不欠，自置值（之）后，永远为业，时并无有亲族人争竞者，如若有亲族争竞者，返悔外错，尽在说合契主当院一面承管，并不与置主相干，此系二家情愿，各无返悔，恐口无凭，立卖契存照。每年随带租钱十六个。

大清咸丰二年十二月二十七日立卖文约人黄德顺、黄廷良（“忠”）

说合人：马成财（十）

代字人：张兆凤（十）

此契别字、少字较多。“地内谷坟一左”即地块中有一座古坟。“任凭主”句子不全，应为任凭置主自便。

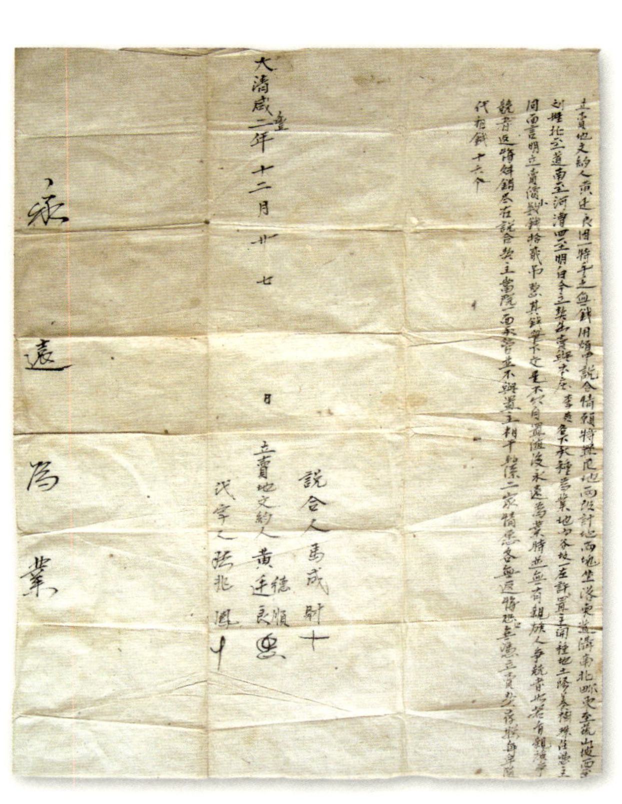

咸丰二年（1852）峨嵋山黄家卖民地契约

11. 咸丰八年（1858）峨嵋山丁家卖祖遗旗地契约：

立退地人丁盛朝，因自种不便，情愿将自己所种旗地一段计地三亩，坐落东下坡，南北界，东至荒坎，南至小道，西北二至坎，四至明白，今立退契出退与李勇名下承种，永远为业，认佃交租开垦，退价小数钱一百七十五吊整，笔下钱契两交，自退之后每年交租钱三吊六百文，并无亲族人争竞，如有争竞 者尽在退主与说合人一面承管，恐口无凭，立字存证。

大清咸丰八年十二月初三日　立退契人丁盛朝

说合：马成勋

中见：马成才

族兄：丁翔九

代字人：李青云

永远为业

契面有“验”字标志

因为半山区和山区的旗地地租减半。峨嵋山丁姓、李姓、杨姓等均为种植旗产地而来。

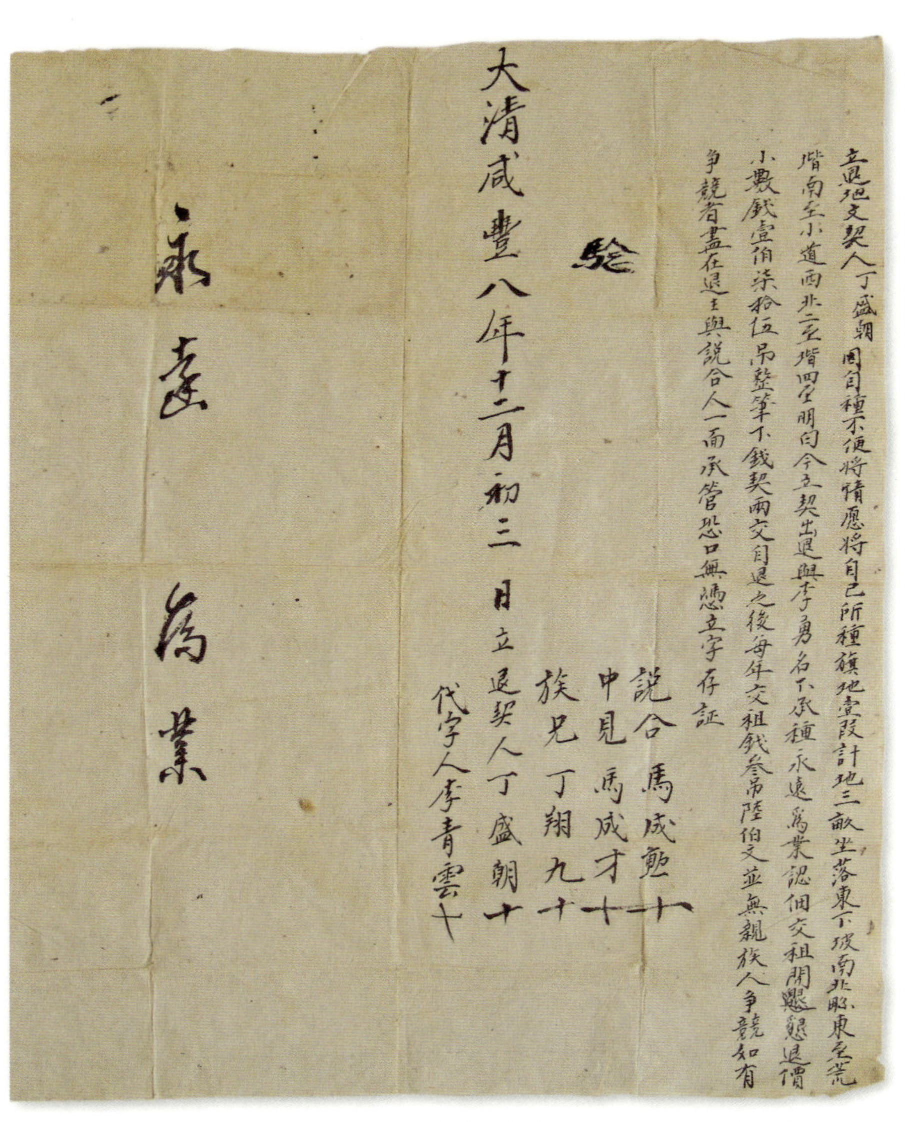

立退地文契人丁盛朝因自種不便將情愿將自己所種旗地壹段計地三畝坐落東下坡南北界東至荒堉南至小道西北二至堉四至明白今立契出退與李勇名下承種永遠爲業認佃交租開墾退價小數錢壹佰柒拾伍吊整筆下錢契兩交自退之後每年交租錢叁吊陸佰文並無親族人爭競如有爭競者盡在退主與說合人一面承管恐口無憑立字存証

說合馬成勳十

中見馬成才十

族兄丁翔九十

驗

大清咸豐八年十二月初三日立退契人丁盛朝十

代字人李青雲十

永遠爲業

■ 咸丰八年（1858）峨嵋山丁家卖祖遗旗地契约

12．光绪元年（1875）峨嵋山村姬家退地给姬德全契约：

立退地文契人姬天相、天宝、天佑，因手乏亲烦说合情愿将自种旗产租地四段，南北界，坐落枢梨坡，东至山坡，西至刘姓，北至张姓，南至坎，四至明白，今立契出退与姬德全名下永远为业，土木相连，言明时值退价小数钱七百二十吊整，其钱契两交，自退之后地许钱主自便，不与契主相（脱一“干”字，）并无人争竞者，如有人争竞者，尽在说合说（与）契主一面承管，三面言明，二家情愿，各无返悔，恐口无凭，立退契为证。

每年随代原租

大清光绪元年十一月初一日立退契人姬天相、宝、佑

中说人：刘进良、李增

代字人：丁盛朝（怒）

永远为业

契面有一“验”字标识

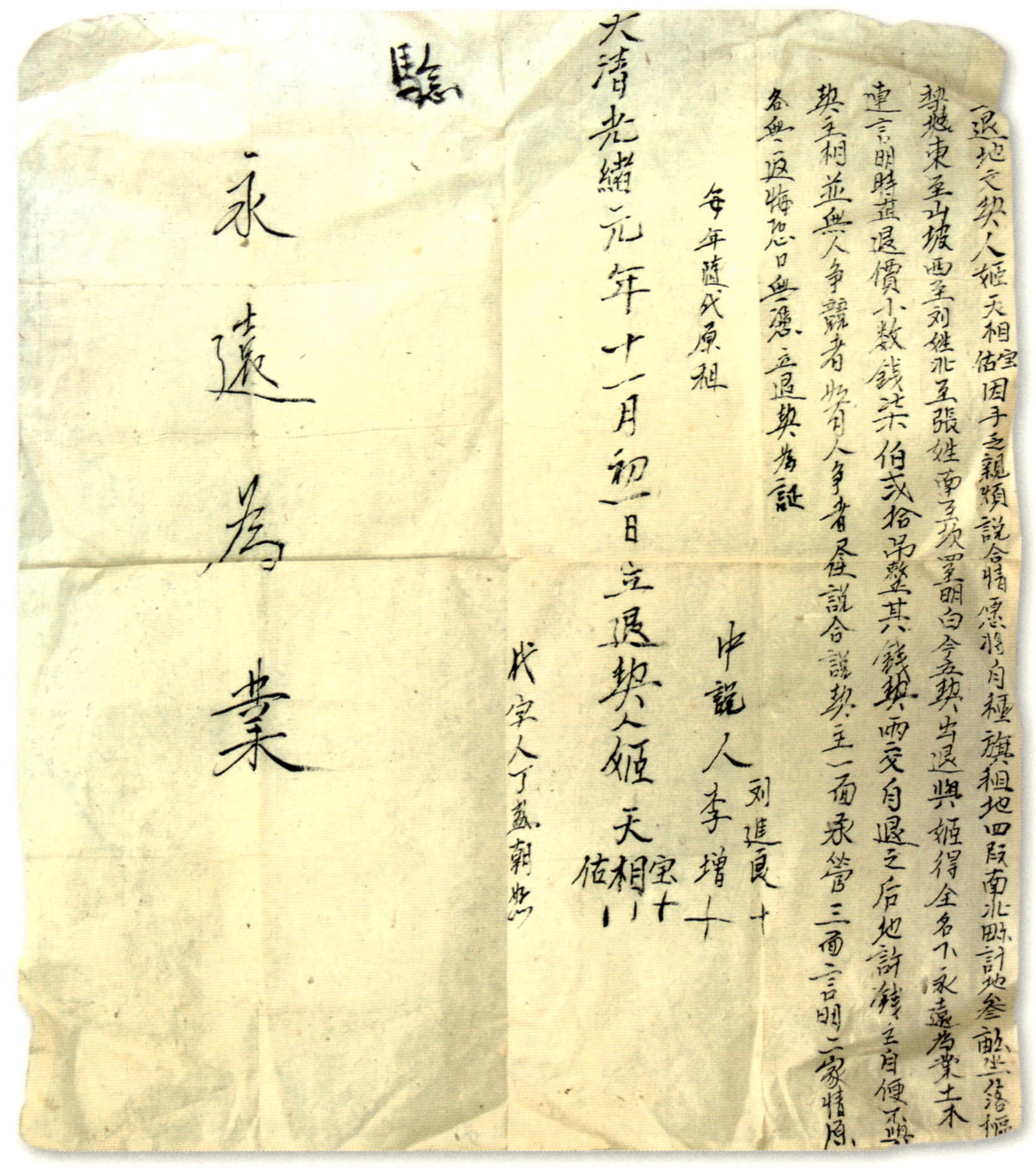
退地文契人姬天相宝佑因手乏親煩說合情愿將自種旗租地四段南北畔計地叁畝坐落樞
梨坡東至山坡西至刘姓北至張姓南至坎四至明白今立契出退與姬得全名下永遠為業土木
連言明時值退價小數錢柒伯贰拾吊整其錢契兩交自退之后地許錢主自便不與
契主相並無人爭競者如有人爭者尽在說合說契主一面承管三面言明二家情愿
各無返悔恐口無憑立退契為証
每年隨代原租
大清光緒元年十一月初一日立退契人姬天相宝佑
中說人刘進良十 李增十
代字人丁盛朝押
驗
永遠為業

光绪元年（1875）峨嵋山村姬家三兄弟退地给姬德全契约

13. 光绪八年（1882）崔姓退祖遗旗地契约：

立退地文契人崔尚有，因手乏烦中说合，愿将祖遗旗地一段，计地三亩，坐落东庄头，南北界，西至道，南北二至坎，东至崔姓，四至明白，立契出退与李德成名下承种，言明退价东钱一百五十五吊，笔下钱契两交不欠，自退之后，任凭钱主修树使土，开垦自便，不与去主相干，如有亲旗族争竞之时，尽在中说人一面成管，当面言明，两家情愿，恐口无凭，立字存照。随代原租惠钱一吊。

光绪八年十二月二十一日

立退地文契人　　崔尚有

中说人：丁万兴　马德起　张永顺

代字　　李显文

永远为业

契面中有一“验”字。“如有亲旗族争竞”即如果有血缘关系很近的旗族前来争竞。

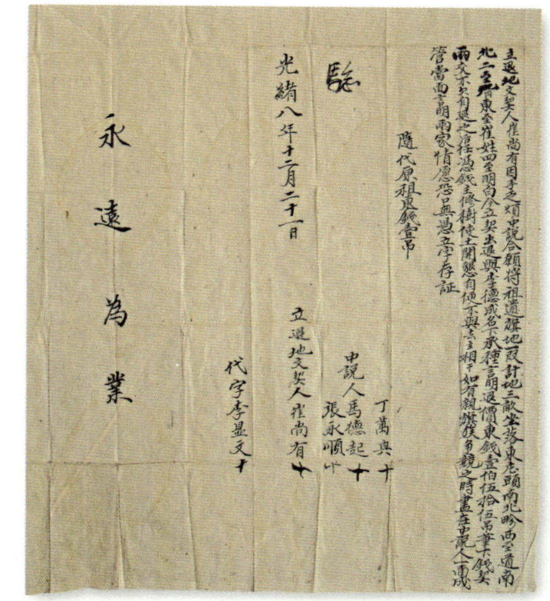

光绪八年（1882）崔姓退祖遗旗地契约

14. 光绪十三年（1887）峨嵋山李家卖民地契约：

立卖民地文契人李显仪，因手乏自烦中人说合，情愿将祖遗受分民地一段，坐落西文家庄南街街东，南北界，东至张姓，南至丁姓，西至街，北至马姓，四至开清，计地南北八丈，东西七丈五，今出卖与本村李胜芝名下永远为业。言明时值卖价市面钱二百吊整，笔下钱契两交不欠，自卖之后，任凭钱主自变（便），并没舛错，如有舛错者，尽在中说合人一面承管，此系二家情愿，各无返悔，恐后无凭，今立出卖契永远存照为凭。

随代原租

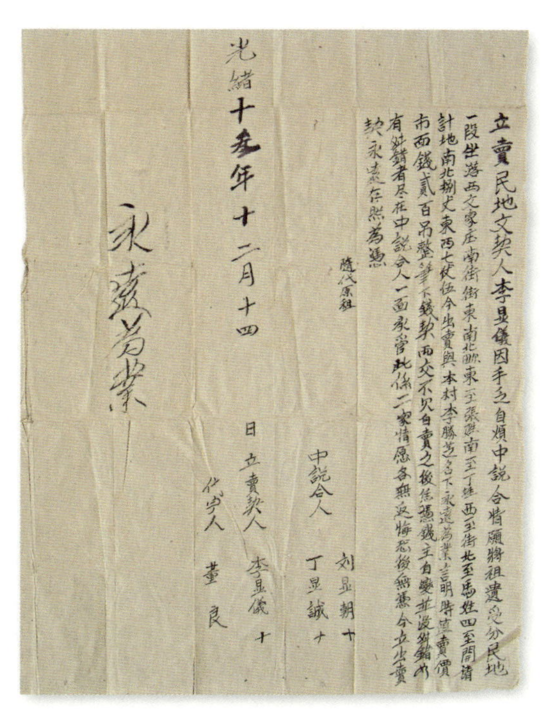

光绪十三年十二月十四日　立卖契人李显仪

中说合人：刘显朝、丁显诚

代字人：董良

永远为业

此契说明峨嵋山李姓不是旗民，而且两个李姓不是一个家族。

“西文家庄”即峨嵋山村西部的一个古老小村。清代以前与刘家河为一个村，金代称“文泉”，因小东沟有灵泉而得名，与刘家河、黑豆峪等周边数村组成“礼泉乡”，核心村是刘家河，元代刘家河附近几个自然村统称文家庄，又分为东文家庄和西文家庄。因北部山形似峨嵋而又被文人称为“峨嵋山”。1945年以后，西文家庄并入峨嵋山营，合成峨嵋山村。1913年，峨嵋山几户陈姓为打理土地方便，迁到东北有灵泉之处居住，称“东沟”，后小东沟也单独成村。

光绪十三年（1887）峨嵋山李家卖民地契约

15. 宣统元年（1909）峨嵋山崇姓卖自家旗地契约：

立退地契人满洲宗室正鉴（蓝）旗崇禄、崇啟因手乏自烦说合情愿将祖遗旗地计地一段七亩，坐落公爷坟北，南北界，东至坎，南至坎，西至丁姓，北至坎，四至明白，今立契出退与峨嵋山庄马生春名下，言明时值退价东钱一千二百六十六吊整，笔下钱契两交不欠，自退之后，并无亲族人争竞，如有争竞，尽在中人去主承管，不与置主书字人相干，此系三面言明，二家情愿，各不返悔，恐口无凭，立退契永远为证。

随代租（租）钱四百文

大清宣统元年二月十五日立退契人崇禄、崇啟

中说合人：白成旺、张春龄、赵崑、于福临

书字人：丁殿卿（公平）

永远为佃

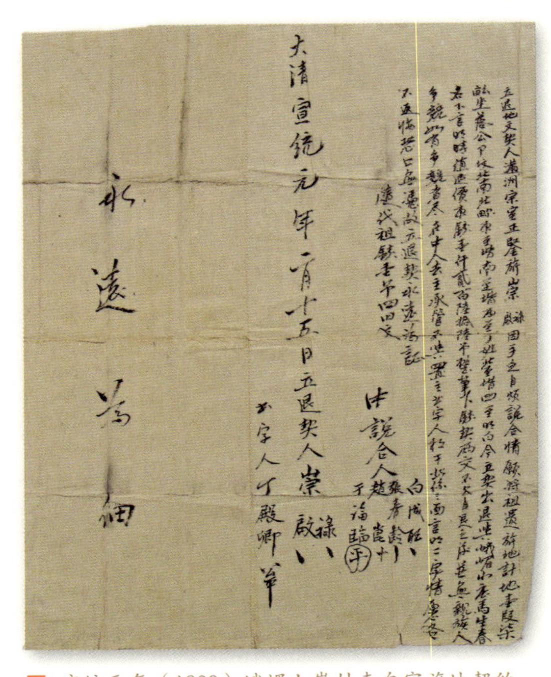
宣统元年（1909）峨嵋山崇姓卖自家旗地契约

此契证实峨嵋山崇姓为满族宗室正蓝旗人。正蓝旗为清代八旗之一，始建于明万历二十九年(1601)，因旗色纯蓝而得名。正蓝旗在顺治前与正黄、镶黄列为上三旗，顺治初，被多尔衮降为下五旗，不再由皇帝所亲领，而是由诸王、贝勒和贝子分统。此崇姓源于蒙古族，属于汉化改姓为氏。据史籍《清朝通志 · 氏族略 · 蒙古八旗姓》记载：蒙古族阿鲁特氏，居察哈尔（今河北张家口一带，包括河北、内蒙乌兰察布盟、锡林郭勒盟一部、山西部分地区），后有满族引为姓氏者，所冠汉姓多为金氏、崇氏。

16. 宣统元年（1909）峨嵋山杨家卖旗地契约：

立退旗地文约人杨景泰，因手乏自烦说合情愿将自己所种旗地三段计地十五亩，坐落丁家台，东西界，东至坎，西至坎，南至王姓，北至马姓，东头一段，南北界，四面至坎，西头一段四面至坎，四至分明，今立契出退与本庄陈福荣名下永远为业，同众三面言明，实值退价小数东钱二千八百一十吊整，其钱契两交不欠，并无私债折准，自退之后，任凭置主开垦以及更名认佃交租，经理自便，永不与契主之事，倘有亲族争竞舛错之事者，全在契主与中说承管，不与钱主相干，此系两家情愿，各无返悔，恐口无凭，立此退契永远存照。

每年随代原租，随代原契一张。

宣统元年十一月二十四日　立退旗地文契人杨景泰（出）

说合人：柴显凤（忠）、田有年（中）

书字人：孔昭明（押）

永远为业

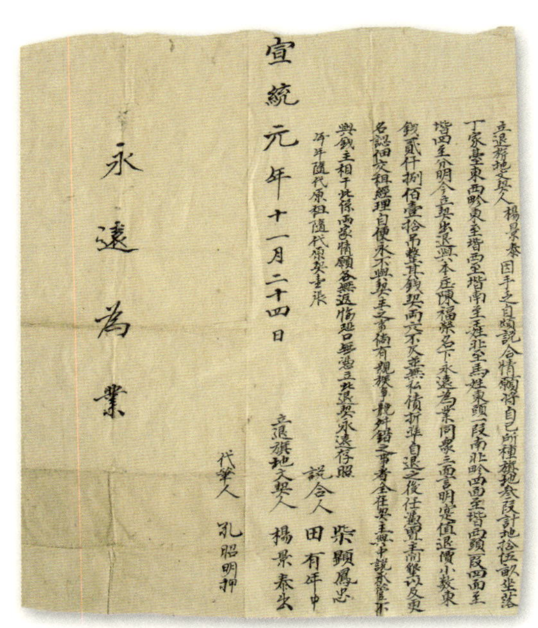
宣统元年（1909）峨嵋山杨家卖祖遗旗地契约

“永不与契主之事”即永远不与原契主相干。

17. 民国三十年（1941）峨嵋山刘家送遗念地文书：

立送遗念民地文约人刘永春，因年迈情愿将自置地树园三处，计民地四亩，坐落黑豆峪庄北，南北界，三段不齐，上一段东、南二至谭姓，西、北二至李姓，四至开清，今自烦说合，凭中立契送与亲生女李刘氏同内侄陈怀法、陈怀珍三人名下按三股均分。自立契之后，此三处地土产之物每年按三股均分。此系三面言明，大家情愿，各无返悔，并无亲族人等争竞等情。恐口难凭，故立送遗念文约永远存照。各执一纸。庄东民地一亩五分，土木相连，三处地共五亩五分整，每年按三股完粮交租。随代县契三纸。

民国三十年九月二十九日　立送遗念民地树园人刘永春（手指墨印）

中人：张瑞发、杨景江、王朝珍、秦占奎、张诚谦、满宦谦（各有画押）

代字人：满得谦（公平）

永远存照

此契为黑豆峪刘姓老人赠送给亲生女儿及两个妻侄的“念想地”。末尾居然有这么多的中见人，足证这位老人对此事的重视程度。“土木相连”就是这块土地上的树木跟着这块土地一起走，这也是买卖土地和房产的潜规则，但在契约上必须说清，因为也偶有只卖地或园子不卖树木的。

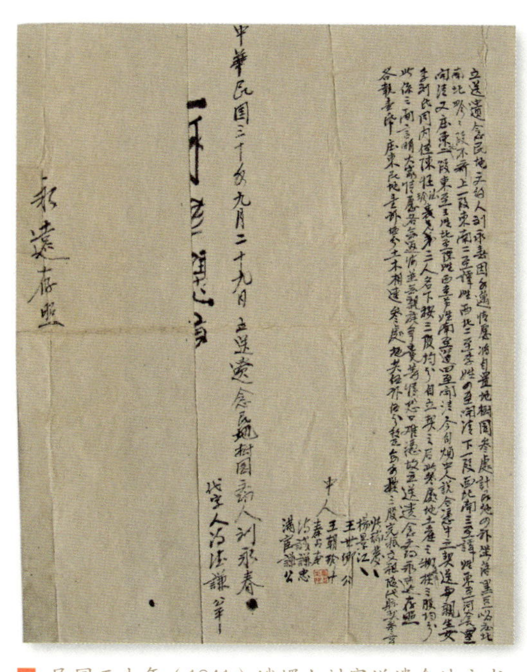

民国三十年（1941）峨嵋山刘家送遗念地文书

18. 民国三十年（1941）峨嵋山刘家送遗念地文书：

立送遗念民地文约人刘永春，因年六十九岁，自烦中人说合，情愿将本身民地两段，计地四亩，此地坐落祖务庄西滩，系南北界，东至刘姓，西、南二至荒坎，北至道，四至明白，今凭中人立送契送给亲生女李刘氏名下作为烟粉地永远为业自便。同中言明，并无亲族人等争竞等情。如有舛错，尽有送主中人一面承管。此系三面言明，二家情愿，各无返悔，恐口难凭，故立送契永远存照。

民国三十年九月二十九日　立送遗念民地树园人刘永春（手指墨印）

中人：张瑞发、杨景江、王朝珍、秦占奎、张诚谦、满宦谦（各有画押）

代字人：满得谦（公平）

永远为业

民国三十年（1941）峨嵋山刘家赠女土地文约

此契与前契同日所签。是为单独送给女儿的“颜粉地”。“颜粉地”是旧时富裕家庭陪送女儿出嫁的一笔财产。女孩爱美，日常需要买些化妆品，那时化妆品也属“奢侈品”，主要是胭脂和敷粉，价格都比较贵，嫁女后如果陪送“颜粉地”，是很有面子的事。峨嵋山的刘家属于一般贫户，女儿出嫁时未必送颜粉地，此际人老了，于是以此为名，弥补缺憾，实际上就是找个借口多给女儿家一些地产。

19. 民国三十一年（1942）峨嵋山关于追要当地契信件：

大姑老夫妇电览手书：今因黑豆峪庄验当契文疏（书）事，有地契主至祖务村前来要文约三次，至黑豆峪验契盖章，作为凭证，现文约不在令内弟力田之手，因此令内弟妇找中见人等，王朝珍召集大家公同商议停妥，特烦令叔父至贵府取四亩的当契一纸。若姑老见字之时，急急伐（发）放，以免令内弟吃亏。今日黑豆峪如若不见此四亩当契文约，连地价作为无效。专此！

中华民国三十一年正月三十日大姑老夫妇见字收讫

中人：王世卿、满宦谦、王朝珍、满德谦、秦占奎、杨景江、张瑞发。各押指纹或私章。大家鞠躬

今内弟所擎产业老契如若回祖务庄可要代来是幸

书字人印章不好辨识，似应为满德谦。

此为峨嵋山吉家发现的，内容是关于在黑豆峪村验地契需要找当契原件的信件。从内容看，寄信的对象是峨嵋山村谭力田的姑姑和姑父，姑姑嫁到祖务并随丈夫在外地工作，姑父家的土地在黑豆峪村，被峨嵋山谭力田所擎受，这次验契在黑豆峪村办理，但没有原契将被视为无效，于是由峨嵋山王朝珍出面组织多位乡亲，一起见证此事，并写信给远方的姑姑和姑父，让谭力田的叔父持信送去，并恳请他们将当契原件交给力田的叔父带回。这件事肯定是办成了，送去的信件也一并带回，故我们今天能目睹 80 年前形成的这封特殊信件。

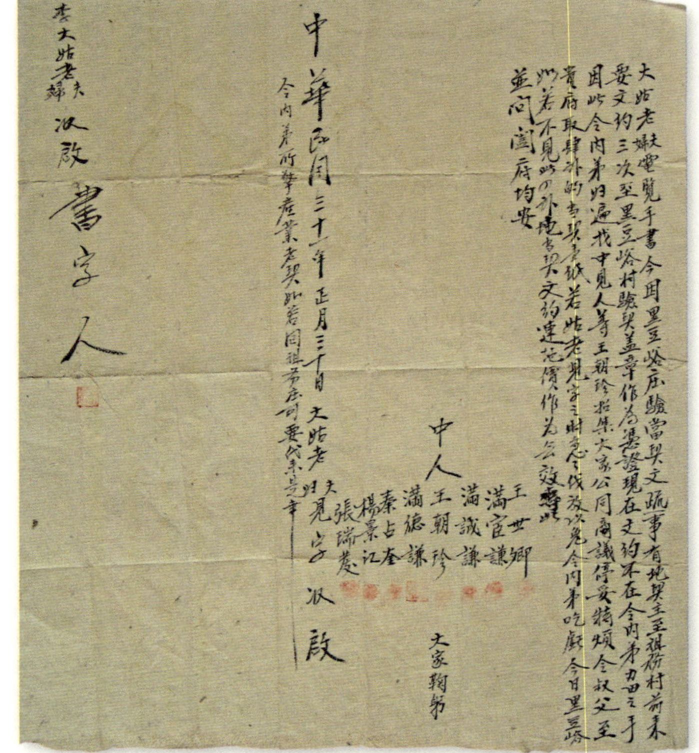

民国三十一年（1942）峨嵋山信件补地契合约

20. 民国三十三年（1944）峨嵋山杨家卖地契约：

立卖地文契人杨从贵，因时手乏，亲烦中说合，情愿将自种民地一段，计地一亩五分，坐落小北坡，东西界，东至河槽，西至小道，南至坝根，四至明白，土木相连，今立契出卖与峨嵋山李如堂名下永远为业。同众言明，实值价现票洋二万一千元整，笔下钱契两交不欠。自卖之后，认平（任凭）置主开垦地土，修养树株，挖坑使土，安坟营葬，以便封纳。并无亲族、地邻人等争竞外错之事，如有争竞外错之事者，尽在中说合人与去主一面承管，不与置主相干。此系三面言明，二家情愿，各无返悔，恐口无凭，故立契永远为证。此地有坟三佐（座），许去主葬坟二倍。

随代契一张

中华民国三十三年十二月十八日　立卖契人杨从贵（十）

中说人：马玉春（十）、张至元（一）

代字人：马耀龙（画“公平”押）

永远为业

村负责任：村长马盛通、主任崔化升、民教任品青（各押私章）

“现票洋二万一千元”即当时流通的边区币（有长城银行和冀东银行发行的革命政权货币）。“许去主葬坟二倍”说明契约条款很细，就连坟茔设置都考虑到了，现有三座，还可以再设六座。“村负责任”就是这个村的现有负责人。这一带归平三蓟边区政府管辖，属于革命政权，所以村级负责人要签字画押并加盖了私印，表示认可。为严谨起见，在时间和价格处加盖了长方形村章。村长的名字出现在契约上，这是首次。

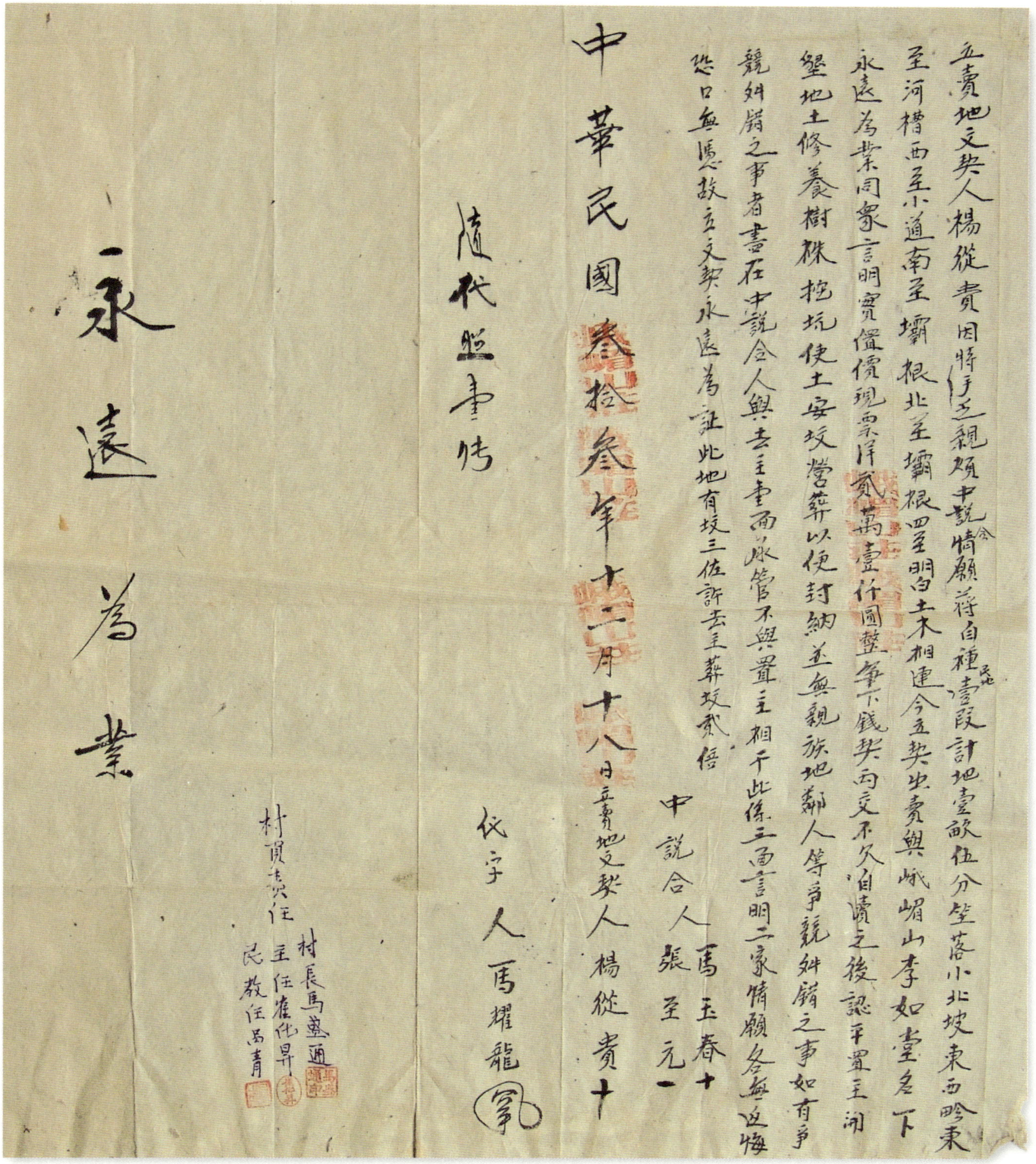

立賣地文契人楊從貴因乏親族中說合情願將自種民地壹段計地壹畝伍分坐落小北坟東西畛東至河槽西至小道南至壩根北至壩根四至明白土木相連今立契出賣與峨嵋山李如堂名下永遠為業同眾言明實價價現票洋貳萬壹仟圓整筆下錢契兩交不欠自賣之後認平買主開墾地土修養樹株挖坑使土安坟營葬以便封納並無親族地鄰人等爭競糾紛之事如有爭競糾紛之事者書在中說合人與去主當面承管不與買主相干此係三面言明二家情願各無返悔恐口無憑故立文契永遠為証此地有坟三座許去主葬坟貳倍

中華民國叁拾叁年十二月十八日 立賣地文契人 楊從貴 十

中說合人 馬玉春 十 張至元 一

代字人 馬耀龍

隨代監書人 李[illegible]

村負責任 村長馬[illegible]通 主任崔化昇 民教任馬青

永遠為業

民国三十三年（1944）峨嵋山杨家卖自家地契约

21. 民国三十五年（1946）峨嵋山崔家卖地契约：

立卖地文约人崔文科，因正用不足，亲烦中人说合，愿将自己受分地一段，坐落丁台，计地二亩，东西畔，东至荒坎，西至荒坎，南至置主，北至契主，四至明白，今立卖出与本村李如堂名下承种，时值小米十一石整，又白米六斗整，笔下米契两交不欠，三面言明，各无返悔，口说无凭，立卖之后与至（置）主自便，不与出主先（相）干。立卖契为证。随代原租。

中华民国三十五年三月十二日　立卖地文契人崔文科（私章）

中说人：崔友生、马清泉、汪洪章（私章）

代字人：马友勋（私章）

此契涉及人均押私章，说明签字画押的形式发生了彻底改变。“官凭文书私凭印”在中国盛行了千年，但一般盛行在文人活动频繁的南方地区，北方封闭落后，尤其是农村，押私章的概念古时没有，直到这时节才流行。1946年春，内战气息越来越浓，此际平谷民间交易觉得小米最实用，因而以小米代替货币职能。这里还出现了大米。平谷产大米地方很少，峨嵋山之所以有大米，是因为东沟有灵泉水灌溉，常年水流不断，故刘家河、峨嵋山有稻田。

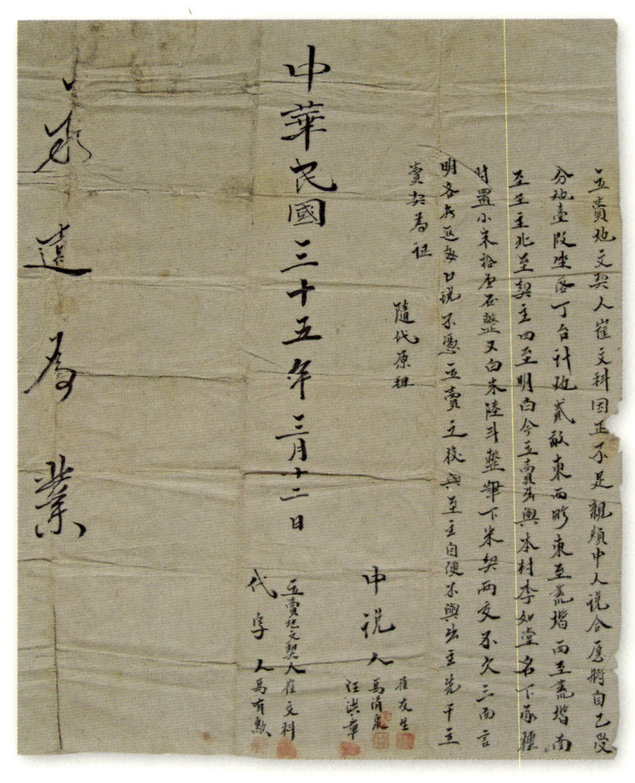
中華民國三十五年三月十二日
隨代原租
永遠存業

■ 民国三十五年（1946）峨嵋山崔家卖地契约

22. 民国三十四年（1945）峨嵋山补造丢失地契合约：

为杨洪贵丢失照纸一张，无处寻找，恐后来有舛错，同公商议，又立新照契一张，作为凭据，永无后患，如有后患，尽在去主与中说人一面承揽，不与置主相干。此系三面言明，两家情愿，各不返翻悔，恐口无凭，立此失照字为证。

中华民国三十四年正月十九日　立失照字人　杨洪贵（十）

中见人：马盛通、崔化升、任品卿

书字人：崔仁甫（画押）

永远为凭

地契就是农家命根子，一旦丢失就等于失去了土地使用依据，所以非常焦急。但真的丢失了怎么办呢？尽可能采取办法补救，邀请村里有威望的人物在一起重新拟写新的补契纸，是唯一可行的办法。这里也体现了乡情之浓。“照纸”就是土地所有权或使用权转移时形成的契纸。

■ 民国三十四年（1945）峨嵋山补造丢失地契合约

十一、黑水湾契约

1. 民国六年（1917）黑水湾为办学卖庙产契约：

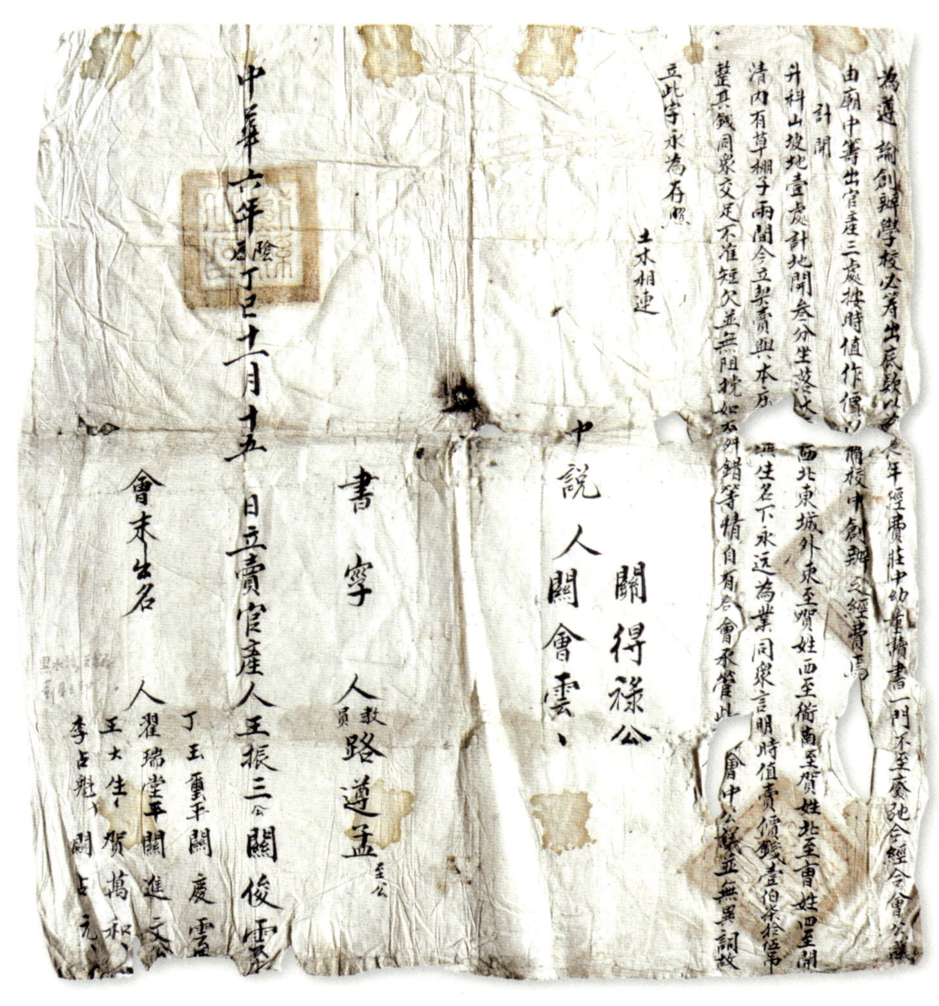

■ 民国六年（1917）黑水湾办学占庙产契约

为遵谕创办学校必筹出底款以为长年经费，庄中幼童读书一门不致废弛，今经合会公议，由庙中筹出官产三处，按时值作价，以备校中创办之经费焉。

计开：

升科山坡地一处，计地开三分，坐落大庙西北东城外（黑水湾村坐落城堡内），东至贺姓，西至到街南至贺姓，，北至曹姓，四至开清，内有草棚子两间，今立契卖与本庄关广生名下永远为业，同众言明，时值卖价钱一百七十五吊整，其钱同众交足，不准短欠，并无阻搅，如有舛错等情，自有合会承管，此系会中公议，并无异词。故立此字永为存照。

土木相连。

中华民国六年阴历丁巳十一月十五日　立卖官产人王振三（公）、关俊云（十）

中说人：关德禄（公）、关会云

书字人：教员路遵孟（至公）

会末出名：丁玉玺（平）、翟瑞堂（平）、王大生、李占魁、关庆云、关进文（公）、贺万和、关占元

“合会公议”，“会中公议”中的“会”是村子的最高权力机构，班子成员称“会首”，办公地址称“会中”。“会中公议”即在会中召开的村民代表会。“会末出名人”，即参加此次会议的“村民代表”。契约纸面加盖“蓟县之印”。因当年这里属于蓟县境。

黑水湾关姓、丁姓、贺姓都是明初来的戍边军户。

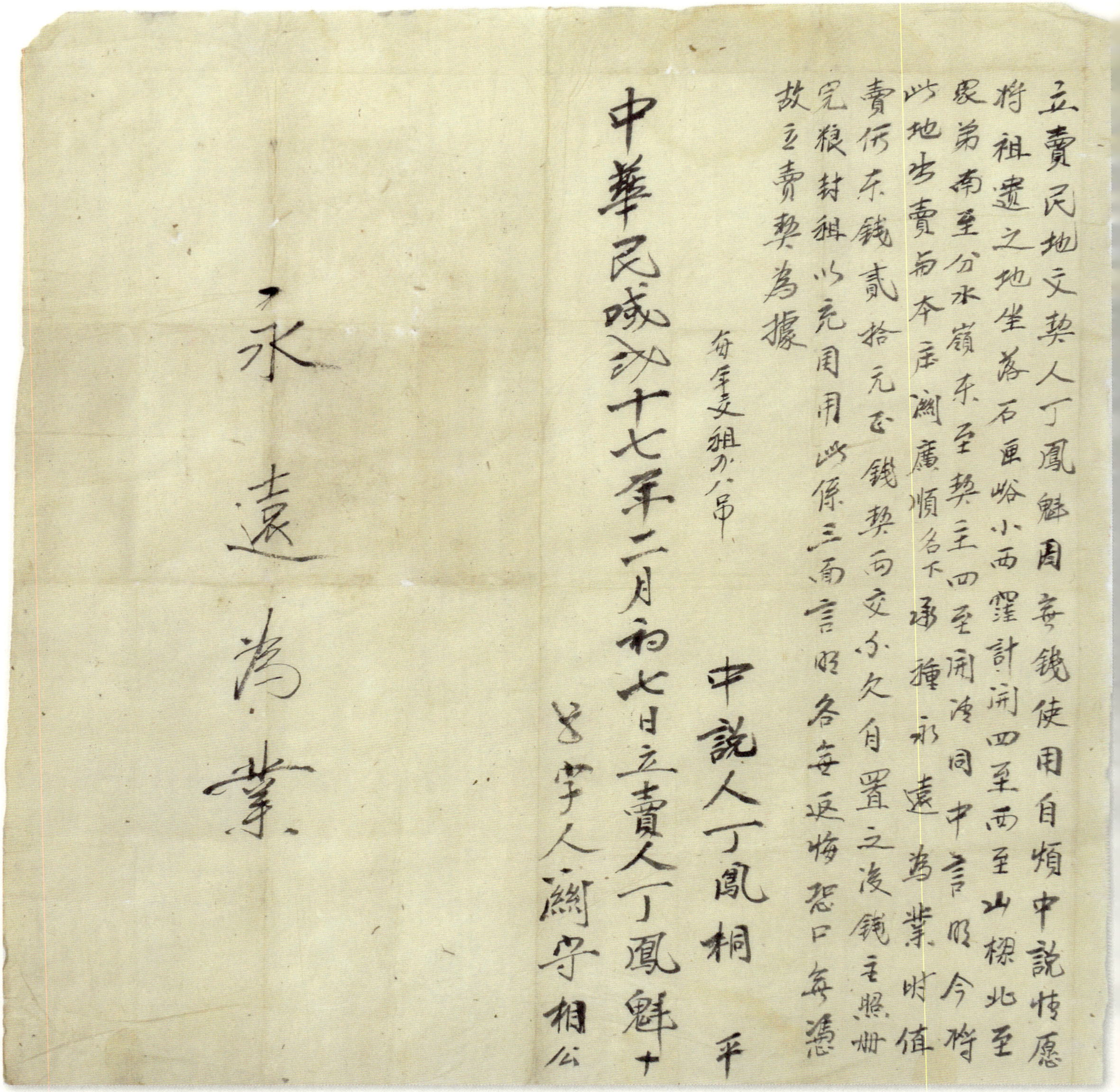

立賣民地文契人丁鳳魁因無錢使用自煩中說情愿
將祖遺之地坐落石匣峪小西羅計開四至西至山根北至
張弟南至分水嶺東至契主四至開清同中言明今將
此地出賣與本庄劉廣順名下承種永遠為業時值
賣價大錢貳拾元正錢契兩交不欠自買之後錢主照冊
完糧封租以充国用此係三面言明各無返悔恐口無憑
故立賣契為據

每年交租办八吊

中說人丁鳳桐 平

中華民國廿七年二月初七日立賣人丁鳳魁 十

代字人劉守相 公

永遠為業

民国二十七年（1938）黑水湾丁凤魁卖地契约

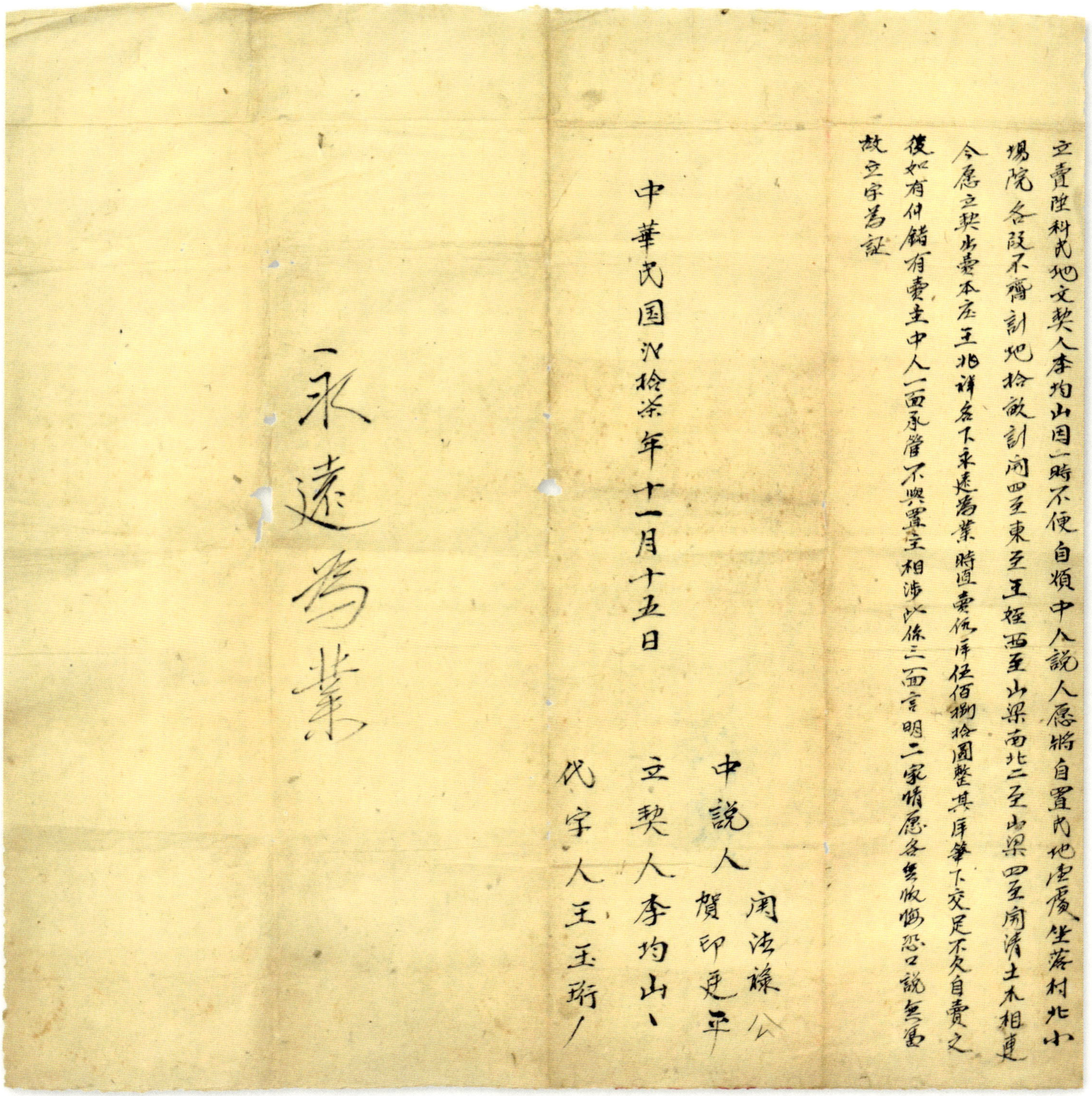

立賣陞科民地文契人李均山因一時不便自願中人說人願將自置民地坐落村北小場院各段不齊計地拾畝計開四至東至王姪西至山梁南北二至山梁四至開清土木相連今願立契出賣本庄王兆祥名下永遠為業時值賣價洋伍佰捌拾圓整其洋筆下交足不欠自賣之後如有伊錯有賣主中人一面承當不與買主相涉此係三面言明二家情願各無反悔恐口說無憑故立字為証

中華民國廿拾柒年十一月十五日

中說人 閆法祿 公
　　　 賀印廷 平
立契人李均山
代字人王玉珩

永遠為業

民国二十七年（1938）黑水湾李均山卖地契约

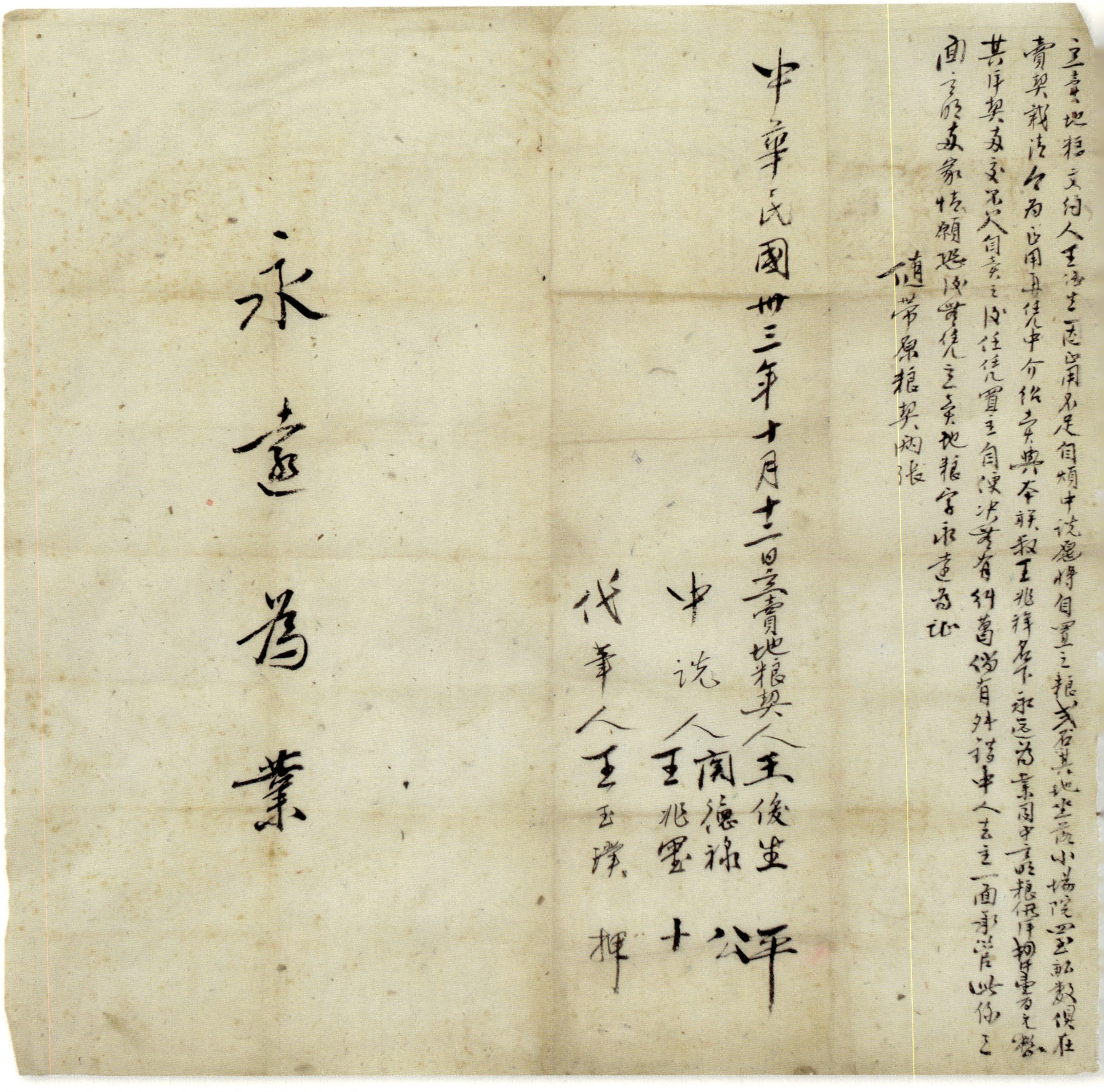

立賣地粮文約人王俊生因正用不足自煩中説願將自置之粮式石其地坐落小墙院四至畝數俱在
賣契載清今為正用再凭中介估賣與本族叔王兆祥名下永遠為業同中言明粮價洋捌拾壹万元整
其洋契交足不欠自賣之後任凭置主自便决無有纠葛倘有外請中人去主一面承管此係二
面言明兩家情願恐後無凭立賣地粮字永遠為証
隨帶原粮契兩張

中華民國卅三年十月十二日立賣地粮契人王俊生　押
中説人王閬德禄　押
王兆墨　十
代筆人王玉璞　押

永遠為業

民国三十三年（1944）黑水湾王俊生卖地契约

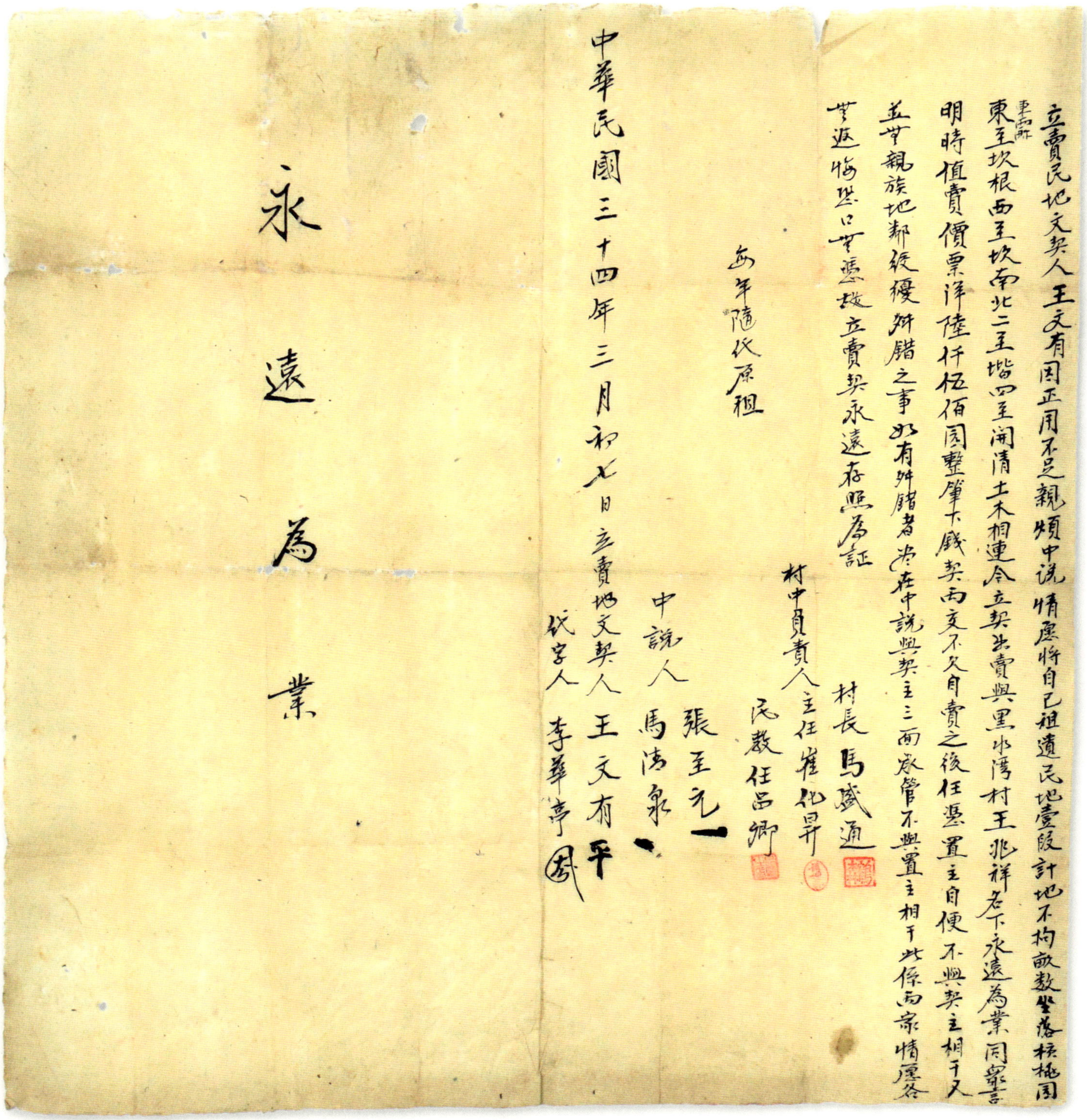

立賣民地文契人王文有因正用不足親煩中說情愿將自己祖遺民地壹段計地不拘畝數坐落梳楸園東西畝東至坎根西至坎南北二至堎四至開清土木相連今立契出賣與黑水灣村王兆祥名下永遠為業同眾言明時值賣價票洋陸仟伍佰圓整筆下歲契兩交不欠自賣之後任憑置主自便不與契主相干又並無親族地鄰糾纏并賭之事如有糾賭者皆在中說與契主二面承管不與置主相干此係兩家情愿各無返悔恐口無憑故立賣契永遠存照為証

村長 馬盛通

村中負責人 主任 崔化昇

民教 任品卿

每年隨代原租

中說人 張玉元 馬清泉

中華民國三十四年三月初七日 立賣地文契人 王文有

代字人 李華亭

永遠為業

民国三十四年（1945）黑水湾王文有卖地契约

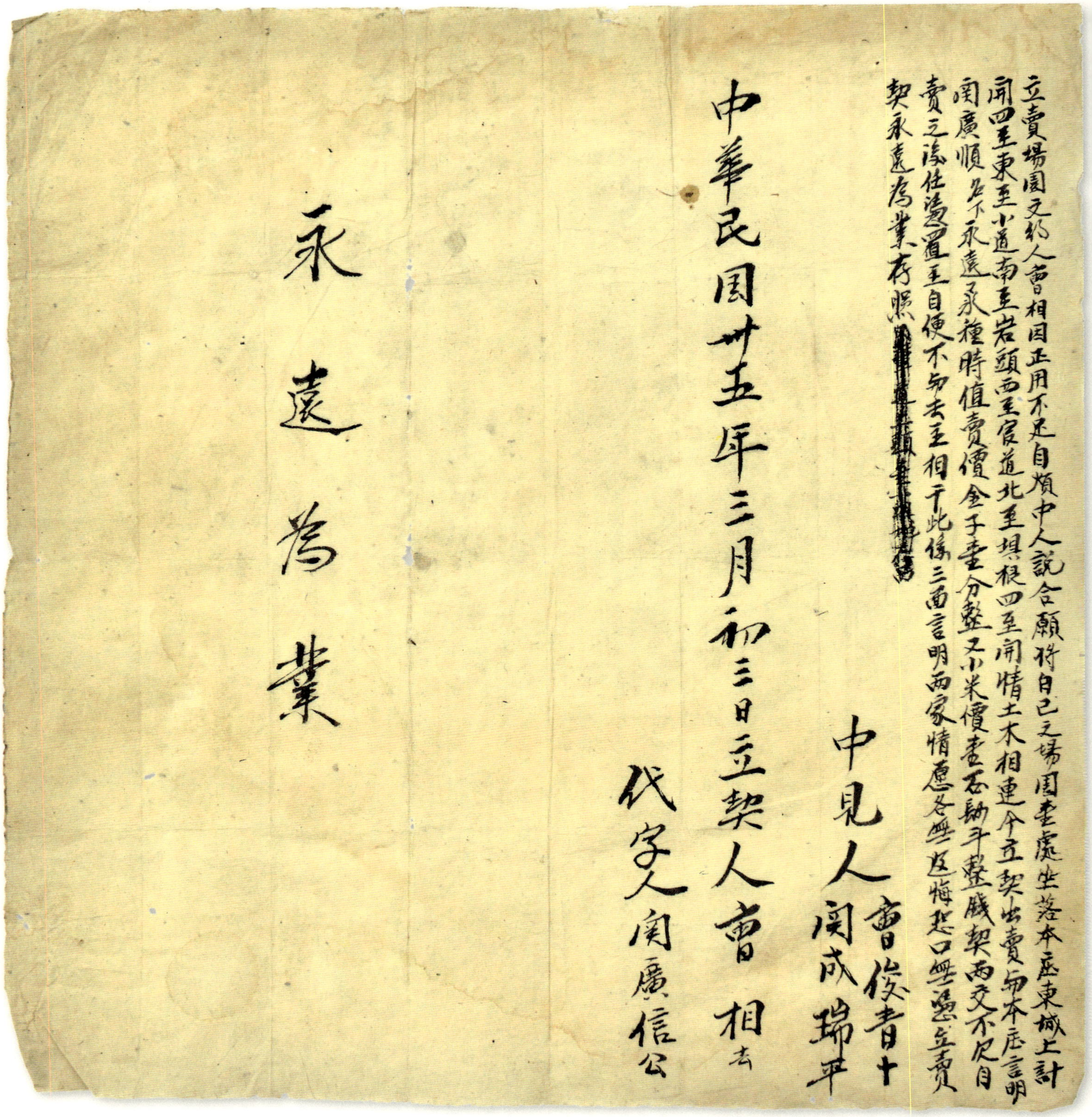

立賣場園文约人曾相因正用不足自煩中人説合願將自己之場園壹處坐落本莊東城上計開四至東至小道南至岩頭西至官道北至埂根四至開情土木相連今立契出賣與本莊言明閻廣順名下永遠承種時值賣價金子壹分整又小米價壹石動手整戲契兩交不欠自賣之後任憑置主自便不與去主相干此係三面言明兩家情願各無返悔恐口無憑立賣契永遠為業存照

中見人 曾俊青十 閻成瑞平

中華民國卅五年三月初三日立契人曾相去

代字人閻廣信公

永遠為業

民国三十五年（1946）黑水湾曹相卖场院契约

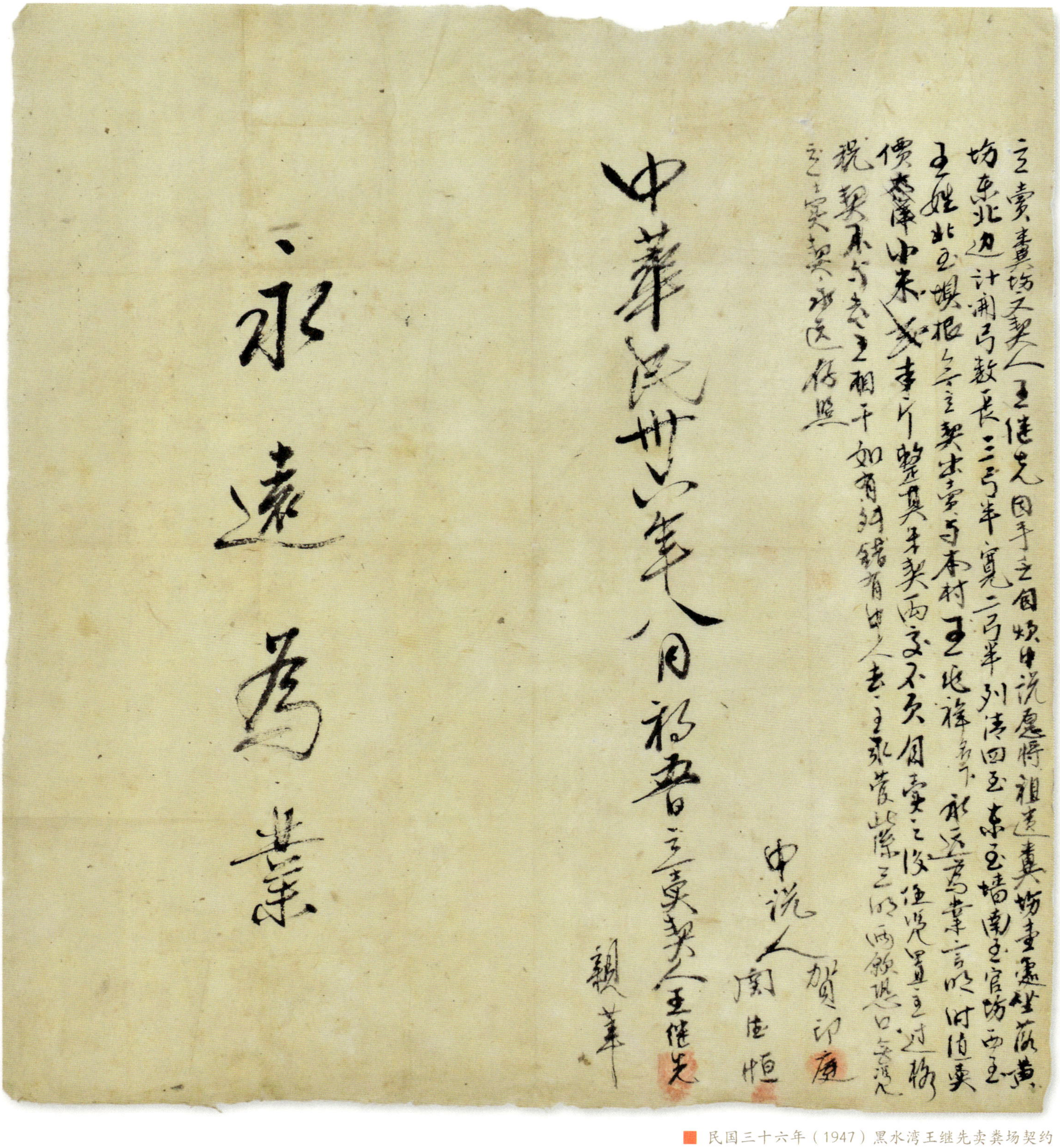
立賣糞坊文契人王继先因手乏自烦中说處將祖遗糞坊壹處坐落黄
坊東北边计开弓数長三弓半寬二弓半列清四至東至墙南至官坊西至
王姓北至堪根今立契出賣与本村王兆祥名下永遠為業言明时值賣
價本年小米壹斗整其洋契两家不欠自賣之後任凭買主过拨
税契不与賣主相干如有纠葛有中人去主承管此係三明两愿恐口無凭
立賣契永遠存照
中華民國卅六年八月初五日　立賣契人王继先
中说人　贺印唐　阎连恒
親筆
永遠為業

民国三十六年（1947）黑水湾王继先卖粪场契约

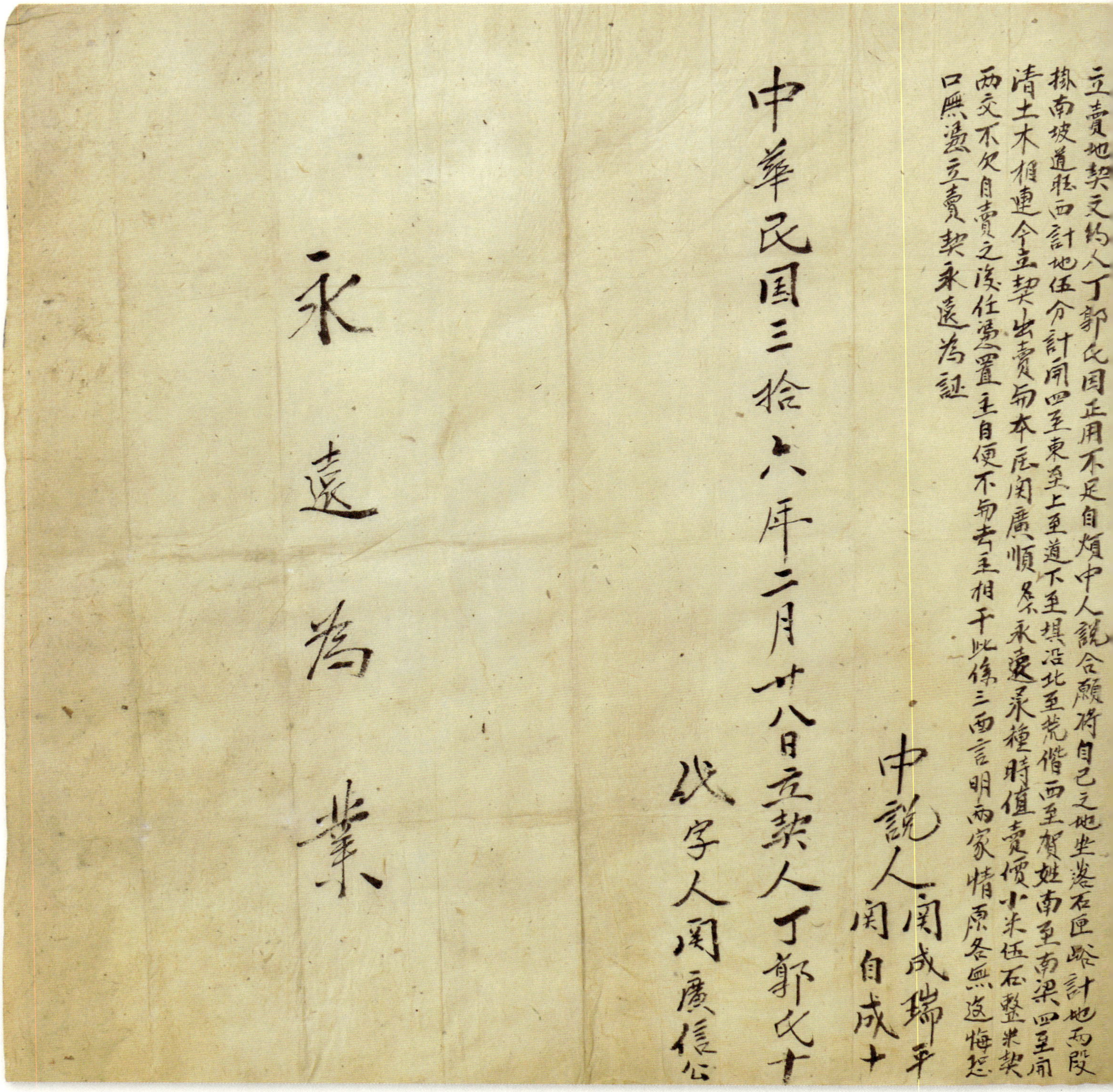

立賣地契文約人丁郭氏因正用不足自煩中人說合願將自己之地坐落石匣峪計地兩段
挂南坡道梁西計地伍分計開四至東至上至道下至堪沿北至荒僧西至賀姓南至南梁四至前
清土木相連今立契出賣與本莊閻廣順名下永遠承種時值賣價小米伍石整米契
兩交不欠自賣之後任憑置主自便不與去主相干此係三面言明兩家情原各無返悔恐
口無憑立賣契永遠為証

中說人　閻成瑞押
　　　　閻自成十

中華民国三拾六年二月廿八日立契人丁郭氏十

代字人閻廣信公

永遠為業

民国三十六年（1947）黑水湾关郭氏卖山坡地契约

十二、熊儿寨契约

1. 嘉庆二十四年（1819）李家卖地契：

立过契文约人李发，因为一时乏手，烦中说合，将祖遗高地主屯粮地一段，坐落熊儿寨庄三门峪，计地四亩，土木相连，南北界，东至置主，西至水沟，南至河套，北至水沟，四至开明，情愿出过于贾林玉名下承种，永远为业。时值过价小数钱一百一十六吊整，其钱当面交足，每年代租钱一吊，内有坟墓十三个，若有亲族人等争竞，过主一面承管。此系二家，各无返悔，立过契文约为证。

嘉庆二十四年二月初三日立过地人李发

代字人：周士杰

中保人：许景春

贵人：郑坤

中证人：毛富

代字人：刘秉忠（公心）

永远为业

后补字迹：大清道光三年二月二十八日找钱十二吊

街主：刘秉善

中说合人：许万仓

同胞弟：李重、李庆（同立）

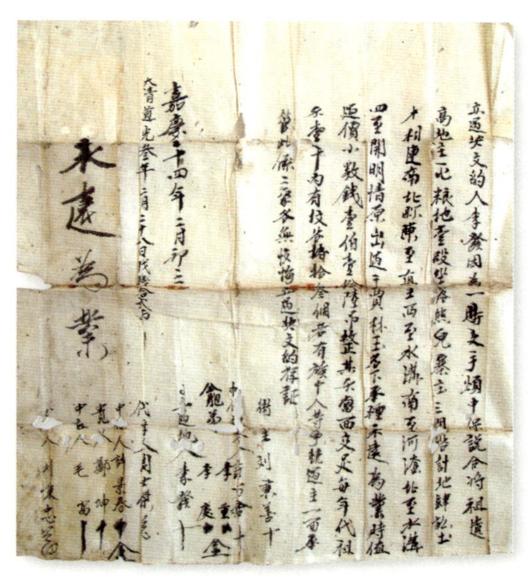

■ 嘉庆二十四年（1819）熊儿寨李家卖地契

"高地"即高台地。"屯粮地"明代初期为满足马匹粮秣需要，在北部山区划出屯粮和屯豆地块，民户交粮交黑豆，要交纳到密云龙庆仓。清代依然。

2. 光绪十八年（1892）熊儿寨兑地契：

立兑地契文约人陈旺，因乏手今将自置老租地一段，不拘亩数，坐落西上台，南北界，东西至坎，南至坎，北至本姓，四至之内，自烦中说，情愿将此地出兑与刘福名下永远为业，同中言明，兑价东钱九十六吊整，其钱笔下交足不欠，年例代交秋租钱一吊文，立兑之后，土木相连，金石在内，任凭置主交租自便，永远不与陈姓相干，并无争竞，如有争竞，有兑主中人一面承管。此系两家情愿，各无返悔，恐口无凭，立兑契为证。

光绪十八年十一月廿三日 立兑契文约人陈旺（十）

中说人：陈兴、李长海、张永海、陈才（十）

代字人：萧彦（平心）

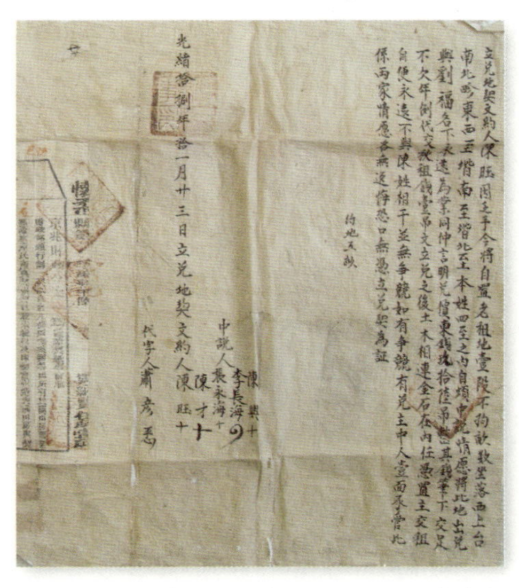

■ 光绪十八年（1892）熊儿寨地契

"年例代交秋租钱一吊文"即每年要缴纳原始租钱一吊，每年秋季缴纳。从粘贴的新契纸压边字迹可以看出，当时熊儿寨属于怀柔县管辖。

3. 光绪二十九年（1903）毛家退地契：

立退契地文约人毛门刘氏：因年岁饥荒，度日难过，无钱使用，愿将自身拨补屯粮地一处，坐落熊儿寨庄东南沟熊高地，零星碎块，不拘亩数，东西南北界，东至河沟，西至小道，南至傅姓，北至东截至贾姓西截至小梁河套，四肢分明，土木相连，自烦中人说合，情愿出退与族侄毛得良承种，名下永远为业，言明退价东钱一百九十吊整，其钱笔下交足不欠。自退之后并无私债折准，亦无葛藤搅扰争竞，如有亲族争论，尽在业主中人一面承管，不与置主相干。此系二家情愿，各无返悔，恐口无凭，立退契为证。

光绪二十九年十月二十二日立退契文约人毛门刘氏

中说人：许进有（九）、郑旺（十）

亲族出名人：毛得仓、毛德成、毛德宽（九）

代字人：许九如（押）

永远为业

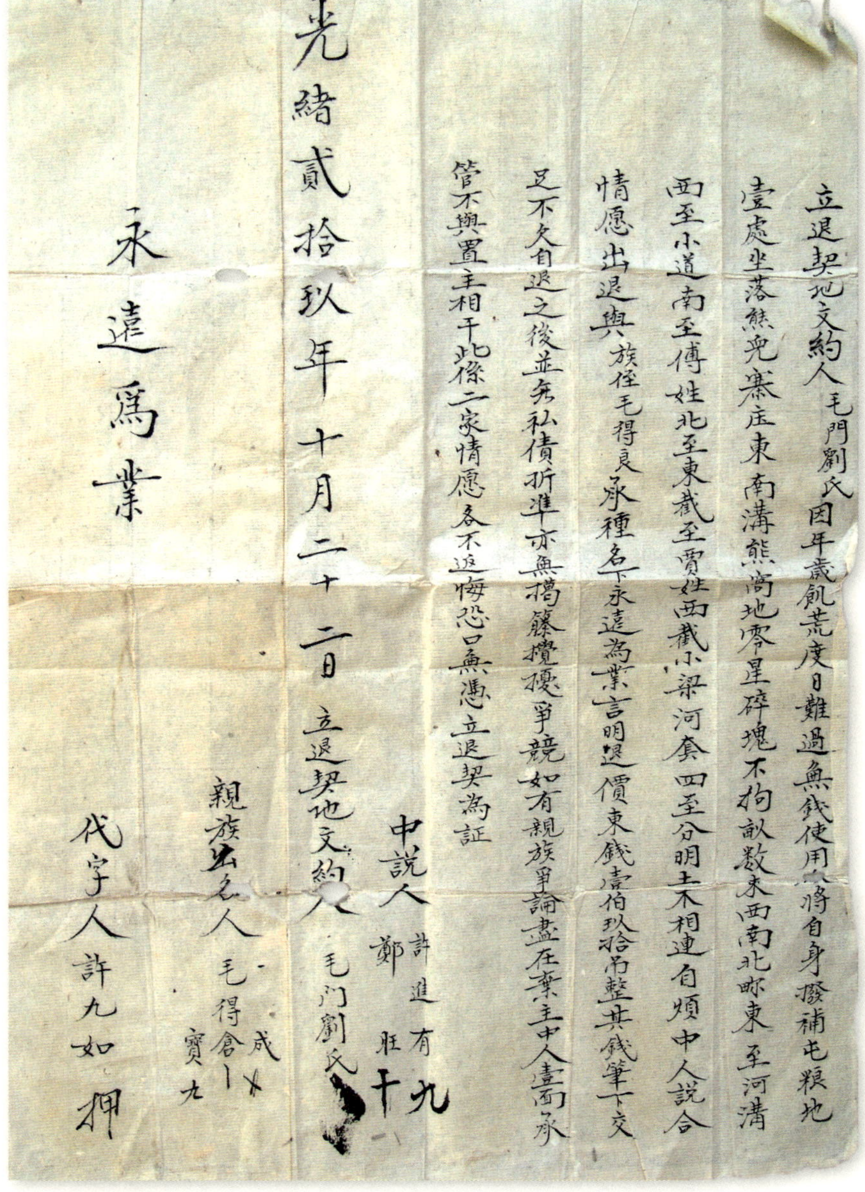

立退契地文約人毛門劉氏因年歲飢荒度日難過無錢使用情將自身撥補屯粮地
壹處坐落熊兒寨庄東南溝熊高地零星碎塊不拘畝數東西南北界東至河溝
西至小道南至傅姓北至東截至賈姓西截小梁河套四至分明土木相連自煩中人說合
情愿出退與族侄毛得良承種名下永遠為業言明退價東錢壹佰玖拾吊整其錢筆下交
足不欠自退之後並無私債折準亦無葛藤攪擾爭競如有親族爭論盡在業主中人壹面承
管不與置主相干此係二家情愿各不返悔恐口無憑立退契為証

中說人 許進有 九 鄭旺 十

光緒貳拾玖年十月二十二日 立退契地文約人 毛门劉氏

親族出名人 毛得倉 成 寬 九

代字人 許九如 押

永遠為業

光绪二十九年（1903）熊儿寨毛家地契

十三、云峰寺契约

云峰寺因村中有座云峰寺而得名。云峰寺也是个古村，二十世纪七十年代平整土地时，村北土岗发现有汉墓群，且出土汉代古钱甚多，说明彼时就有人居住。现在的村民，多源自明初移民和清代移民。

1. 咸丰四年（1854）云峰寺韩荣出租园地契约：

立租园地文约人韩荣，因乏手今将本身祖遗园地一块，南至腰道，北至高坡，东至韩姓，西至赵姓。今将此园出租与柴吉祥名下承种。言明租价钱每年六吊整。自租之后，许推不许留。此系两家情愿，各无返悔，恐后无凭，立字为证。

咸丰四年三月十四日立租契人韩荣（十）

中保说合人：陈荣（十）

代字人：王宏学（押）

注：“许推不许留”意为可以在租期内转租，但不许买。

咸丰四年（1854）云峰寺民契

2. 民国二十年（1931）云峰寺祇德堂杨卖地契约：

立卖地字据人祇德堂杨因粮税乏款，将自己红契地五亩，坐落三河县云峰寺村，情愿卖与佃户柴子淑名下永远为业，言明卖价大洋八元，其洋交足不欠。自卖之后，由县属钱粮房拨出民粮，任凭置主完纳，如有亲族人等干涉，有卖主一面承管。恐口无凭，立字为证。

民国二十年十月初三日立卖字人祇德堂杨（私章）

附一张民国二十二年十月二十八日云峰寺柴荣纳田赋收据

注：祇德堂是旧时名门大族姓氏堂号，说明云峰寺杨姓是明代来到平谷的，旧时南方大户都有家族堂号。“红契地”说明在清初祇德堂杨姓曾是投充户，享有旗地分配资格，红契即名正言顺是内务府拨付给他的土地，可以永久出佃。民国时期，原有红契户多因生活拮据，将祖遗红契地出卖给佃户，价钱一般都很低。此契还交代了一个信息，即云峰寺当年属于三河县管辖，双方契约形成后要到三河县城县衙所属的钱粮房（相当于现在的税务局）办理纳税资质转移手续，下年再收税，由新地主承担。

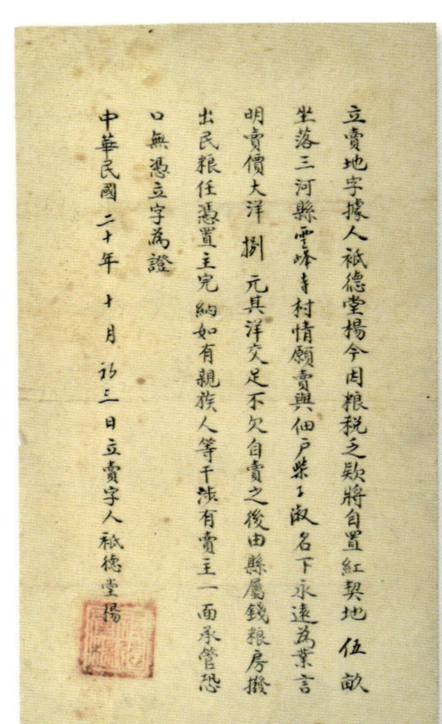
立賣地字據人祇德堂楊今因粮稅乏款將自置紅契地伍畝
坐落三河縣雲峰寺村情願賣與佃户柴子淑名下永遠為業言
明賣價大洋捌元其洋交足不欠自賣之後由縣屬錢粮房撥
出民粮任憑置主完納如有親族人等干涉有賣主一面承管恐
口無憑立字為證
中華民國二十年十月初三日立賣字人祇德堂楊

云峰寺地契，见证该村曾隶属三河县

十四、园田队地契

园田队是平谷城边一个大村，明初被划入“负郭屯”，民国分为南辛街、北辛街两个村，有时民间也称西关。1946 年南辛街改名顺利街，北辛村改为民主街。1960 年，市政府要求平谷划出 600 亩菜田为北京供菜，平谷县政府决定将顺利街、民主街合并，全部转为以种菜为主的村，新村名就叫“园田队”，平谷县其他村也要求每村都有 10 亩以上菜田，大的村庄甚至每个生产队都有“菜园子”，一直延续到改革开放包产到户。园田队的名字至今一直未变。由于地处城乡结合部，移民构成复杂，“园田队”在历史上发生的事件也多。由李永才、王德荣两个家族的契约可以发现一些线索。

1. 乾隆五十八年（1793）王珍退官租地给王宪文地契：

立退官租地人王珍，因一时乏手情愿将自种官租地一段十五亩，坐落庄西，东西界，四至不开，今情愿立契出卖与王宪文名下承种，言明退价小数钱一百二十千整，其钱即日交足不欠。言明自退之后，钱粮草束具是王宪文封纳，不与王珍相干。此系两相情愿，各无返悔，恐后无凭，立退契存照。

乾隆五十八年二月初三日　立退契人王珍

书字人：杨桂玺

平谷县城王氏家族人口最多，大体有四个来源，第一是明洪武年间落户的文官，永乐六年（1408）举人王随后裔，今和平街、平安街部分王姓属之；第二为明中期营州中屯卫军户弘治十四年（1501）举人王镗的后裔，城南门附近及西南部（民国的文安村和西关的南岔子街）王姓属之；第三为明初独乐社人，康熙年间烈士王札后裔；第四为岳各庄王家支派，康熙年间为收地租而落仁义村，即今王敬宽、王宇信家族。园田队王姓多为明王镗后裔，因是军户，所以不言甲舍。“钱粮草束具是王宪文封纳”说的是按照清初赋役规则，种地要纳粮，徭役可以出人工也可以出钱，“草束”是按照地亩数摊的马匹草料。“封纳”是自己缴纳入柜。“四至不开”就是这块地的四至不用再写，因为这不是产权地，原来怎么租的还怎么转手。

这份契约都没有签字画押，也没有中说人，看来是双方直接谈妥的。

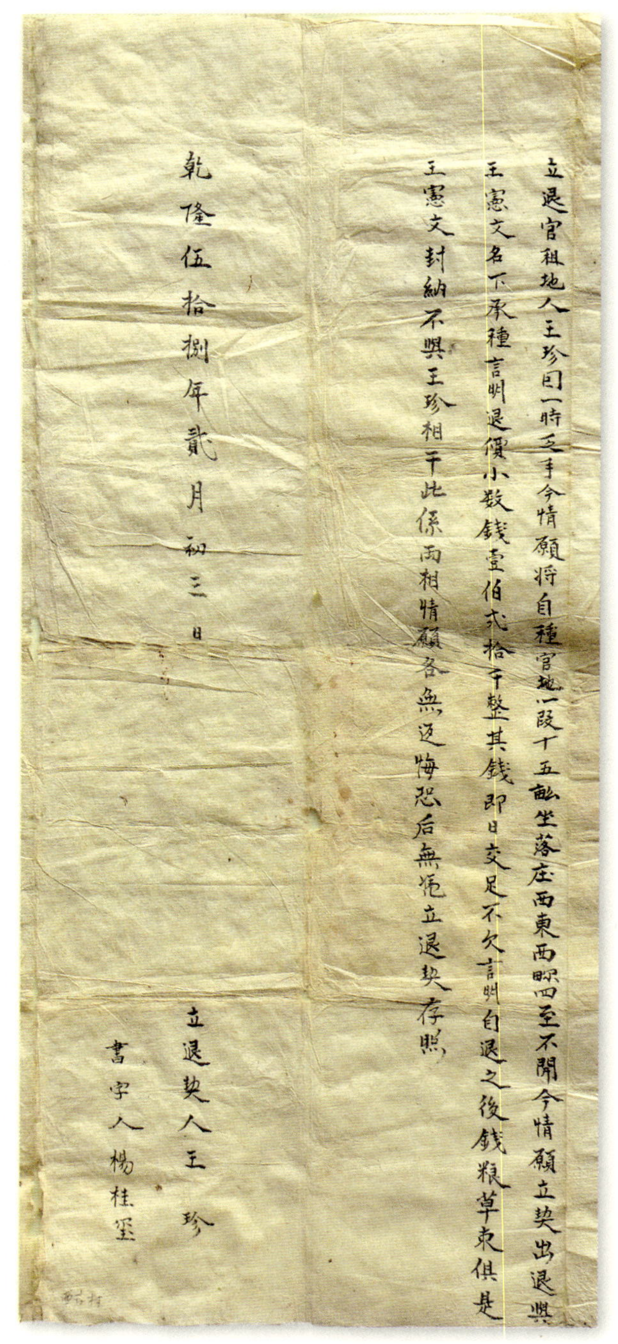

立退官租地人王珍因一時乏手今情願將自種官地一段十五畝坐落庄西東西畛四至不開今情願立契出退與
王憲文名下承種言明退價小數錢壹伯弍拾千整其錢即日交足不欠言明自退之後錢粮草束俱是
王憲文封納不與王珍相干此係兩相情願各無返悔恐后無凭立退契存照
乾隆伍拾捌年貳月初三日
立退契人王　珍
書字人楊桂玺

乾隆五十八年（1793）园田队王珍退官租地契

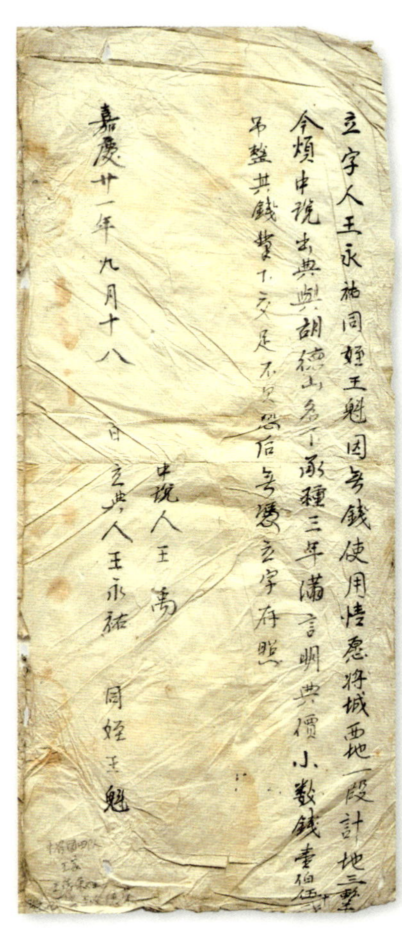

2．嘉庆二十一年（1816）园田队王永佑典地契：

立字人王永祐同侄王魁，因无钱使用，情愿将城西地一段，计地三亩半，今烦中说出典与胡德山名下承种三年满，言明典价小数钱一百五十二吊整，其钱笔下交足不欠，恐后无凭，立字存照。

嘉庆二十一年九月十八日　立典人王永祐同侄王魁

中说人：王禹

这份典契有中说人，但都没有签字画押。“三年满”即整三年。“典”即典当，抵押之意。

■ 嘉庆二十一年（1816）南岔子街王永佑与侄王魁典地文契

3．道光五年（1825）南岔街贾茂先立指地借钱文约：

立指地借钱文约人贾茂先，因一时乏手，烦中说合，情愿将自己所种旗地一段，计地三亩坐落天齐庙西陈（东）四至不开，东西界，今将此地借到南岔子李有福、李言福名下承种，言明借东钱六十五吊整，其钱笔下交足不欠，自立契之后，钱无利息，地有租价，每年随代租价钱三吊五百文，种过三年，将代钱全还，地许贾姓自种。此系二家情愿，恐后无凭，立借据存照

道光五年十二月十三日　立指地借钱文契人贾茂先

中说：张发、张旺

代字人：陈玢

这是一份借钱协议。古代民间借贷一定要有抵押，或地产或房产，大多用地产。“指地借钱”是“指地”并不一定真的去地头指地，而只是将那块地多大面积一说，将老契给过一下目即可，这是最常见方式。“贾茂先”是平谷西关外贾家胡同人，其祖上由齐各庄迁来，与放光、中罗庄贾为一个家族。

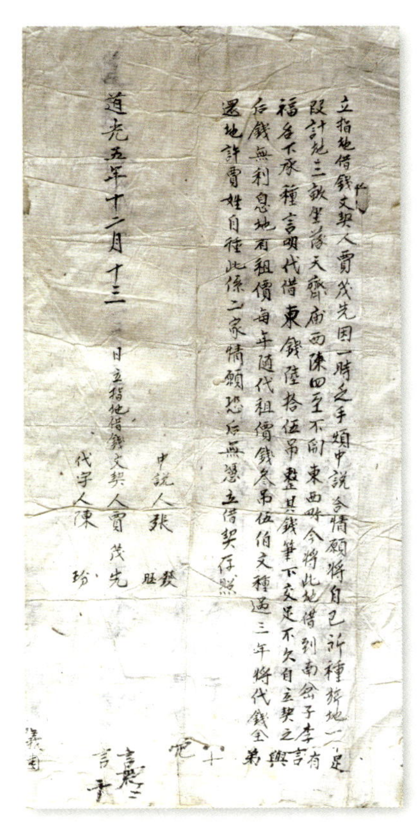

■ 道光五年（1825）南岔街贾茂先以地抵押从李有福、有言借款契约

4. 道光六年（1826）贾茂先将园田队天齐庙地出兑给南岔子街李麒福契约：

立兑契文约人贾茂先因一时乏手，亲烦中说合，情愿将自己所种旗地一段计地二亩，坐落天齐庙，东西界，除四至不开，今将此地出契兑与南岔子街李齐福名下永远常种，言明兑契小数钱一百吊整，其钱笔下交足不欠，自立契之后，任凭李姓任佃交租，用不与贾姓相干，如有亲族人等竞论，并不与李姓相干，此系二家情愿，各无反悔，恐后无凭，立兑契存照。

道光六年十二月初四日　立兑契人贾茂先

中说人：张旺

中见人：张发

代字人：陈玢（押“公正”合体字）

“天齐庙”位于老粮食局大楼后。“南岔子街”是平谷西关外主要大街，即西门外向南的斜街。北斜街叫“北岔子街”，因为二十世纪五十年代成为集市，北岔子街名消失。“出兑”是“退”的意思，因为是旗产，没办法买卖，只能用“退”“兑”类字眼表述。

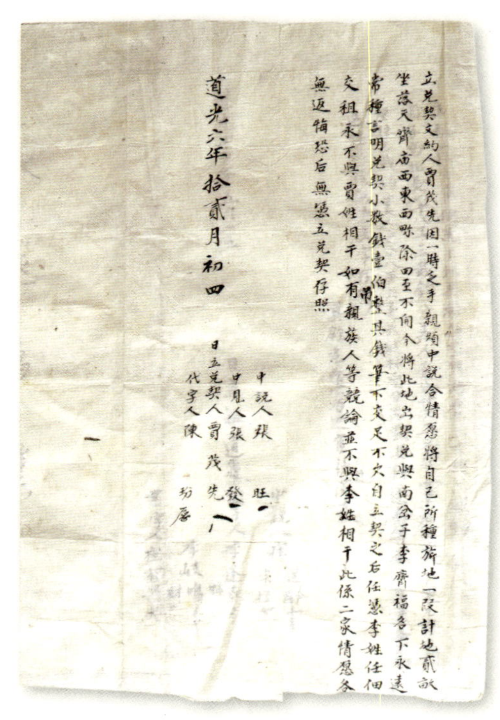
立兑契文約人賈茂先因一時乏手親煩中說合情愿將自己所種旗地一段計地貳畝
坐落天齊廟西東西畔除四至不開今將此地出契兑與南岔子李齊福名下永遠
常種言明兑契小數錢壹伯整其錢筆下交足不欠自立契之后任憑李姓任佃
交租永不與賈姓相干如有親族人等競論並不與李姓相干此係二家情愿各
無返悔恐后無憑立兑契存照
道光六年拾貳月初四 日立兑契人賈茂先
中說人張旺
中見人張發
代字人陳玢

道光六年（1826）建设街贾茂先契约

5. 道光二十九年（1849）谢君绂退地给谢君缨南岔子街天齐庙地契约：

立退地文约人谢君绂，今因乏手，亲烦说合情愿将自己承揽旗地一段，计地三亩，坐落天齐庙西窑南铧尖地，东西界，东南二至道，西至席姓，北至高姓，四至开明，出退与本族谢君缨名下永远承种，时值退价东钱一百零五吊，其钱笔下交足不欠，自退之后，任凭钱主自便，永远不与契主相干，倘有舛错，尽在说合一面承管，此系同众言明，两家情愿，各无返悔，恐后无凭，立退契存照。

每年任佃交租钱五千五百八十文。

道光二十九年十月十三日　立退契人谢君绂亲笔

中见说合：贾文英

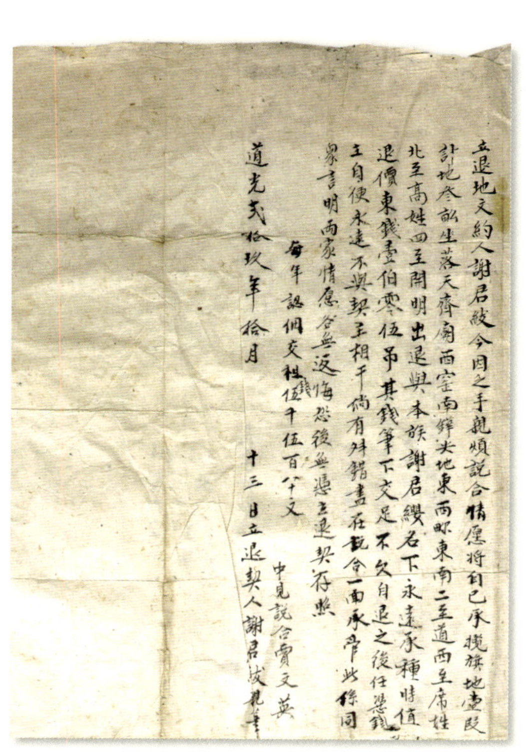
立退地文約人謝君紱今因乏手親煩說合情愿將自己承攬旗地壹段
計地叁畝坐落天齊廟西窑南鏵尖地東西畔東南二至道西至席姓
北至高姓四至開明出退與本族謝君纓名下永遠承種時值
退價東錢壹伯零伍吊其錢筆下交足不欠自退之後任憑錢
主自便永遠不與契主相干倘有舛錯盡在說合一面承管此係同
衆言明兩家情愿各無返悔恐後無憑立退契存照
每年認佃交租錢伍千伍百八十文
道光貳拾玖年拾月十三日立退契人謝君紱親筆
中見說合賈文英

道光二十九年（1849）谢君绂退地给谢君地契

6. 咸丰元年（1851）南岔子街田近财典黑水湾山地给南岔子街李歧林契约：

立文约人田进财，因一时乏手，情愿将自己山口地一段，坐落黑水关口外薄（此处缺十余字）坐落山梁，东至老河曹，西至西梁，四至开明，今立契典与赵各庄李岐林名下（此处缺字）人等言明，押地价钱四十吊整，其钱笔下交足，此地每年随代地粮三（此处缺字），地粮不交，地回本主如若，粮不他欠，其地自许至（置）主不种，不许去主拿回，内有老树不与李姓相干，望不自修，树木不与田姓相干。其地自典之后，并无别人争竞，如有争者，自有田姓承管，如若他粮不道（到），不许李姓外写，此系三面言明，恐后无凭，立押契存照。

内有老树十三科（棵）。

咸丰元年九月十八日　立押契人田进财

此契略残，但仍能见证现在园田队李姓是从赵各庄迁过来的。与这批契约一起，还发现了几张嘉庆五年的一场官司诉状，得知嘉庆元年（1796）赵各庄李逢祥过继给南岔子街姑姑家，即王典家，嘉庆五年因为继承问题发生一场旷日持久的官司（延续7年多）。同时还得知，嘉庆初年南岔子街王家与高家合营大车店，他们都是那里的老户。“不许李姓外写”，即不许李姓向外立契出卖或出典。

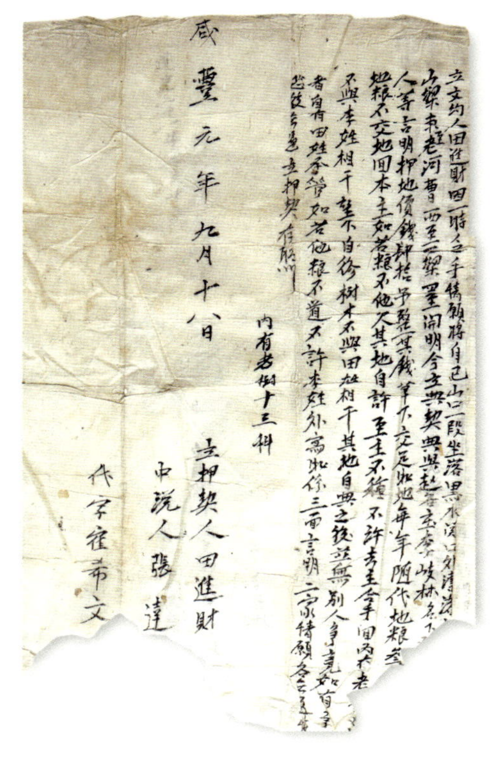

咸丰元年（1851）南岔子街田进财典地契约

7. 咸丰八年（1859）南岔子街王德顺退地给李麒福契约：

立退契文约人王德顺，因乏手亲烦中说情愿将祖遗于己养身地一段计地四亩，坐落陈家坟西，南北界，北至王姓，南至王姓，东至王姓，西至王姓，四至开明，内有坟墓五个，又一段计地五分，坐落南头，不过一角之远，东西界，南至荒坎，北至王姓，东至王姓，西至赵姓，四至开明，今立契退与李麒福名下永远为业。当面言明小数钱二百四十吊整，其钱笔下交足，分文不欠，自退之后，由置主自便，永不与业主增租长佃，亦无亲族人等争竞，如有人以坟墓生事者，尽在业主一面承管。此系三面言明，二家情愿，欲后有凭，立退契存证。

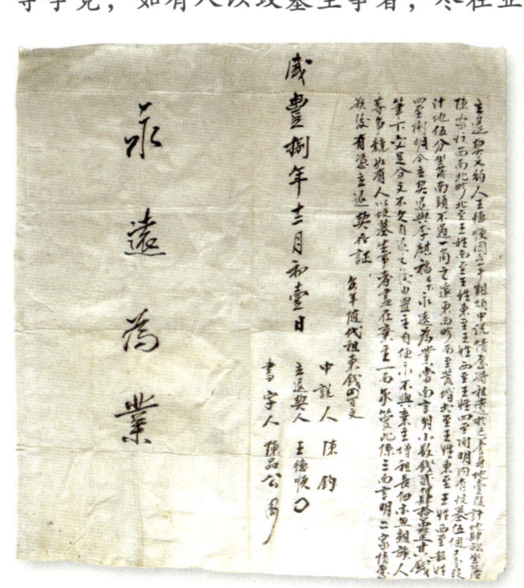

每年随代租东钱四百文。

咸丰八年十二月初一日　立退契人　王德顺

中说人：陈钧

书字人：陈品公（签字应为“一片清心”合体字）

永远为业

这块地应该是祖遗旗地，契文没有说清，“随代租钱”就是个证明。最后尾不应标“永远为业”，这样书写有违常规。

咸丰八年（1859）南岔子街王德顺退地契约

8. 同治二年（1863）南岔子街谢君缨退天齐庙地契约：

立退地文约人谢君缨，因为手乏，烦中说合情愿将自己所种旗地一段计地三亩，坐落天齐庙西窑南铧尖地，东西界，南至道，西至席姓，北至高姓，四至开明，今出退与李其福名下承种为业，时值小数钱一百四十吊，其钱笔下交完不致欠少，自退之后，任置主自便，永不与契主相干，此系二家俱愿，各无返悔，恐口无凭，立退契永远存照。

每年任甸（佃）交租钱六吊。

同治二年十二月十六日　立退契人谢君缨

说合人：孙启明

代字人：杨桂俊

“天齐庙西窑”是个小地名，即今慧慈医院西北侧，民国以前曾有土坎和古窑。“铧尖地”是常见的小地名，几乎所有村庄都有，意思是所述地块呈锐角等腰三角形，如同耕地的铧犁之尖状。

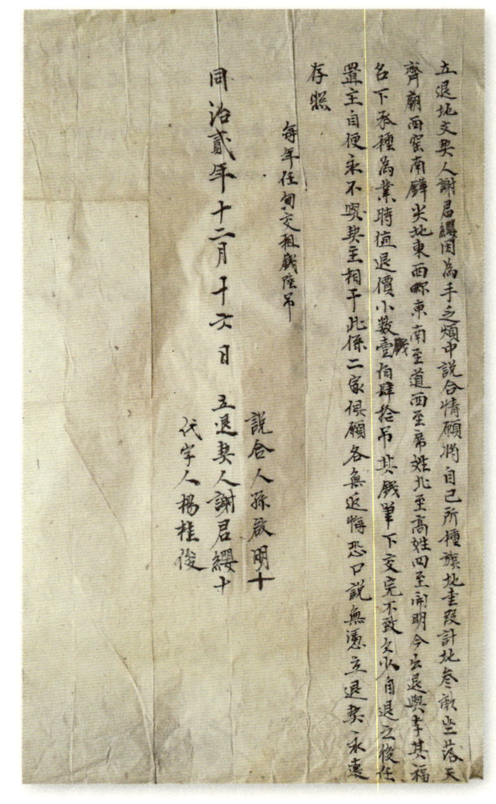
立退地文契人謝君纓因為手乏煩中說合情願將自己所種旗地壹段計地叁畝坐落天齊廟西窰南鏵尖地東西界南至道西至席姓北至高姓四至開明今出退與李其福名下承種為業時值退價小數錢壹伯肆拾吊其錢筆下交完不致欠少自退之後任置主自便永不與契主相干此係二家俱願各無返悔恐口說無憑立退契永遠存照

每年任甸交租錢陸吊

同治貳年十二月十六日　立退契人謝君纓十

說合人孫啟明十

代字人楊桂俊

■ 同治二年（1863）南岔子街谢君缨退地契约

9. 同治九年（1870）南岔子街王印立指地租借钱文书：

立指坟地旗租借钱文约人王印，原有祖坟开种坟荒地租每年租钱四百文，亩数四至俱有前契，因乏手，烦中说，今指坟地租借到李其福名下，东钱四吊整，其钱笔下交足不欠，自立字之后，言明日后归钱四吊方许每年王姓取租钱四百文，此系二家情愿，各无返悔，恐口无凭，立借字为据。

同治九年十二月十二日　立指租借钱人王印

中说、代字人：王盛基

“祖坟开种坟荒地”较为费解。王姓是平谷城内老姓，祖先曾在这里设立坟茔，因当时土地比较充裕，故坟茔占地面积较大，后来因坟地也要计亩纳税，于是将荒芜的坟地也垦荒耕种。“亩数四至俱有前契”是指土地面积及四至在原契上有明确记载。

■ 同治九年（1870）南岔子街王印立指地借钱文书

10. 民国十四年（1925）南岔子街李君儒当地给李君凤契约：

立当契文约人李君儒，因正用亲烦中说合，情愿将自己旗地一段，坐陈家坟西边，南北界，四至不开，今立当契本家李君凤明（名）下承种，言明当价东钱五百五十吊整，其钱笔下交清不欠，言明自当之后不拘年，秋成之后钱价併（备）齐，方许回赎。此系三面言明，二家甘愿，恐口无凭，立当契为证。

中华民国十四年二月十一日 立当契人 李君儒

中说、代笔刘凤池

“自当之后不拘年，秋成之后钱价併（备）齐，方许回赎”，意思是自这块旗地当出去以后，不论是哪一年，一定要等秋季庄稼成熟后，将原当价（即五百五十吊）交齐才能赎回这块地。

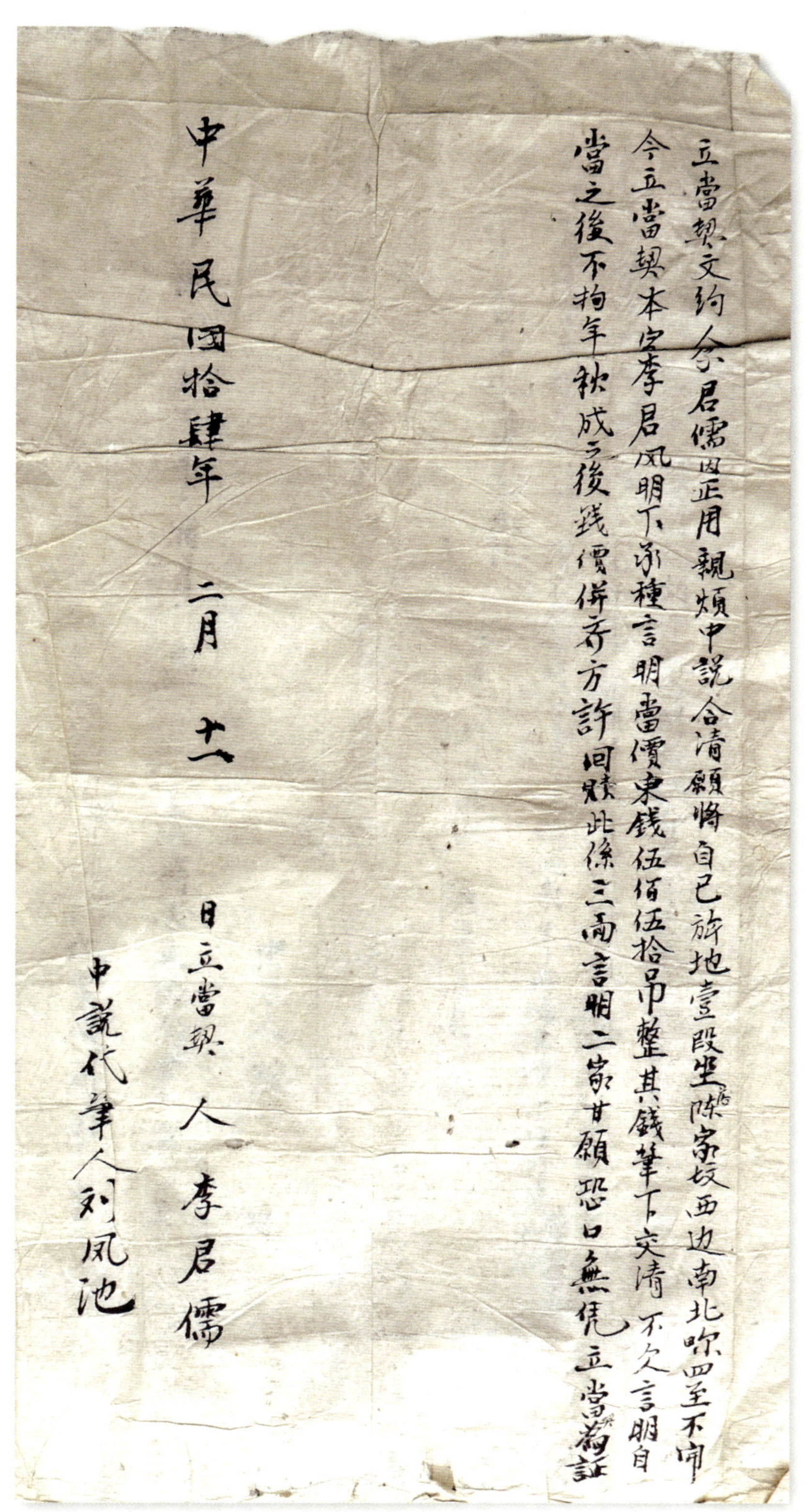

立當契文約人李君儒因正用親煩中説合情願將自己旗地壹段坐落陳家坟西边南北畍四至不開
今立當契本家李君凤明下承種言明當價東錢伍佰伍拾吊整其錢筆下交清不欠言明自
當之後不拘年秋成之後錢價併齊方許回贖此係三面言明二家甘願恐口無凭立當契為証
中華民國拾肆年 二月 十一 日立當契人 李君儒
中説代筆人刘凤池

民国十四年（1925）南岔子街李君儒契约

十五、张各庄陈家、林家契约

张各庄原名张家庄，至迟在金代就有此村名了，最初立庄可能缘于金代转运使张格（正三品），他曾指令下属巨构在平谷开山引水，丰富泃河水源，成就显著。他去世后葬于平谷城北。他的子孙在平谷城内居住，第三代后人选址县城东南四里立庄，称为张家庄。因为家族人口多，且多有功名者，认为是平谷风水好，于是自元代起其后裔又向西沥津迁移（西沥津村西部民宅处原是元代张伯道家族墓，有石人石马，并有石碑）。明初，张各庄的张姓进了县城，永乐年间被编为坊郭社第三甲。因家道殷实，在杨各庄、安固广置土地。此说没有查到准确记述，只从三河老县志记载的张格、巨构事迹结合平谷县志记载的张格及其后人墓葬，再根据西沥津、安固张家后人相传的故事推理得来。永乐年间移民时，杨姓在张各庄废墟重新立庄，不久朱姓也随之而来。宣德年间，安固贾姓因在张各庄村周边购置土地多，也分流一支迁居那里，而且百余年间贾姓人口占据第一。旧时有“羊（杨）一帮，猪（朱）一窝，不如贾家人口多”之说。

现在张各庄大姓为陈、贾、林、吕、赵等姓。陈姓清代是大户，先前在关外大凌河充皇家养马庄头，清顺治元年随龙来到京东，因内务府关系，受“艾满官”眷顾，在张各庄落足，占地百顷。为管理方便，与赵文学家结了干亲（赵文学叔父赵凤岐、侄子赵煜都是带地投充大户）。张各庄陈姓始迁祖为陈梦忠，其父陈弘和夫人佟氏生子二，长子梦忠，次子梦臣（到宣化府保安州任职），梦忠在平谷张各庄充当内务府皇粮庄头。梦忠早逝，夫人罗氏守寡，抚养幼子陈朗长大成人，官府为之建立牌坊和旌表（旧县志有载，时称张各庄为从龙旗庄）。陈朗和夫人金氏有巨幅真身画像传世至今。陈氏家族世代为皇粮庄头，到第五代陈继仲，弟兄八个，个个人高马大，身材魁梧，热心习武。陈继仲任庄头时，管账先生因私泄愤，将有问题的账簿抱到内务府举报，导致陈家被抄家，第六世陈慧只得以做小买卖为生计。时居住京都大兴府担任皇粮庄头的二姨家收租困难，商请姐姐派外甥过去帮忙，陈慧奉母命去了大兴，因“身高丈二”，豪气过人，很快将陈年旧账一一收回，二姨赏他 4000 两白银为酬。陈慧一支则因此迁到京南大兴居住，张各庄陈家也因此再度起家，七世祖陈万选又任庄头，八世祖陈九龄（行三）继任。到九世祖陈宝善，始创平谷耶稣教堂，1894 年初创于张各庄，1900 年义和团运动被烧毁，辛丑条约后在平谷建福音堂，由其五子陈让担任长老。画家陈克永即第十三世孙。陈克永八世祖陈贺龄迁居安固，十世祖陈柏云（陈克永爷爷），民国三年（1914）由安固村去了兴隆龙窝种山地，1936 年迁到洙水，父亲陈崇利，身高力壮，在生产队多年担任生产队长，陈克永 1976 年被北京师范学院（今首师大）招收入学，毕业后经几十年拼搏，现为国内驰名画家。

林家、吕家也因在陈家充当大佃户，相继落足张各庄。吕姓是乾隆末年由东鹿角迁来。林家尚未访清来源，应早于吕家。林家在家谱中记载始迁祖为林晓雨。下边隔几代到林福、林清。林清到了南太务。道光二十一年（1841）林福分家单：林福同子有和、有瑞、有庆、有芳、有荣……。据查契约上的名字，林福其上辈有林遇春、林得春、林富春等，可见也应在乾隆年之前就来此庄了。

1. 道光十年（1830）张各庄朱昌退地契：

立退契人朱昌，情因手乏愿将本身自置旗祖地一段五亩，系南北界，坐落张各庄门前，东西二至旗地，南至吕家坟，北至道，四至开清，烦说合情愿立契出退与安固庄何秉义名下承种。同面言明，退价小数钱一百四十吊整，钱契交换不欠。自退之后任凭置主更名自便，按亩交租，永不与契主相干，其中倘有亲族地邻人等争竞者，尽在契主与说合人一面承管。此系二家情愿，恐口无凭，立退契永远存照。

道光十年十二月初二日　立退契人朱昌

说合人：何智

书字人：魏焕文（一片清心）

此契包含了许多信息，首先证明张各庄旗地多，契约上呈现的都是旗地，二是证明朱姓很早就在张各庄立户了，三是证实张各庄有大门。旧时各村都有围墙，小村有两个门，大村有四个。“门前”一词在平谷多村小地名中都有出现，如太务门前，峪口门前等。那时村庄贫穷，大多只有正门的建筑较为正规，其余简易，甚至是用树枝编造的“稍门”。

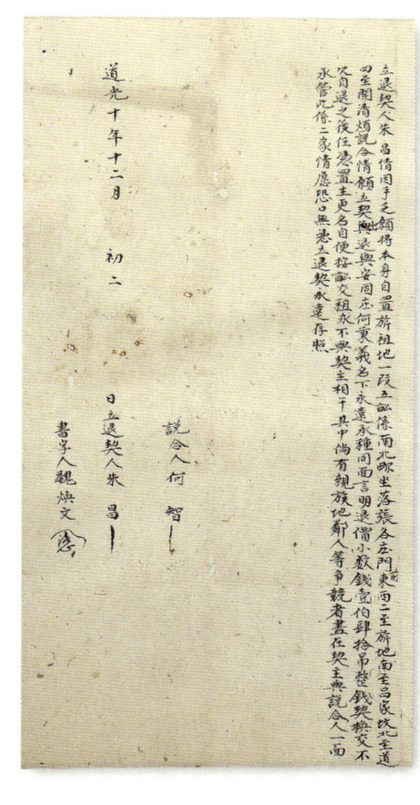
立退契人朱昌情因手乏銅將本身自置旗祖地一段五畝係南北畛坐落張各庄門前東面二至旗地南至呂家坟北至道四至開清煩說合情願立契出退與安固庄何秉義名下永遠永種同面言明退價小數錢壹伯肆拾吊整錢契換交不欠自退之後任憑置主更名自便按畝交租永不與契主相干其中倘有親族地鄰人等爭競者盡在契主與說合人一面承管此係二家情愿恐口無憑立退契永遠存照

說合人何智

道光十年十二月初二日立退契人朱昌

書字人魏煥文

道光十年（1830）张各庄朱昌退地契

2. 同治四年（1865）张各庄陈本退地契：

立退地契人陈本，情因乏手，原有本身自种旗地一段，计地三亩，坐落本庄河北赵家坟西，系东西界，东至赵家坟，西至横地，南至朱姓，北至林姓，四至开清，亲烦中说，愿将此地出退与本庄林富春名下为业，时值退价东钱一百二十吊整，其钱笔下交清不欠，言明自退之后，其地任从林姓自便，照数交租，永无契主相干，地内并无交易不清以及族人争竞，如有舛错，尽有契主中说承管，二家情愿，各无返悔，恐后无凭，立退契存照。

代交原租

同治四年十一月二十七日　立退契人陈本亲笔

中说人：廉玉山、刘宽

此退地契为陈家本户，原本是庄头大户，因嘉庆年间被抄家而败落，尽管到七世祖陈万选这辈又恢复了庄头地位，八世祖陈九龄继任，但无论是经济实力还是政治势力都远不如以前，且陈姓旁支越分越多，相当一部分分支逐渐成为一般民户，所以有“自种旗地”一说。“河北赵家坟”一词也有意义，赵家始迁祖坟在村西，有碑为证，上有“赵国金、赵国银”字样。据赵家后代说，河北（马各庄小河）赵家坟是后支派坟，始迁祖是明中期从平谷过去的。据查，顺治年间第一批带地投充大户就有赵家。陈家所拥有的的土地也正是赵家、平谷城内王家投充的土地最多。“陈本亲笔”说明陈家对文化比较重视，即使到了自种地境界，文化根基仍能显现出来。

同治四年（1865）张各庄陈本退地契约

3. 同治七年（1868）安固何姓退地给张各庄林有瑞文契：

立退契文约人何万仙、何万凤兄弟，实因艰难，原有祖遗旗地一段，计地五亩，坐落张各庄五道庙西，系南北界，南至吕家坟，北至道，东至贾姓，西至置主，四至开清，今亲烦说合立契退与张各庄林有瑞名下承种为业，时值退价东钱三百吊整，其钱同众即日使足不欠。自退之后，契主决无异说，其地任从置主任佃更名为业，何姓决无相干，倘有亲族地邻争竞情弊，尽在退主说合一面承管，不与置主相干。此系至公，两家甘愿，各无返悔，恐年远无凭，立退契为据。

随代原租

同治七年十一月廿七日　立退契人　何万仙、何万凤（十）

说合人：熊腾龙（十）

书字人：赵适宜（公心）

永远为业

“其钱同众即日使足不欠”是指退地价钱三百吊在签订本契时当众全数交付。“使足”是平谷东部民间常用语言，至今年岁大的村民仍管取钱或领钱称为“使钱”。“至公”是最公平之意，这里表示此契约是公允的。

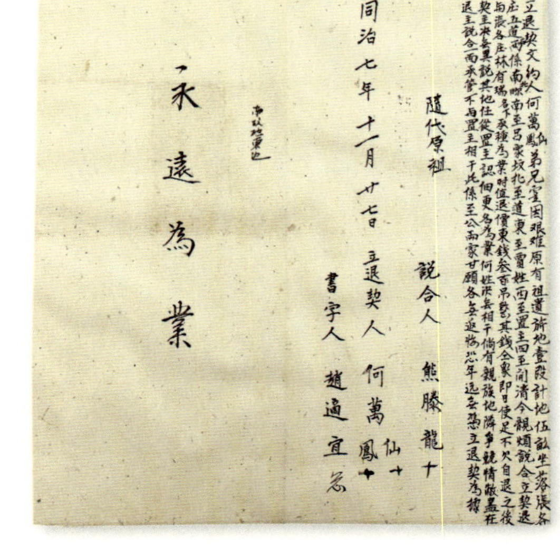
隨代原租

同治七年十一月廿七日　立退契人　何萬仙十　何萬鳳十

說合人　熊騰龍十

書字人　趙適宜

永遠為業

■ 同治七年（1868）安固何家退地契

4. 光绪七年（1881）张各庄陈九龄解决压租契约：

立压租文约人陈九龄，情因手乏，原有佃户种旗园房一处，坐落张各庄前街，计园九分，又计房二间，四至不开。因此房园被王尚德隐瞒，租尚不清，今被庄头陈九龄察出，理应追办，时庄头手乏，亲烦中人议定，将每年应交一吊五百文，今指此租压到佃户林富春名下，东钱十三吊整。其钱笔下使清不欠。自压租之后，倘有王姓搅扰及族人争竞、增租、夺佃等情，尽有庄头与中说人一面承管，不与林姓相干。言明来年如数清归，如不归还，以交抵利，各无狡赖等情，亦无返悔，恐口无凭，立压契字据存照。

光绪七年十二月二十一日　立压契人陈九龄

中说人：刘宽、陈峻一、吕廷元

书字人：林遇春

此契比较特殊，是庄头调解矛盾的字据。“压租”意思是压迫使之转租。本契说的是一位名叫王尚德的佃户承种村边一处旗产园房（即带有房产的园子，可种菜也可种粮），自从陈家恢复庄头地位之后，他家隐瞒不报，被新任庄头陈九龄察出，本应追查责任，因为没有退价能力（退原始承佃价钱），所以将强迫王姓将房园转佃给另一老佃户林富春名下，每年承佃的租金是一百五十吊。言明不许“王姓搅扰及族人争竞、增租、夺佃”。

■ 光绪七年（1881）张各庄庄头陈九龄处理王尚德压租契约

十六、孔城峪地契

1. 民国十年（1921）孔城峪齐庆林退地契约：

立退契地文约人齐庆林，因正用无钱使用，今将在册民地连段山坡坐落孔城峪南大块，四至开列于后，自烦中人说合，情愿今将此地出退与郭岐泉名下永远为业。同中言明，退价峪口镇市钱二千五百三十吊整，其钱笔下交足。立字之后，地许钱主自便，不许退主相干。言明并无有亲族人争竞，如若有人争竞者，有中保来人一面成（承）管。此系三面言明，二家甘愿，各无返悔，恐口无凭，立字永远存照。

四置（至）开清：东置（至）陈姓分水为界，西置（至）道为界，南置（至）山坡道为界，北置（至）道为界。

民国十年十月廿九日立字人齐庆林（凭心）

亲族人：齐德春（十）、齐振朝（凭心）、齐振起（德）

中保人：刘成

中见人：韩希海

代笔人：张秀菴（画公心）

永远为业

“峪口镇市钱二千五百三十吊”，说明当时货币通胀严重，而且地区之间存在很大差异。以前统称京东钱，和全国统一货币不一样，每吊的个数少于其他地区，到了清末民初，京东钱在京东各地也有明显差别，其中平谷集市钱每吊个数 280 枚，峪口镇才 250 枚。

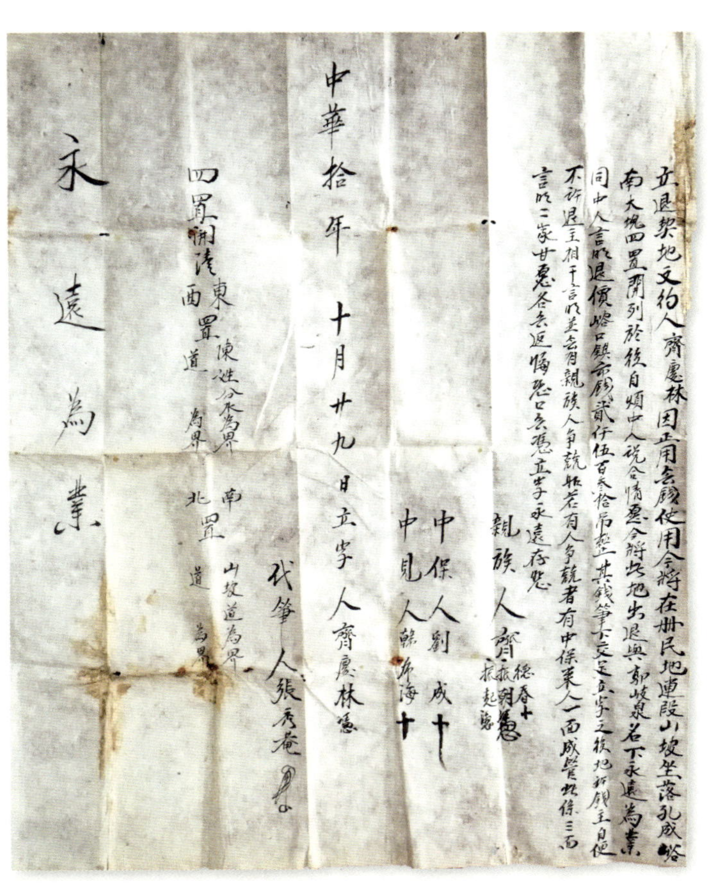
立退契地文約人齊慶林因正用無錢使用今將在册民地連段山坡坐落孔城峪
南大塊四置開列於後自烟中人說合情愿今將此地出退與郭岐泉名下永遠為業
同中人言明退價峪口鎮市錢貳仟伍百叁拾吊整其錢筆下交足立字之後地許錢主自便
不許退主相干言明並無有親族人爭競如若有人爭競者有中保來人一面成管此係三面
言明二家甘愿各無返悔恐口無憑立字永遠存照
親族人齊德春十 齊振朝憑 齊振起德
中保人劉成十
中見人韓希海十
中華拾年十月廿九日立字人齊慶林憑
代筆人張秀菴
四置開清東置陳姓分水為界 西置道為界 南置山坡道為界 北置道為界
永遠為業

■ 民国十年（1921）孔城峪齐庆林退地契约

2. 民国十一年（1922）孔城峪齐庆林退地契约：

立退契地文约人齐庆林，因正用无钱使用，今将在册民地连段山坡八亩坐落孔城峪南大块，四至开列于后，自烦中人说合，情愿今将此地出退与郭岐泉名下永远为业。同中人言明退价大洋五十二元整，其钱笔下交完不欠。立字之后地许钱主自便，不许退主相干。言明并无有亲族人争竞，如若有人争竞者，有来人、退主一面成（承）管。此系三面言明，二家甘愿，各无返悔，恐口无凭，立字永远执照。

每年随代钱粮银一钱二分

四置（至）开清：东置（至）陈姓，西置（至）道，南置（至）山坡，北置（至）道。

民国十一年　立字人齐庆林（凭心）

亲族人：齐德春（十）、齐振朝（凭心）、齐振起（德）

中保人：刘成

中见人：韩希海

代笔人：张秀菴（画公心）

民国十一年（1922）平谷孔城峪齐庆林退地契约

“在册民地”指在县衙有登记的民产土地。“连段山坡八亩”指的是小块山地相邻或相连，加在一起共八亩。“大洋”就是银元，常见有“袁大头”（袁世凯大头像）和“孙小头”（孙中山半身小头）两种。“来人”指签契约时的在场人。

3. 民国三十二年（1943）孔城峪郭继云典地契约：

立典契地文约人郭继云，因正用不足，今将祖遗受分民地两段，此地坐落庄东北坡，东头梨树一棵，西头杏树一棵，镐头地东至分水，西至把（坝）坎，南至坝坎，四至开清，自烦中人说合，情愿将此地典与郭廷贵名下承种，同中言明，典价国币四百元整，其洋笔下交清不欠，自典之后，以致来年惊蛰为满，钱到回赎，地为本主。此系两厢情愿，各无异说，恐口无凭，立字为证。

随代地亩二分五。

种七年许赎

民国三十二年十一月二十五日立字人郭继云（十）

中保人：郭宝忠（前）、郭继堂

“典契”即典当契约。“镐头地”即在原地边新开荒的薄地，多见于山区、半山区。“以致来年惊蛰为满”即到了下一年的惊蛰节为一满年。“种七年许赎”，即典出七年后方可回赎。回赎即交还四百元国币后土地使用权归还原主。

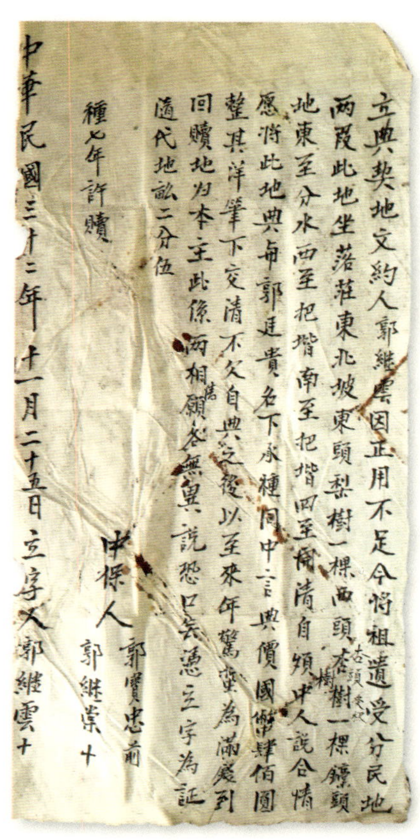
立典契地文約人郭繼雲因正用不足今將祖遺受分民地
兩段此地坐落莊東北坡東頭梨樹一棵西頭杏樹一棵鎬頭
地東至分水西至把壩南至把壩四至開清自煩中人說合情
願將此地典與郭廷貴名下承種同中言明典價國幣肆佰圓
整其洋筆下交清不欠自典之後以至來年驚蟄為滿錢到
回贖地為本主此係兩相願意無異說恐口無憑立字為証
隨代地畝二分伍
種七年許贖
中保人 郭寶忠前 郭繼棠十
中華民國三十二年十一月二十五日立字人郭繼雲十

民国三十二年（1943）孔城峪郭继云典地契约

4. 民国三十三年（1944）孔城峪郭继云退地契约：

立典契文约人郭继云，因正用不足，时将祖遗受分地一处，坐落孔城峪北坡两段二亩，东西界，东至分水界石，西至坝坎，南至坝坎，四至分清，自烦中说，情愿将此地出典与郭廷贵名下承种，言明典价大洋一千叁佰元整，其洋笔下交清不欠，列年随带钱粮秋租随契主种地人交纳，许置主种六年为限，过六年之后秋后洋到全价回赎。此系两家情愿，各无返悔，立字为证。

中华民国三十三年十一月二十五日典字人郭继云（十）

中说人：郭宝忠（前）、郭继堂（十）

代字人：齐庆堂（凭心）

“典价大洋一千叁佰元整”不是真的银元，而是纸币的数额。“随带钱粮秋租”指应缴纳给国家的地租由新契主交纳。

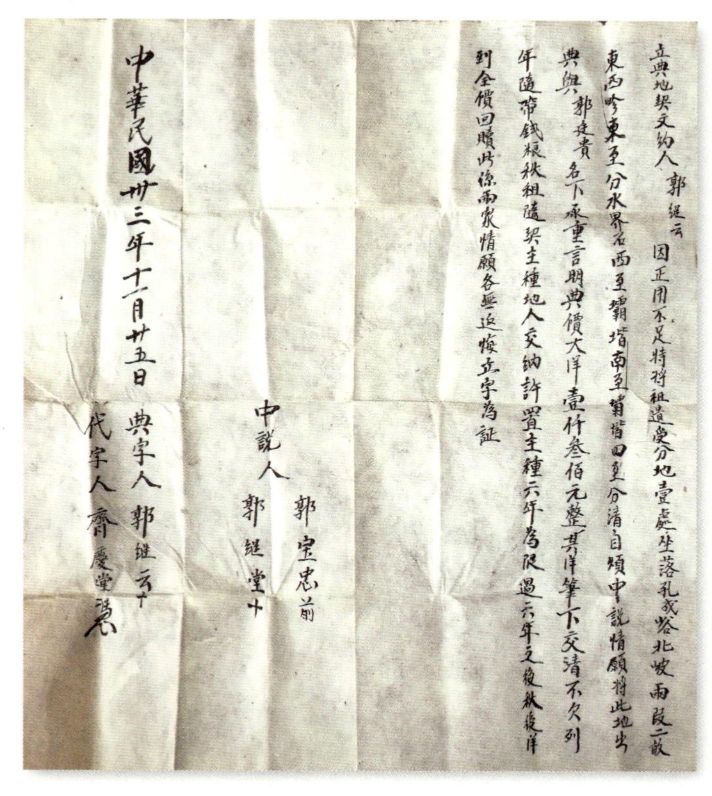

民国三十三年（1944）孔城峪郭继云退地契约

5. 1950 年孔城峪陈福德典地契约：

立典地契文约人陈福德，因正用不足，今将自置地一处坐落孔城峪村东边车往地西头一段，东西界，四至列后。自烦中人说妥将此地典与郭廷贵名下承种。同众言明，典价小米旧制老斗二十二量整，其米笔下交清不欠，种到秋后米到，全数赎回。此系三面言明，二家情愿，各无返悔，恐口无凭，立此典字据为证。

此地不拘亩数。

四至：东至张姓，西至荒坎，南至小道，北至河沟。地亩花契二亩一分整。

此系生地

1950 年旧历十一月十八立典字人陈福德（押）

中证人、中说人：韩振鹏（十）、韩振营（一）

代字人：郭继嵩（押）

这张典契契面加盖“粮契”木戳，说明是政府认可的。双方约定用小米，而且在约定中典主要求使用老斗，也暴露出市场上大斗小斗混用现象。“二十二量”即老斗二十二斗。

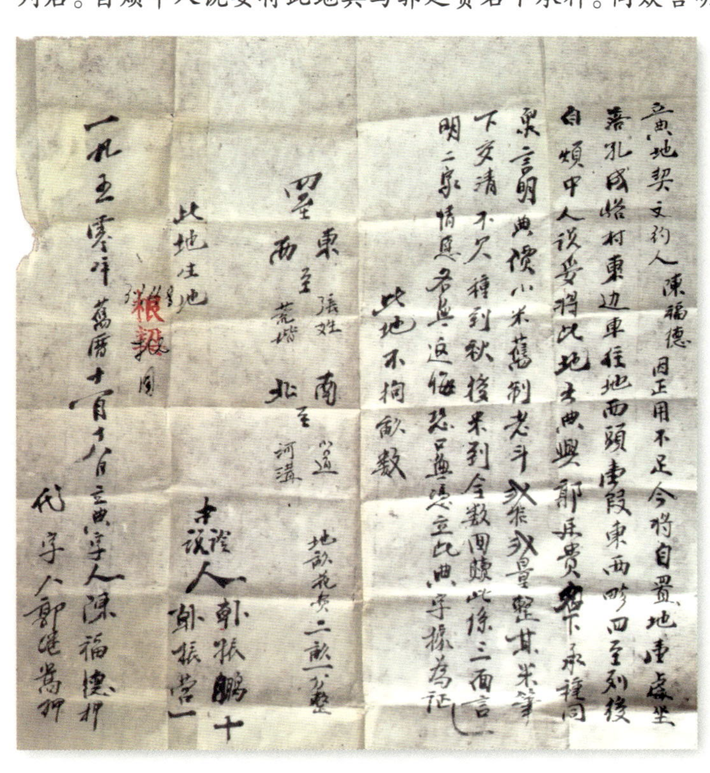

1950 年孔城峪典地契约

十七、稻地地契

稻地村因有大面积水稻田而得名。明徐明贞，隆庆五年（1571）进士，任工科给事中，曾上书倡导在郊区水灾常出现地区“兴修水利”，推广种植水稻。万历十三年（1585），他任尚室少卿兼监察御史，领垦田使，乃先治理京东水患，在多县开垦水田三万九千多亩，平谷的稻地、龙家务、马各庄、刘家河等地即在此际开垦出很大面积的稻田，稻地村即立庄于此，坊郭社崔姓、王姓、独乐社赵姓于万历二十年前后迁移而来，白姓清初期由小辛寨迁来，杨姓由杨各庄迁来。

1. 道光二十四年（1844）稻地崔家地契：

立卖契人堂叔崔景礼，因乏手烦人说合情愿将祖遗受分民地一段一亩半，坐落庄南上坎，东至官道，南至官道，西至张姓民地，北至置主，下坎顶西土岗齐，四至开明，今立契出卖与堂侄崔发名下永远为业。同中言明，时值卖价小数东钱五十吊整，其钱笔下交足不欠。自卖之后，过格（割）税契任凭买主自便，不许卖主相干。此系二家情愿，各无返悔，恐后无凭，立卖契存照。

道光二十四年十月十六 日立卖契人崔景礼

中见人：刘福成、张天禄

书字人：（崔景礼）亲笔

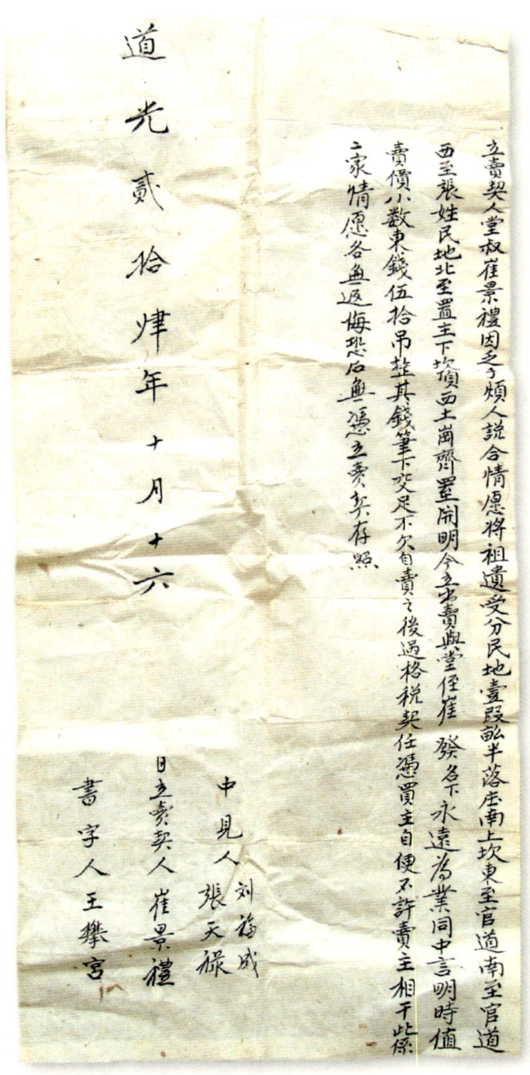
立賣契人堂叔崔景禮因乏手煩人説合情愿將祖遺受分民地壹段畝半落庄南上坎東至官道南至官道
西至張姓民地北至置主下坎頂西土崗齊四至開明今立契出賣與堂侄崔 發名下永遠為業同中言明時值
賣價小數東錢伍拾弔整其錢筆下交足不欠自賣之後過格税契任憑買主自便不許賣主相干此系
二家情愿各無返悔恐后無憑立賣契存照
道光貳拾肆年十月十六
中見人 刘福成 張天祿
日立賣契人 崔景禮
書字人 王攀宮

■ 道光二十四年（1844）稻地崔景礼卖地给堂侄崔发契约

2. 光绪十八年（1892）稻地崔富和卖地给崔俊地契：

立卖契坊一甲民人崔富和，因乏手亲烦中说合，情愿将祖遗民院一处，坐落本庄东街路南，南北长八丈七尺，东南节宽三丈三尺七寸，中节宽二丈二尺，北节宽一张九尺五寸，水行（西道），东至置主，南至置主，西至张姓，北至契主。告西边通官街伙道六尺宽，木土相连，树木石块俱同，四至开明，今立契出卖与坊一甲本庄民人崔俊名下永远承种。同众言明，卖价时值纹银九两整，其银笔下交足不欠。自卖之后，任凭置主过割钱粮税契，不与契主相干，其中并无舛错，亦无事雇（故）逼迫，毫无葛藤丝萝之说，如有亲族人等争竞者，尽在卖契一面承管。此系二家情愿，各无返悔，恐后无凭，立卖契永远存照。

光绪十八年十二月初二　日立卖价人崔富和（十）

中说人：郭秉贤（十）

书字人：张会贤（押“一片公心”合体字）

永远为业

稻地崔姓是一家，崔俊即前契崔景礼之子。崔姓原似为土著，明永乐年间在城内，编入坊郭社第一甲，清初一支去了赵各庄，一支去了东鹿角。稻地崔即清初由城关南街分流过来。此契说的虽是民院，但没有房子，当一般土地买卖。

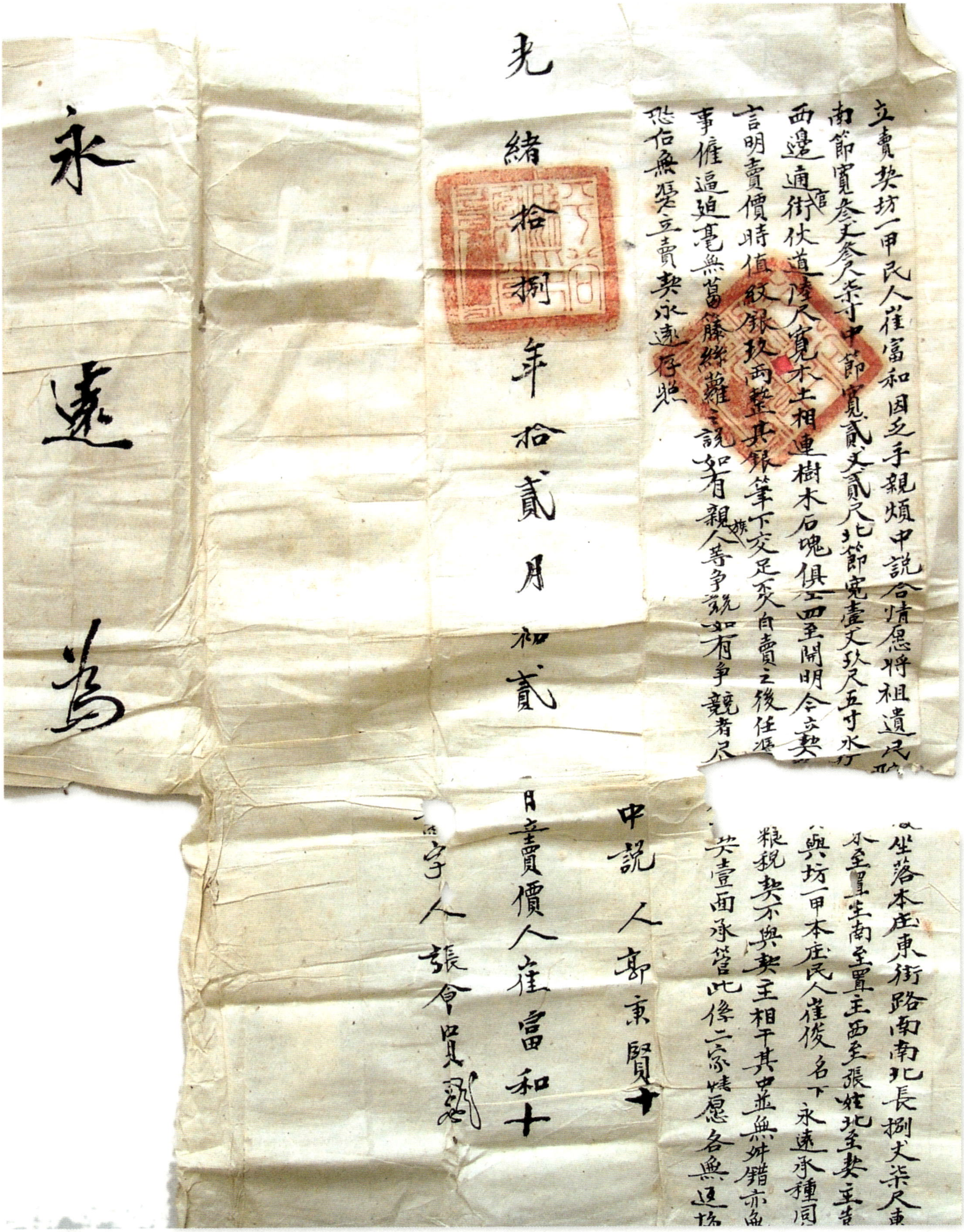

光绪十八年（1892）稻地崔富和卖地给崔俊地契

3. 宣统元年（1909）稻地王香桂退地契：

立退契文约人坊十甲民人王香桂，因手乏，亲烦中说合，愿将自己开荒旗地七段，计地四亩，坐落稻地庄东南大杨台，各界不其（齐），东至大坎，南至王姓地，西边北头至郭姓地，北至姜姓地，四至开明，今立契出名退与本庄坊一甲民人崔俊名下永远为业。同众言明，退价小数钱五百零二吊整，其钱笔下交足不欠。自退之后，言明任凭崔姓报粮，认佃交租，不与去主相干。其中并无舛错，倘有亲族争竞者，有来人与去主承管，并无置主、书字相干。此系二家甘愿，各无返悔，恐口无凭，立退契永远存照。

宣统元年十月初四日　立退契人：王香桂

中说人：张福恒（十）

代字人：王永清（好）

永远为业

“坊十甲”即坊郭社第十甲，说明稻地村王姓在明永乐年间大移民统编时被编为坊郭社第十甲，与胜利街王姓是一个家族。“开荒旗地七段”，说明旗地不都是好地，也有开荒地被纳入范畴，可见当年圈占之无情。“并无置主、书字相干”是个病句，意思是与卖主和代字人没有关系。

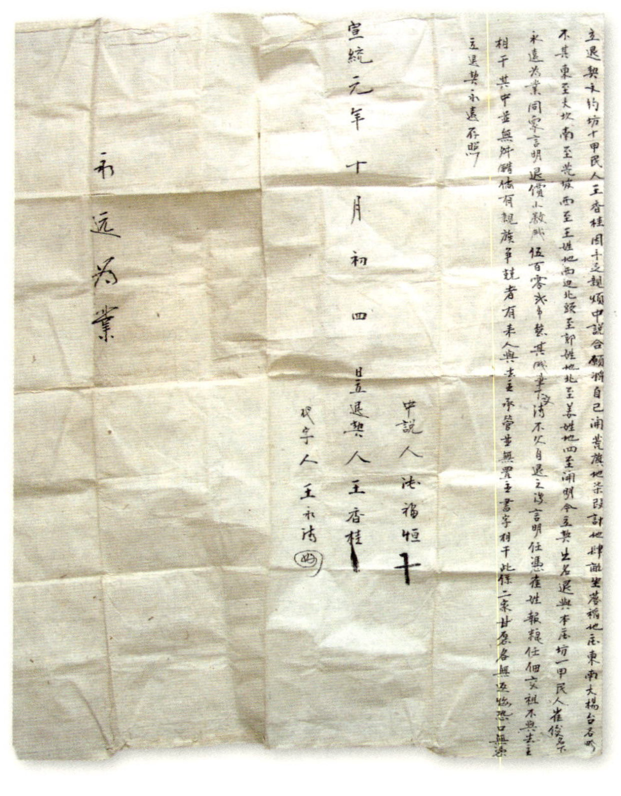
宣統元年十月初四日　立退契人　王香桂
中說人　張福恒　十
代字人　王永清
永遠為業

宣统元年（1909）稻地坊十甲王香桂退地给坊一甲崔俊地契

4. 宣统二年（1910）稻地赵姓卖地契：

立卖契文约人独三甲民人赵秉濬童（同）子赵桐，因父出门在外，母子度日难过，亲烦中人说合，愿将受分祖遗民地一段计地五亩，坐落稻地庄南上坎，南北界，东至置主，西至张、赵二姓地，南至置主，北至张姓，四至开清，今立契出名卖与坊一甲民人崔俊名下永远为业，同众言明，卖价纹银六十两整，其银当面银契两交不欠。自卖之时，同众言明，任凭置主过粮税契，不与去主相干，其中并无舛错，倘有亲族人等争竞者，有来人与去主一面承管，并无置主与书字人相干。此系同众言明，二家甘愿，各无返悔，预后有凭，立契永远为业。

宣统二年十一月二十五日　立卖契人赵桐（中）

中见人：张奇儒、张芳、张魁

出名人：赵秉才（贞）、赵秉彝（公），赵秉诚（平）、赵秉文（十）

代字人：王永清（好）

永远为业

“独三甲”指的是稻地赵姓在明永乐年间大移民统编时被编入独乐社第三甲，由此可证稻地的赵姓是由独乐河迁过去的。

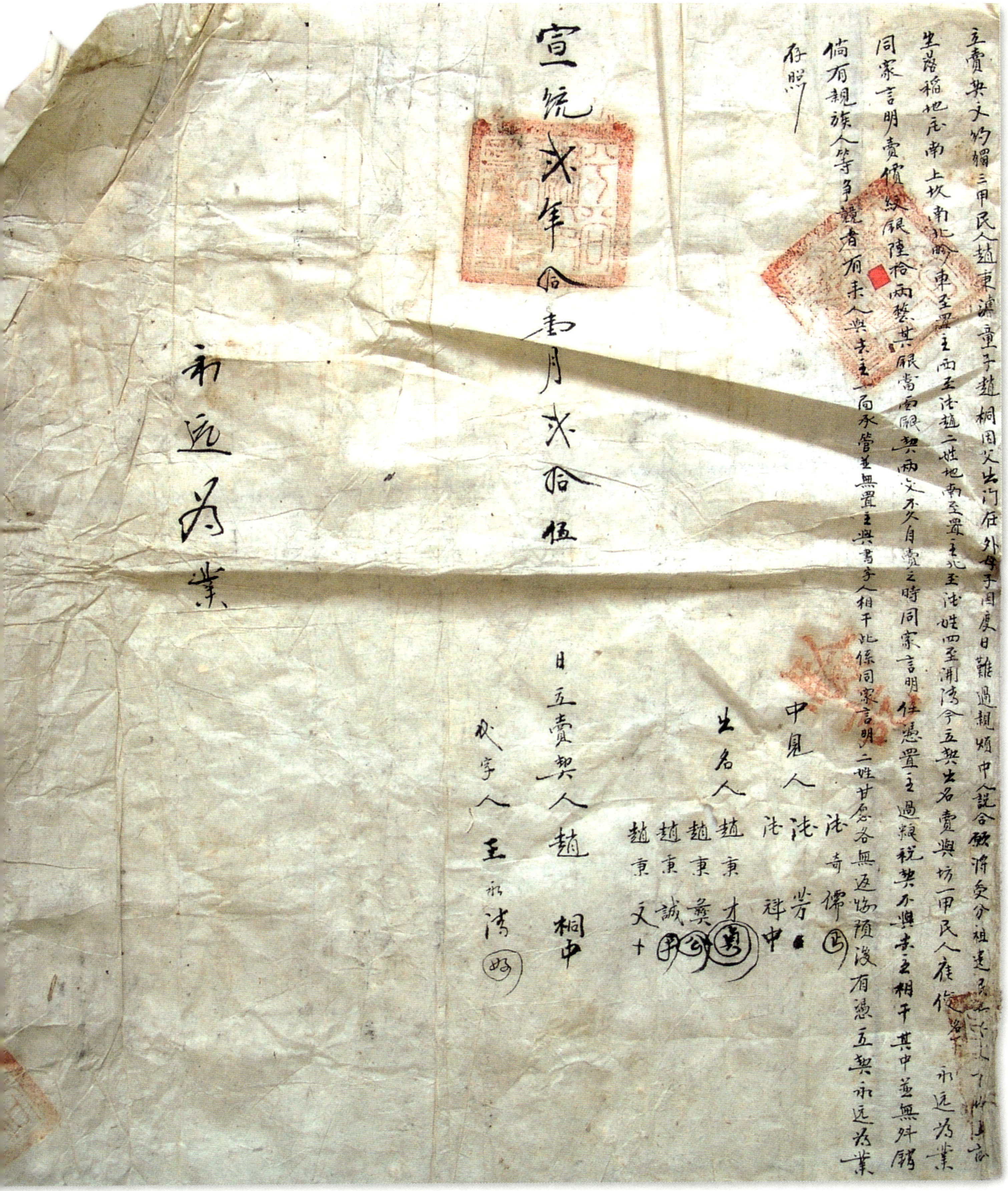
立賣契文約[illegible]三甲民人趙東源童子趙桐因父出门在外母子困度日難過親煩中人說合願將受分祖遺[illegible]
坐落稻地庄南上坎南北畛東至買主西至沈趙二姓地南至買主北至沈姓四至開清今立契出名賣與坊一甲民人崔俊名下永遠為業
同家言明賣價紋銀陸拾兩整其銀當面親契兩交不欠自賣之時同家言明任憑買主過糧稅契不與賣主相干其中並無外債
倘有親族人等爭競者有賣主一面承管並無買主與書字人相干此係同家言明二姓甘愿各無返悔預後有憑立契永遠為業
存照

宣統弍年拾壹月弍拾伍日 立賣契人 趙桐 中

中見人 沈奇儒 沈芳 沈祥中

出名人 趙東才 趙東彝 趙東誠 趙東文

書字人 王永清

永遠為業

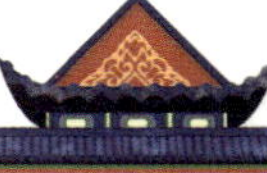

■ 宣统二年（1910）稻地坊一甲民人崔家地契

5. 洪宪元年（1916）稻地李家退地契：

立退地文约人李门贾氏同子石头，因手乏，烦人说合，情愿将自己旗地各段不齐，计地三亩，坐落稻地庄南马蹄峪子，东西南北界，东至张姓地，西至张姓地，南至山岭，北至山岭，四至开明今立契出退与本庄张荣名下永远为业。同众言明，退价东钱三百七十吊整，立契之时，钱契两交，并不短欠，其中并无舛错，亦无亲族人等争竞，倘有争竞者，有去主中人一面成（承）管，不与置主相干，任凭置主更名任佃，交租四吊，不与去主相干。此系二家甘愿，各无返悔，恐口无凭，立退契永远存照。

洪宪元年正月廿四日　立退契人李门贾氏同子石头

中说人：郭顺、张芳

代字人：贾瑞恒（正）

永远为业

“洪宪元年”即袁世凯复辟称帝年号。1912 年袁世凯因斡旋清廷与南方起义军关系，逼迫清廷退位而当上了中华民国临时大总统，1913 年镇压孙中山的“二次革命”之后，当选正式大总统。但他对此仍不满足，觊觎过一过“皇帝”瘾，1916 年 1 月 1 日举行登基大典。然而，孙中山、梁启超等人坚决反对帝制，北洋将领段祺瑞、冯国璋等也深为不满。1915 年 12 月 25 日蔡锷、唐继尧等在云南宣布起义，发动护国战争，讨伐袁世凯。贵州、广西相继响应，1916 年 3 月 22 日袁世凯被迫宣布退位，5 月下旬袁世凯忧愤成疾，1916 年 6 月 6 日，袁世凯因尿毒症不治而亡。年号“洪宪”原意是弘扬宪法。由于“洪宪”年号是特殊时代的产物，因而带有“洪宪”年号的物品很少，这份地契也就是这场闹剧留下来的实物。

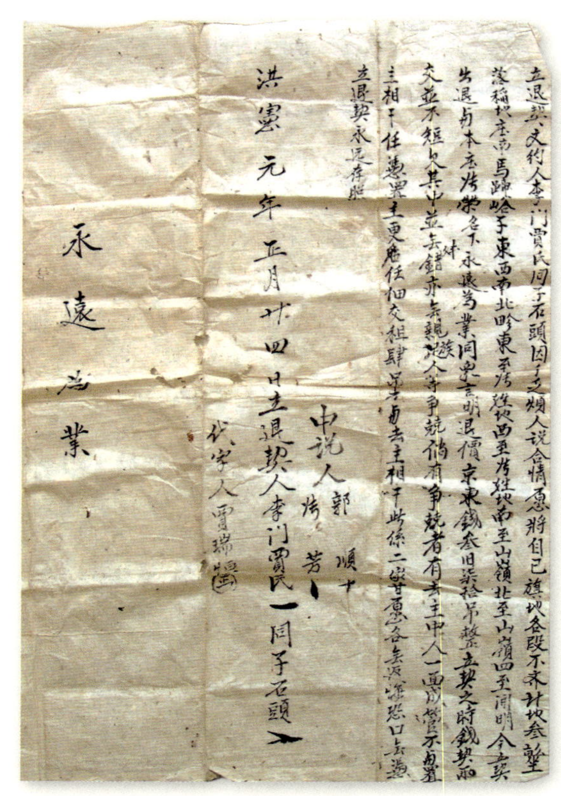

洪宪元年（1916）稻地李门贾氏退旗地给张荣契约

6. 民国三十二年（1943）稻地张纶卖地给崔全地契：

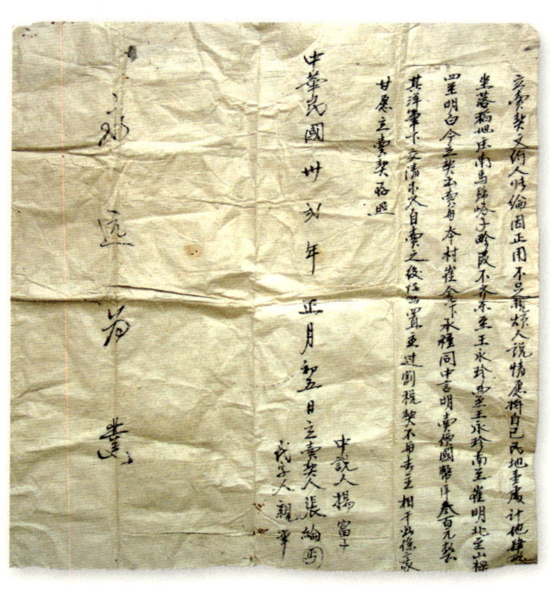

民国三十二年（1943）稻地张纶卖地给崔全地契

立卖契文约人张纶，因正用不足，亲烦人说，情愿将自己民地一处计地四亩，坐落稻地庄南马蹄峪子，界段不齐，东至王永珍，西至王永珍，南至崔明，北至山梁，四至明白，今立契出卖与本村崔全名下承种。同中言明，卖价国币洋三百元整，其洋笔下交清不欠。自卖之后，任凭置主过割税契，不与去主相干。此系二家甘愿，立卖契存照。

中华民国三十二年正月初五日　立卖契人张纶（正）

中说人：杨富（十）

代字人亲笔

永远为业

十八、周庄子地契

周庄子周家是立庄户，清顺治年间应中桥陈家之约在此立庄，帮陈家收地租。始迁祖为周尚文，到周明智这辈十四辈。陈粮屯也如此，初为陈家收租屯粮之处，不久因看管粮仓而招募四户立庄。周庄子地契仅发现民国三十二年件：

立焕（换）契文约人周景赐、周景稳，因本庄南两家有民地两段，东西界换成南北，四至分清，周景赐换西头，东西宽八丈一尺，南北长八丈，周景稳换东头，东西宽八丈一尺，南北长八丈，南头留官过道八尺公走，许西旺（往）东走，不许东旺（往）西走，西家此地十六丈二尺之外作为官街道，养树木归东头，旺（往）后两家修房西头修东相（厢）房留一尺，东头修西相（厢）房留一尺，两家谓（为）地事不作天勾（沟）。此系三面言明，两家情愿，各不返悔，恐后无凭，故立焕（换）契文约永远为证。

中华民国三十二年四月十二日

立字人：周景赐、周景稳亲笔（忠）

中见人：周景荣、周景贵（十）

平谷民间旧地契中调换约极少见。从内容看，此地紧邻村，有望成为宅院，为双方方便计，协商调换，将原两家的长条地切裁互补成方形地，为此而达成的契约。契约为周景稳本人书写，因不常写，别字较多，但意思表述明确无误。查家谱，周景稳为大门三派十世祖。周景赐为三门二派十世祖。周景荣为大门长派十世祖。

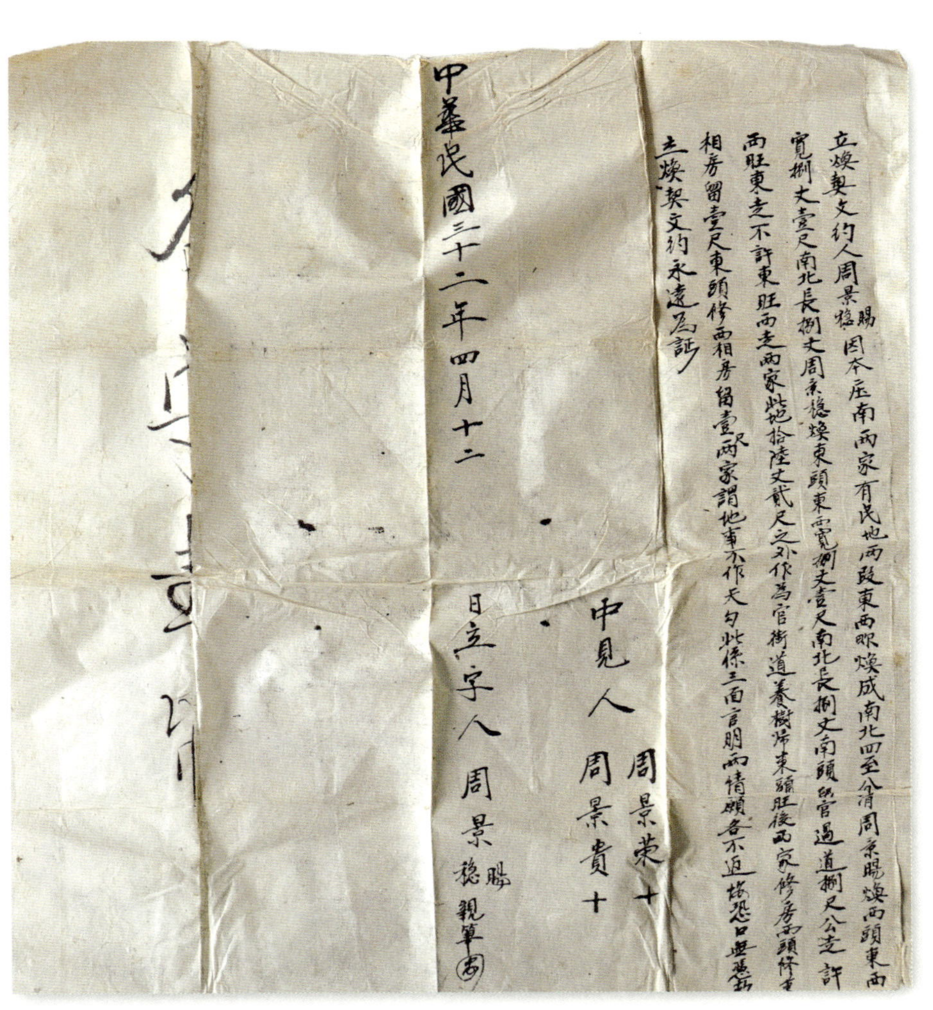
立煥契文约人周景穩賜因本庄南两家有民地两段東西畍煥成南北四至分清周景賜煥西頭東西寬捌丈壹尺南北長捌丈周景穩煥東頭東西寬捌丈壹尺南北長捌丈南頭留官過道捌尺公走許西旺東走不許東旺西走西家此地拾陸丈貳尺之外作為官街道養樹歸東頭旺後西家修房西頭修東相房留壹尺東頭修西相房留壹尺两家謂地事不作天勾此係三面言明两情願各不返悔恐口無憑立煥契文约永遠為証

中華民國三十二年四月十二日

立字人 周景穩賜親筆（忠）

中見人 周景荣 十 周景貴 十

民国三十二年（1943）周村周家十世祖周景赐换地契约

十九、西鹿角地契

西鹿角为平谷古村，但在村内仅见到贾家一份地契。

民国二十六年（1937）西鹿角贾茂、贾俊升卖地契：

立卖地契文约人贾茂同侄俊升，因正用无钱，自烦中人说合，情愿将祖遗民地一段二亩，坐落河南大扇东头，东西畛，东至东道，西至置主，南北俱至贾姓，四至开明，今立契出卖与胞弟贾林名下永远为业。同众言明，卖价大洋玖拾元整，其洋笔下交清不欠。自卖之后，并无私债折准逼迫等弊，如有葛藤舛错与亲族人等争论者，有去主一面承管，与置主无涉。此系三面言明，二家情愿，各不返悔，恐口无凭，立卖契永远存照。

中华民国二十六年阴历九月二十三日 立卖契人：贾茂、贾俊升（十）

中说人：张敬修（清心）、张敬铭（清心）

贾贵升（十）

书字人：张敬舆（一片忠心）

永远为业

西鹿角贾姓有两支，一支为明初永乐年间由山东迁来，编入“鹿角社第三甲”，另一支清初由齐各庄迁来，辛寨社第七甲。“河南”指的是泃河南岸，“大扇”是说大块地。因为那块地既平又大，民间口语以“大扇”形容。大块肉也说“大扇肉”。“葛藤”说的是没有什么牵挂。“葛藤”是藤蔓类植物，生于丘陵地区的坡地上或疏林中，攀附于灌木或树上，藤蔓可长达百米。

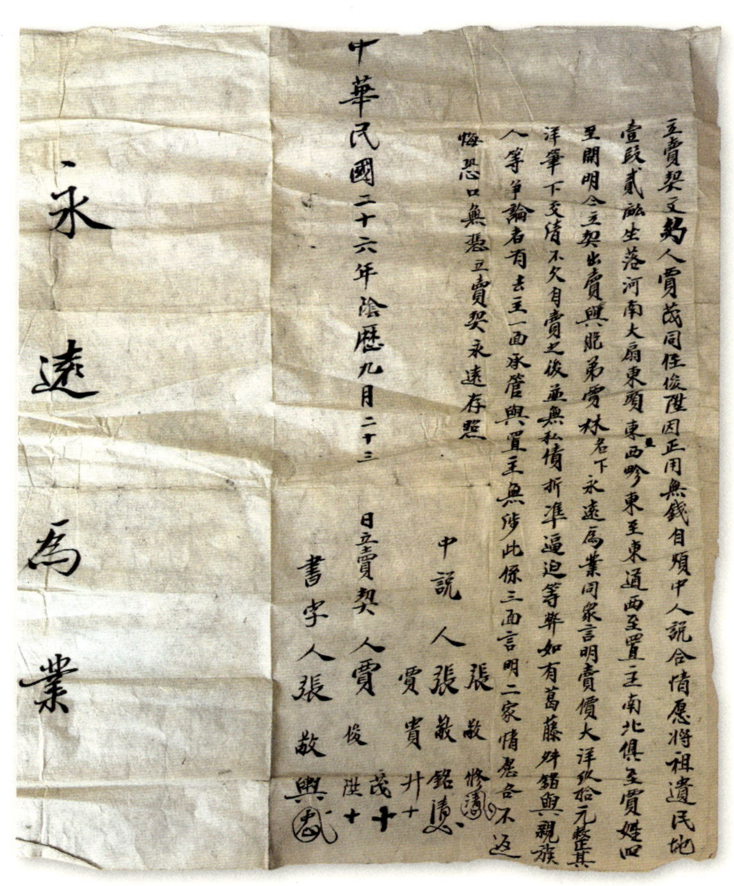
立賣契文約人賈茂同侄俊陞因正用無錢自煩中人說合情愿將祖遺民地壹段貳畝坐落河南大扇東頭東西畛東至東道西至置主南北俱至賈姓四至開明今立契出賣與胞弟賈林名下永遠為業同衆言明賣價大洋玖拾元整其洋筆下交清不欠自賣之後並無私債折準逼迫等弊如有葛藤舛錯與親族人等爭論者有去主一面承管與置主無涉此係三面言明二家情愿各不返悔恐口無憑立賣契永遠存照

中說人 張敬修 張敬銘 賈貴升十

中華民國二十六年陰歷九月二十三日立賣契人賈茂十 俊陞十

書字人張敬輿

永遠為業

民国二十六年（1937）西鹿角贾家地契

二十、峪口地契

光绪十八年（1892）峪口陈旺兑地契：

文约人陈旺，因乏手今将自置老租地一段，不拘亩数，坐落西上台，东北界，东西至坎，南至坎，北至本姓，四至之内自烦中说情愿将此地出兑与刘福名下永远为业。同仲（中）言明，兑价东钱九十六吊整，其钱笔下交足不欠，年例代交秋租钱一吊文，立兑契之后，土木相连，金石在内，任凭置主交租自便，永远不与陈姓相干，并无争竞，如有争竞，有兑主中人一面承管。此系两家情愿，各无返悔，恐口无凭，立兑契为证。

光绪十八年十一月廿三日 立兑契文约人陈旺（十）

中说人：陈兴、李长海、陈才（十）

代字人：萧彦（平心）

由附带的民国三年（1914）京兆财政分厅颁发的新契纸可知，当时峪口属于怀柔县属地。

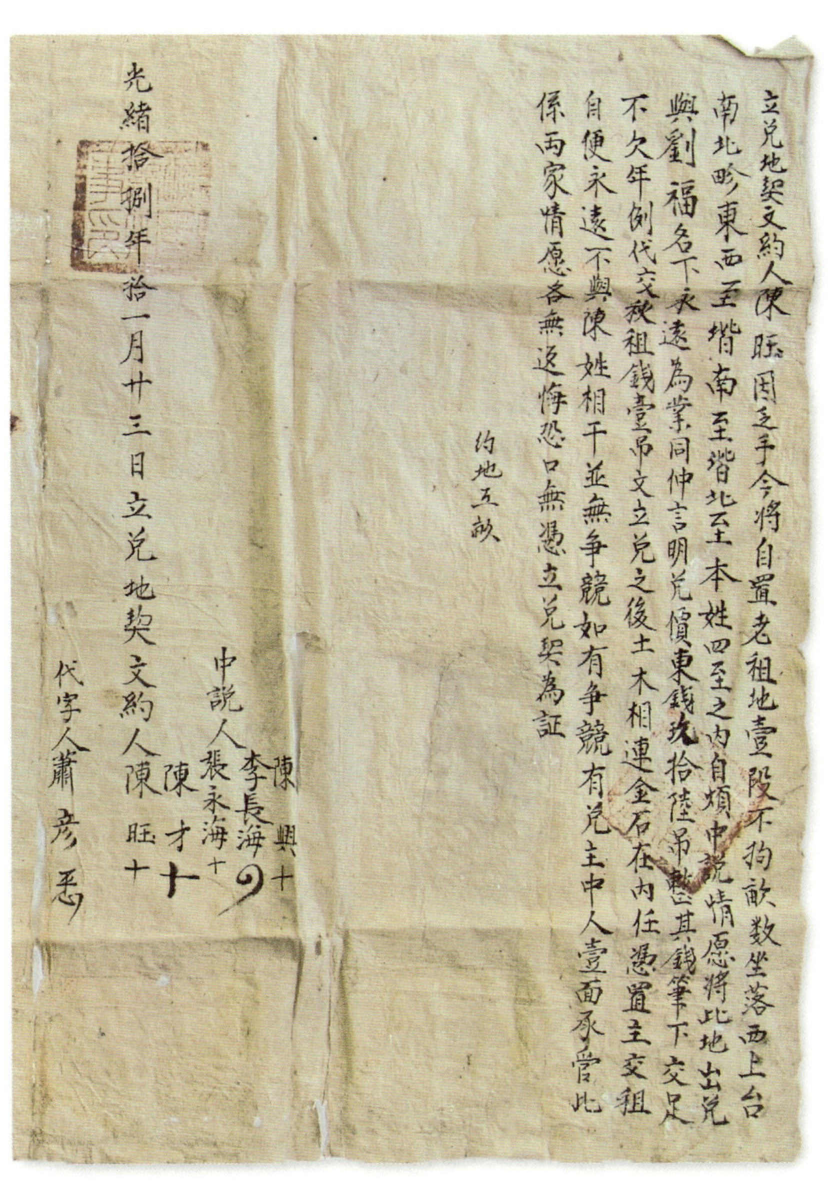
立兑地契文約人陳旺因乏手今將自置老租地壹段不拘畝数坐落西上台
南北畛東西至堦南至堦北至本姓四至之内自煩中説情愿將此地出兑
與劉福名下永遠為業同仲言明兑價東錢九拾陸吊整其錢筆下交足
不欠年例代交秋租錢壹吊文立兑之後土木相連金石在内任憑置主交租
自便永遠不與陳姓相干並無争競如有争競有兑主中人壹面承管此
係两家情愿各無返悔恐口無憑立兑契為証
約地五畝
光緒拾捌年拾一月廿三日立兑地契文約人陳旺十
中説人 陳興十 李長海 張永海十 陳才十
代字人蕭彦

■ 光绪十八年（1892）峪口庄户陈家地契约

二十一、鱼子山地契

鱼子山古称鱼山，因这一带岩石有类似鱼籽样东西而得名，其实数亿年前这一带是海洋，沉积岩在被抬升过程中间有夹杂物所导致。

1. 光绪十九年（1893）鱼子山范玉儒卖地契：

立卖民地文契人范玉儒，因手乏亲烦中说，情愿将自置民坡地树（数）处，坐落水长峪北沟东坡西沟，东至到顶，西至水泉，南至分水梁，北至水归口，四至开明，土木相连，今立契出卖与鱼子山尹尚义名下承种。言明卖价东钱十八吊整，其钱笔下交完不欠。自卖之后，并无舛错，同众言明，各无返悔。恐后无凭，立字永远存照。

每年随代租钱五成。

光绪十九年腊月二十八日立卖契人范玉儒（和）

中说人：王兴贤（十）

书字人：王景峰（凭心）

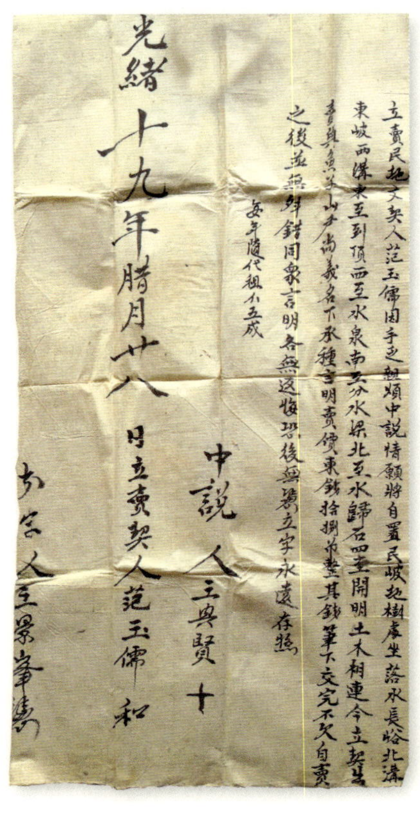

光绪十九年（1893）鱼子山范玉儒卖地契

2. 民国二年（1913）鱼子山祥云寺和尚月镜卖地契约：

立卖地契文约人祥云寺月镜因乏手，自烦中说情愿将本寺祖遗山坡地一处一段，坐落前寺西坡，界段不齐，土木相连，东下至北节至坎楞，南节下至坝根，西上至北节至道，南节至小窝棚为齐，有界石可凭，南至坟边，北至小岩嘴，西上节至坎根，至段开清，今立契出卖与本村周永福永远为业。言明卖价东钱一千吊整，其钱笔下交足。自卖之后，并无舛错，如有舛错，尽在本寺僧人中说承管。此系同中言明，各无返悔，恐口无凭，立字为证。

每年随代香祖钱一吊

西南有伙道

民国二年旧历壬子年十二月廿七日　立卖契人月镜

中说人：王立先、王秀塘、马得林

书字人：蔚汉儒（“一片公心”合体字）

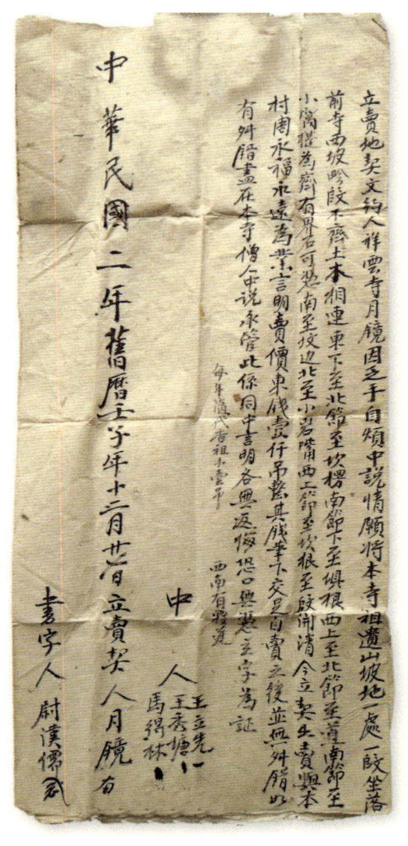

民国二年（1913）鱼子山祥云寺和尚月镜卖地契约

3. 民国五年（1916）鱼子山王兴卖地契：

立卖地契文约人王兴，因一时手乏，亲烦中人说合，情愿将自置民地一段，坐落祥岚寺北台，东至界石，西至坝根，南至界石，北至坝根，四至明白，北面东西五丈五尺长，南北七丈宽，下面五丈，四至尺丈俱已明白，土木相连，今立契本村人王珍名下永远为业。言明卖价东钱一百七十吊整，其钱笔下交足不欠，自卖之后，任凭置主修盖房屋栽养树株自便，不与契主相干，并无争竞舛错，如有舛错者尽在契主中人一面承管，不与置主相干。此系三面言明，二家情愿，各无返悔，恐口无凭，立卖契永远存照。东南有六尺伙道通街。

每年随带钱粮钱一百文

中华民国五年十二月十六日立卖契人王兴

中说人：李永祥（十）

代字人：王得恒（公心）

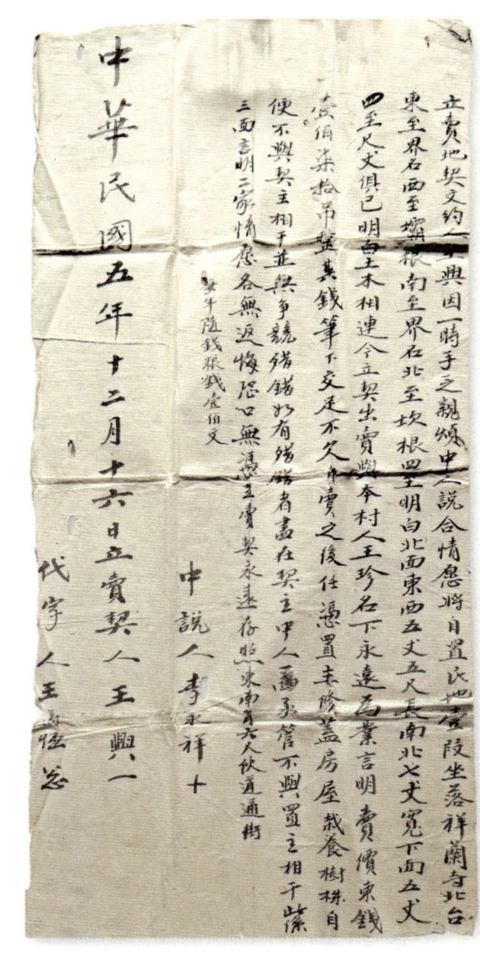

民国五年（1916）鱼子山王兴卖地契

4. 民国七年（1918）鱼子山牛德丰卖地契：

立卖民山坡地契文约人牛德丰，因一时手乏，亲烦中人说合，情愿将自己受分山坡地一处，坐落庄北道沟北坡，有草房三间，碾子一盘，东至道，西至界石，上至到顶，下至河槽，四至开清，今立契出卖与本村周永福名下为业。言明卖价东钱三百四十吊整，其钱笔下交足不欠。自卖之后，任凭置主栽种自便，不与契主相干，并无争竞舛错，如有争竞舛错者尽在中说契主一面承管。此系三面言明，双方认可，恐后无凭，立卖契永远为证。

每年随带钱粮钱一百文

土木俱在契纸之内

中华民国七年十一月初二日　立卖契人牛德丰

中说人：于万有（十）、牛从茂（十）

书字人：王世麟（押）

此契书法甚好，尤其落款中年月，如行云流水。

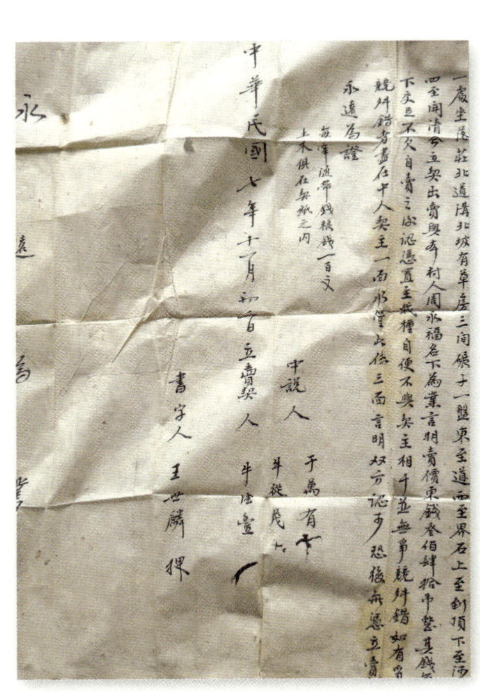

民国七年（1918）鱼子山牛德丰卖地契

5. 民国十一年（1922）杨景泰退旗地契约：

立退旗地文约人杨景泰，因乏手亲烦中说，愿将祖遗旗地一段，计地三亩，坐落峨嵋山西丁家坟西边，南北界，东至丁姓，西至荒坎，南至坝墙在内，北至坝根，四至开清，土木相连，今立退契出退与鱼子山庄王景明名下承种，言明时值退价东钱一千零三十吊整，其钱笔下全交不欠。自立退契之后，任凭置主认佃交租，修养树木，其中并无亲族人等争竞舛错之事，如有舛错者尽在中说与去主一面承管。此系三面言明，二家情愿，恐口不凭，立退契永远为业。

随交原地组银三钱六分

此地祖遗并无老契

内有厥坟六座，许八（扒）不许葬。

中华民国十一年正月二十六日 立退旗地文约人杨景泰（平）

中说人：张书廷、张显斋

书字人：（杨景泰）亲笔

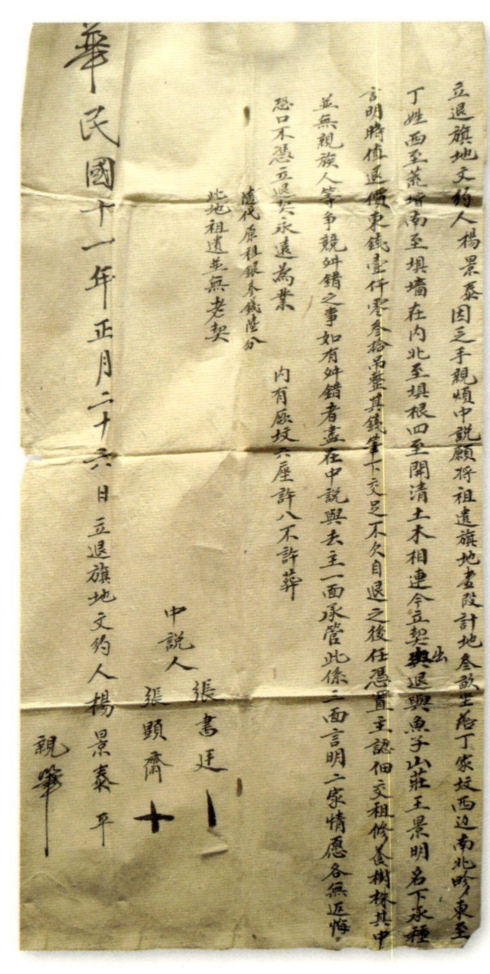
立退旗地文約人楊景泰因乏手親煩中說願將祖遺旗地壹段計地叁畝坐落丁家坟西边南北畛東至丁姓西至荒坎南至垻墻在內北至垻根四至開清土木相連今立退契出退與魚子山莊王景明名下承種言明時值退價東錢壹仟零叁拾吊整其錢筆下交足不欠自退之後任憑置主認佃交租修養樹株其中並無親族人等爭競舛錯之事如有舛錯者盡在中說與去主一面承管此係三面言明二家情愿各無返悔恐口不憑立退契永遠為業

隨代原租銀叁錢陸分

此地祖遺並無老契

內有厥坟六座許八不許葬

中說人 張書廷 張顯齋

中華民國十一年正月二十六日立退旗地文約人楊景泰 平

親筆

■ 民国十一年（1922）杨景泰退旗地契约

6. 民国十一年（1922）鱼子山王景明退旗地契：

立退旗地文约人王景明，因正用不足亲烦中说，愿将自置旗地一段，计地三亩，坐落峨嵋山西丁家坟西边，南北界，东至丁姓，西至荒坎，南至坝墙在内，北至坝根，四至开明，土木相连，今立退契出退与鱼子山庄郭瑞有名下承种，言明时值退价东钱一千零六十吊整，其钱笔下全交不欠。自立退契之后，任凭置主任佃交租，修养树株，其中并无亲族人等争竞舛错之事，如有舛错者尽在中说去主一面承管。此系三面言明，二家情愿，恐口不凭，立退契永远为业。内有厥坟六座，许八（扒）不许葬。

随代原税银三钱六分又老契一章（张）

中华民国十一年十一月十九日 立退契人王景明（心）

中说人：王景俊（忠）、王景舜

书字人：巨占朝（忠）

此地与民国十一年正月杨景泰退旗地契约是一块地。

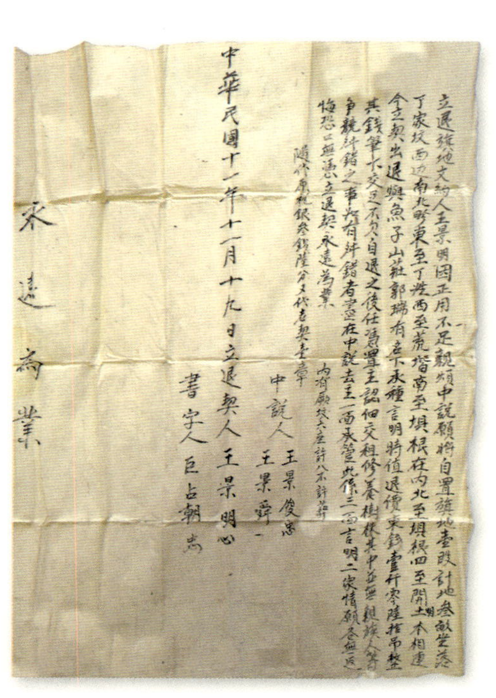
立退旗地文約人王景明因正用不足親煩中說願將自置旗地壹段計地叁畝坐落丁家坟西边南北畛東至丁姓西至荒坎南至垻墻在內北至垻根四至開明土木相連今立退契出退與魚子山莊郭瑞有名下承種言明時值退價東錢壹仟零陸拾吊整其錢筆下交足不欠自立退之後任憑置主認佃交租修養樹株其中並無親族人等爭競舛錯之事如有舛錯者盡在中說去主一面承管此係三面言明二家情愿各無返悔恐口無憑立退契永遠為業

隨代原租銀叁錢陸分又代老契壹章

內有厥坟六座許八不許葬

中說人 王景俊 忠 王景舜

中華民國十一年十一月十九日立退契人王景明 心

書字人 巨占朝 忠

永遠為業

■ 民国十一年（1922）鱼子山王景明退旗地契

7. 民国十二年（1923）鱼子山王者尊退地契：

立退契山坡地文约人王者尊，因用不足，亲烦说合愿将自置地一处，坐落水长峪，界段不齐，上至石湖南坡在内，均有界石为证，下至河槽，北至界石，南至东坡与水梁到顶，至段开清，土木相连，今立契出退与本村人周永福名下经管。言明退价一百吊整，其钱笔下交足不欠。自退之后，任凭置主自便。此系三面言明，并无舛错，如有舛错，尽在契主中人一面承管。二家情愿，各无返悔，恐口无凭，立字为证。

每年随代钱粮五成原代老契二张

中华民国十二年十二月二十七日　立退契人王者尊（“一片决心”合体字）

中约人：王希田（凭）

书字人：亲笔

永远为业

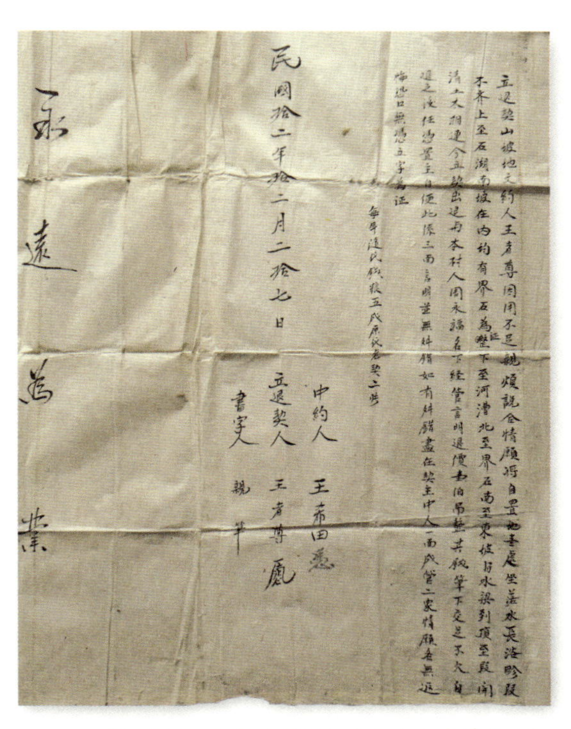

民国十二年（1923）鱼子山王者尊退地契

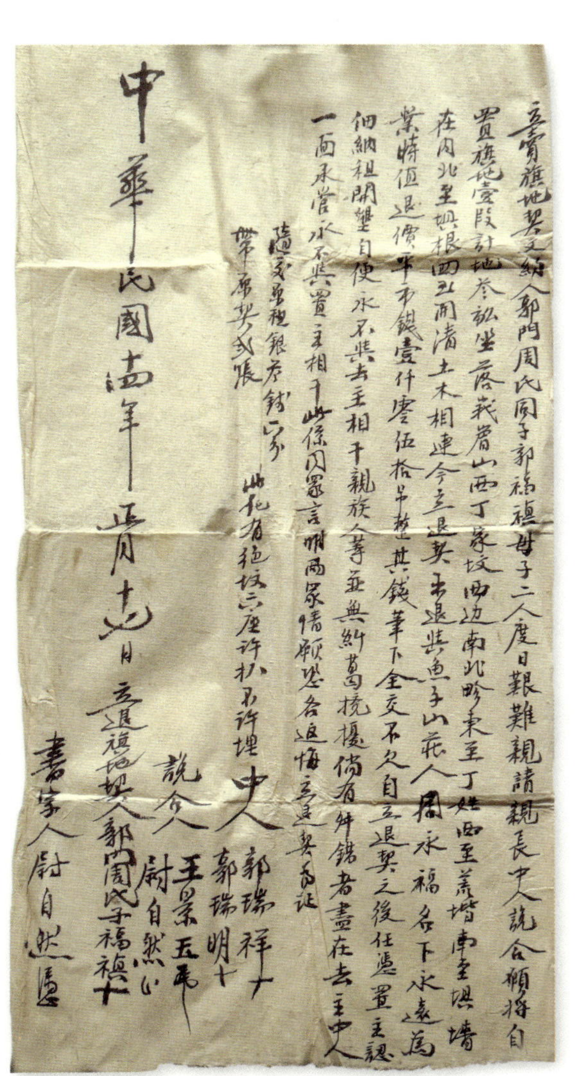

8. 民国十四年（1925）郭周氏退旗地契约：

立卖旗地契文约人郭门周氏同子郭福祯母子二人度日艰难，亲请亲长中人说合，愿将自置旗地一段，计地三亩，坐落峨嵋山西丁家坟西边，南北界，东至丁姓，西至荒坎，南至坝墙在内，北至坝根，四至开清，土木相连，今立退契出退与鱼子山庄人周永福名下永远为业，时值退价平市钱一千零五十吊整，其钱笔下全交不欠，自立退契之后，任凭置主任佃纳租，开垦自便，永不与去主相干，亲族人等并无纠葛搅扰，倘有舛错者尽在去主中人一面承管，不与置主相干。此系同众言明，两家情愿，恐后返悔，立退契为证。

随交原地组银三钱六分

带原契纸一张

此地有绝坟六座，许扒不许埋。

民国十四年正月十七日立退旗地契人郭门周氏子福祯(十)

中人：郭瑞祥、郭瑞明（十）

说合人：王景玉、蔚自然

书字人：蔚自然（凭）

此地与民国十一年杨景泰和王景明退旗地契约是一块地。

民国十四年（1925）鱼子山郭周氏卖地契

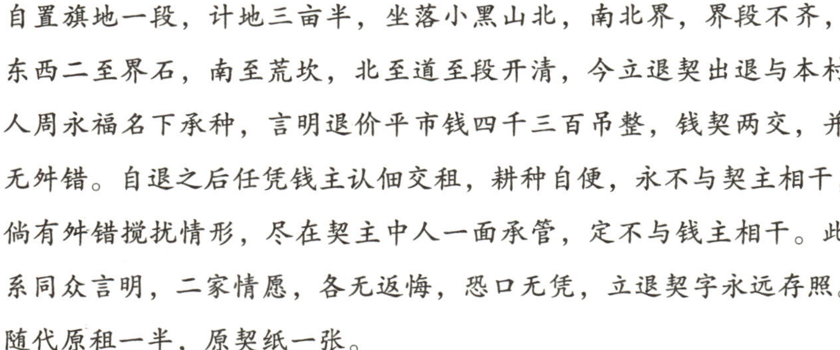

9. 民国十七年（1928）鱼子山王得众退旗地契约：

立卖旗地契文约人王得众，因正用不足，亲烦说合，愿将受分自置旗地一段，计地三亩半，坐落小黑山北，南北界，界段不齐，东西二至界石，南至荒坎，北至道至段开清，今立退契出退与本村人周永福名下承种，言明退价平市钱四千三百吊整，钱契两交，并无舛错。自退之后任凭钱主认佃交租，耕种自便，永不与契主相干，倘有舛错搅扰情形，尽在契主中人一面承管，定不与钱主相干。此系同众言明，二家情愿，各无返悔，恐口无凭，立退契字永远存照。随代原租一半，原契纸一张。

中华民国十七年阴历十一月十二日　立退契人王得众（十）

中说人：蔚春元、王得志、王得纯（十）

代字人：王景元（凭）

鱼子山本为纯山区，土地有限，且多零散薄地，即便如此，仍有稍好一点的平地被人投充为旗地。

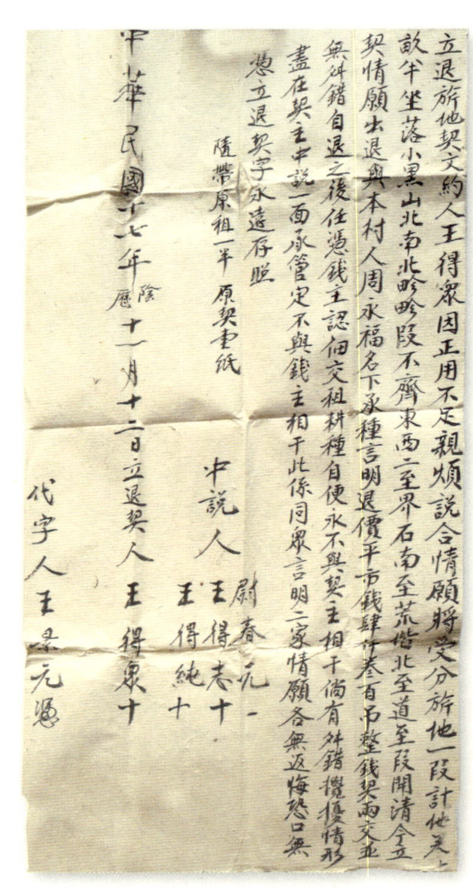
立退旂地契文約人王得衆因正用不足親煩說合情願將受分旂地一段計地叁
畝半坐落小黑山北南北畛段不齊東西二至界石南至荒塄北至道至段開清今立
契情願出退與本村人周永福名下承種言明退價平市錢肆千叁百吊整錢契兩交並
無舛錯自退之後任憑錢主認佃交租耕種自便永不與契主相干倘有舛錯攪擾情形
盡在契主中說一面承管定不與錢主相干此係同衆言明二家情願各無返悔恐口無
憑立退契字永遠存照
隨帶原租一半　原契壹紙
中說人　蔚春元　王得志十　王得純十
中華民國十七年陰曆十一月十二日立退契人王得衆十
代字人王景元憑

民国十七年（1928）鱼子山王得众退旗地契约

10. 民国二十一年（1932）鱼子山王彭寿卖地契约：

立卖旗地契据人王寿彭，因正用不足自烦中人说合，愿将祖遗受分旗地一处，坐落山口外老车道北，东西界，东至荒坎，西至坝根，南至道，北至荒坎，四至开清，计三尖地五亩，今立契出卖与本乡周永福名下永远为业。时值卖价大洋二百五十元整，其银契两交不欠。自卖之后，任凭置主更名税契开垦自便，永不与卖主相干，并无舛错别情，如有错者尽在去主中人担负。此系同众言明，双方情愿，恐各不凭，立卖契永远为证。

随代原亩花费银钱

中华民国二十一年国历十一月初八日　立卖地契人 王彭寿（忠）

中说人：王景安、王仲文、李永祥、王德山、王得贞（妥）

代字人：蔚自然（凭）

永远为业

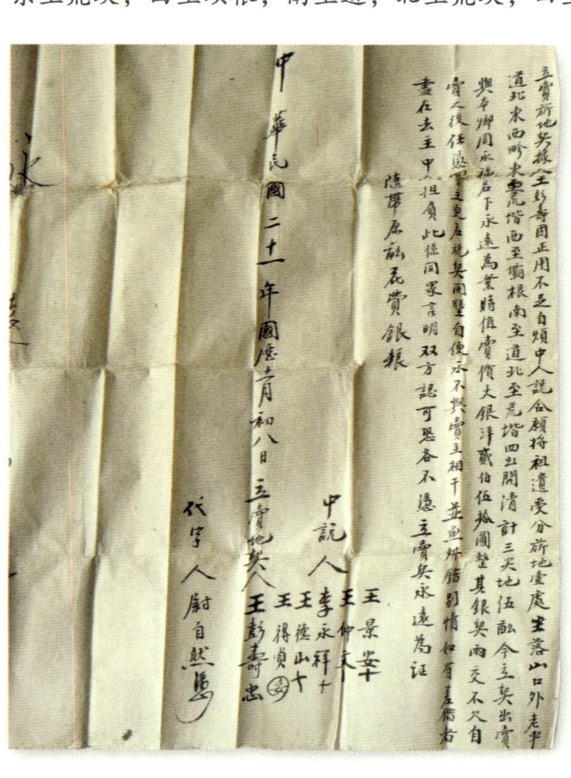
立賣旂地契據人王彭壽因正用不足自煩中人說合願將祖遺受分旂地壹處坐落山口外老車
道北東西畛東至荒塄西至壩根南至道北至荒塄四至開清計三尖地伍畝今立契出賣
與本鄉周永福名下永遠為業時值賣價大洋貳佰伍拾圓整其銀契兩交不欠自
賣之後任憑置主更名稅契開墾自便永不與賣主相干並無舛錯別情如有錯者
盡在去主中人担負此係同衆言明雙方認可恐各不憑立賣契永遠為証
隨帶原畝花費銀根
中華民國二十一年國曆十一月初八日立賣地契人王彭壽忠
中說人　王景安　王仲文　李永祥十　王德山　王得貞
代字人蔚自然憑

民国二十一年（1932）鱼子山王彭寿卖地契约

11. 民国二十三年（1934）鱼子山蔚自然典地契：

立典场基契据人蔚自然，因自己贴用不开，烦中人说合，愿将自买民场一处，坐落大石片南，东西南北界，东至坝根，西至大道，南至内坝根，北至外坝根，四至开清，今立典契出典与周永福名下使用。时值典价银洋十八元整。自立契之后，不拘年限，价满回赎，如不赎者，准其两家双方使场，并无返悔，倘有舛错，尽在中说人与原业主干涉。此系同众言明，两家情愿，恐各不凭，立典契为证。

中华民国二十三年十一月初四日　立典契人蔚自然亲笔

中说人：尹朝元（平）、于近海

“典”，典的古字形像双手捧着竹简的样子，本义是指有垂范价值的重要文献书籍。典籍的内容是要人们信奉遵守的，因此引申为常道、准则，进而引申出制度、法律，又引申出典故、故事、典雅、古朴等义。由准则义引申出抵押、典当。此处的典即抵押之意。“大石片”顾名思义即山的体貌特征是有一层压一层的大薄片石，属于页岩的一种。

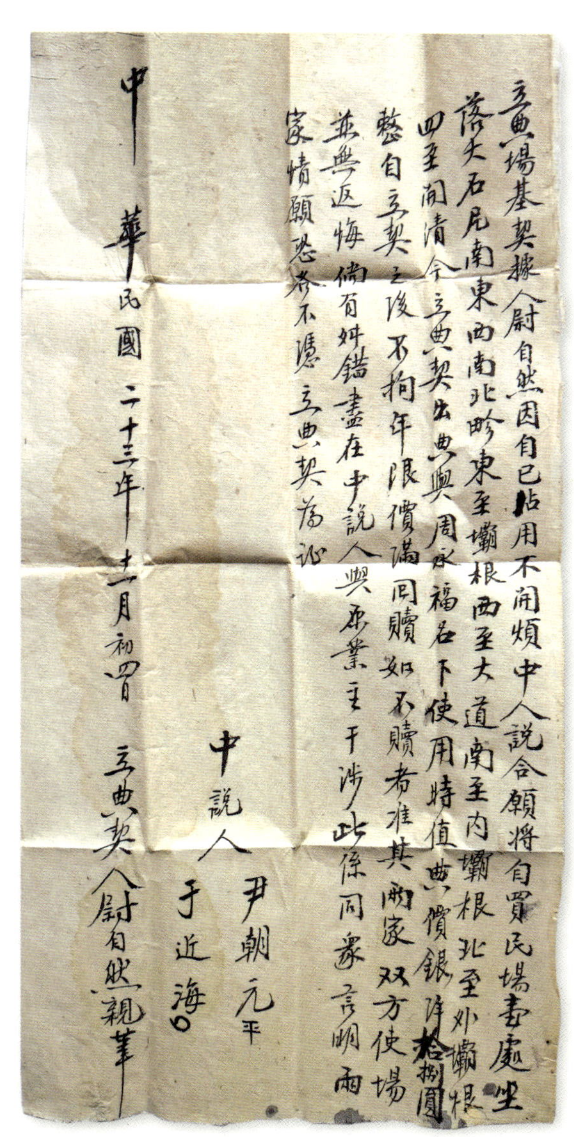
立典場基契據人蔚自然因自己貼用不開煩中人說合願將自買民場壹處坐
落大石片南東西南北畍東至壩根西至大道南至内壩根北至外壩根
四至開清今立典契出典與周永福名下使用時值典價銀洋拾捌圓
整自立契之後不拘年限價滿回贖如不贖者准其兩家双方使場
並無返悔倘有舛錯盡在中說人與原業主干涉此係同衆言明兩
家情願恐各不憑立典契爲証
中說人 尹朝元平 于近海
中華民國二十三年十一月初四日 立典契人蔚自然親筆

民国二十三年（1934）鱼子山蔚自然典地契

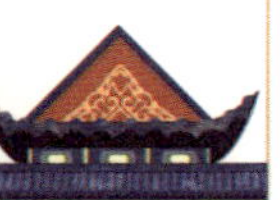

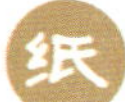

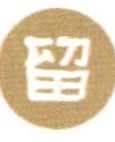

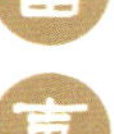

二十二、洙水土地契约

曹姓是洙水村的第一大姓，始迁祖曹安民夫妇是山西省平阳府洪洞县人，在明朝永乐年间被强制移民至此，编入独乐社第五甲第六舍。他们在这儿生下三子，分别名为曹晋，曹洪，曹栋。“晋”是山西的简称，“洪”是洪洞县的简称，“栋”则是洞的谐音，显然是含有纪念之意。洙水王姓自称洪武年间由山东曲阜迁来，一起来的是弟兄三个。根据其他村迁移规律，应该是永乐年间迁来，而且政策不允许弟兄在一个村，三个必须有一个到外县。根据1950年土地所有证统计，洙水全村133户，其中曹姓达185户，王姓户数55户。按正常繁衍规律，显然不是一个时期到这里的，很可能第一站没落在洙水。洙水高姓清代由园田队（当时叫南辛街）迁去。

1. 宣统二年（1910）平谷对北台头村兴隆庵买地颁发的买卖房地产正契及契尾。此契样式较少见，属于清末政府对纳粮收税统一格式，但实行时间很短便因国体丕变而终止。

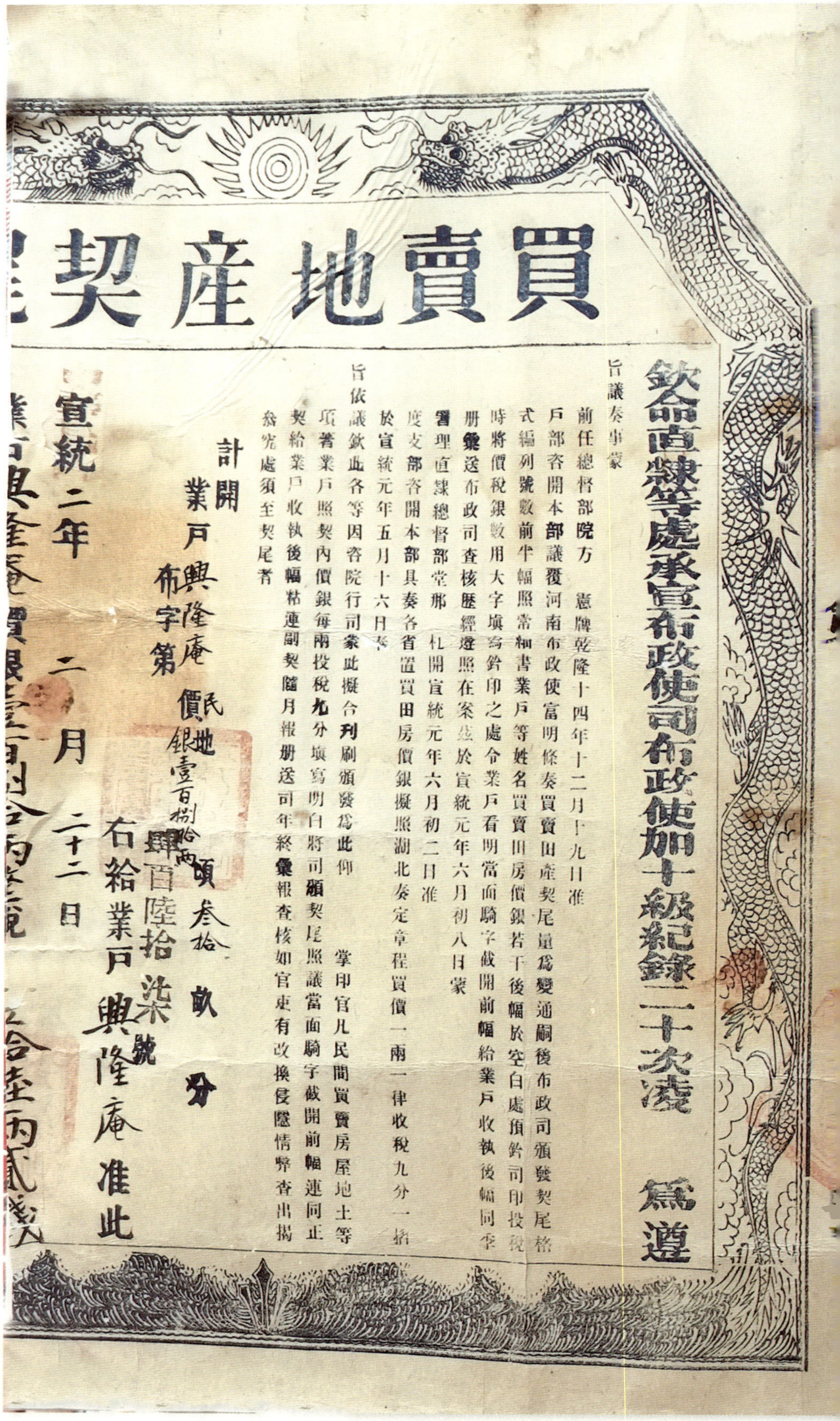

買賣地產契

欽命直隸等處承宣布政使司布政使加十級紀錄二十次淩　為遵

旨議奏事蒙

前任總督部院方　憲牌乾隆十四年十二月十九日准

戶部咨開本部議覆河南布政使富明條奏買賣田產契尾量為變通嗣後布政司頒發契尾格式編列號數前半幅照常細書業戶等姓名買賣田房價銀若干後幅於空白處預鈐司印投稅時將價稅銀數用大字填寫鈐印之處令業戶看明當面騎字截開前幅給業戶收執後幅同季冊彙送布政司查核歷經遵照在案茲於宣統元年六月初八日蒙

署理直隸總督部堂那　札開宣統元年六月初二日准

度支部咨開本部具奏各省置買田房價銀擬照湖北奏定章程買價一兩一律收稅九分一摺於宣統元年五月十六日具奏

旨依議欽此各等因咨院行司奉此擬合刊刷頒發為此仰　掌印官凡民間買賣房屋地土等項著業戶照契內價銀每兩投稅九分填寫明白將司頒契尾照議當面騎字截開前幅連同正契給業戶收執後幅粘連副契隨月報冊送司年終彙報查核如官吏有改換侵隱情弊查出揭參究處須至契尾者

計開

業戶興隆庵　民地價銀壹百捌拾兩　頃叁拾　畝　分

布字第肆百陸拾柒號

右給業戶興隆庵准此

宣統二年二月二十二日

宣统二年（1910）县政府对北台头村兴隆庵买地颁发的买卖房地产正契及契尾

故纸留声——平谷田房契约品读

第二部分　平谷地产契约实例品读

買賣地產正契

立賣地契人廣順等今因手乏將民地一段坐落平谷縣北台頭莊東至　南至　西至　北至
統計共官畝地　頃叁拾畝　分　釐　井　眼　樹　株憑中人曹岐山說合情願賣與平谷縣北台頭莊
興隆庵名下永遠爲業言明賣價市平紋銀制錢壹百捌拾兩整其銀筆下交清並不欠少自賣之後如有重契盜典盜賣以及指地借貸官銀私債
暨遠近親族人等爭競等情俱有中人一面承管恐口無憑立賣地契永執爲據
隨交上手累落紅契　張白字　張

中人　曹岐山
牙紀　張滿堂

買契投稅章程列後

一凡置買田房以銀立契者每價一兩收稅九分以銀繳納不得照[illegible]地糧銀價數目折錢徵收其以錢立契者則以錢投稅如買價制錢一千則納制錢九十文不得再照制錢一千作銀一兩折算

一民間置買田房應遵照部定新章立契之後六個月內投稅逾限[illegible]例治罪並追契價一半入官仍令照章補稅

一各屬稅契事務前由書吏牙紀經管者現改歸自治預備會辦理(自治會未成立地方暫由勸學所代辦)並由地方官會同自治會選定附城殷實錢銀店一兩家代收代存稅價及官契紙價銀錢

一官契紙定爲三聯首曰副契次曰正契再次曰契尾凡投稅者三聯官契一律填寫加蓋地方官印即將契尾所填契價稅額銀錢各數目騎字截開前幅連同正契發業戶收執後幅粘連副契蓋印繳司

一官契紙由自治會存儲民間投稅時照章填用

一三聯官契契紙契尾共爲一張每張定價庫平足銀四錢民間買用官契紙應即同時投稅如非投稅不得買用契紙

一民間置買田房應先自立草契其原業及中證人等即在草契簽名畫押投稅時由契主持交自治會依照填入官契即將草契粘連由地方官鈐用印信不必再在官契簽名畫押以歸簡易凡遠年近年小契(即未粘有司印契尾之契)白契換用官契投稅者一律照此辦理(其曾經購用官紙尚未投稅粘尾者亦與小契白契同應改用三聯官契投稅並將舊日官紙粘連)

一官定錢銀店遇有民間投稅將稅價紙價交到時該錢銀店按照所收銀錢數目立一收單加蓋圖章給予投稅人收執

一民間投稅應將草契及官定錢銀店所給收單親交自治會由該會給回鈐章收據(凡草契張數及所繳單內銀錢數目一併書明收據之內)該會照依草契填入三聯官契限五日內連同錢銀店收單送地方衙門代爲投稅印契

一自治會自收受投稅人草契之日起限十日內將印契發還原投稅人

一每月由地方官將徵收稅契所用官紙號數契主姓名契價稅額銀錢各數目詳細榜示自治會門首

一自治會收受投稅人草契及錢銀店收單如有積壓及從中舞弊情事准投稅人稟揭

一官定錢銀店代收稅價紙價銀錢如有苛剔平色及留難情事准投稅人稟究

一房書里書牙紀等在此次定章以前如有收受民間銀契未經代爲投稅印契者統限半個月一律完理清楚如有隱匿短漏及逾延等弊准契主稟控查實從嚴懲辦

一此次定章以前民間所存遠年近年未稅買契統限四個月內白契照章補稅小契補納半稅倘逾限不稅概照漏稅例治罪並追半價充公

一民間因房地搆訟地方官查驗原被契紙如係遠年白契小契因案臨時投稅者仍照隱匿罰辦

一民間置買田房契價務須從實填寫不准暗減希圖減稅違者由官查出照契價收買入官另行估變倘以買爲典希圖省稅者查出即令更換買契投稅仍將典價一半入官

一置買田房原業主及鄰佑里書牙紀知之最悉如有匿契不稅或暗減契價及以買作典者准原業主及鄰佑里書牙紀告發查實於罰款內提五成充賞

一原業主及鄰佑里書牙紀人等如有挾嫌誣告及吏役因緣舞弊滋擾者一經查實除照例懲治外並予永遠監禁

一民間買賣田房由各村紳董村正副公舉一二公正人作爲本村成說中人舊日牙紀只任丈量之事一切成交說合概不准再行干預其由各村公舉之中人如有舞弊情事一經舉發除分別罰辦外仍責成紳董村正副另舉妥人接充

一買賣田房牙紀行用及中人代筆等費向按契價給百分中之五分買者出三分賣者出二分現仍照舊收取准中人代筆分用五分之二牙紀分用五分之一其餘五分之二則撥歸自治會由買業人預行扣出於投稅時繳交自治會如各屬牙用前經提充學堂工藝等公用者可仍其舊無庸扣交自治會

一無論何項人等如在本章程規定之外另行多索分文者一律從嚴懲辦

以上章程民間買賣田房均當切實遵辦

宣統[illegible]年　二　月　二十二　日立賣地契人　廣順等

2．民国元年（1912）洙水崇圣寺和尚广顺卖民荒地给北台头兴隆庵地契：

立卖垦荒民地文约人崇圣寺僧广顺同徒续善，因乏手亲烦中说愿将自己垦荒民地坐落姑娘峪秋坡峪二处，界段不齐民地三十亩，姑娘峪地东至横子岭里沟，北至小道，南至墙根，北至土坎东沟，东至小道，南至大墙，西至墙；秋坡峪东至分水岭，南至梁，西至里至沟小道东沿，外至山梁，北至大墙牛圈，东至牛道，西至大墙齐河槽邦，四至开清，今将此地亲烦中说，情愿出卖与台头庄兴隆庵名下永远为业，同中言明，时值卖价文银一百八十两整，其银笔下交足不欠，言明土木相连，割粘尾尽归置主，不与契主相干，倘日后若有外错异说，有契主中人承管，不与置主相干，此系三面言明，两家情愿，各无反悔，恐口无凭，立卖契永远存照。

中华民国元年十二月十七日　立卖垦荒民地文约人崇圣寺僧广顺同徒续善

代字人：王荣华，永远为业

“庵”的原意是小草屋，是尼姑修行的地方。后来修道的地方也称“庵”，北台头兴隆庵就是道院。而“崇圣寺”是寺院，和尚修行的地方。古时僧道一般不往来，从这份地契看，相隔数十里的一道一僧，不仅有往来，还有庙产交易，客观见证了“三界”之外的群体也会被动乱的时局所摆布。

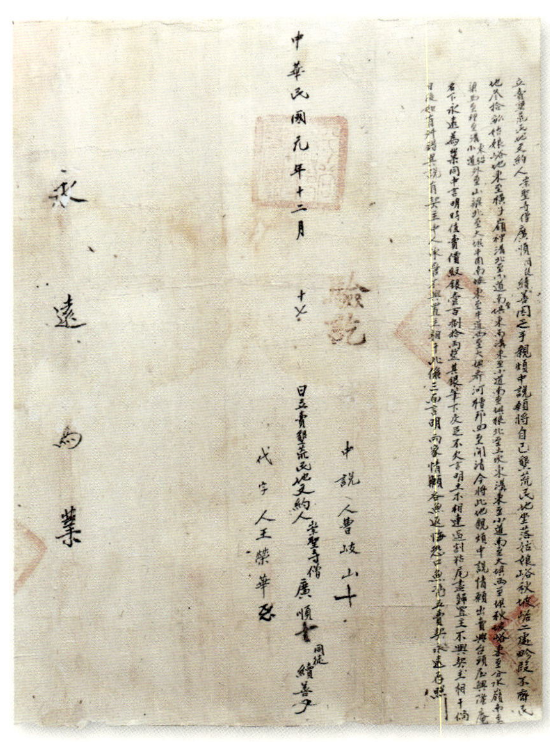
永遠為業

民国元年（1912）洙水崇圣寺和尚广顺卖民荒地给北台头兴隆庵地契

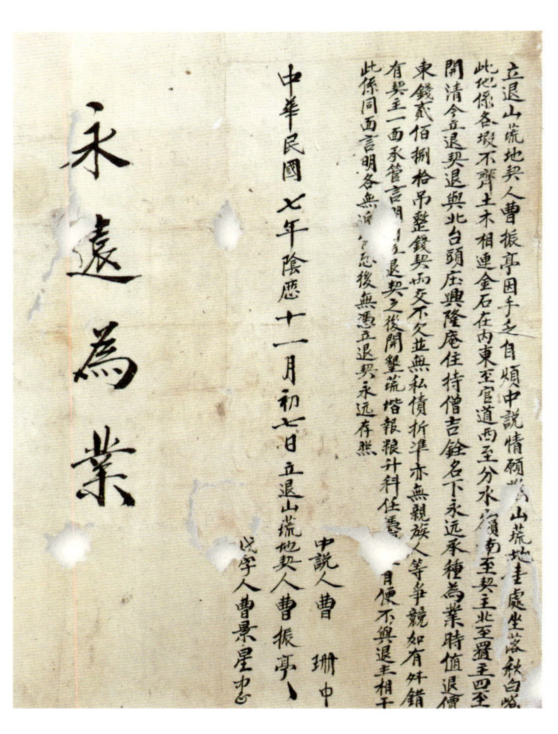
永遠為業

民国七年（1918）洙水曹家振廷退地契

3．民国七年（1918）洙水曹家振亭退地契：

立退山荒地契人曹振亭，因手乏自烦中说，情愿将自有山荒地一处，坐落秋白峪，此地系各段不齐，土木相连，金石在内，东至官道，西至分水岭，南至契主，北至置主，四至开清，今立退契与北台头庄兴隆庵主持僧吉铨名下，永远承种为业，时值退价东钱二百八十吊整钱，契两交不欠，并无私债折准，亦无亲族人等争竞，如有外错者，契主一面承管，言明自立退契之后，开垦荒坎，报粮升科，任凭置主自便，不与退主相干。此系同面言明，各无返悔，恐后无凭，立退契永远存照。

中华民国七年阴历十一月初七日立退荒地契人曹振亭

中说人曹珊（中）

代字人曹景星（忠）

4. 民国十三年（1924）兴隆庵僧吉铨退地契约：

立卖垦荒民地文约人兴隆庵僧吉铨，因乏手，亲烦中说愿将自置垦荒民地，坐落姑娘峪、秋坡峪二处，界段不齐，民地三十亩，姑娘峪地东至横子岭里沟，北至小道，南至坝东南沟，东至小道，南至坝根，北至土坎，东沟东至小道，南至大坝，西至坝；秋坡峪，东至分水岭，南至梁，西至里沟东沿小道，外至山梁，北至大坝牛圈南坡，东至牛道，西至大坝齐河槽梆，四至开清，今将此地邀同中说，立契出卖与南辛庄高盛光名下，永远为业。同中言明，时值卖价现洋三百一十五元整，其洋笔下交足不欠，言明树木在外，其余过割粘尾尽归置主，不与去主相干，倘日后如有争论舛错异说，有去主与中人承管，不与置主相干，此系三面言明，二家甘愿，各无反悔，恐口无凭，立卖契永远存照。

中华民国十三年十一月二十日　立卖垦荒民地文约人兴隆庵僧吉铨（公心）

中说人：张荣发、王臣、胡春和（十）

代字人：任景涵（清心）

永远为业

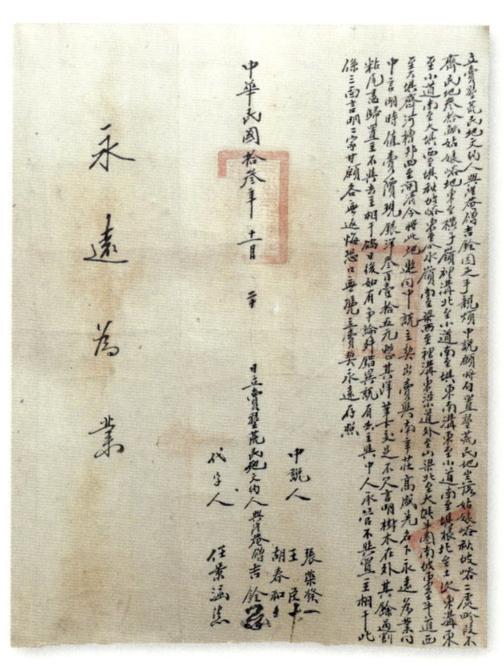

民国十三年（1924）兴隆庵僧吉全退地契约

5. 民国十三年（1924）洙水僧吉铨退旗地契约：

立退旗地文挈人僧吉铨，因乏手，亲烦中说，愿将自置山坡旗地二处，计地十亩，各段不齐，坐落姑娘峪中间南坡，东至王姓，西至曹姓，北至置主，南至分水岭，又秋坡峪东至官道，西至分水岭，南至曹姓，北至置主，四至开明，今立契出退与南辛庄高盛先名下承种，言明退价钱现洋一百七十元整，其钱契笔下两相交清不欠，言明自卖之后，兴置主认佃交租，永远管业，不与去主相干，如有舛错，有去主、中说人一面承管，此系三面言明，二家甘愿，各无反悔，恐口无凭，立此退契存证。

中华民国十三年十一月二十日立退契文约人僧吉铨（公心）

中说人：胡春和、王臣、张荣发（十）

代字人：任景涵（公心）

“姑娘峪”这个小地名在平谷周边山区有多处，主要原因是浅山区有一种植物，挂果如灯笼，味酸甜可食，具有药用价值，俗名“姑娘果”。“过割粘尾”办理纳粮契税手续和到官府登记发给契尾，将领到的契尾与本契粘接在一起。

通过以上几份契约，可证寺庙之间也有土地流转问题，而且还需要社会人员牵线搭桥。还能看出当时由于国势颓败，僧人也和社会百姓一样，生活严重拮据，不得不在庙产之外，另行自行开荒种地，甚至到30里地之外的山里购买荒地。

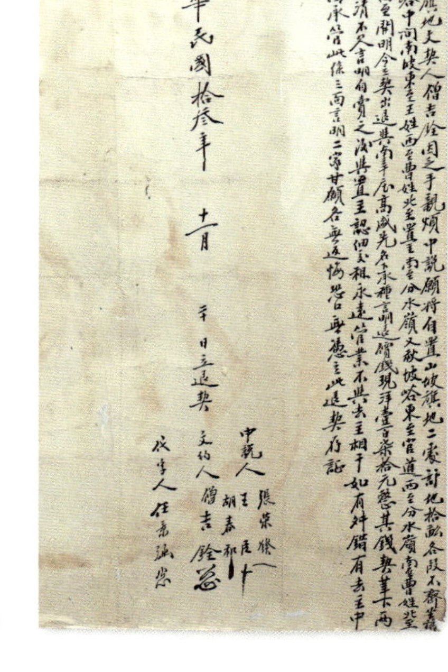

民国十三年（1924）洙水僧吉全退旗地契约

6. 民国九年（1920）涞水曹凤退旗地契：

立退旗地契人曹凤同弟曹明，一时不便，愿将旗地山坡一处，各段不齐 坐落姑娘峪中间南坡，东至王姓，西至曹姓，北至置主，南至分水岭，四至开明，今立契出退与台头兴隆庵主持僧吉铨名下，承种永远为业，时值退价东钱四百四十吊整钱，契交不久自退之后，任佃交租，全凭置主，土木相连并无竞争舛错，亦无亲族异说，如有争竞异说者，有中人一面承管，此系三面言二家情愿，各不反悔空口无凭，立退契永远存照，每年置主交租。

中华民国九年十二月初三立退契人曹明、曹凤（平）

中说人：曹珊

代书人：曹世泰（平）

“旗地山坡”是晚清出现的新情况，一般旗地都是平原最好地，有“民三旗七”之说，即全县耕地有30%属于民地，而且多是半山区和山区，70%好地都被划为旗地。之所以有“旗地山坡”，是在民国初期的土地流转过程中，被旧庄头将好地指标给变相“置换”了。

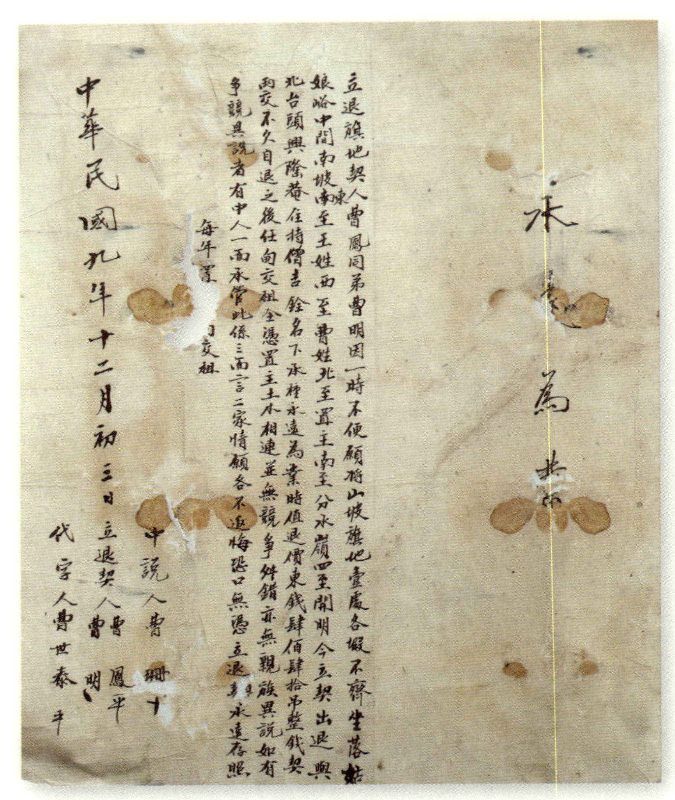

立退旗地契人曹鳳同弟曹明因一時不便願將旗地山坡壹處各段不齊坐落姑娘峪中間南坡東至王姓西至曹姓北至置主南至分水嶺四至開明今立契出退與北台頭興隆庵主持僧吉銓名下永種永遠為業時值退價東錢肆佰肆拾吊整錢契兩交不久自退之後任佃交租全憑置主土木相連並無競爭舛錯亦無親族異說如有爭競異說者有中人一面承管此係三面言二家情願各不返悔恐口無憑立退契永遠存照

每年置主交租

中華民國九年十二月初三日 立退契人曹明 曹鳳 平

中說人曹珊 十

代字人曹世泰 平

永遠為業

民国九年（1920）涞水曹凤退旗地契

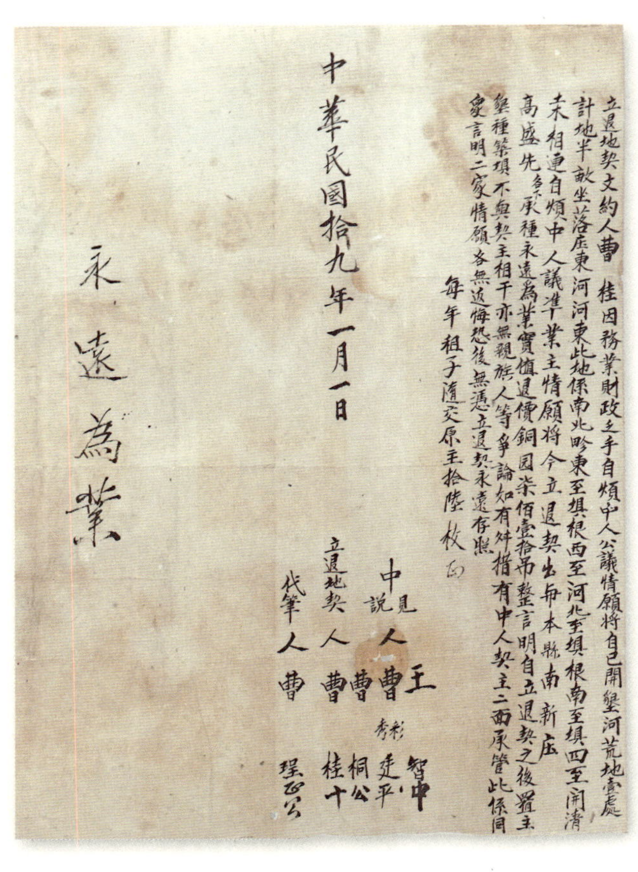

立退地契文約人曹桂因務業財政乏手自煩中人公議情願將自己開墾河荒地壹處計地半畝坐落庄東河河東此地係南北畛東至壩根西至河北至壩根南至壩四至開清土木相連自煩中人議準業主情願將今立退契出與本縣南新庄高盛先名下承種永遠為業實值退價銅元柒佰壹拾吊整言明自立退契之後置主墾種築墻不與契主相干亦無親族人等爭論如有舛措有中人契主二面承管此係同衆言明二家情願各無返悔恐後無憑立退契永遠存照

每年租子隨交原主拾陸枚正

中華民國拾九年一月一日

中說見人 王智中 曹秀 曹彩建 平

立退地契人 曹桂 十

代筆人 曹程正 公

永遠為業

7. 民国十九年（1930）涞水曹桂退地契：

立退契文约人曹桂，因务业财政乏手，自烦中人公议，情愿将自己开垦河荒地一处，计地半亩，坐落庄东河河东，此地系南北界，东至坝根，西至河，北至坝根，南至坝，四至开清，土木相连，自烦中人议准，业主情愿（将），今立退契出与本县南新庄高盛先名下承种，永远为业，实值退价铜元七百一十吊整，言明自立退契之后，置主垦种筑墙，不与契主相干，亦无亲族人等争论，如有舛措，有中人契主二面承管，此系同众言明，二家情愿，各无反悔，恐后无凭，立退契永远存照。

每年租子随交原主拾陆枚整。

中华民国十九年一月一日立退契人：曹桂

中说人：王智中、曹秀、曹彩建（平）

代笔人：曹程正（公）

永远为业

民国十九年（1930）涞水曹桂退地契

8. 民国二十一年（1932）泃水曹珊退旗地契约

立退旗地契文约人曹珊，因财政不敷正用，愿将自置升科地一段，坐落核桃峪子门口，南、西二至道，北至坝根，东至梅姓，四至开清，自烦中说情愿立契出退与高盛光名下，永远为佃，言明时值退价大洋一十二元整，银契笔下两交不欠。自退之后，如有异说，当归退主承管，永与置主无干，任佃交租等事，全凭置主自便，不与退主之事。此系同众言明，各自甘愿，恐后无凭，立退契永远存照。

每年随交租子钱四百文，随带原契一纸。

中华民国二十一年三月三十日立退旗地人曹珊

中说人：曹明、曹桐

代字人：王濮（真）

永远为业

“财政”在地方是代笔人引用的新名词，表示资金的意思，实际个人家庭不应用此类词。“升科地”是指自己开垦的土地在种植三年后要申报“升科”，交纳粮税。

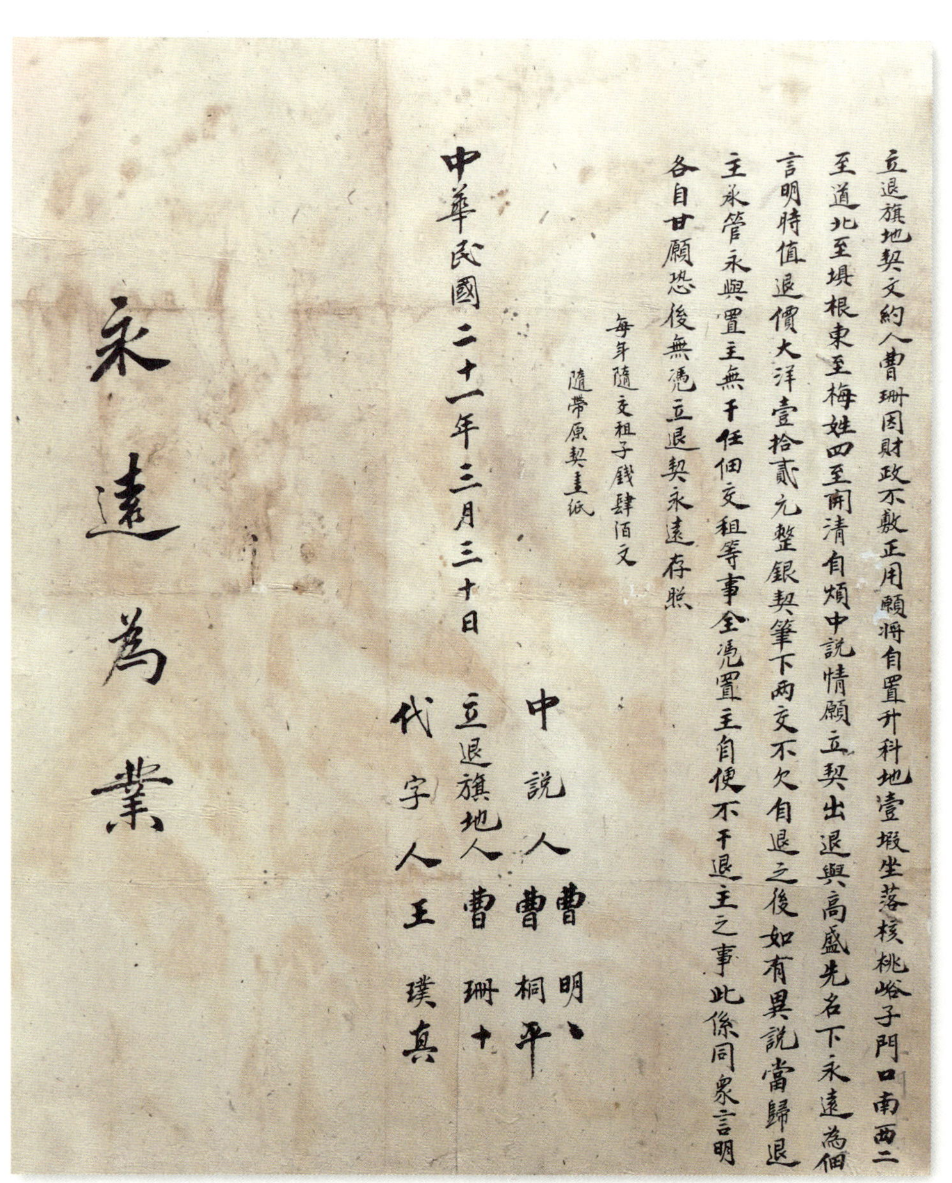
立退旗地契文約人曹珊因財政不敷正用願將自置升科地壹段坐落核桃峪子門口南西二
至道北至垻根東至梅姓四至開清自煩中説情願立契出退與高盛光名下永遠為佃
言明時值退價大洋壹拾貳元整銀契筆下兩交不欠自退之後如有異説當歸退
主承管永與置主無干任佃交租等事全凴置主自便不干退主之事此係同衆言明
各自甘願恐後無凴立退契永遠存照
每年隨交租子錢肆佰文
隨帶原契壹紙
中華民國二十一年三月三十日
立退旗地人曹珊十
中説人曹明、曹桐平
代字人王璞真
永遠為業

民国二十一年（1932）泃水曹珊退旗地契约

二十三、上纸寨地契

上纸寨李家清初由辽宁黑山迁来，始迁祖李廷机，出身“包衣”，即满族贵族家庭的家奴。“家奴”一词听起来很难听，其实只是衬托主子的称谓，所有满族人在主子面前都是“奴才”，电影中可见大臣觐见皇帝时，满官自称奴才，汉官则只能称臣，没资格称“奴才”。汉人在旗人贵族家族做事时，与主子身份相较都是“包衣”，主要是当管家、账房先生等，干杂活的叫“佣工”，身份最低下。李廷机因进关之际有战功，被授六品衔（千总），领密云皮户庄头，正式名称是“大椴洼”的“狐皮户”，负责收缴这一带“猎户”的收成。大椴洼即平谷熊儿寨东边去往四座楼方向的路边小山村。他家的实际住址在平谷城内安家胡同，后因不许与汉人混居，转到上纸寨，在上纸寨南台建一座“千总府”，原名统为“枳荆寨”。李家保存有完整家谱，记录了李家在关外情况和来平谷过程：

始祖李廷机，字九我，原籍盛京，随老王爷（多尔衮）开基进关，领旗镶黄，归蒙古部提辖，凭军功赏世袭千总职，领狐皮户，地在京兆顺天府密云县大椴洼村，落户京兆顺天府平谷县城内南门里路东。……奉天黑山人，立军籍。明末清初随军入关，领旗镶黄，归蒙古部管辖，凭军功得授千总。归内务府督虞司，赏狐皮地户。

李廷机下二子，李明、李宾，明少亡，宾娶安氏，即安家胡同的安姓，未育，续配金氏（平谷北大街金姓），生子怀璧，怀璧四子，杰、仪、俊、俨。因人口众多，迁到上纸寨，立庄窠（即在村头新立宅院），因国家列法，旗人不准置民产，故俊、俨出旗，投礼部为民，南街始为民产。五道庙为李姓自修，并无外姓帮助。李杰字子英，妻峪口镇刘氏，继配放光贾氏，又继配西鹿角徐氏、又继配本村后街王氏、又继配东马坊朱氏，唯贾氏生三子：凌云、凌霄、凌霞。凌云早亡，凌霄改名师增，凌霞改名师络。络字仲远，妻西张各庄王氏，生四子：彩、彦、芹、彧，李彦字义亭，妻沙岭村马氏，生二子：逢春、长春，逢春字敷荣，妻周村王氏，生一子：李实，李实字成斋，妻杨桥金氏，生一子银塘，塘字玉池，妻北辛庄陈氏，继配唐庄子唐氏，陈生一子李鹏，李鹏字云卿，妻北独乐河张氏，继配桥头营李氏，生五子：福恒、福然、福寿、福荫、福元。福恒下二子：如勋、如功，如勋下三子：德春、德怀、德明。德字辈民国出生，二十世纪九十年代去世。李廷机家谱光绪年间重修，民国期间续谱，时间准确，脉络清晰，限于篇幅，仅介绍一门。

与家谱同时保存的还有坟茔图两件，记载了村南老坟被大水冲毁一部分，又在罗庄建立新坟茔的记录（乾隆四十一年）。坟茔图上有一条重要信息，见证了“纸寨”原名为“枳荆寨”。

上纸寨李姓有三支，李廷机是最重要一支，但不是最早的，最先来此的是山东枣林庄迁来的李姓，最先落足夏各庄，清康熙年间迁到纸寨。这一门走访的是李在林，时年 88 岁（2009 年），头脑清晰。他介绍说，来纸寨的始迁祖为李凌喜，祖坟有碑，向下为李顺、再下李诗文、李诗章、又下一辈为李福、李惠。李福有一子李德刚，德刚有二子：李柱、李连，李柱 1848 年生，1931 年去世，83 岁，有一子李宗馀（1891 年生），李连二子：宗财，宗玉，宗玉三子：在林（88 岁）、在森（85 岁）、在彬（83 岁）。在林下四子：仲武、仲举、仲德、仲义。在彬下三子：仲祥、仲海、仲银。在森无后。李惠下单传三辈，即子李德兴，孙李英、曾孙宗楷（民国曾任区董）。宗楷下三子在早、在盼、在田。仅在田有三子，仲臣、仲元、仲文。再后是当代人。本部分只介绍李廷机后人留下来的契约。

1. **嘉庆二十四年（1819）上纸寨李逢荣卖地契：**

立卖民地契人李逢荣，因手乏烦中说合情愿将祖遗民地二段，计地六亩，坐落双贝（坝），系南北界，东至置主，西至芮姓，北至史姓，四至开清，今立契出卖与族侄李桐名下永远为业。时值卖价东钱七百吊整，其钱笔下交清不欠。自卖之后，认凭置（主）自便，不与卖主相干，如有舛错，有去主中人一面承管。此系二家情愿，各无返悔，恐口无凭，立卖字为证。

嘉庆二十四年正月十一日立卖地契人李逢荣（十）

中说人：李义亭（平）

代字人：谢宝树（押）

永远为业

“祖遗民地”，按说他家是不允许种地的，更不许买民地，但他家经申报特批。因为他家也是皮户，桥头营周家也是皮户庄头，职能不能重复。

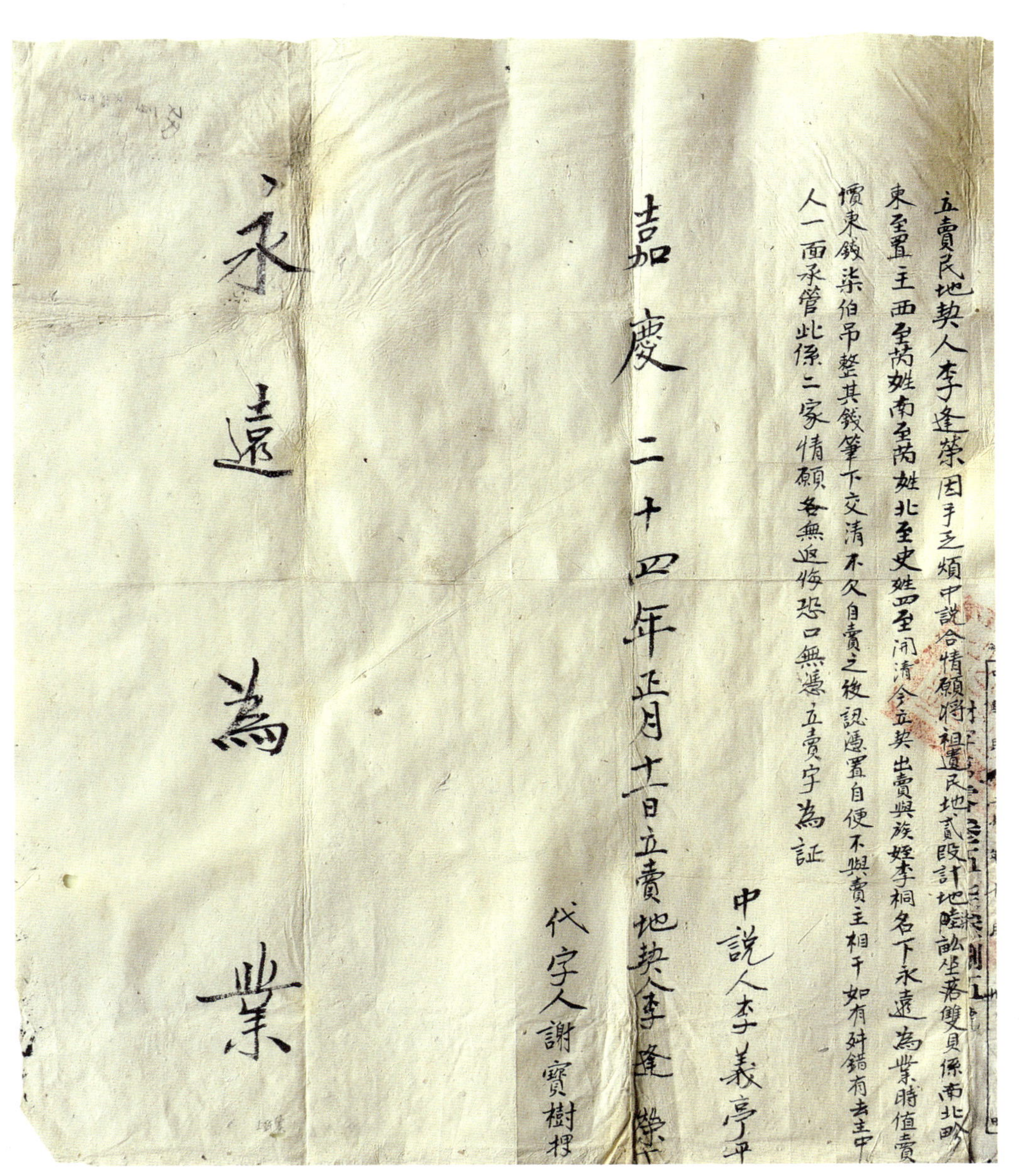
立賣民地契人李逢榮因手乏煩中説合情願將祖遺民地貳段計地陸畝坐落雙貝係南北畛
東至置主西至芮姓南至芮姓北至史姓四至開清今立契出賣與族姪李桐名下永遠為業時值賣
價東錢柒伯吊整其錢筆下交清不欠自賣之後認憑置自便不與賣主相干如有舛錯有去主中
人一面承管此係二家情願各無返悔恐口無憑立賣字為証
嘉慶二十四年正月十一日立賣地契人李逢榮
中說人李義亭平
代字人謝寶樹押
永遠為業

嘉庆二十四年(1819)上纸寨李逢荣卖地契

2. 道光十三年（1833）上纸寨李建廷卖地契：

立卖民地契李建廷，因手乏，烦中说情愿将祖遗民地一段，计地三亩，坐落羊尾巴，系东西界，东至周姓，西至卖主，南（至）李姓，北至置主，四至开清，今立契出卖与本庄李桐名下永远为业。时值卖价东钱二百吊整，其钱笔下交清不欠，自卖之后，认任凭置主报粮升科，不与卖主相干，如有舛错，尽在去主中人一面承管。此系二家情愿，各无反悔，恐口无凭，立字为证。

道光十三年十月初五日 立卖民地契人李建廷（平）

中说人：马德宝（保）、李智（十）

代笔人：李长春（忠）

3. 咸丰六年（1856）上纸寨李桐买地契：

立卖民地人李凌，因手乏烦中说情愿将祖遗民地二段，计地六亩，坐落大河东，西东西界，东至芮姓，西至河，南至李姓，北至王姓，四至开清，今立契出卖与上纸寨庄李桐名下永远为业，时值卖价东钱三百吊整，其钱笔下交清不欠。自卖之后，认凭置主自便，不与去主相干，如有舛错，尽在去主中人一面承管。此系二家情愿，各无返悔，恐口无凭，立契为证。

咸丰六年九月初三日 立卖契人李凌

中说人：谢永富（十）

代笔人：王有林（押）

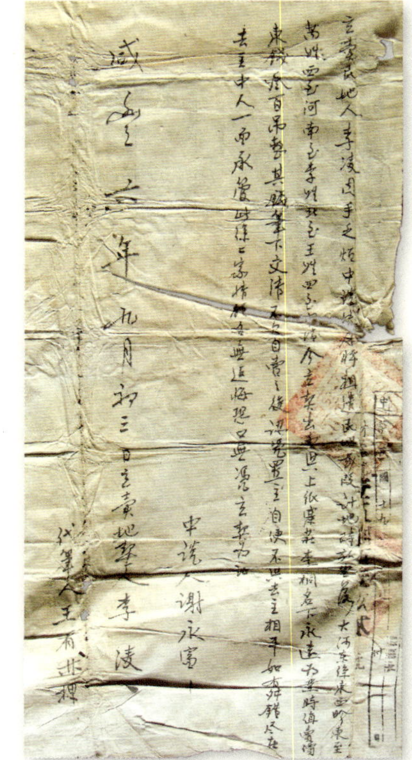
咸豐六年九月初三日立賣地契人李凌
中說人謝永富
代筆人王有林押

■ 咸丰六年（1856）上纸寨李桐买地契

4. 光绪二十三年（1897）上纸寨李林、李玉卖地契：

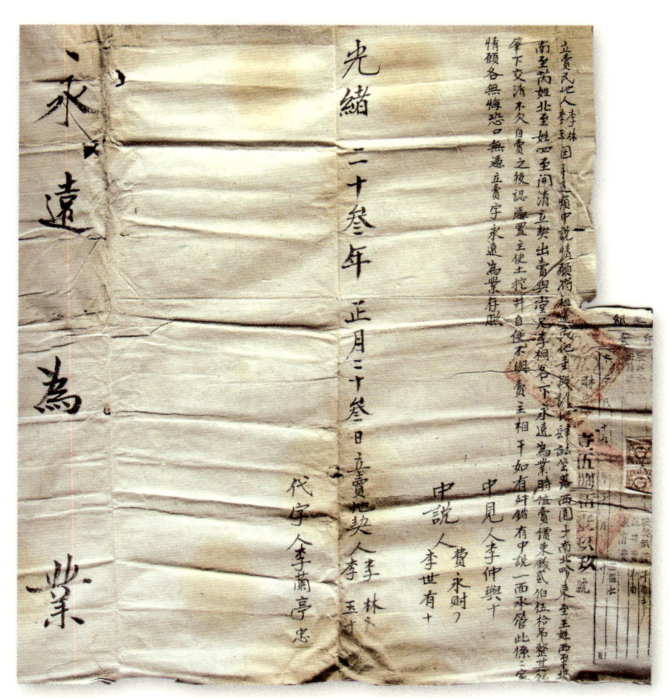
永遠為業
光緒二十叁年正月二十叁日立賣地契人李林 李玉
中見人李仲興十
中說人費永財 李世有十
代字人李蘭亭忠

■ 光绪二十三年（1897）上纸寨李林、李玉卖地契

立卖民地人李林、李玉，因手乏，烦中说情愿将祖遗民地一段计地四亩，坐落西园子，南北界，东至王姓，西至坡，南至芮姓，北至（脱字）姓，四至开清，立契出卖与堂兄李桐名下永远为业。时值卖价东钱二百五十吊整，其钱笔下交清不欠。自卖之后，认凭置主使土挖井自便，不与卖主相干，如有舛错有中说一面承管。此系二家情愿，各无返悔，恐口无凭，立卖字永远为业存照。

光绪二十三年正月二十三日 立卖地契人李林、李玉（十）

中见人：李仲兴（十）

中说人：费永财，李世有（十）

代字人：李兰亭（忠）

永远为业

5. 光绪二十八年（1902）上纸寨李庆祥退地契：

立退契人李庆祥，因一时不便，情愿将祖遗旗地一段计地五亩，坐落羊尾巴，东至李姓，西至去主，南至芮姓，北至芮姓，四至开清，今立契出退与本族李值名下永远为佃。时值退价东钱八十吊整，其钱笔下交清。自退之后，认凭置主自便，不与去主相干，如有舛错，尽在去主中人一面成（承）管，此系三面言明，二家情愿，各不返悔，恐口无凭。立退字为证。每年随代小租钱五吊。

光绪二十八年十一月二十三日　立退契人李庆祥（好心）

中说人：谢万青、王德起（十）

代笔人：　李鹏（押）

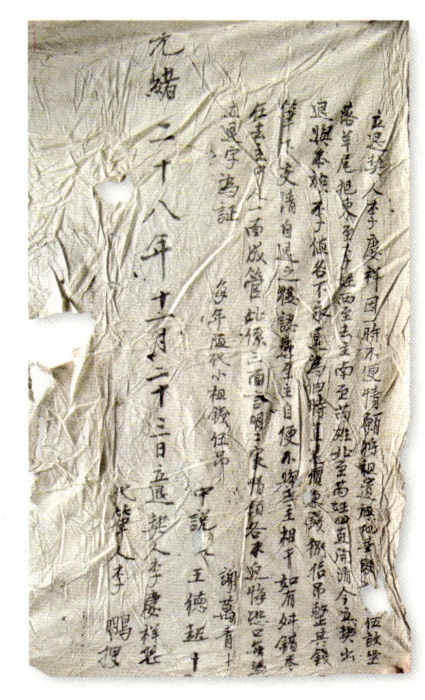

光绪二十八年（1902）上纸寨李庆祥退地契

6. 光绪三十二年（1906）上纸寨李桐买地契：

立卖契地人李谢氏同子李世义、世常、世珍、世瑞，因手乏亲烦中说情愿将祖遗受分民地一段计地六亩半，坐落庄北双背，系南北界，东至秦姓，西至置主，南至秦姓，北至谢姓，四至开清，今立契出卖与胞叔李桐名下永远为业。时值卖价纹银六十五两整，其银笔下交足不欠，自卖之后任凭置主税契粘尾，不与去主相干，如有舛错，尽在去主中人一面承管，两家甘愿，各不返悔，恐口无凭，立字为证。

光绪三十二年十二月初七日　立卖契人李谢氏同子李世义、世常、世珍、世瑞

代笔人：路筱山（画押）

永远为业

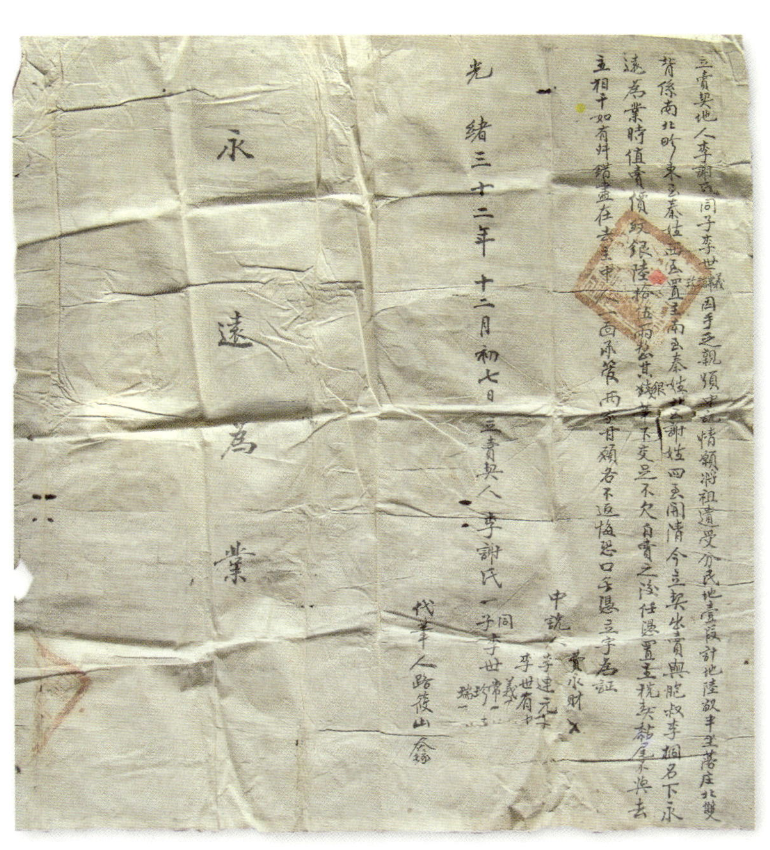

光绪三十二年（1906）上纸寨李桐买地契

7. 民国九年（1920）上纸寨芮家卖开荒地契：

立卖地契人芮连第，因有自己开荒地无力升科，情愿将开荒地一段计地五亩，坐落羊尾巴沙滩，系南北界，东至置主，西至芮、王、李三姓地，南至李姓，北至周姓，四至明白，今立契出卖与上纸寨庄李桐名下，自行升科纳粮，不与出主相干，如有舛错，尽在出主承管，与置主无涉。此系二家情愿，各不返悔，恐口无凭，立卖契永远存照。

中华民国九年旧历正月初四日　立卖开荒地契人芮连第（忠）

中说人：芮保泰（十）

书字人：张步青（公心）

“无力升科”即开荒地开始不纳税，三年后要“升科”，交纳半税，再过三年，升科为熟地，纳完整税额。由以上契约可知，李桐是当村大财主，而且高寿，嘉庆二十四年（1819）生，民国九年（1920）去世。嘉庆年间买地时是父辈以他名义买的，那时才几岁，父辈寄希望他能成大业，事实果真如愿，晚清成了富甲一方的土财主。

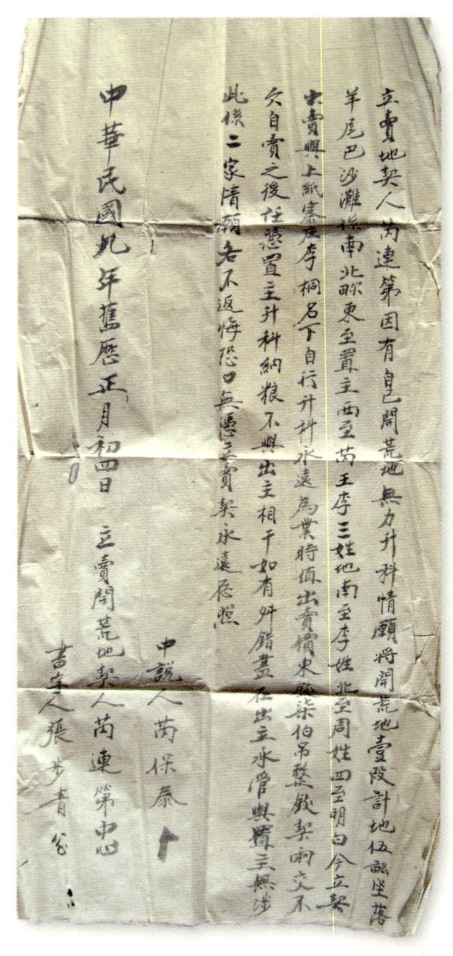

■ 民国九年（1920）上纸寨芮家卖开荒地

8. 民国十四年（1925）上纸寨王家退旗地契：

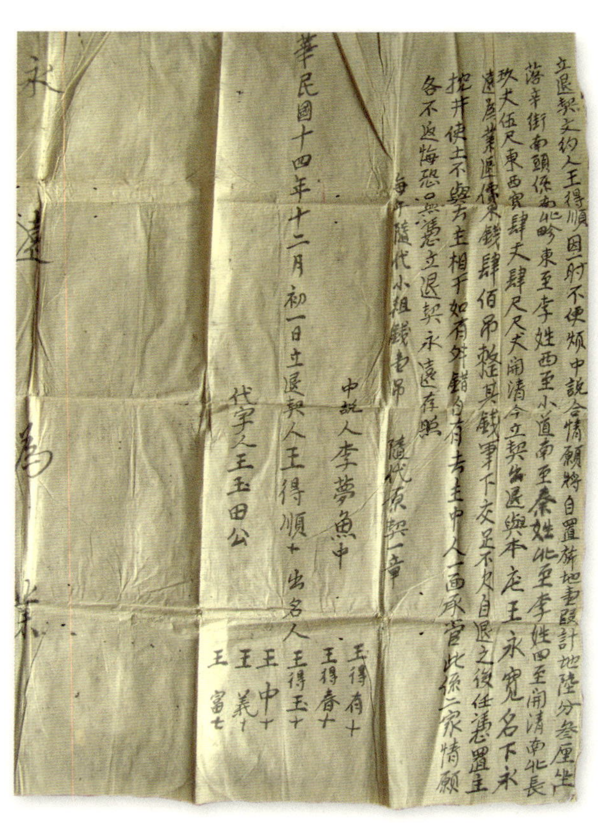

■ 民国十四年（1925）上纸寨王家退旗地契

立退契文约人王得顺，因一时不便，烦中说情愿将自置旗地一段计地六分三厘，坐落辛街南头，系南北界，东至李姓，西至小道，南至秦姓，北至李姓，四至开清，南北长九丈五尺，东西宽四丈四尺，尺丈开清，今立契出退与本庄王永宽名下永远为业，退价东钱四百吊整，其钱笔下交足不欠，自退之后，任凭置主挖井使土，不与去主相干，如有舛错，自有去主中人一面承管。此系二家情愿，各不返悔，恐口无凭，立退契永远存照。

随代原契一张（章）

中华民国十四年十二月初一日，立退契人王得顺（十），出名人王得有、王得春、王得玉、王中，王义、王富（十）

中说人：李梦鱼（中）

代字人：王玉田（公）

永远为业

9. 民国二十二年（1933）上纸寨王家卖土场契：

立卖土坑文约人王永宽，因手乏自烦中人说好，情愿将自置土厂一处，坐落本村南头，系南北界，东至李姓，西至道，南至秦姓，北至道，四至开清，土厂共有地七分，今立契出卖与王余名下承种，时值卖价大洋十元整，其洋笔下交清不欠。自卖之后，任凭置主使土种地自便，不与去主相干。此系三面言明，二家情愿，各不返悔，恐口无凭，立字为证。

随代老契一张

中华民国二十二年旧历十月二十二日　立卖土厂文约人王永宽（十）

中说人：王德起

代字人：李佐臣（好心）

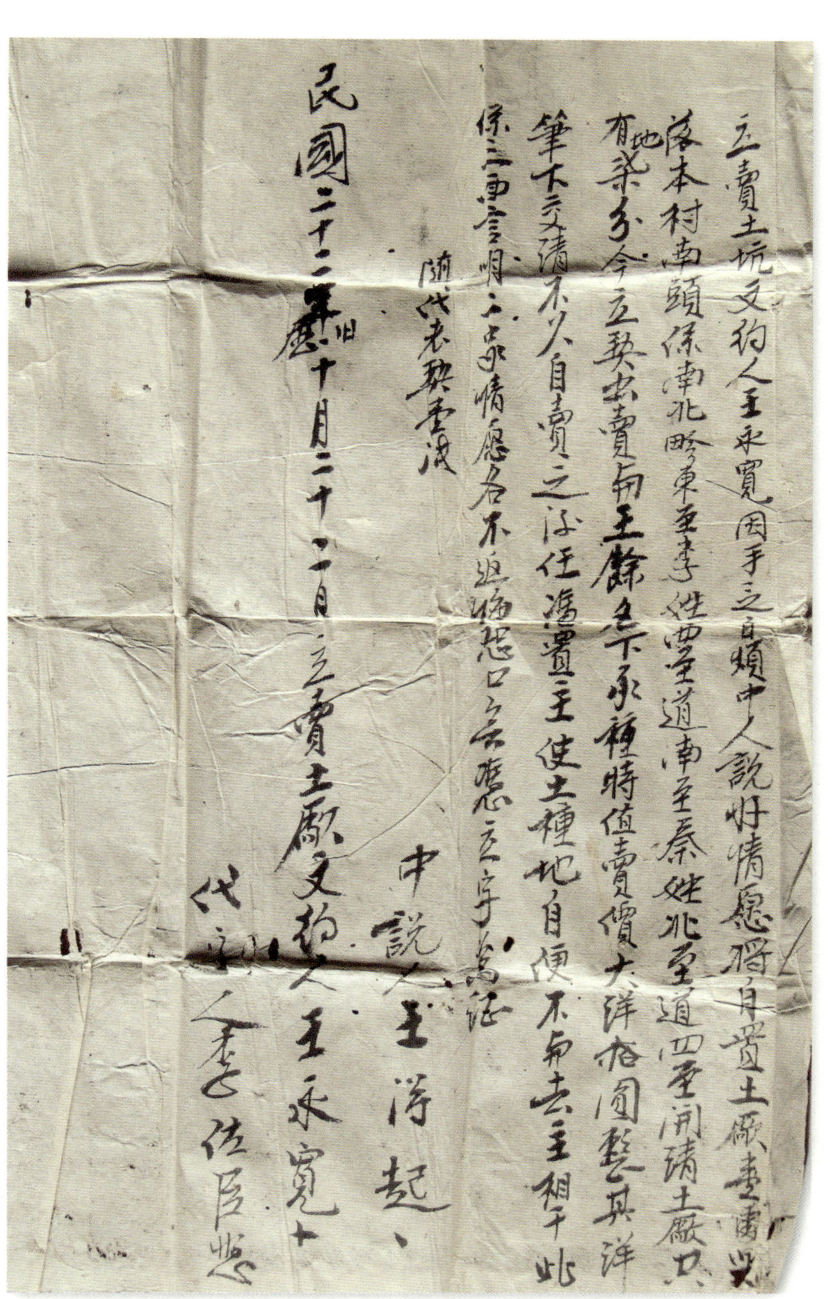
立賣土坑文約人王永寬因手乏自煩中人說好情愿將自置土廠一處坐
落本村南頭係南北畧東至李姓西至道南至秦姓北至道四至开清土廠共
有地柒分今立契出賣與王餘名下承種時值賣價大洋拾圓整其洋
筆下交清不欠自賣之後任憑置主使土種地自便不與去主相干此
係三面言明二家情愿各不返悔恐口無憑立字為証
隨代老契壹張
民國二十二年舊曆十月二十二日 立賣土廠文約人王永寬十
中說人王德起
代字人李佐臣

■ 民国二十二年（1933）上纸寨王家卖土场契

二十四、白各庄佟家契约

白各庄佟姓为正统旗人。满族高贵的八大姓分别是：佟佳氏，钮祜禄氏，瓜尔佳氏，马佳氏，索绰罗氏，齐佳氏，那拉氏，富察氏。满族佟姓的老姓大都是佟佳氏。据访问，白各庄佟姓属于上三旗，上三旗包括正黄旗和镶黄旗还有正白旗，他们说不太清，只提及到了“佟半朝”，可知是康熙母亲那个支派。佟姓是清顺治初年吃地租吃到平谷和三河的。从找到的几份地契也可以看出佟姓是吃租子地的大户。

1. 道光三十年（1850）佟相换地契：

立换空园文契人佟相，因空园一处换与胞叔佟得召名下，钱一百零五两，其钱笔下交完不欠，自换之后，言明，西杨许佟相折，东槐树一棵，许佟相折，并无返悔，如返悔罚银十两，恐后无凭，立字存照。

道光三十年十二月十四日　立换契人佟相

中说人：佟成、佟得贵

代字人：王江

此契从字迹到词语，都水平不高，可证代字人是个生手。但毕竟保留下来一些重要信息，其中有佟姓叔侄名字和中说人名字，代字人王江也就是白各庄的王。走访白各庄老人，无论佟姓和王姓，最多说出七辈，基本能和此契中的人物衔接上，看来此契有弥补家族史功用。

2. 光绪四年（1878）佟顺当地契：

立当地文契人佟顺，因乏手自烦中说情愿将本身租子地一段，计地八亩，坐落佟家坟西，南北界，除四至不开，今立契出当与本族佟景峰名下承种，言明时值当价一百二十吊整，其钱笔下交足不欠，自当之后，钱无利息，地有租钱，种主每年随代租钱三千零五钱，此系三面言明，各无返悔，恐后无凭，立字存照。

光绪四年正月廿一日　立当契人佟顺

中说人：佟相

代字人：王松龄

“租子地”即内务府拨给佟家若干土地，由佟家聘任庄头向外出佃。

3. 民国三十年（1941）佟起买地契约：

立卖地文契人张景荣，因手乏自烦中说，情愿将自置民地一段，计地三亩五分，坐落庄南南窑，南北界，东至刘万金，西至马长山，南至顶头，北至道，以上四至开清，今立契出卖与白各庄佟起名下永远为业，言明卖价大洋四百一十圆整，其洋当面交清不欠。自卖之后，未卖以前尽问亲族人等，并无争竞，计（既）卖之后，挖坑使土，不与地主相干，与置主一面承管，二家甘愿，各无返悔，恐后无凭，立字据永远为业

随代契纸一张

中华民国三十年二月初九日　立卖民地人张景荣（公）

中说人：王泰和（正）、王国秀、王国盛（十）

代字人：王通山（忠）

永远为业

第三部分
房产类契约实例解读

一、夏各庄房产契约

夏各庄于家房产契约

夏各庄于姓来源于两个地方。一是负二甲于姓，从东鹿角迁过去的，于连明家族属之。而东鹿角于姓是清初从西沥津迁过去的，故有负二甲民之说。二是坊九甲于姓，洪武年间移民到平谷马各庄，明永乐年间编民时被编入城内，所种土地在马各庄，清初由马各庄迁夏各庄。两家于姓都是由山东大水泊村迁来，原本姓于安，与公爷坟于在山东原籍是一个家族。公爷坟于是康熙年间来此看坟的，始迁祖名于安得利，到平谷后第二世起改为于姓。

于悦连家族保存下来的家谱记录：夏各庄的始迁祖于仲金，坊九甲民（清初迁到夏各庄），有三子：好学、好义、好信。好学子于太，于太子于显贵，显贵下二子：富有、万有。富有下青云、登云；万有下会云、乘云。青云下：满、潮，登云下：荣、润、泽，会云下俊、沛；乘云下于准。于满下悦溪、悦池，于荣下悦江、海、河，于泽下占海、占金，于俊下悦波、悦祥，于淮下悦涟。悦涟下彩源。悦溪下彩合；彩源下海生（现年 64 岁）。

于家坟老祖坟在东门外洵河东岸。迁到夏各庄后在龙坡南立坟。清后期在贤王庄南立分派坟。

另一支于姓即教委退休的于连明家族，先迁到西沥津，编入负二甲房十舍，清初一支迁到东鹿角，乾隆四十年（1775）由东鹿角一个分支迁到夏各庄，迁到夏各庄的始迁祖是于可芳，其后有于为、于浩、于洪、于遴，再下人口日多，道光年间分出一支去了道卜峪，清末一支去了黑豆峪。家谱从略。

1. 民国二年（1913）夏各庄刘瑞庆卖民园契：

立卖契人刘瑞庆，因乏手今将自己受分民园一所，坐落东庄街西，东至官街，西至李姓，南至马姓，北至出主，四至开明，今烦说合情愿立契出卖与于福元（于润申父）名下承种，同面言明，时值卖价纹银三十五两整，其银笔下交足不欠，自卖之后，任凭置主过粮税契，不与出主相干，其中并无舛错，又无异说，二家情愿，各无返悔，恐口无凭，立卖契永远存照。

此园实半亩，内有树木相连。

中华民国二年十一月初十日　立卖契人刘瑞庆（忠）同父刘玉奎

中说人：李深元

代字人：于奎选（忠）

永远为业

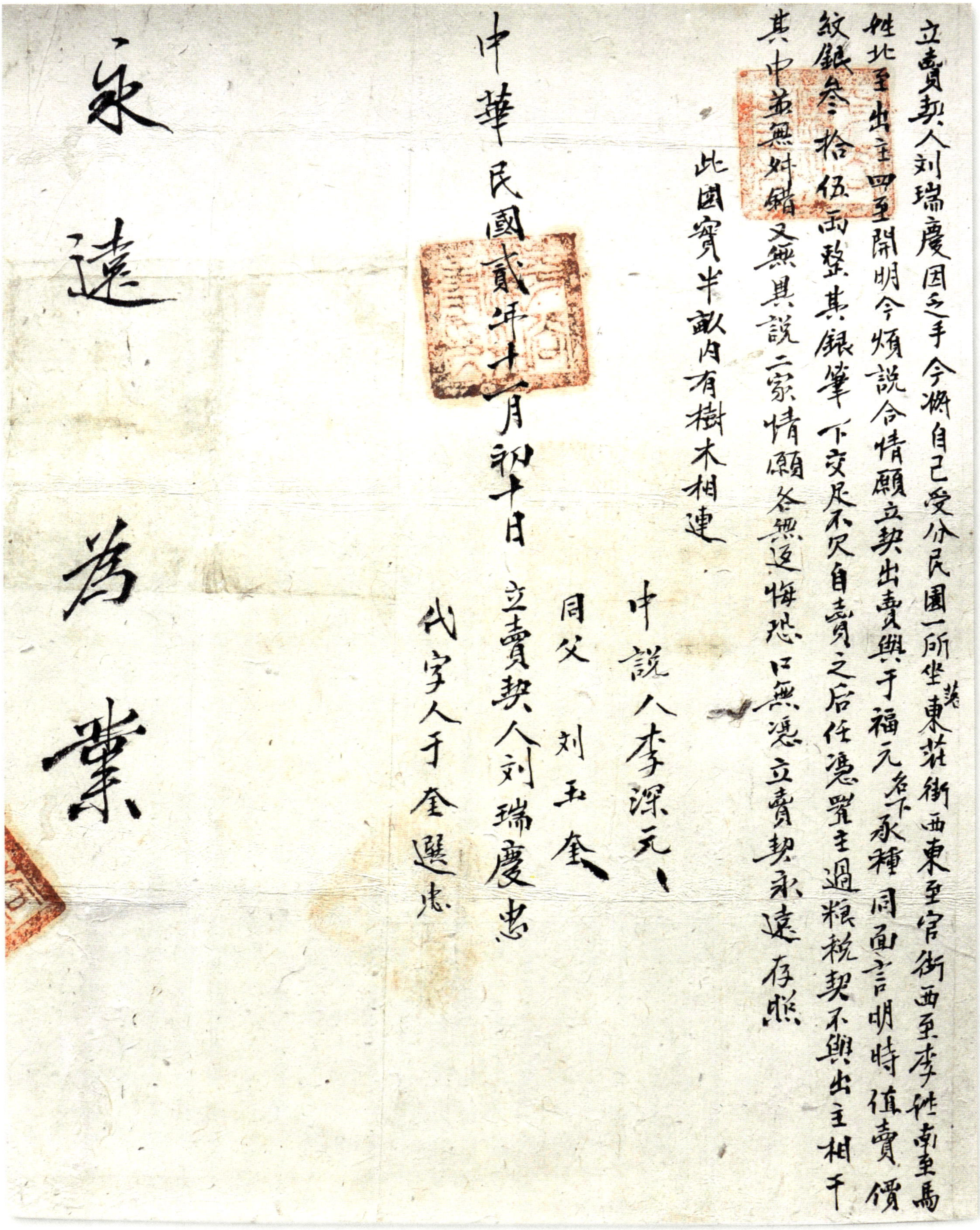

立賣契人刘瑞慶因乏手今將自己受分民園一所坐落東莊街西東至宫街西至李姓南至馬
姓北至出主四至開明今煩説合情願立契出賣與于福元名下承種同面言明時值賣價
紋銀叁拾伍兩整其銀筆下交足不欠自賣之后任憑買主過粮税契不與出主相干
其中並無舛錯又無異説二家情願各無返悔恐口無憑立賣契永遠存照

此園實半畝内有樹木相連

中華民國貳年十一月初十日

中説人李深元、
同父　刘玉奎
立賣契人刘瑞慶忠
代字人于奎選忠

永遠為業

民国二年（1913）夏各庄刘瑞庆卖园子给于福元契约

故纸留声——平谷田房契约品读

第三部分 房产类契约实例解读

2. 民国五年（1916）夏各庄负二甲于福：

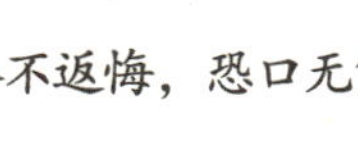

元卖空园给马恒契约：立卖契文约人负二甲于福元，因正用不足，今将自置民空园一所，坐落夏各庄东庄窠（俗称庄户）西街路西，计地五分，东至道，西至秦姓，南至置主，北至刘姓，四至开清，今烦说合，情愿立契出卖与负十甲民人马亨名下永远为业，同中言明，时值卖价纹银一十五两整，其银契两交，自卖之后，过割税契不与契主相干，其中并无舛错，如有者尽在中人、契主承管。此系两家情愿，各不返悔，恐口无凭，立卖契存照。

树木在内。

中华民国五年十一月二十六日立卖契文约人于福元

中保人：刘瑞庆

中说合人：马尚功

书字人：马如岗（押）

永远为业

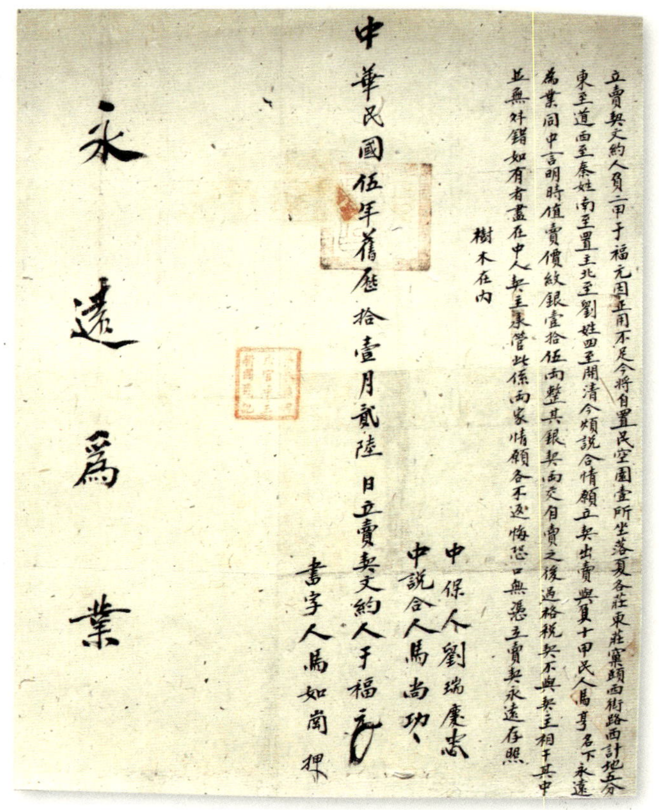

立賣契文約人負二甲于福元因正用不足今將自置民空園壹所坐落夏各莊東莊窠頭西街路西計地五分東至道西至秦姓南至置主北至劉姓四至開清今煩說合情願立契出賣與負十甲民人馬亨名下永遠為業同中言明時值賣價紋銀壹拾伍兩整其銀契兩交自賣之後過格稅契不與契主相干其中並無舛錯如有者盡在中人契主承管此係兩家情願各不返悔恐口無憑立賣契永遠存照

樹木在內

中華民國伍年舊歷拾壹月貳陸日立賣契文約人于福元

中保人劉瑞慶

中說合人馬尚功

書字人馬如崗押

永遠為業

■ 民国五年（1916）夏各庄负二甲于福元（原籍西沥津）卖空园给马恒契约

3. 民国八年（1919）夏各庄坊九甲于家退契：

立卖契坊九甲民人于会云、于润泉，因正用不足，今愿将自己受分民园一处，南北长三丈，东西宽一丈四尺五寸，南至置主，北至墙，墙在内，东至去主，西至置主西墙在内，四至说明，（烦）又东西四尺五寸宽，南北长三丈，西山墙西至内，又西山墙南头一半在内，东至于姓，西至置主，南至置主，北至于姓，四至开清，今烦中人，情愿出与日八甲刘玉文名下永远为业。同众言明，时值卖价共洋三十五元整，其钱笔下交不欠，自卖之后，并无亲族人等争竞，亦无异说，其中并无舛错，如有争竞者舛错时，书人去主一面承管，不与置主相干，此系二家情愿，各无返悔，恐口无凭，立卖契存照。

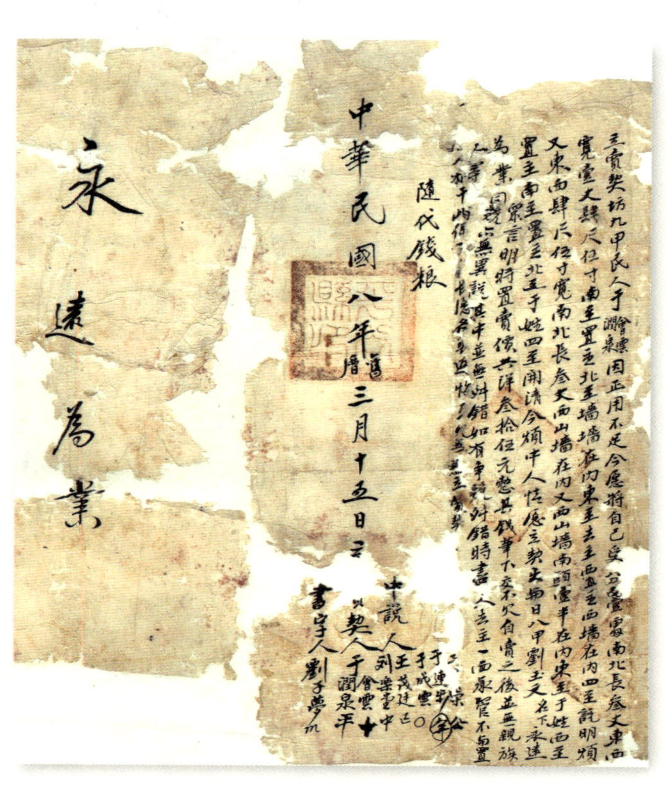

永遠為業

中華民國八年舊曆三月十五日立

隨代錢糧

中說人

書字人劉子夢

随代钱粮

中华民国八年旧历三月十五日 立卖契人于会云（十）、于润泉（平）

中说人：于连荣（公）、于连步（平），于成云、王茂廷（正）、刘乐堂（中）

书字人：刘子梦（m）

夏各庄李朝珍老人保存的房产契约

1. 嘉庆十四年（1809）夏各庄李文平分家契约：

立分单人李文平，因弟兄过日不和，各自度日，同母分账一百二十千整，又分高家坝地一处，土木相连。住宅按古（股）均分，后门大门东厢房二间，俱是李文平所管，不与李文扬相干，兄东弟西，弟兄二人情愿，各无返悔，恐后无凭，立分单存照。

嘉庆十四年十二月廿二日　立分单人李文平

说合人：李连

代字人：李梅

“同母分账”即从母亲那里受分的意思。“高家坝”又称“高家坟”即现在的夏兴园小区位置。

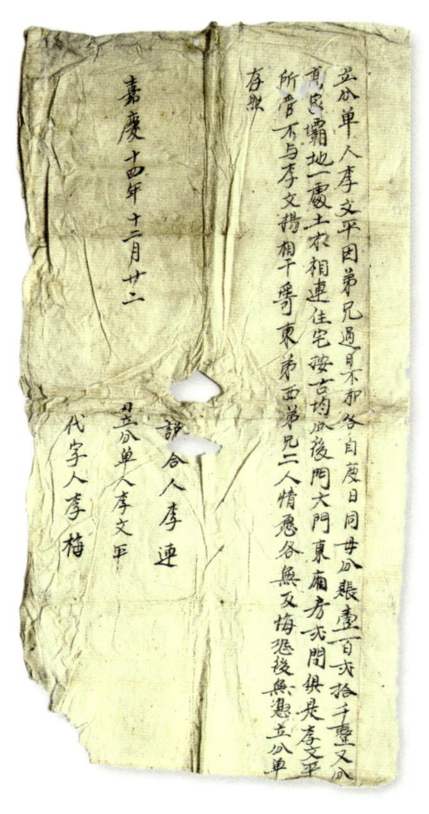

立分單人李文平因弟兄過日不和各自度日同母分賬壹百貳拾千整又分高家壩地一處土木相連住宅按古均分後門大門東廂房貳間俱是李文平所管不與李文揚相干哥東弟西弟兄二人情愿各無反悔恐後無憑立分單存照

嘉慶十四年十二月廿二

說合人李連

立分單人李文平

代字人李梅

■ 嘉庆十四年（1809）夏各庄李文平分家契约

2. 光绪五年（1879）夏各庄李怀旺分家单：

立分单字据人李怀兴、李怀旺同母张氏，母子因家业艰难，弟兄不愿同居，母年迈难以居管，无奈命其各爨，所以邀请乡邻亲友同族公同意愿，母留下二十一道坝地三亩又红土子二亩共地五亩自种，以为终日零用之资，其余房产地亩诸物器皿账目等项各按二股均分，并无厚薄，母生时弟兄奉养，死则弟兄殡葬，然后养老资依然均分。自立字据之后，各守各业，两不许搅扰，如有不法字据者，有来人秉公送官，当堂受罚。自此立字二张，各守一纸为证。

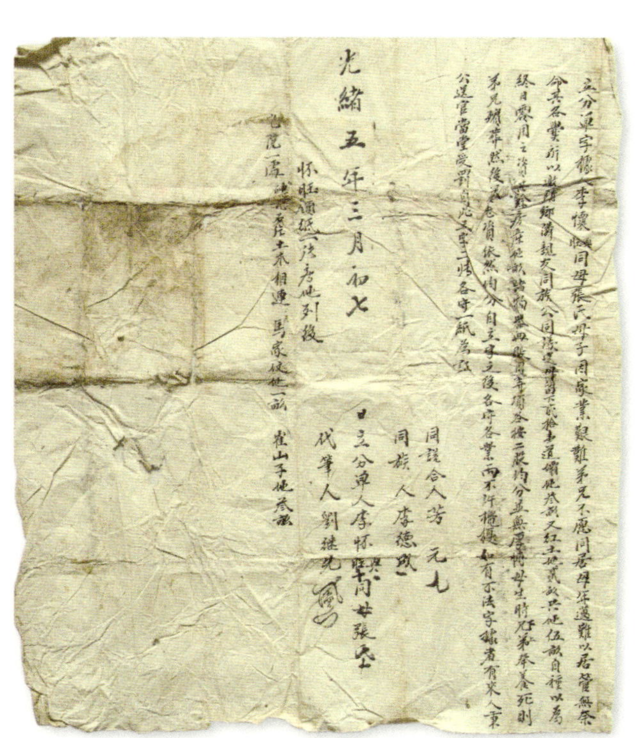

光緒五年三月初七

同說合人芳元

同族人李德成

代筆人劉繼先

■ 光绪五年（1879）夏各庄李怀旺分家单

光绪五年三月初七日　立分单人李怀兴、李怀旺同母张氏（十）

同说合人：芳元

同族人：李德成

代笔人：刘继先（画押）

怀旺领纸一张，产地列后：宅院一处，砖瓦石片土木相连，马家坟地一亩，崔山子地三亩。

“各爨”即各自起火做饭，意思就是分家单过。“二十一道坝”在村南三里许，即现在的“北京岭秀”新宅区位置。二十一道坝本意是从南小岭子往下构筑的地坝，越往下地坝越大，土质略好。“红土子”是村东老李家坟东北土坝，因有厚厚一层红黏土而得名。“不法字据者”即不按本契约条款执行者。“有来人秉公送官”即由本契约签订时的在场人共同扭送县衙。“养老资”指老人过世后剩余的财产。

3. 民国十六年（1927）夏各庄李俊兴退旗产房契约：

立退房契文约人李俊兴因正用不足，今将受分旗宅一所，坐落南小街东头路南，内有草正房三间，厢房两间，猪圈一个，门窗俱全，土木不连，树木不再内，有明砖暗石俱归去主，不与值（置）主相干，四至开后，南至王姓，北至官街，东至李姓，西至李姓，四至开清，南北长十二丈二尺，东西宽四丈五尺，尺工开清，今烦说合情愿立契出退与李怀旺名下永远为业。同众言明，时值退价东钱六千吊整，其钱笔下交足不欠。自退之后，不与退主相（干），任凭置主自便，内中并无舛错，如有亲人争论，近（尽）在中人一面承管，不与置主相干。此系两家情愿，各无返悔，恐口无凭，立字为证。随代原租。

中华民国十六年十月二十四日　立退契人李俊兴

中人：李树秀、李春如，李春润

代字人：李仲春（正）

永远为佃

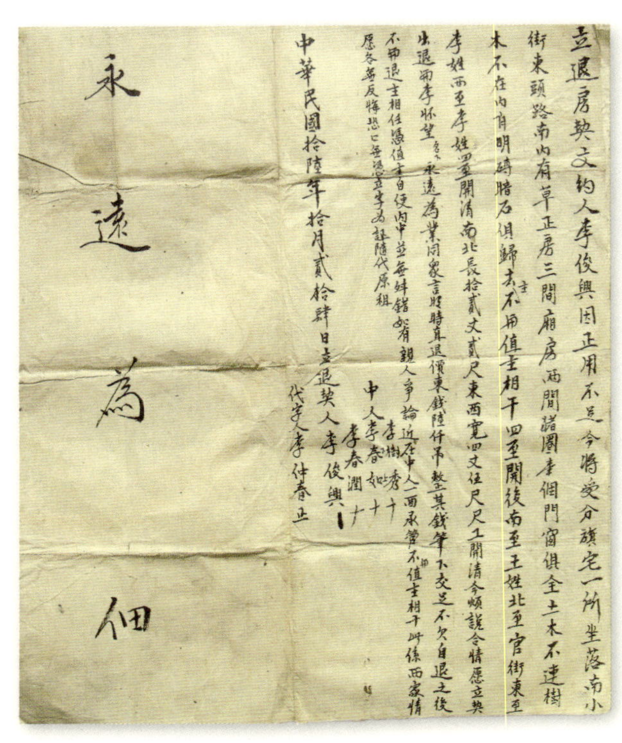
立退房契文约人李俊興因正用不足今將受分旗宅一所坐落南小
街東頭路南內有草正房三間廂房兩間豬圈壹個門窗俱全土木不連樹
木不在內有明磚暗石俱歸去主不與值主相干四至開後南至王姓北至官街東至
李姓西至李姓四至開清南北長拾貳丈貳尺東西寬四丈伍尺尺工開清今煩說合情愿立契
出退與李懷旺名下永遠為業同衆言明時值退價東錢陸仟吊整其錢筆下交足不欠自退之後
不與退主相干任憑值主自便內中並無舛錯如有親人爭論近在中人一面承管不與值主相干此係兩家情
愿各無反悔恐口無憑立字為証隨代原租
中人 李樹秀十 李春如十 李春潤十
中華民國拾陸年拾月貳拾肆日立退契人李俊興
代字人李仲春正
永遠為佃

■ 民国十六年（1927）夏各庄李俊兴退旗产房

“旗产房”即这个房产属于旗产，表明李俊兴父辈或祖父辈曾购置旗产房，到他这辈属于受分房产。“南小街东头路南”清代村子南以山神庙的古槐树为界，清末在古槐树东部跨出一条街，街名南小街，小街的南部新盖房屋十余所，成为民国新宅区。“土木不相连”就是院子内外的树木产权不随房院所有权转移，表明不属于原旗产范围，是自己后来栽植的。“明砖暗石”指明面的砖瓦和地下埋的石头。“随代原租”说的是这个旗产房是有租金的，和产权房捆绑一起。租金交给谁呢？原来是交给出佃人，民国后旗产收官，此际应该交官，属于一种税项。

4. 民国二十一年（1932）夏各庄李云枝分家单：

立分关书字据人李云枝、李秀枝、李林枝，情因无人总理家务，是以兄弟合同商议，邀请亲谊族长，愿将房田家产器具眼同品搭，按股均分，俱系致公无私，诸凡开载列后。自分之后，各守各业，努力成家，以光门户。日后家业有无，不许争执，倘有争论，许族长执字正罪，各无异说。恐口无凭，立关书一样三纸，各执一张，永远存照。

李云枝受分南场北头草房三间，南北四丈一尺三寸，东面闪官道七尺，南山中间二亩四段，南坡在内，东石河地中间二亩。李秀枝受分南场中间四丈一尺三寸，南山下节二段二亩，东坡半节山头为界，东石河东头二亩，场东面官道七尺。

李林芝受分南场南头四丈一尺三寸，南山上节二亩五段，南坡在内，北坡在内。东石河西头二亩

中华民国二十一年（1932）十月四日立关书字据人李云枝、李秀枝、李林枝（十）

中说人：李俊祯、李树秀

族长人：李相林

代字人：李殿勋（中心）

“分关书”即分家单的书面称谓，“分关”如同总开关下又有分开关一样，表示家族源远流长连绵不断之意。“眼同品搭”意思是几位中人面对受分财产好坏搭配分股，用眼估看相差不明显。“族长”一词在旧时代常出现，即一个家族中最有威望的老人，家族内有什么不和谐的事件发生，不用经官，族长就按家规处理了。“执字正罪”意思是族长可以拿着这个分关书，对着内中条款和家规规定给违规者定罪。

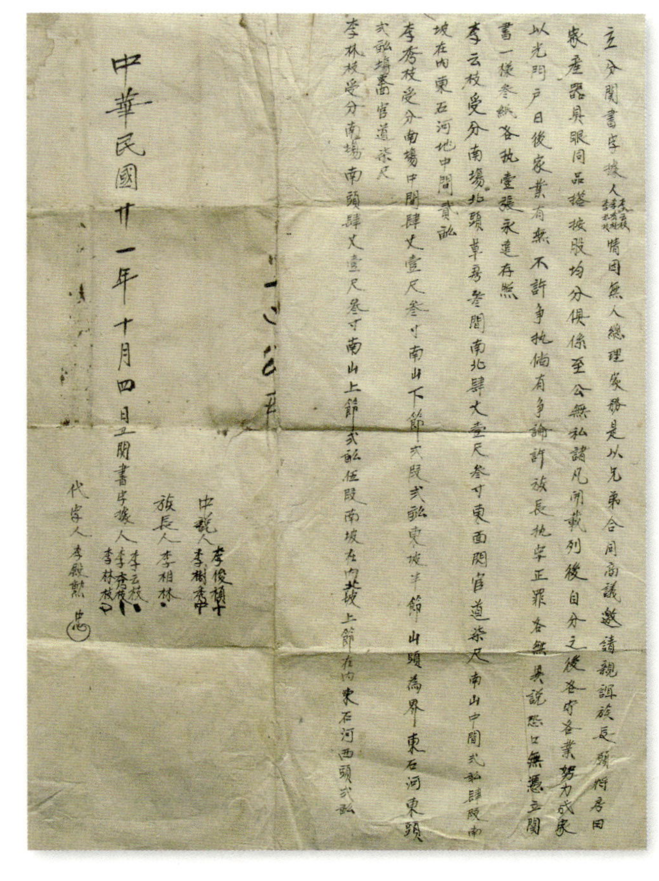

民国二十一年（1932）夏各庄李云枝分家单，李殿勋写

5. 民国三十一年（1942）夏各庄李云枝买房契：

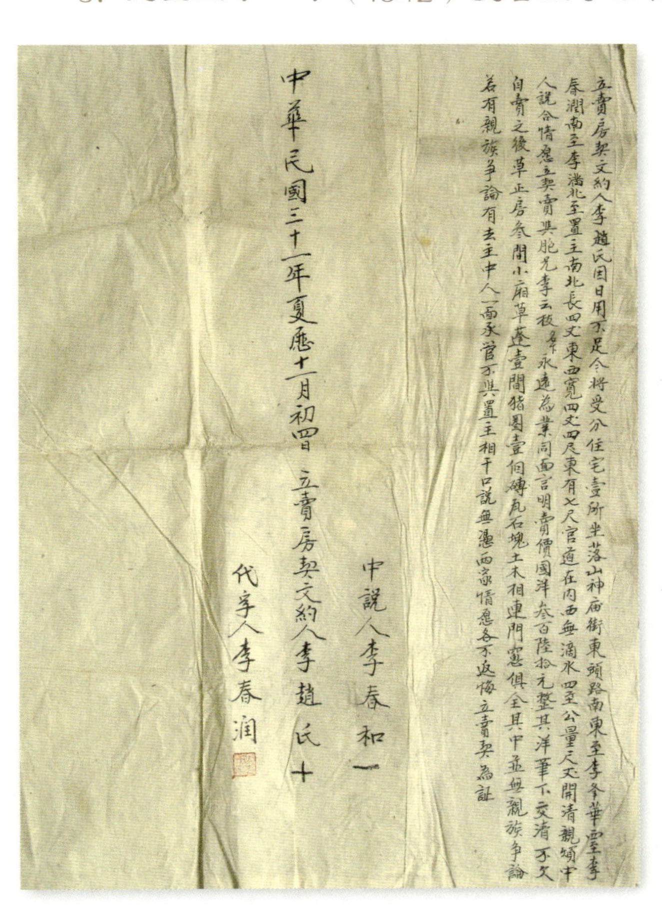

立卖房契文约人李赵氏，因日用不足，今将受分住宅一所，坐落山神庙街东头路南，东至李丰华，西至李春润，南至李满，北至置主，南北长四丈四尺，东有七尺官道在内，西无滴水，四至公量，尺丈开清，亲烦中人说合，情愿立契卖与胞兄李云枝名下永远为业，同面言明，卖价国洋三百六十元整，其洋笔下交清不欠。自卖之后，草正房三间，小厢房草棚一间，猪圈一个，砖瓦石块土木相连，门窗俱全，其中并无亲族人争论，若有亲族人争论，有去主中人一面承管，不与置主相干。口说无凭，两家情愿，各不返悔，立卖契为证。

中华民国三十一年夏历十一月初四日 立卖房契文约人李赵氏（十）

中说人：李春和

代字人：李春润（私章）

民国三十一年（1942）夏各庄李云枝买房契

6. 民国三十一年（1942）夏各庄李如春次子李永昌过继给李荣春契约：

立过继字据人李如春，因胞弟膝前无子，弟媳故去已然殡葬，后邀请亲族公同议定，将次子李永昌妻子孙过继与胞弟膝前为嗣。该李永昌夫妇供奉赡养，生侍死葬，不许日久不尊不孝，如有不尊敬，送当楚（处）罚。同面言明，与叔父李荣春所留石头沟地三亩，许自己租出，（作为）每年零用之资，同众言明。其中并无葛藤等事，从今向后，李永奇、李永昌各守各业，并无异说，各不返悔，口说无凭，立字据为证。

住宅一所，唐家坟地五亩，石河地七亩，南井地七亩。

中华民国三十一年十月二十三日 立过继字据人：李如春（私章）承继李永昌（私章）

堂叔：李瑞春、李生春

表叔：田作兴（公）

中人：王仲全（十）

舅父：张浩然

出名人：李永奇

代字人：李雅香（私章）

这是一份将侄子一家人都过继给叔父的契约，过继目的是为叔父养老送终，所得酬报是叔父家的大部分财产。一般都是在中年以后无子，才从亲族中选定一人继承，全家过继者非常少见。“生侍死葬”即活着时候好好赡养，死了以后予以殡葬。先人将死后殡葬看得很重。“留石头沟地三亩”是为老人在世时或自种或出当收回钱粮作为平时花销。死后这块地还给继承人。“石头沟”在村东牛子岭东南，山沟多巨石。

私人印章应用已比较普遍。

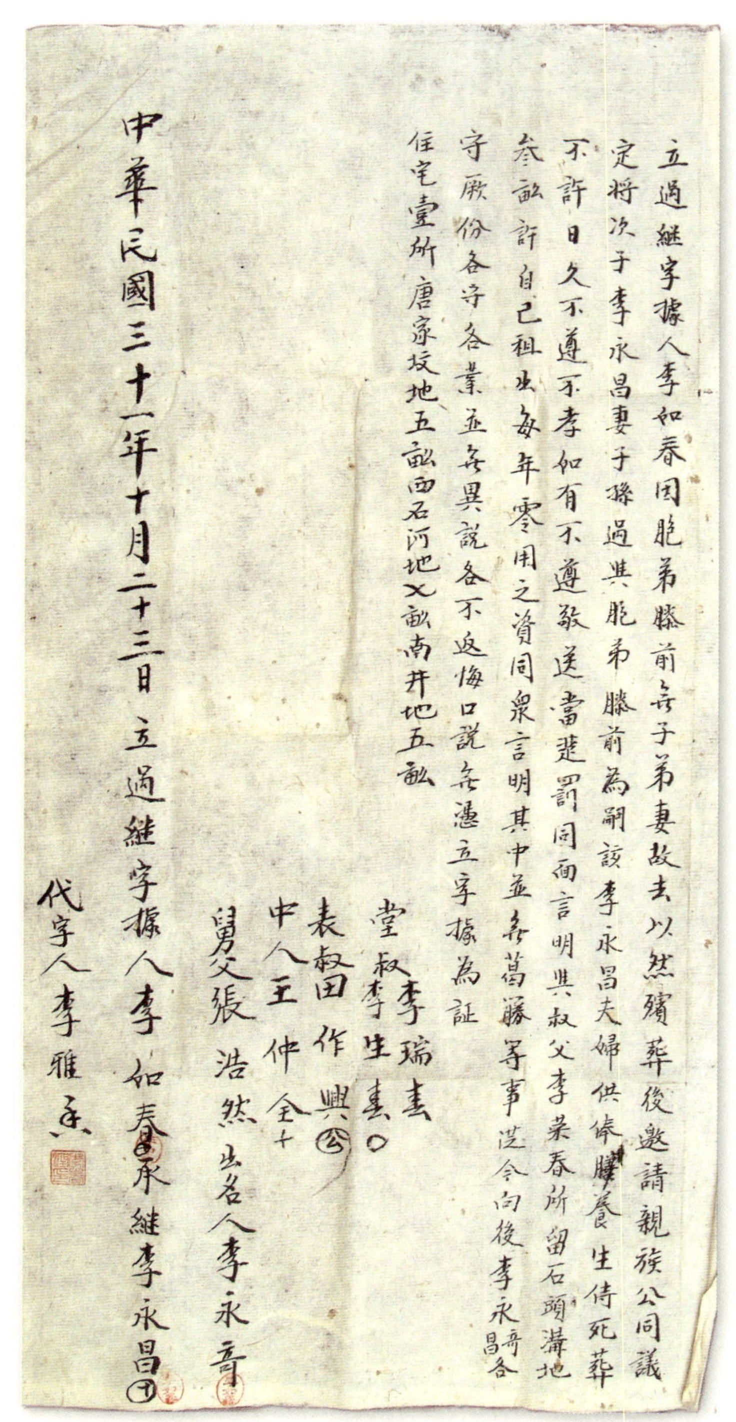
立過繼字據人李如春因胞弟膝前無子弟妻故去以然殯葬後邀請親族公同議
定將次子李永昌妻子孫過與胞弟膝前為嗣該李永昌夫婦供俸贍養生侍死葬
不許日久不遵不孝如有不遵敬送當楚罰同面言明與叔父李榮春所留石頭溝地
叁畝許自己租出每年零用之資同衆言明其中並無葛藤等事從今向後李永奇昌各
守廠份各守各業並無異說各不返悔口說無憑立字據為証
住宅壹所唐家坟地五畝西石河地七畝南井地五畝
堂叔李瑞春 李生春
表叔田作興（公）
中人王仲全十
舅父張浩然 出名人李永奇
中華民國三十一年十月二十三日 立過繼字據人李如春承繼李永昌
代字人李雅香

民国三十一年（1942）夏各庄李如春次子李永昌过继给李荣春契约

7. **民国三十五年（1946）夏各庄李相林过继李朝珍文约：**

立过继承嗣字据人李相林，情因耄龄，孤身影支，桑榆晚景，无人可靠，不能自食其力，是以商议邀请家族，愿将堂侄之子李朝珍，年十一岁，年龄虽幼，而勤顺可嘉，过与堂叔李相林膝下为嗣，所有田园家产器具尽归继孙承受。自过之后，生前尽力奉养，其终尽礼祭葬，不得违逆。日后倘有乖虐，许照亲生管束，无故不许抛弃。言明山神庙坝外地一亩八分，分割开一半归三堂叔李林枝遗念之资，许林枝自便，不与朝珍相干，亦无亲族人争论纠葛等弊，如有争执，许家族执字处理，各无异说，恐口无凭，立字永远存照。

中华民国三十五年七月二十三日立过继承嗣字据人李相林

监证人：刘清（私章）、李春福（私章）、张永生（私章）

中说人：李春山（私章）

出名人：李林枝

代字人：李殿勋（私章）

此契约已经是新政权时期。刘清原名常纪，时任夏各庄村长。李相林曾是族长，但此际已经年老。李殿勋是夏各庄老中医，也是私塾先生，从遣词用语不难看出有些文化底蕴。“堂侄之子”实际是家族里的孙子辈，直接过继给叔祖。“过继”亦称继、过房、过嗣、继嗣等，指没有儿子的家庭要收养同宗之子为后嗣，同时要签订“过继文约”，明确彼此权利和义务，以维持其家族延续和祭祀香火为继承人，是传统宗族观念中的一种收养行为。

传统宗族社会中，宗法制度严格实行以男性为中心的宗祧继承制度。在农耕文明社会的生产方式和自然经济中，男性是社会生产生活的主要劳动力，也是国家所需要充足的兵源和劳役的提供者，又是家族之中的顶梁柱。没有男性继承人的家庭，就要收养同宗之子为其继嗣，以避免绝门断氏后继无人，这是传统宗族观念中的一种宗法制度。宗族之中的过继行为有着严格的宗法约束，立嗣必须征得族长、家长等族人的同意，择选继子要在其子侄辈中选定或指定。过继子嗣是个复杂又有争端的过程，一般而言，继父家产丰厚，过继子嗣就积极，甚至竞争；继父家产浅薄或者无家产，则无人愿意出继，即便是族长按宗法指定继子，仍然出现反悔不愿，直至闹到诉讼境地。历史上，平谷地区继嗣问题很普遍。现在随着国家养老制度的不断完善，继嗣现象越来越少。

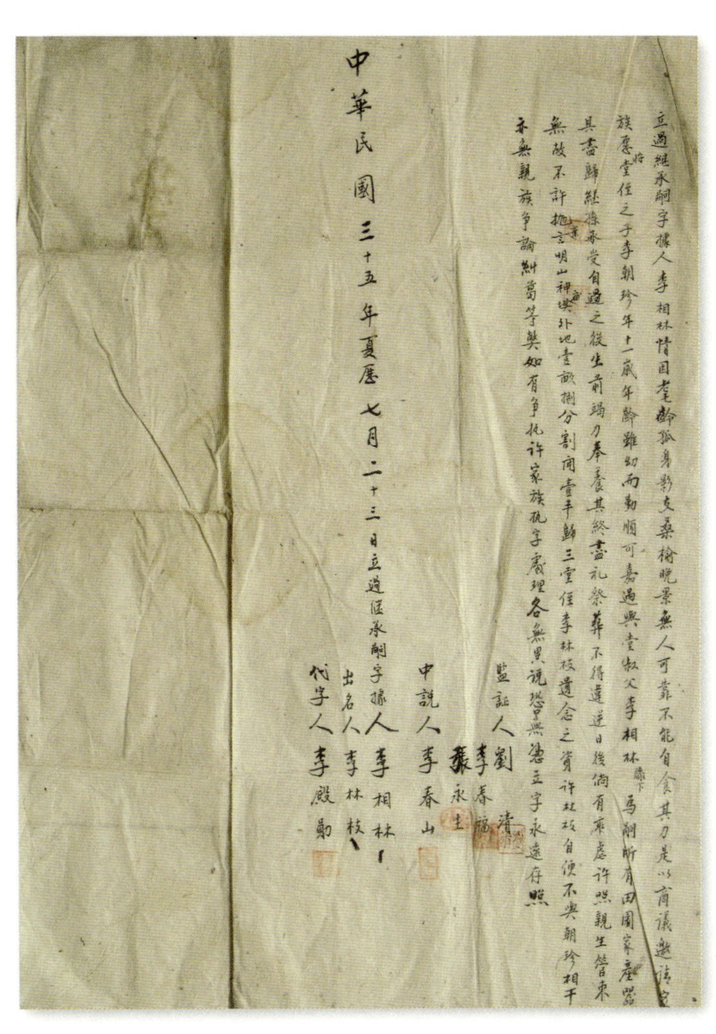
立過繼承嗣字據人李相林情因耄齡孤身影支桑榆晚景無人可靠不能自食其力是以商議邀請家族愿將堂侄之子李朝珍年十一歲年齡雖幼而勤順可嘉過與堂叔父李相林膝下為嗣所有田園家產器具盡歸繼孫承受自過之後生前竭力奉養其終盡礼祭葬不得違逆日後倘有乖虐許照親生管束無故不許拋棄言明山神廟壩外地壹畝捌分割開壹半歸三堂侄李林枝遺念之資許林枝自便不與朝珍相干亦無親族爭論糾葛等弊如有爭執許家族執字處理各無異說恐口無憑立字永遠存照

監証人 劉清 李春福 張永生

中說人 李春山

中華民國三十五年夏歷七月二十三日立過繼承嗣字據人 李相林

出名人 李林枝

代字人 李殿勛

民国三十五年（1946）夏各庄李相林过继李朝珍约

夏各庄李兆勋老人家存房产契约

1. 民国三年（1914）夏各庄李兆勋祖父辈分家单：

立分单人李春萌、李春全、李春生同心协议：因父母年迈不能经管家物地亩，儿等议有爱父母之劳心，儿居心不忍，同面议论，邀请亲族亲友，各守各分，房产地亩按股均分，并无偏心。二子受分平房一所，大门在内，庙岭下十亩，大台上十四亩，赵家坟北边二十亩，驴一头。以此心平气和，日后无有搅扰，亦无舛错，如有搅扰者，尽在均家人一面承管，并无异说，各自情愿，立分单为证。

父母利（历）年养身之资赵家坟二十亩，每年交地租钱二百吊，如地租钱不交，许父母外租。

中华民国三年六月初二日　立分单人李春全执之（正）

族兄人：李景元、李春元（公平）

族叔人：李斛香（公）

代笔人：马步青（忠）

李兆勋老人在2009年旧村拆迁时已经83岁。他非常仔细，旧时代家族留下来的古书、单据、契约都放在一个小木箱中妥善保管，据说原来均由他父亲李寿增保存，1950年正式交给了他，在他手又保存了60年。

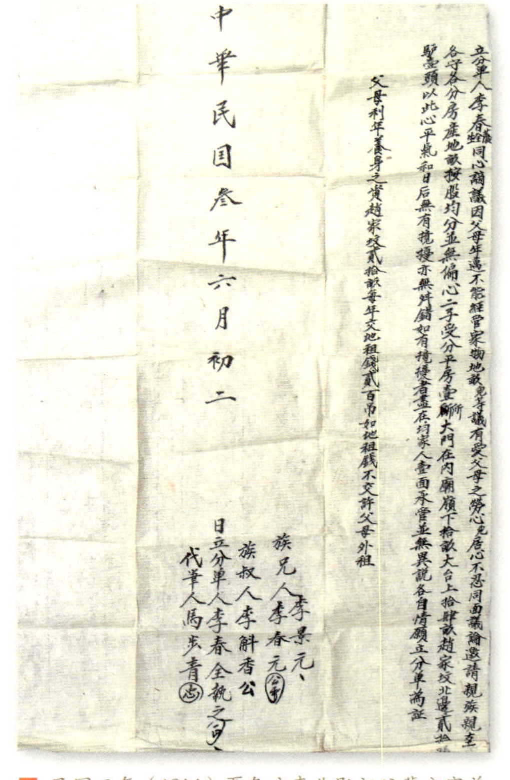
立分單人李春萌全生同心謫議因父母年邁不能經管家物地畝兒等議有愛父母之勞心兒居心不忍同面議論邀請親族親友
各守各分房產地畝按股均分並無偏心二子受分平房壹所大門在內廟嶺下拾畝大台上拾肆畝趙家坟北邊貳拾畝
驢壹頭以此心平氣和日后無有攪擾亦無舛錯如有攪擾者盡在均家人壹面承管並無異說各自情願立分單為証
父母利年養身之資趙家坟貳拾畝每年交地租錢貳百吊如地租錢不交許父母外租
中華民国叁年六月初二日立分單人李春全執之
族兄人李景元、李春元（公平）
族叔人李斛香公
代筆人馬步青（忠）

民国三年（1914）夏各庄李兆勋祖父辈分家单

2. 民国九年（1920）夏各庄李革勋祖分家单：

立分关人李门张氏所生二子，长子如春，次子荣春，各有家室，因身年迈，不欲操持家务，所以邀请亲族按二股均分，自身二子轮流供养死葬，自己留西石河养老地十亩，每年二子交租，价五十吊，以为自己零用。自分之后，各守各业，各听天命，凡尔多彼寡之事不许争论。此系合家情愿，各不返悔，如有返悔，有中人议罚。恐后无凭，次子荣春执此为证。

二屋受分房屋地亩开列于后：西院北正草房五间，西边碾子一盘，碾棚在内，南至南道，北至张姓，东至大屋西厢房后滴水檐，西至道。唐家坟地五亩，西石河下坎东边地二亩，石道沟外当地三亩，许二屋赎。养老地西边五亩归二屋。小驴分用。柴义借钱九十吊，李明春借钱六十吊，归二屋赎房用。

民国十年正月廿四日置胞兄西河下坎地四分，价钱八十吊，许自己自便，不与胞兄如春相干。恐口无凭，立字永远存照。

中华民国九年旧历十月十二日　立分关人：李张氏

中见人：妹丈周殿臣、堂弟李凤仪（公平）

代字人：李奉天（忠）

这是一份最普通的家庭分家单，仔细揣摩这份分家单，可以读出那个时代的不同辈分人的心理，也见证了百年前平谷夏各庄一户普通村民家庭的经济状况。

李革勋是平谷中医院中医，2007 年已去世，2009 年曾走访过他的老母亲，老人是夏各庄当年最年长的女性，时年 94 周岁，她给我讲述了她自身的一些简要经历和李氏家族的梗概，特别讲述了道光年间平谷发生瘟疫之际的恐怖境况，她听爷公传说，自家远嫁到甘营的姑奶奶要回家看看，结果只在院子外隔着稍门说了说话，又被劝返。这和我们时下防疫情景颇有些相近，说明平谷人在防疫方面很早就有防范经验和意识。这部分地契和分家单也都是老太太提供的。李荣春就是她公爹。

分单中一些用语是地方性用语，如大屋，二屋就是指长子和次子。分单中说到碾子和碾棚，现在也成了历史记忆了。碾子是大家常用的农具，用于碾压破碎粮食用的，制作面粉也要用它。这种器具具有公益性，古代是行善之举，用自家院子，购买石碾，条件好一些的还要盖一个简易的房子——碾棚。既自家用，也供邻里使用，一般三五十户有一个碾盘。到旧历年底，按习俗需要制作米面馍馍和发糕，于是要跟户主预定时间。腊月一般从初八到二十八，排得满满的，夜间都要提灯作业。自从上世纪 70 年代有了电力机器之后，石碾子才逐渐退出历史舞台。

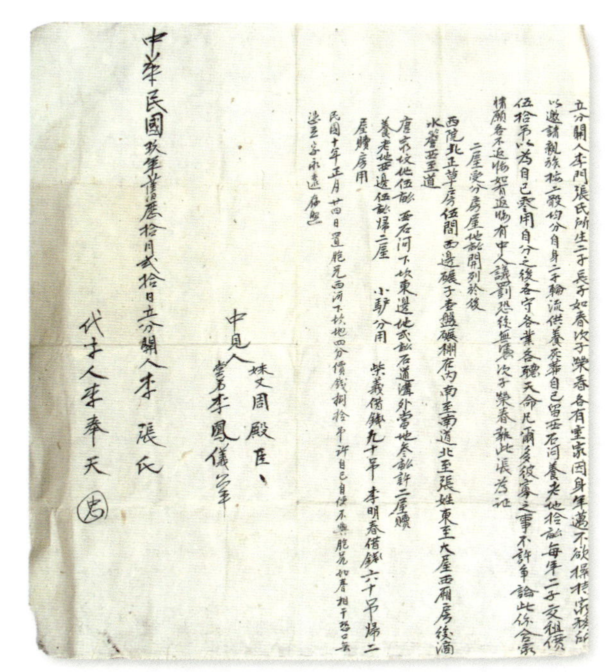

民国九年（1920）夏各庄李革勋祖分家单

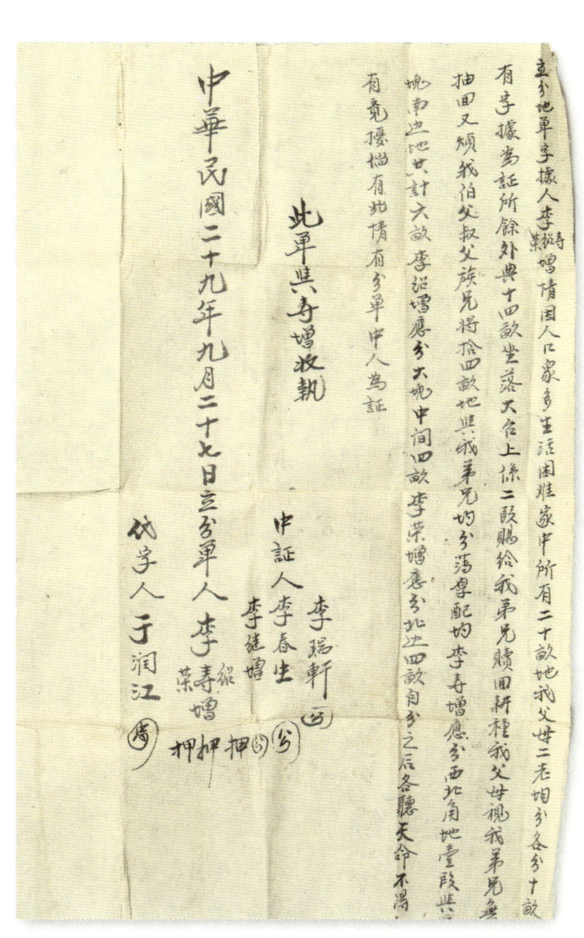

民国二十九年（1940）李兆勋祖宗分地契

3. 民国二十九年（1940）李家分地契：

立分地单字据人李寿增、李绍增、李荣增，情因人口众多，生活困难，家中所有二十亩地我父母二老均分，各分十亩，有字据为证，所余外典十四亩，坐落大台上，系二段，赐给我兄弟赎回耕种，我父母视我兄弟无抽（赎）回，又烦我伯父叔父族兄将十四亩地与我弟兄均分，薄厚配均，李寿增愿分西北角地一段与这块南边地共计六亩，李绍增愿分大块地中间四亩，李荣增应分北边地四亩。自分之后，各听天命，不许有搅扰，倘有此情，有分单、中人为证。

此单与寿增收执

中华民国二十九年九月二十七日 立分单人：李绍增、李寿增、李荣增（押）

中证人：李瑞轩（公）、李春生（公）、李继增（公）

代字人：于润江（忠）

李兆勋、李革勋为一个家族。

夏各庄马家房产契约

1. 宣统二年（1910）马家退佃给马贞空园契：

立退契文约人马尚起，因手乏愿将自己空园一所，树木相连，坐落北大街马神东沟东官道路南，系南北（界），长六丈，东西宽二丈九尺，东至马姓，西至于姓，南至马姓，北至官道，四至开清，今亲烦说合情愿立契出退与本庄马贞名下永远为佃，同中言明退价东钱六百八十吊整，钱契两交不欠。自退之后，交租任佃不与契主相干，其中并无舛错，亦无亲族人等争竞，如有弊者尽在中人契主承管，不与置主相干。此二家情愿，各不反悔，恐后无凭，立退契存。

随代原租

大清宣统二年十二月二十七日立退契文约人：马尚起（十）

中说合人：马得湧、马尚林（十）

书字人：马如岗（押）

永远为佃

“佃”就是没有产权，只有使用权，而且还要缴纳租费，显然是旗产。“交租任佃”就是说你既然愿意承佃此园，就要履行承佃此园的交租义务。

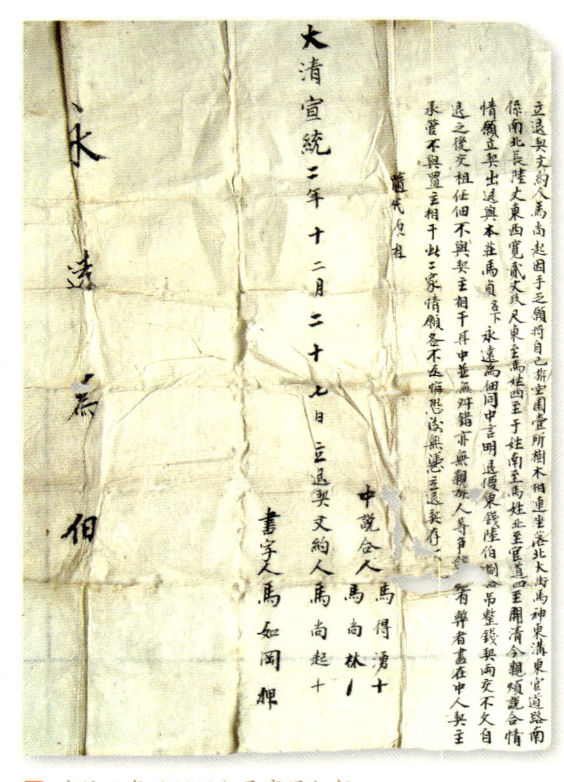

宣统二年（1910）马家退佃契

2. 宣统二年（1910）夏各庄马尚忠退佃给马守田空园契：

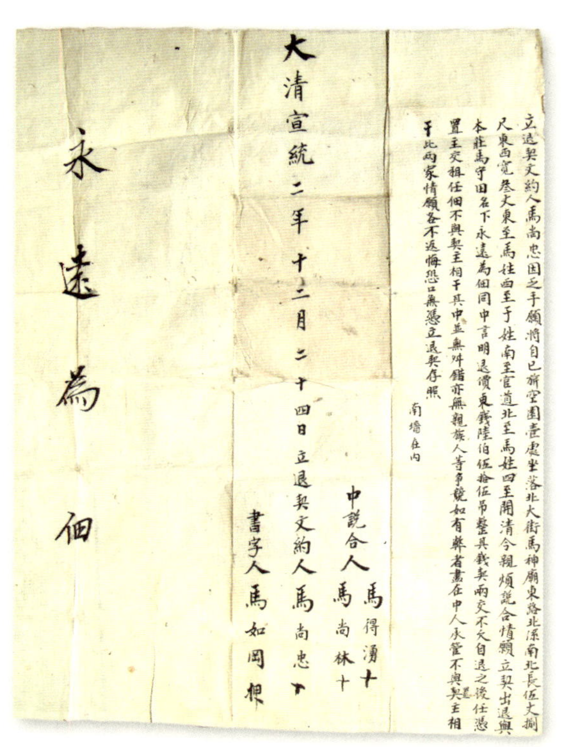

宣统二年（1910）马家退佃空园契

立退契文约人马尚忠，因乏手愿将自己旗空园一处，坐落北大街马神庙东路北，系南北（界）长五丈八尺，东西宽三丈，东至马姓，西至于姓，南至官道，北至马姓，四至开清，今亲烦说合，情愿立契出退与本庄马守田名下永远为佃，同中言明退价东钱六百五十吊整，其钱契两交不欠。自退之后，任凭置主交租任佃，不与契主相干，其中并无舛错，亦无亲族人等争竞，如有弊者尽在中人承管，不与置主相干，此两家情愿，各不反悔，恐口无凭，立退契存照。南墙在内。

大清宣统二年十二月二十四日立退契文约人马尚忠（十）

中说合人：马得湧、马尚林（十）

书字人：马如岗（押）

永远为佃

3. 宣统三年（1911）夏各庄马尚兴退佃给马守田空园契约：

立退契文约人马尚兴，因无钱使用，今将受分旗空园一所，坐落北大街马神庙东路北，系南北长五丈七尺，东西宽三丈，东至马姓，南至道，西至置主，北至马姓，四至开清，今亲烦说合，情愿立契出退与本庄同族人马守田名下永远为佃，同中言明退价东钱六百八十吊整，其钱契两交不欠。自退之后，任佃交租封纳，不与契主相干，其中并无舛错，亦无亲族人等争论异说，如有弊者，尽在中人承管，不与置主相干。此两家情愿，各不反悔，恐口无凭，立退契存照。随代自治局租钱三百文。

宣统三年十一月十五日立退契文约人马尚兴

同胞兄人马尚起（十）

中说合人：马贞（十）

书字人马如岗（忠）

永远为佃

“随代自治局租钱三百文”说明清末民初改朝换代时期，以前各家王府在外的旗产由新成立的自治局统管，粮租由自治局来统收。这处旗产的年租金是三百文。

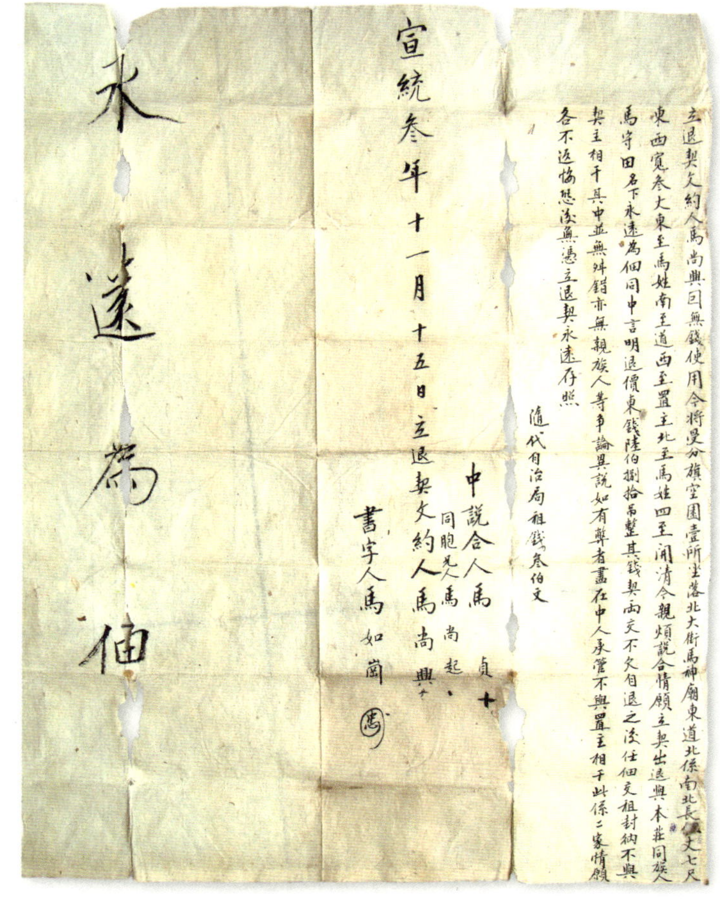
立退契文約人馬尚興因無錢使用今將受分旗空園壹所坐落北大街馬神廟東道北係南北長五丈七尺
東西寬叁丈東至馬姓南至道西至置主北至馬姓四至開清今親煩說合情願立契出退與本莊同族人
馬守田名下永遠為佃同中言明退價東錢陸佰捌拾吊整其錢契兩交不欠自退之後任佃交租封納不與
契主相干其中並無舛錯亦無親族人等爭論異說如有弊者盡在中人承管不與置主相干此係二家情願
各不返悔恐後無憑立退契永遠存照
隨代自治局租錢叁佰文
宣統叁年十一月十五日立退契文約人馬尚興 十
同胞兄人馬尚起 十
中說合人馬貞 十
書字人馬如崗 （押）
永遠佃

宣统三年（1911）夏各庄马家本家退佃田空园契约

4. 民国二十九年（1940）夏各庄马如青兄弟分家单：

立分关书人马如霆、马如青、马如岚，偿念创业垂统，父作之仁，光前裕后，子述之孝，昔张公议九世同居，历朝旌表，而田真感荆复茂，友爱尤隆，窃慕往折（哲）遗风，岂忍一旦分折，奈人多事繁，难以总理，勉强同居，恐生闲隙，是以合同商议，愿将祖遗房园田产家务器皿，品搭均分抓阄为定，并无争长竞短，则分炊之逊顺，仍如合爨之雍和，异居之后，不许以强欺弱同众立三纸一样，凡所有物件彼此照看，以为后世子孙守世之计。恐后无凭，立分家书永远存照。

计开：

马如霆受分房产北院瓦正房四间，东园子北边闪官道五尺，其中地址均分，受分中间地：白道子地十四亩，李家坟地三亩，庙领地八亩，贤王庄南地二亩半，毛家沟地河槽往上至北沟五亩，小老驴一头均贴洋五十元整。

马如岚受分房产：中院草正房四间，草厢房二间，东园子北边闪官道五尺，其中地址均分，两边有碾棚二间，碾子一盘，扇车一个。地：田家坟地十四亩，黑峪地九亩，贤王庄南地二亩半，毛家沟刀把地上至西山坡共五亩，大壕地二亩一分八厘，老驴一头均贴洋七十元整。

马如青受分房产：南院草正房三间，草西厢房三间，草东厢房二间，东园子东边地址均分。地：南转山地十三亩，南张家坟地三亩，茶棚沟地三亩，贤王庄东地五亩，贤王庄南地四亩，毛家沟南沟地五亩，白驴一头，南转山地内有坟，永远公葬，不许脱穴另葬。

二胞叔马荣膝下乏嗣，日后如兄弟三位务要过谁，不许将宅园代去，将宅园与二位兄弟均分，以为代祭之资。

中华民国二十九年夏历二月十九日 立分家书人马如青、马如霆、马如岚（画押及私章）

族长二叔：马荣

乡谊人：刘裕福、于凤宗、张景顺

代字人：李殿勋（私章）

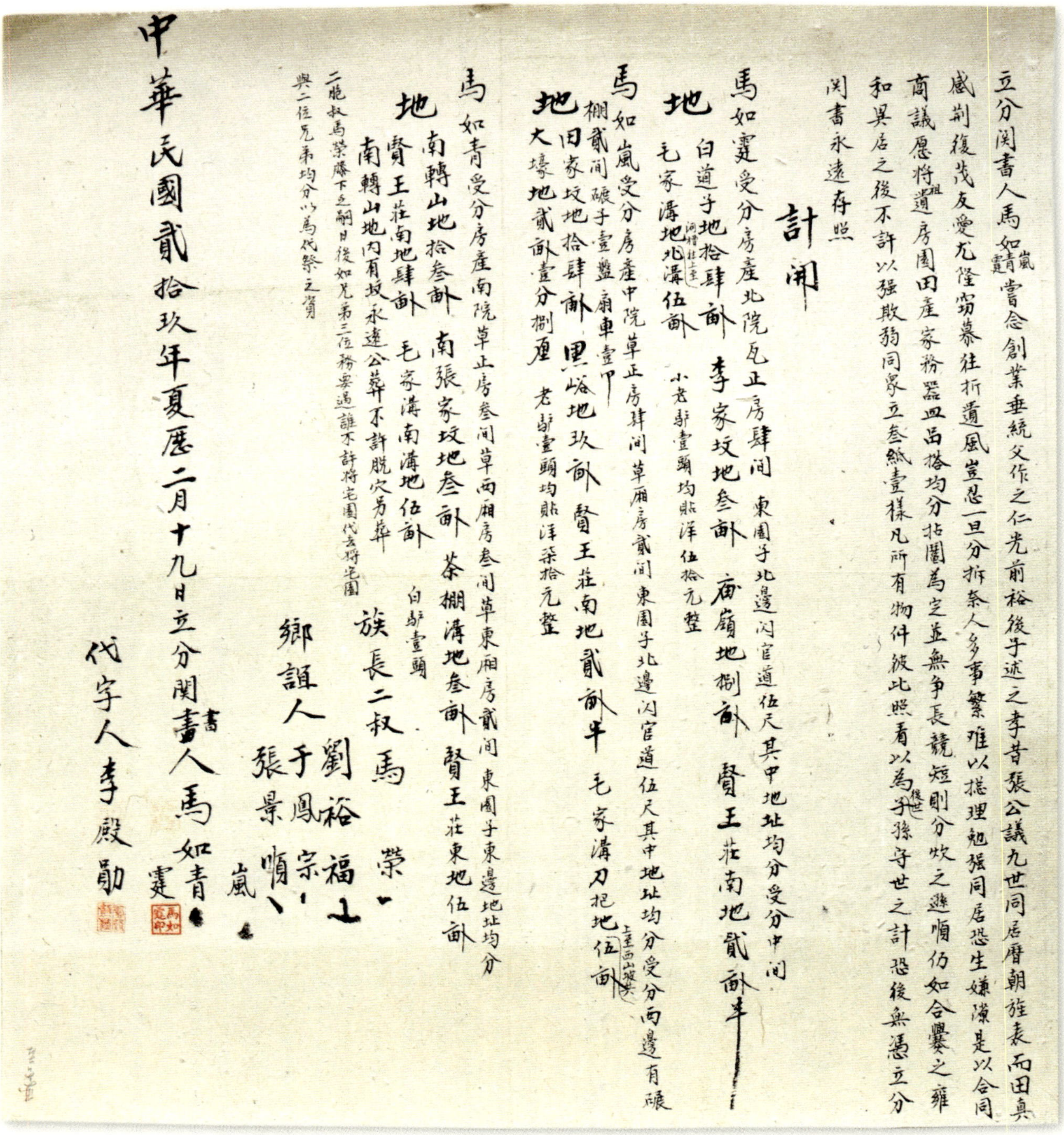

立分阄書人馬如霆嵐青嘗念創業垂統父作之仁光前裕後子述之孝昔張公議九世同居曆朝旌表而田真感荊復茂友愛尤隆竊慕往折遺風豈忍一旦分拆奈人多事繁难以揔理勉强同居恐生嫌隙是以合同商議愿將祖遺房園田產家務器皿品搭均分拈鬮為定並無争長競短别分炊之避循仍如合爨之雍和異居之後不許以强欺弱同衆立叁紙壹樣凡所有物件彼此照看以為子孫後世守世之計恐後無憑立分阄書永遠存照

計開

馬如霆受分房產北院瓦正房肆间 東園子北邊闪官道伍尺其中地址均分受分中间

地 白道子地拾肆畝 河槽壯土 李家坟地叁畝 廟嶺地捌畝 賢王莊南地貳畝半 毛家溝地北溝伍畝 小老驴壹頭均貼洋伍拾元整

馬如嵐受分房產中院草正房肆间 草廂房貳间 東園子北邊闪官道伍尺其中地址均分受分西邊有碾棚貳间碾子壹盤廂東壹間

地 旧家坟地拾肆畝 黑峪地玖畝 賢王莊南地貳畝半 毛家溝刀把地伍畝 大壕地貳畝壹分捌厘 老驴壹頭均貼洋叁拾元整

馬如青受分房產南院草正房叁间草西廂房叁間草東廂房貳间 東園子東邊地址均分

地 南轉山地拾叁畝 南張家坟地叁畝 茶棚溝地叁畝 賢王莊東地伍畝 賢王莊南地肆畝 毛家溝南溝地伍畝 白驴壹頭 南轉山地内有坟永遠公葬不許脱穴另葬

二胞叔馬榮膝下乏嗣日後如兄弟三位務要過誰不許將宅園代去將宅園與二位兄弟均分以為代祭之資

中華民國貳拾玖年夏曆二月十九日立分阄書人馬如青 霆 嵐

族長二叔 馬榮

鄉誼人 劉裕福 于鳳宗 張景順

代字人 李殿勛

■ 民国二十九年（1940）夏各庄马如青兄弟三人分家单

“创业垂统”中的“统”：指事物前后相承接的关系。“垂统”：创立功业，传之子孙。《孟子．梁惠王下》：“君子创业垂统，为可继也”。“父作之仁，光前裕后，子述之孝”是古代写家谱或写分关文书常用语，如“万世宗支当念置产维艰，守成不易。父作之仁，子述之孝，光前裕后，木本水源，动植之物犹知报本，人岂不然？”等。“张仪九世同居”：元代杂剧中记述一段前朝山东寿张县张议家族九世同居，家道上下和睦，曾蒙两朝旌表门闾，人呼义门张氏。此故事在民间广为流传。“田真感荆复茂”隋田真、田庆、田广兄弟三人，议分财产，资皆均平。堂前有紫荆树，茂甚，议分为三，其树即枯。真叹曰：“树本同株，闻将分斫，所以憔悴，是人不如木也。”因悲不自胜，兄弟复同居，愈相友爱，紫荆复荣茂如故。“品搭均分抓阄为定”即按股均分，依照抓阄办法分配。“则分炊之逊顺，仍如合爨之雍和”意思是分家另过之后，仍要和以前一样对父母孝顺，兄弟亲近，就像以前没分家一样和睦。“爨”音 cuàn（“爨”字最早见于战国，字形的上部模拟双手拿着甑，中间是灶口，下部表示用双手将木柴推进灶口，是个象形字，本义指烧火做饭。）。“南转山地内有坟，永远公葬，不许脱穴另葬”是说村南转山子圈内有自家坟茔，永远供本家族共用，严格按照设定的“昭穆”式依次序埋葬，不许脱穴，即不能“空格”。意思是严格按照祖训在此按顺序埋葬，不能到别处另立坟茔。

本契的代笔人李殿勋是夏各庄最有名的私塾先生，旧学基础深厚，所以拟写契约也能引经据典，信手使用文言文书写。

5. 民国三十四年（1945）夏各庄马家三兄弟同侄女为继承房地产立字据：

为遵政府法令女子有继承权事：窃因为马如霆、马如青、马如岚，自胞兄去世后，谨遵遗命各自成家，三股均分，该时胞兄并未遗留子嗣，只有一女方二岁，亦随其母外走，至该女十一岁时，因其系兄留骨肉，故重新接回，在家抚养，今已出阁，年二十七岁，即张马氏，因政府法令规定女子有继承权，故该张马氏根据此条，时提出分家，向政府诉后，经政府公断，案原分家时之产业数目分为四股，该张马氏亦代父继承一股，因与（已）分居数载，后经中人说合，由马如岚手抽调五亩，如青手抽调三亩，如霆手抽调四亩，并由每人手抽出小米四斗，因其未分着房，故折为房钱，以上坐落段落数目列后，概归张马氏名下自便。此系四面言明，自立据后，各守各业，不许争长竞短，恐后无凭，立此据为证。

中华民国三十四年正月初三日 立此证据人：马如岚、马如青、马如霆同侄女传马氏（按压手印）

地亩坐落列后：二屋地毛家沟五亩，树木在内，三屋地南张家坟三亩，四屋地庙岭四亩

中说人：刘清、刘瑞增、秦广庆、姜林、张殿芬、张占宜、王绪山（各押私印）

代字人：刘瑞麒（忠）

这是一份比较特殊的继承约定字据，首开平谷女性继承之先河。因为我国历史几千年来都是儿子继承，没有儿子就过继一个本家族孩子甚至寻找一个外姓孩子来继承，从没有女孩继承一说。中国共产党从实事求是出发，在辖区规定，男女平等，妇女也有继承权，享有和男孩同等待遇（尽管因传统习惯作用，至今仍实行得不彻底），夏各庄出现的这份继承案例，恰好证明了共产党政府说话算数。在中说人一栏，罗列了七个人的姓名，都是村长、书记和委员，其中刘清本名常纪，是威望最高的村干部，冀东十四分区领导几次想把他调干抽走，都因为群众强烈要求留下而作罢。张占宜当时因负伤回家，担任村第二任村支部书记，在抗战和解放战争时期的支前和土改工作中做出了重要贡献。

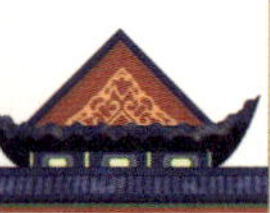

“张马氏”指本姓马出嫁到了张家，旧时农村女孩绝大多数没有名字，出嫁后在本姓前冠以丈夫家姓氏即可。“出阁”即出嫁。“由马如岚手抽调五亩，如青手抽调三亩，如霆手抽调四亩，并由每人手抽出小米四斗”中的“手抽调”是从原受分份额内取出的意思。“屋”即排行老几的意思，二屋即指老二如岚。这些都是当地俗语。

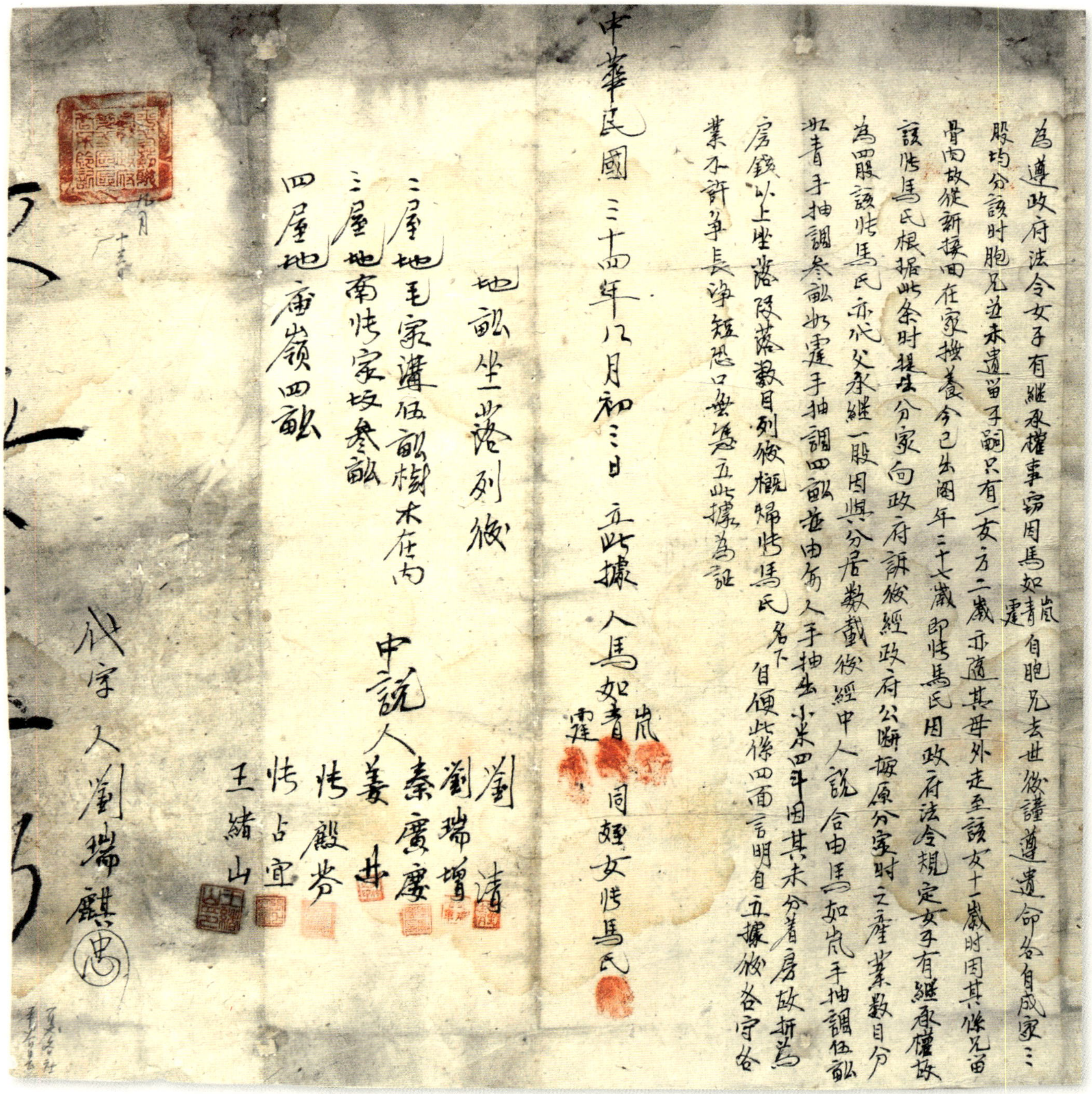

為遵政府法令女子有繼承權事竊因馬如嵐青霆自胞兄去世後謹遵遺命各自成家三股均分該时胞兄並未遺留子嗣只有一女方二歲亦隨其母外走至該女十一歲时因其係兄留骨肉故從新接回在家撫養今已出閣年二十七歲即張馬氏因政府法令規定女子有繼承權故該張馬氏根据此条时提出分家向政府訴後經政府公斷按原分家时之產業數目分為四股該張馬氏亦代父承繼一股因與分居數載後經中人說合由馬如嵐手抽調伍畝如青手抽調叁畝如霆手抽調四畝並由每人手抽出小米四斗因其未分着房故折為房錢以上坐落段落數目列後概歸張馬氏名下自便此條四面言明自立據後各守各業不許爭長論短恐口無憑立此據為証

中華民國三十四年八月初三日 立此據人馬如嵐 青 霆 同侄女張馬氏

地畝坐落列後

二屋地毛家灣伍畝樹木在內

三屋地南張家坟叁畝

四屋地廟嶺四畝

中說人 劉清 劉瑞增 秦廣慶 姜□井 張殿勞 張占宜 王緒山

代字人 劉瑞麒

■ 民国三十四年（1945）夏各庄女性继承字据

夏各庄刘广恒老人房产契约

1. 光绪三十年（1904）夏各庄刘玉龙退佃旗房给刘玉文契约：

立退契文约人刘玉龙同子刘镒，因手乏将自己受分旗产三处，一处东院瓦正房二间，驴圈一间，东至于姓，西至置主，南至刘姓，北至于姓，又有西园一处，计地半亩，东至置主，西至置主，南至置主，北至马姓，内有草房二间，槐树一株，榆树三株，又有后地地一段，计地二分五厘，南北界，东至于姓道，西至刘姓，南至于姓，北至刘姓，四至开明，坐落西大街西头路北，烦说合情愿立退契与刘玉文名下居住使用，言明退价东钱八百八十吊整，钱契两交不欠。自退之后，门窗户壁砖瓦石块土木相连，任凭置主自便，不与契主相干。此中并无私债折准，逼勒成交，如有舛错，尽在契主说合二面承管。二家情愿，各无返悔，恐后无凭，立字为证。每年交租银□一钱整。

光绪三十年十一月十五日 立退契人刘玉龙同子刘镒（十）

说合人：刘贵生（忠）

书字人：刘占先（签“一片正心”合体字）

永远为佃

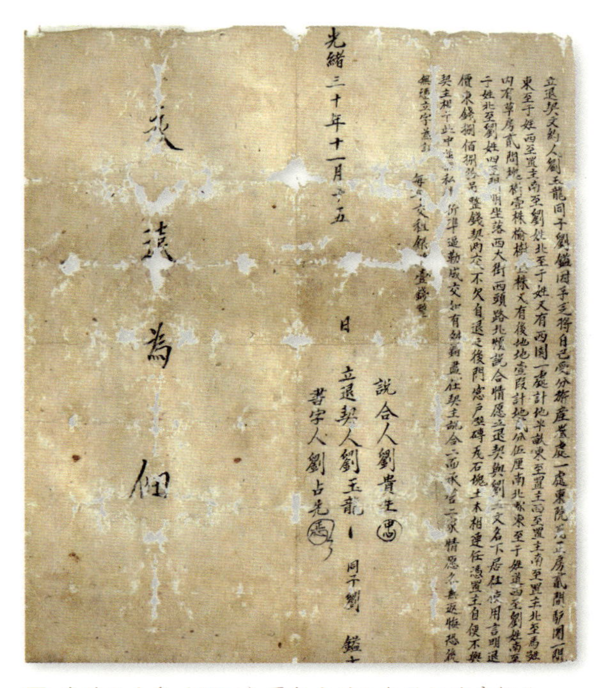

光绪三十年（1904）夏各庄刘玉龙退佃旗房契约

2. 民国八年（1919）夏各庄刘喜为遗产留下字据：

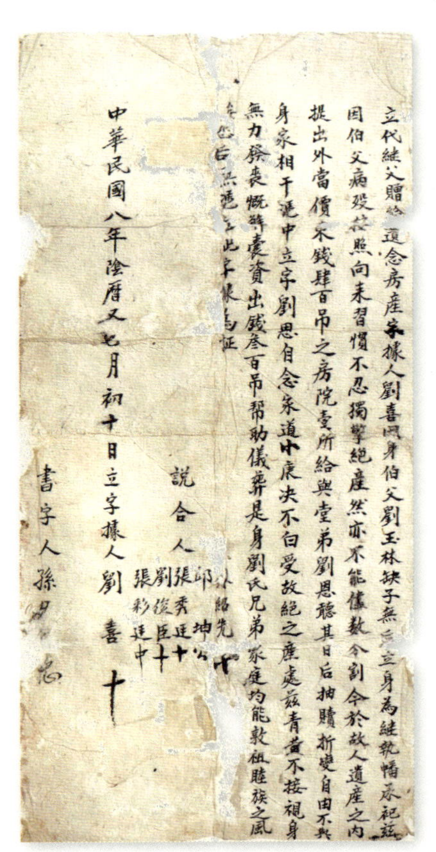

立代继父给遗念房产字据人刘喜，因身伯父刘玉林缺子无后，立身为继，执幡承祀，兹因伯父病殁，按照向来习惯，不忍独擎绝产，然亦不能尽数分割，今于故人遗产之内提出外当价东钱四百吊整之房院一所，给予堂弟刘恩，听其日后抽赎，折变自由，不与自家相干，凭中立字，刘恩自念家道小康，决不白受故绝之产处，兹青黄不接，视身无力发丧，慨解囊资出钱三百吊帮助仪葬，是身刘氏兄弟家庭均能敦祖睦族之风矣。恐后无凭，立此字据为证。

中华民国八年阴历又七月初十日立字据人刘喜（十）

说合人：陈绍先（十）、邱坤（公）、张秀廷（十）、刘俊臣（十）、张彩廷（中）

书字人：孙□（忠）

民国八年（1919）夏各庄刘喜契约

3. 民国十九年（1930）夏各庄刘家分家单：

立分关文约人刘玉文，所生二子各皆婚配，又因自己年老不能管理家务，今烦亲族人等情愿将房产地亩器具与二子均分，长子刘恩受分房产地亩器具开列于后，言定二老周旋孝养田家坟地十亩，李家峪门口地二亩，坐（作）为养老，生则养膳之资，殁则送终之费，每年各屋与二老零用钱五百吊，日后各守各业，听天由命，不许倚强欺弱，混赖不遵，如有等情近（尽）在亲族人一面承管。此系各家干（甘）愿，各无返悔，恐口无凭，立分永远在照。

刘恩所顺天津来洋来货归关中帖（贴）并东南房院一所，受分北正房五间，黑骡子一头帖（贴）并北房，东场一处，东港南地八亩，有小院一处，内有草房三间，贤王庄东地三亩，碾子一盘，扇车一架，贤王庄东北地六亩，贤王庄东北地三亩当契贴并北房，庄后土坑分道南，日后二家使土功（公）用，黑白羊十支贴并北房，大枪一支二家功（公）用，二弟贴并北房两千吊整。

中华民国十九年旧历二月初八立分单人：刘祥（中）

代字人：梁义（忠）

中见人：刘忠、张显文（十）

永远存照

后补：中华民国二十九年十一月二十二日 立后土坑道南道北俱归长门，又找给二门国洋九十元，二家情愿并无返悔，又批为证。

中说人：杨秀春（公），批单人：田作云（私章）

出名人：刘祥（十）

“贴并”即常言之贴补。“又批”即补写的条款。

因为本契为长门刘恩所存，故分单内容只体现刘恩受分财产。二门刘祥受分财产另有一纸。通过弟兄俩个财产分割，可以看出他们家当时属于小康之家。“大枪”即步枪，1928 年平谷成立保卫总团，除固定警员有枪支外，要求建立民防团，按地亩摊钱购枪，枪支自己保存使用，遇到警情立即响应。

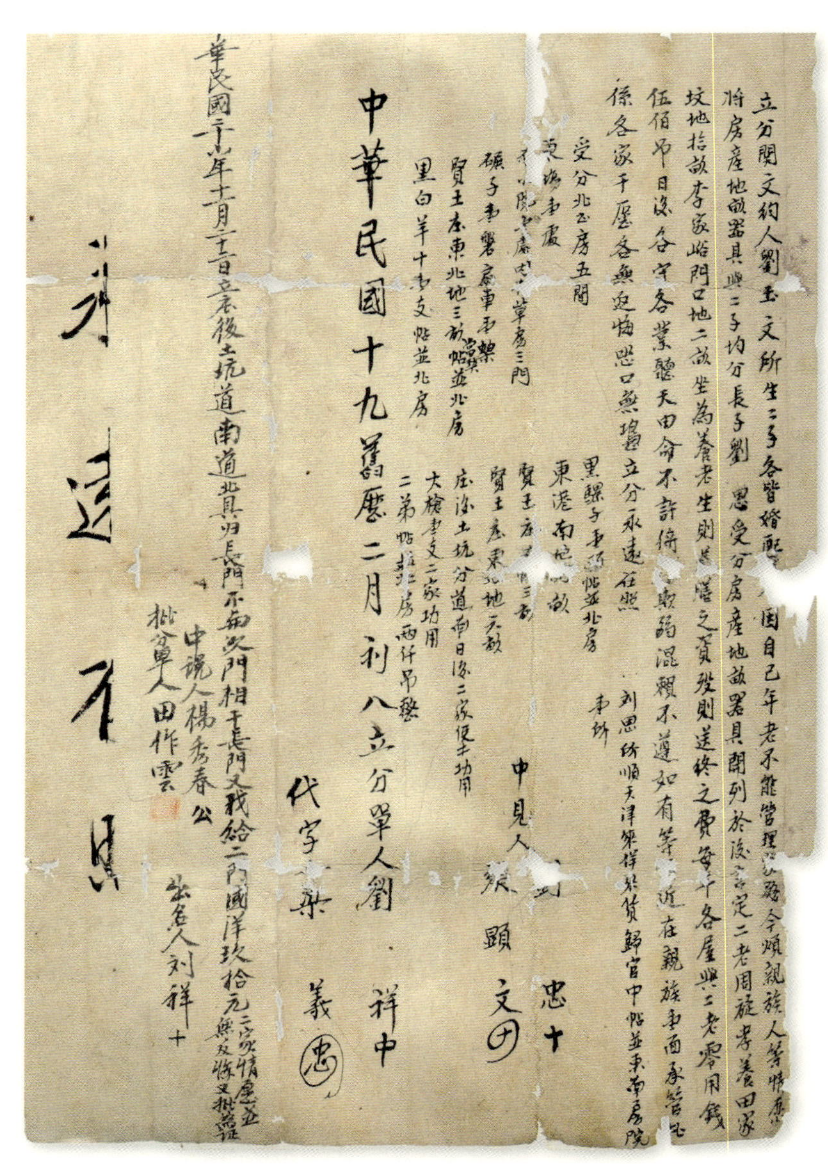

民国十九年（1930）夏各庄刘家分家单

4．1950 年夏各庄刘全顺分家单：

立分单人刘全顺与侄刘广恒：前于民国二十一年兄弟曾分家度日，于民国二十五年兄长故去，侄儿幼小，不能自立，复又同居度日，今侄儿年岁已长，自能料理家务，复又邀请长亲族人等将房粮地产家具等项依照旧分单各自分回，惟有公共新置场院一所并广恒受分路西猪圈一个，归与叔父，叔父将西院受分空场归于侄儿，广恒龙坡养老地按两股均分，西边三亩七分归叔，又东边三亩七分归广恒。自分之后，各自努力，勤劳生产，发财致富，不许争长论短，尔多彼寡，如有阻隔，有分单为证，恐口无凭，立分单为证。

一九五〇年六月十六日 立分单人刘全顺（十）、刘广恒（十）

族长：刘祥友（平）、刘富宽（公）

代字人：张寿增（公）

骑缝书写：各自一纸

此契为新中国刚成立时形成的，但语言上已经融入新名词。内容也比较感人，1932 年兄弟两个分家了，但五年后长兄故去，为抚养年岁幼小的侄子，再度同居十五年，侄子大了，能够自理了，于是邀请亲族长老按常规再分。

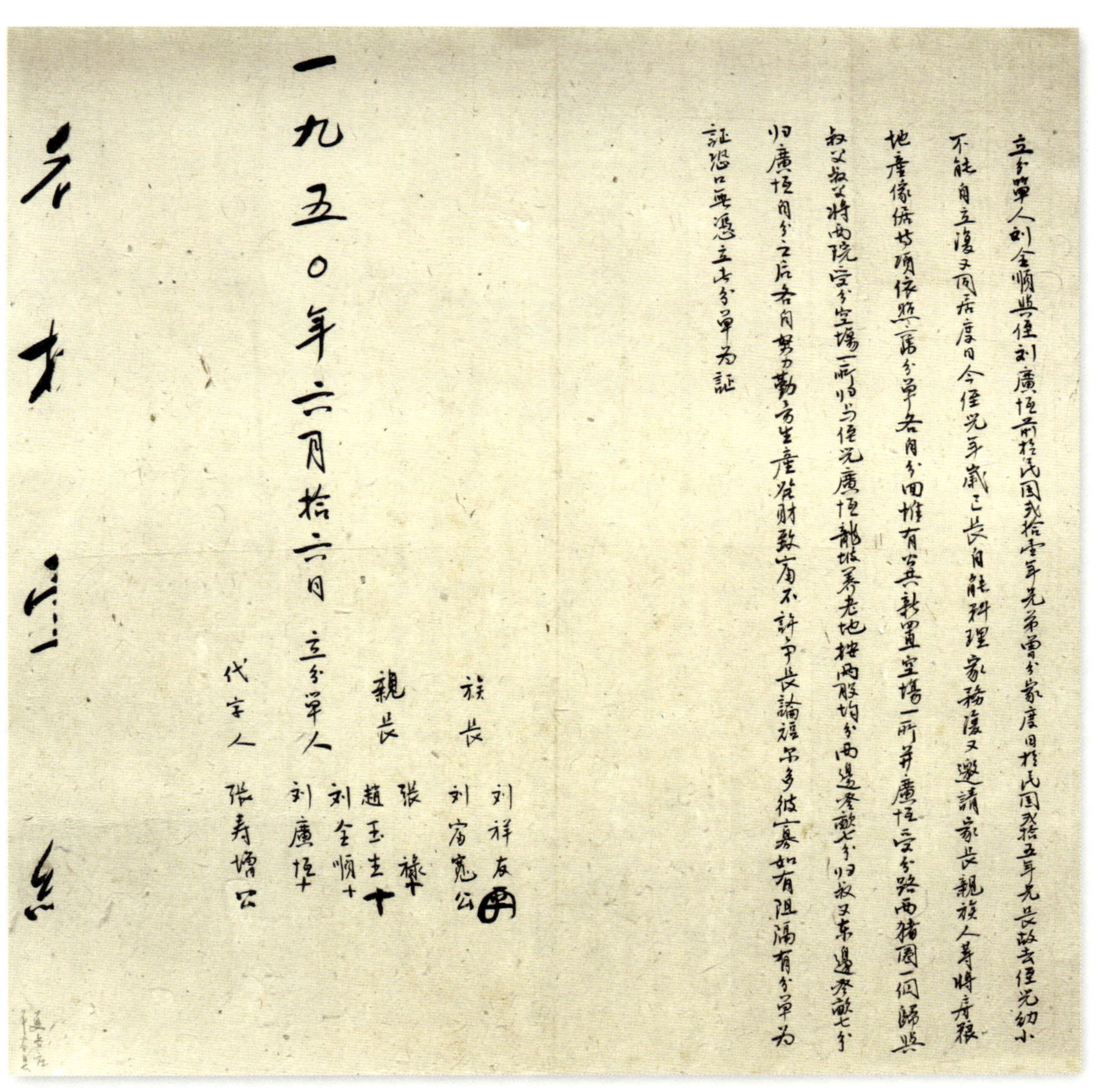
立分單人刘全順與侄刘廣恒前於民国貳拾壹年兄弟曾分家度日於民国貳拾五年兄長故去侄兒幼小不能自立復又同居度日今侄兒年歲已長自能料理家務復又邀請家長親族人等將房粮地產傢俱等項依照舊分單各自分回惟有公共新置場院一所并廣恒受分路西猪圈一個歸與叔父叔父將西院受分空場一所歸與侄兒廣恒龍坡養老地按兩股均分西邊叁畝七分歸叔又東邊叁畝七分歸廣恒自分之后各自努力勤劳生產發財致富不許爭長論短尔多彼寡如有阻隔有分單為証恐口無憑立此分單為証

一九五〇年六月拾六日

族長 刘祥友㘰 刘富寬公

親長 張[illegible] 趙玉生十

立分單人 刘全順十 刘廣恒十

代字人 張壽增公

各自一紙

■ 1950 年，夏各庄刘全顺分家单

5. 民国十二年（1923）夏各庄前营陈家卖房契约：

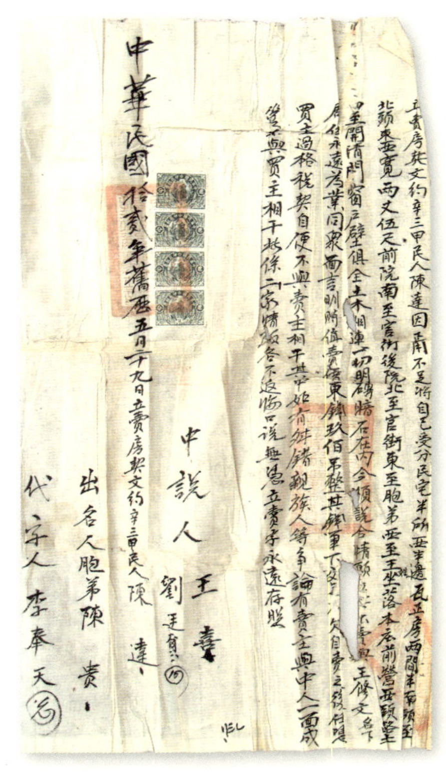

■ 民国十二年（1923）夏各庄前营陈家卖房契约

立卖房契文约辛三甲民人陈达，因正用不足将自己受分民宅半所，西半边瓦正房两间半，南头至北头东西宽两丈五尺，前院南至官街，后院北至官街，东至胞弟，西至王姓，坐落本庄前营西头路北，四至开清，门窗户壁俱全，土木相连，一切明砖暗石在内，今烦说合情愿立契出卖与王修文名下居住，永远为业，同众面言明，时值卖价东钱九百吊整，其钱笔下交足不欠。自卖之后，任凭置主过格（割）税契自便，不与卖主相干，其中如有舛错、亲族人等争论，有卖主与中人一面承管，不与卖买主相干。此系二家情愿，各不返悔，口说无凭，立卖字永远存照。

中华民国十二年旧历五月二十九日　立卖房契文约辛三甲民人陈达

中说人：王喜、刘廷真（心）

出名人：胞弟陈贵

代字人：李奉天（公心）

“辛三甲民人”说明陈达原籍辛寨社第三甲，当为东古村人。“前营”是夏各庄的最西端那个自然村，明代那里有驻军，首领是遵化驻军千总唐英。“后营”则是驻军的家属区。村南转山子还有唐家庄（地契有此地名）和唐家坟（老县志有此地名）。“门窗户壁俱全”是说房屋完整，没有构建短缺。“门”是指房屋的正门，“窗”即常说的窗户，“户”指的是里边的门。双扇为门，单扇为户。

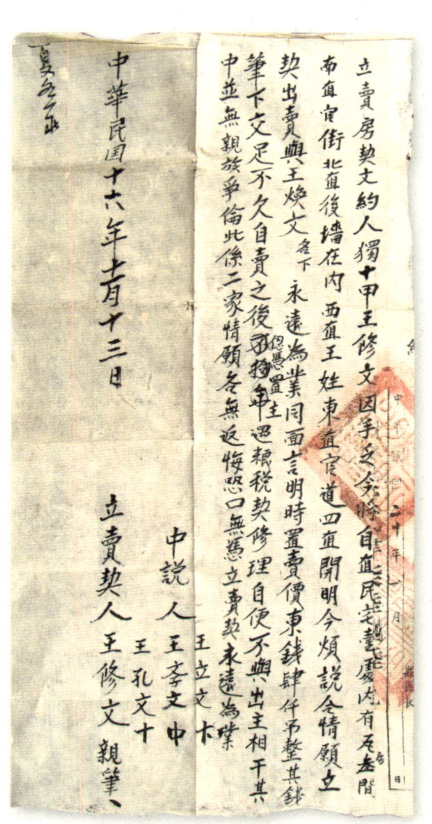

6. 民国十六年（1927）夏各庄前营王家卖房契约：

立卖房契文约人独十甲王修文，因正用不足将自置民宅一处，内有瓦房三间，南至官街，北至后墙在内，西至王姓，东至官道，四至开清，今烦说合情愿立契出卖与王焕文名下永远为业，同面言明，时值卖价东钱四千吊整，其钱笔下交足不欠。自卖之后，任凭置主过粮契税，不与出主相干，其中并无亲族争论。此系二家情愿，各无返悔，恐口无凭，立卖契永远为业。

中华民国十六年十一月十三日　立卖契人王修文（亲笔）

中说人：王立文、王学文、王孔文（十）

“独十甲王修文”说明夏各庄王姓有一支在明初移民时被编为“独乐社第十甲”，应该是最初落户在望马台，顺治年间因为佃地或带地投充原因，来到夏各庄。

■ 民国十六年（1927）夏各庄前营王修文卖房契约

二、园田队房产契约

1. 乾隆四十六年（1781）南岔子街王明卖庄户院契约：

立卖契人王明，因乏手情愿将祖遗受分民产庄窠一处，内有草房三间，门窗俱全，砖瓦石块木相连，坐落西关南岔路东，西至官街，东至王浩，南至买主，北至伙道，东西长三丈，南北宽三丈三尺，四至开明，今烦中说合，立契出卖与王冕名下永远为业。卖价当面言明，时值纹银十八两五钱整，其银笔下交完不欠，自卖之后任凭买主修理，卖主无得管辖，并无私债诉状逼迫等弊，倘有亲族人等争竞者，尽在卖主一面承管，不与买主相干，此恐后无凭，立卖契存照。

乾隆四十六年又五月十六日

立卖契人　王明　同胞兄王有、王弼同侄王德新

中见人：王福

说合人：崔邦秀

书字人：王士俊（签忠心合体字）

永远为业

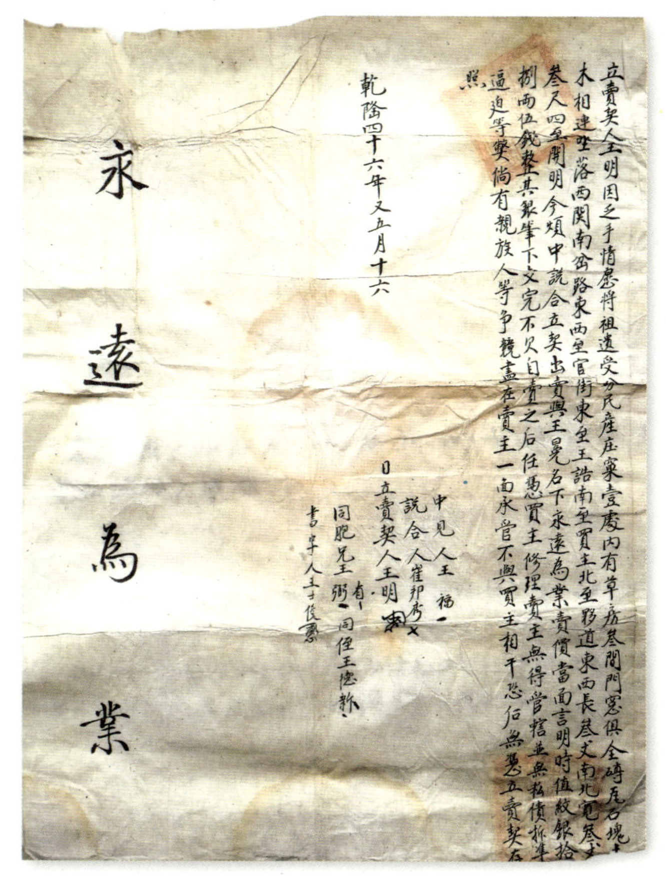
立賣契人王明因乏手情愿将祖遺受分民産庄窠壹處內有草房叁間門窗俱全磚瓦石塊木相連坐落西関南岔路東西至官街東至王諧南至買主北至伙道東西長叁丈南北寬叁丈叁尺四至開明今煩中說合立契出賣與王冕名下永遠為業賣價當面言明時值紋銀拾捌兩伍錢整其銀筆下交完不欠自賣之後任憑買主修理賣主無得管轄並無私債訴狀逼迫等弊倘有親族人等爭競者盡在賣主一面承管不與買主相干恐後無憑立賣契存照

乾隆四十六年又五月十六日立賣契人王明

中見人王福

說合人崔邦秀

同胞兄王有 弼 同侄王德新

書字人王士俊

永遠為業

■ 乾隆四十六年（1781）平谷南岔子街王明卖庄户房院

2. 嘉庆五年（1800）平谷王国璞与弟分家单：

立分关文约人王国璞同弟二、三斯于母孙氏，窃慕往哲遗风，岂宜一旦分析第，人心不古，勉强同居，生嫌隙是以不同议论，邀请亲长愿将祖父所遗房屋及续置田产器物等项品搭均分，诸事开载明白，至公无私，各宜照管业，毋致相争，如有争竞者，执此赴官明究，恐后无凭，立此分单永为子孙存照。

计开：有北正草房三间，又有南倒坐草房三间，又有后院民产东西宽一丈一尺，又有道西民产一所，东西长十一丈五尺，照三股均分，王国璞照西截各分一股，承受三丈八尺，内除界墙一尺照南官伙道一条，南北宽六尺，西头所有树木不居（拘）其数弟兄三人均分，又有辛店庄旗地十九亩，王国璞承受，又有大店一所与母子三人以为衣食之资，棺椁之费，不与王国璞相干，日后他母倘若去世，孝衣自己办礼（理），王国璞承受钱七十九吊六百文，又承受钱二十七吊，于外父亲所欠别人账目不与国璞相干，畜类全无。

又有北正草房一间，西厢瓦房三间，又有后院民产东西宽二丈二尺，又有道西民产一所，东西长十一丈五尺，照三股均分，二斯、三斯（老二、老三之意）照东半截承受一股，七丈六尺，内除界墙一尺照南除伙道一条，南北六尺，西头所有树木不居其数，弟兄三人均分。又有旗地七段，计地三十八亩，小弟兄二人承受，又承受钱二百二十吊，外欠别人账目小弟兄二人承受，又有大店一所，小弟兄承受，又承受西院草房二间，又有父亲所遗纯蝦号钱小数钱一千五百吊，亦小弟兄承受成亲。

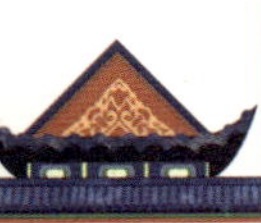

嘉庆五年前四月十九日　立分单人王国璞二斯三斯同母孙氏

中见人：高登魁、刘廷杰、王崑、王泳、王希冉、王希士、王希贤、王典

代字人：宋富

园田队高家是明初由山东乐陵高家庄迁来，先落马各庄，清初一支迁到此地。从契约中分配财产不难看出，王家比较富庶，还有“大店”即大车店，相当于旅馆，清末民初归于贾家胡同的贾家。“辛店庄旗地”在东高村南。

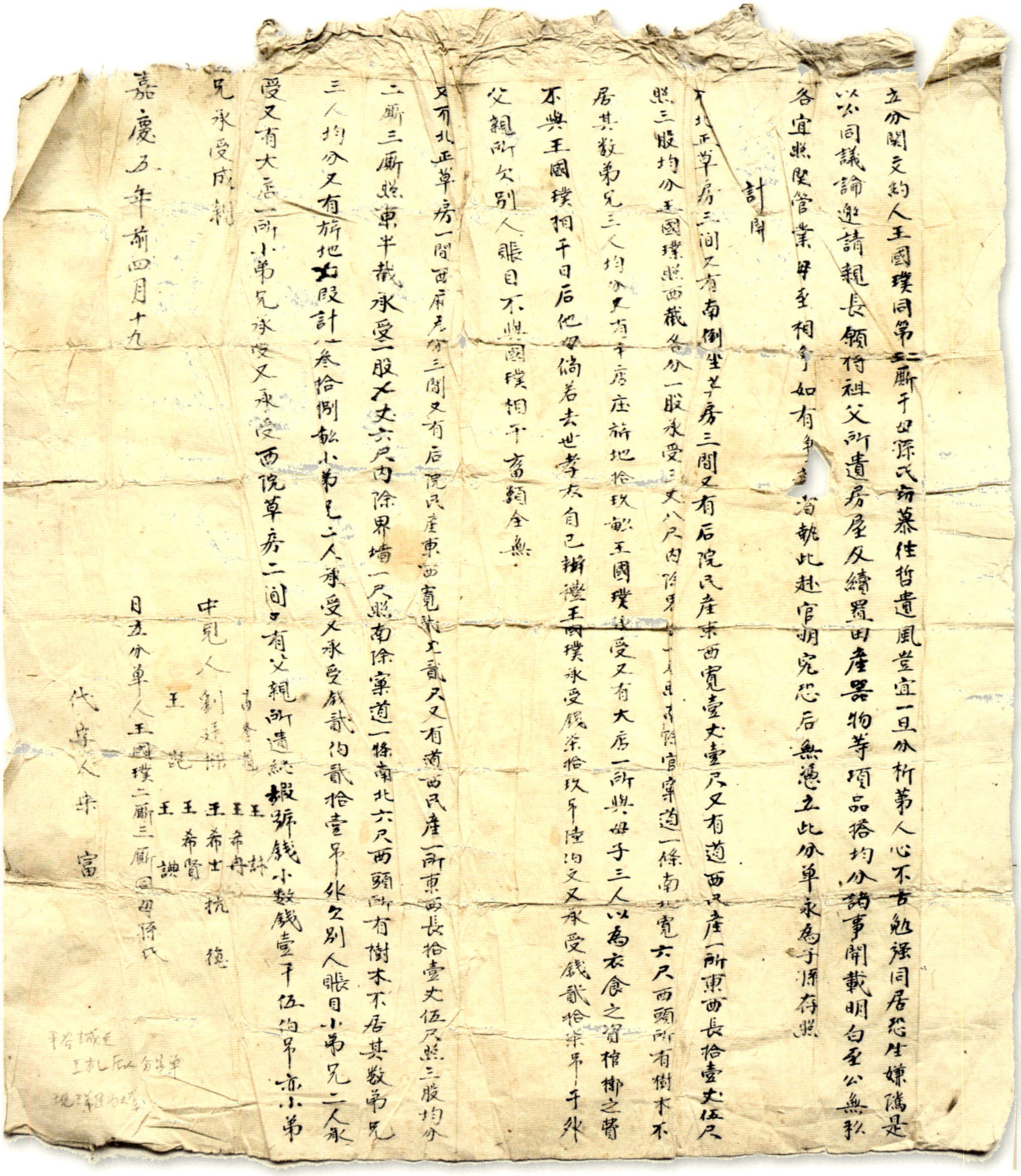
立分關文約人王國璞同弟二廝三廝同母孫氏係慕住哲遺風豈宜一旦分析第人心不古勉強同居恐生嫌隙是
以公同議論邀請親長領將祖父所遺房屋及續置田產器物等項品搭均分諸事開載明白至公無私
各宜照股管業毋至相爭如有爭[illegible]者執此赴官明究恐后無憑立此分單永為子孫存照
計開
本北正草房三間又有南倒坐草房三間又有后院民產東西寬壹丈壹尺又有道西民產一所東西長拾壹丈伍尺
照三股均分王國璞照西截各分一股承受三丈八尺內除界[illegible]官宗道一條南北寬六尺西頭所有樹木不
居其數弟兄三人均分又有辛店庄旗地拾玖畝王國璞承受又有大店一所與姪子三人以為衣食之資棺椁之費
不與王國璞相干日后伯母倘若去世孝衣自己辦理王國璞承受錢柒拾玖千陸佰文又承受錢貳拾柒吊千外
父親所欠別人賬目不與國璞相干畜類全無
又有北正草房一間西廂房三間又有后院民產東西寬貳丈貳尺又有道西民產一所東西長拾壹丈伍尺照三股均分
二廝三廝照東半截承受一股七丈六尺內除界墻一尺照南除宗道一條南北六尺西頭所有樹木不居其數弟兄
三人均分又有旗地七段計地叁拾捌畝小弟兄二人承受又承受錢貳佰貳拾壹吊外欠別人賬目小弟兄二人承
受又有大店一所小弟兄承受又承受西院草房二間又有父親所遺[illegible]錢小數錢壹千伍佰吊亦小弟
兄承受成親
嘉慶五年前四月十九
日立分單人王國璞二廝三廝同母孫氏
中見人 高登魁 劉廷杰 王崑 王泳 王希冉 王希士 王希賢 王典
代字人 宋富

■ 嘉庆五年（1800）平谷王国璞与弟分家单

3. 道光六年（1826）李逢恩与李岐林分家单：

立分单文约人李逢恩同侄李岐林，今有祖遗庄户一所，早（草）房三间，园子一所，共齐（计）六十部（步），坐落庄南，同众言明李逢恩分东边一间半，园子分东边半边，李岐林分西边一间半，园子分西边半边，各自自便，不许争竞，三面言明，二家情愿，恐后无凭，立分单存照。

分单各存一纸。

道光六年十月二十三日　立单文约人 李逢恩同侄李岐林

中说人：李遇镯、崔崇信

代字人：崔振祥

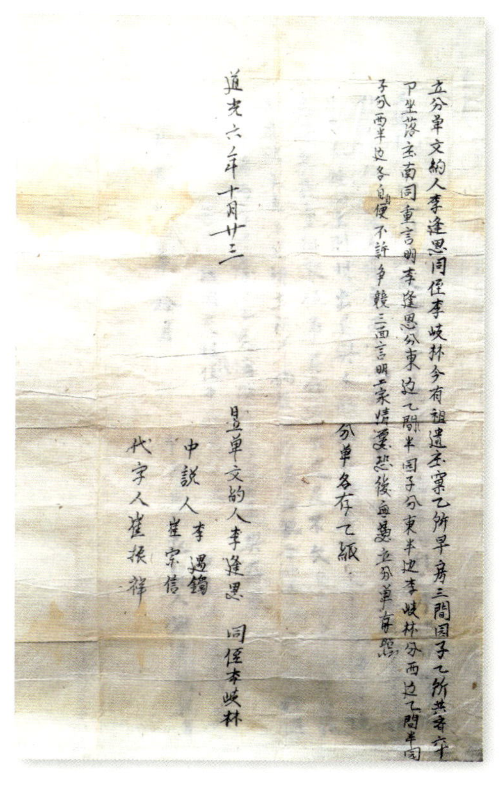

道光六年（1826）李逢恩与李岐林分家单

4. 道光十二年（1832）西关陈家北辛庄房产分单：

立分单人陈智言同胞兄陈良言，自嘉庆十一年因饥寒所累，岁月不足，各居异地，至道光十二年，恐后子孙分争，自烦说合仝（同）众议定北辛庄有庄户一处，正房三间，后房檐为界，场院各分一半，家伙器皿陈智言承管，大葡萄峪有龚姓租粮一石二斗，十二年是陈智言收纳，下年不与陈智言相干，仍归陈良言收纳，家具器皿等陈智言一概不纠，此系弟兄情愿，各无返悔，恐后无凭，立分单存照。

道光十二年十一月二十三日　立分单人陈良言、陈智言

说合人：于山

中见人：孙有亮

代字人：沈凤仪

“各居异地”陈姓最早落足峪口，清初一支迁到北辛庄，嘉庆年间他们弟兄二人从北辛庄迁出，弟在西关南岔子街，兄在熊耳营，北辛庄还有一支即陈智言（画家陈继明祖）在原地。

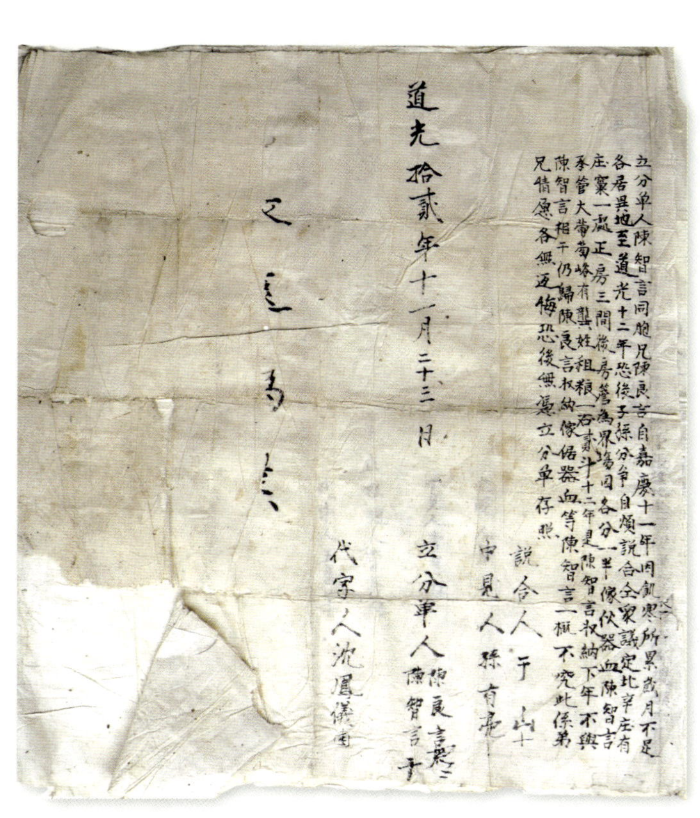

道光十二年（1832）西关陈家北辛庄房产分单

5. 道光十六年（1836）赵各庄李逢秦分院子给三子契约：

立祖遗庄户街南，南北长十五丈，东西宽三丈，按三截均分，各人受分五丈长，园子南北长七十八工（注应为弓，每弓即向前跨一大步，约一米三长）三均分，美（每）人分二十六工，各守各业，庄户西边另置庄户二分六，按三截均分，美（每）人受分八厘六毫六，岐林受分南截，其余逢秦等永远为业，各不许反悔，恐后无凭，立字存照。

其余庄户两边道官伙同走。

道光十六年五月十二日　立祖遗庄户园子人 李逢秦

受分人：李岐林、岐鸣、岐财

中说人：崔筵龄、崔宗信

代字人：崔畏成

此契见证了园田队李是由赵各庄迁来的。此际赵各庄还有房院和地，但在平谷也有了房产，此为赵各庄庄户园子分单。崔姓是赵各庄第一大户，访问时自称“坊一甲民”，可知是从城里迁去的。李姓是第二大户，也是由城里迁过去的。“官伙”，官是大家共享，伙是两家共享，一般本家弟兄几个有妻室后不分家，在一起生活称官伙。

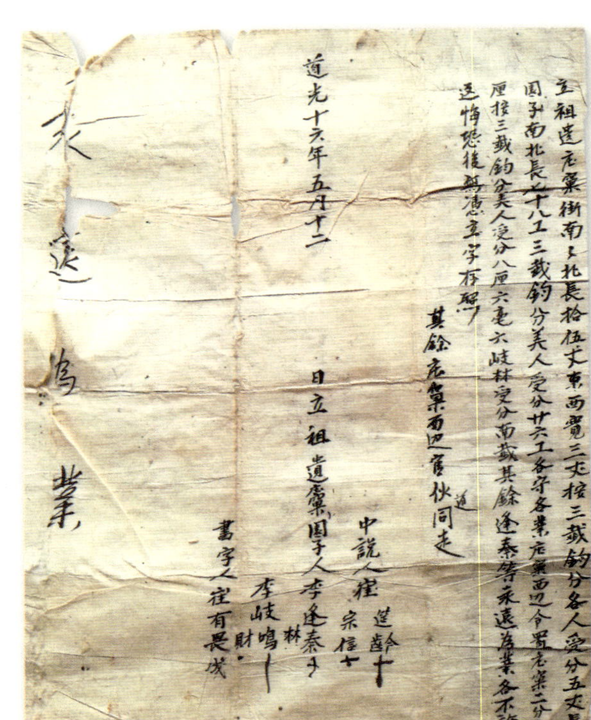

■ 道光十六年（1836）南赵各庄李逢秦分院子给三子契约

6. 道光二十一年（1841）南岔子街出借房院契约：

立指房借钱文约：李其福贵因无钱使用，情愿将自己受分旗庄伙一处，内有草房一间半，坐落药王庙路东，情愿将此房出借与胞兄李其福名下居住，言明借价东钱十吊整，其钱笔下交足不欠，自借之后胞兄交租，此系二家情愿，各无返悔，恐后无凭，立字存照。

道光二十一年二月十六日　立指房借钱文约人李其贵

中说人：张发

中见人：李其林

代字人：王盛基

“受分旗地”说明清初李家也是带地投充户。“庄伙”亦称庄户、庄窠，即在村最外户。“交租”也表明此庄户也是旗产。

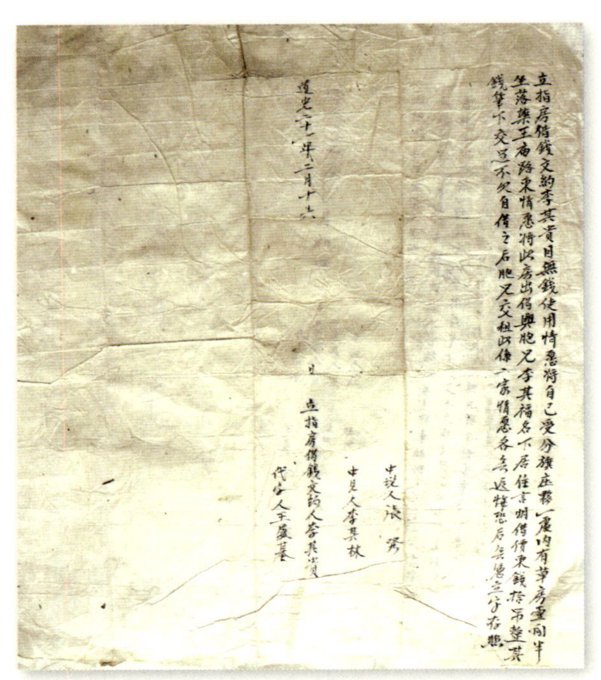

■ 道光二十一年（1841）南岔子街李麒贵出借房院给胞弟李麒福

7. 道光二十八年（1848）南岔子街祖遗旗宅处理契约：

立字人王绪，情因先祖父在世受祖遗产有旗宅一所，草房三间，宅院相连，内有民基一块，坐落南岔井沿东衚衕路北与李其福之父居住，至今多年，王绪并不知先祖将此宅或当或退等情，李其福亦不知寄居父遗，目今与李其福变（辩）清，伊尔之产，从中有亲谊陈全、崔文芝同面说明来历，此乃系先祖过过李其福之父，有过继嗣之情谊，作为遗念，并无异说，王姓有此洞悉，永远无争竞之故，立字以免后嗣舛错，如日后倘有王绪子嗣有异说者，指此字并王姓老契以为凭据，情愿立字为证。

随代民契尾一纸。

道光二十八年九月二十七日　立字人王绪亲笔

此契为房屋遗产处理意见，也属于契约。

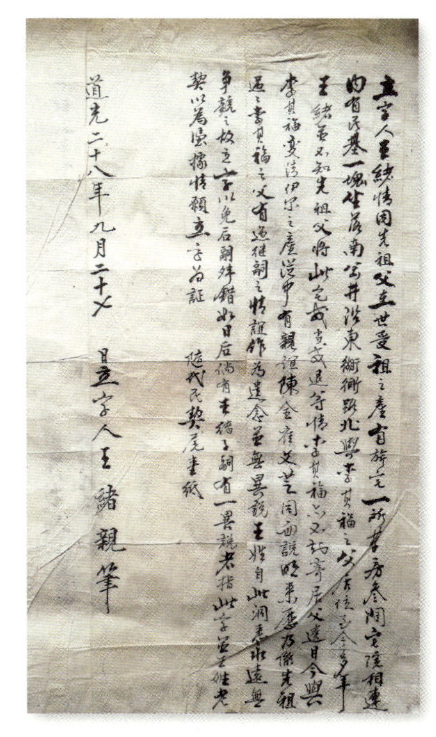

道光二十八年（1848）王绪祖遗旗宅契约

8. 光绪三年（1877）南岔子街退旗房契约：

立退契文约人三弟妹王氏，情因无嗣，再先立有字据言明，今亦因度日艰难无法，亲托出清亲友说合，作保立契，情愿将亡夫所遗受分旗宅房产一所，坐落南岔药王庙井沿东胡同路北内有北正草房西头三间半，前后宅明砖暗石，门窗大门，土木相连，出退与二胞伯李麒福名下居住为业，同众言明，退价小数钱一百一十吊整，笔下交足不欠，自退之后，言明房任二胞伯认佃交租自便，永不与三胞弟妹相干，倘日后有人争竞，舛错异说，尽在出名人承管，不与置主相干，再叙自行任（认）命过度，亦无缠搅，如有缠搅，尽在保人承管，亦不与胞伯等相干，如王氏故时，棺木殡葬等情尽在胞伯等承管。王氏现有旗地一亩，尽在胞伯耕种收割，回家付给王氏收纳，此地至王氏故以作送葬之资，别无故。此系同众言明，各无返悔。恐后无凭，立退文约为证。

长年随代原租。随代前契二纸。

再叙此一亩地耕种锄抱（耙）尽在三胞伯经理，收割尽在王氏管理。

光绪三年十一月十九日 立退契文约人三弟妹王氏

中保人：翟桂林（好）、吕德

中说人：崔玉成

代笔人：王绪成

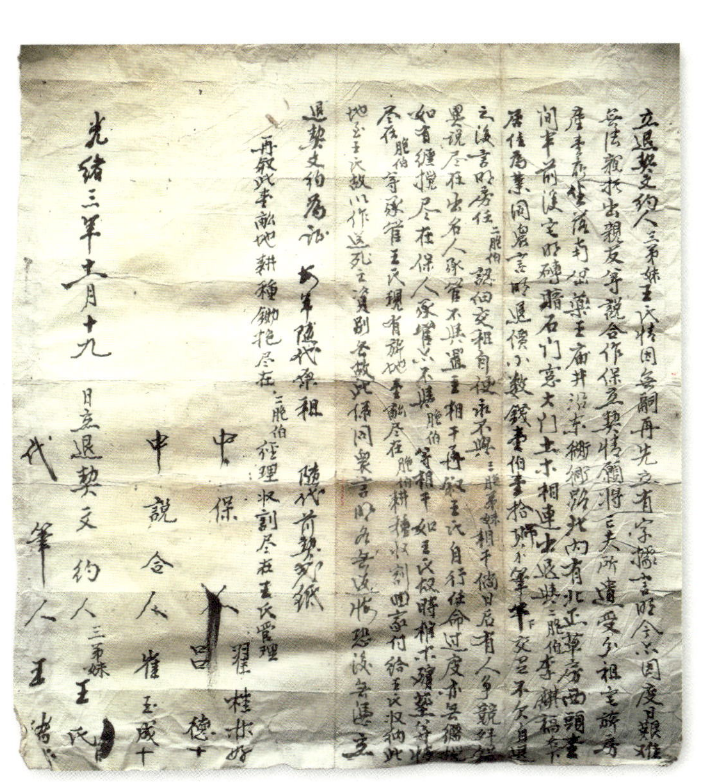

光绪三年（1877）南岔子街王氏退旗房契约

9. 民国二十二年（1933）南岔子街卖祖遗旗宅契约：

立当契文约人李君如，因正用亲烦中说合，情愿将祖遗旗宅院一处，坐落西关南岔子井沿路东内有土正房三间，门窗俱全，宅院相连，四至列后，今立契出当与堂弟李君凤名下承住，时值当价东钱七百六十吊整，其钱同面兑清不欠，言明自当之后，房屋渗陋（漏）住房人修理，不拘年限，全价备齐方许回赎，此系三面言明，二家甘愿，各不返悔，恐口无凭，复烦代笔立契为证。

计开：东至张姓，南至刘姓，北至刘姓、西至李姓

中华民国二十二年旧历正月十七日　立文约人李君如

中见人：傅振权、王海

代字人：刘荫堂

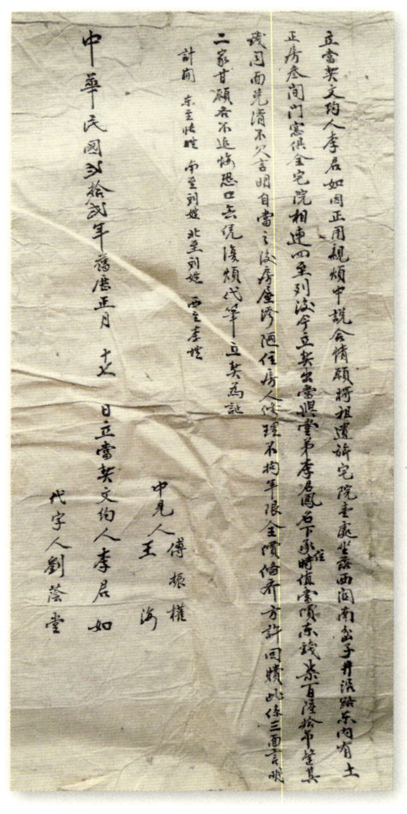

民国二十二年（1933）西关李君如当旗宅契约

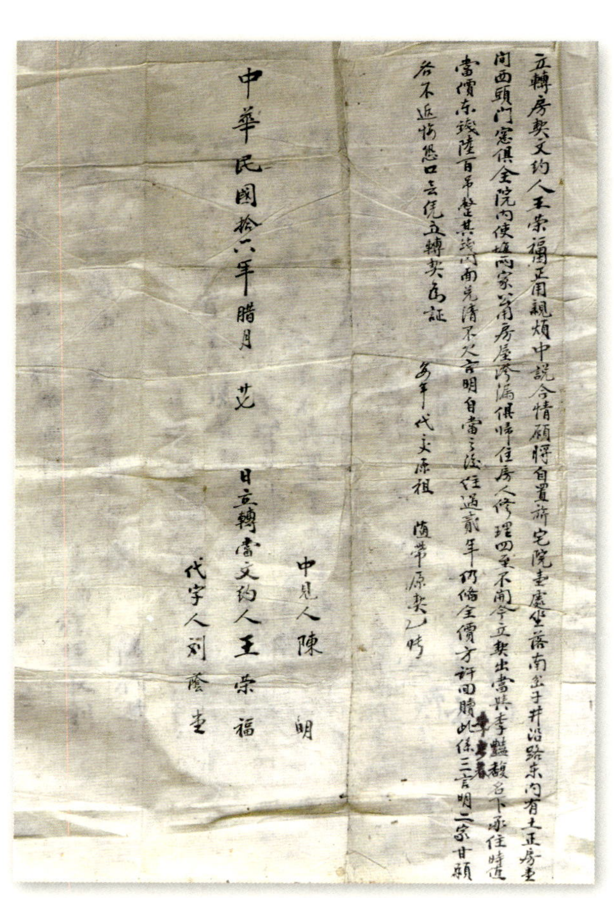

民国十六年（1927）南岔子街王荣福典房契约

10. 民国十六年（1927）南岔子街典房契约：

立转房契文约人王荣福，因正用亲烦中说，情愿将自置旗宅院一，坐落南岔子井沿路东，内有土正房一间西头门窗俱全，院内使场两家公用，房屋渗漏俱归住房人修理，四至不开，今立契出当与李艳福名下承住，时近当价东钱六百吊整，其钱同面兑清不欠，言明自当之后住过二年仍备全价方许回赎，各不返悔，恐口无凭，立转契为证。

每年代交原租　随带原契一张。

三、小辛寨房产契约

1. 乾隆三十二年（1767）小辛寨王家招修空园房屋契约：

立换修文约人王若辰同堂弟若士：因有空园一所，南宽四丈二尺，内有插官头，北宽三丈三尺，长九丈一尺六寸，同弟情愿换修与白自明名下修盖房屋，任其自便，出入任由，言定押契钱小数十八千整，其钱当日亲手收讫。立契之后，历年纳房租小数钱一千二百文，别无异说，同众言清。人有长短，日有短长，如若不喜住，许兑不许拆毁，房主不许出撵。此乃两厢愿意，各无返悔，如有先悔者，罚白银一百两，细米一百担，赔与不悔者。恐后无凭。立招修文契存照。

乾隆三十二年三月二十八日立招修文约人王若辰同弟若士（十）

说合人：方国栋、崔万仓、张茂贵、张文士、张文美

中见人：张琳

书字人：郭俊德（画平心）

签约后又补写一句：

换房东边有道六尺，俱各方便。

此契大意是，王若辰若士弟兄有空园一所，愿招人在此院盖房，长期给盖房人居住，条件是一次性缴纳小数钱 18 千枚，以后每年缴纳 1200 文钱作为使用空园费用，如果以后不喜欢在这里居住了，可以折价归还，不许拆毁，居住期间不许外撵房主。结果本村白自明愿意承建房屋，履行协议。这种契约形式在平谷很少见。

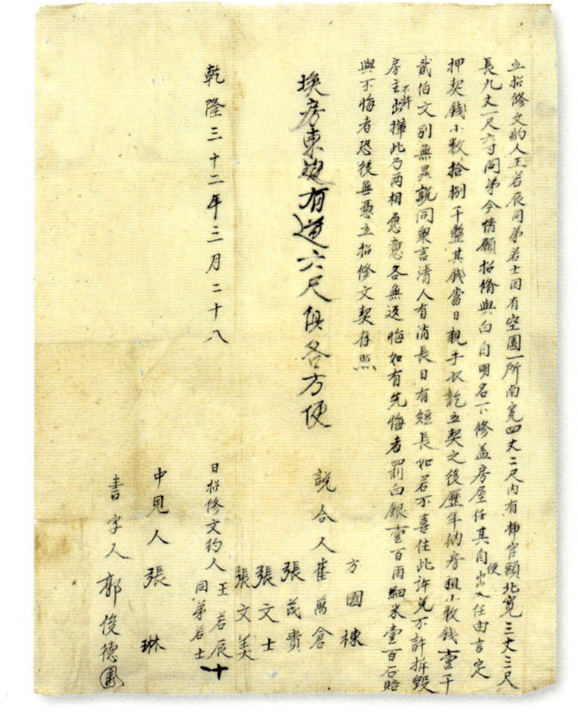
立招修文約人王若辰同弟若士因有空園一所南寬四丈二尺內有插官頭北寬三丈三尺
長九丈一尺六寸同弟今情願招脩與白自明名下修蓋房屋任其自便出入任由言定
押契錢小數拾捌千整其錢當日親手收訖立契之後歷年納房租小數錢壹千
貳伯文別無異說同衆言清人有消長日有短長如若不喜住此許兑不許拆毀
房主不許出撁此乃兩相愿意各無返悔如有先悔者罰白銀壹百兩細米壹百石賠
與不悔者恐後無憑立招修文契存照

換房東邊有道六尺俱各方便

乾隆三十二年三月二十八日招修文約人王若辰 同弟若士 十

說合人 方國棟 崔萬倉 張茂貴 張文士 張文美

中見人 張琳

書字人 郭俊德

乾隆三十二年（1767）小辛寨王家招修空园房屋契约

2. 乾隆六十年（1795）小辛寨王若仕卖地给白自明契约：

立卖契文约人王若士同子王禄等，因为一时乏用，烦中说将自己分内空基（即码好房屋磉基的宅院）一所，计地一亩，坐落房东，东至土道，西至外墙皮，南至本屋主，北至张姓，树木相连，一包在内开明，今立契出卖与本庄白自明名下永远为业。同众言明，卖契纹银十两整，其银笔下交完不欠。自卖之后，由其买卖主税契，永不与卖主相干，或盖房屋培植墙垣，尽情自便，此实系三面言明，二家情愿，各无返悔，恐后无凭，立卖主（契）存照。

乾隆六十年十一月三十日立卖契文约人王若仕（十）

说合人：致远

中见人：张永清

代字人：德山

永远为业

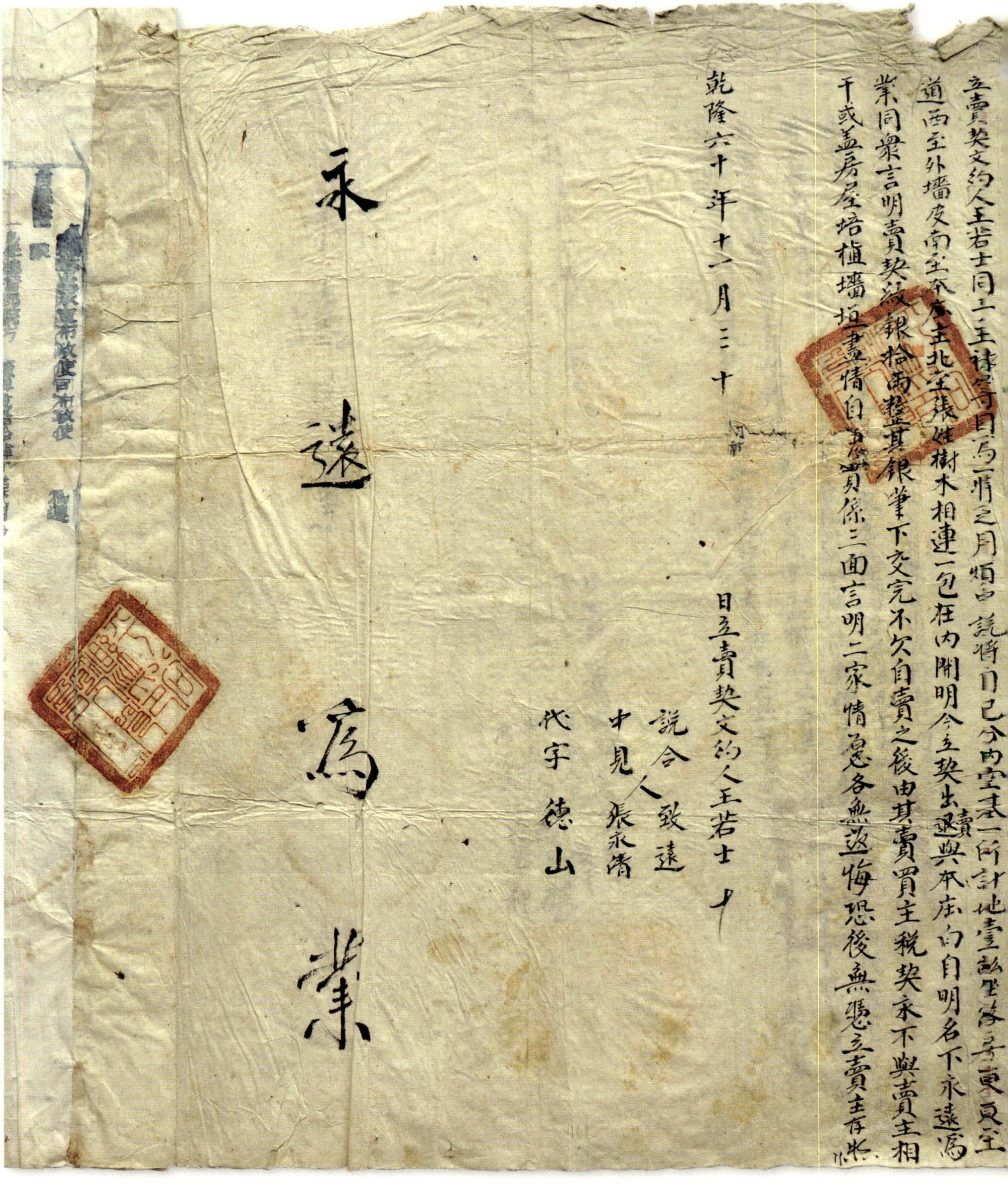

立賣契文約人王若士同[illegible]王[illegible]因為一時之用短少說將自己分內空基一所計地壹畝坐落[illegible]東東至
道西至外墻皮南至[illegible]北至張姓樹木相連一包在內開明今立契出賣與本庄白自明名下永遠為
業同衆言明賣契紋銀拾兩整其銀筆下交完不欠自賣之後由其買主稅契永不與賣主相
干或蓋房屋培植墻垣盡情自[illegible]賣係三面言明二家情愿各無返悔恐後無憑立賣主存照

乾隆六十年十一月三十日立賣契文約人王若士 十

說合人 致遠
中見人 張永清
代字 德山

永遠為業

乾隆六十年（1795）小辛寨王若仕卖地给白自明契约

3. 嘉庆五年（1800）小辛寨王若仕立杜绝文书卖空宅基给白自玉名下：

立杜绝文约人王若仕同子王禄、王培因为乏手，烦中说情愿将自己祖遗空基一所，坐落契主房东，东至置主，西至契主，南至置主，北至墙，在置主分内，今立契情愿将此空基（卖）与白自玉名下，或栽树木或盖房屋任置主自用，不与契主相干，言明价置钱三十千整，其钱笔下交足不欠，自杜绝之后，并无异说。此系三面言明，两家情愿，恐后无凭，立字存照。

嘉庆五年十一月廿二日立杜绝文约人王若仕同子王禄、王培

中见说合人：张德山

代字人：张永清

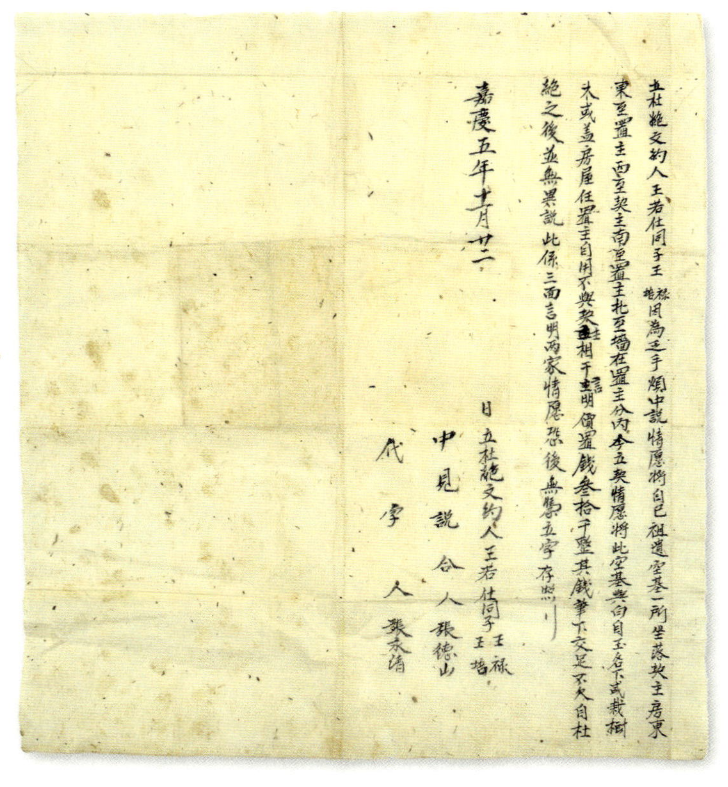

立杜絶文約人王若仕同子王祿王培因為乏手煩中說情愿將自己祖遺空基一所坐落契主房東東至置主西至契主南至置主北至墻在置主分內今立契情愿將此空基與白自玉名下或栽樹木或盖房屋任置主自用不與契主相干言明價置錢叁拾千整其錢筆下交足不欠自杜絶之後並無異說此係三面言明兩家情愿恐後無憑立字存照

嘉慶五年十一月廿二 日立杜絶文約人王若仕同子王祿 王培

中見說合人 張德山

代字人 張永清

嘉庆五年（1800）小辛寨王若仕立杜绝文书卖空宅基给白自玉名下

4. 嘉庆五年（1800）小辛寨白家四弟兄分家单：

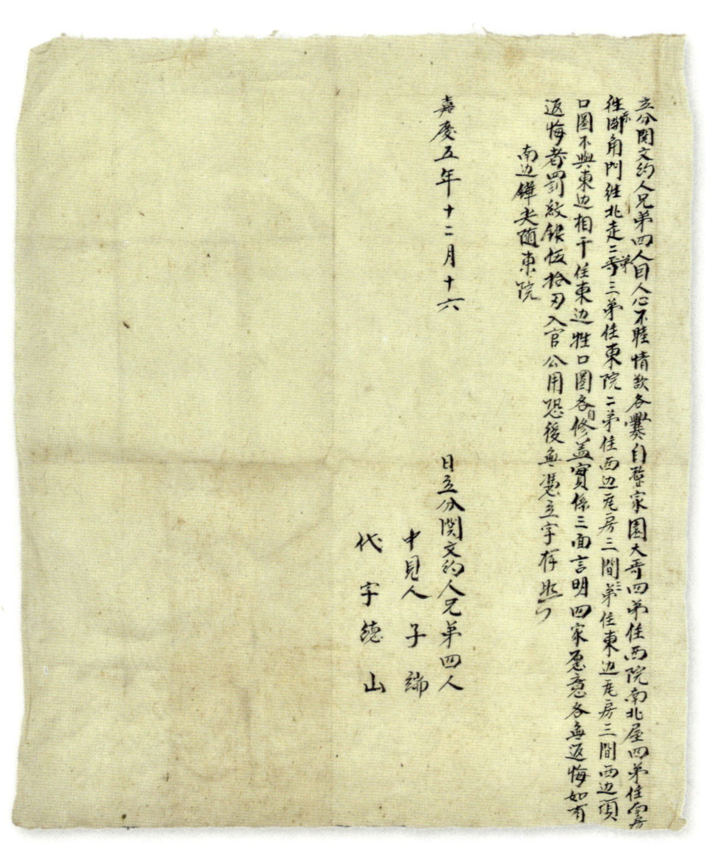

立分關文約人兄弟四人因人心不睦情欲各爨自整家園大哥四弟住西院南北屋四弟住南房往東開角門往北走二弟三弟住東院二弟住西邊瓦房三間三弟住東邊瓦房三間西邊牲口圈不與東邊相干住東邊牲口圈各自修盖實係三面言明四家愿意各無返悔如有返悔者罰紋銀伍拾兩入官公用恐後無憑立字存照

南邊鏵尖隨東院

嘉慶五年十二月十六 日立分關文約人兄弟四人

中見人 子瑞

代字人 德山

立分关文约人兄弟四人，因人心不睦，情欲各爨，自整家园。大哥、四弟住西院南、北屋，四弟住南房往东开角门，往北走；二弟、三弟住东院，二弟住西边瓦房三间；三弟住东边瓦房三间。西边牲口圈不与东边相干，住东边牲口圈各自修盖。实系三面言明，四家愿意，各无返悔。如有返悔者，罚纹银五十两入官公用。恐后无凭，立字存照。

南边铧尖（注：很小的三角地）随东院。

嘉庆五年十二月十六日 立分关文约人兄弟四人

中见人：子瑞

代字人：德山

这份分家单写的比较直白，兄弟四人都愿意分开过，父母肯定不愿意，但看情势不分不行了，于是将一肚子话跟代字人说了，所以在立契时将老人的心态也表现在纸上了。

嘉庆五年（1800）小辛寨白家四弟兄分家单

5. 嘉庆二十五年（1820）小辛寨白家过继侄子契约：

立过子嗣文约人白门刘氏：因无子嗣，公同议定，愿过三门次子智山为子接续四门，后世绵绵。倘日后伯父母二老百年之后，尽在智山送终殡葬，伯父母自己所受分田产一应等项之物，尽归智山承受，不许二门三门争竞。内有民地四亩，坐落大道东北段，又有租子地五亩，坐落西套，又有租子地一亩，坐落东沟子，以此三段地与二门为后世祭扫之费用，有坟前柳树，东头一棵，东园西边小柳树一棵，以为二门二老寿木之资。同众言明，三段地等自明夫妇百年之后秋罢方许二门承种，自此之外，同不许争竞，又言明有南沟子地二亩五分与白义山为遗念，当日言明，仍归智山承种，不许返悔，已尽兄弟之情。此系公同言明，俱各情愿，并无返悔。如有返悔者，罚白银千金入官公用，外罚守坟三年。恐其无凭。立字永远存照。

先前分单二门分内有官过道一条，自今以后，仍归二门，不与四门相干。

嘉庆二十五年十二月十七日立过子文约人白门刘氏侄男白仁山、白义山（公）

中见人：郭耀、张进贤（公心）

代字人：郭庆余（凭）

此契将家产处理非常细，为让各门遵守，约定对不遵守者“罚银千金，守坟三年”，以示立约人之决心和此约之效力。

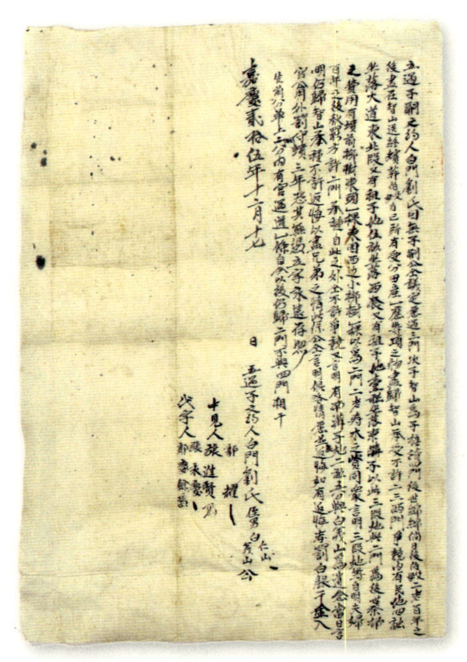

嘉庆二十五年（1820）小辛寨白家过继侄子契约

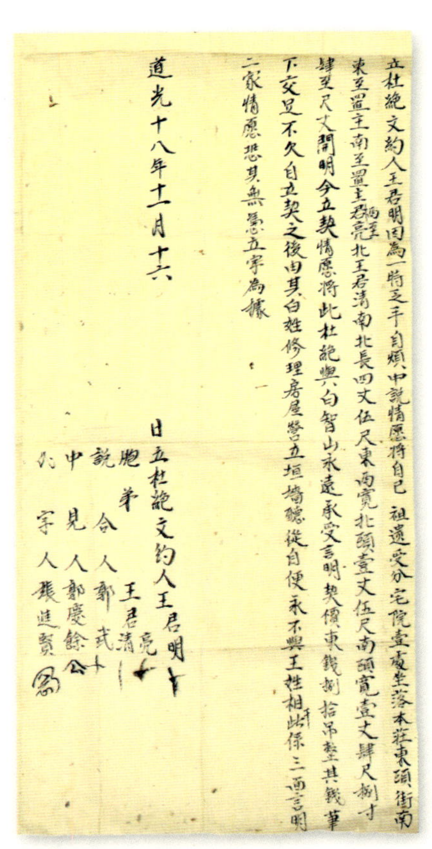

6. 道光十八年（1838）小辛寨王君明立卖房杜绝文书：

立杜绝文书王君明，因为一时乏手，自烦中说情愿将自己祖遗受分宅院一处，坐落本庄东头街南，东至置主，西至君亮，北至君清南北长四丈五尺，东西宽，北头一丈五尺，南头宽一丈四尺八寸，四至尺丈开明，今立契情愿将此杜绝与白智山永远承受。言明契价东钱八十吊整。其钱笔下交足不欠。自立契之后，由其白姓修理房屋，营立垣墙，听从自便，不与王姓相干。此系三面言明，二家情愿，恐后无凭立字为据。

道光十八年十一月十六日立杜绝文约人王君明

胞弟：王君亮、王君清

说合人：郭武

中见人：郭庆余（公）

代字人：张进贤（公心）

“杜绝与”即彻底卖与之意。

道光十八年（1838）小辛寨王君明立杜绝文书卖房文书

7. 同治七年（1868）小辛寨白建章三弟兄分家单：

立分单文约人白汉章、白建章、白瑞章：因家产冗繁，情愿分爨，故邀同亲族将家产配妥，拈阄按三股分析，所有拈得房地开列于后。此系同众言明，日后按照所执契纸守业，贫富由命。如有返悔者，许执此契送官究治。恐口无凭，立契存照。

计开白汉章受分：

北正房东头三间，前地交（基）石南有二尺（滴水），后院一所，场在西边；又受分齐各庄庄东东边官租地五亩；又受分东大石桥民地中节；又受分本庄东租子地三段，俱在中节。

同治七年二月二十八日立契人白汉章、白建章、白瑞章

族中人：白龙章、白永和

亲谊：郭文林、刘鸣岐（公正心）

亲舅：王闻远、王来远、王成远

代字：张歲（忠）

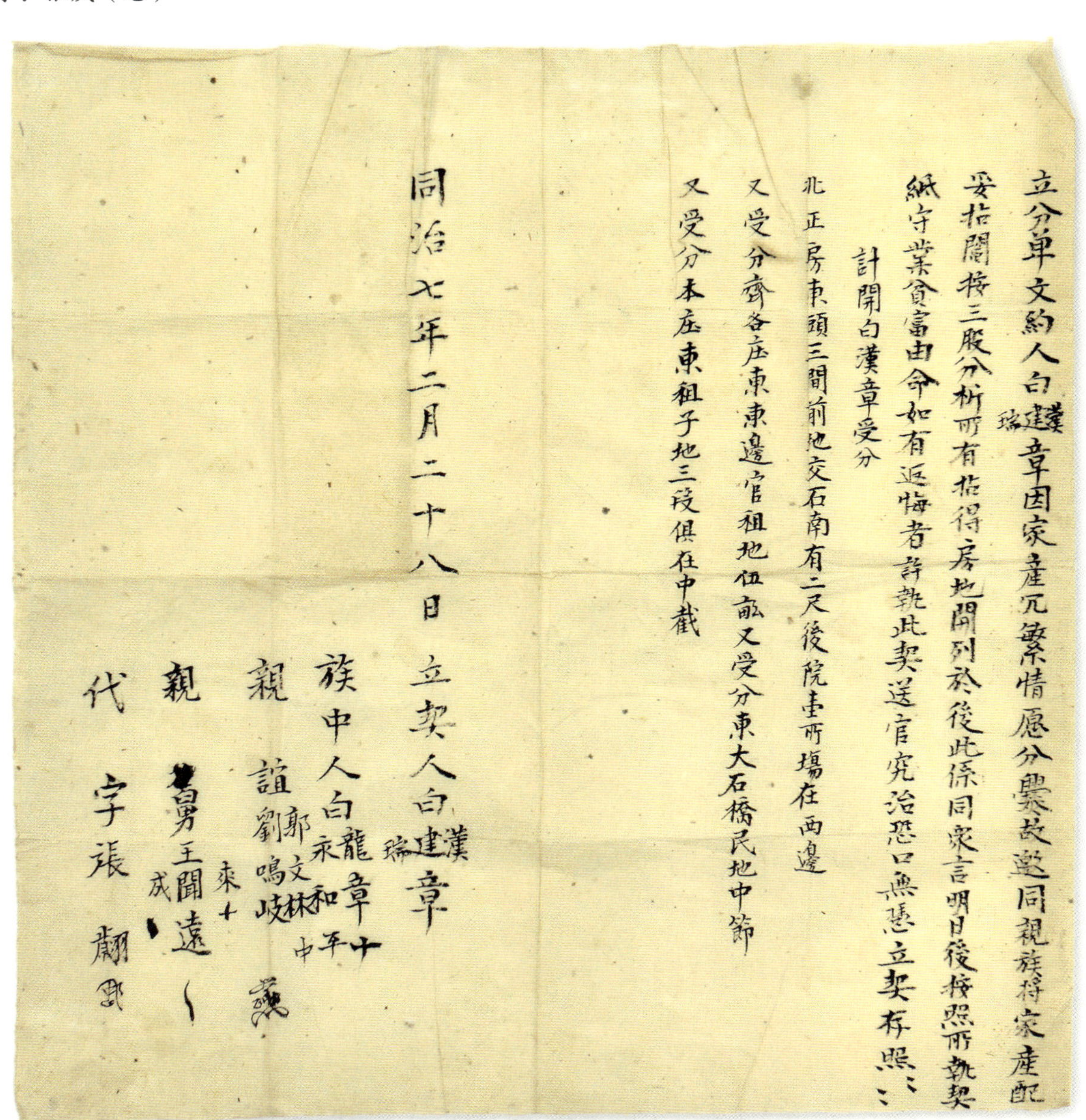
立分單文約人白漢建瑞章因家產冗繁情愿分爨故邀同親族將家產配
妥拈鬮按三股分析所有拈得房地開列於後此係同衆言明日後按照所執契
紙守業貧富由命如有返悔者許執此契送官究治恐口無憑立契存照
計開白漢章受分
北正房東頭三間前地交石南有二尺後院壹所場在西邊
又受分齊各庄東東邊官租地伍畝又受分東大石橋民地中節
又受分本庄東租子地三段俱在中截
同治七年二月二十八日立契人白漢建瑞章
族中人白龍章十 永和十
親誼郭文林 劉鳴岐 中
親舅王聞遠 來十 成
代字張歲

■ 同治七年（1868）小辛寨白建章三弟兄分家单

8. 民国三十五年（1946）小辛寨白家分家单：

立分关字据人白福林、瑞林、森林：因父母年迈，不欲主持家务，故邀请亲族人等将陆续添置房屋土地列后，器皿均按三股平分，二老所留膳田六亩以作膳费。二老寿终之后，此地按三股均分。自分之后，各尽其孝，各守各业，富贵穷达，各听天命，不准搅扰。如有搅扰者，有亲族中人承管。此系当面言明，各无返悔，恐后无凭，一字三纸，字据为证。

中华民国三十五年十月初四日立分关字据人白福林、瑞林、森林

亲族人：白崔氏、潘大才

中见人：方良存、张玉恒、方仲元

代字人：张玉宽

注：二老膳田西套地二亩，苏家沟地一亩，包家坟地二亩五分。

长门受分北场一所，北港地北节六分三厘，齐各庄后地西边五分，本庄东地西头五分，贴并北场老井地一亩。又老井地小树行，又贴老井东地三分。

次门受分北正房二间，前东厢房北山为齐，东场一所，土房二间，树木相连。北港地中节六分三厘，齐各庄后中地五分，庄东东头五分。

三门受分东厢房三间，猪圈厕所地基在内，门道许次门通行。北港地西头六分三厘，齐各庄后东边五分，庄东地中节五分。

小辛寨契约大部分由白森林保存下来，由其子白玉昆（平谷人大退休）提供给笔者。白森林是继平谷城内郝氏照相馆之后第二家开照相馆的人，照相馆牌匾为“盛春阳”，据说后转卖给了赵家，创办时间为1945年10月，位置在城关四眼井胡同。

■ 民国三十五年（1946）小辛寨白家分家单

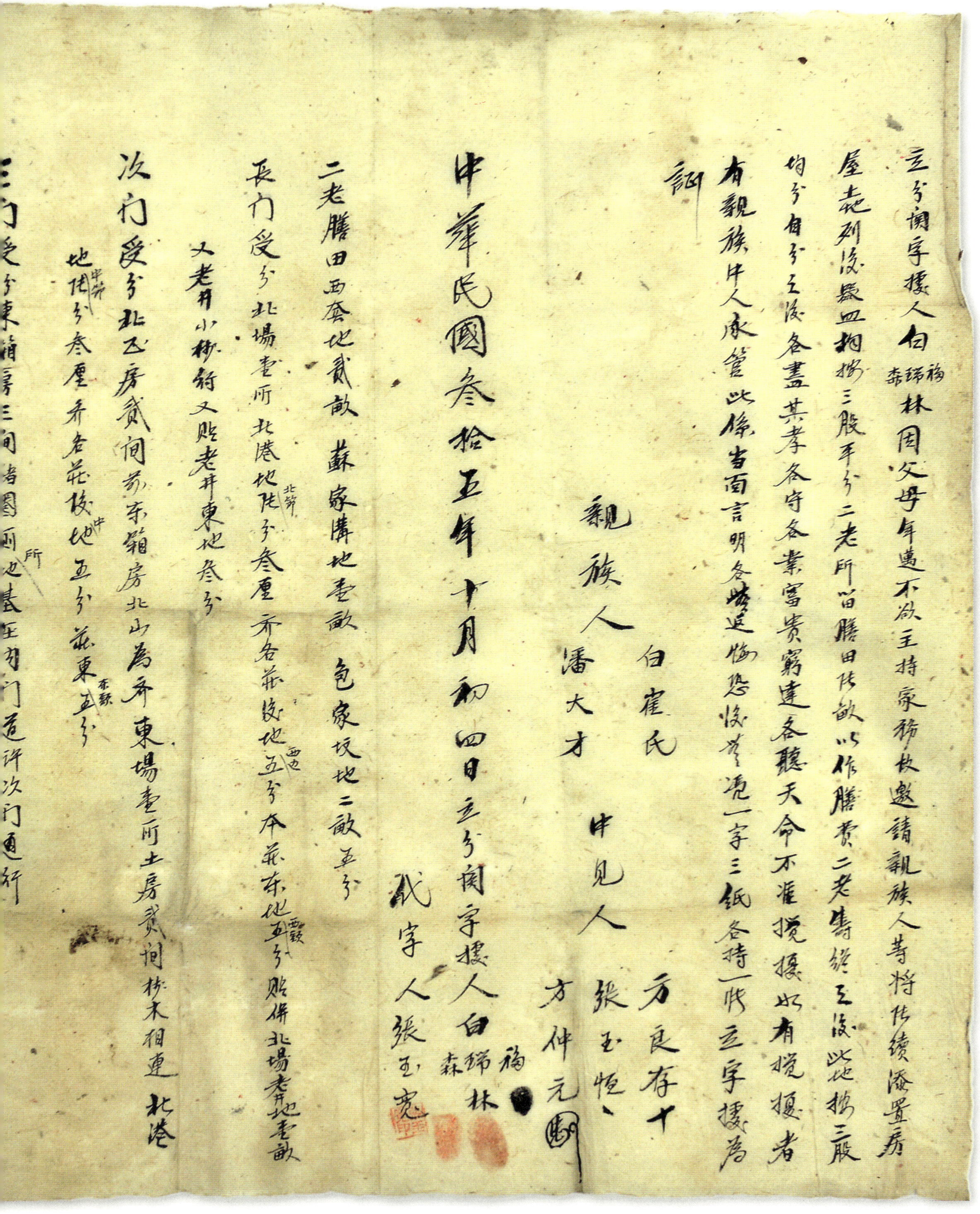

立分関字據人白福林因父母年邁不欲主持家務故邀請親族人等將伊續添置房屋並列後攀四物按三股平分二老所留膳田陸畝以作膳費二老壽終之後此地按三股均分自分之後各盡其孝各守各業富貴窮達各聽天命不准攪擾如有攪擾者有親族中人承管此係當面言明各無返悔恐後無憑立字三紙各持一紙立字據為証

親族人 白崔氏 方良存十

潘大才 中見人 張玉恒 方仲元

中華民國叁拾五年十月初四日立分関字據人白福林

代字人張玉寬

二老膳田西台地貳畝 蘇家溝地壹畝 包家坟地二畝五分

長門受分北場壹所 北港地陸分叁厘 前各莊後地五分 本莊東地五分 貼係北場老井地壹畝

又老井小柳樹 又貼老井東地叁分

次門受分北正房貳間 前東箱房 北山為界 東場壹所土房貳間杉木相連 北港地陸分叁厘 前各莊後地五分 莊東五分

三門受分東箱房三間 ……

四、西古房产契约

1. 民国二年（1913）西古陈家分家单：

立分关人陈璋、陈瑁、陈玳、陈珀，窃慕九世同居，无如人心不古，事亦如棋，难以同爨，情愿各立门户，奉父母命，请求家谊将房产地亩傢倨器皿一概按四股均分，惟有庄后养老地四亩七分五厘以为奉养之资，日久父母既没之时，折当地价作为殡葬之费，又有杨条当契地五亩，当价七百五十吊，因地价不足，顶卜（补）四百五十吊钱帐，日后四股均捐钱，地再按四股均分。自立分关之后各守各业，兄不搅弟，弟不搅兄，如有搅扰者，即为不仁不义矣！受分房产地亩开列于后。此系四股均愿，各无返悔，恐后无凭，以字为证。

陈玳、陈珀受分街北老宅院北正瓦房三间五尺，东路丁（与正房相连的一间耳房，亦称路顶），西路丁一间，二门横墙、猪圈、碾棚、门窗户牖（牖是门上之窗）周围群墙砖瓦石片土木一概俱全，牛道口地二亩，河西地二亩，黑驴一头，母猪一口，磨一盘，傢倨随代大柜三口，小坐柜一口。

中华民国二年二月十八日立分关人陈玳（心）、陈珀（平）

中见人：陈伦、陈品修

代字人：张桂林（清心）

“珀”是猜测的字，原字为左边王字旁，右边是博字的右半边。电脑里查不到此字，根据他的三位兄长用字，应当为珀。

“杨条”是小地名。此契在二十世纪五十年代曾发挥过效力。有位邻居老人愣说碾棚是官产，不属于哪一家，由是发生争执，经地方政府调节也没有结果，忽然有一天，陈华父亲从顶棚一个小箱子里找出了这份契约，产权立即明晰。

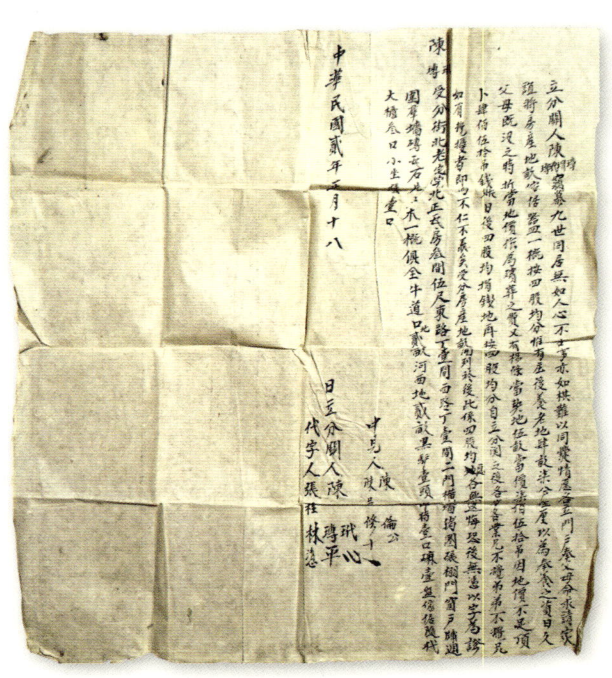

民国二年（1913）西古陈家分家单

2. 民国十四年（1925）西古陈家分家单及民国二十七年正月补充：

立分关文约人陈玳、陈珀，因兄弟不睦，难以同爨，勉强同居恐生别事，奉父母命邀请家族各立门户，将家产一切按二股均分。陈珀受分正房西屋间半，西路顶一间，南头猪圈、碾棚一座，街外榆树三棵，河西地二亩，父母所留养身地四亩七分五，生养死葬之资，陈珀奉养地少，吃穿不足，陈玳贴并供养小米四斗、玉米四斗、白面二十斤。自分以后，各守各业，富贵由天，兄不许搅弟，弟亦不许扰兄，如若不遵，即为不仁不义之辈矣！此系二家甘愿，各无返悔，恐后无凭，以字为证。

中华民国十四年五月二十一日立分关人陈玳（十）、陈珀（平心）

中见人：陈品修（合平）

代字人：陈璋（公心）

水磨一盘，柴扉经理，驴一头，鞍屉傢倨随代，出钱一百五十千。

补： 中华民国二十七年正月十六日　受分庄后地西头第（梯）田。

“受分庄后地西头第（梯）田”即 1938 年又将父母养身地补分给陈珀，位置在庄后边地坝，因有契约没有在此标明亩数。“梯田”即小坝阶地。陈家原本弟兄四个，民国二年第一次分家老大、老二各领一股，老三老四和父母一起过，共同领了两股，故有这次的老三陈玳和老四陈珀的分家之举。

“不睦”，即不和睦。“难以同爨”很难在一起生活。“奉父母命邀请家族各立门户”本句意思是奉父母之命邀请家族人在一起商定弟兄分家单过。

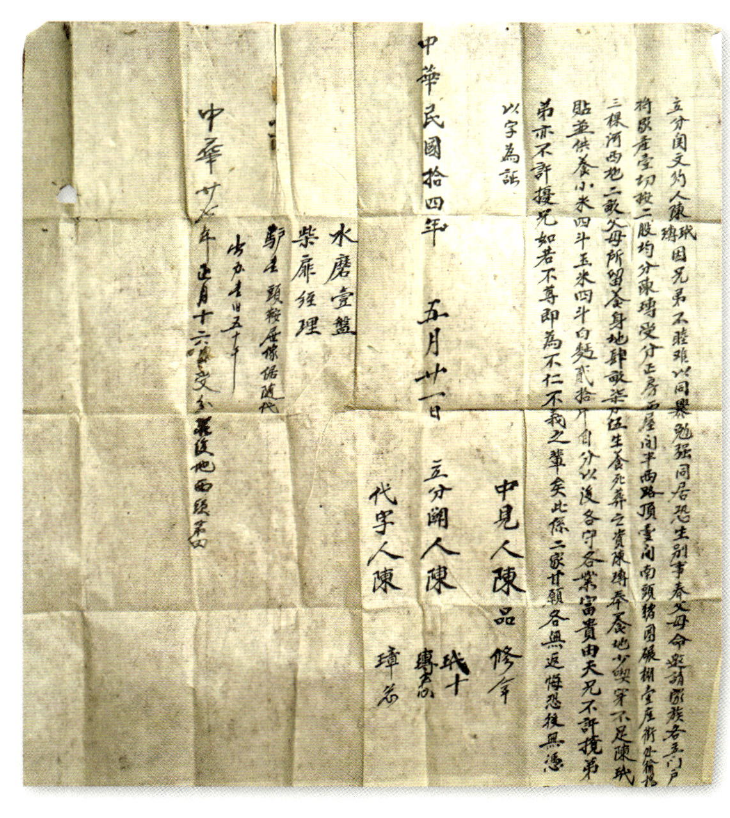
立分関文约人陳玳璋因兄弟不睦难以同爨勉强同居恐生别事奉父母命邀请家族各立门户
将家產宅切按二股均分陳璋受分正房西屋间半西路顶壹间南頭猪圈碾棚全庄街外[illegible]
三棵河西地二畝父母所留養身地肆畝柒分伍生養死葬之資陳璋奉養地少缺穿不足陳玳
貼並供養小米四斗玉米四斗白麪貳拾斤自分以後各守各業富貴由天兄不許攬弟
弟亦不許攬兄如若不尊即為不仁不義之輩矣此係二家甘願各無返悔恐後無憑
以字為証
中見人陳品修
立分関人陳玳十 璋
代字人陳璋
中華民國拾四年五月廿一日
水磨壹盤
柴扉经理
[illegible]
中華廿六年正月十六日[illegible]

■ 民国十四年（1925）西古陈家分家单

3. 民国十五年（1926）西古陈璋卖房契：

立卖房契文约人陈璋，因无钱不便，自烦中说，愿将自己受分西厢房二间，坐落置主本院，今立契卖与胞弟陈珀名下永远为业。言明卖价平谷市钱七百二十吊整，钱契换交。自卖以后，任凭置主自便，不与卖主相干。此系二家均愿，各无返悔，恐口无凭，立字存照。

中华民国十五年十二月初六立卖契人陈璋亲笔

中说人：陈品修、陈渚

“胞弟”：同胞兄弟，即亲兄弟。“平谷市钱”即平谷市面上流通的钱，指每吊制钱的个数。

■ 民国十五年（1926）西古陈璋卖房契

4. 民国二十年（1931）西古王长聘分家单：

立分单人王长聘，因人众多，度日维艰，勉强同居，不若折而各爨，乃邀请亲友近族，从公议论，所有家产事业器皿等类佩答（配搭）地分，受分北正房三间半，内有西厢房三间，许三弟居住三年，三年已过，许三弟折出，房后檐、南山墙折墙齐，北山墙、东墙折到底，南棚子亦许三弟折毁，以内门窗户牖土木，尽归三弟所管。自分之后，如有贫富不齐者，各听天命，不许搅扰，如有搅扰者，有中人一面承管。三面言明，各无返悔，恐口无凭，立字为证。

中华民国二十年十一月二十三日立分单人王长聘

胞弟王长贵（公平）、王长连（十）

代字人：王成志

中证人：张世俊、邢武郭文才、崔长永

补注：受分北房院，南北长十一丈。官过道通行。槐树为官。二门外有猪圈一个，猪两口。河南地三亩，庙前地四亩。庄后坟地一亩七分五，许两家耕种，三家殡葬。庄后当契一亩五分，河西当契三亩，原主赎回，给次弟东钱一千吊。

“佩答”显然是别字，即配搭。王长聘为现在村民王刚的太爷爷。

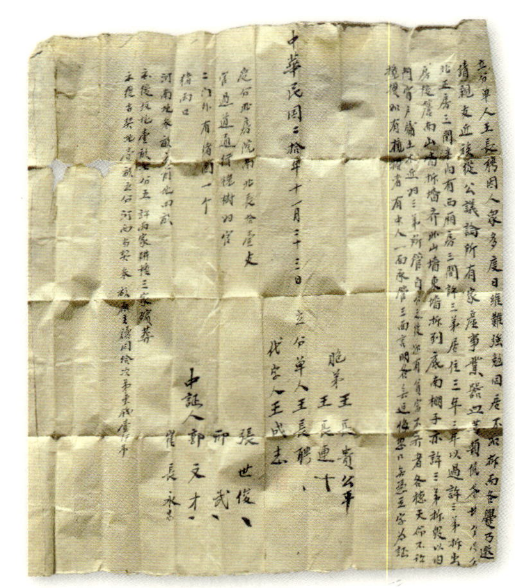

民国二十年（1931）西古王刚爷爷王长聘分家单

5. 民国三十二年（1943）西古王家分家单：

立分关书人奉母之命王成发、王成启，因家务纷纭特难理，故此邀请亲族人等，将房地两项傢俱等类宜盖按两股均分，并无多寡。自分之后，各守各业，日后倘有贫富不齐者，各听天命，不许搅扰，如若有搅扰，自有亲族人宜（一）面承管。为有南河地以外有三百二十元具归母亲养老，或亏或余，由此地抽办。日后百年归西之时，兄弟合伙殡葬，公出钱文，花费以毕，在（再）按两股均分。此系当面说清，大家均愿，各不返悔，恐口无凭，立字为据。

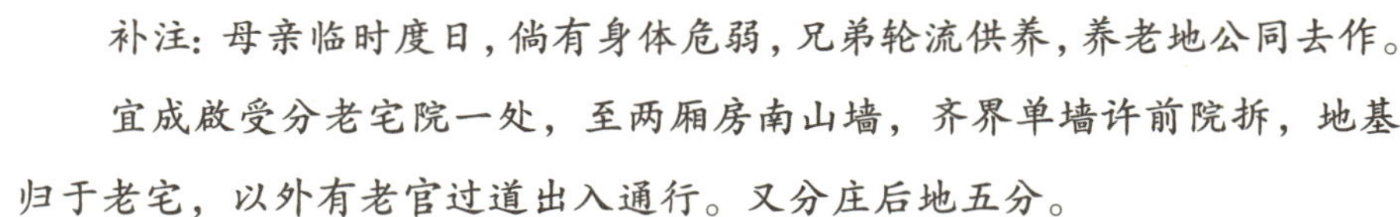

补注：母亲临时度日，倘有身体危弱，兄弟轮流供养，养老地公同去作。

宜成啟受分老宅院一处，至两厢房南山墙，齐界单墙许前院折，地基归于老宅，以外有老官过道出入通行。又分庄后地五分。

中华民国三十二年十二月十二日立分关书人奉母命王成发、王成啟

中说人：张贵荣（十）、王长贵（公平）

书字人：陈纲（清心）

“宜盖”即应该一概之意。“南河地”庄南的小清河南岸的地。“为有南河地以外有三百二十元具归母亲养老，或亏或余，由此地抽办”这句话意思是小清河南岸的土地为养老地，另有三百二十元现钱，归母亲养老零用，如果不够用，就从此地的出产里抽用。“日后百年归西”即去世的委婉表达语句。

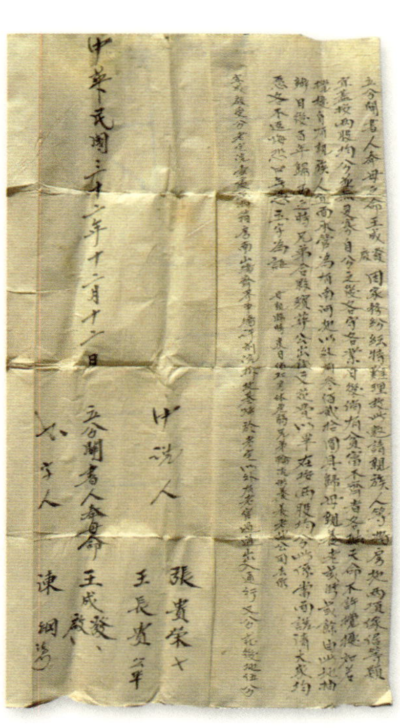

民国三十二年（1943）西古王刚爷爷王成启、成发分家单

五、马坊房产契约

1. 咸丰四年（1854）马坊张富卖庄窠房院契约：

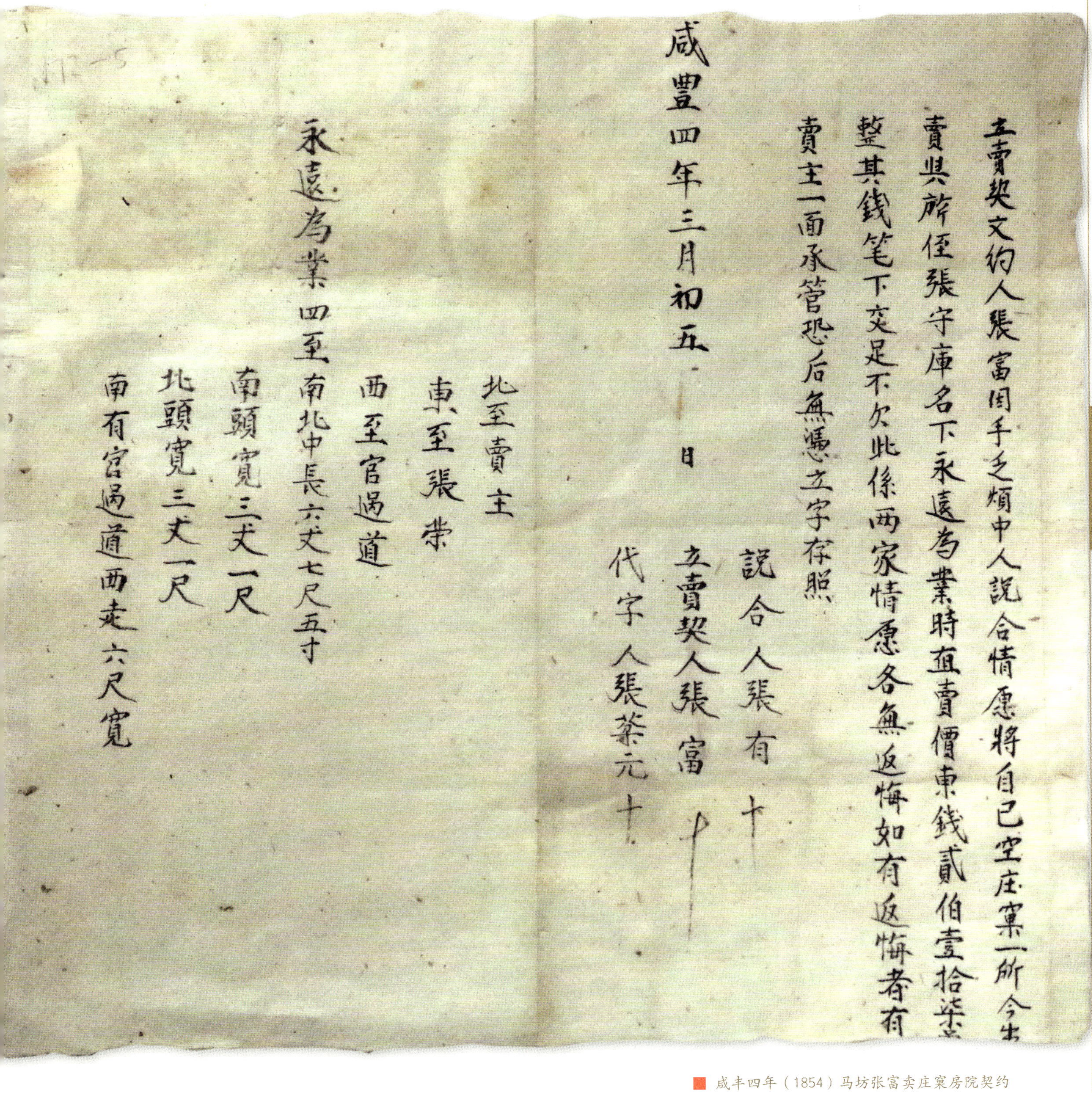

立賣契文约人張富因手乏煩中人説合情愿將自己空庄窠一所今出
賣與族侄張守庫名下永遠為業時値賣價東錢貳伯壹拾柒
整其錢笔下交足不欠此係两家情愿各無返悔如有返悔者有
賣主一面承管恐后無憑立字存照

説合人張有 十
立賣契人張富
代字人張蓁元 十

咸豐四年三月初五日

永遠為業四至南北中長六丈七尺五寸
北至賣主
東至張崇
西至官過道
南頭寬三丈一尺
北頭寬三丈一尺
南有官過道西走六尺寬

咸丰四年（1854）马坊张富卖庄窠房院契约

2. 民国二十六年（1937）马坊三条街蒋家分家单：

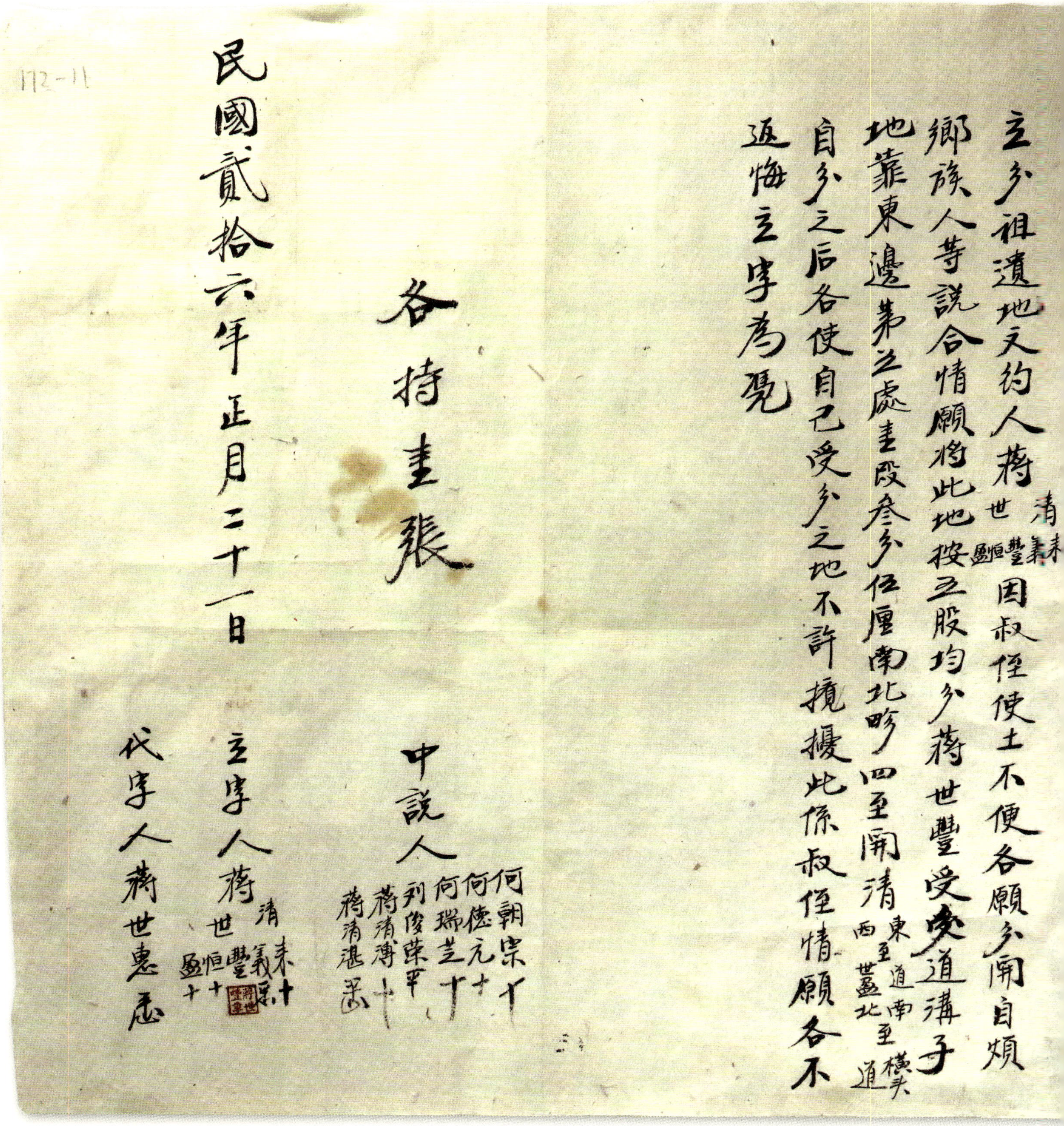

172-11

立分祖遗地文约人蒋世清来、義、豐、恒、盈因叔侄使土不便，各願分開，自煩鄉族人等説合，情願將此地按五股均分。蒋世豐受道溝子地靠東邊第五處壹段，叁分伍厘，南北畛，四至開清：東至道，南至橫头，西至盈，北至道。自分之后，各使自己受分之地，不許攙擾。此係叔侄情願，各不返悔，立字為憑。

各持壹張

中説人 何朝宗十 何德元十 何瑞芝十 何俊榮押 蒋清溥十 蒋清湛押

立字人蒋世清来十 義押 豐 恒十 盈十

代字人蒋世惠押

民國貳拾六年正月二十一日

民国二十六年（1937）马坊三条街蒋家分家单

3. 民国三十二年（1943）蒋里庄张家分家单：

立分居字据人张子兰、张永兰、张耀兰、张文兰，盖闻古人九世同居，至今孰不仰慕，奈家丁太繁，人心不古，为恐家业日渐凋零，是以遵奉严慈之命，兄弟四人情愿请亲谊族甲，相商妥协，将家产物业配搭均匀，除严、慈留养老地以外，再按四股分开，并无不公之处。立字分爨以后，兄弟四人各领所受产业，俱于契后载明，异日各守各业，富贵穷通听天由命，永不许节外生枝，葛丝搅扰。至于父母生前长子久已外出，未分得地亩，只归次、三、四子公同奉养耕种，俟百后殡葬有余，再将养老地按四股均分。此系大家甘愿，同众言明，永无返悔者，恐口难凭，立此分单永远存照。

民国三十二年古历九月二十三日 立分单人张子兰、张永兰、张耀兰、张文兰（十）

中见人：家严张殿元、家伯张殿卿（十）

亲谊：宋永来

甲长：岳廷印（私章）

保长：刘殿元（私章）

书字人：张景斋（签“一片冰心”合体字）

父母养老地：宋家坟地六亩，长陇地四亩，沙坨子地五亩，谢家坑地五亩，共计二十亩，生养死葬，言明生前次三四门公同奉养耕种，葬后再按四股均分。

长门受分住宅一正两厢房共十一间，五丈五尺宽，十丈有余长，南边场院，七丈宽，十丈有余长，土木相连，其余之地亩等项归次三四分受。

次门受分东园子空基一处，土木相连，街北老宅基一处，南下洼地九亩，棋盘地分北半段三亩五分，二截地东边八亩，三河道地十亩。

三子受分东院东边空基三丈五尺宽十丈有余长，南截北头四丈宽五丈长，贾家坟地十亩，南下洼地四亩，陈家坟地分北截三亩五分，二截地中间八亩。

四门受分东院西边空基三丈五尺宽十丈有余长，南截北头四丈宽五丈长。展家坟地五亩，陈家坟地分南截三亩五分，南洼地六亩，棋盘地分南半段三亩五分。

永远信行

此契约代笔人颇有文采。从分单不难看出，张家当时地广宅多，属小康之家。“九世同居”：九世即九代，指九代人居住在一起不分家。《新唐书·孝友传序》：张公艺九世同居，北齐东安王永乐、隋大使梁子恭躬慰抚，表其门。遂成为后世仰慕对象。《旧唐书》记载：麟德二年（665）初春，高宗李治与皇后武氏一同去泰山行封禅大礼，路过郓州时，地方官前来迎驾。皇帝问起当地民情风俗，牧守禀告说，这里有户姓张的人家，祖孙父子叔侄兄弟同居，已历九世，北齐时，东安王高永乐亲赴其宅旌表。隋朝时，文帝又特命邵阳公梁子恭为使节，到张家慰问并重表其门。本朝贞观中，先皇即唐太宗也专门敕派地方官府再加旌表。高宗听禀后，心有触动。他贵为天子，可家里的父子兄弟关系，却弄得十分紧张。高宗决定亲自去取经。为首的是个扶杖的九旬老翁，他是率领合家老小几百口迎拜圣上的家长。高宗赐他坐下后，开口便请教他这么一大家子挤在一块过日子而得相安无事的诀窍。老翁让人送上纸笔，写了一百多个“忍”字。高宗感慨无比。位于浙江省浦江县的“郑氏义门”，自南宋开始，历宋、元、明三朝，十五世同居共食达三百六十余年，鼎盛时有三千多人同吃一锅饭。其孝义家风多次受到朝廷旌表，明太祖朱元璋曾亲赐“江南第一家”。

“蒋里庄”原名“蒋李庄”，明代移民成蒋家庄和李家庄两个小村，为减轻税收和出役，明末蒋家庄和李家庄合并，称蒋李庄，后演化为蒋里庄。“相商妥协”用词也很新颖，意思是兄弟间互相体谅，互相理解，不争长论短。

书字人张景斋所签“一片冰心”合体字非常有特色的，这也是当时一些文人为显示才华而自创的签字方式。

“严慈”，古代教育孩子的主要责任在父亲，因而父亲对子严管，故称之“家严”，母亲最疼爱孩子，呈现给孩子的姿态总是仁慈，故曰“家慈”。

在最后签字栏中，还出现了保甲长，这是平谷和三河地域的重要区别，马坊当时属于三河县管辖，而三河是敌伪政权统治区，实行保甲制，平谷的乡村则大部分时间为革命政权占主导地位，虽然也推行过保甲制，但时间很短。契面最后落款“永远信行”也与平谷其他地区常署的“永远为业”不同，意思是永远恪守信用。

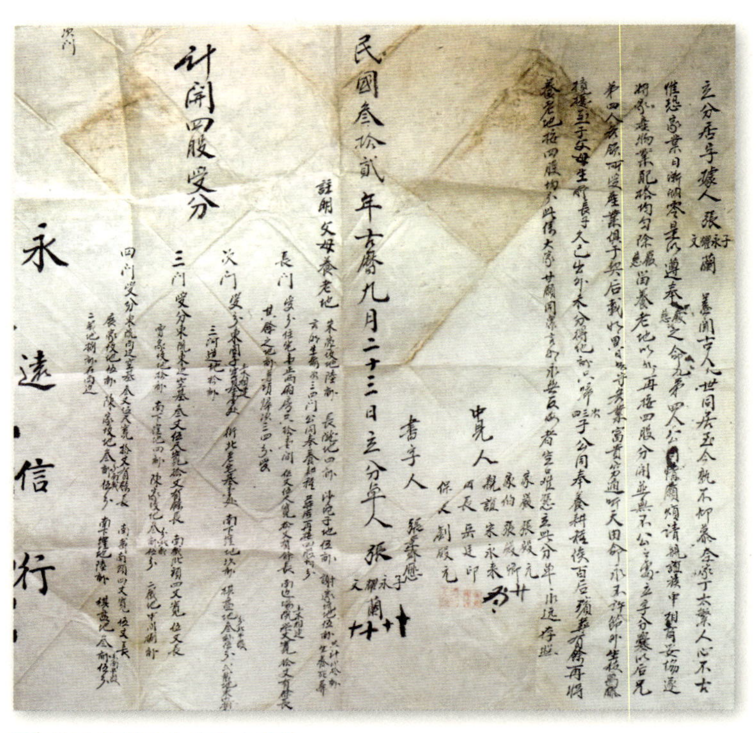

1943 年蒋里庄张家分家单

4. 民国三十五年（1946）蒋里庄房基换地契约：

立换契字据人张永兰、李玉林，二人同议亲请中人议定，李玉林因有正用，今将祖遗空基一处，坐落在蒋里庄东头路南，南北长三十四丈南头宽六丈，中间宽六丈，北头宽三丈六尺，土木相连，南至契主茔地，北至官道，东至官道，西至符姓，自烦中人说合，情愿将此空基地换与张永兰名下永远为业，同中言明，换与张永兰地三亩，归与李玉林名下永远为业，同中言明，两家情愿，并无纠葛。自立字之后任凭置主自便，不与契主相干。此系同中言明，两家情愿，各无返悔，恐口无凭，立换契文约，永远为业。如有亲族搅扰，有李玉林承管，不与置主相干。

民国三十五年三月二十日　立换契文约字人张永兰、李玉林（十）

中保人：张殿宝（十）、符金生（十）、王正华（草书“华”）

代笔人：李寿彭（签“一片好心”合体字）

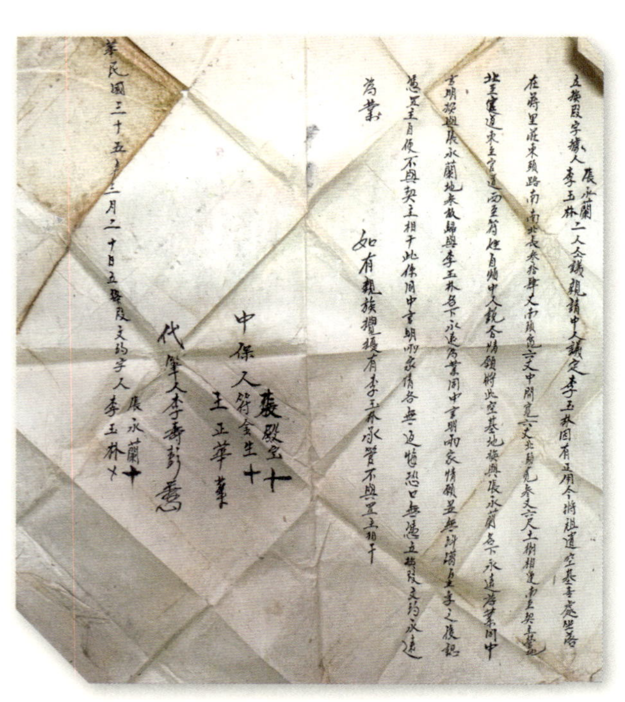

1946 年蒋里庄张姓李姓房基换地契约

“二人同议亲请中人议定”：“同议”即共同商议后决定。整句话意思是我们二人商议妥当后托出中见人一起做出的决定。

六、张各庄房产契约

1. 乾隆二十四年（1759）张各庄赵家退空院契一份，严重残损，经仔细辨认，大体文字如下：

立退空院文契人林有敌，情因手乏， 愿将祖遗旗产空院一处，坐落村北街，空园宽长六丈二尺。东至杨姓，西至小道，南至大街，北至陈姓，四至开清，烦中说愿出退与赵文吉承种，土木相连，同面言明，时值退价东钱二百吊整，钱契两交不欠。自退之后，任凭置主交租任佃为业，永不与林姓相干。此系三面言明，两家情愿，各无返悔。如有舛错，尽在中人与契主一面承管，恐口无凭，立退契为证。

乾隆二十四年十月　立退契人林有敌（四）

中保人：孔国相（公平）

书字人：杨其章

书字人杨其章在那时段常出现于各种契约中，跨度达30多年，此为年轻时候墨迹，字迹工整，书法功夫很深。

2. 乾隆五十八年（1793）张各庄陈德留官街契约：

立留官街文约人陈德，情因张各庄前街路北有空庄窠一处，同众言定，接（从的意思）北头留下一丈五尺与吕姓、林姓走道，永远与陈姓无干，恐后无凭，立字为证。

乾隆五十八年十二月二十七日　立字人陈德

中见人：朱大任

书字人：杨其章

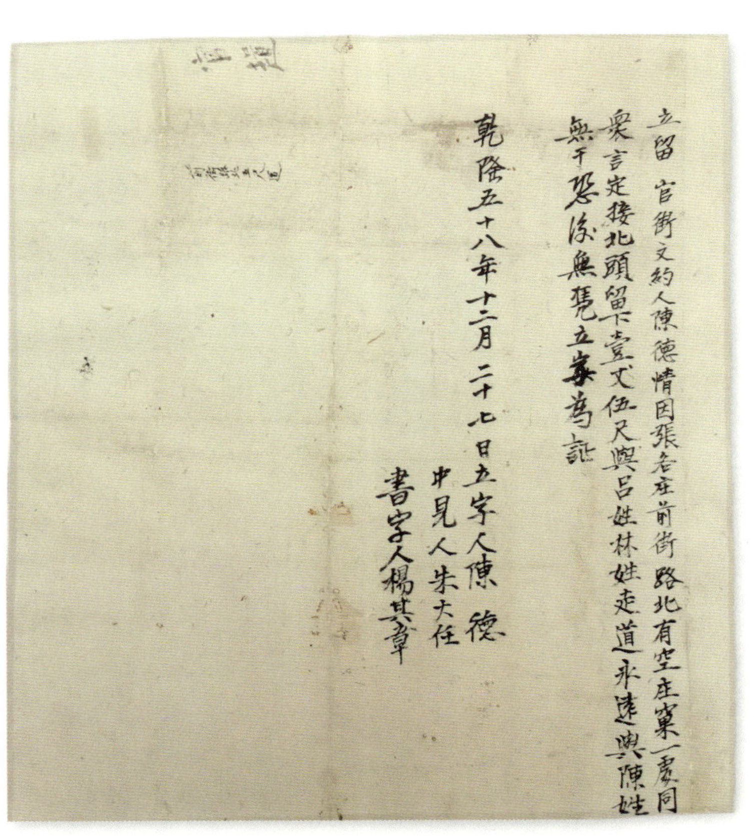

立留官街文約人陳德情因張各庄前街路北有空庄窠一處同
衆言定接北頭留下壹丈伍尺與呂姓林姓走道永遠與陳姓
無干恐後無憑立字為証
乾隆五十八年十二月二十七日立字人陳德
中見人朱大任
書字人楊其章

乾隆五十八年（1793）张各庄陈德留官街契约

3. 道光二十一年（1841）张各庄林福分家单：

立分单人林福同子林有和、有瑞、有庆、有芳、有荣，因人口众多，难以同居，商斟议定，邀请乡邻亲眷将房园地亩家居等物频搭均匀，令五子拈阄分之。自分之后，各守各业，不可争竞。所分等物开列于后，所立分单是实。

计开林有瑞所分：

南正房五间，后五尺零五分留为使碾磨走道。梨树洼民地七亩，东桑园地八亩，北民地四亩半，北边稻畦半亩，西菜园七分五厘，空院一所。

道光二十一年二月初四　立两清字人林仲奎亲笔（十）

中保人：崔俊、吕廷元（公）、林德春（十）、林成奎（平）

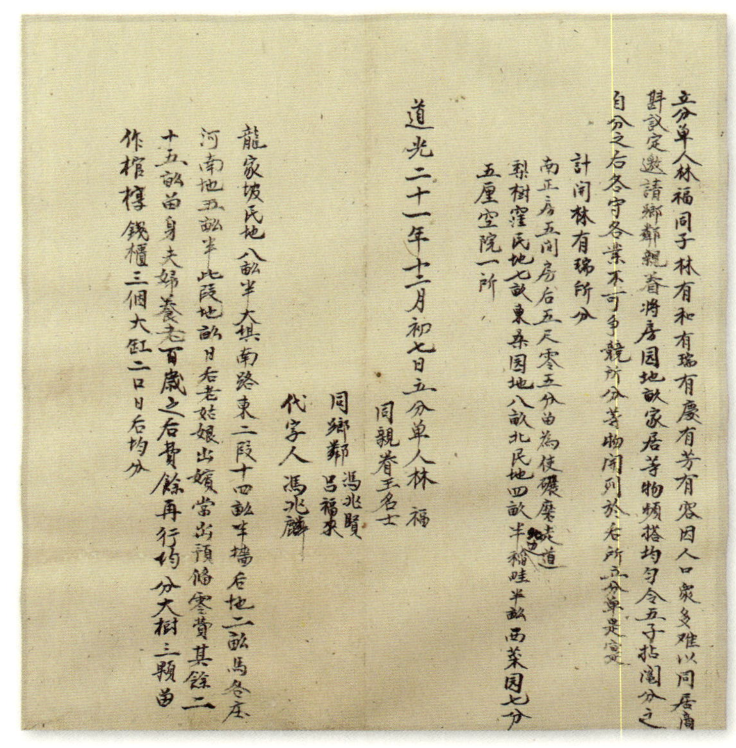
立分單人林福同子林有和有瑞有慶有芳有榮因人口衆多难以同居商
斟議定邀請鄉鄰親眷將房園地畝家居等物頻搭均匀令五子拈鬮分之
自分之后各守各業不可爭競所分等物開列於后所立分單是實
計開林有瑞所分
南正房五間房后五尺零五分留為使碾磨走道
梨樹窪民地七畝東桑園地八畝北民地四畝半稻畦半畝西菜園七分
五厘空院一所
道光二十一年十二月初七日立分單人林　福
同親眷王名士
同鄉鄰　馮兆賢　呂福来
代字人　馮兆麟
龍家坡民地八畝半　大棋南絡東二段十四畝半　墻后地二畝馬各庄
河南地五畝半　此段地畝日后老姑娘出嫁當出預備零費其餘二
十五畝苗身夫婦養老百歲之后費餘再行均分　大樹三顆　苗
作棺槨　錢櫃三個　大缸二口　日后均分

道光二十一年（1841）张各庄林福分家单

4. 道光二十六年（1846）张各庄林有芳等兄弟五人分家单：

立凭据字人林有芳等兄弟五人，所有房园地亩从父授分并无偏相，今因乏手无力，房屋未能盖齐，今烦庄邻，原有父产未经分旗官地二十亩零五分，已经顶补伙中账目四百一十吊整，其地内多值价数，理应俱各有分，今凭中说，此地让与弟四门折变，以作盖房之费。言明自让之后，其房盖与不盖，任从自意，再如倍（背）累，不许重复求让，倘有重复求让，执此凭据同中人为证。

道光二十六年十一月十六日立凭据字人自书

中说人：吴二舅、吕福来、杨子绪、陈本

此为分旗地契约，老大林有芳和四个弟弟分割父亲遗产，“其地内多值价数”即这块地的价值中已经拿出四百一十吊，用于抵补全家原来外欠账目，剩下的分给四个弟弟用于建房。

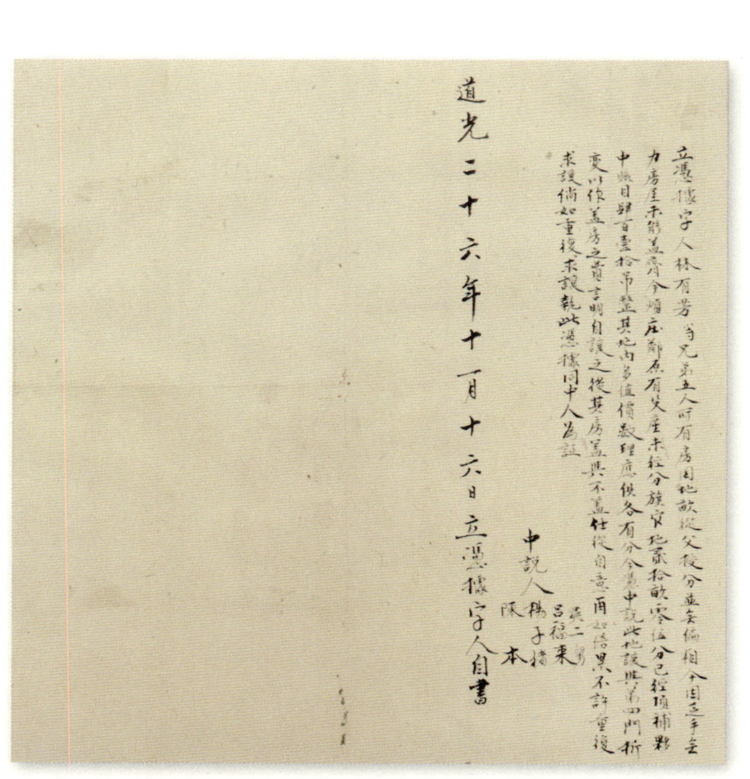
立憑據字人林有芳等兄弟五人所有房園地畝從父授分並無偏相今因乏手無
力房屋未能蓋齊今煩庄鄰原有父産未經分旗官地貳拾畝零伍分已經頂補夥
中賬目肆百壹拾吊整其地内多值價數理應俱各有分今憑中說此地讓與弟四門折
變以作蓋房之費言明自讓之後其房蓋與不蓋任從自意再如倍累不許重復
求讓倘如重復求讓執此憑據同中人為証
道光二十六年十一月十六日立憑據字人自書
中說人　吳二舅　呂福来　楊子緒　陳本

道光二十六年（1846）张各庄林家分家补充字据

5. 光绪十三年（1887）张各庄林家分家单：

立分单人林文魁、林仲魁、盛魁、根魁，情因父母双亡，家业无人执掌，兄弟公议请同亲族情愿公平将房屋、地亩、家具、账目等物具按四股均分，不许争竞，各守各业。日后富贵贫穷各凭天命，不许搅扰，如若搅扰，尽有分官人一面承管，如若不尊，情甘重罚。此系四人情愿，各无返悔，恐口无凭，立分单为证。

计开：房屋地亩开列于后：

前院西瓦正房三间，东西宽三丈一尺二寸。每年交房租钱一千二百五文。前院至街，后院有滴水五尺，往东有置活当张姓房院一处，如不赎久后如买（卖）不许老根在仲魁后房檐下走道，赎回无道，同中言明。

分前街路南菜园一段（种西档），计园九分，土树木相连，石块在内，外贴柁木檩石块。

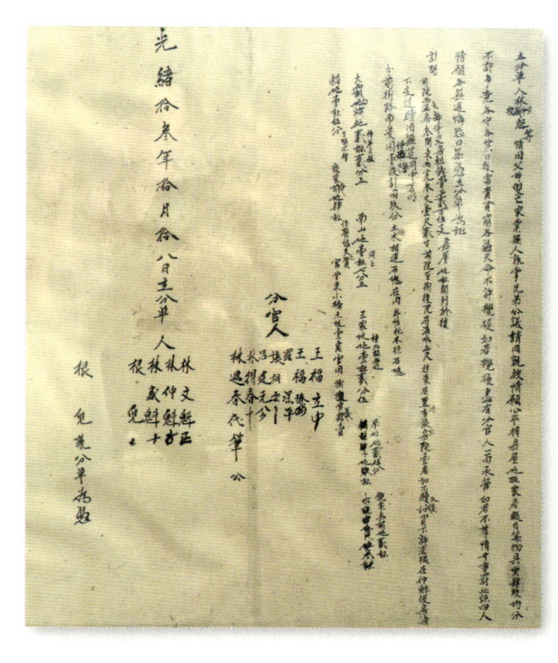

■ 光绪十三年（1887）张各庄林家分家单

大坝地旗地二亩二分五(种第三段),南山地一亩七分五(同上：即种第三段），王家坟地一亩二分五（种北头西边），稻子地五亩、南坟地二亩五分，水某某民地三亩，龙家务前地二亩，稻地一亩五分（王瑞林种），龙家务前地四亩（做娶媳妇之资），官堂东小桥土坑一处官用，树株官养伙卖。

光绪十三年十月十八日立分单人：林文魁（正）、林仲魁（五）、林盛魁、（十）根儿

分官人：王福立（中）、王福臻、罗深（平）、张桐云、吕连元（公）、林德春、林遇春代笔（公））

根儿执分单为凭

“分官”与“分关”同义。

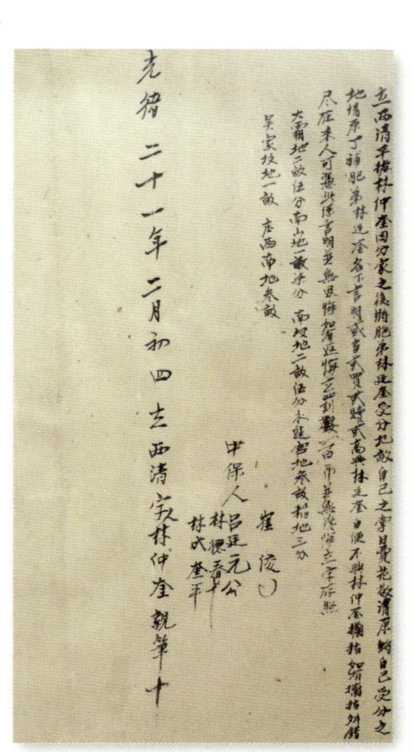

6. 光绪二十一年（1895）张各庄林仲奎、林廷奎财产两清凭据：

立两清平(凭)据：林仲奎因分家之后，将胞弟林廷奎受分地亩自己之(执)掌，日费化敬（净），清原（情愿）愿）将自己受分之地情原（愿）丁（顶）补胞弟林廷奎名下，言明或当或买或赎或高，与林廷奎自便，不与林仲奎拦挡，如有拦挡舛错，尽在来人可凭。此系言明，并无返悔，如有返悔立罚没三百吊，并无后悔。立字存照。

大坝地二亩五分，南山地一亩七分，南坟地二亩五分，水进宫地三亩稻地三分，吴家坟地一亩，庄西南地三亩。

■ 光绪二十一年（1895）张各庄林家兄弟立两清字据

7. 1934 年托契友代填坟字据：

立奉托契友培填坟墓据字人吴占全，因迁居黄崖关口外杨家窝铺落户多年，不能移回故乡，碍有祖坟一处，计地一亩，中有坟墓五个，此坟坐落平谷县城南张各庄东南。此事系余年迈子幼，远隔城乡，往返不便，清明祭扫事关愈诚，若无知己替办，虽远难辞，幸有张各庄契友林廷魁愿修此功德，遇清明替余填坟，鄙人是以感济（激）无量，无别可筹，即将荒坟地给林某耕种，略表填坟功德。此系双方面商情愿，各不食言。立奉托字为证。

康德二年（1934）古历十月十五日　立字人 吴占全（平）

代书人：徐建臣（私章）

“康德”是“伪满洲国”年号。“黄崖关口外”即黄崖关长城关卡外，属于兴隆地界，也就是属于承德，即“伪满洲国”地盘。吴占全是贤王庄吴姓分支，马各庄和张各庄均有。吴占全之所以迁到兴隆，是因为清代东陵以北 250 里属于“龙脉”，不许有人烟，民国三年开始，北京有大买办蔡某，被授权开发“禁地”，交给他钱即允许开荒耕种，平谷多村到兴隆开荒种地，吴占全是其中之一。“感济无量，无别可筹”意思是感激不尽，没别的可以答谢。

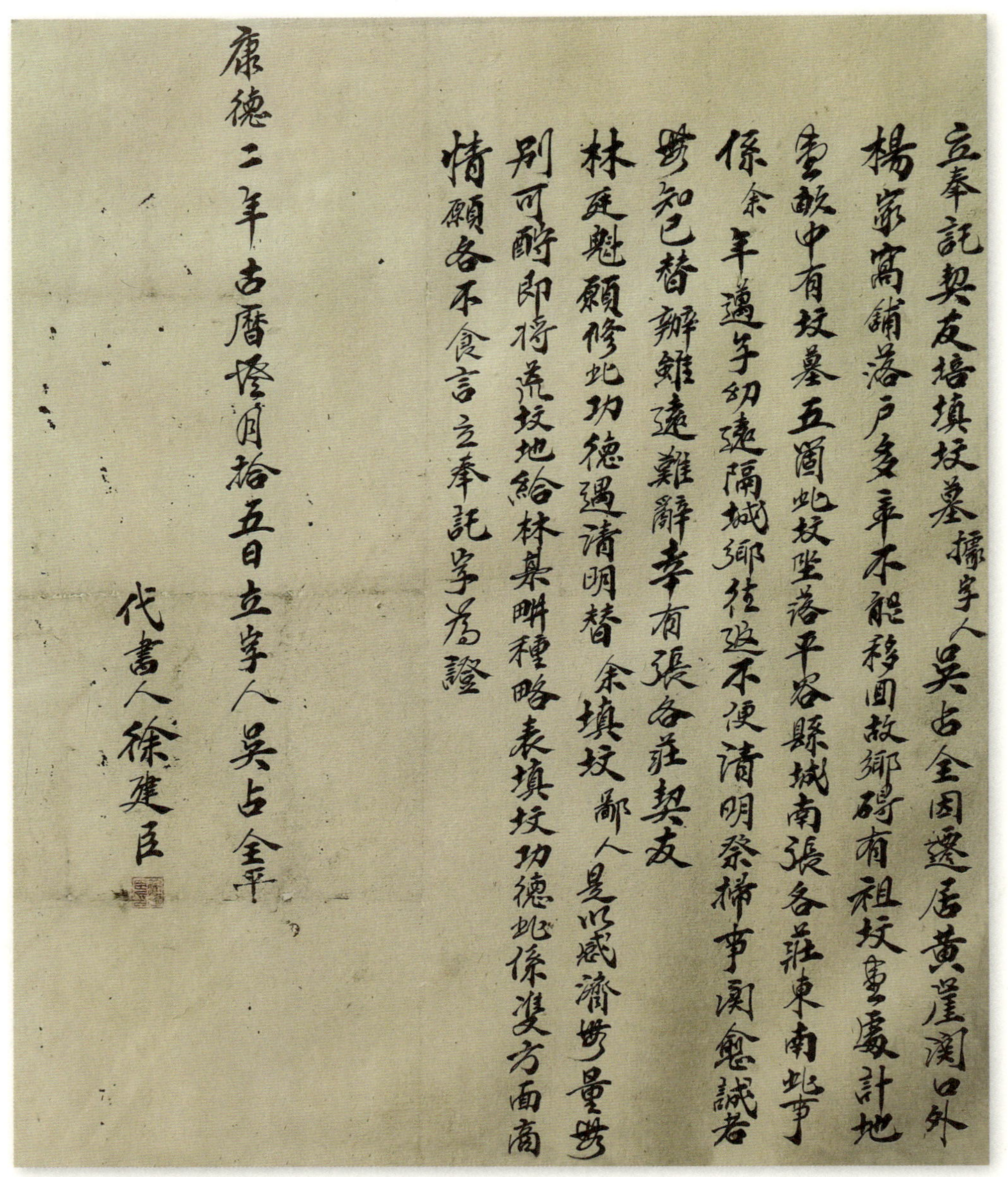
立奉託契友培填坟墓據字人吳占全因遷居黃崖關口外
楊家窩舖落戶多年不能移回故鄉碍有祖坟壹處計地
壹畝中有坟墓五個此坟坐落平谷縣城南張各莊東南此事
係余年邁子幼遠隔城鄉往返不便清明祭掃事關愈誠若
無知己替辦雖遠難辭幸有張各莊契友
林廷魁願修此功德遇清明替余填坟鄙人是以感濟無量無
別可酧即將荒坟地給林某耕種略表填坟功德此係双方面商
情願各不食言立奉託字為證
康德二年古曆拾月拾五日立字人吳占全（平）
代書人徐建臣

1934 年兴隆吴占全委托张各庄林廷魁代为培填坟字据

8. 民国二十六年（1937）张各庄林廷魁两清字据：

立两清字人林廷魁，因先年老四门均分，各按各业，以后大门归三门并过，二门归四门度过，以后二门三门人失迷已久，大门乃缺子无厚（后），过继四门长子林怀本，结（接）续香烟。今林廷魁同二子林怀本林怀枝烦出忠（中）人，愿将林怀本所得应余之产批给胞弟林怀枝，为兄给弟弟不推尾（诿），为弟所要求兄不争净（竞），为恐后来纠纷屡出，故立字为证。

将给弟之产列后

将林怀本前院瓦房两间靠西头一间让胞弟。

由东间齐，前院往南至二门外墙皮为齐，归林怀本走道，此一间宽，二门外东西宽，由东外墙皮至九尺，往南至街为观音堂，前半亩菜园归林怀本，或当或卖。自立字据之后永无搅扰。

靠西间柁归怀枝，外有封山八寸。

民国二十六年四月初六日　立字人林怀本（证）、林怀枝（和）

忠（中）说人：林诚魁（凭）、林桐魁（十）、吕芳和（平）

代字人：吕雅香（画押）

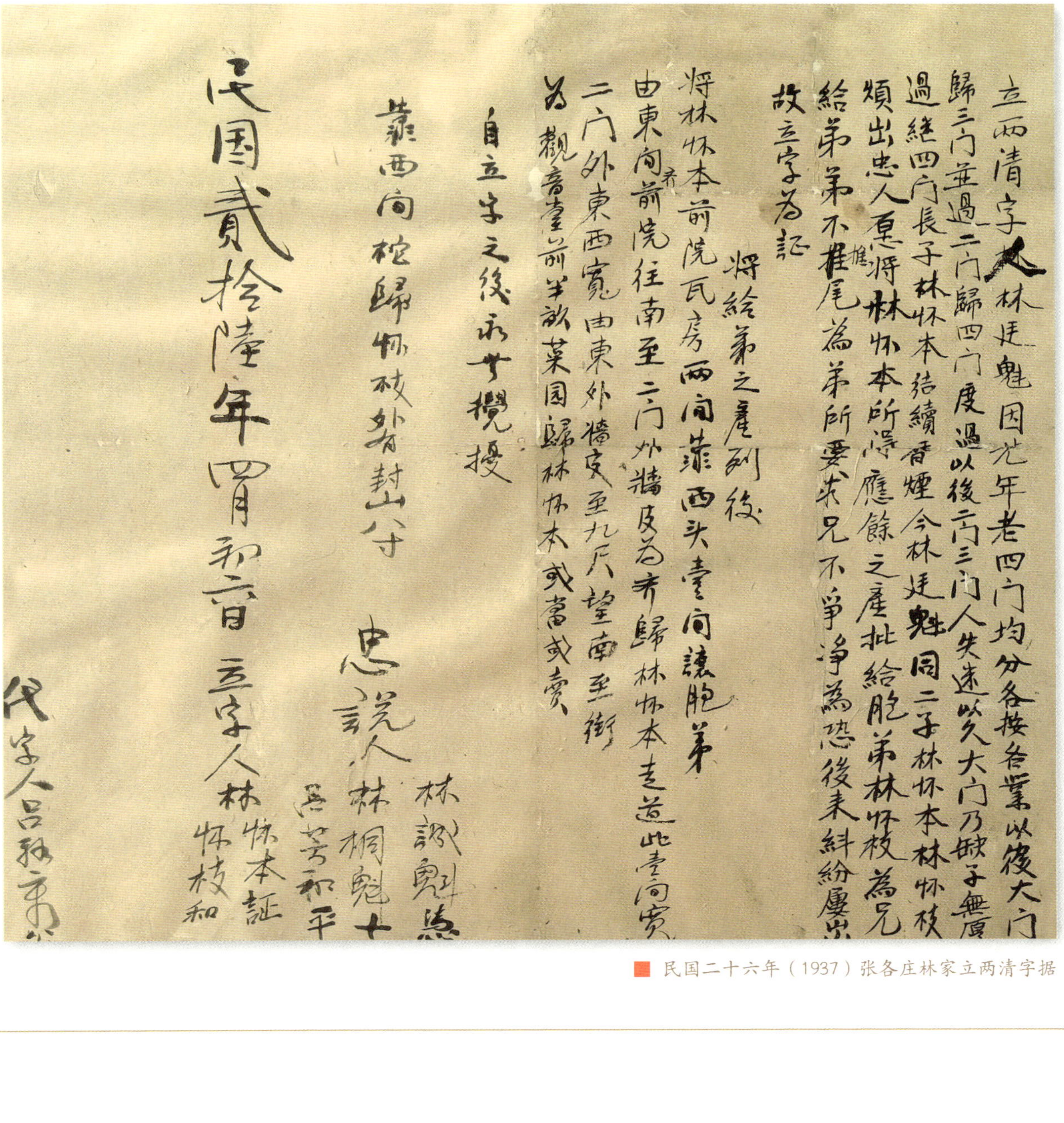

民国二十六年（1937）张各庄林家立两清字据

七、周庄子房产契约

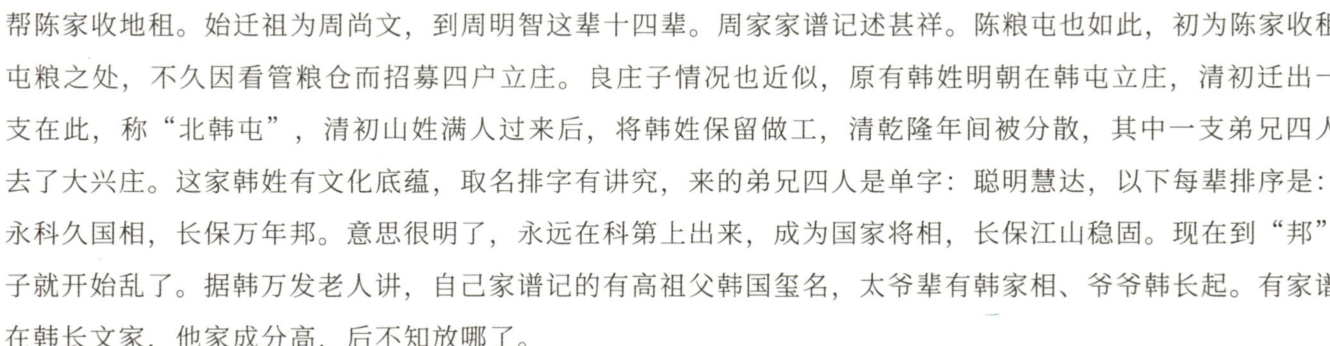

周庄子周家是立庄户，据了解是清顺治年间应中桥陈家之约由芮营（明初由山东来到芮营）来此立庄，帮陈家收地租。始迁祖为周尚文，到周明智这辈十四辈。周家家谱记述甚祥。陈粮屯也如此，初为陈家收租屯粮之处，不久因看管粮仓而招募四户立庄。良庄子情况也近似，原有韩姓明朝在韩屯立庄，清初迁出一支在此，称“北韩屯”，清初山姓满人过来后，将韩姓保留做工，清乾隆年间被分散，其中一支弟兄四人去了大兴庄。这家韩姓有文化底蕴，取名排字有讲究，来的弟兄四人是单字：聪明慧达，以下每辈排序是：永科久国相，长保万年邦。意思很明了，永远在科第上出来，成为国家将相，长保江山稳固。现在到“邦”子就开始乱了。据韩万发老人讲，自己家谱记的有高祖父韩国玺名，太爷辈有韩家相、爷爷韩长起。有家谱在韩长文家，他家成分高，后不知放哪了。

1. 同治十二年（1873）周家分家单：

立分单文约人周门陈氏子廷芳、周门陈氏廷芝，因兄弟年幼不能知（执）掌家，忽奉二位老母亲烦说合，情愿分单各守各业，廷芳受分西头北正房二间，西厢房三间，又分场院，南头东西五丈八尺宽，南北十丈长，北头五丈五尺宽，又分树行，南头又分枣行，西头十五丈长，又街东头路南空庄窠受分南头一半，又过道东边南边猪圈一个，又南边三亩，又老坟北地南边三亩半，又吉卧东地五亩，又横河西稻地一块，又老坟南地西头三亩半，又河北地四边四亩，外典杨树坟地三亩，又外典吉卧北地七亩，又吉卧北地五亩，外典地俱是受分一半，日后者不许搅扰，如有搅扰葛缠，尽在中保一面承管。此系大家情愿，各无返悔，恐后无凭，立分单文约存照。

同治十二年十二月初十　日立分单文约人周门陈氏子廷芳、周门陈氏廷芝

中保说合人：陈贵章、陈宪章、陈殿魁、陈训、陈印、周德起、周德音

代字人：周德斌（平）

各守各业

“周门陈氏子廷芳、周门陈氏廷芝”是同父异母弟兄，母亲都姓陈。查周氏家谱，知周得起为大门三派八世祖，周德音为二门八世祖。未能查到代字人周德斌，因始祖周尚文有三子，家谱仅记述了长门周维藩这一支和三门周维屏部分支派，二门周维垣无后。可能周德斌这属于三门分派未见记录部分。由周家十几代取名不难看出，其家族具有较深文化内涵。

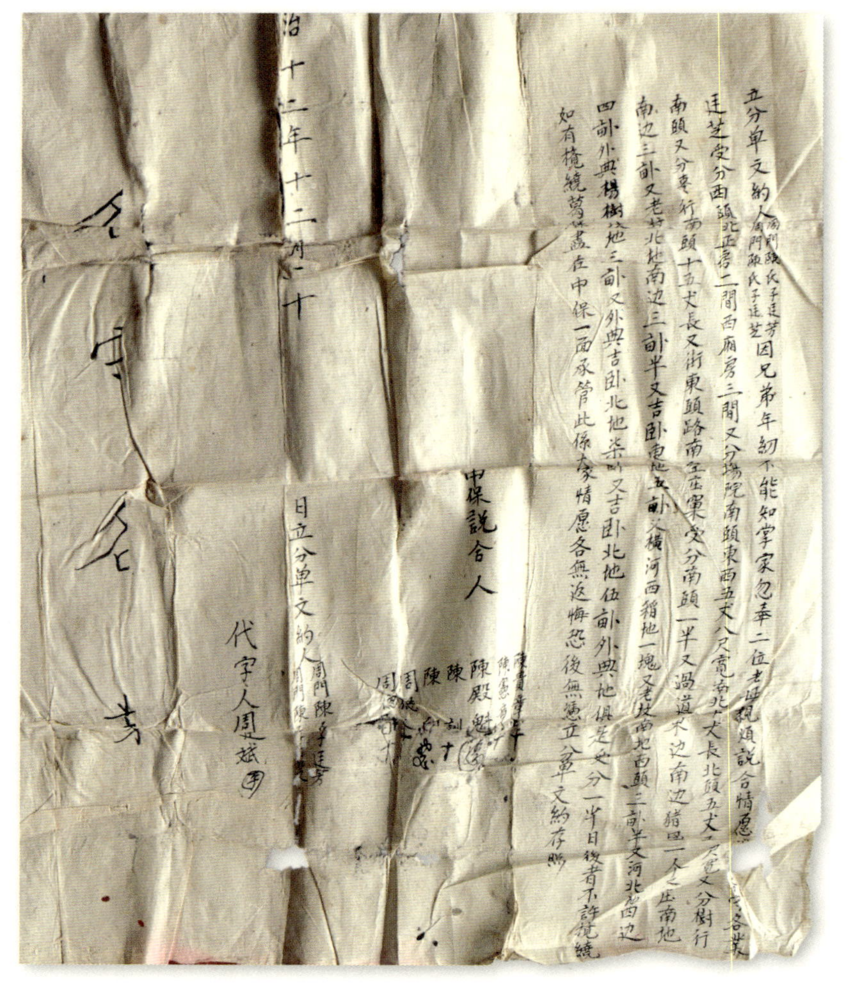
立分單文約人周門陳氏子廷芳 周門陳氏子廷芝因兄弟年幼不能知掌家忽奉二位老母親煩說合情愿各守各業
廷芝受分西頭北正房二間西廂房三間又分場院南頭東西五丈八尺寬南北十丈長北頭五丈五尺寬又分樹行
南頭又分棗行南頭十五丈長又街東頭路南空庄窠受分南頭一半又過道東边南边豬圈一个又南边
南边三畝又老坟北地南边三畝半又吉卧東地五畝又横河西稻地一塊又老坟南地西頭三畝半又河北西边
四畝外典楊樹坟地三畝又外典吉卧北地柒畝又吉卧北地伍畝外典地俱是受分一半日後者不許攪擾
如有攪擾葛纏盡在中保一面承管此係大家情愿各無返悔恐後無憑立分單文約存照
中保說合人 陳貴章 陳憲章 陳殿魁 陳训 陳印 周德起 周德音
日立分單文約人 周門陳氏子廷芳 周門陳氏子廷芝
代字人周德斌（押）
同治十二年十二月十
各守各業

■ 同治十二年（1873）周庄子分家单

2. 民国三十二年（1943）周庄子周家调换地契：

立焕（换）契文约人周景赐、周景稳，因本庄南两家有民地两段，东西界换成南北，四至分清，周景赐换西头，东西宽八丈一尺，南北长八丈，周景稳换东头，东西宽八丈一尺，南北长八丈，南头留官过道八尺公走，许西旺（往）东走，不许东旺（往）西走，西家此地十六丈二尺之外作为官街道，养树木归东头，旺（往）后两家修房西头修东相（厢）房留一尺，东头修西相（厢）房留一尺，两家谓（为）地事不作天勾（沟）。此系三面言明，两家情愿，各不返悔，恐后无凭，故立焕（换）契文约永远为证。

中华民国三十二年四月十二日　立字人：周景赐、周景稳亲笔（忠）

中见人：周景荣、周景贵（十）

平谷民间旧地契中调换约极少见。从内容看，此地紧邻村，有望成为宅院，为双方方便计，协商调换，将原两家的长条地切裁互补成方形地，为此而达成的契约。契约为周景稳本人书写，因不常写，别字较多，但意思表述无误。查家谱，周景稳为大门三派十世祖。周景赐为三门二派十世祖。周景荣为大门长派十世祖。

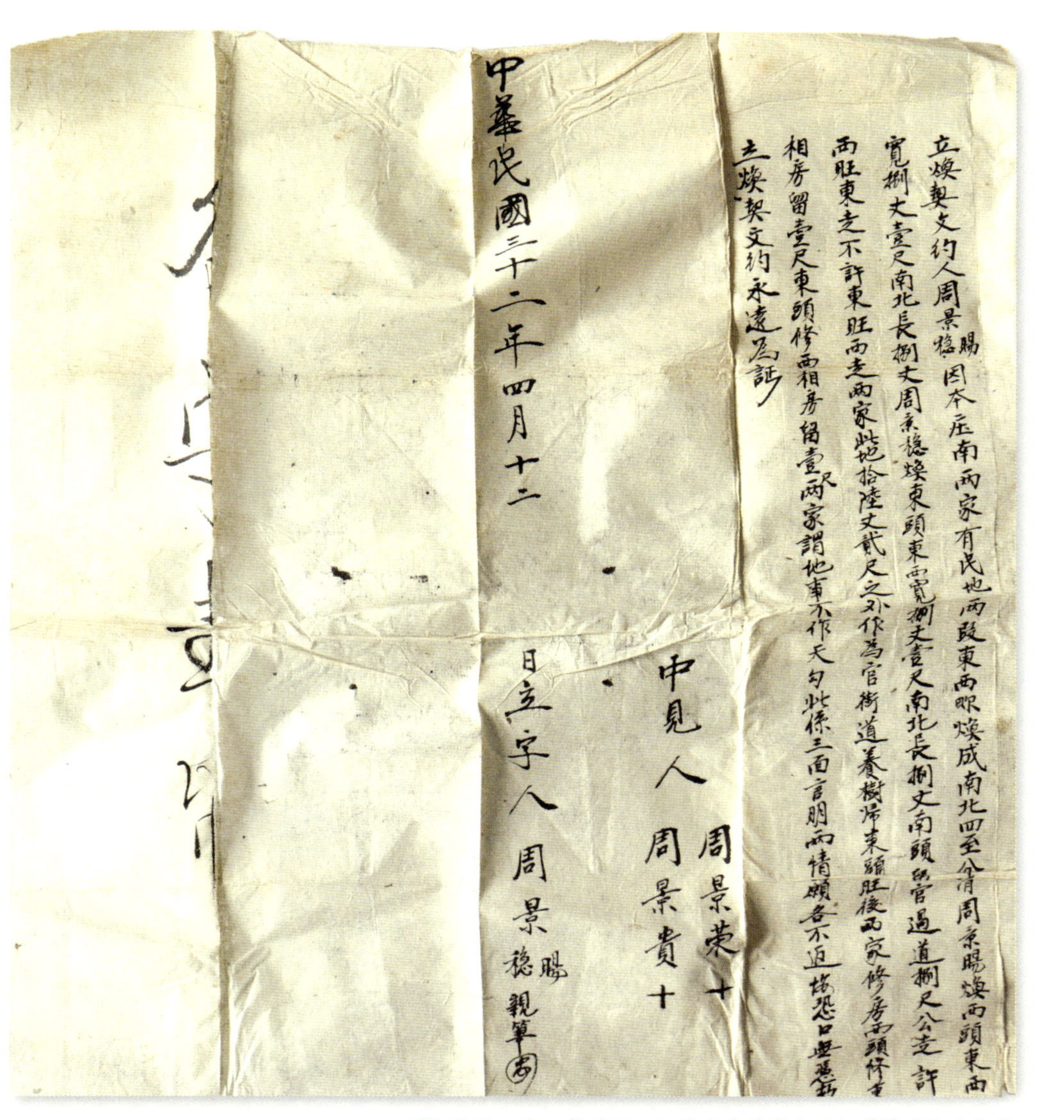
立煥契文約人周景賜穩因本庄南兩家有民地兩段東西界煥成南北四至分清周景賜煥西頭東西寬捌丈壹尺南北長捌丈周景穩煥東頭東西寬捌丈壹尺南北長捌丈南頭留官過道捌尺公走許西旺東走不許東旺西走西家此地拾陸丈貳尺之外作為官街道養樹歸東頭旺後兩家修房西頭修東相房留壹尺東頭修西相房留壹尺兩家謂地事不作天勾此係三面言明兩情願各不返悔恐日無憑故立煥契文約永遠為証

中見人 周景榮十 周景貴十

中華民國三十二年四月十二日立字人 周景穩賜 親筆（押）

■ 民国三十二年（1943）周庄子周家十世祖周景赐换地契约

八、南独乐河房产契约

南独乐河是平谷东部最大最古老的村镇，村北高岗有多处战国至汉代墓葬，村中有千年古刹延祥观，元代全真道人丘处机去盘山路过时曾在此观吃饭，而且他还抚摸一棵已枯死的古柏，连称"可惜"，来年春天枯柏居然新芽再生，人们遂认为是丘处机抚摸后的结果，于是将此柏名之为"复生柏"（老县志有载）。由这株枯柏推理，在此之前或者就有千百年历史了。延祥观原名玄宝观，始建于金代中晚期，元代至元年间重建始称"延祥观"，有碑可证。清代避康熙皇帝讳改称元宝观。

现在生活在南独乐河的村民始于明永乐年间，韩姓是第一立庄户，占据村南洵河和村后独乐河的河滩，赵家第二迁来，占据南北二河的河道，张姓家族第三到来。他们都是从山东来的，永乐移民后被编入独乐社第一甲。如今南独乐河村还流传有"韩家河滩赵家河套张家占据黄茅草"的说法。古代种地离不开水，但又不愿挨冲，所以河滩最好，河套次之，两岸高岗是黄茅草丛生地，张家来时只能在此。之后从山东又迁来王家、刘家，清代迁来乔家、崔家和郭姓家族。现在从人口分布看，韩、赵两家并不多，主要是受明末战乱影响，逃难他乡，后来又有分支迁回看祖坟。现在最大户是张家，根据档案馆保存下来的南独乐河土地房屋执照逐一统计，1951年全村共590户，大姓依次是：张姓108户，王姓81户，刘姓62户，乔姓61户，于姓59户，崔姓47户，郭姓42户，李姓22户，韩姓13户。根据南独乐河老人座谈会上介绍和向街头老人了解，刘家是明代从山东随龙过来的，始迁祖刘帮，与刘家河的刘是一家。刘家河的刘姓可能是明中期过去的。清初刘姓、张姓、王姓都是带地投充户，而且投奔的靠山挺硬，是裕王府，即顺治帝次子爱新觉罗 · 福全的府邸。平谷大部分旗地分属于恭王府、瑞王府、裕王府，也有一部分属内务府和礼部。内务府的组织源于满族社会的"包衣"制度，其主要人员分别由满洲八旗中的上三旗（即镶黄、正黄、正白旗）所属包衣组成。它的最高长官为总管内务府大臣，正二品，由皇帝从满洲王公、内大臣、尚书、侍郎中特简，或从满洲侍卫、本府郎中、三院卿中升补。凡皇帝家的衣、食、住、行等各种事务，都由内务府承办。内部主要机构有广储、都虞、掌仪、会计、营造、慎刑、庆丰七司，分别主管皇室财务、库贮、警卫扈从、山泽采捕、礼仪、皇庄租税、工程、刑罚、畜牧等事。南独乐河的刘、张、王三姓因投充内务府的"包衣"而成为当地新"地主"，自称"旗民"，以受到官府保护。据刘万章（92岁）老人讲，他们祖上的地和房产都是旗产。南独乐河于姓来自三河。据于朝章老人讲，他的祖上是明代从山东大水泊迁到三河掘山头，与东鹿角于姓在山东是一家，弟兄二人同时过来的。明中期掘山头于家有一支迁到了独乐河，就是现在南独乐河的于姓家族，二十世纪五六十年代于家坟地有四亩多，有上百坟头。据考证，平谷于姓大都是从山东登州大水泊迁来的，其中有明初来此戍边的。明永乐年间，山东大部分农村都安排青年来京东长城线"服役"，来到遵化、蓟州最多，三河、平谷、密云也有，除了政府提供必要的食宿费外，原籍的村民每家每年也要凑些零钱，大多不过几两白银，让人送来或求人稍递过来，让他在此安心服役，如无合适人来此顶替，就得长期留守于此，内中有些青年认为这边土地多，人口少，主动要求留下来，以致多数青年结伙在这边成家立业，甚至有倒插门当女婿的。明代凌濛初编著的《初刻拍案惊奇》第十四回"酒谋财于郊肆恶，鬼对案杨化借尸"中记录的就是山东即墨发生的一桩奇案，原话是：在山东即墨于家庄，有一人唤名于大郊，乃是个军籍出身。这于家本户有兴州右屯卫顶当祖军一名，那见在彼处当军的，叫于守宗。原来这名军是祖上洪武年间传流下来的，虽则是嫡支嫡派承当充武伍，却是通族都要帮他银两，叫做'军装盘缠'，约定几年来一度，是个旧规"。万历二十一年，于守宗在卫，需要回祖籍取回"钱粮"，有个家丁杨化，是蓟州镇人，于是于守宗便委托他到即墨老家将"钱粮"带回，结果找到于大郊住下，然后逐门逐户去索取，只筹集到二两八钱，于大郊以为他筹集钱应该不少，于是起了恶心，在酒后把于大郊杀害。冀州镇就是蓟县，那时的蓟县包括平谷东部刘家河以东，黄松峪、靠山集、将军关以南以东几十个村庄。这段故事恰好与本地一些移民信息相关。我们这一带的北部山区多地都有戍边户，原有的一些稀见姓氏如“彭”“戚”“包”“草”“平”“方”“吉”等多源于此。也有一些来时就是低级军官，如安、路、金、黄、唐等，也有因涉案被发配过来的，日久年长也就不回去了，如黄松峪越姓。但他们特别能吃苦，一旦有了机遇就能翻身，甚至培养出的后辈成为人才，或出外做官，或衣锦还乡，以至于离开本地。

南独乐河乔姓是明初由山东迁到马家屯的，查乔家家谱序言内有一段：“故异祖刘氏门中序：遐思我祖仲山、仲财，系上苍乔家安，原籍贸易来平谷城东马家屯侨居，以后在本庄刘善人家佣工，数年来东伙相得，始则认为义父、义子，继则为之娶妻，然二老夫妇子女皆无，同居共爨，事（侍）奉二老如亲生（生身）父母，加倍尽心。二老长思‘一无近族，二无戚亲，百年后谁为之送老归山，莫如将此义子夫妇过继承洮（示字旁加兆），永绵香烟’于是请本庄绅董立单，大家议定将刘善人所有宅跡（基）地产，尽归义子乔仲财倾（擎）受，生前服劳奉养，死后殡葬送终……至今添坟上土，四时祭奠，香烟不断。”纵览乔家家谱，结合邀请老人调查，大体可知，乔姓家族是明末清初到了南独乐河，而且由于家族重视文化，第二辈乔陛即为拔贡。出了多位有“功名”者，还有几位艺术人才，如乔钟文，是当地最有名的油匠和画匠。慈禧太后六十大寿之际，曾担任颐和园长廊和大殿的“览作”（包工头），这可是皇家工程。蓟州的独乐寺里的油匠活很长一段时间也由他担任“览作”。乔家擎受刘家财产后因考取需要写原籍，故仍用原姓氏，但对刘家的这段恩情一直没有忘却。

1. 同治十二年（1873）南独乐河刘文珩退旗宅文约：

立退旗宅文约人刘文珩，因乏手自烦中说，情愿将族遗产旗宅一处，坐落本庄关帝庙前街东，坐北朝南，内有北正草房三间，西北二至官道，东至郭姓石墙在内，南至刘姓石墙，在内四至开清，门窗户牖俱全，今立退契出退与刘庆雨名下，言明时值退价东钞五百二十吊整，其钱笔下交足。自退之后任凭置主更名，认佃，不与去主相干。此系三面言明，二家情愿，各不返悔，恐口无凭，故立退契为证。

随代租钞一吊五百文。

同治十二年十二月十二日立退宅院文约人刘文珩

中说人：刘文郁

代字人：刘芝山

永远为业

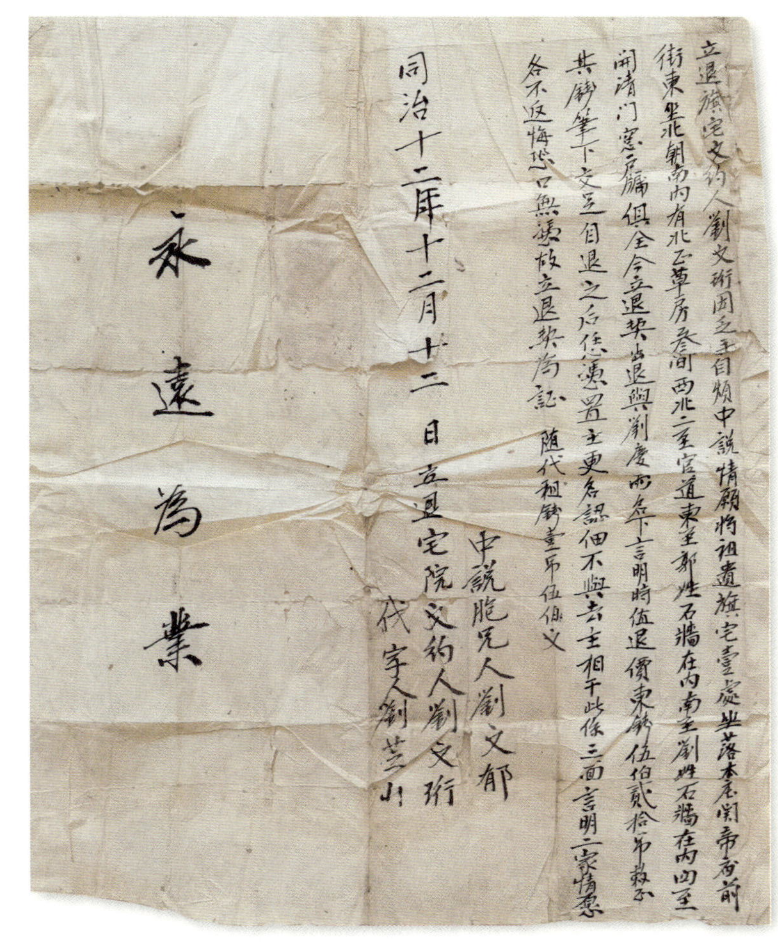

同治十二年（1873）南独乐河刘文珩退宅院契

2. 光绪二十八年（1902）南独乐河刘文纯推房园契文：

立推旗房园文契人刘文纯，因一时乏手，自烦中说人情愿将自置旗房园一所，坐落本庄东沟路东，有南倒坐三栋，草房二间，东西南三面至石墙在内，北至刘姓石墙根，四至开清，街门在内，土木相连，今立契出推与本庄陈义名下永远居住，同众言明时值退价东钱三百吊整。

自退契之后，任凭置主更名交租，不许与推主相干，并无亲族争扰，如有争扰者有说合人并推主承管，此系三面言明，二家情愿，各不反悔，恐口无凭，故李契存照。

随代原租钱一吊五百文。

光绪二十八年十一月十七日立退文契人刘文纯（画“一”字押）

中说人：田起（画“十”字押）

书字人乔庆五（公心）

永远居住

本主刘文纯所住的是承佃来的旗房，自己没有产权，这种再转佃行为用“推”或而“退”表述。

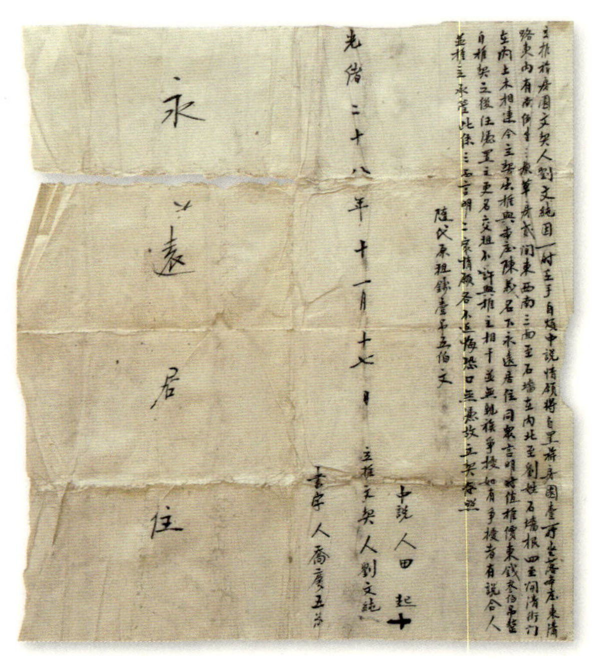
永远居住

光绪二十八年十一月十七日

立推主契人刘文纯

中说人田起 十

书字人乔庆五

光绪二十八年（1902）南独乐河刘文纯退旗宅契

3. 光绪二十八年（1902）南独乐河刘文兴分家单：

立分授文书父亲刘文兴生二子，长子自福，次子自禄，因父年迈力衰，不能独任支持料理事物，所以邀请族亲友谊公议，愿将族遗并续置田产、家伙实物等项，一盖品搭均分，至公无私，唯有南大道东河东松树坟北养老地三亩，以为日用之生养，死葬长子侍奉，尽在此地所出，又有河南养老母地二亩，以为日用之资，生养死葬次子侍奉，尽在此地所出。立单之日，兄弟俱系情愿各居，日后不得争长竞短，并无扰赖，如有扰赖者，执此文赴官以不孝治罪，各无返悔，恐口无凭，个（各）执一样事纸，故立。永远存照。光绪二十八年十二月十八日立分授文书父刘文兴（成）

中说人：舅父李大宽（中）、叔父刘文纯（正）

书字人：刘自贞（押“一片公心”合体字）

刘自福，住居北正房三间，房后官道宽七尺，官道东有场一处，东西三丈，北至石墙根，南至墙根，内有两棵榆树在外，正房前有东厢房两间，西厢房两间，南至石墙在内，大门官走，许分南房修盖，西厢房北山墙外齐，往北又有三尺起，三尺往南共和长三丈，以南奋（粪）场贴于东场，以北粪场贴于西场，又青驴半头，北大道东河西边地三亩，河南地五亩，西南杨庄地四亩，南大道东河东松树坟三亩，以为老父所用之资，秋后交粗粮二石，细粮一石，随带租子钱一吊。后户官道宽七尺，西墙根至东官道三丈，言明官走，以东官道许东场自便。

刘自禄，住居西瓦房一间，前风口随于西场正房，后官道宽七尺，官道北有西场一处，东西五丈五尺，北至石墙在内，南至官道，大门官走，厢房北山墙外齐，以北粪场贴于西场，以南粪场贴于东场，北头有草棚三间，二棵榆树贴于西场，十年以里许于自便，有驴一个，北大道东河东白家坟地十亩，南河地三亩，又有河南养老母地二亩，以为老母之需，秋后交粗粮二石，细粮一石，随带租子钱一吊。

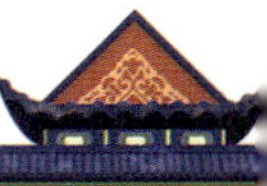

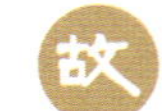

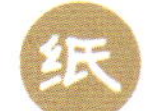

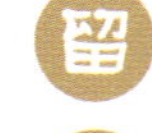

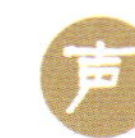

此分家单内容较多，文字表述不是很清，错别字也多处出现。如“粪场”原文用“奋场”，有农村生活经历者一看便知。“望北”应该是“往北”。有一头驴分给刘自福半头，还应该剩半头分给刘自禄，但契文写成分给刘自禄一头。前后矛盾了。应该是两家共用一头驴。那时两家或三家共用一头驴很常见。还有的事没交代清楚，如“二棵榆树贴于西场，十年内自便”十年后怎么办，没有交代。如果十年内允许西场砍伐，那就没必要再强调时间限制了。“东场”和“西场”是老大、老二的代称，没有问题，也有称“东院”“西院”的。总的说叙事还算能理解。

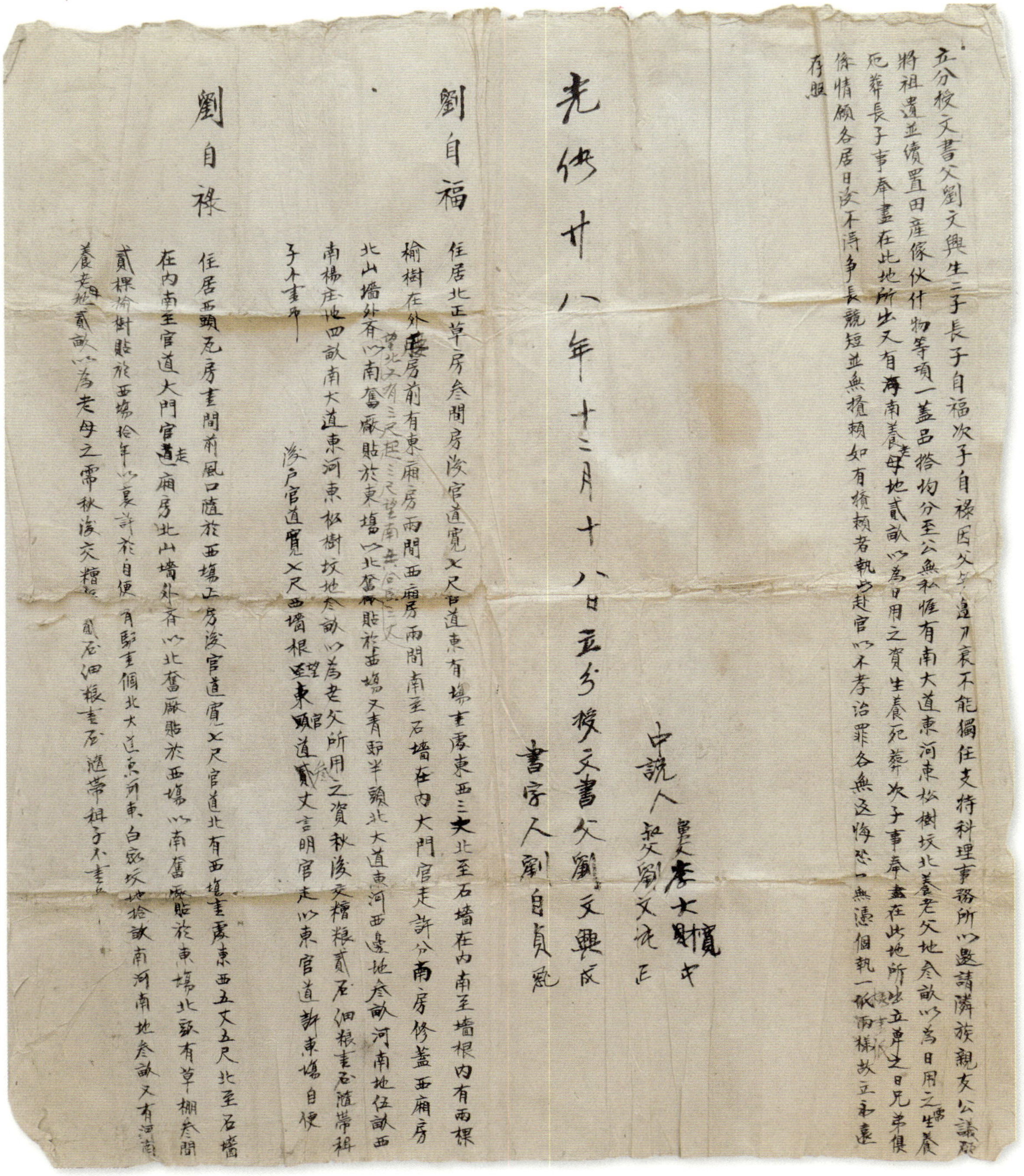
立分授文書父劉文興生二子長子自福次子自祿因父年邁力衰不能獨任支持料理事務所以邀請隣族親友公議碰
將祖遺並續置田産傢伙什物等項一蓋品搭均分至公無私惟有南大道東河東松樹坟北養老父地叁畝以為日用之需生養
死葬長子事奉盡在此地所出又有河南養老母地貳畝以為日用之資生養死葬次子事奉盡在此地所出立單之日兄弟俱
係情願各居日後不得爭長競短並無攙頼如有攙頼者執此赴官以不孝治罪各無反悔恐口無憑個執一紙兩樣故立永遠
存照

光緒廿八年十二月十八日立分授文書父劉文興

中說人 李大寬 劉文沅

書字人 劉自貞

劉自福

住居北正草房叁間房後官道寬丈尺官道東有場壹處東西三丈北至石墻在內南至墻根內有兩棵
榆樹在外東廂房前有東廂房兩間西廂房兩間南至石墻在內大門官走許分南房修蓋西廂房
北山墻外有以南奮廠貼於東場以北奮廠貼於西場又青驢半頭北大道東河西邊地叁畝河南地伍畝西
南楊庄地四畝南大道東河東松樹坟地叁畝以為老父所用之資秋後交糟粮貳石細粮壹石隨常科
子不壹承
後户官道寬丈尺西墻根望東頭道寬丈言明官走以東官道許東場自便

劉自祿

住居西頭瓦房壹間前風口隨於西場正房後官道寬丈尺官道北有西場壹處東西五丈五尺北至石墻
在內南至官道大門官走廂房北山墻外有以北奮廠貼於西場以南奮廠貼於東場北頭有草棚叁間
貳棵榆樹貼於西場拾年以裏許於自便有驢壹個北大道東河東白家坟地拾畝南河南地叁畝又有河南
養老母地貳畝以為老母之需秋後交糟粮貳石細粮壹石隨常科子不壹承

光绪二十八年（1902）南独乐河刘文兴分家单

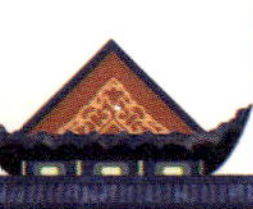

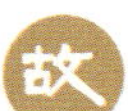

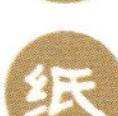

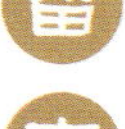

4. 民国五年（1916）南独乐河刘自禄卖房契：

立卖房契文约人刘自禄，因乏手自烦中说情愿将受分瓦房一间，前院九尺后至滴水为界，东至置主，西至官道，四至开清，今立契出卖与胞侄刘希善名下管业，言明时值卖价东钱一百八十吊整，其钱笔下交足不欠，自卖之后，任凭置主自便，不与去主相干，倘有差错自有去主中说一面承管，不与置主相干，此系三面言明，二家情愿，各不反悔，恐口无凭，立契为证。

中华民国五年十一月廿九日　立卖房人刘自禄（十）

中说人：赵香瑞、刘自宽（十）

代字人：张润之（见）

永远为业

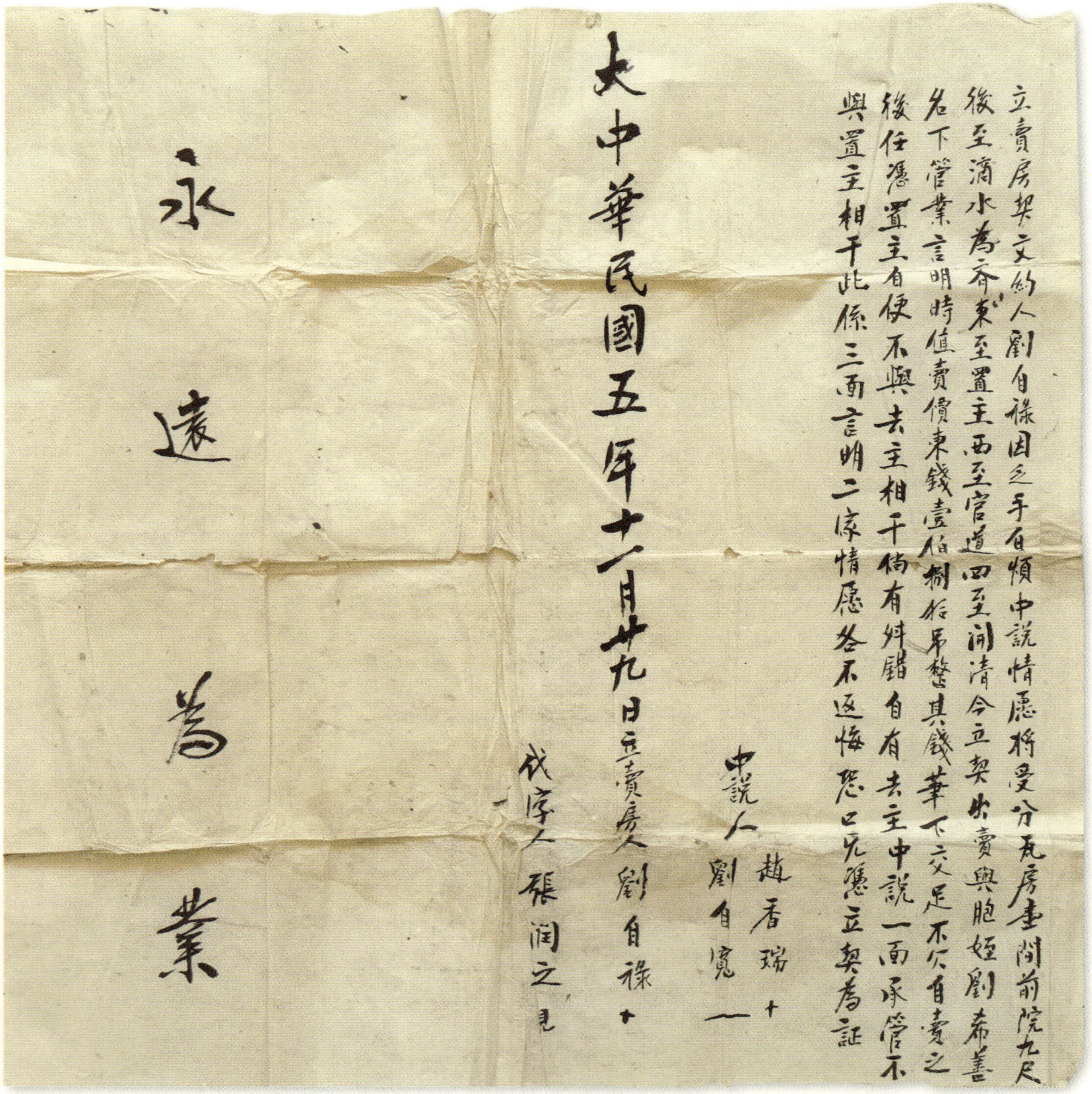
立賣房契文約人劉自禄因乏手自煩中說情愿將受分瓦房壹間前院九尺後至滴水為界東至置主西至官道四至開清今立契出賣與胞姪劉希善名下管業言明時值賣價東錢壹伯捌拾吊整其錢筆下交足不欠自賣之後任憑置主自便不與去主相干倘有舛錯自有去主中說一面承管不與置主相干此係三面言明二家情愿各不返悔恐口無憑立契為証

中說人　趙香瑞　十
劉自寬　一

大中華民國五年十一月廿九日立賣房人劉自禄　十

代字人　張润之　見

永遠為業

■ 民国五年（1916）南独乐河刘自禄卖房契

九、刘家河房产契约

1. 民国三年（1914）刘家河刘德昌分家单：

立分授书文约人刘德昌，因余生三子，俱已长成，长子已先另过度日，今因年迈力衰，不能经管，故邀请亲族近友并将祖遗房产地亩宅院器皿，畜生等项，次子三子抓阄均分，并无偏向，唯三子刘振元供养母亲，每年交予母亲零用之资，钱十吊，日后父母百年之后次子三子合伙殡葬，自今之后各自炊爨，家业消长各听天命，勿须倚强压弱搅扰，倘有倚强压弱搅扰者，许亲族近友中见说合人罚银十两，入官公用，此系通众言明，各无反悔。恐口无凭，故立字各持一张，为凭为据。此字刘振元所执。

中华民国三年阴历正月十八日　立分授书文约人刘德昌（十）

中见人：刘安元（十）

中说人：聂永元（一）

代字人：刘体三（忠）

计开：刘振元受分北正草房西边一间半，南倒坐草房西边一间半，院中相随，院中东西兄弟同走。受分屯东潦地下坎二亩，庄西腰坝根往北地一段一亩。受分庄西道北西河沿地一亩，庄后园子北半截以南至北，兄弟俱许走道。受分大钱柜一个，新钱柜一个，炕四六桌一张，对八仙桌一支，受分皮缸一口。

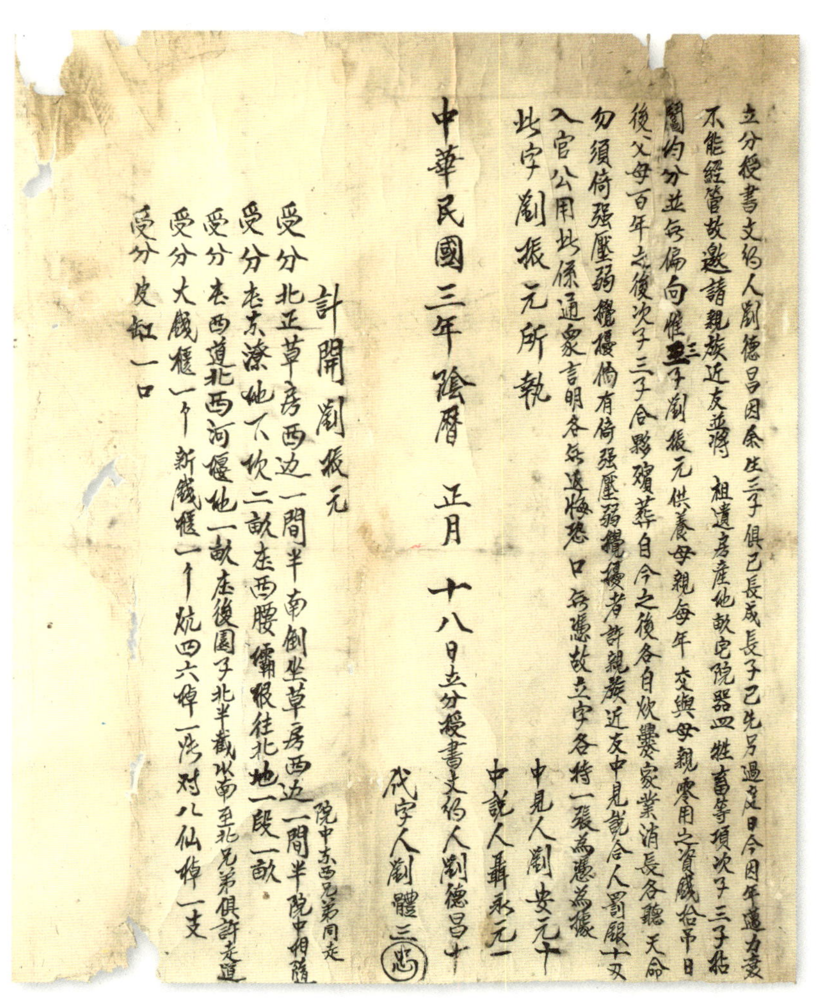
立分授書文約人劉德昌因余生三子俱已長成長子已先另過度日今因年邁力衰
不能經管故邀請親族近友並將 祖遺房產地畝宅院器皿牲畜等項次子三子拈
鬮均分並無偏向惟三子劉振元供養母親每年交與母親零用之資錢拾吊日
後父母百年之後次子三子合夥殯葬自今之後各自炊爨家業消長各聽天命
勿須倚强壓弱攪擾倘有倚强壓弱攪擾者許親族近友中見説合人罰銀十兩
入官公用此係通衆言明各無返悔恐口無憑故立字各持一張為憑為據
此字劉振元所執
中華民國三年陰曆正月十八日立分授書文約人劉德昌十
中見人劉安元十
中説人聶永元一
代字人劉體三（忠）
計開劉振元
受分北正草房西边一間半南倒坐草房西边一間半院中相隨 院中东西兄弟同走
受分屯东潦地下坎二畝庄西腰壩根往北地一段一畝
受分庄西道北西河沿地一畝庄後園子北半截以南至北兄弟俱許走道
受分大錢櫃一个新錢櫃一个炕四六桌一張对八仙桌一支
受分皮缸一口

民国三年（1914）刘家河刘德昌分家单

2. 民国二年（1913）刘家河刘立稳退旗宅契：

立退旗宅院文契人刘立稳，因手乏，亲烦中说情愿将祖遗旗宅一处，坐落街中大桥北胡同路东，北正草房三间，北节东西宽两丈六尺，南北长一丈八尺，南至南北长六丈，东西宽三丈四尺，西至刘姓，东至置主，北至墙外滴水，南至刘姓后檐滴水，西有过道通街，上至天，下至地，门窗户俱全，至落开清，土木相连，今立契退与刘得昌名下永远为业，时值退价东钱四百七十五千整。自退之后，任凭置主自便，并无亲族人等争竞，如有争竞者有中人与契主一面承管，不与置主相干。此系两相情愿，三面言明，各无反悔，恐口无凭，立此退契永远为证。

租钱二百文。

中华民国葵丑二年正月廿五日立退旗宅院人刘立稳（画押）族人：刘学顺（画押）

中见人刘宏士（画“十”）

书字人：刘杏村（“公心”）

永远为业

民国二年（1913）刘家河刘立稳退旗宅契

3. 民国三年（1914）刘家河张福祯、张福禄退旗园：

立退旗园文契人张福禄、张福祯，因手乏，烦人说合，情愿将受分旗园一处，坐落庄北后园南头，南北二至张姓，东至刘姓，西至置主，至落开清，北有通后河官道，南北长二丈六尺，东西宽二丈六尺，土木相连，今立契出退与本庄刘庆元名下永远为业，时值退价东钱二十四千整钱，契两交不欠，自退之后，任凭置主自便，并无族中人等争竞诸弊，如有之，尽在契主与中人一面承管，不与置主相干，此系两相情愿，三面言明，各无反悔，恐口无凭立此退契、永远存照。租钱五成。

中华民国三年十二月廿六日立退契旗园人张福祯、张福禄（画押）

中见人：张桂荣（画押）

书字人：刘杏村（签“一片好心”合体字）

永远存照

刘家河的刘姓，明代永乐年间由山东来到南独乐河，清初为“带地投充户”，因而地和房产都是“旗产”。明代中后期因为种地方便迁居于此。“祖遗旗宅”说明刘家河刘姓，也是第一代承佃户。

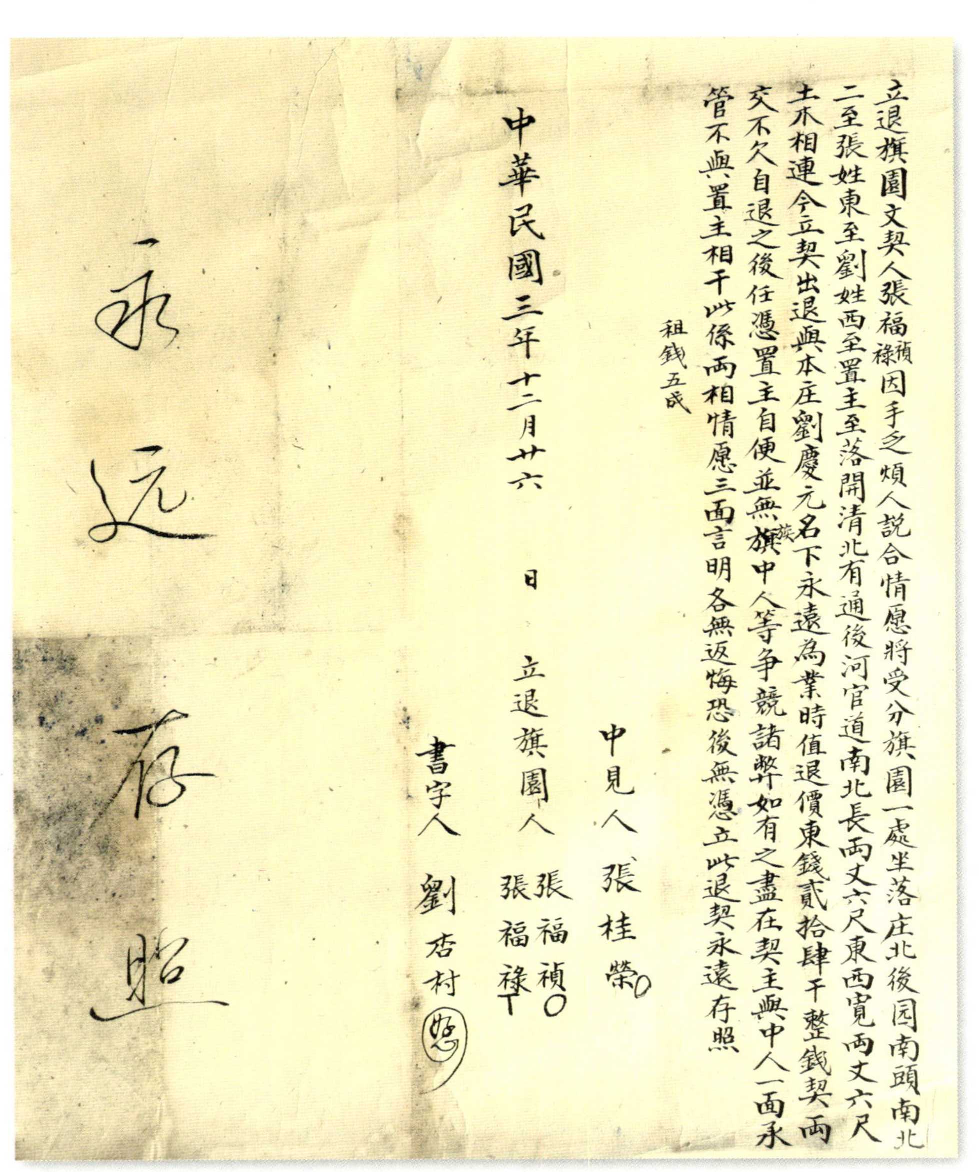
立退旗園文契人張福祿禎因手乏煩人說合情愿將受分旗園一處坐落庄北後园南頭南北
二至張姓東至劉姓西至置主至落開清北有通後河官道南北長兩丈六尺東西寬兩丈六尺
土木相連今立契出退與本庄劉慶元名下永遠為業時值退價東錢貳拾肆千整錢契兩
交不欠自退之後任憑置主自便並無族旗中人等爭競諸弊如有之盡在契主與中人一面承
管不與置主相干此係兩相情愿三面言明各無返悔恐後無憑立此退契永遠存照
祖錢五成
中見人 張桂榮
中華民國三年十二月廿六日 立退旗園人 張福禎 張福祿
書字人 劉杏村
永遠存照

民国三年（1914）刘家河张福祯、张福禄退旗园

十、洙水房产契约

“洙水”因地形而得名。“洙”原字应为“潴”，意思是有常年积水，清代和民国老县志记载的就是“潴水”，后人为方便书写而用“洙”。洙水地处洵河古河道，古洵河从海子村沿南山脚下西去，流经洙水时被土丘阻隔，水流分两股沿村庄南北两翼潺潺下流，民国九年（1920）《平谷县志》的地图标注甚明。这里的沙土丘略高而平缓，适宜居住。根据考古发现，至迟在汉代就有人居住。现在村南村北仍有河道痕迹。

1. 道光二十九年（1849）洙水高家兑房地基契约：

立兑房基地人高进贤，因手乏亲烦中说，情愿将祖遗房基一所，坐落南辛庄街南头路西，东西长五丈八尺，南北长七尺八寸，东至胞兄高进戢，西至崔姓空园，南至置主，北至官过道，四至开明，内有草房三间，枣树八科（棵），怀（槐）树一科，大小春树三科，香椿树三科，门窗户扇，土木相连。今同中说合，立契出兑与堂兄高进俸名下为业，言明时值兑价小数钱二百二十吊整，其钱笔下交足，其房产自兑之后，任凭置主自便，不与去主相干，此系三面言明，二家情愿，并无反悔，其中倘有亲族等争竞，尽在去主一面承管，恐后无凭，立此兑契存照。

大清道光二十九年十一月二十一日立兑契人高进贤同兄高进戢、高进富

中说人尤富起

同侄高旺、兴、发

代笔人：胡永禄（押）

2. 道光二十年（1840）洙水高家分家单：

立遵父母命析居单人高仲元、廷、奎，因弟兄不睦，久居恐生嫌隙，今邀亲戚乡友，眼同父母，情愿将父母养身以外银钱粮米等项按三股品搭均匀，分给弟兄三人受用，今所分者并开列于后。自立单以后，同亲友言明，父母所留地亩家居等项一切存欠账目钱粮暂属父母自便，不许弟兄三人相干，日后父母不用地亩一切等项弟兄三人再邀亲友按三股对众均分，今后分门别户，各自炊爨，各守各业，富贵通穷，全凭天命，不许倚强压若，致失手足之情，如有不遵者，父母送官以不孝致（治）罪，恐后无凭，故同众立此析居单，各执一纸，以为日后凭证。

仲魁受分南场北园一处，内有瓦房三间，树木相连，同众言明，西北角有一颗槐树，弟兄三人所用，不准一人私伐；又受分南场东头一截南北长五丈四尺，是西头东头南北长四丈九尺，东西宽十丈；又受分使土地二亩，东截树木相连；又有贴并场内修房地十三亩，坐落寺渠西窑后；又受分旗地七亩，坐落天齐庙；又受分旗地三亩七分五，坐落寺渠长条子；又受分旗地二亩，坐落药王庙西；又受分出当地十亩，坐落郭家场门后；又受分钱柜一个，立柜一对。

仲廷受分西院一处正瓦房，一间半东厢瓦房三间，西厢瓦房一间半，南土房六间；又受分南场南头，南北长十丈五尺，东西宽八丈八尺，下坟地北边二亩，树木相连；又受分西院田有石碾一盘，木料石瓦在内不动；又受分山地三处归一；又教军场坑西地七亩；又东套地三亩；又二亩五分；又受分出当地十二亩，坐落陈家坟；又受分钱柜一个，立柜一对。

仲元受分老宅子正瓦房七间，东厢瓦房三间，南瓦房五间，半东西南北房基齐，又受分南场北头一截东西宽八丈八尺，南北长十丈五尺，下坎地南边二亩，使土树木相连；又受分天齐庙西地十四亩，城北出当地十亩；又受分钱柜一个，炕箱一支，猪槽一个。

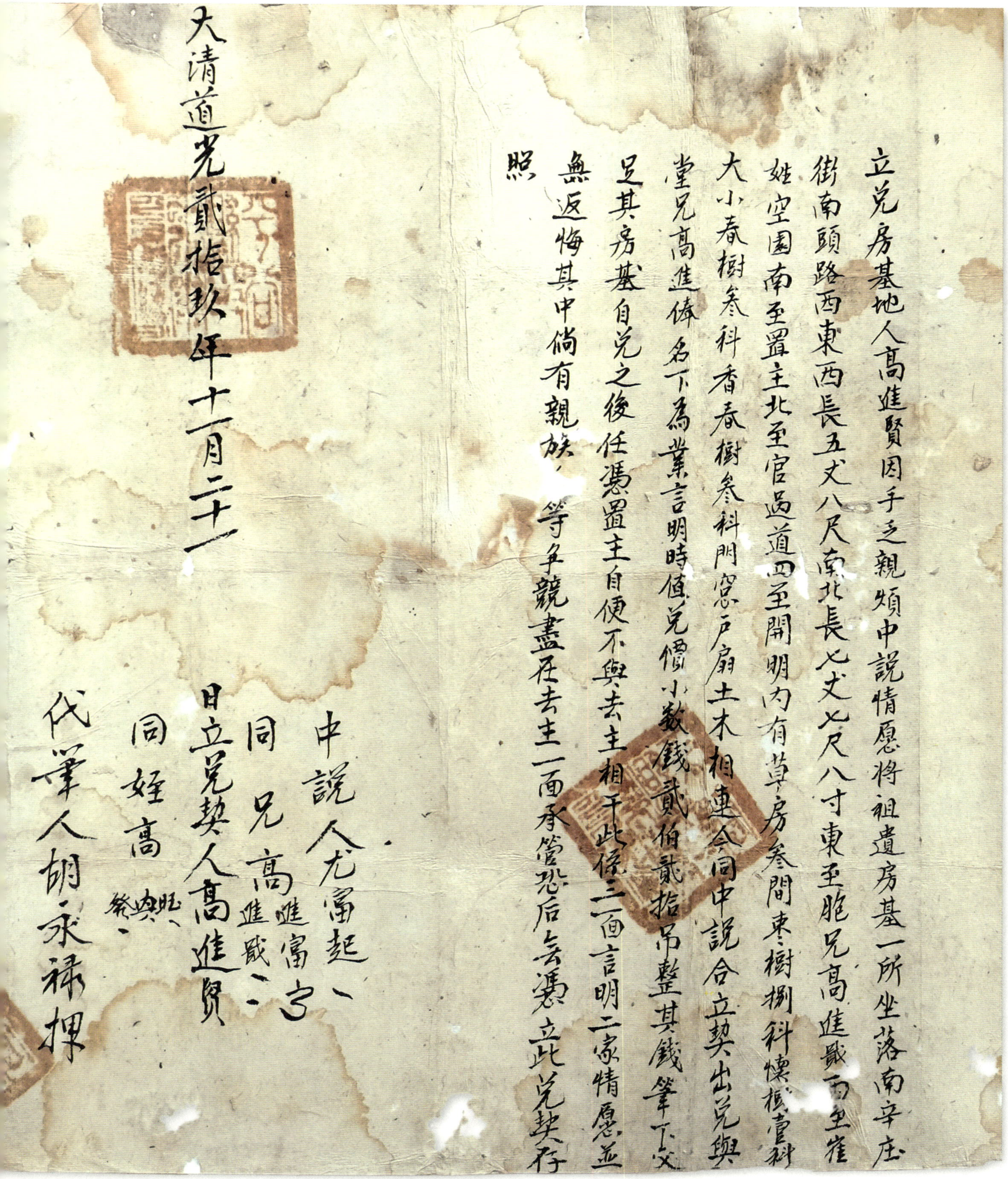

立兑房基地人高進賢因手乏親煩中說情愿將祖遺房基一所坐落南辛庄街南頭路西東西長五丈八尺南北長七丈七尺八寸東至胞兄高進賦西至崔姓空園南至買主北至官過道四至開明內有草房叁間東樹棚科櫰棵壹科大小春樹叁科香春樹叁科門窗戶扇土木相連今同中說合立契出兑與堂兄高進儀名下為業言明時值兑價小數錢貳佰貳拾吊整其錢筆下交足其房基自兑之後任憑買主自便不與去主相干此係二面言明二家情愿並無返悔其中倘有親族人等爭競盡在去主一面承管恐后無憑立此兑契存照

中說人尤富起、

同兄高進富、進賦、

同姪高興旺、興發、

大清道光貳拾玖年十一月二十一日立兑契人高進賢

代筆人胡永祿

道光二十九年（1849）洙水高家兑房地基契约

又注明仲魁之子领受二叔父恩赏之地三亩，坐落东套西截地文阁租项，因为婶母执幡。

光绪二十年四月十三日立 析居单人高仲魁（中）、仲廷（平）、仲元（十）

同乡友：贾文良、胡春奎

同亲谊：张景川、郭佩新（一片公心）、王廷会（正）、王君佐（一片平心）

代笔人：韩仁齐（押“一片中心”合体字）

“立遵父母命析居单人”：意思是遵照父母之命立此分家单据的人。由此分单可以看出，泺水高家属于富户人家，房地产比较多，但三兄弟间并不和睦，为有益于各自发展，于是父母提出分家。

“天齐庙”在平谷城西北，今粮食局家属楼位置。“药王庙”在平谷城南，在园田队。泺水高姓是清中期从现在的园田队迁过去的。“郭家场门”在平谷城南城根土坎下。“教军场”即明代平谷城守备在城西设置的军队操场，位置在现在影院北位置。“东套”即平谷城东北泃河湾，现属下纸寨。“陈家坟”在平谷城西北，消防队附近。平谷城边居然能有这么多土地，还有出当地，足见其家之富庶。钱柜，因古人使用铜制钱，用于装钱的柜子。民国后期到新中国时期，钱柜演化为“墙柜”，在居室内贴墙平放，主要功能是装衣服和被子等。“炕箱”就是放在火炕末端的躺箱，主要用于装薄被子、内衣、袜子等，一般穷人家没有，富裕家庭常备。

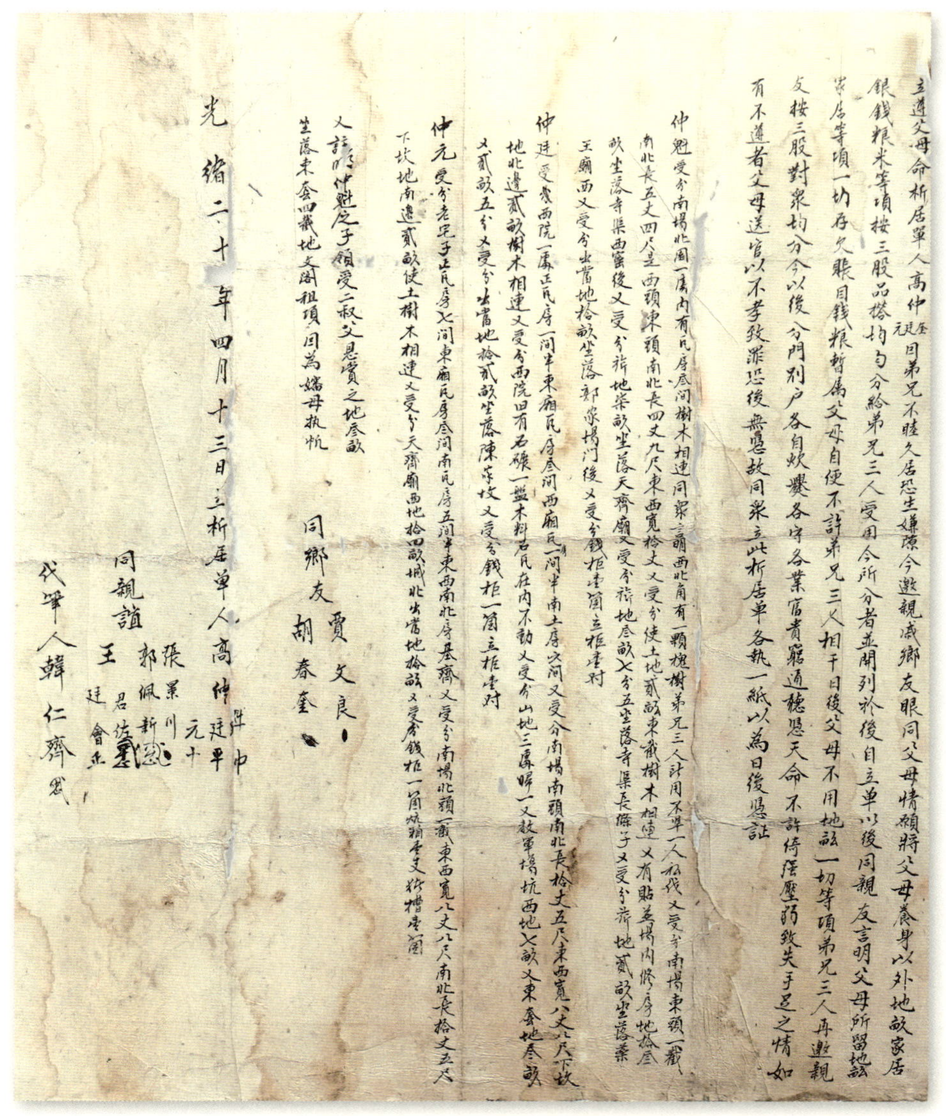
立遵父母命析居單人高仲魁、仲廷、仲元同弟兄不睦久居恐生嫌隙今邀親戚鄉友眼同父母情願將父母養身以外地畝家居
銀錢糧米等項按三股品搭均勻分給弟兄三人受用今所分者並開列於後自立單以後同親友言明父母所留地畝
家居等項一切存欠賬目錢糧暫為父母自便不許弟兄三人相干日後父母不用地畝一切等項弟兄三人再邀親
友按三股對衆均分今以後分門別户各自炊爨各守各業富貴窮通聽憑天命不許倚強壓弱致失手足之情如
有不遵者父母送官以不孝致罪恐後無憑故同衆立此析居單各執一紙以為日後憑証
仲魁受分南場北園一處內有瓦房叁間樹木相連同衆言明西北角有一顆槐樹弟兄三人計用不單一人私伐 又受分南場東頭一截
南北長五丈四尺至西頭東頭南北長四丈九尺東西寬拾丈 又受分使土地貳畝東截樹木相連 又有貼並場內修房地拾叁
畝坐落寺渠西窯後 又受分菸地柒畝坐落天齊廟 又受分菸地叁畝七分五坐落寺渠長條子 又受分菸地貳畝坐落藥
王廟西 又受分出當地拾畝坐落郭家場門後 又受分錢柜壹箇立柜壹对
仲廷受分西院一處正瓦房一間半東廂瓦房叁間西廂瓦一間半南土房次間 又受分南場南頭南北長拾丈五尺東西寬八丈八尺下坎
地北邊貳畝樹木相連 又受分西院田有石碾一盤木料石瓦在內不動 又受分山地三處[illegible]一 又教軍場坑西地七畝 又東套地叁畝
又貳畝五分 又受分出當地拾貳畝坐落陳家坟 又受分錢柜一箇立柜壹对
仲元受分老宅子正瓦房七間東廂瓦房叁間南瓦房五間半東西南北房基齊 又受分南場北頭一截東西寬八丈八尺南北長拾丈五尺
下坎地南邊貳畝使土樹木相連 又受分天齊廟西地拾四畝城北出當地拾畝 又受房錢柜一箇炕箱[illegible]
又注明仲魁之子領受二叔父恩賞之地叁畝
坐落東套西截地文閣租項 因為嬸母執幡
光緒二十年四月十三日立析居單人高仲魁中 仲廷平 仲元十
同鄉友 賈文良 胡春奎
同親誼 張景川 郭佩新 王廷會正 王君佐
代筆人韓仁齊

■ 光绪二十年（1840）泺水高家分家单

十一、上纸寨房产契约

1. 乾隆二十五年（1760）李杰卖庄窠地契约：

立卖契人李杰同弟李馨、李俨，因为乏手，凭中说合情愿将祖遗民庄户一处，坐落上纸寨南，山路东，东西长十一丈，南北宽九丈，土木相连，东至卖主，西至街，南至过道，北至卖主，四至明白，立契出卖与盛名下永远为业，同众言明，时值卖价银六十两整，其银笔下交足，分毫不欠，并无积债折准逼勒成交等情，自卖之后，任凭买主修理墙屋，不许卖主阻挡，此系二家情愿，各无返悔，如有亲族人等争竞者，尽在卖主一面承管，恐后无凭，立此卖契永远存照。

乾隆二十五年十月初七　立卖契人李杰（画押字难辨别）、李馨（画押字难辨别，似“自愿”合体）、李俨（画押“公忠”合体字）

中保人：翟如鹏

说合人：李馥

书字人：王浴（画押“公忠”合体字）

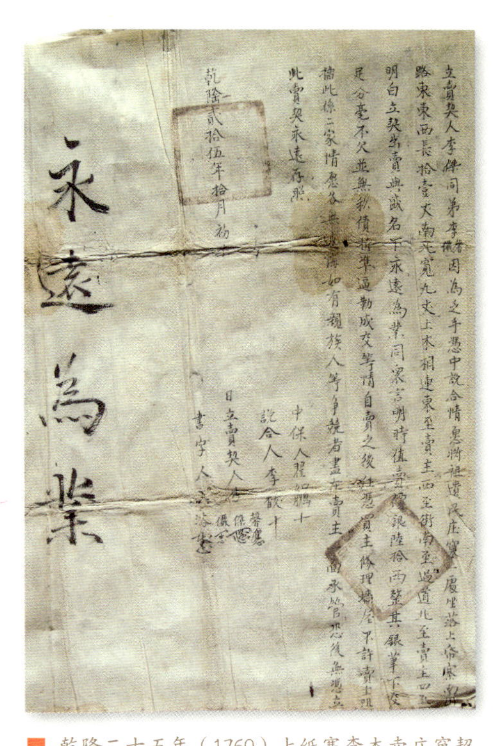

乾隆二十五年（1760）上纸寨李杰卖庄窠契

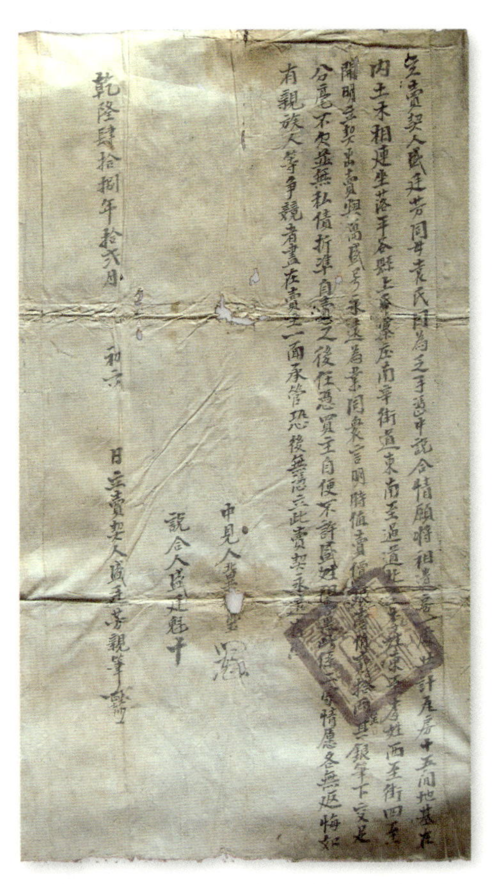

乾隆四十八年（1783）上纸寨盛廷芳卖房契

2. 乾隆四十八年（1783）上纸寨盛家卖房契：

立卖契人盛廷芳同母袁氏，因为乏手，凭中说合情愿将祖遗房一处，共计瓦房十五间，地基在内，土木相连，坐落在平谷县上纸寨庄南新街道东，南至过道，北至李姓，东至李姓，西至街，四至开明，立契出卖与万盛号永远为业，同众言明，时值卖价银一百二十两整，其银笔下交足，分毫不欠，并无私债折准。自卖之后，任凭买主自便，不许盛姓阻挡。此系二家情愿，各无返悔，如有亲族人等争竞者，尽在卖主一面承管。恐后无凭，立此卖契永远存照。

乾隆四十八年十二月初六日　立卖契人盛廷芳亲笔（押难以辨识的合体字）

说合人：盛廷魁（十）

中见人：冀砚玺（押“一片好心”合体字）

上纸寨盛姓为明代迁来的江南富户，在本地经商，家道比较殷实，清代中期开始衰落，不断有分支外迁，包括民国初有几家联袂同去兴隆。中见人冀姓也是明初由江南迁来的富户，清代中期后因赌博逐渐衰落，后散居山边各村，民国初有分支去了兴隆。

3. 同治十年（1871）上纸寨李家分家单：

立分单人李树、李桐、李植，因兄弟不和，难以共理，奉父命今烦族中亲友公议，将地亩房产器用使物账目俱按三股均分，内有长门李枫出家在外，亦分园子一处，坐落街西，祖遗地十亩，坐落河东，三门暂且均种，回家倘若不遵，再议和处。养老地六亩，三门同力合作，粮食秸秆皆归于养老，外起租子养老自用，外有每股供奉小米一石，粳米一斗，麦子一斗，每年归于养老。自分之后，各居另爨，各守各业，各听天命，不许抵赖。此系从公议论，无厚此薄彼之弊。三门情愿，各不返悔，恐后无凭，立此分单存照。

同治十年二月二十八日 立分单人：李树（十）、李桐（平天）、李植（凭心）

族中公议人：李临春、李又之、李荣之（各画押）

书字人：王行简（押“一片清心”合体字）

五门计开：

受分东厢房七间半，南房三间半，碾在内，连磨公用，东院至坡齐，树木相连，西院至腰房齐，西长身点当地六亩，受分河套地一块，羊矢地一块靠北边，外有河东地一块靠南边，树木相连，是李枫的。车三家公用，顶补泰立号账目九十五吊，三家打利归还，青驴一头顶补兴顺隆、同德水账目。过道至顶，大门公走，典契一纸父亲手内存着。

此分单实际是四子分单，但契文上写的是在家的三个儿子，长子在外也有分。“回家倘若不遵”指的是长子如果回来后对此分法不同意。“再议和处”即再重新商议，以确保和平相处。“养老地”就是父母的养老地，父母以后主要靠这六亩地的收成来养老，同时三个在家的儿子每年要供奉一些米麦。“外起租子”就是向外出租的财产的利息，由父母作为养老用。“兴顺隆、同德水”是村里商铺的字号，说明在商铺有赊欠账。

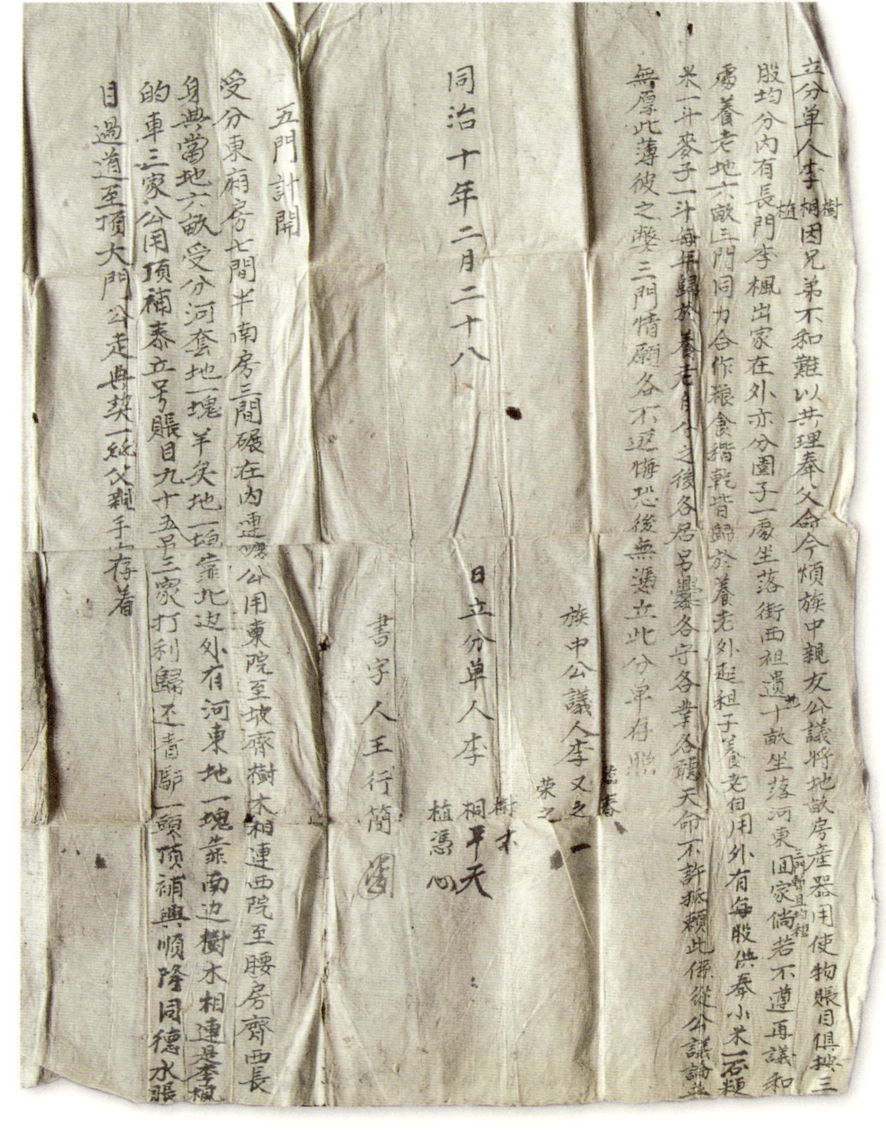

立分單人李樹桐植因兄弟不和難以共理奉父命今煩族中親友公議將地畝房產器用使物賬目俱按三股均分內有長門李楓出家在外亦分園子一處坐落街西祖遺十畝坐落河東三門暫且均種回家倘若不遵再議和處養老地六畝三門同力合作糧食稭稈皆歸於養老外起租子養老自用外有每股供奉小米一石粳米一斗麥子一斗每年歸於養老自分之後各居另爨各守各業各聽天命不許抵賴此係從公議論無厚此薄彼之弊三門情願各不返悔恐後無憑立此分單存照

族中公議人李臨春 文之 榮之

同治十年二月二十八日立分單人李樹 十 桐 平天 植 憑心

書字人王行簡

五門計開

受分東廂房七間半南房三間碾在內連磨公用東院至坡齊樹木相連西院至腰房齊西長身典當地六畝受分河套地一塊羊矢地一塊靠北邊外有河東地一塊靠南邊樹木相連是李楓的車三家公用頂補泰立号賬目九十五吊三家打利歸還青驢一頭頂補興順隆同德水賬目過道至頂大門公走典契一紙父親手內存着

■ 同治十年（1871）上纸寨李桐弟兄分家单

4. 光绪五年（1879）上纸寨李修德弟兄三人分家契约：

立退契人奉母命李敬德、修德、俊德，因乏手，烦中说合，情愿将受分宅园一处，内有房一间，坐落辛街路东北头，宽一丈苓（零）五寸，外有二寸滴水，南头二门（道在内）内东西宽一丈苓（零）五寸，外有二寸滴水，北至置主，南至过道，西至置主，东至胞弟，四至尺丈开清，今立契出退与家叔李植永远为业，时值退价东钱八十五吊整，其钱笔下交完不欠。自退之后，任凭置主自便，不与退主相干，如有舛错，有退主中人一面承管。此系二家情愿，各无返悔，恐口无凭，立退契永远为□存照。

光绪五年二月十七日立奉母命退契人李敬德（平）、李修德（个性画押“大中至平”）、李俊德（天）

中保人：李万顺（押）

中说人：谢義（十）

代字人：李兰亭（忠）

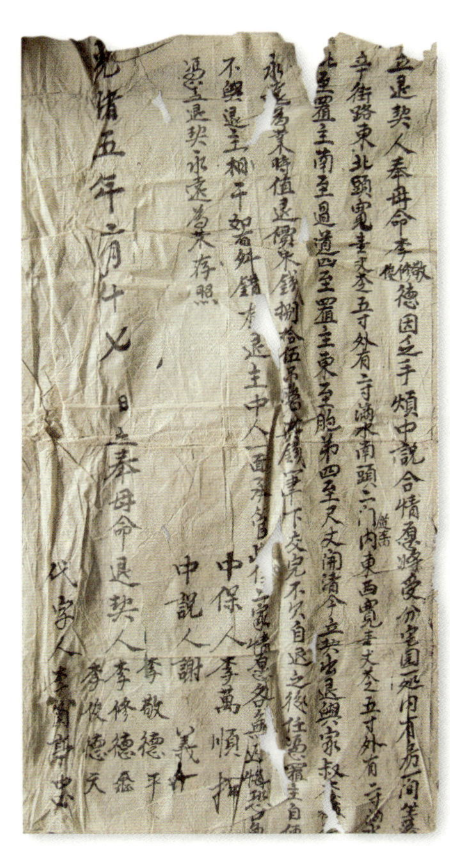

光绪五年（1879）上纸寨李修德弟兄三人将受分宅院出退给族叔李植契

5. 光绪九年（1883）上纸寨李枫过继单：

立过继人李枫，因死后无人承嗣，胞弟不忍坐视，请亲族人等公议，以二门李世有承嗣，所有傢（家）居器皿、草房三间、院子一处，河东地十五亩四分六厘，东西界，东至芮姓，西至本身三家树行，与四门李植地三亩九分四厘，与五门李桐地三亩九分四厘，以留遗念。此地俱靠南边，树木相连。北边地李世有七亩七分有余，俱是承嗣之人发送，俱是承任，不与四门、五门相干。立字之后，各守各业，不许抵赖，此系从公，并无厚此薄彼之弊。恐口无凭，立字存照。四门贴并李世有东钱十二吊。

光绪九年正月初四日立过继亡人李枫，子世有（画押）

同任人：李修德（押“大中至正”合体字）、李世禄（中）

中说人：李山、李又之、李坦、李播（十）

代字人：李兰亭（忠）

“二门”“四门”“五门”是弟兄结婚后排行的称谓。“三家树行”是个小地名，有一行树木属于三家的财产。“与四门”“与五门”这里是给的意思。“俱是承嗣之人发送”即立契人故去后有承嗣人送终。“四门贴并李世有东钱十二吊”意思是老四这门再拿出十二吊钱给承嗣人李世有。

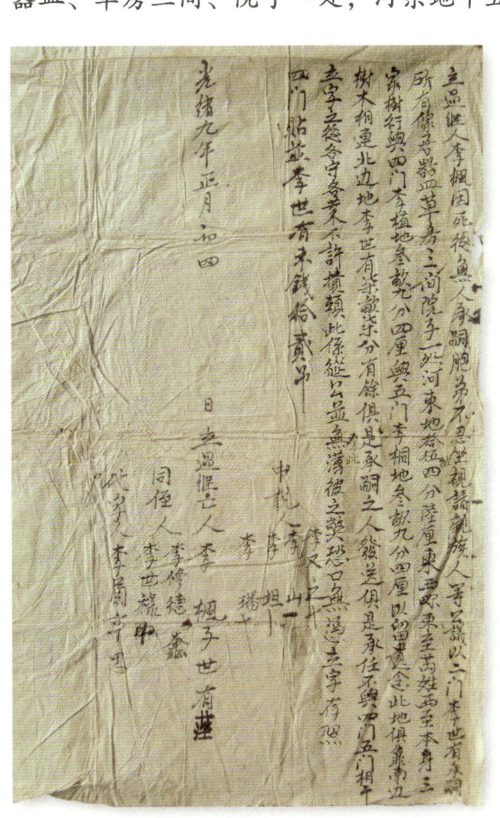

光绪九年（1883）上纸寨李枫过继单

6. 光绪十二年（1886）上纸寨李播卖空园给族兄李桐契：

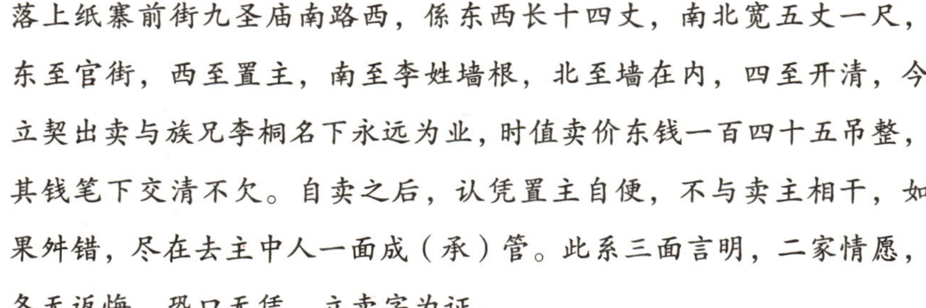

立卖空园契人李播，因手乏，烦中说情愿将祖遗民园一处，坐落上纸寨前街九圣庙南路西，係东西长十四丈，南北宽五丈一尺，东至官街，西至置主，南至李姓墙根，北至墙在内，四至开清，今立契出卖与族兄李桐名下永远为业，时值卖价东钱一百四十五吊整，其钱笔下交清不欠。自卖之后，认凭置主自便，不与卖主相干，如果舛错，尽在去主中人一面成（承）管。此系三面言明，二家情愿，各无返悔，恐口无凭，立卖字为证。

光绪十二年正月二十日立卖园契人李播（十）

出名人：李荣同子李连元、李庆、李儒（十）

中说人：谢義、李玉

代字人：李兰亭（忠）

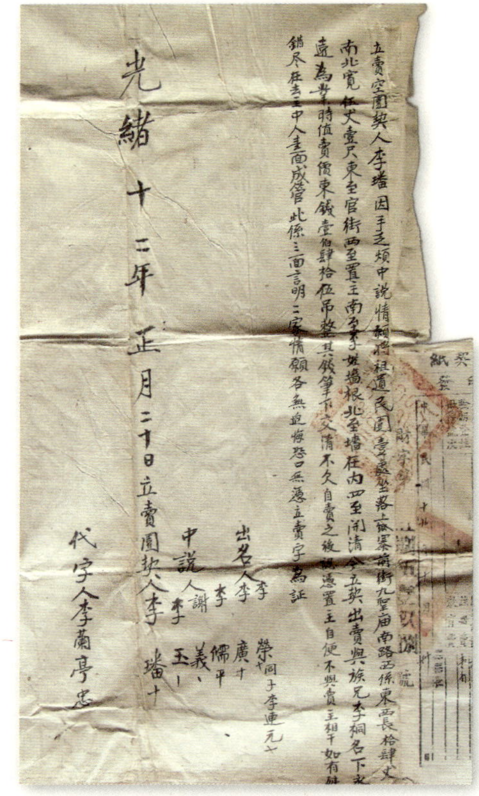

光绪十二年（1886）上纸寨李播卖空园给族兄李桐契

7. 光绪三十二年（1906）上纸寨李家分家单：

立分关契人李谢氏，所生四子长子世義、次子世昌、三子世瑞、四子世功，理宜同居，因生齿日烦，奈难料理，不得合爨，情愿将家业、房产、地亩、牲畜、账目等物按四股均分，日后各听天命，绝不许有搅扰之情形，此系同亲族人等公议，决不失信。因此各执一纸，立此分开契为证。

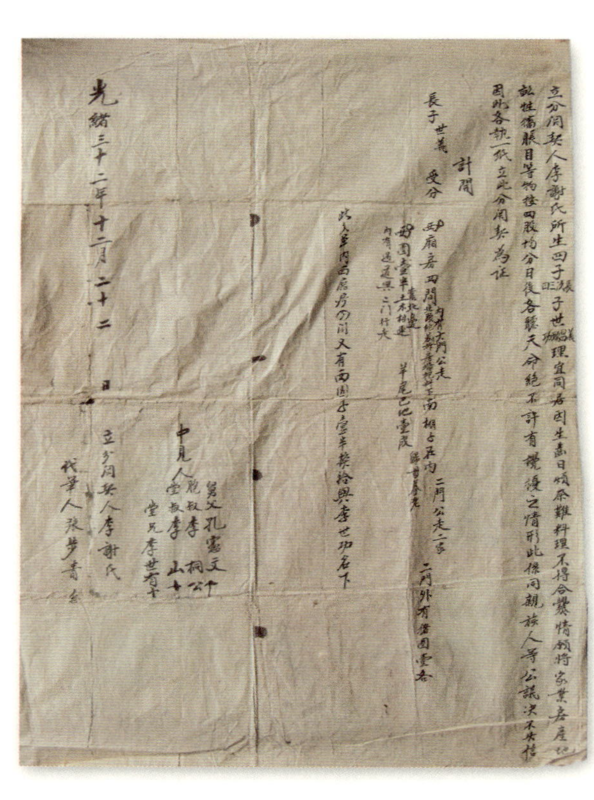

计开

长子世義受分：西厢房四间（内有大门公走，北头柁若先拆房墙柁料下）南棚子在内（二门公走二家）。二门外有猪圈一个，西园一半（靠北边），土木相连，羊尾巴地壹段（归母养老）。内有过道与二门行走。

此分单内西厢房四间又有西园子一半，换给与李世功名下。

光绪三十二年十二月二十二日立分关契人：李谢氏

中见人：舅父孔宪文（十）、胞叔李桐（公）、堂叔李山（十）、堂兄李世有（十）

代笔人：张步青（公心）

“生齿日烦”即人口越来越多。“烦”应为“繁”。“不得合爨”“爨”是烧火做饭的意思，意思是不便于在一起生活了。

光绪三十二年（1906）上纸寨李家分家单

8. 光绪二十七年（1901）上纸寨李儒卖地基墙契：

立买地基墙文约人李儒，因先钱（前）卖与烧锅，北墙不许，丈数许，李植自便不与李儒、李银塘相干。如若有人争竞尽在李儒一面承管。言明卖墙东钱十八吊整，其笔下交足不欠。自卖墙之后，两家言明，此后二家情愿，各无返悔，恐口无凭，立卖墙字为证。

光绪二十七年十一月二十六日立卖墙人李儒（个性画押）

中保人：李润（和）、李银塘（平）

说合人：胡玉春、李配春（十）

此契属出卖者私卖作废（亲笔）

这是一份声明作废的契约，但内中也流露出一些有价值信息，如“烧锅”是造酒作坊，“北墙不许”即北院不允许，这是弟兄不和睦的隐语。

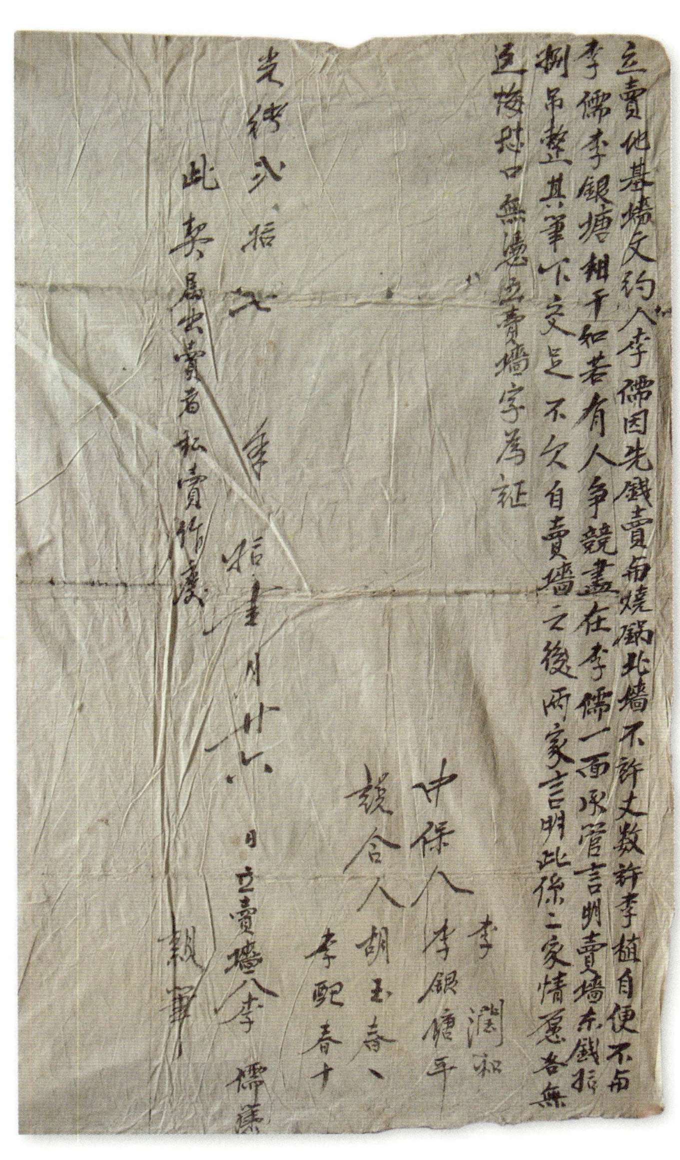
立賣地基墻文约人李儒因先錢賣与燒鍋北墻不許丈数許李植自便不与李儒李銀塘相干如若有人争競盡在李儒一面承管言明賣墻东錢拾捌吊整其筆下交足不欠自賣墻之後两家言明此係二家情愿各無返悔恐口無憑立賣墻字爲証

光緒弍拾 年 月廿六日立賣墻人李儒

中保人 李潤和 李銀塘平

說合人 胡玉春、李配春十

此契屬出賣者私賣作廢

親筆

光绪二十七年（1901）上纸寨李儒卖地基墙契

十二、放光房产契约

1. 乾隆二十五年（1760）退地契约：

立过退空庄窠地文契人李万杰同叔父兄弟商议明白，因钱粮拖欠乏手，无处筹办，央中人李加禄说合，今将本身自置空庄窠一处，计地一亩二分九厘，土木相连，四至、坐落界数开列于后，情愿出退与族祖李成江名下盖房居住，永远为业。同众言明，时值退价小数钱六十四吊整，其钱笔下交租不欠，并无私债折准逼迫等弊，同户族中见说合人言明，一口同音，永远并无亲族地邻人等争夺，后世子嗣亦永远并无赎回缠绕，父退子绝，永无后患。此系二家情愿，并无返悔之事，恐后无凭，立此退契永远存照。

计开四至：计地一亩二分九厘，东西界，东至官沟、道，西至李加禄，南至李万仓，北至李增禄，坐落本庄李成江墙南。

乾隆二十五年三月十八日　立过退空庄窠地文契人李万杰

中保人：谭弘愿

同说合人：李加禄、李福禄、李魁禄、李管禄、李增禄

同地邻人：李万仓

代字人：张云敖

永远为业

“空庄窠地”就是村边一块地，适合盖房子。“族祖”即按家族关系论，辈分很高。“父退子绝”应该是父亲退掉的地块，子孙要断绝赎回的念头。此契涉及人名甚多，可乾隆时期李家在放光村已是大家族。

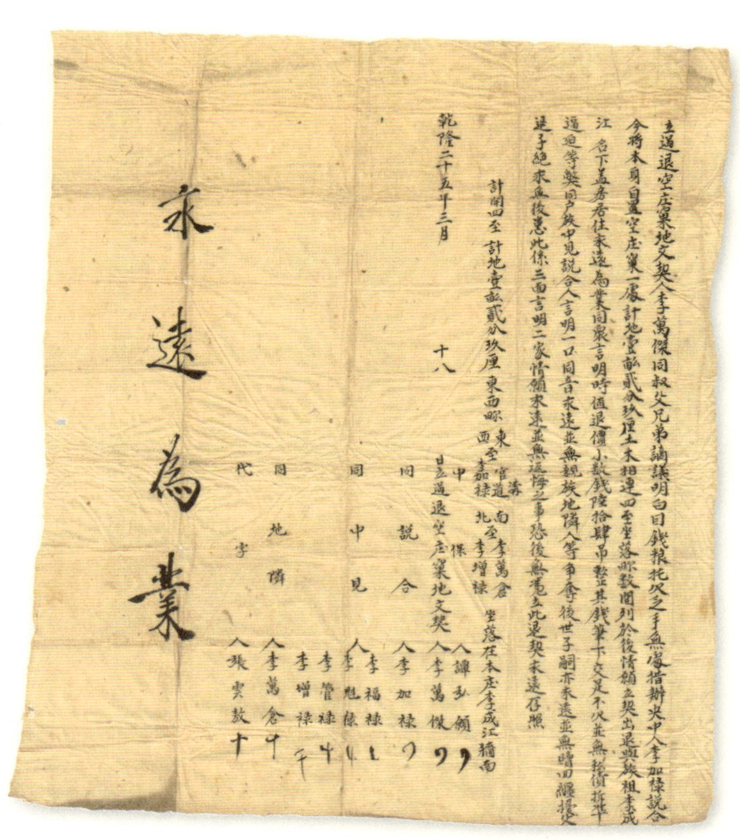

■ 乾隆二十五年（1760）放光李家卖庄窠契

2. 乾隆三十三年（1768）放光李成江卖庄窠契约：

立分单文契人李成江与侄男李天禄、李怀禄，因祖遗庄窠街南路北二所未分明白，凭中说合，街南一所宽大街北一所窄，小叔侄合心所买庄窠一所相连，祖产内有草房二间，帖并街北，同中言明，街南庄窠分与叔李成江父子居住，分定之后内有砖瓦、石片、树木，如意所用，上至青天下至黄泉，并不与街北天禄、怀禄相干，街北庄窠任凭天禄、怀禄所用，亦不与成江相干。当面同人议明，叔侄情愿，并非逼勒作事，亦非搅扰之心，各系两相情愿，俱无返悔，倘有先悔者，罚白银二拾两入官公用，恐日后年深日久无有凭证，今立分单永远为照。

乾隆三十三年三月初四日　立分单文契人李成江同侄李怀禄、李天禄

说合人：李朝弼刘得足

中见人：耿斗显　张连玺

同族侄：李得禄

书字：刘存善

永远为业

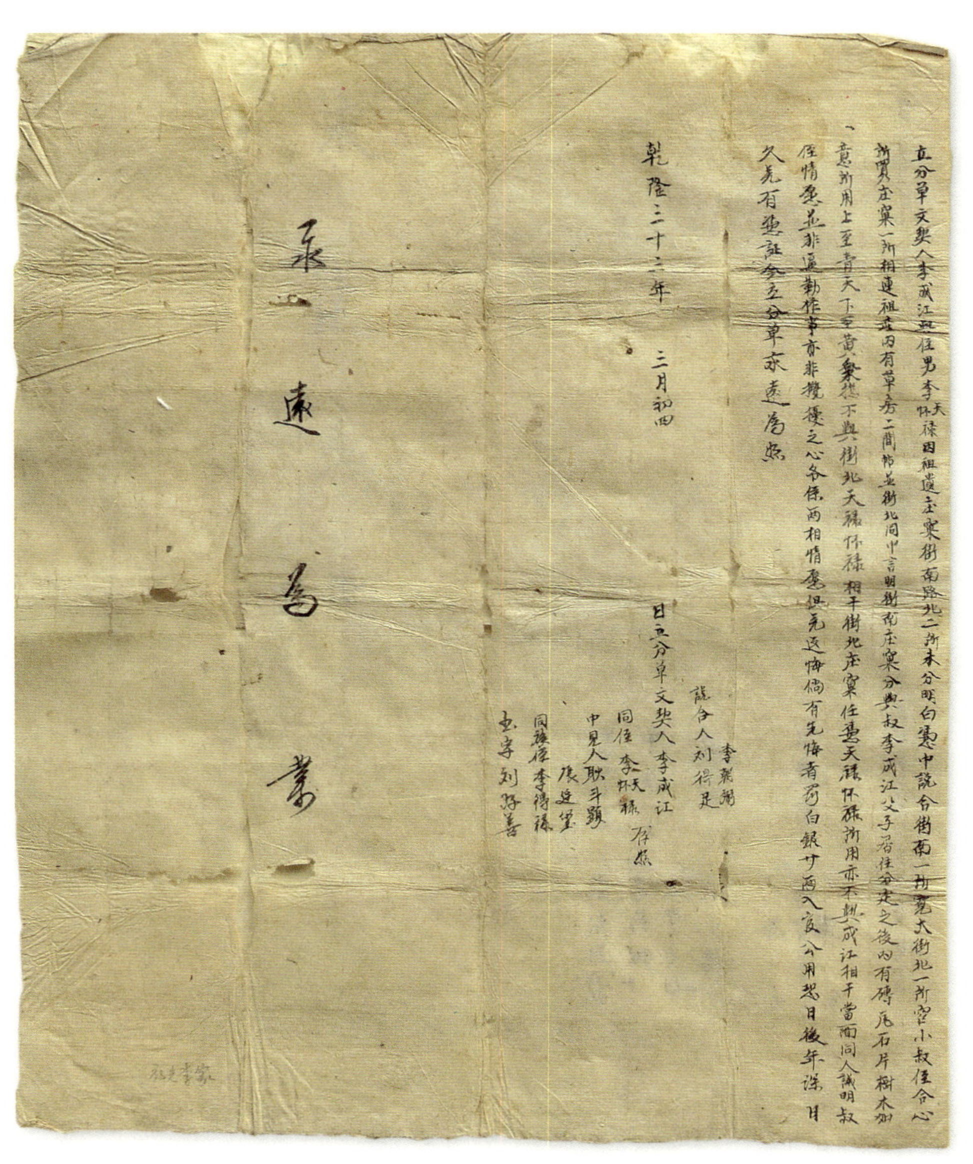

乾隆三十三年（1768）放光李家分家单

3. 乾隆五十四年（1789）放光李文瑞卖庄窠房契：

立卖庄窠文约人李文瑞，因度日不过，烦中说合，情愿将自己分受庄窠一处，草房二间，坐落街南，南北长连墙四丈五，东西宽三丈，东至李姓墙，南至本姓，西至山墙（北边有五尺官过道），北至李姓，四至开明，立契出卖与族叔李怀禄名下盖房居住，同中言明，时值卖价小数钱五十二千整，其钱笔下交足不欠，自卖之后听凭买主自便，砖瓦石块、门窗檩木、土木相连，并无异说，倘有亲族人等争竞者，尽在中保说合与卖主共相承管，此系二家情愿，各无返悔，若反悔者执此照赴官究处，恐后无凭，立卖契存照。

乾隆五十四年十二月十八日立卖庄窠文约人：李文瑞（十）

说合人：王燦（十）

中见人：张万义（押“一片忠心”合体字）

书字人：刘好善（押）

永远为业

■ 乾隆五十四年（1789）放光李文瑞卖给族叔李怀禄庄户草房契约

4. 乾隆五十四年（1789）放光李家卖庄窠契约：

立卖庄窠文约人李门贾氏，因度日不过，烦中说合情愿将自己分受庄窠一处，坐落街南，系南北长连墙五丈，东西宽二丈七尺，东至李姓墙基，南至李姓，西至五尺官过道，北至官街，四至开明，立契出卖于堂弟怀禄名下永远为业。同中言明，时值卖价平逸小数钱四十千整，其钱笔下交足不欠。自卖之后，砖瓦石块，土木相连，盖房修理，听凭自便，并无私债折准，亦无逼勒成交，倘有亲族人等争竞者，尽在中保说合人共相承管，此系二家情愿，各无返悔，恐后无凭，立契存照。

乾隆五十四年十二月二十日立卖庄窠文约人李门贾氏同侄李文瑞（十）、李文斌

说合人：王灿

中见人：张万义

书字人：刘好善（押）

永远为业

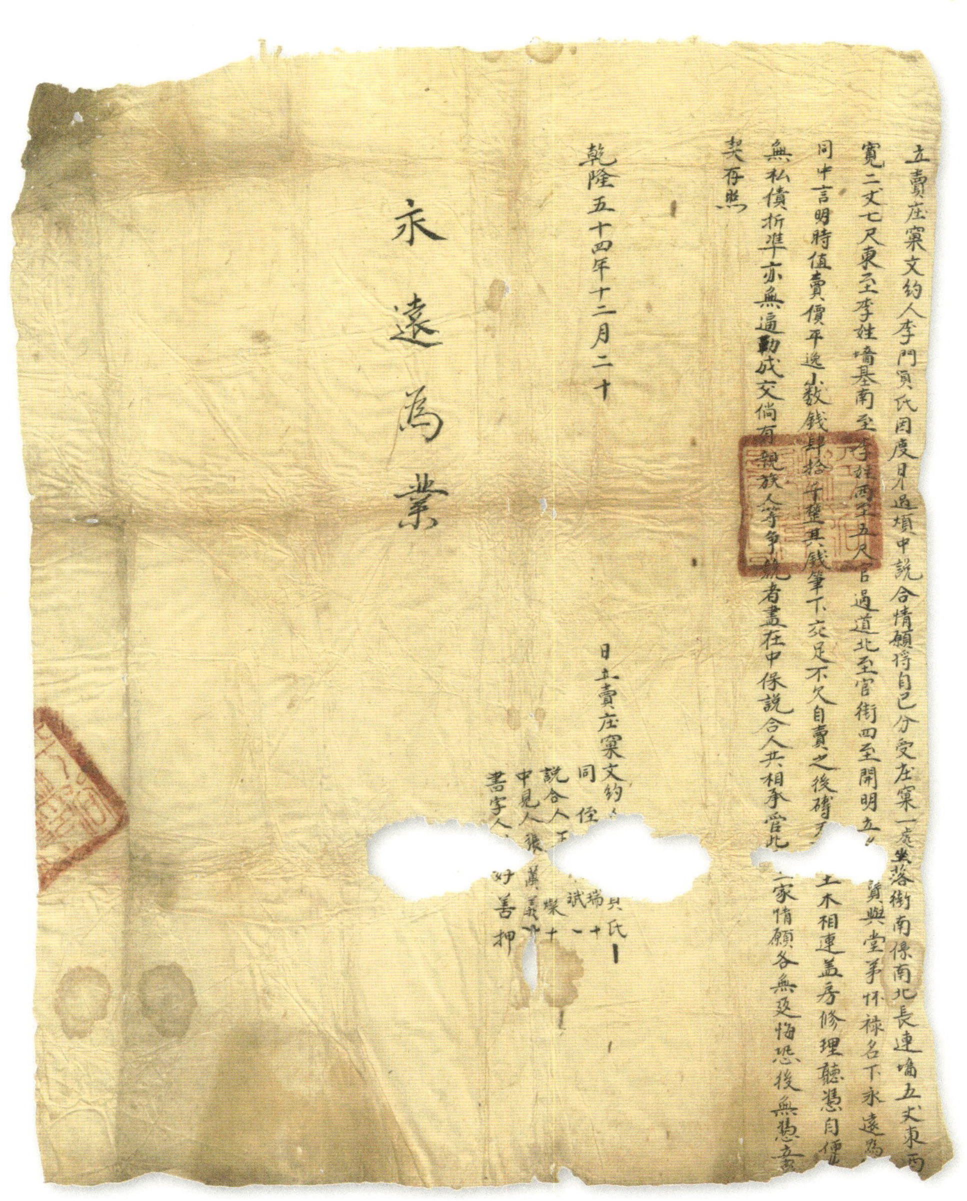

立賣庄窠文約人李門賈氏因度日不過煩中説合情願將自己分受庄窠一處坐落街南係南北長連墻五丈東西寬二丈七尺東至李姓墻基南至李姓西至五尺官過道北至官街四至開明立契出賣與堂弟懷祿名下永遠為業同中言明時值賣價平逸小數錢四十千整其錢筆下交足不欠自賣之後磚瓦石塊土木相連蓋房修理聽憑自便無私債折準亦無逼勒成交倘有親族人等爭競者盡在中保説合人共相承管此係二家情願各無返悔恐後無憑立契存照

乾隆五十四年十二月二十日立賣庄窠文約人李門賈氏
同侄 瑞十 斌十
説合人王
中見人張萬義
書字人 好善押

永遠為業

■ 乾隆五十四年（1789）放光李门贾氏卖庄户院给李怀禄契约

5. 乾隆五十九年（1794）放光李怀禄分家单：

立分授庄窠田产人李怀禄，因年迈不能料理事物，今将街南庄窠一处，瓦房二间半，草房一间，北铺民地一段四亩，东西界，恒道北民地二亩半，东西界，东街空地贴南截，拨三丈一尺五寸，南北下（向），庄窠地坐落开明，今同众将此地与次子李文士承受，永远为业。自分之后，各守祖业，自纳钱粮，永不与兄弟争竞。此系尔弟兄情愿，恐后无凭，立此永远文契存照。墙角地二亩半。

乾隆五十九年二月二十九日　立分授人李怀禄

中见人：李起、李文宽、李文斌、耿文魁

承受人：李文士

书字人：贾友平

此契书写有点问题。明显是父亲将房产地亩授给次子李文士，在落款处却没有分清。看字迹本意是承受人李文士，中见人没标明，显然是李起、李文宽、李文斌、耿文魁。承受人下写了三个人名字，容易给人误解，尤其耿文魁，不可能是承受人。书字人贾友平，最后一“横”是画押之意。“墙角地二亩半”是后补上去的，实际地是五亩。

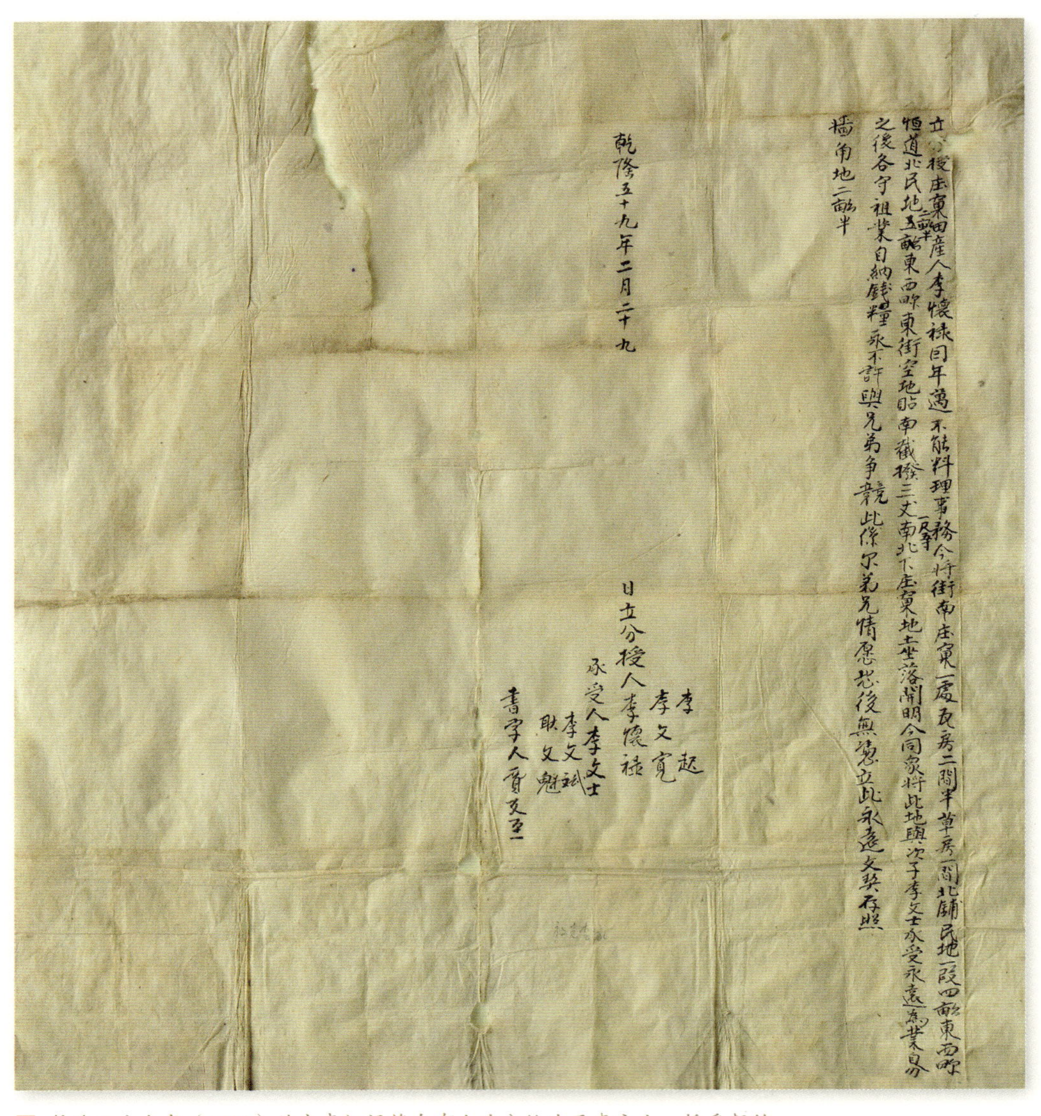
立分授庄窠田産人李懷祿因年邁不能料理事務今將街南庄窠一處瓦房二間半草房一間北鋪民地一段四畝東西界
恒道北民地二畝半東西界東街空地貼南截撥三丈一尺五寸南北下庄窠地坐落開明今同衆將此地與次子李文士承受永遠為業自分
之後各守祖業自納錢糧永不許與兄弟爭競此係尔弟兄情愿恐後無憑立此永遠文契存照
墻角地二畝半
乾隆五十九年二月二十九日立分授人李懷祿
李起
李文寬
承受人李文士
李文斌
耿文魁
書字人賈友平

■ 乾隆五十九年（1794）放光李怀禄将自有土地分给次子李文士，授受契约

6. **嘉庆十七年（1812）放光贾家杜卖地契：**

立杜卖契文约人辛七甲民人贾友沉，因一时乏手，烦说合情愿将自己祖遗民庄窠一处，坐落放光庄南，东西界，东西长九丈，南北宽七丈，东至张姓，西至去主，南至去主，北至道，四至开明，立契出卖与太务屯七甲民人李文显名下为业。同众言明，卖价小数钱纹银三两五钱整，其钱笔下交足不欠。自卖之后，并无亲族人等争竞，亦无私债折准，如有争竞者，尽在卖主一面承管，不与置主相干。此系二家情愿，各无返悔，恐后无凭，立卖契永远存照为证。

嘉庆十七年九月廿七日　立卖契文约人贾友沉（十）

说合人：张承基（十）

书字人：贾廷桢（十）

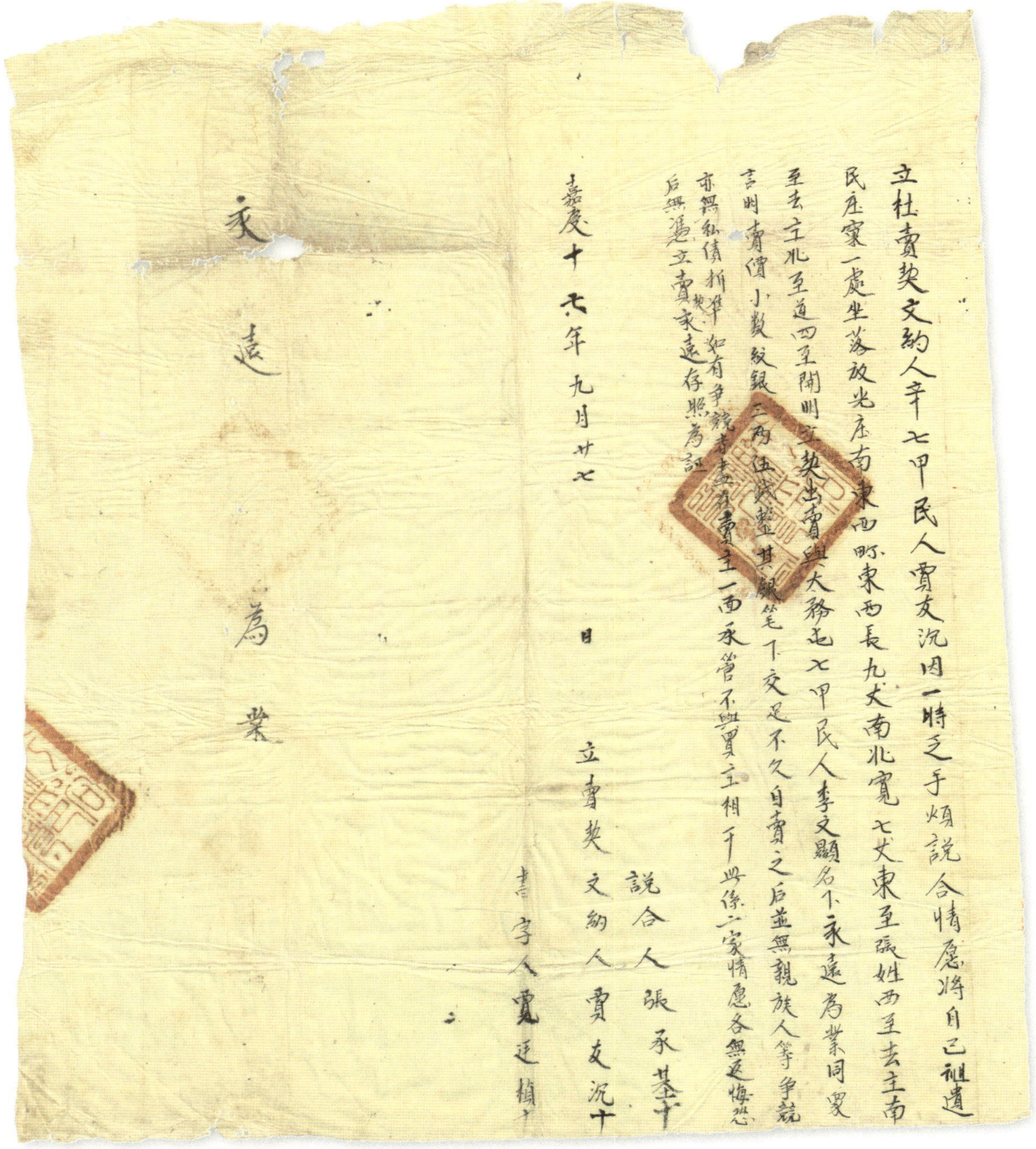
立杜賣契文約人辛七甲民人賈友沉因一時乏手煩說合情愿將自己祖遺
民庄窠一處坐落放光庄南東西界東西長九丈南北寬七丈東至張姓西至去主南
至去主北至道四至開明立契出賣與太務屯七甲民人李文顯名下永遠為業同眾
言明賣價小數紋銀三兩伍錢整其錢筆下交足不欠自賣之后並無親族人等爭競
亦無私債折准如有爭競者盡在賣主一面承管不與置主相干此係二家情愿各無返悔恐
后無憑立賣契永遠存照為証
嘉慶十七年九月廿七日　立賣契文約人賈友沉十
說合人張承基十
書字人賈廷楨十
永遠為業

嘉庆十七年（1812）放光辛七甲贾家庄窠契

7. 嘉庆十九年（1814）放光李家卖庄窠房契：

立卖契文约人太务屯七甲民人李文斌，因为一时乏手，烦说合情愿将自己祖遗民庄窠二处，俱坐落放光庄李家胡同街南，头一处东西长六丈二尺，南北宽四丈二尺，东至契主，西至李姓，南至李姓，北至李姓；第二处相连，内有草房二间，柁檩门窗俱全，砖瓦石块土木相连，东西宽二丈九尺五寸，南北长四丈四尺，东至李姓，西至李姓，南至李姓，北至过道前街，二处四至俱各开明，立契出卖与本族李文显名下永远为业，言明卖价文银十两整，其银笔下交足并无短欠。自卖之后买主自己税契，并无亲族人等争竞，亦无私债折准，如有人争竞者，尽在卖主一面承管，不与买主相干，此系二家情愿，各无反悔，恐后无凭，立卖契永远存照为证。

嘉庆拾玖年四月十七日立卖契人：李文斌（“点”押）

说合人：李文宽（十）

书字人：耿文魁（押）

永远为业

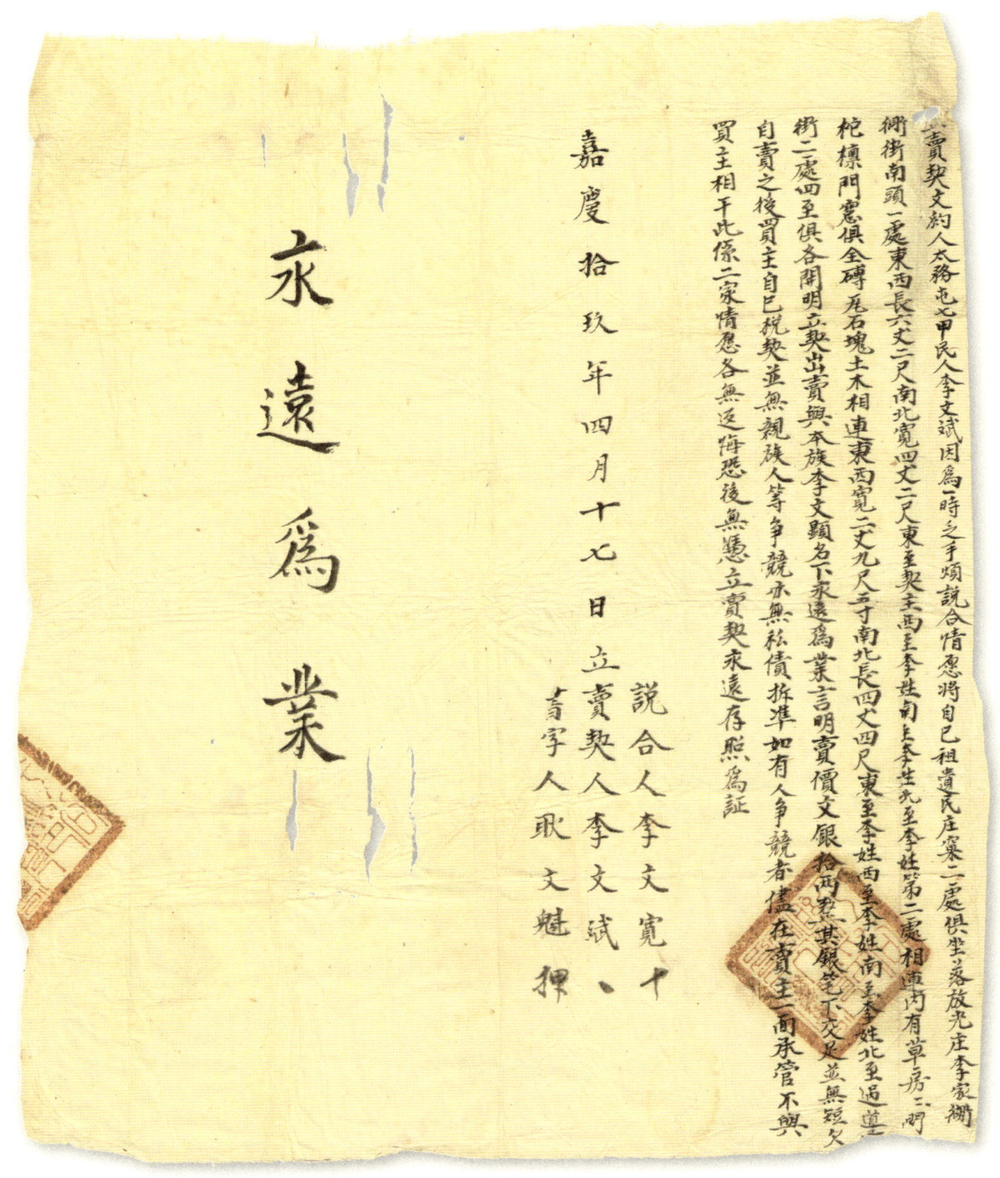
立賣契文約人太務屯七甲民人李文斌因爲一時乏手煩說合情愿將自己祖遺民庄窠二處俱坐落放光庄李家衚衕街南頭一處東西長六丈二尺南北寬四丈二尺東至契主西至李姓南至李姓北至李姓第二處相連內有草房二間柁檁門窗俱全磚瓦石塊土木相連東西寬二丈九尺五寸南北長四丈四尺東至李姓西至李姓南至李姓北至過道前街二處四至俱各開明立契出賣與本族李文顯名下永遠爲業言明賣價文銀拾兩整其銀筆下交足並無短欠自賣之後買主自己稅契並無親族人等爭競亦無私債折準如有人爭競者儘在賣主一面承管不與買主相干此係二家情愿各無返悔恐後無憑立賣契永遠存照爲証

嘉慶拾玖年四月十七日立賣契人李文斌 、

說合人李文寬 十

書字人耿文魁 押

永遠爲業

■ 嘉庆十九年（1814）放光李家卖庄窠地契

8. 道光十六年（1836）放光李守银卖庄窠地文约：

立卖庄窠文约人李守银，因一时乏手，亲烦说合，情愿将自己受分庄窠一处，坐落去主南边，南北长连墙四丈七尺，东西宽三丈，东至李姓墙，西至置主，北至去主，四至分明，情愿出卖与亲堂弟李守本名下永远为业。言明卖价小数钱八十吊整。其钱笔下交足不欠。自卖之后，土木相连，明墙暗石，日后任凭置主修改房屋，栽养树木，不许去主拦挡，并无亲族人等争竞，倘有亲族人等争竞者，尽在说合、去主一面承管。此系大家情愿，各无返悔，恐后无凭，立卖契永远存照。

道光十六年十一月初四日立卖庄窠文约人李守银

说合人：李守来

中保人：李守法、李守臣

代字人：张可元（一片好心）

永远为业

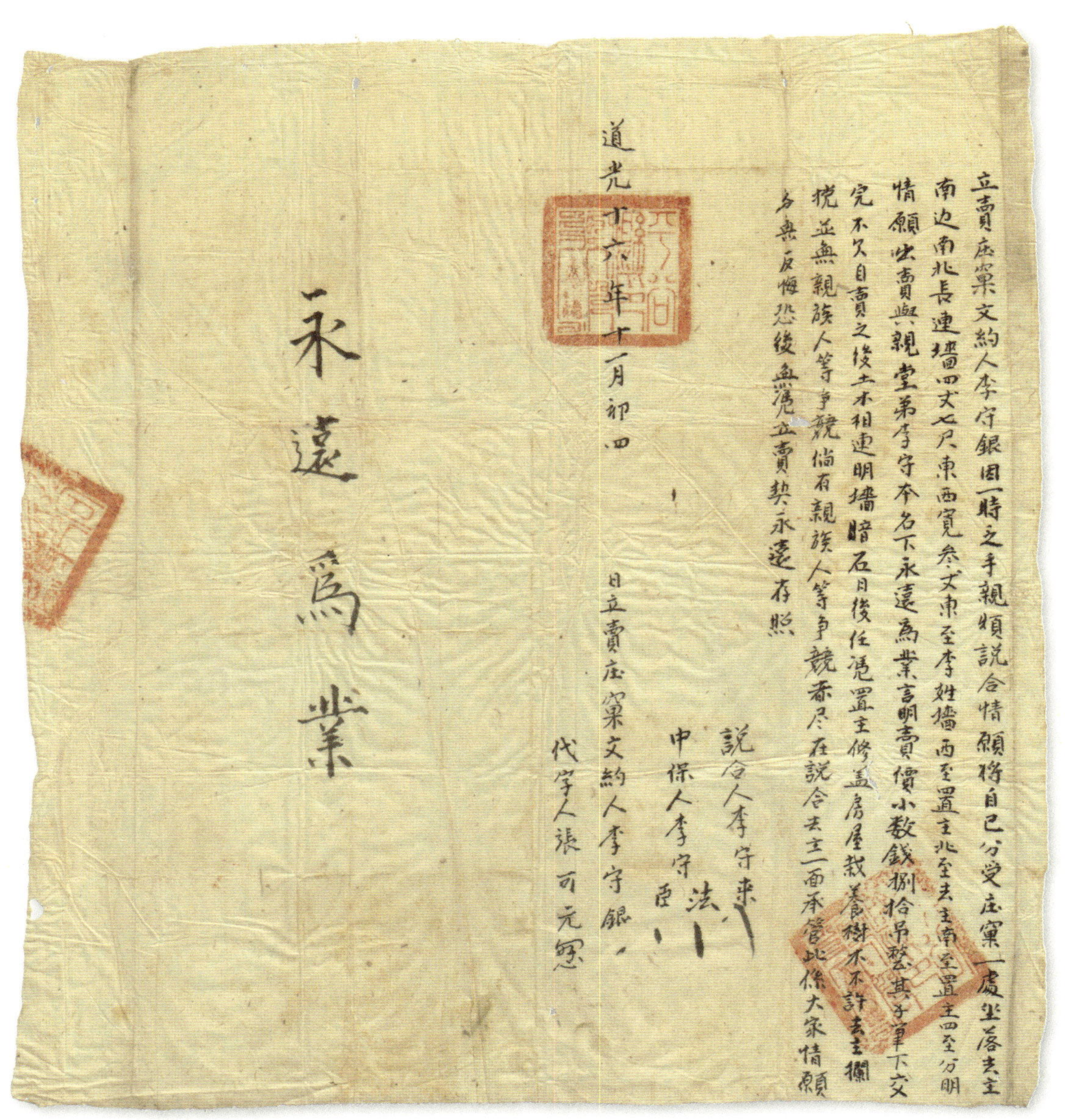

立賣庄窠文約人李守銀因一時乏手親煩說合情願將自己分受庄窠一處坐落去主南边南北長連墻四丈七尺東西寬叁丈東至李姓墻西至置主北至去主南至置主四至分明情願出賣與親堂弟李守本名下永遠為業言明賣價小數錢捌拾吊整其錢筆下交足不欠自賣之後土木相連明墻暗石日後任凭置主修改房屋栽養樹木不許去主攔擋並無親族人等爭競倘有親族人等爭競者尽在說合去主一面承管此係大家情願各無反悔恐後無凭立賣契永遠存照

道光十六年十一月初四日立賣庄窠文約人李守銀

說合人李守来

中保人李守法、李守臣

代字人張可元

永遠為業

道光十六年（1836）放光李守银卖庄户给李守本契约

十三、峨嵋山房产契约

1. 乾隆四十年（1775）峨嵋山吉家分家单：

立分单吉珍擎受叔父吉永庆家产，同众说合，公分家产事一处，西祖坟东边地一段七亩，南北界，带上钱粮小钱二千八百，均分东边瓦房三间，外有本庄城里官园一处，西门外大道北园子一处，又一段地三亩，坐落黑枣沟南边河沟西，随带钱粮小钱一千八百八十文，房地园林俱已分明，同众说合，自立分单之后，各不许反悔，立此文约分单永远存照。

乾隆四十年后十月十六日 立分单文契人吉珍，同族兄吉福

说合人：郭守礼

书字人：陈复礼

永远存照

这份契约流露出很多重要信息。第一，吉姓明初就在这里居住，有“西祖坟”和居住“城里”为据，同时也印证了吉姓是戍边军户。第二，有些名词见证了军营格局。如“城里”即指营房大墙南边，“西门外”说明这座营房应有四个大门。据调查，黄松峪的吉姓同他们是一家，后来峨嵋山的“吉”改回了“姬”，黄松峪的“吉”没改。

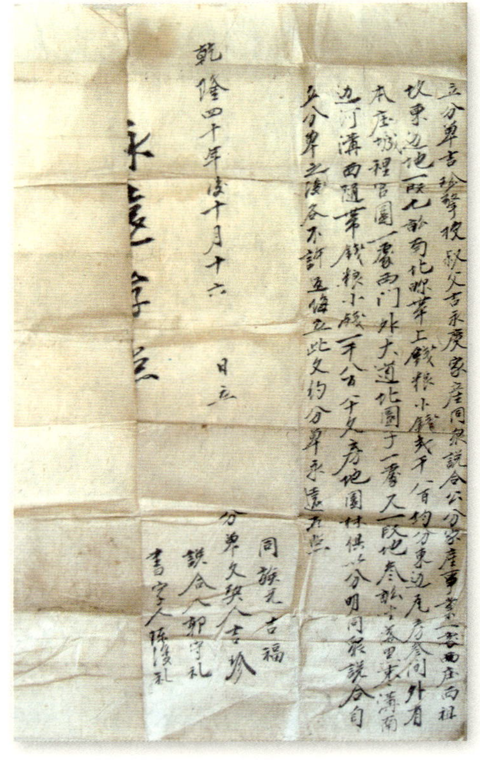

乾隆四十年（1775年）峨嵋山村吉姓分家单

2. 乾隆六十年（1795）梁家卖园子契约：

立卖园地文契人梁德全，因为年小孤身，一无所考，央烦凭中人等说合，情愿将祖致本身庄东水浇园一块，坐落东河岸，土木相连，杂果树株在内，四至石墙，今立契出卖与本庄李续名下永远为业，时值卖价小数钱五十八吊整，其钱笔下亲手收足，并不短少，当面议定，自立契之后，如有亲族人等争竞者，进（尽）在说合中保人一面承管，不与买主相干，此系二家情愿，各无返悔，如有先悔者，甘罚全价入官公用，恐后无凭，立此卖契文约存照。

随带原租一吊

乾隆六十年十一月初七日 立卖园地文契人梁德全

中保人：柴天申

说合人：王德仁

书字人：丁晓

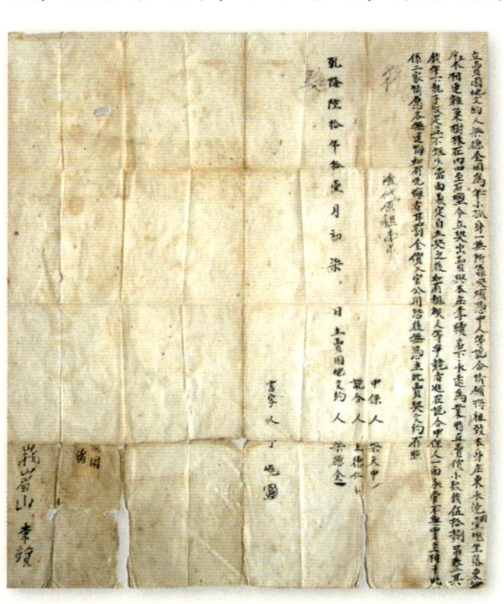

乾隆六十年（1795）梁家卖园子契约

3. 道光九年（1829年）峨嵋山分家单：

立分单人吉兆丰、兆瑞、兆麟、侄子得仓，常思父母深恩，生我弟兄四人，二弟不幸早去，料（撂）下子女四根（个），大家生活不做家产，一定得分，故此弟兄三人与母亲商议，同乡邻批评房产、地亩、树木、家伙、器皿诸凡等项一体均分，日后不许争长竞短，恐后有患，留纸一张，以免争论，如有争论者，执此经官治罪。

计开：言明分北正房西头草房三间，瓦房一间，院子在内，西至西房山，连西院墙在内，东至瓦房东山墙，南至四弟后檐墙，北至官道，又分城内南头园地两块，俱土木相连，又分北观西地一处，黑枣沟门口地一处，连北沟代（带）西坡、北坡、东小沟，不拘亩数，俱亦在内，东至北观随庙地，西至西岭，北至北顶，右分水浇园一处。

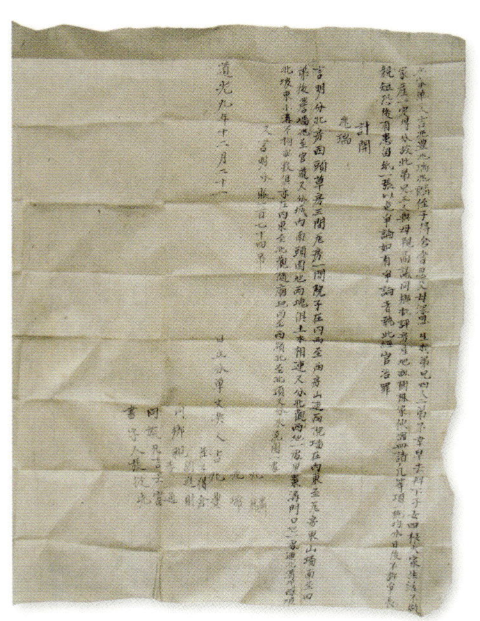

又言明，分账一百七十四吊。

道光九年十二月二十一日　立分单文契人吉兆丰、兆瑞、兆麟、之子得仓

同乡亲：刘进财、李通。同族兄：吉士富

书字人：张从先

此契是弟兄三个与侄子的分家单，分给吉兆丰的那份财产。从分到的财产看，这家的家底还是比较厚实的。“大家生活不做家产”就是只生活不劳动产出。“批评”就是评判。“北观随庙”应是关帝庙，书写问题。

道光九年（1829年）吉兆瑞兄弟分家单

4. 光绪七年（1881）峨嵋山李荣卖房契约：

立卖祖遗民房院契文约人李荣，只因乏手无措，故亲恳中人说合，愿将自己受承堂兄房院一处，坐落本庄街心井南坐东向西腰房两间，前有小院随代，土木相连，东至王姓，西至钱主，南至弟侄，北至后檐，四至开明，今同说合情愿出名立卖与李万发名下永远为业，同众言明时值卖价小数钱九十吊整，其钱笔下交，两不欠，并非积债折准，言明自卖之后，任凭钱主修理自便，永无契主相干，并无舛错，倘有争说，情返之事尽在中人契主一面承管，此系三面言明，二家情愿，恐口难凭，立此卖契文约永远存照。

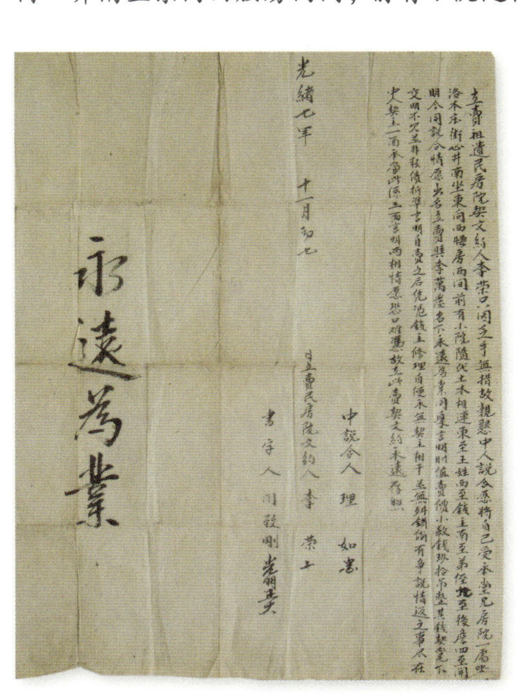

光绪七年十一月初七日 立卖民房院文约人李荣（十）

中说合人：理如（画“忠”字押）

书字人：闫致刚（画“光明正大”押）

永远为业

光绪七年（1881）峨嵋山李荣卖房与李万发契约

5. 光绪八年（1882）峨嵋山杨马氏退旗房产契约：

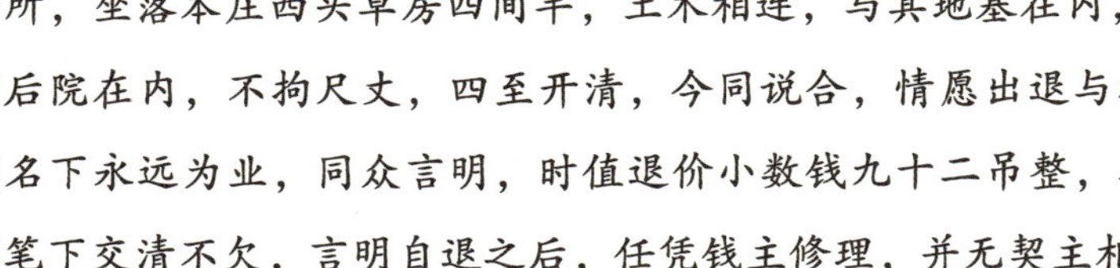

立退旗房产契文约人孀居杨马氏，只因殡葬亡夫，乏手无措，无奈亲烦中人说合，愿将自己夫受祖遗房院一所，坐落本庄西头草房四间半，土木相连，与其地基在内，东南二至过（道），北至北墙在内，西至张姓，前后院在内，不拘尺丈，四至开清，今同说合，情愿出退与杨玉顺名下永远为业，同众言明，时值退价小数钱九十二吊整，其钱契笔下交清不欠，言明自退之后，任凭钱主修理，并无契主相干，亦无亲族房邻争竞，倘有争说舛错不状之事，有中人契主一面承管，与钱主无干，此系三面言明，二家情愿，各不返悔，恐口难凭，立此退契文约永远存照。

光绪八年七月十四　立退房产契文约人杨马氏

说合人：齐万良

出名人：杨玉琦、杨玉林

代字人：闫致刚

“卖地葬夫”旧时是无奈之举。

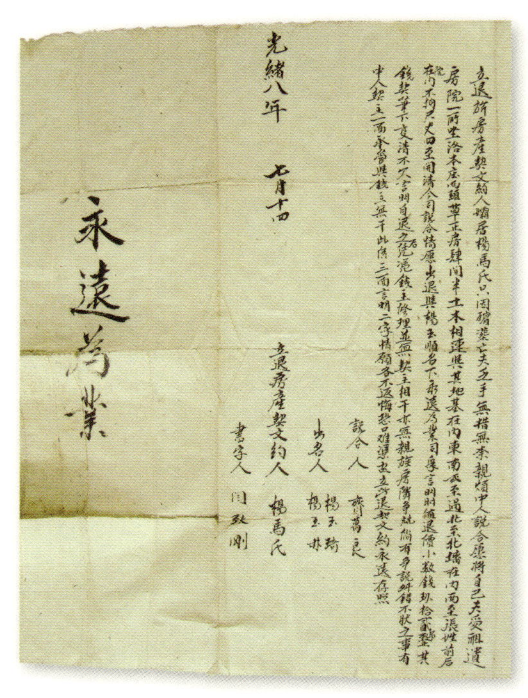

光绪八年（1882）峨嵋山杨马氏退房产契约

6. 光绪二十一年（1895）峨嵋山村姬德全分家单：

立分单文约人姬德全，因自身年迈，不愿经理家业，愿将（财）产与子分派，愈分愈多分枝愈茂，岂不知愈分愈盛，自受分之后，各听天命，按命顺时，各不许有葛藤绞绕之事，如有不听天命者，绞扰生事之非者，尽在自有均家人（即分家人）可证，养老者之资，杨树坟地二亩，又老房厂子望上至北顶庄北，西道沟在内，除养老之资以外，房与子分派，开烈（列）于后。

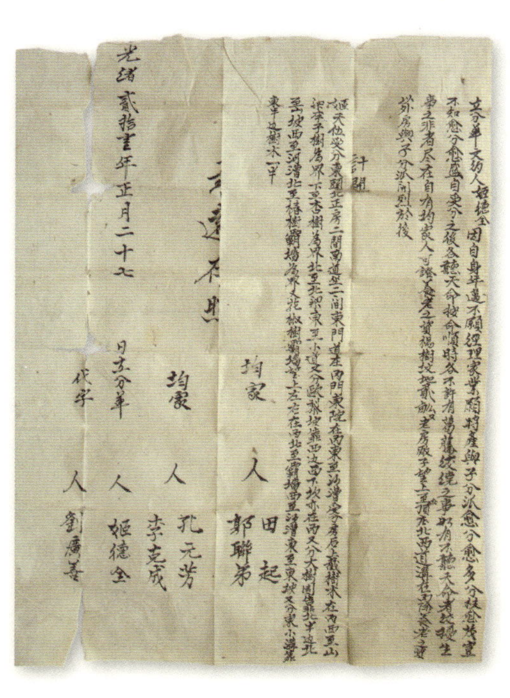

光绪二十一年（1895）峨嵋山村姬德全分家单

计开：姬天位受分东头北正房二间，南道坐二间，东门道在内，门东院在内，东至河漕，受分房后上截树木在内，西至山梁李子树为界，下至杏树为界，北至北梁，东至小道，又分欧黎坡（即欧李，百姓读音“nouli”，平谷半山区或山区坝阶多丛生此种植物，果实酸甜可食）靠西边西下坎在内，又分大树园靠北半边，北至山坡，西至河漕，北至椿树霸墙为界，又花椒树霸墙望上左右在内，北至霸墙，西至沙漕，东至东坡，又分东小沟靠东半边树木一半。

永远存照

均家人：田起、郭联弟、孔元芳、李克成

光绪二十一年正月二十七日 立分单人姬德全

代字人：刘广善

7. 光绪三十年（1904）峨嵋山刘家分家单：

立分单文约人刘门王氏，因自己年迈，不能支掌家业，故烦中说，愿将家业均开，令二子各自经管。北正房一间，靠西头西厢房一间半，俱归长子刘永春居住，同众言明，过梁同用，大门兄弟同走，院子各人一半，母亲公养公葬，并无异说，此系弟兄情愿，各无返悔，恐口无凭，故立分单为证。言明当契园场各人一半，久后赎回各人擎价一半

光绪三十年十二月十七日立分单人刘门王氏

中说人：刘万顺、李万发

代字人：王绳武

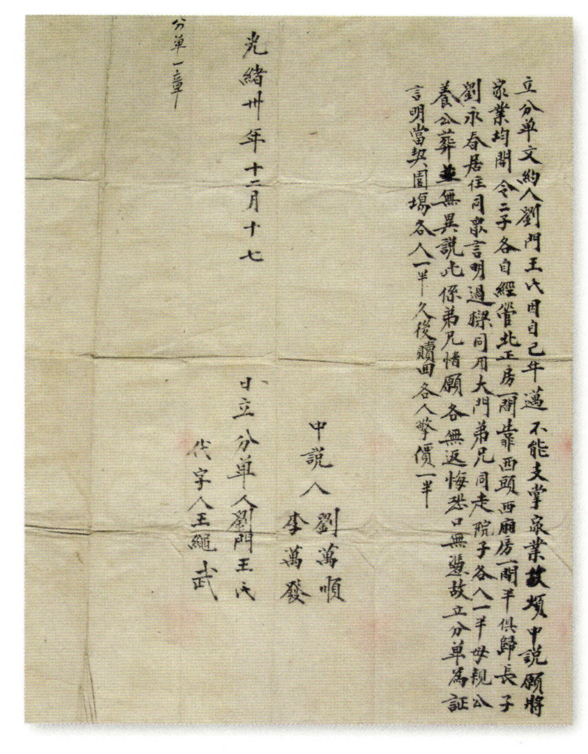

光绪三十年（1904）峨嵋山刘家分家单

8. 民国四年（1915）峨嵋山李家卖园契约：

立卖民园一处文约人李朝用，因钱（不）便，自烦中说人情愿将受分民园二分八坐落本庄井南，东至王姓，西至官过道七尺通走，北至墙外有滴水六寸，南至李，四至开明，土木相连，同中言明卖与本庄刘永春名下永远为业承管，同众言明时值卖价东钱一百一十五吊整，其钱笔下兑足不欠，自卖之后，任凭置主自便，永无契主相干并无舛错，倘有争说者，尽在中人契主一面承管，此系三面言明，二家情愿，各无返悔，恐口无凭故立卖契文约永远存照。有草棚在内。

民国四年十二月二十七日　立卖民园文契人李朝用

中说人：秦显贵、刘万山、刘永增（中）

出名人：李朝元、李朝顺、李朝安（凭心）

代字人：齐桢（公）

永远为业

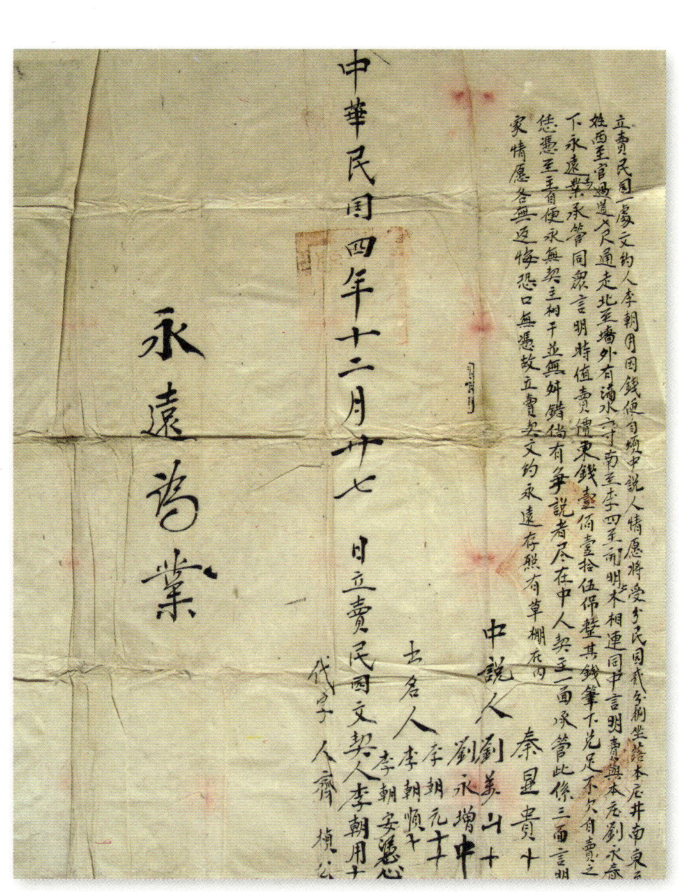

民国四年（1915）峨嵋山李家卖园契约

9. 民国八年（1919）峨嵋山村姬天位、姬天柱两兄弟分家单：

立分单文契人姬天柱、姬天位二弟兄因父母所留养之资，今因二亲故后殡入祖茔，费用以外之余资，弟兄二人议定烦中人说合情愿将余资按两股，并无争竞外错搅扰，两情相愿，各无返悔，恐口无凭，故又立字永远为证。

计开：大屋受分北山西道沟北坡梁股向上至山嘴为界，南沟里外在内，又受分山厂峪以溜石为界，东边在内，又分沟里河漕为界西边在内，坝墙为界齐，上分水梁向西俱在内，又分东边山坡下有坝墙为界，向北至北梁在内，河漕中间有果木树一株在内，又分上头有房三间，二屋净折房三间，下剩分与地基俱归大屋，又分东边荆稍坡一处，向北以大石为界。言明山中旧道大家公走，又分崇（虫）王庙西杨树地一处，界段不齐，又分庄中后院房一处，南至南房后檐墙为齐。

均家亲族人：李佃儒，郭联弟，陈国恩（十）

中见人：孔镕成

中华民国八年二月初三日又立分单文契人姬天位、姬天柱（平心）

代字人，陈克勤（平）

双亲故去，财产弟兄均分，天经地义。

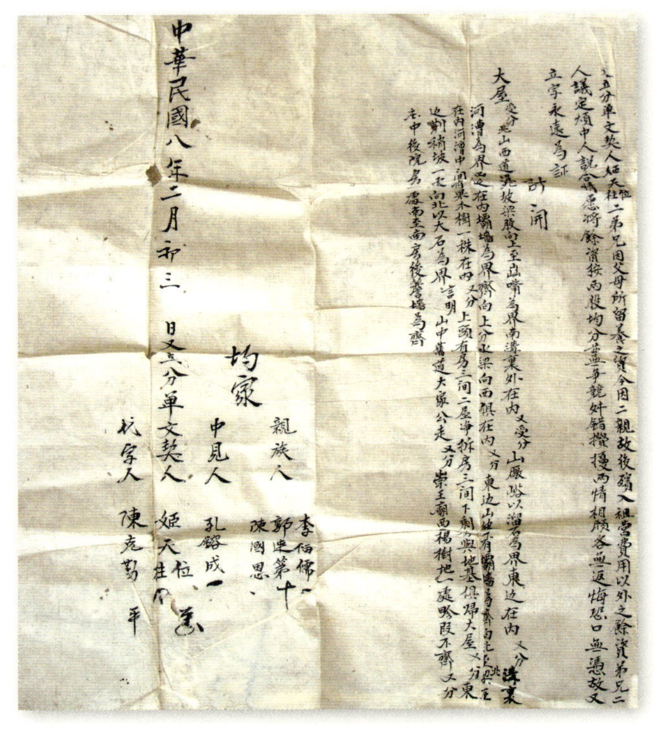

民国八年（1919）峨嵋山村姬天位、姬天柱两兄弟分家单

10. 民国十年（1921）峨嵋山李家退房契约：

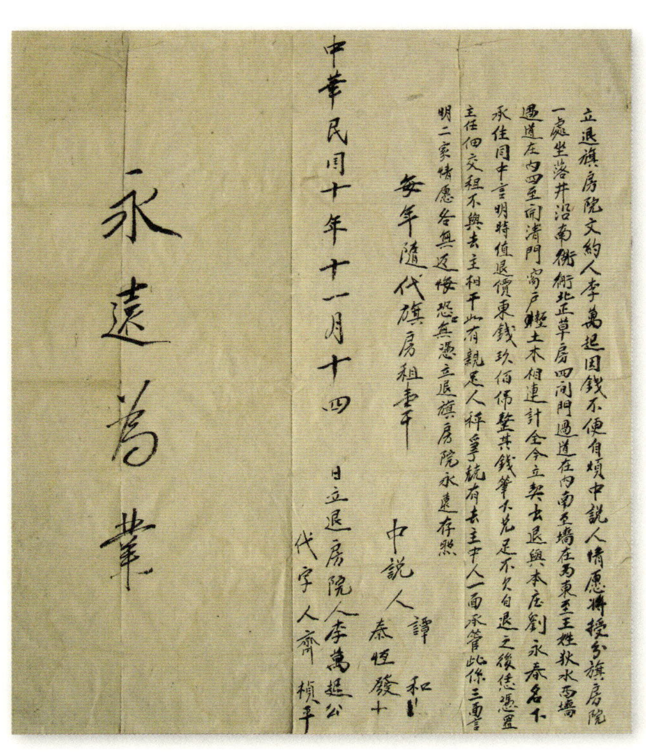

民国十年（1921）峨嵋山李家卖受分旗房院约

立退旗房院文约人李万起，因钱不便，自烦中说人情愿将受分旗房院一处坐落井沿南胡同，北正草房四间，门边道在内，南至墙在内，东至王姓狄（滴）水西墙，过道在内，四至开清，窗户土木相连计全，今立契出退与本庄刘永春名下承住，同中言明，时值退价东钱九百吊整，其钱笔下兑足不欠。自退之后，任凭置主任佃交租，不与去主相干，如有亲族人等争竞，有去主中人一面承管，此系三面言明，二家情愿，各无返悔，恐口无凭，立退旗房院永远存照。每年随代旗房租一吊。

中华民国十年十一月十四日立退房院人李万起（公）

中说人：谭和、秦恒发（十）

代字人：齐桢（平）

十四、熊儿寨房产契约

1. 同治元年（1862）熊儿寨毛家财产分家单：

立到字文约人毛有伦、毛有和。弟兄二人因庄窠不明，祖遗老宅东院宅舍以北，通南城根外有槐树一棵，在东院自有东院弟兄二人有伦、有和，损坏不与西院族弟胞叔相干，西院宅舍以北通南城根，外有槐树两棵，在西院宅舍之内不与东院弟兄二人相干。此系两家情愿，各守各业，并无争论，如有争论者，罚白银一百两入官公用。恐口无凭，立到字存证。

同治元年十二月十九日 立到字文约人毛有伦、毛有和同立。中见人：许嗣隆、刘岐峰、乔永福、许秀章（各自画押）。

代字人：周明惠（押）

各守各纸

此契见证了熊儿寨当年还有营寨的城墙存在。这里的营寨应该是明代初期修筑的，防御北部元代残余力量南侵。熊儿寨的上级单位是“熊耳营”。

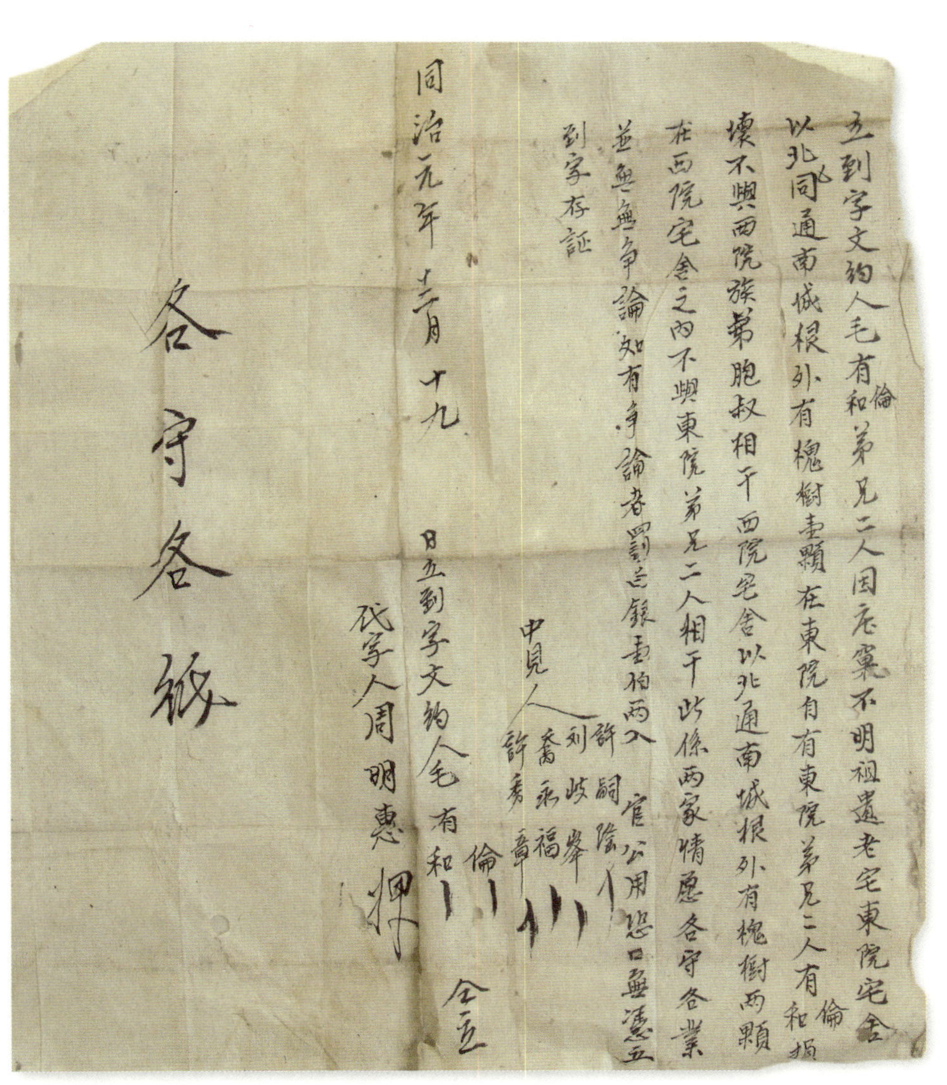

立到字文約人毛有倫和弟兄二人因庄窠不明祖遺老宅東院宅舍以北同通南城根外有槐樹壹顆在東院自有東院弟兄二人有倫和損壞不與西院族弟胞叔相干西院宅舍以北通南城根外有槐樹兩顆在西院宅舍之內不與東院弟兄二人相干此係兩家情愿各守各業並無爭論如有爭論者罰白銀壹伯兩入官公用恐口無憑立到字存証

中見人 許嗣隆 劉岐峰 喬永福 許秀章

同治元年十二月十九日立到字文約人毛有倫和仝立

代字人周明惠押

各守各紙

同治元年（1862）熊儿寨毛家分家单

2. 光绪十四年（1888）熊儿寨毛家分家单：

立分单文约人元头，因各居，与兄同邀乡长今将宅院、家具、地亩、账目品各均分，并无返悔，各守各业。

三子元头分北正房东边一间半，堂屋地半间，又西边中截有一间半地基，又分板柜一个，锅一口、又分熊窝地二段，顶上有地一段，东西至良（梁），上至山顶，下至坝墙、往下的四截有地半坝，东西至良（梁），上至坝墙、下至土坎坝墙，又老坟后沟分山场一处，下至二道石湖，上至东梁，南北至梁，四至分明，三处四至俱已言明，土木相连，外有养老之资俱归与四弟牛头所管，不与三位胞兄相干。此系兄弟情愿，各无返悔，恐口无凭，立文约为证。

光绪十四年十月初四日　立分单文约人元头（画押）

中保人：许近富、周万仓、牛头（画押）

毛德仓、毛德宝、元头（画押）

代字人：周万成（画押）

这是一份山区最普通百姓家的分家单，见证了那个贫穷时代、贫穷家庭的土地房产分布和财产分配方法，包括名字都是最“土”的，也是农村最普遍的称谓。长大成人了有名字，十几岁孩子没大名。从契约可以看出，毛家是四个弟兄，老大毛德仓，老二毛德宝，老三元头，老四牛头。“元头”和“牛头”是小名，即“乳名”。通过此契约还可以看出，代书人也是初涉此行，语句、格式均不规范。那时书写契约有范本流传，私下记熟了格套才能到外边“应活”，但这位代书人并不很熟练，平日可能觉得掌握差不多了，当到实际应用时记下的那点知识可就“捉襟见肘”了。原本是弟兄一起分，结果是元头顶名分，“牛头”也进入“保人”行列。此契记录了当时村里有“乡长”，根据落款分析，许近富可能就是这个职位。此契还见证了一些小地名，特别是“熊窝”，说明古代这里或许真的有过熊，也就证实该地之所以叫“熊儿寨”，是有依据的。“老坟”指的是毛家老坟，说明毛家在此已经居住多代了，据访问峪口毛姓在清代初期迁来。

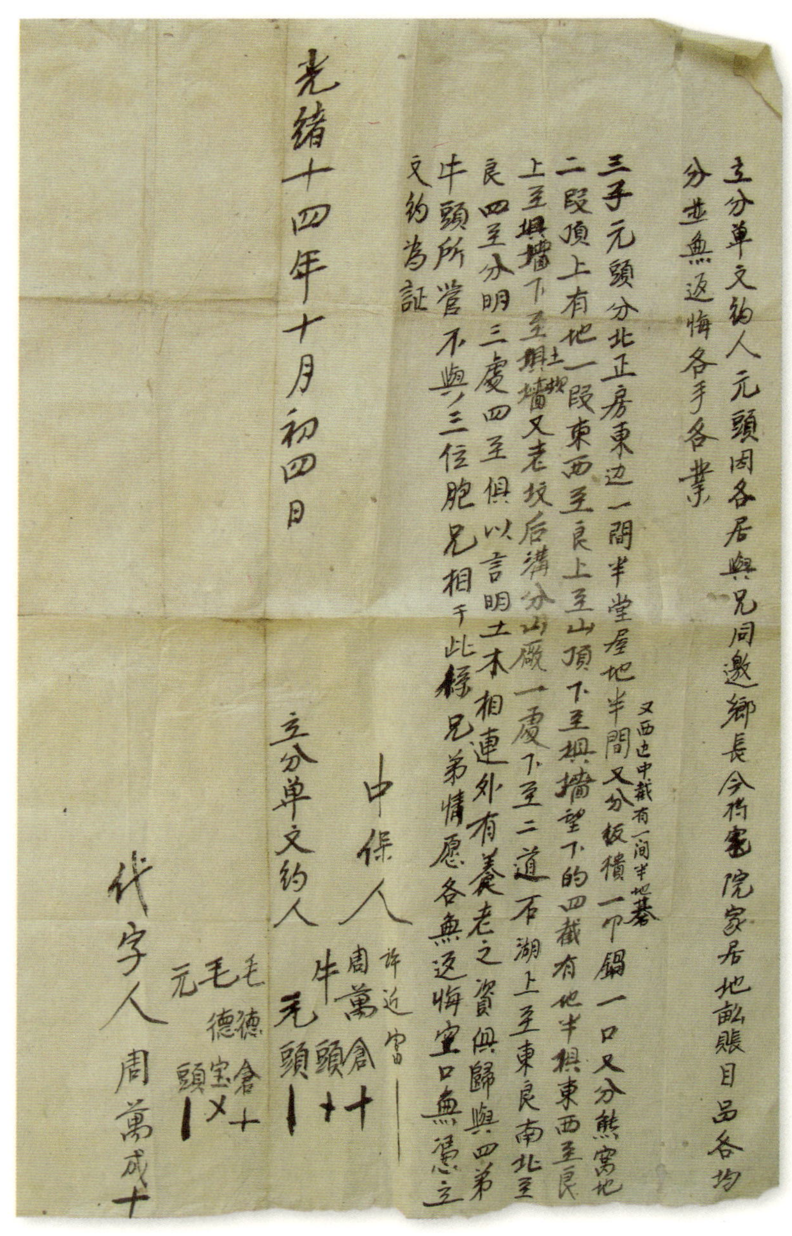
立分單文約人元頭因各居與兄同邀鄉長今將宅院家具地畝賬目品各均
分並無返悔各守各業
三子元頭分北正房東边一間半堂屋地半間又西边中截有一間半地基又分板櫃一个鍋一口又分熊窩地
二段頂上有地一段東西至良上至山頂下至垻墻望下的四截有地半垻東西至良
上至垻墻下至土坎垻墻又老坟后溝分山厰一處下至二道石湖上至東良南北至
良四至分明三處四至俱以言明土木相連外有養老之資俱歸與四弟
牛頭所管不與三位胞兄相干此係兄弟情愿各無返悔空口無憑立
文約為証
光緒十四年十月初四日
立分單文約人
中保人 許近富 周萬倉 牛頭
毛德倉 毛德宝 元頭
代字人 周萬成

光绪十四年（1888）熊儿寨毛家分家单

十五、孔城峪房产契约

1. 民国十四年（1925）孔城峪郭家分家单：

立字据文约人郭廷瑞、郭廷起，今因峪口镇有鞋局一座，宝号“全顺和”，因弟兄分家，此铺应按四股均分，大、三胞兄二位不欲操持此等生理，自烦中人，情愿将此鞋局廛（chán）房铺底器皿货物欠内欠外俱归四胞弟郭廷贵一人承管。自立字之后，同中人、二位胞兄言明议妥，此铺按三千四百吊整，每股该得八百五十吊整，其钱五年为满。自立字以后，中华十四年每一股应得五十吊整，其下四年每股按春秋两季使钱，一股应使钱二百吊整。立字以后买卖或兴或败不与胞兄毫无干涉，任凭胞弟自便，不与胞兄相干，此系三面言明，大家各愿，各无返悔，空口不凭，今立此字为证。

中证人：戴凤彩、龚全文

中华民国十四年正月十四日立字人郭廷瑞、郭廷起

代字人：杨希古（凭心）

永远为业

此铺永远归与廷贵六鳌一人承管。民国十四年十月初十日辞与四叔。

注： 此契病句较多，有的地方存在重复和矛盾。

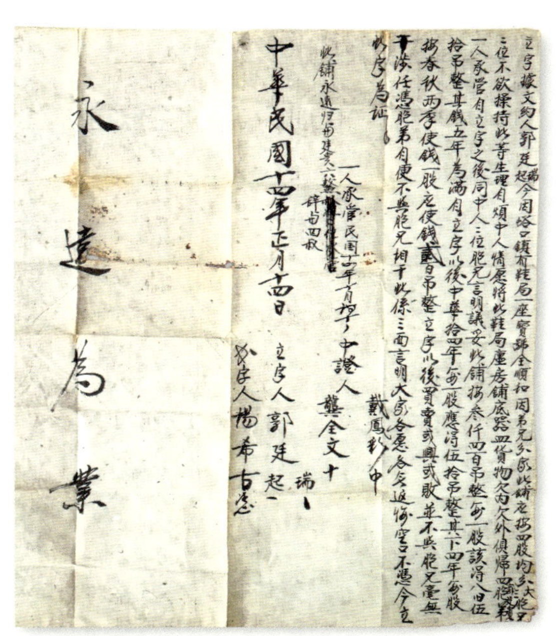

民国十四年（1925）孔城峪郭家分家单

2. 民国十四年（1925）孔城峪分割峪口店铺财产文契：

立字据人郭继云（乳名六鳌），因峪口镇有鞋局一处，于分家之际同中人已然表明大胞兄、三胞兄意欲将此鞋局归与四胞弟一人承管，今因六鳌年幼不能经理事务，故亲谊叔伯父公同合议，情愿将铺房货物器皿欠内欠外之债俱归四胞叔廷贵承管，不与胞侄六鳌相干。此系大家甘愿，各无返悔，空口不凭，立此字作证。

每股应得钱数八百五十吊，所使钱按春秋两季之时，一概俱在前张字据所造。

中华民国十四年十月初十日　立辞鞋局人郭继云（十）

中证人：郭奇顺（平心）、戴凤彩（廿）、郭廷仲（廿）

书字人：杨希古（清心）

永远为评

平谷房地产分割每村都有，但涉及店铺的极为罕见。此契约见证了峪口“全顺和”鞋局经营基本状况。

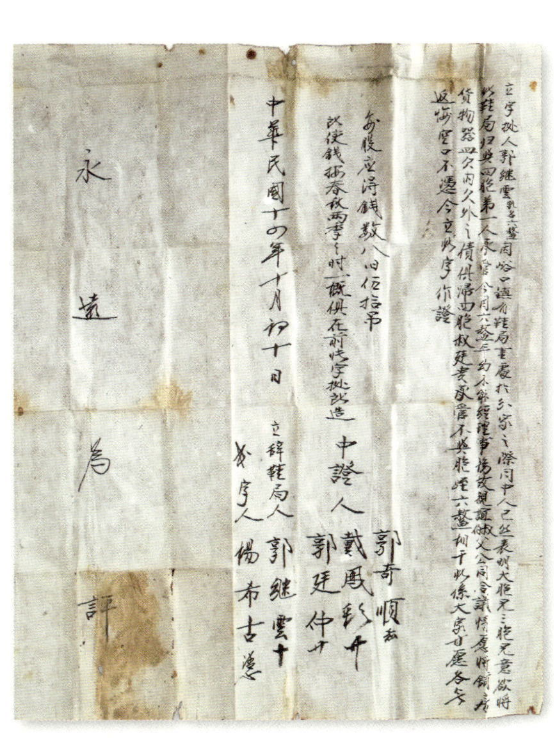

民国十四年（1925）孔城峪郭继云将峪口鞋局受分部分交给四叔廷贵承管文契

十六、大旺务房产契约

1. 乾隆二十三年（1758）耿序分家单：

立分单执照人耿序分三节地，北四计地十亩，牌楼地计地五亩，小跑南北边民地六亩，于科计地六亩，白将军第四计地九亩，高家坟后二段计地十亩，租钱八千五百，黄带子老坟沟田侯地六亩，神堂陈家坟西地四亩，虎峪棋盘朝西民地三段十亩，大坝朝西东西南北界民地六段十亩，老坟沟棋盘子东边民地－六亩。又分平谷县城北坐落土坑北四民地十亩，东四又分何家坟计地十四亩，西三土坑民地七亩，又当土坑徐宅地七亩。

西三火神庙南三节地十三亩半。又分北院前头瓦房六间，内有草房四间，北房后有夹道四尺地基。又分西院北边草房一间，院子一半。又分东庙小园一半。又分县里烧锅一半。此系大家情愿，各不许返悔，如有先悔者，甘罚银五十两入官公用。恐后无凭，立分单存照。

计分地泉山水地五亩，栲栳山地四十亩，耿希圣旧地五亩，耿常地十亩。

乾隆二十三年二月初九日立分单人耿序同叔耿凤朝

中见人：耿杰、耿密、耿玺

书字：耿怀礼

这份地契可以看出，耿家当时家道殷实，占地多而且涉及很多村庄。有些名词现在搞不清了，如“白将军第四”“于科”“北四”“东四”等，其中北四应该是山东庄南的“北寺”村，“东四”明显是“东寺渠”，有“何家坟”为证。东鹿角、安固的何始迁祖明永乐年间由山东迁来。“土坑北四”的“坑”应该指的是北寺村的土坑。北寺村以多有土岗和土坑著称。

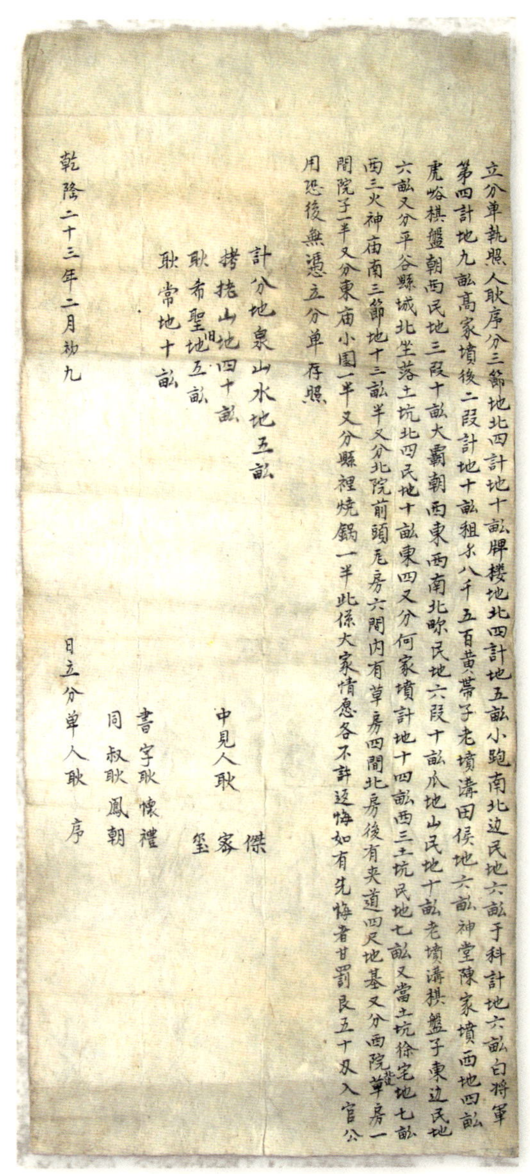
立分单執照人耿序分三節地北四計地十畝牌樓地北四計地五畝小跑南北边民地六畝于科計地六畝白將軍
第四計地九畝高家墳後二段計地十畝租钱八千五百黄帶子老墳溝田侯地六畝神堂陳家墳西地四畝
虎峪棋盤朝西民地三段十畝大霸朝西東西南北畔民地六段十畝瓜地山民地十畝老墳溝棋盤子東边民地
六畝又分平谷縣城北坐落土坑北四民地十畝東四又分何家墳計地十四畝西三土坑民地七畝又當土坑徐宅地七畝
西三火神庙南三節地十三畝半又分北院前頭瓦房六間内有草房四間北房後有夹道四尺地基又分西院北边草房一
間院子一半又分東庙小園一半又分縣裡燒鍋一半此係大家情愿各不許返悔如有先悔者甘罰银五十两入官公
用恐後無憑立分单存照
計分地泉山水地五畝
栲栳山地四十畝
耿希聖旧地五畝
耿常地十畝
中見人耿傑 家 璽
書字耿懷禮
同叔耿鳳朝
乾隆二十三年二月初九日立分单人耿序

乾隆二十三年（1758）大旺务耿家分家单

2. 同治十三年（1874）大旺务耿荣卖房院与耿圣和契：

立卖契文约人耿荣，因乏手，烦中人说合情愿将自住民宅一所，坐落大街路北，内有倒坐瓦房两间半，门窗户壁俱全，南至官街，街前许堆坟土，北至置主，西至伙道，南北长三丈六尺五寸，东西宽二丈七尺五寸，四至开明，今立契出卖与耿圣和居住，言明卖价纹银三十两整，其银亲手收足不欠，自卖之后，任凭买主粘尾税契，永不与卖主相干，如有异说，尽在卖主中人承管。此系三面言明，各无返悔，恐口无凭，立卖契为证。

同治十三年九月二十五日立卖契人耿荣

中说人：耿逾谨

书字人：耿连城（公心）

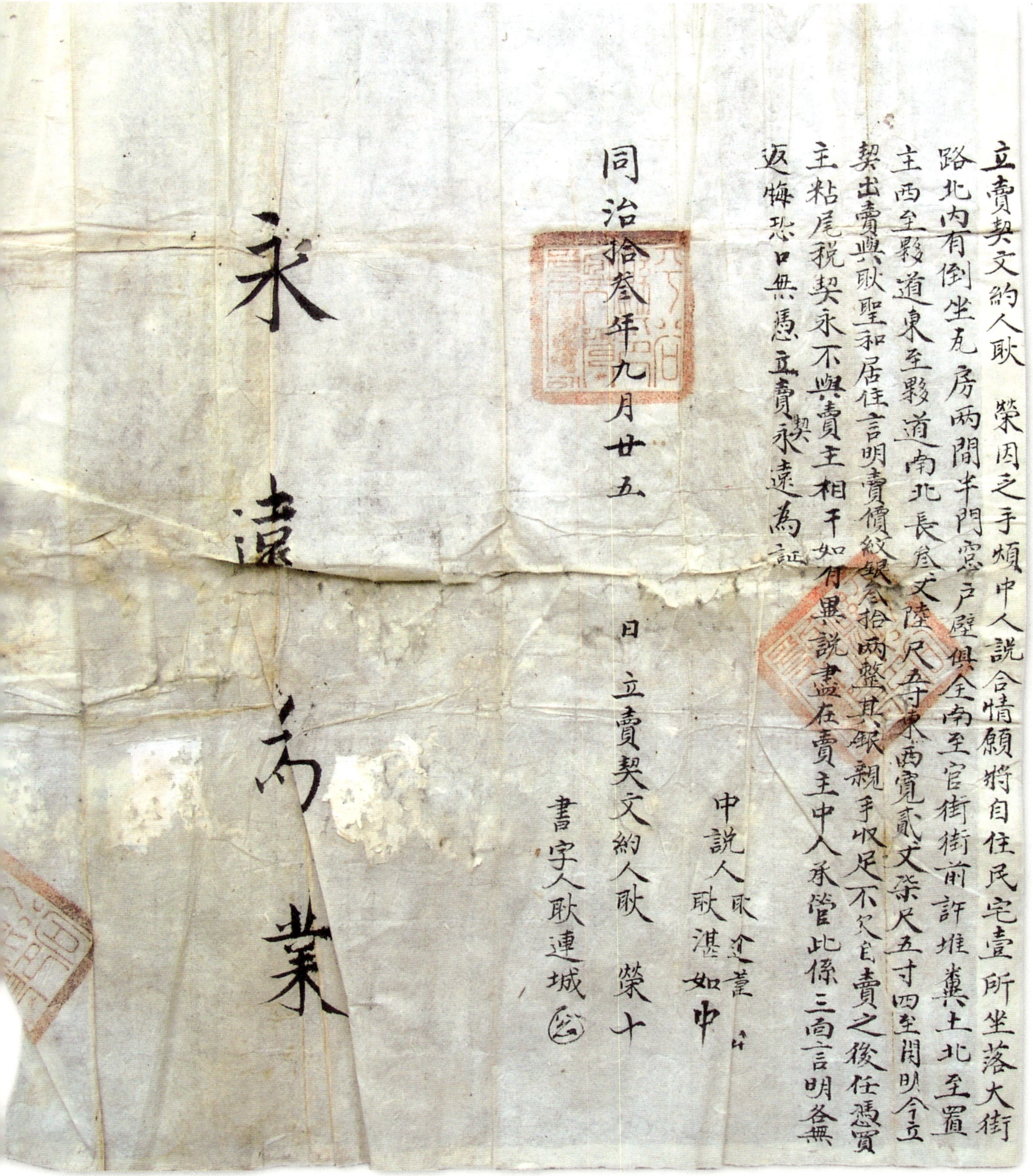

立賣契文約人耿　榮因之手頰中人說合情願將自住民宅壹所坐落大街路北內有倒坐瓦房兩間半門窗户壁俱全南至官街街前許堆糞土北至買主西至夥道東至夥道南北長叁丈陸尺五寸東西寬貳丈柒尺五寸四至開明今立契出賣與耿聖和居住言明賣價紋銀叁拾兩整其銀親手收足不欠自賣之後任憑買主粘尾稅契永不與賣主相干如有異說盡在賣主中人承管此係三面言明各無返悔恐口無憑立賣契永遠為証

同治拾叁年九月廿五日　立賣契文約人耿　榮十

中說人耿逢萱＋　耿湛如中

書字人耿連城

永遠為業

同治十三年（1874）大旺务耿荣卖房院与耿圣和契

3. 民国二十二年（1933）大旺务耿相如与二子分家单：

立分家“产”字据文约人耿相如，自受慈母命，自嗣续二子耿仲禄耿仲琳，其父年迈不能维持家务，自将祖遗产业等物动器一切公件的数额统一分配均，自烦中族人等议合监视，情愿按两股均分，将地亩房产等物分列于下：长子耿仲禄受分地三截，地十亩，坐落庄户南边，受分祖房三盒（三合院之意），南倒坐议准次子耿仲琳扒去前檐到底，后檐两山石头为齐。长子的房允许次子暂住，三年后拟次子东院空基盖房移出，限期内不准长子推辞，场南截一半归仲禄使用。次子耿仲琳受分地短挂三地九亩，坐落庄西北，受分东空院一所，西院草房两间半，砖瓦石木等物均归仲琳。场北截南墙在内，仲琳承受。一切散物等件两股均分，未注分单，各各领受无错，祖母梁氏自留养身地十亩，坐落虎寓（峪）归长孙承种奉养，百年之后按自养身地礼葬，不与次孙相干。生身父相如、母孟氏二老各留养身地亩共二十零半亩，归次子仲琳承种，持奉养膳尽孝，不准忤逆，百年之后次子礼葬，以养身地二十亩奠仪，不与长子相干，为祖父母养身之地不准二子私自出卖。父地十三亩半，坐落北大道母地吴家岭五亩，长行地二亩，共该二十零半亩，次子仲琳承种。坟地不准长子脱穴。以上各地各物房基均分，公注明分单，各自情愿，并无返悔。以后度日发展或凋零，谁也不准讹谁，如有异（意）外舛错，均有中人长亲一面承管。因此，恐口无凭，立分单家产字据为证。

仲禄接大姐姐，按期接送。

仲琳接二姐、三姐，按期接送。

不准不接。

民国二十二年旧历十月初三日　字分据单人耿相如，子耿仲禄、耿仲琳

代笔人：周德久（押“公正好心”合体字）

各自一纸，永远为证（中）

这是大旺务耿家民国时期的分家单，仍可看出耿家在二百年间经历多次分家后，仍有较强的财力。“立分家产”字据更能体现出大家族的气势，家庭档案都有编号。“嗣续”二字表明，耿仲禄、耿仲琳非一母所生，前者为前妻所生，后者为续室所出。

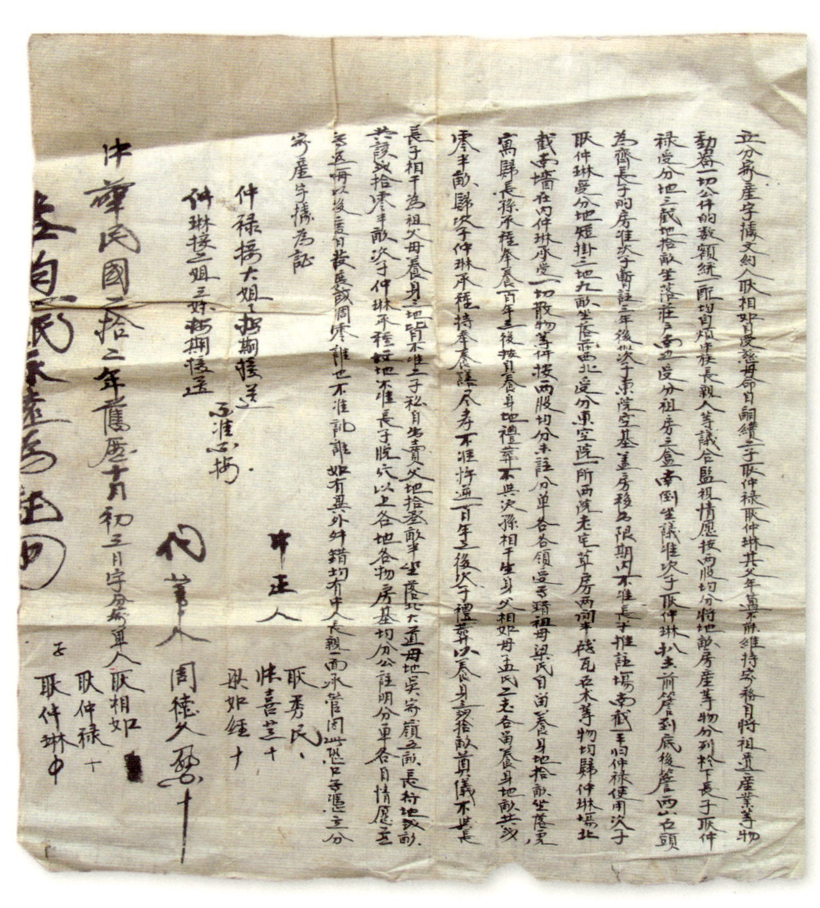

■ 民国二十二年（1933）大旺务耿相如与二子分家单

十七、中桥陈家房产契约

1. 同治九年（1870）中桥陈文元分家单：

"听"字受分等项陈文元

庄窠：

中街路北中院前节庄窠一处，南至街中，北至北院，留二门外五尺五寸，过道边大地脚东至东墙根官过道北，东院盖厢房许滴水，南头街门东西宽，日后以官过道齐，而北门日后亦许此院折，不许后院折，西至西房后檐，西院亦许滴水，因宅短，贴补街南空园一半，由东外墙皮向西量七丈三尺五寸，南至外墙皮北至街中北头井东，东院小门、房西山墙随此处，除去桑树一棵，东墙根榆树一棵，其余树木在内；又贴补轿车一辆，柁檩柱角（脚），五间大门一合，磨一盘。此院连街门在内共计瓦房十八间。

种地：

韩屯后地六亩"北截西边"。皮巴（琵琶）地五亩半（此系养老地共租价十吊）。北边西黑地三分，东边地八亩。叉道道南地十三亩。大河北地九亩。脾后地东边七亩半 。枣树行北头第一截地一亩七分七。又南稻畦共在内。东坑道北土许公用，道南不许用。西坑官存水。

外当地：陶景美十亩，当价一千〇五十吊。兴隆庄南东西界南第二段，此地共四十亩，一契，共当价四千二百吊。

杨起隆五亩，杨家坟南北界东边，此地共十亩，当价四百吊，共当价八百吊。

赵国平十五亩，东上台南北界，当价一千二百五十吊。陈如琢地四亩，卧龙岗，南北界。当价二百吊。

陈大亨地六亩，杏园庄西，南北界，当价二百吊。

文翰二亩，蔡坨庄西，南北界，当价七十吊。此地是置地活地契。外有四亩预官坟听用。石桥地当价二百吊。张富手。共地四十二（使用流行的记账码，即 42 亩），共当价三千二百（记账码 3200 吊）。

陶景美六吊，杨燕龙三吊，赵国平九吊，陈如琢二吊四百文，陈大亨三吊六百文，刘仲元八吊四百文，张怀德一吊四百文，张殿奎三千，周德祥二吊五百文。张永隆五百文。

赵国平六吊，田全一吊，田昔二吊，陈廷秀二吊，安成一吊八百文，张国选九吊，张广成三吊六百文，王西路三吊，陈际成二吊，刘同六百文，刘路六百文，徐天隆一千二百文，陈盛一吊，陈堂一吊八百文，陈正路二吊。家中通共租三千八百一十四吊。此股分一千九百四十四吊。

当年春秋麦官拨官分

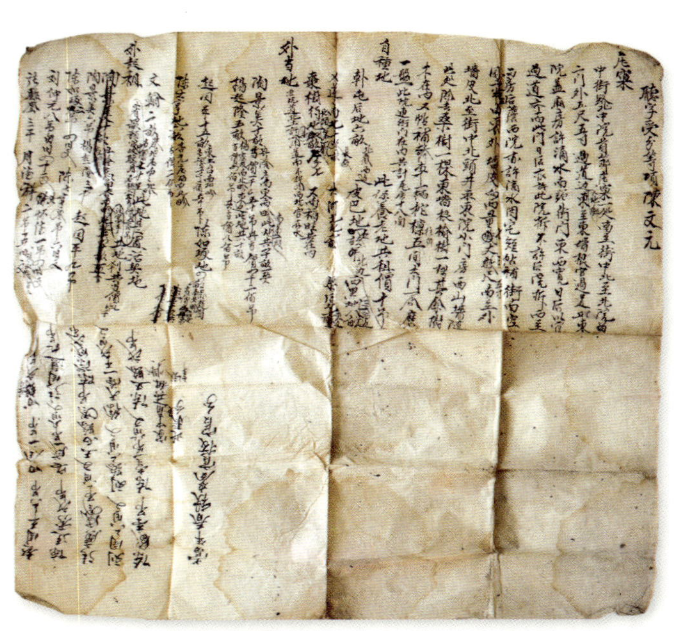

同治九年（1870）中桥陈文元分家单。陈文元光绪十八年去世

这批契约由中桥陈共和提供，陈文元是他高祖父，光绪十八年（1892）去世。分家单上的"听"字是家庭档案编号，说明那时中桥陈家早就"规范"了家族档案，进一步说明是个大家主。"轿车一辆"

就是带篷子的小马车，“大门一合”这个词也很讲究，一般大门论“扇”，他家的大门用“合”，显示气派。通过这份分单，能够感受出陈家财产的富庶。此分家单首次发现应用“苏州码”。“苏州码”是旧时商业记账最常用手法，现在很少有人能辨识了。

2. 老二陈文郁分单：

“其”字受分等项陈文郁

庄窠：

中街路北西院庄窠一处，南至街中，北至房后墙外皮，东至中院西房檐，许通檐水，唯北头东小房与中院后节、西耳房，言明共一架柁，柁归中院中院亦不许令此院折改，西至墙外南北道中，除去房后大榆树一棵，西墙外榆树一棵，其余树木在内，又随大门一合，西厂棚南头许安官碾子公用。

此系养种地：韩屯后地六亩“南截东边”，皮巴（琵琶）地五亩半南边第四段。此系养老地共租价十吊。西黑地八亩（邦道），寺坡地十二亩（南边）。韩家坟地十亩，腰后地七亩半（西边），枣树行南头第一截二亩三分三（焕丁），河沟地三亩是活契。地一亩七分七；又南稻畦共在内。

外当地

东坑道北土许公用，道南不许用。西坑官存水。杨起云四亩（许家务鞑子坟后，南北界）当价一百五十吊。陶景美十亩（兴隆庄南东西界北第二段）当价一千〇五十吊。此地共四十亩，共当价四千二百吊。

贾维广五亩（杨家坟南北界东边），当价四百二十五吊，此地共十亩，共当价八百五十吊。

张君富十五亩（兴隆庄东，南北界）当价一千一百五十吊。陈先六亩（蔡坨庄西北，东西界）当价六百吊。陈如琢地三亩（蔡坨庄西北，东西界），当价一百八十吊。

共地四十三（使用流行的记账码，记账码第一位下有十，即第一位是十位数。即43亩），共当价三千五百五十五（记账码第一位下有“千”，表示第一位是千位数。读作3555吊）。

外有四亩预官中坟听用。石桥庄北当价一百吊，张富奎手。

外起租

杨起云二吊，陶景美六吊，贾维广三吊，张君富十一吊，陈先三吊六百文，陈如琢一吊八百文，杨自正三吊四百文，张献瑞六吊八百文，郝成美一吊五百文，武侏安一吊二百文，韩成先七吊，陈宗六吊，王进三吊六百文，石旺五吊二百文，石杰六百文，啟芳一吊六百文。

陈保三吊六百文，刘琢四吊七百五十文，李英三吊六百文。家中通共租三千八百一十四吊。此股分一千九百四十四吊。

当年春秋麦官拨官分

附：光绪五年（1879）陈文元祭父陈庄文。

陈庄虽然是庄头，但他性格略显懦弱，平日好善乐施，经常为村民分忧解难。有一次给远房族人借30两纹银，口头下了保证，日后借主竟然不承认，主人气愤至极，但因没做任何手续，所以只能暗气暗憋，最终竟郁郁而亡，年仅58岁。其子陈文元读了六年私塾，有一些古文功底，父丧之后便写了一篇感情至深的祭文（其母丧后也有一篇祭文），陈述家父简单生平和气死缘由。这种文体古时常见而今鲜有，故全照录如后。

祝文：

维光绪五年岁次乙卯十月逆，辛丑越祭日壬寅，不孝男谨以香帛酒酥粢盛数品之仪致祭于显考之灵曰：呜呼吾父，自幼历尽艰难，无兄无弟，影支形单，半耕半读，早起晚眠，乃治家田，一十五岁实守创，于四十三年立业劳心，勤耕桑而守分，读书奋志，采芹藻而心甘，事亲克敦孝敬，待客不敢迟延，想是天公重看，早立儿男，表本身之有嗣，明祖考之无衍，故至生子四五，支继先祖香烟，于是教子有义方，期功名之皆遂，延师择矣，士欲规诫之必严，先使居长之三子学文，原属素志，后注在次之二子习武，又系常言，幸而三子既已侥幸一时，克遂心间，便念二子未经入绊（三滴水旁右边“半”）奋注依然未全，时时警戒，日日言志，告以忠厚为处己之本，告以勤俭为治家之原，提携幼子，未歇意念，训悔童孙，又费心田，于是出门告知反复，入户问之再三，既恐子孙悖谬，又怕家业颠连，故盖房垒墙，备尽半生之劳苦，修德行善，维冀后世之昌绵，所以一遇旁人之求借，便觉自悯怜，如人保账剔（替）别人殿（垫），不保账则积之付伯殿，大则动以万千，但念天理在人心，恩来谁肯不报，哪知人心灭天理，借去竟想不还，及至长子一论此事，常朝夕而生叹，更昼夜而难眠，因而忧思尽起，疾病屡添，乍交中年，竟脱身于阳世，无踪受害，应怀恨于阴间。受人之坑，被人之牵，吾父犹曰“吃亏不是傻，忍耐有余欢”，于是未过今岁，即望来年剔还保债，欲隐忍以度日，谁知愁闷成病，竟悠忽以升天。父今虽然已往保债依然未完，口说本无凭据，铺家自账篇。父乎，父乎如何不再与儿言“吃亏不是傻，忍耐有余欢”之美谈乎，使不尽思音容而如在，挥泪雨而难干，不禁悲伤而恸念旧。呜呼！吾父从来好善良温和谦让，戒疏狂，事亲敦笃，致余力教子，殷勤有义方，处己常思存节俭待人，唯恐不风光，今朝一旦升天去，罔极深恩不可忘。谨奉肴馔致祭家堂，吾父有灵，来格来尝，呜呼哀哉！尚飨。

注：“尚飨”也有写作“尚享”的，是古代祭文常用的结语，表示希望逝者享用祭品。《喻世明言》第二十二卷“木绵庵郑虎臣抱冤”一文末尾有一小段感叹奸臣贾似道被害不得安葬的句子可证：呜呼！履斋死蜀，死于宗申；先生死闽，死于虎臣。哀哉，尚飨！陈庄字子敬，同治年间到光绪初年任中桥庄头。

3. 民国二十六年（1937）中桥陈继绪卖空园给族叔文契：

立卖空园文约人陈继绪：因正用无资，自烦中保说合，情愿将祖遗授分空园一处，坐落本庄中街路南北截前大庙后，四至开明，东至置主，西至墙外道中，南至置主，北至街中，今将空园出卖与族叔陈卜昌名下永远为业，言明卖价市面洋百五十元正，其洋笔下交足不欠。自卖之后，凡此地四至之内以及修葺，土木相连，金石在内，以及树木一概任凭置主自便，不与弃主相干。此系三面言明，两家情愿，各无返悔，恐口无凭，立卖空园文约为证。

寿昌代字

中华民国二十六年正月十九日立卖空园人陈继绪

中保人：继明（忠）、继儒（忠）、继宗（平心）

盛儒（愿）

永远为业

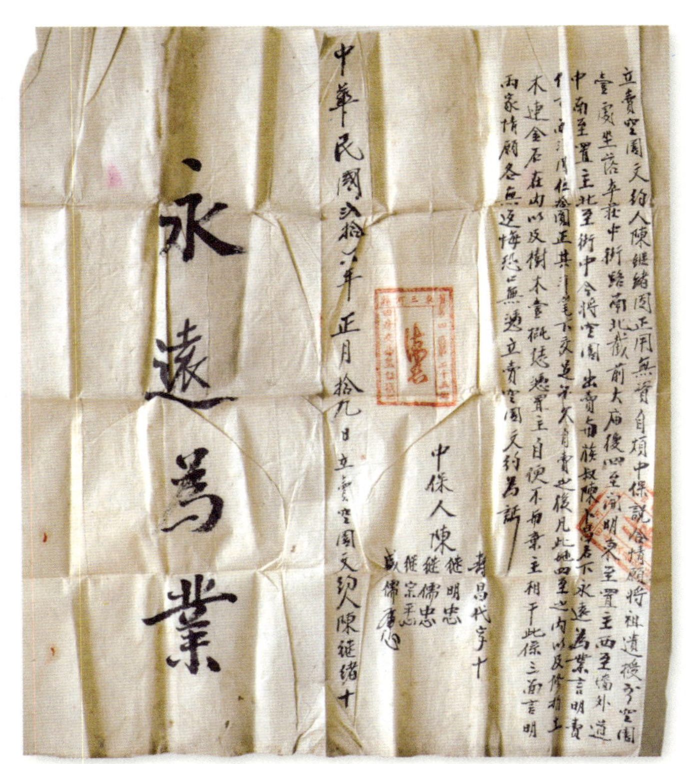
永遠為業
中華民國二十六年正月拾九日立賣空園文約人陳繼緒十

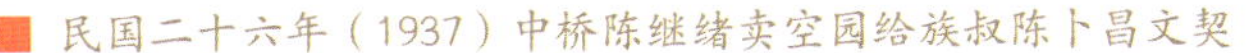
民国二十六年（1937）中桥陈继绪卖空园给族叔陈卜昌文契

十八、安固张家房产契约

民国四年（1915）安固张殿华曾祖父分家单及民国十九年（1930）祖父辈买卖过道单：

立析居文约人张廷桂、廷槐、廷枢，因父年迈不愿执掌家务，固（故）奉父母之命邀请亲族人等从公处议，凡家中所有房屋田产以及家具器皿等物，均按三股均分，日后务将父母生则同养没则公葬，各尽子分，各报亲恩，从此听天由命，自全室家，永绝搅扰葛藤之弊。此系大家同愿，各无返悔，恐后无凭，立分单为证。此纸张廷枢执之。

计开受分东头地五亩，大坝地六亩，又后坑地七亩，又北边王报沟地九亩，西边杨家坟地四亩，属在东边，又塔东地六亩，又西头五道庙后当契若日后准许回赎，后坑沿地契存三门。

受分西院后所正房七间，又西厢瓦房三间，又有后院南北八丈四尺五长，东西七丈三尺五寸宽，内有草棚一间，从东边拨出官过道八尺宽，南节王报沟契纸存与长门。

民国四年旧历五月初一日 立分单人张廷桂（清心）、张廷槐（公）、张廷枢（平）。中见人：母舅郭静山（“一片公心”合体字）、伯父张进先（中）、堂兄张廷梁（“大中到心”合体字）、张廷楷。续中人熊满贺（十）

中华民国十九年十一月十四日

因民国四年五月间兄弟三人析居之时言明，宅院靠东边有前七尺后八尺通长官过道为界，今因长、次两门兄弟各居，，将此过道前半截靠张梦云宅院者以后归张梦云自便，情愿出大洋五十元，后半截靠张廷枢宅院者，以后归张廷枢自便，情愿出大洋六十元，两家共出大洋一百一十元，公同商议，归张王氏同子孟祥等大洋元一百元，归梦臣大洋十元作为卖过道之资，日后永不许孟祥、梦臣等争竞搅扰。此系大家情愿，故同亲族乡友当面加批，以为久远之证。

换道人：张廷枢、张梦云（十）。卖道人：张氏同子孟祥、孟月、梦周，张梦臣（公）。书字人：郭世卿（“一片公心”合体字）。

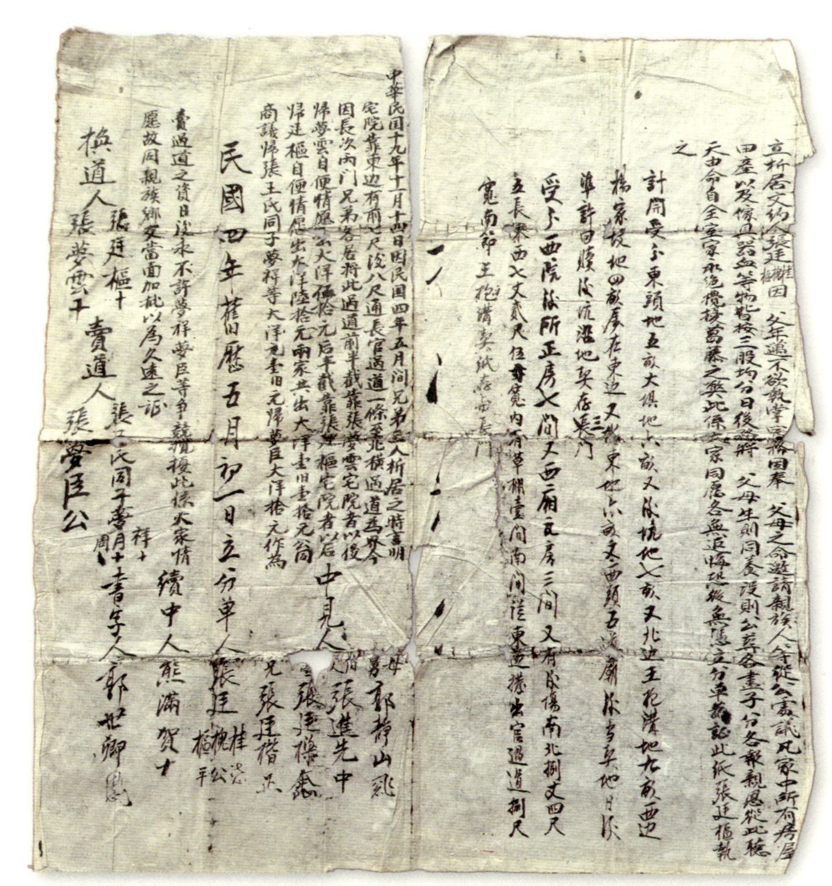

民国四年（1915）安固张家分家单及民国十九年（1930）买卖过道单

第四部分
完税凭证类执照

明洪武元年（1368）开始，对全国土地进行细致丈量，查实田亩，并将丈量的每块土地方圆四至，绘成简图，编上字号，应纳税数登记清楚，编类成册，此即史书常说的“鱼鳞图册”。为保证税收来源，减少舞弊，每隔一个时期都要进行全面清查，包括旧科核实和新地升科，然后重新发给清丈执照，按新照纳税。所谓“旧科”就是原照纳税地亩数，“新科”则是上次清丈土地后，百姓新开荒增加的面积，在种植数年后，遇下次清丈则将其纳入纳税范围。因为古代户籍分军、民、匠三种，军、匠不负责差役。民户在乡村，以一百一十户为一保，内选人口和纳税粮较多的十户，每年以其中一户轮流任保长或里长，另一百户分为十甲，十户一甲，设甲首一人，负责本甲田赋和徭役催征。五保（里）为一都保，上有乡，乡上为县。因为是图册管理，在图册上一保一图，“保正”在图册管理就叫“图正”。北京周边因为几次大移民原因，明以后没有实行“都保制”，只实行“里甲制”。

税务票据的使用标志着税收管理走向成熟。我国规范的税收模式的形成大约是东晋，当初所付给完税者的手续很简单，至明清两代才渐趋完善。票据格式在明以前由朝廷统一颁发，地方将颁发样式并具体规则刻于石碑之上，立于乡里，广而告之，所以明代税收票据不太复杂，平谷县城在明代万历年间就有一块《征编赋役规则》碑，树立在县衙门口，让过往人观看，碑的前面镌刻的是规则内容，背面镌刻官府出具的统一票样。清代以后，票据的印制由县一级政府自定，朝廷只要征收总量，因而在现实中，各地所使用过的票据多有不同。经比较分析，大略有四种情况。

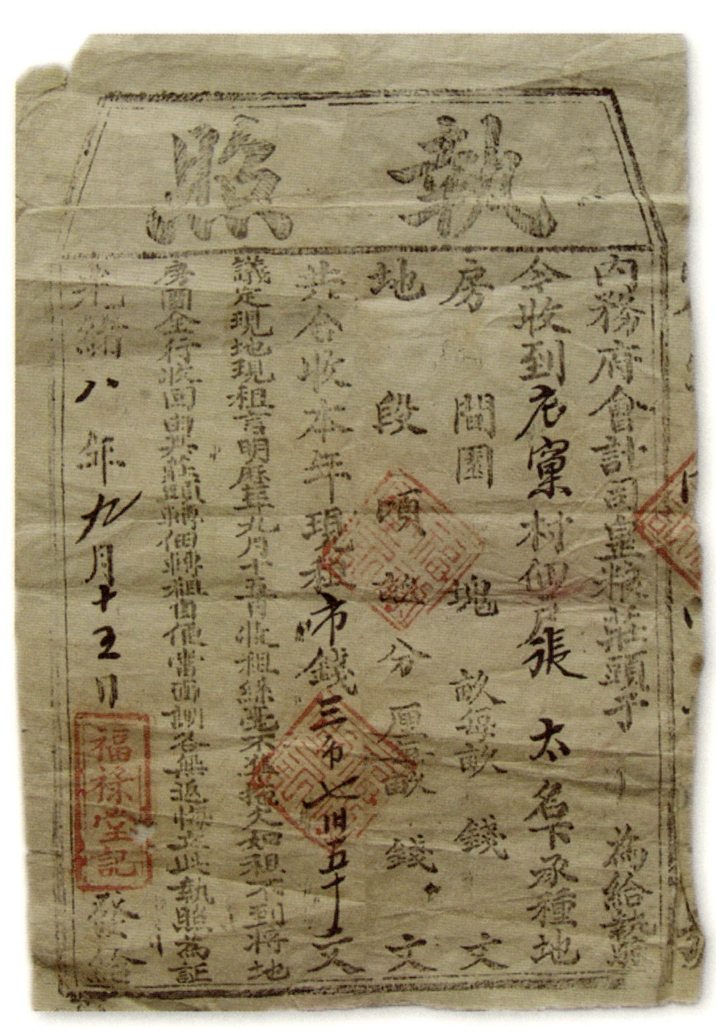
执照
內務府會計司[illegible]莊頭于[illegible] 為給執照
今收到[illegible]村佃戶張太 名下承種地
房 間園 塊 畝 錢 文
地 段 頃 畝 分 厘 毫 錢 文
共今收本年現租市錢三千七百五十文
[illegible]
光緒八年九月十三日
福祿堂記

光绪八年（1882）福禄堂收杨各庄庄户张太交租执照

一、将土地实测并绘图，发给执照，没有票据名称，只将票据编号，按面积征税。此类票据为清初期以前使用。具体格式大同小异，例洪武元年（1351）一件版刻，竖长型，木版兰色印刷，30cm×7cm，无名称，分三栏，固定字眼均印制在票面上，可变字句由手笔填写，标明土地面积、四至、每亩应交租米数，没有名称，只标票据编号。

二、将土地清查核实后，发给执照，有名称，是明确的征税凭证。内容往往标有业主姓名、图甲、土地面积、土地名称、按规定应缴地税若干以及清丈人员、图册管理者姓名等。

三、完成常规地税所发执照。这个税种就是每年所耕种的土地都要缴纳的税，一年两交，分麦秋和大秋两季。但各地执行有异，有允许上半年一次交齐的，有上半年交钱下半年交粮的，还有两季都交粮的，所以票据名称叫“上、下忙执照”，也有叫“上下忙串”的。

内中的平谷区夏各庄镇杨各庄庄户一份“执照”，记录了内务府“福禄堂”收取租金的方法、数量和日期。

执照：

内务府会计司皇粮庄头于□为给执照。今收到庄户窠村佃户张太名下承种地……共合收本年现租市钱三吊七百五十文。议定现地现租，言明历年九月十五日收租，丝毫不准拖欠。如租不到，将地、房、园全行收回，由其庄头转佃转租自便，当面言明，各无反悔，立此执照为证。光绪八年九月十五日发给。福禄堂章

这份《执照》的价值，一是证明这一地区的佃户归内务府会计司管，二是这里的皇粮庄头于姓，三是有佃户姓名和村名，四是有规定的准确交租时间和违约责任。这个于庄头就是马各庄于姓，也是带地投充大户，原籍城内，属坊郭社第九甲，西沥津、夏各庄有的于姓是其近族。于姓自清初投充土地后担负为收取马各庄、杨各庄、杨庄户几村佃户的地租。同时还有徐庄头、耿庄头在马各庄居住，徐庄头家族来平谷时首先落足贾各庄，后分出一支到北寺村和马各庄分任庄头。“内务府”全称为“总管内务府衙门”，是清初创设的专管皇室“家事”的机构，与管理“国事”的外廷分而为二，不相统属。这一机构的组织与行事，在清代“以无关外廷，向与宫史皆秘而不宣”。

四、完成田赋执照。历史上压在农民头上的苛捐杂税很多，但固定的只有税、赋和徭役。其中税是“为王政而收”，“赋为军需而征”，徭役则是出官工。田赋之内名目很多，以清代举例就有地粮新升科、垫差升科、旗产升科、銮舆马馆租，此外还有一种屯豆，平谷镇罗营和熊儿寨都要缴纳屯豆，交到密云龙庆仓（上纸寨李家保存有缴纳屯豆的原底及运输里程应支付的运费底档）。为便于稽征造册，总归纳为地粮、旗租、杂租、屯豆四项，完税后所得收据有“纳户执照”和“执照”两种。

历史千百年间，种地纳税天经地义，但完税之后不能没有凭据，没有凭据就会给更多的贪官污吏提供欺压百姓的机会，为此，朝廷规定，丈量土地后要颁发执照，证明这块土地应纳税额，纳税后要发给业主凭据，多称执照、收据、上、下忙串等，均属刊印模块式单据，上边印有收税机构名称，如恭王府、龙庆仓等。不同收税或收粮单位出具的票据不同。

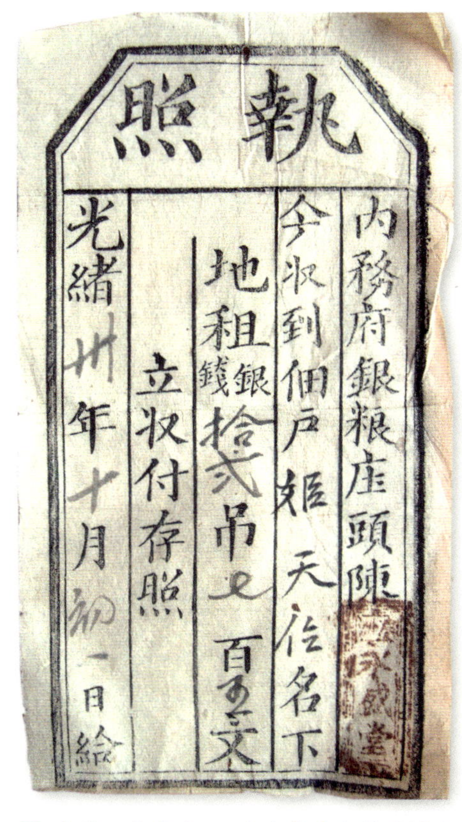
執照
內務府銀粮庄頭陳
今收到佃户姬天位名下
地租銀錢拾弍吊七百五文
立收付存照
光緒卅年十月初一日給

光绪三十年（1904）内务府租给峨嵋山佃户姬天位土地执照

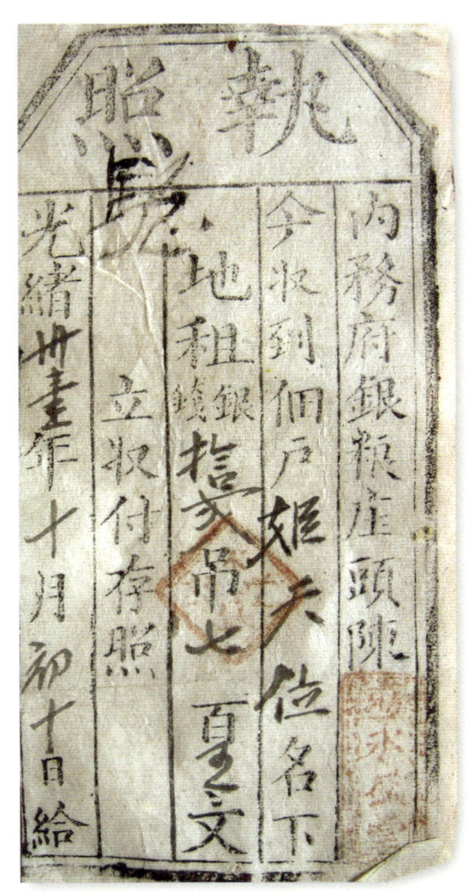
執照
內務府銀粮庄頭陳
今收到佃户姬天位名下
地租銀錢拾弍吊七百五文
立收付存照
光緒卅壹年十月初十日給

光绪三十一年（1905）内务府租给峨嵋山佃户姬天位土地执照

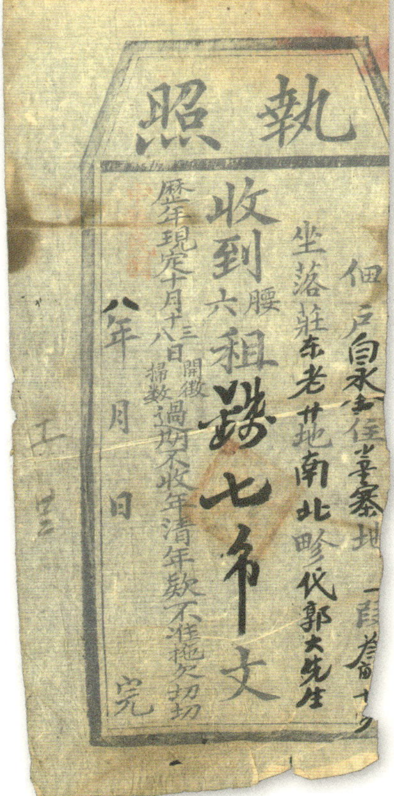
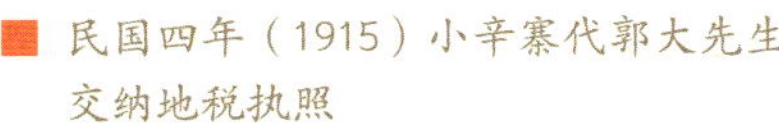

■ 民国四年（1915）小辛寨代郭大先生交纳地税执照

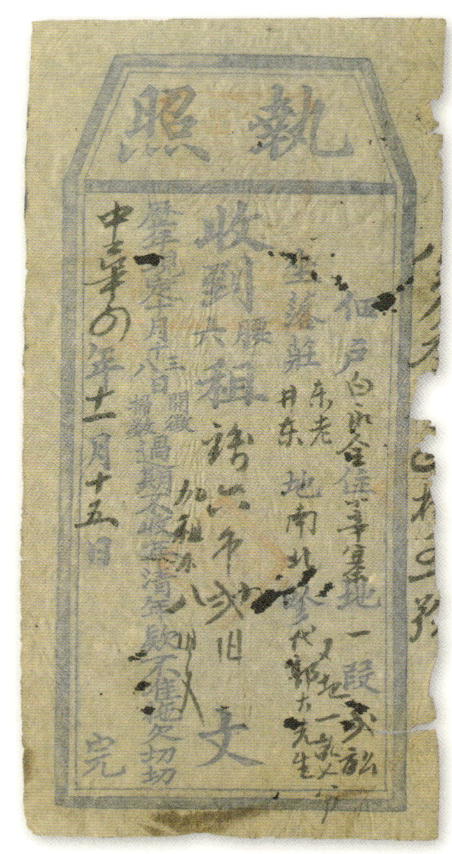

■ 民国八年（1919）小辛寨代郭大先生交纳地税执照

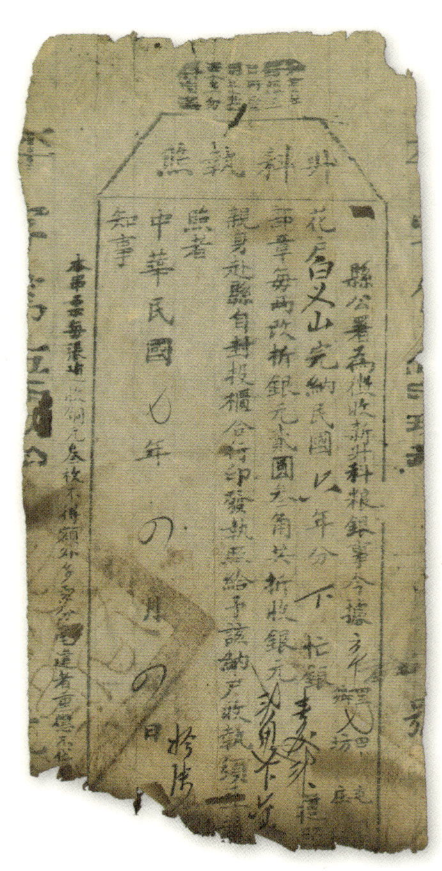

■ 民国七年（1918）小辛寨升科执照

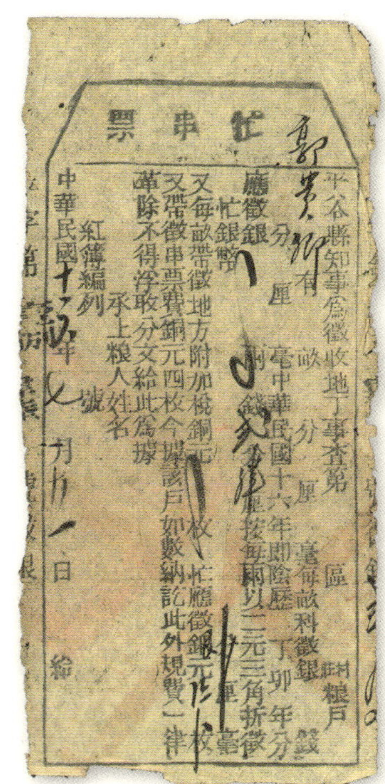

■ 民国十六年（1927）小辛寨郭家纳税执照

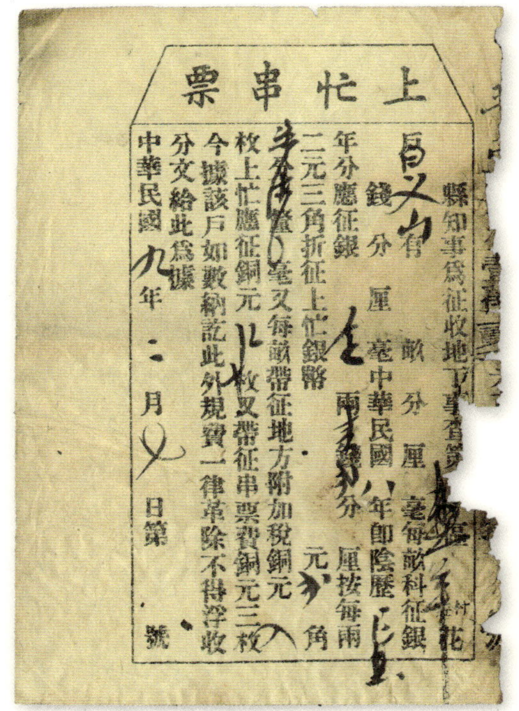

■ 小辛寨白家上忙串

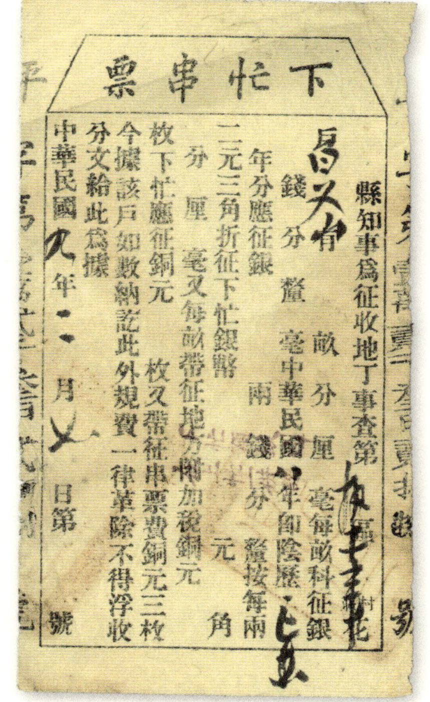

■ 小辛寨白家下忙串

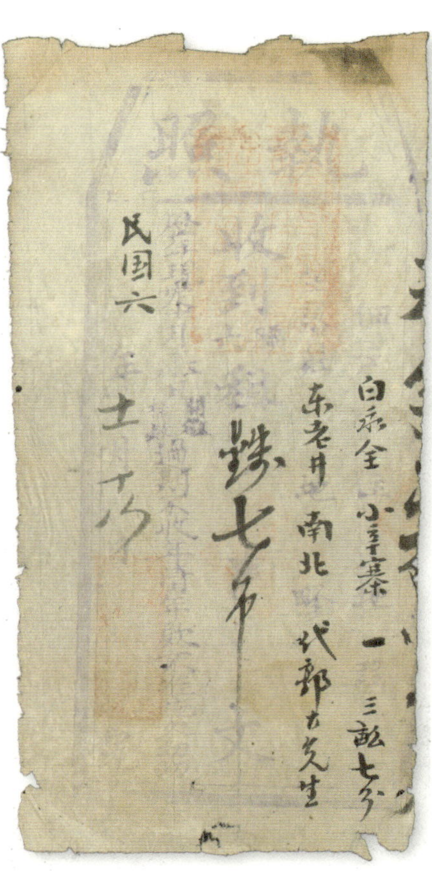
民国六年（1917）小辛寨白家交租执照

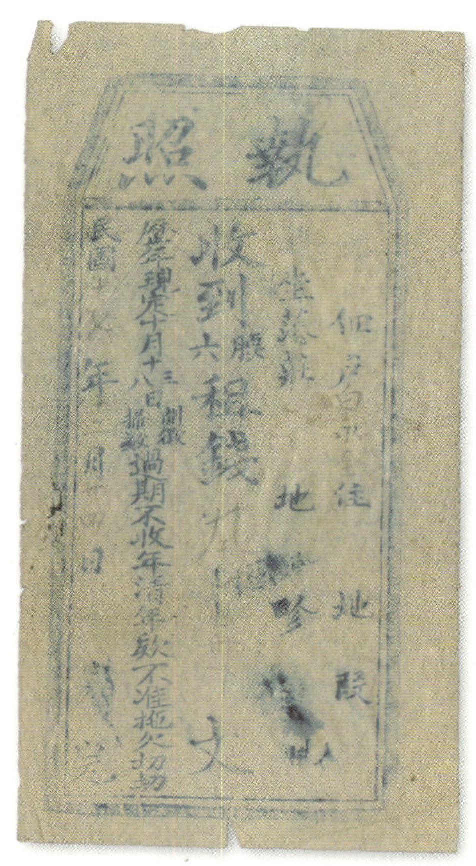
民国十七年（1928）小辛寨白家交租执照

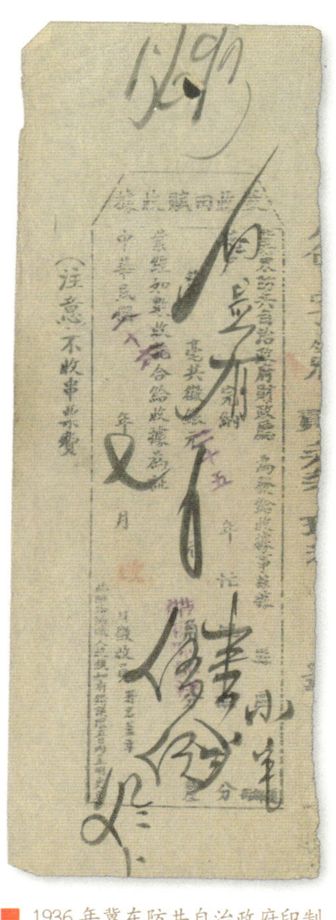
1936年冀东防共自治政府印制的纳税执照

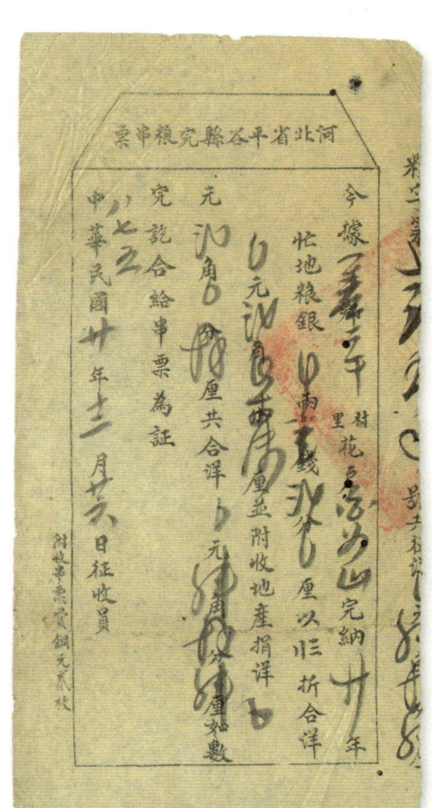
1931年河北省平谷县完粮串票

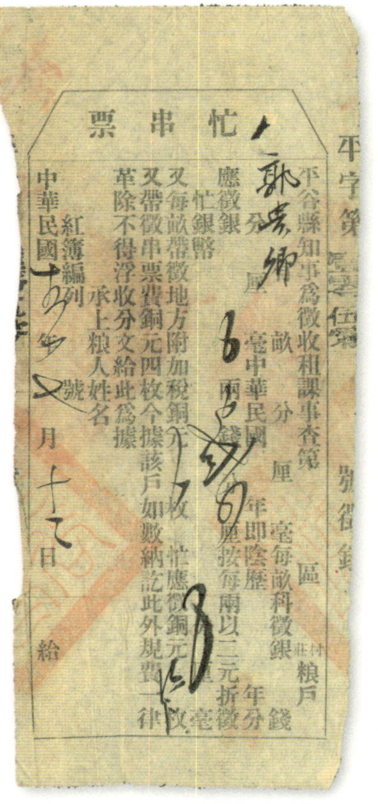
民国十三年（1924）小辛寨郭家忙串票

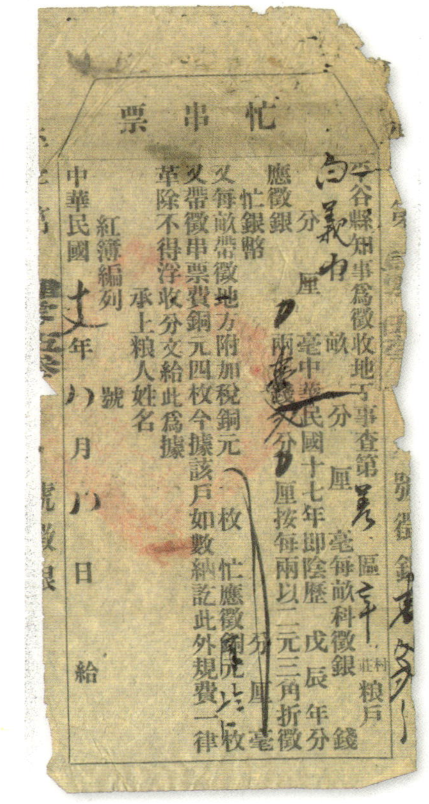
民国十七年（1928）小辛寨白家忙串票

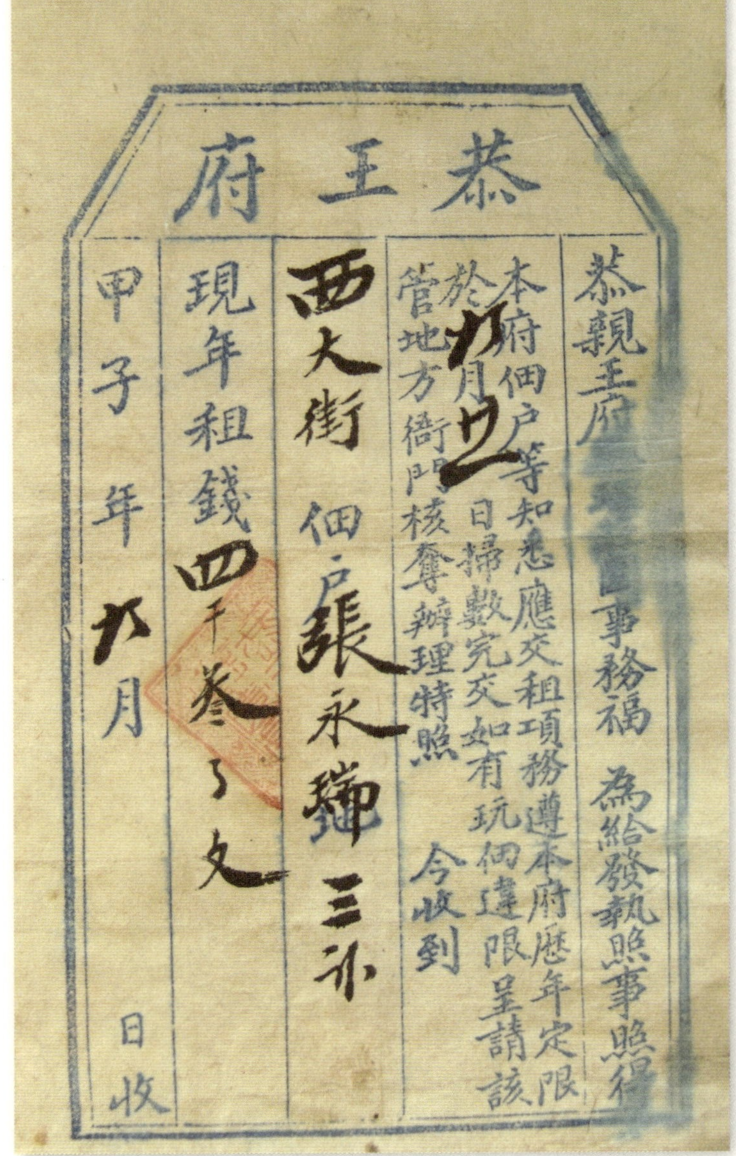

恭王府

恭親王府[illegible]事務福　為給發執照事照得

本府佃戶等知悉應交租項務遵本府歷年定限

於九月廿日歸數完交如有玩佃違限呈請該

管地方衙門核奪辦理特照　今收到

西大街佃戶張永瑞三示

現年租錢四千叁百文

甲子年九月　日收

■ 同治甲子年（1864）马坊西大街恭王府管理庄园事务府收租票据

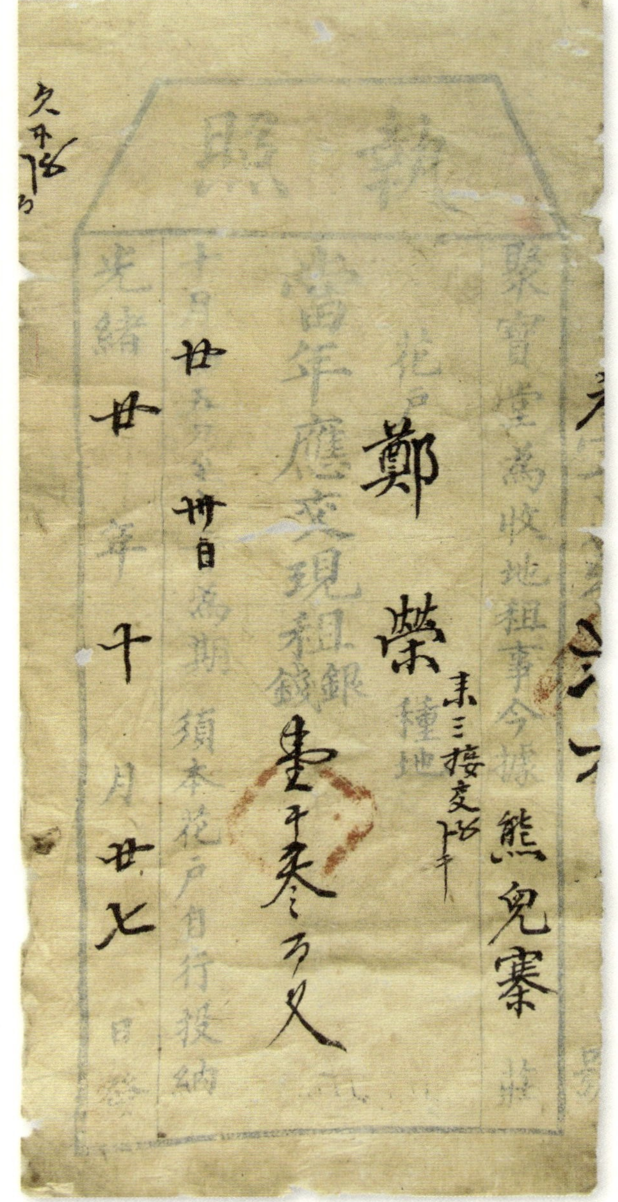

執照

聚寶堂為收地租事今據　熊兒寨　莊

花戶　鄭榮　種地

當年應交現租銀錢壹千叁百文

十月廿[illegible]卅日為期須本花戶自行投納

光緒廿年十月廿七日發

■ 光绪二十年（1894）聚宝堂收熊儿寨粮收据

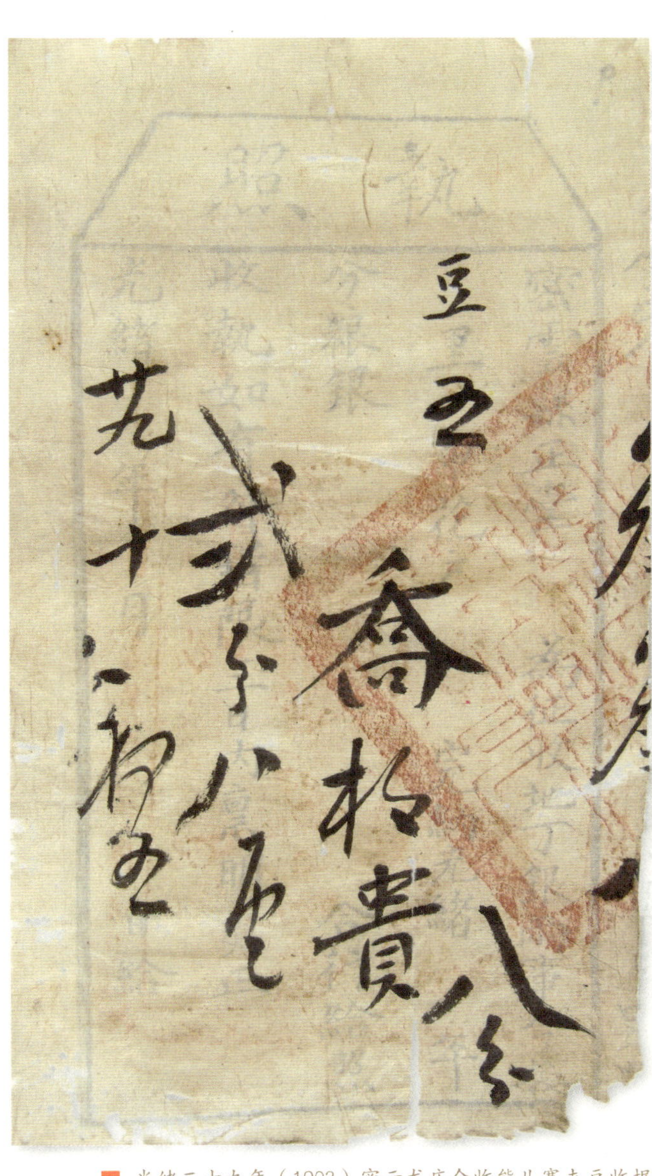
光绪二十九年（1903）密云龙庆仓收熊儿寨屯豆收据

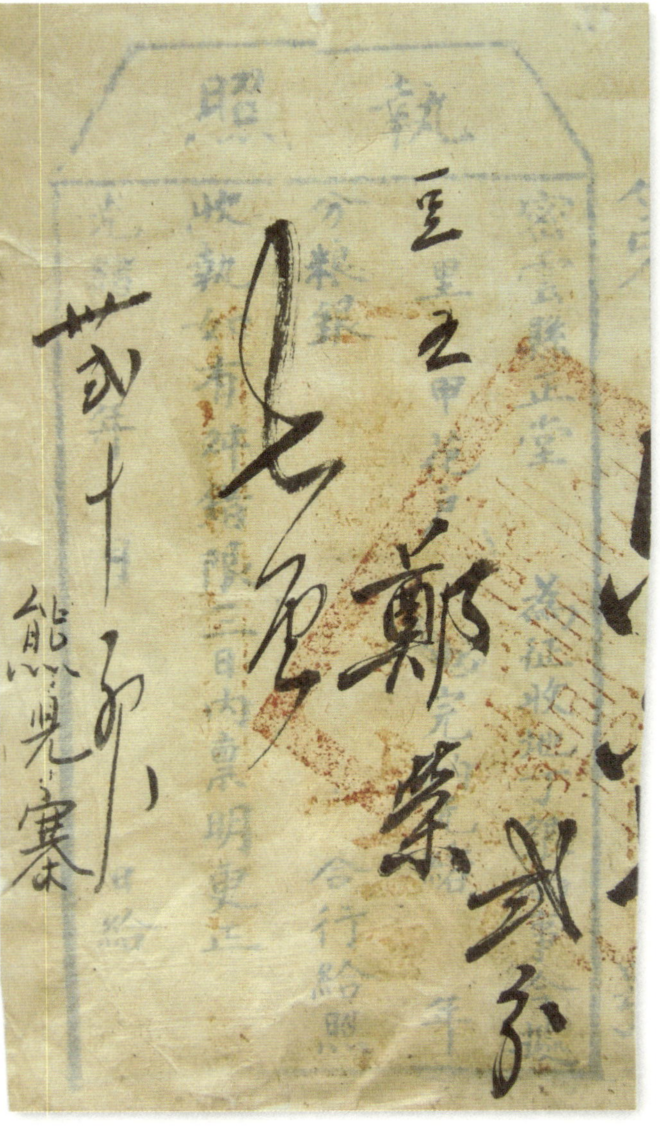
光绪三十二年（1906）密云龙庆仓收熊儿寨屯豆收据

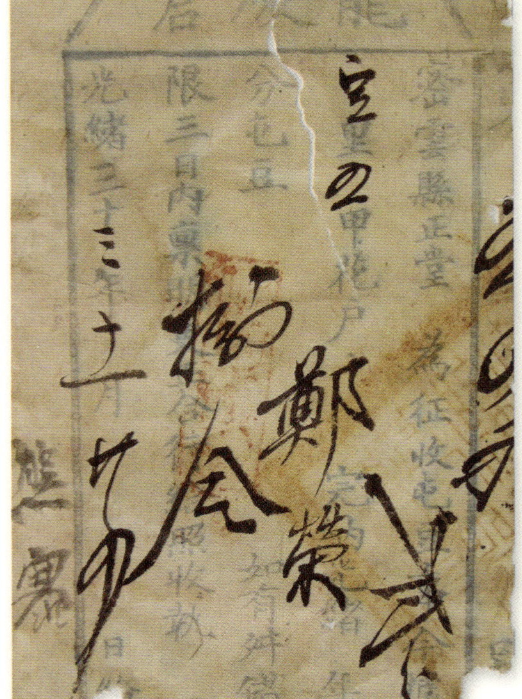

■ 光绪三十三年（1907）密云龙庆仓收熊儿寨屯豆收据

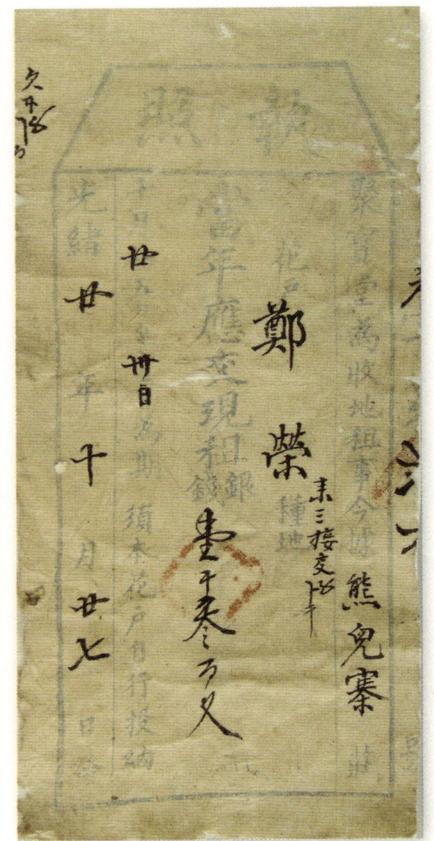

■ 光绪二十年（1894）仵聚宝堂收地租执照

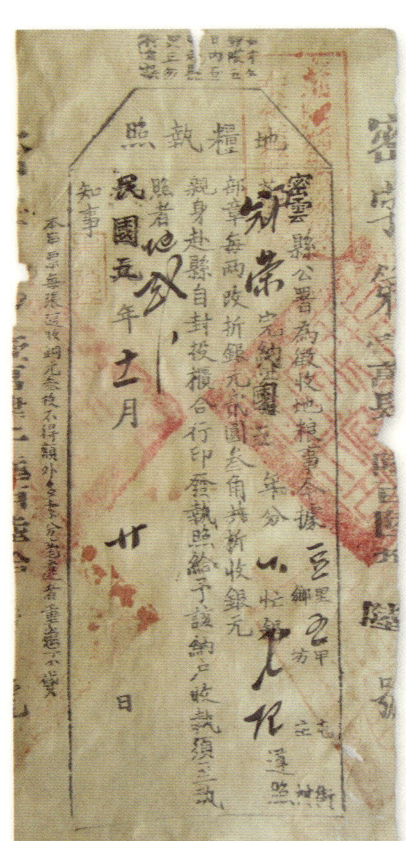

■ 民国五年（1916）密云县给熊儿寨郑家地粮执照

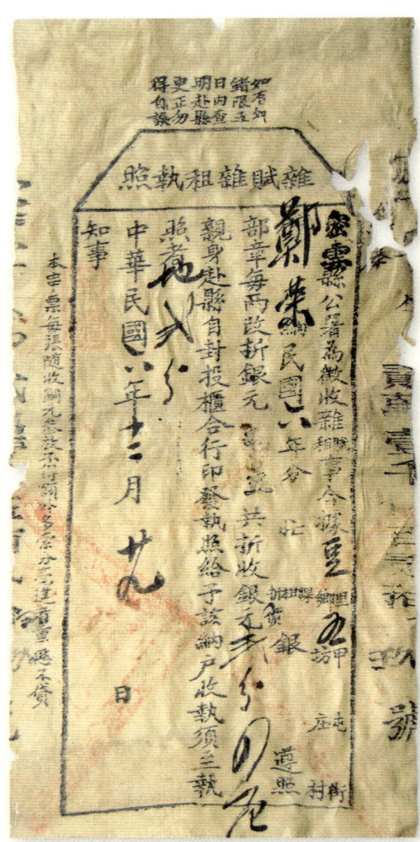

■ 民国六年（1917）密云县熊儿寨郑家杂赋杂租执照

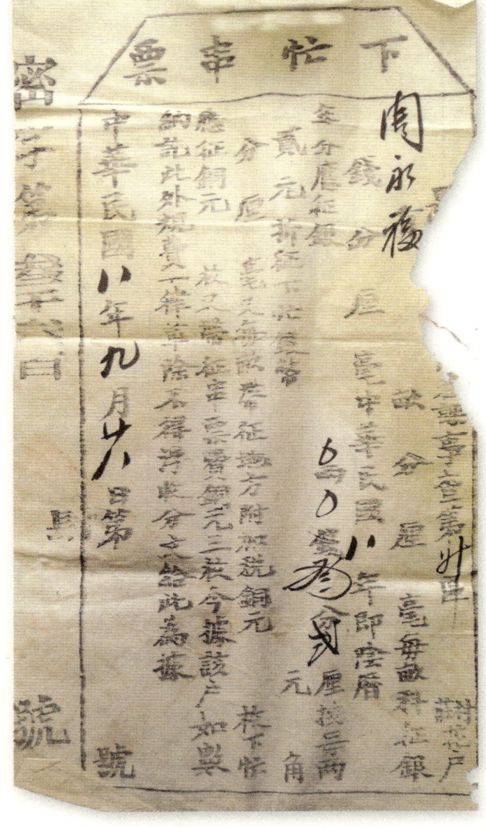

■ 民国八年（1919）密云县衙颁发的下忙串

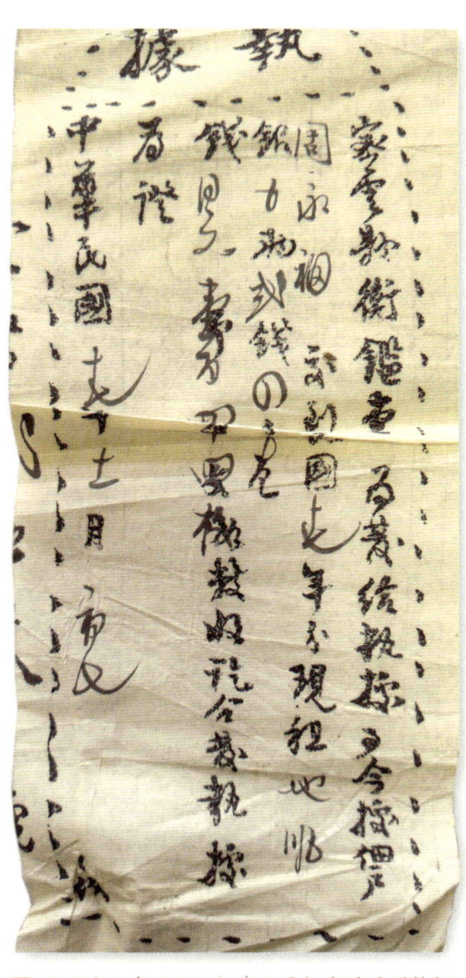
執據

民国十七年（1928）密云县衙发的纳税执据

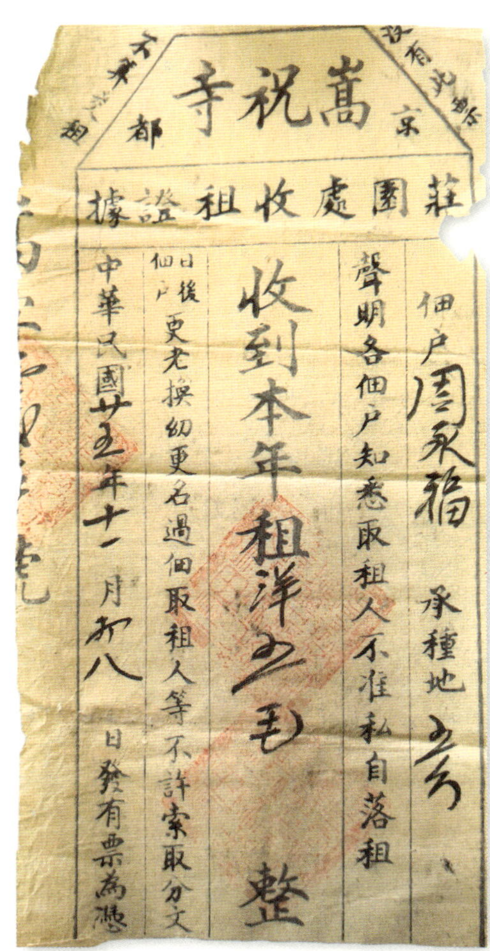
京都 萬祝寺

莊園處收租證據

佃户 周永福 承種地

聲明各佃户知悉取租人不准私自落租

收到本年租洋 整

日後更老換幼更名過佃取租人等不許索取分文

佃户

中華民國廿五年十一月初八日發有票爲憑

民国二十五年（1936）京都萬祝寺发给的收租执据

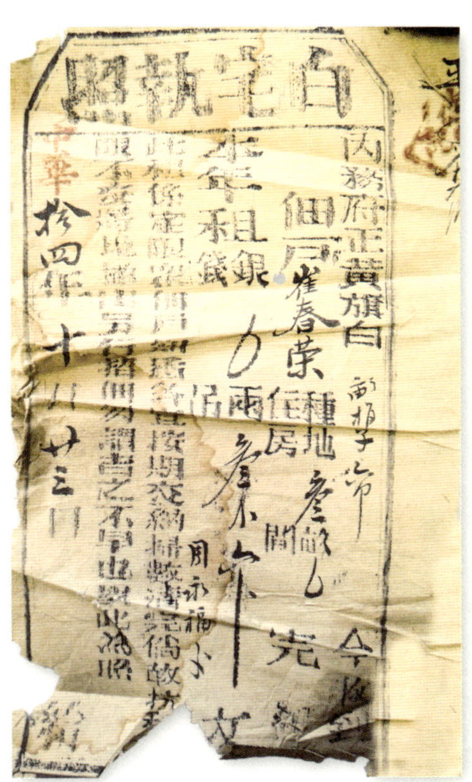
白宅執照

內務府正黃旗白

佃户崔春榮 種地

租銀

中華

民国十四年（1925）内务府白宅收鱼子山崔家地税

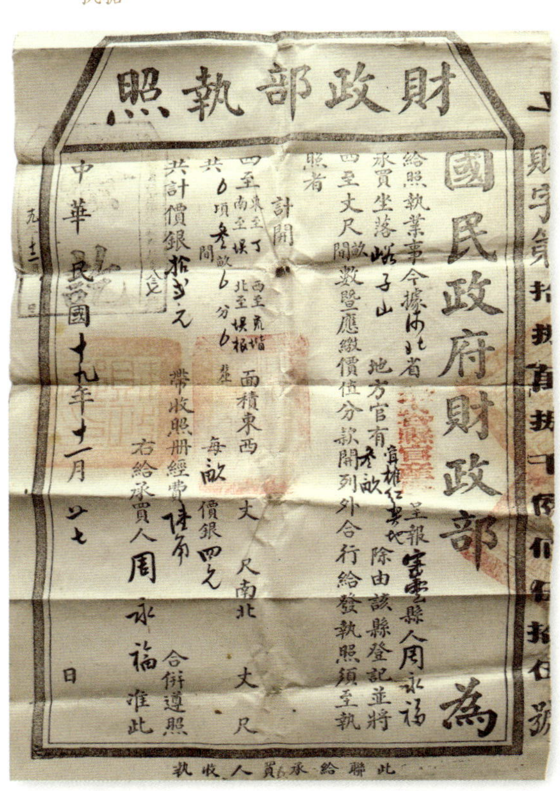
財政部執照

國民政府財政部 爲

給照執業事今據河北省 密雲縣人周永福 呈報承買坐落魚子山 地方官有 除由該縣登記並將四至丈尺畝數暨應繳價值分款開列外合行給發執照須至執照者

計開

面積東西 丈 尺南北 丈 尺

每畝價銀

共計價銀

右給承買人周永福 准此

中華民國十九年十二月 日

此聯給承買人收執

民国十九年（1930）财政部执照，平谷官产局收密云县民鱼子山周永福买地纳税

本部分列举了峨嵋山、小辛寨、鱼子山等村执照和相关票据，旨在让大家了解当年业主手持的票据种类。熊儿寨、鱼子山旧属密云县，其票据另有一种价值。兹对鱼子山周家发现的票据择要简单解读：

1．周家票据：

执据

密云县衙监堂：为发给执据事，今据佃户周永福交到民国十七年分现租地银二钱四厘，钱同元一角，如数收讫，核发执据为证。

中华民国十七年十一月初七

2．佃户周永福交租证据：

由此可知鱼子山周家交租给“京都嵩祝寺”。嵩祝寺，北平名刹之一，位于北河沿大街25号。嵩祝寺建于清雍正，命第一代章嘉居多伦汇宗寺，四十五年封灌顶法师，掌管漠南黄教（即藏传佛教格鲁派），雍正时又令他掌管内蒙、京师、盛京、五台山、甘肃等地黄教寺院。从第二世章嘉开始，历代呼图克图（活佛）均以嵩祝寺为主要驻地。据《日下旧闻考》卷二十九载：“法渊寺在嵩祝寺东，智珠寺在嵩祝寺西”，“明番经厂、汉经厂今为嵩祝、法渊三寺”。

民国时期，嵩祝寺仍沿袭清代旧制，自己收租，内设庄园处负责出佃土地管理和收租。

3．民国八年（1919）密云县衙向鱼子山周永福征银三分二钱发给的下忙串票

4．民国九年（1920）密云县衙向鱼子山周永福征银三分二钱发给的上忙串票

5．民国十四年（1925）内务府正黄旗白宅收鱼子山佃户崔家地税后颁发的执照：

八旗是清代满族的一种军政制度，一旗代表一个军事管理机构，统辖一定的军事人口。清代前期这种称为“旗”的军事管理机构只有8个，按军旗颜色分为正白、镶白、正黄、镶黄、正蓝、镶蓝、正红、镶红。后来随着军队人数的增加编制很快扩大，到清中期已经扩大到110个旗，但仍然习惯以8种颜色的军旗划分，称为八旗。清朝的八旗分为满洲八旗、蒙古八旗和汉军八旗，其中满洲八旗、蒙古八旗的主体是骑兵，他们的普通士兵分为三个等级，马兵，战兵和守兵，军饷依次降低。满族姓氏与旗籍没有绝对的关系，八旗制度是满族的社会组织形式，最初具有军事、生产和行政三方面的职能，对满族社会早期经济的发展起到了促进作用。

平谷民间执照类档案种类甚多，本章以图片形式展示一部分常见格式。

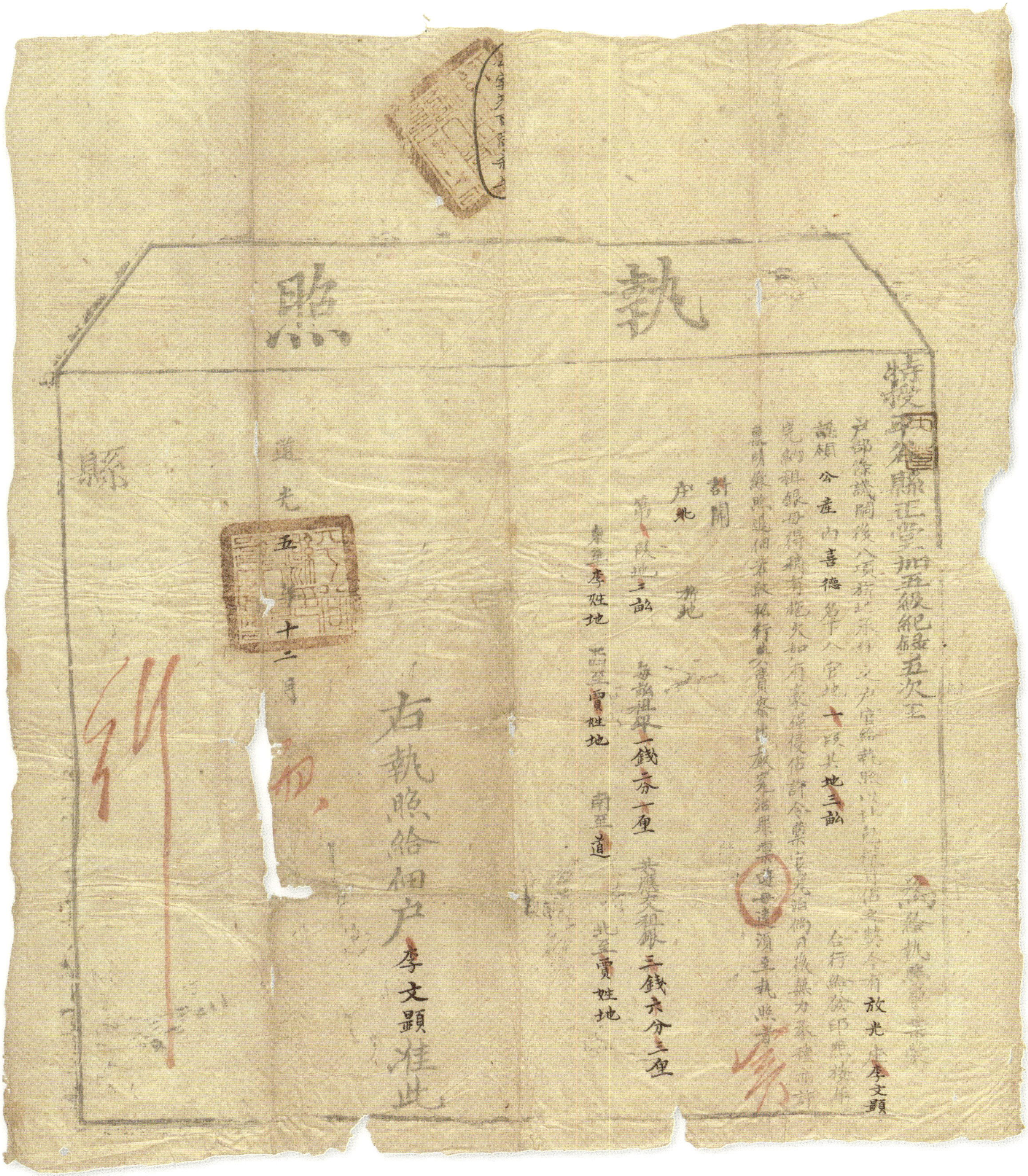

道光五年（1825）放光佃户李家土地执照。喜姓是镶黄旗满族人，清末迁走了

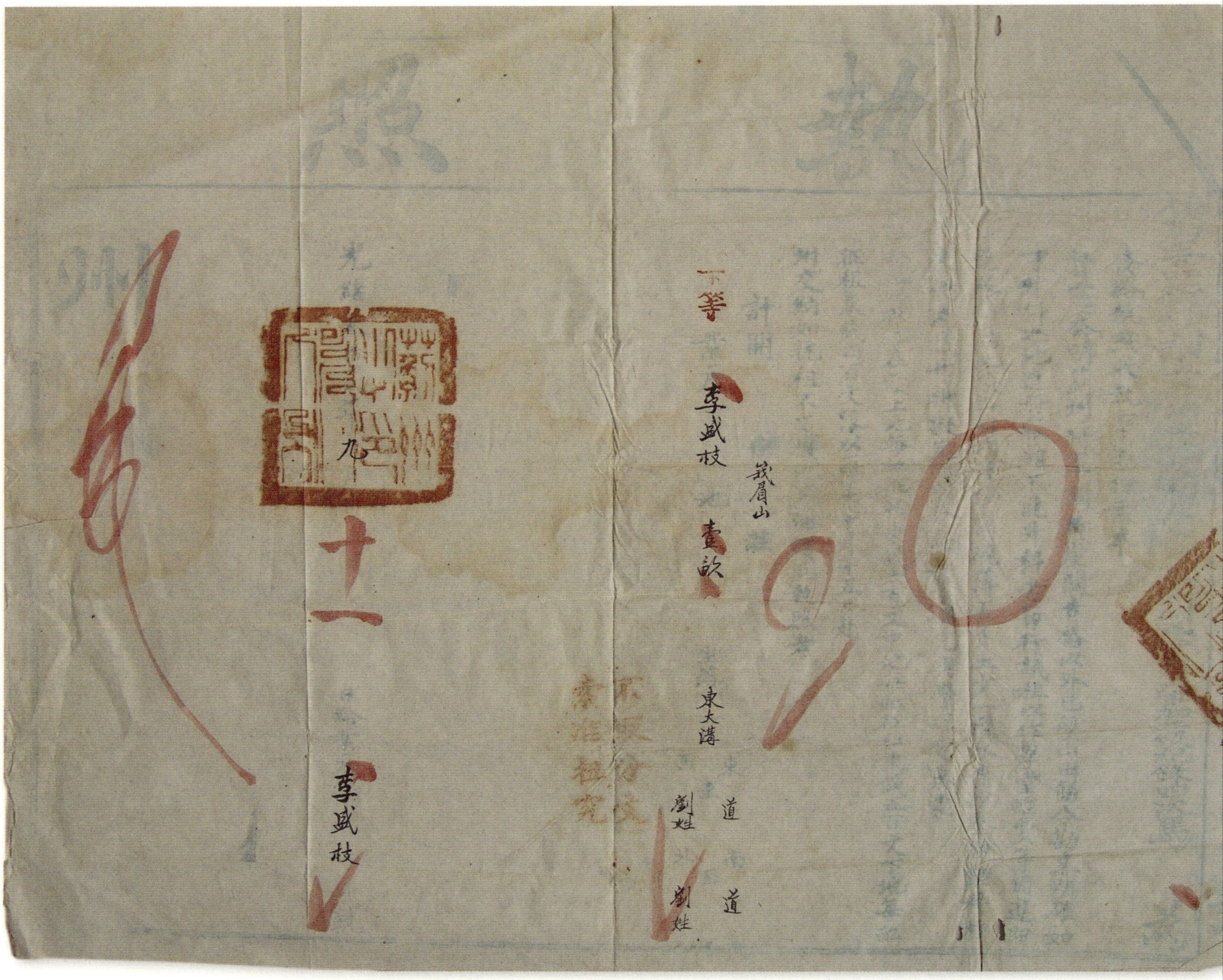

光绪三十二年（1906）蓟州峨嵋山李盛枝土地执照

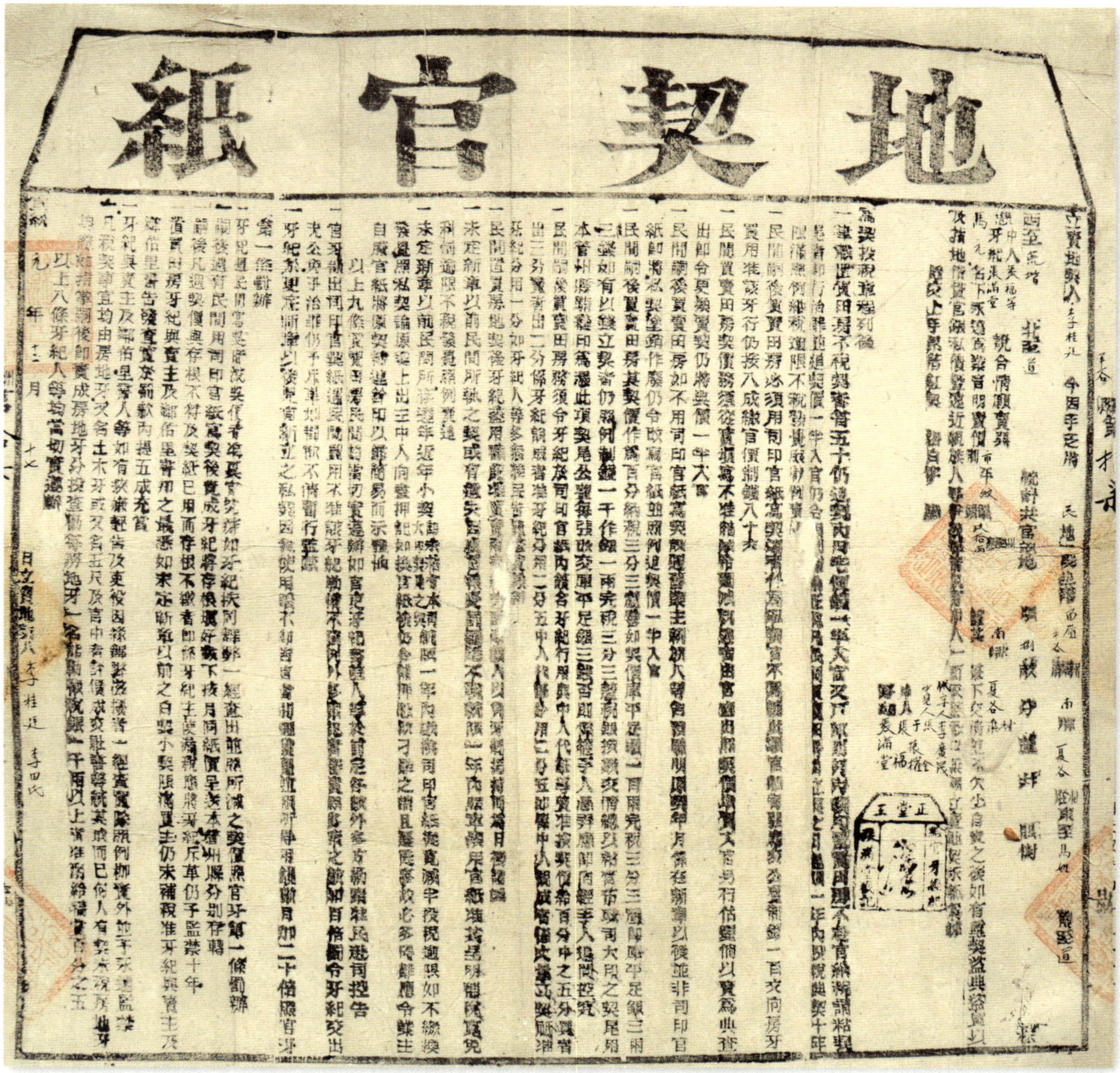

地契官紙

宣统元年（1909）夏各庄李桂廷将庙岭地出卖给马家官契纸

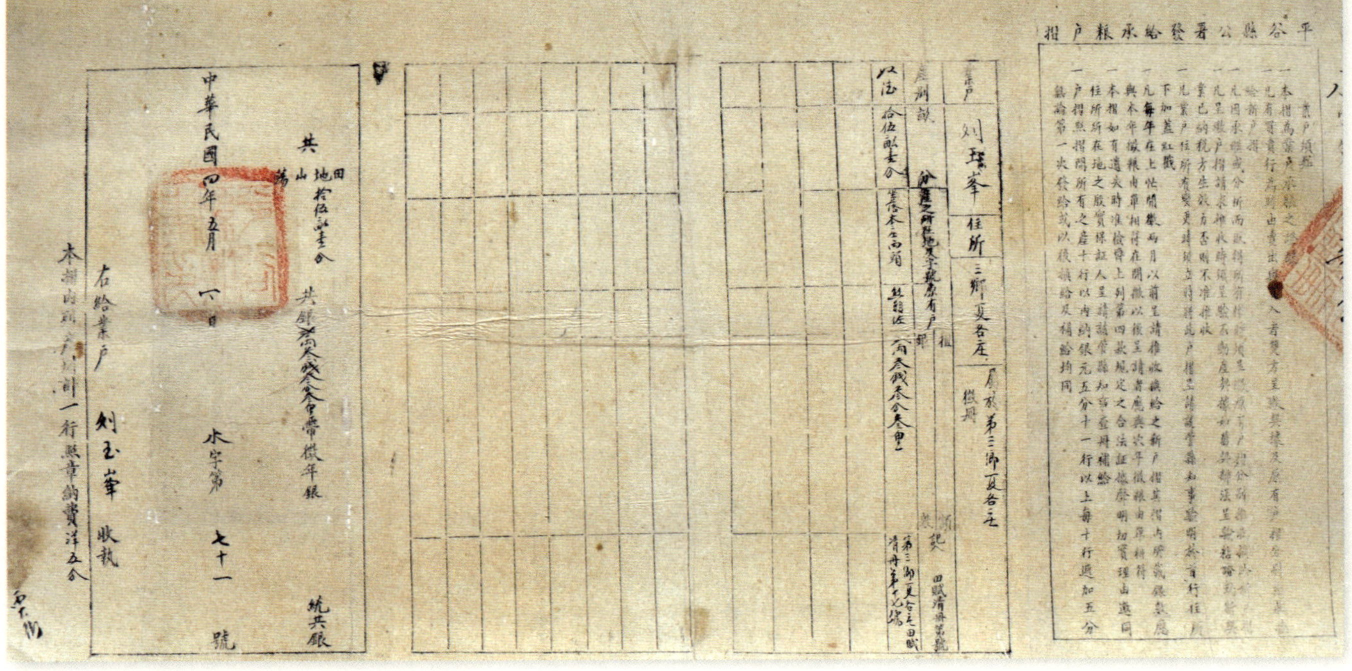
平谷縣公署發給承粮戶摺

中華民國四年五月 日

右給業戶 劉玉峰 收執

民国四年（1915）平谷县公署发给承粮户折

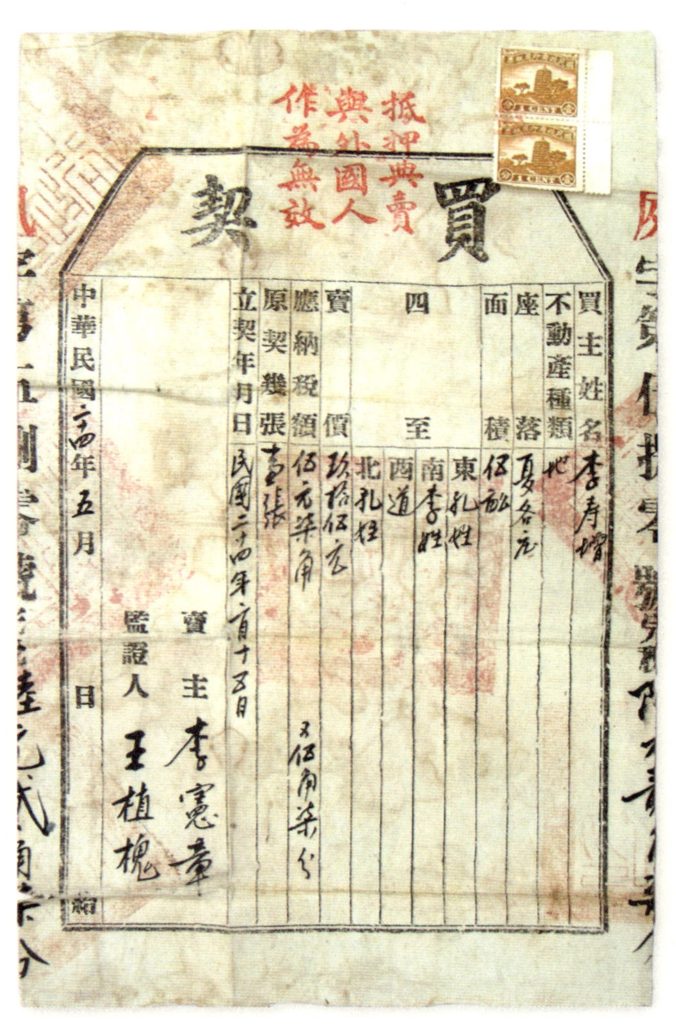
抵押典賣與外國人作為無效

買契

買主姓名 李壽增
不動產種類 地
座落 夏各庄
面積 伍畝
四至 東 孔姓 南 李姓 西 道 北 孔姓
賣價 玖拾伍元
應納稅額 伍元柒角
原契幾張 壹張
立契年月日 民國二十四年

賣主 李憲章
監證人 王植槐

中華民國二十四年五月 日 給

民国二十四年（1935）夏各庄李寿增买地时填写的格式化“卖契”纸。上有有“抵押典卖与外国人无效”印戳

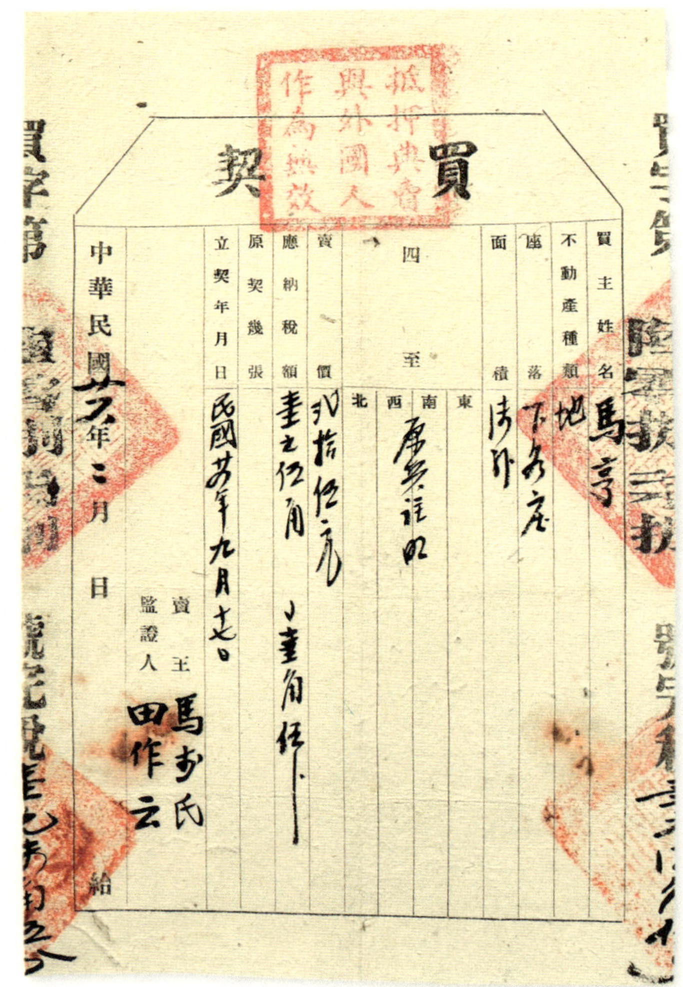
抵押典賣與外國人作為無效

買契

買主姓名 馬亨
不動產種類 地
座落
面積
四至 東 南 西 北
賣價
應納稅額
原契幾張
立契年月日 民國廿六年九月廿七日

賣主 馬李氏
監證人 田作云

中華民國廿六年 月 日 給

民国二十六年（1937）夏各庄马亨买马李氏地契

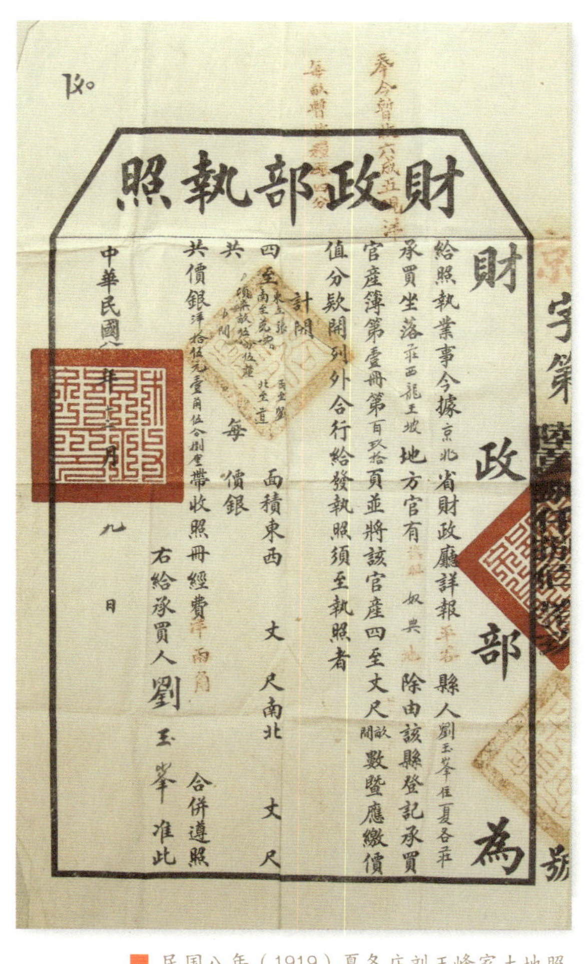

財政部執照

財政部 為

給照執業事令據京兆省財政廳詳報平谷縣人劉玉峯住夏各庄承買坐落平西龍王坡地方官有 除由該縣登記承買官產簿第壹冊第百玖拾頁並將該官產四至丈尺畝間數暨應繳價值分款開列外合行給發執照須至執照者

計開

四至 面積東西 丈 尺南北 丈 尺

共 每 價銀

共價銀洋拾伍元壹角伍分捌厘帶收照冊經費平南角 合併遵照

右給承買人劉玉峯 准此

中華民國八年九月 日

■ 民国八年（1919）夏各庄刘玉峰家土地照

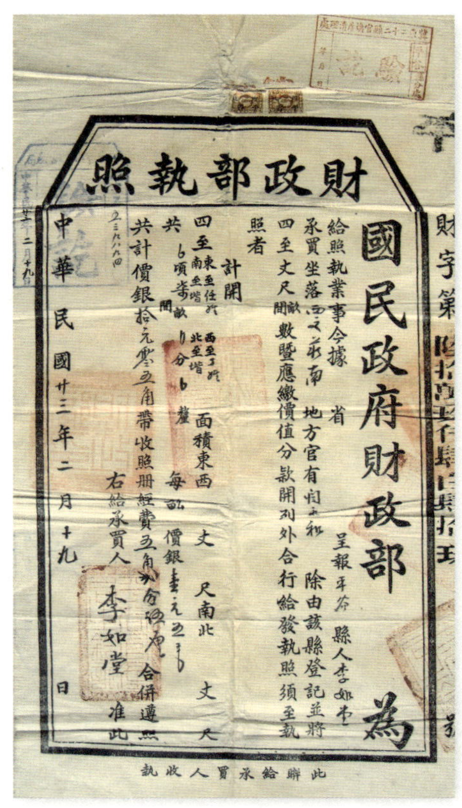

財政部執照

國民政府財政部 為

給照執業事令據 省呈報平谷縣人李如堂承買坐落 地方官有 除由該縣登記並將四至丈尺畝間數暨應繳價值分款開列外合行給發執照須至執照者

計開

四至 面積東西 丈 尺南北 丈 尺

共 每畝 價銀

共計價銀拾元零五角帶收照冊經費五角 合併遵照

右給承買人李如堂 准此

中華民國廿三年二月十九日

此聯給承買人收執

■ 民国二十三年（1934）峨嵋山李如堂财政部执照

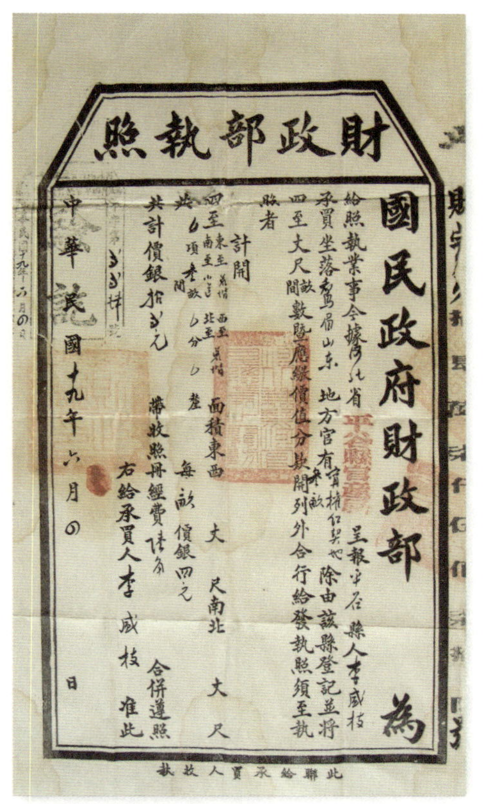

財政部執照

國民政府財政部 為

給照執業事令據 省呈報平谷縣人李盛枝承買坐落 地方官有 除由該縣登記並將四至丈尺畝間數暨應繳價值分款開列外合行給發執照須至執照者

計開

四至 面積東西 丈 尺南北 丈 尺

共 每畝 價銀

共計價銀 帶收照冊經費 合併遵照

右給承買人李盛枝 准此

中華民國十九年六月 日

此聯給承買人收執

■ 民国十九年（1930）峨嵋山李盛枝财政部执照

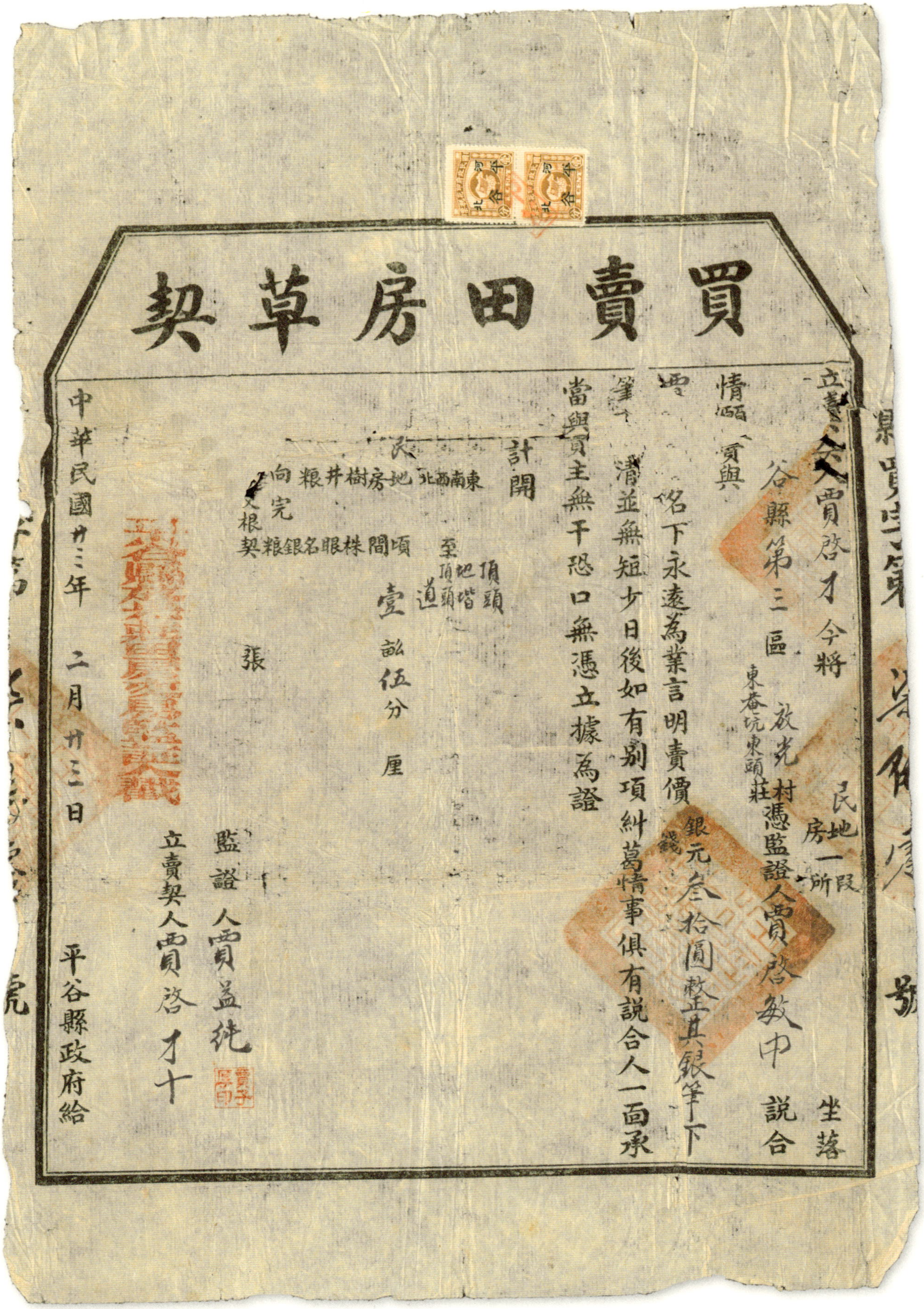

買賣田房草契

立賣契人賈啓才今將民地一段房一所坐落平谷縣第三區東脊坑東頭莊村憑監證人賈啓敏中說合情願賣與　名下永遠為業言明賣價銀元叁拾圓整其銀筆下交清並無短少日後如有別項糾葛情事俱有說合人一面承當與買主無干恐口無憑立據為證

計開

東南西北 地房樹井糧 向 完

項頭 地增 頭道 至 間株眼名銀粮 契根

壹 畝伍分 厘 張

監證人賈益純

立賣契人賈啓才十

中華民國廿三年二月廿三日

平谷縣政府給

1934 年买卖田房草契

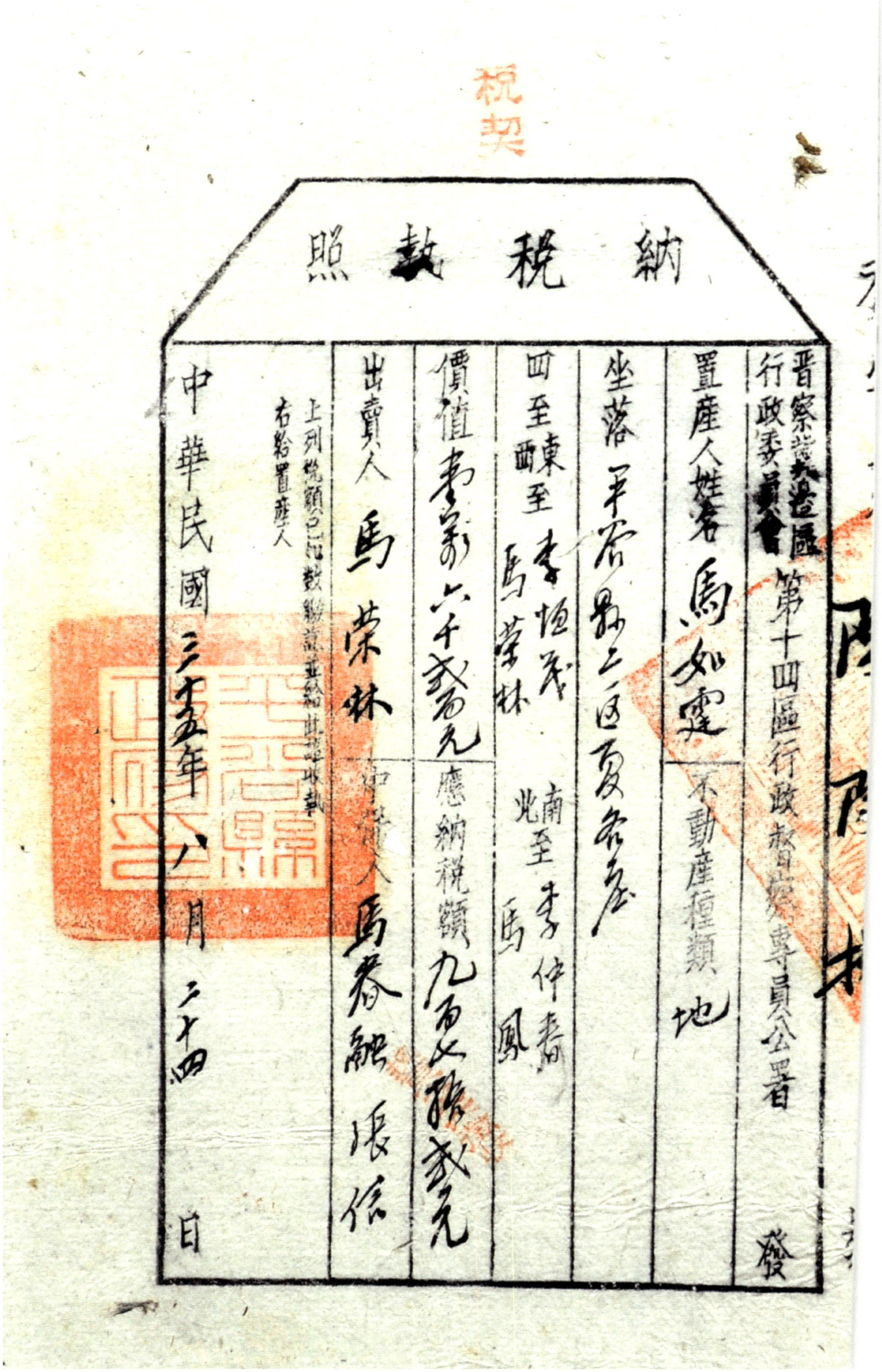

税契

納稅執照

晉察冀冀東區行政委員會第十四區行政督察專員公署 發

置產人姓名	馬如霆
不動產種類	地
坐落	平谷縣二區夏各庄
四至	東至李恒春 西至馬榮林 南至李仲春 北至馬鳳
價值	壹萬六千貳百元
應納稅額	九百七拾貳元
出賣人	馬榮林
中證人	馬春融 張信

上列稅額已如數繳訖並給此執照

右給置產人

中華民國三十五年八月二十四日

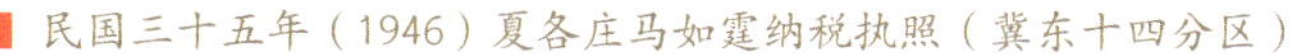

民国三十五年（1946）夏各庄马如霆纳税执照（冀东十四分区）

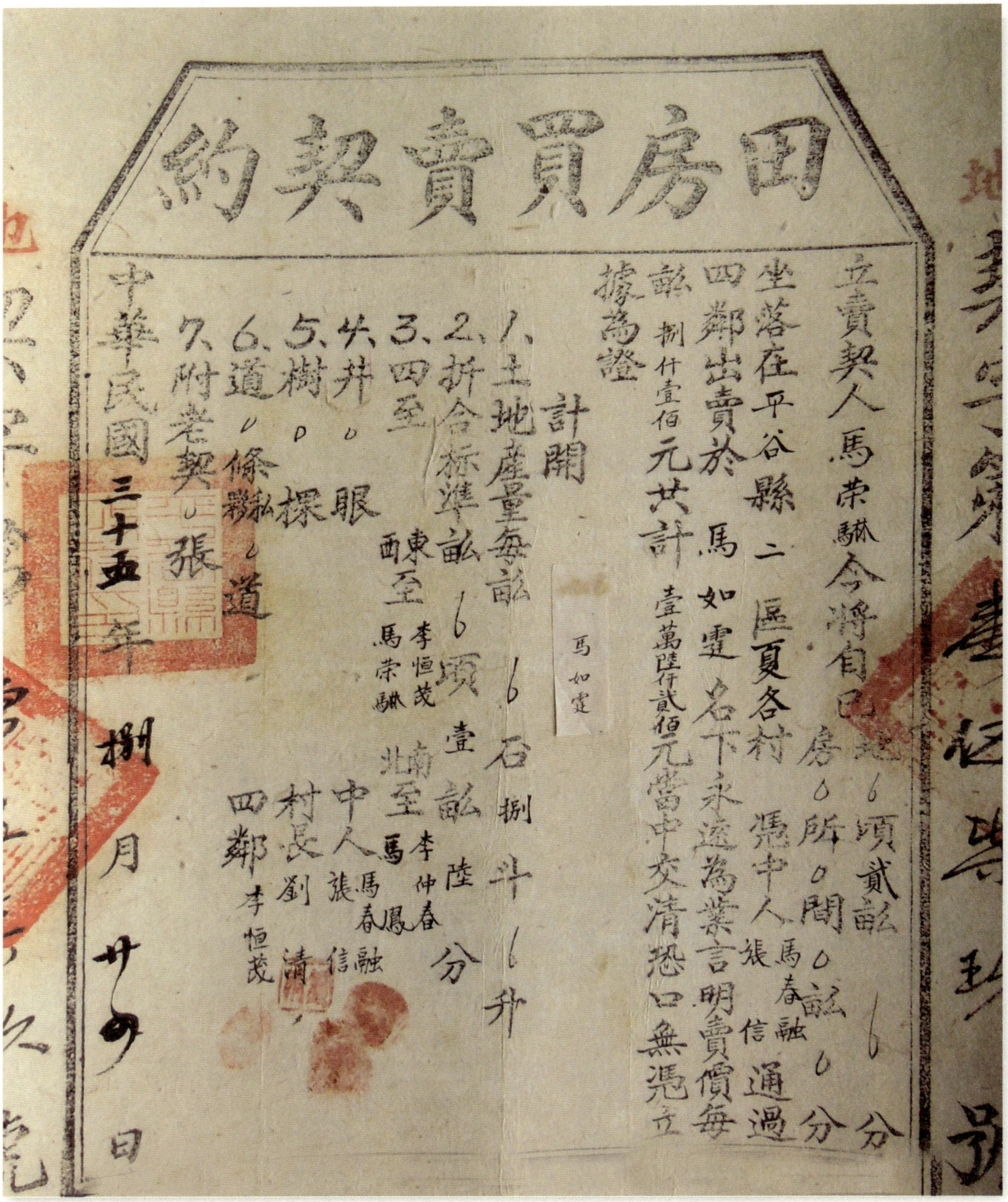

田房買賣契約

立賣契人馬荣赫今將自己地6頃貳畝6分
房0所0間0畝0分
坐落在平谷縣二區夏各村憑中人馬春融、張信通過
四鄰出賣於馬如霆名下永遠為業言明賣價每
畝捌什壹佰元共計壹萬陸仟貳佰元當中交清恐口無憑立
據為證

計開

1、土地產量每畝6石捌斗6升
2、折合標準畝6頃壹畝陸分
3、四至 東至李恒茂 西至馬荣赫 南至 北至李仲春 馬春鳳
4、井0眼
5、樹0棵
6、道0條 私0道
7、附老契0張

中人 馬春融 張信
村長 劉清
四鄰 李恒茂

中華民國三十五年捌月廿四日

馬如霆

1946 年夏各庄马家买卖田房草契

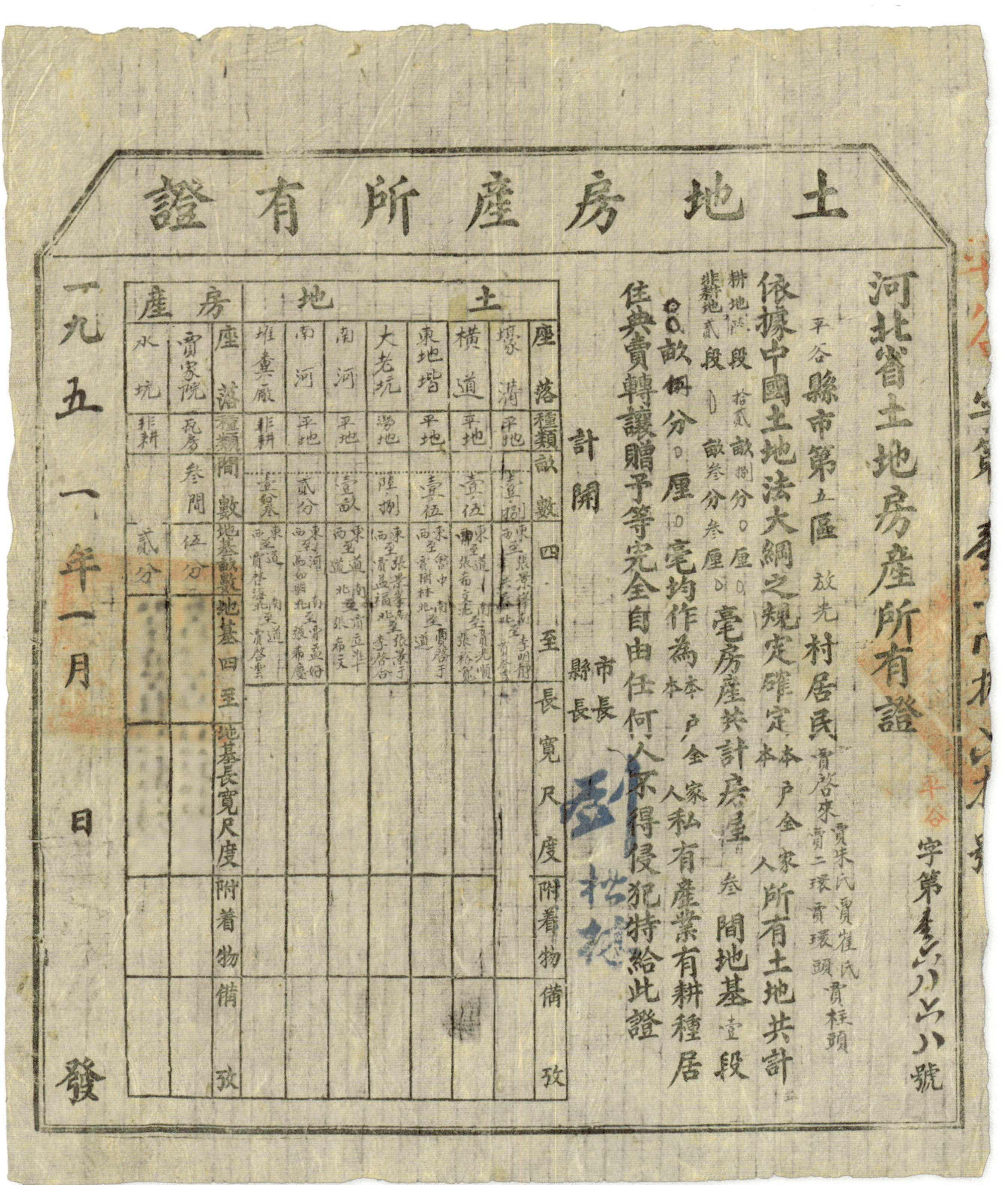

土地房產所有證

河北省土地房產所有證

字第 號

平谷縣市第五區放光村居民賈啓來 賈朱氏 賈崔氏 賈二環 賈環頭 賈柱頭

依據中國土地法大綱之規定確定本戶全家人所有土地共計

耕地陸段 拾貳畝捌分〇厘

非耕地貳段 〇畝叁分叁厘

〇〇畝捌分〇厘〇毫均作為本戶全家人私有產業有耕種居住典賣轉讓贈予等完全自由任何人不得侵犯特給此證

房產共計房屋叁間地基壹段

計開

	座落	種類	畝數	四至	長寬尺度	附着物	備考
土地	壕溝	平地	壹畝捌	[illegible]			
	橫道	平地	壹畝伍	[illegible]			
	東地塄	平地	壹畝伍	[illegible]			
	大老坑	灘地	陸畝捌	[illegible]			
	南河	平地	壹畝	[illegible]			
	南河	平地	貳分	[illegible]			
	堆糞廠	非耕	壹分叁	[illegible]			
房產	賈家院	瓦房	叁間	伍分			
	水坑	非耕		貳分			

縣長 市長

一九五一年一月 日發

1951 年全国统一颁发的土地房产所有证

附：征编赋役规则碑解读

明朝万历实行徭役赋税制度改革，采取宰相张居正提出的“一条鞭”法，将原来地税和徭役分别征收改为地租、赋役一起征，万历十五年（1587）开始在全国统一实施。各州府县一体遵照，为让百姓都了解这项新政，当年十月，平谷县知县王准根据“上级指示”，让典史车大任按照国家统一颁发的“文件”拟写了一份《征编赋役规则》，并刻石立于县衙东侧。碑通高 250 厘米，碑首高 87 厘米，为方首云龙图案，碑额楷书“征编赋役规则”，碑身高 163 厘米，宽 82 厘米，厚 21 厘米（拓片）。碑阳正文为“顺天府清查过蓟州平谷县赋役册总数目并征编规则”，楷书 21 行，碑阴为“官薄式样”和“由票式样”。此碑是万历年间官府向民间征收赋役的规则及数量，详尽到丁分六等，田别分厘，银以丝忽，粮按圭粟。1962 年秋，邓拓曾指示说，这是考察古代政治经济的实物史料，要好好保护，不能损坏和失落。此碑现存于平谷区上宅陈列馆。北京地区内有关税务方面石刻仅存两块，而且平谷的石刻是最早的也是唯一有关法规性质的。鉴于此碑意义之重要，兹将碑拓原文照录如后，并不揣冒昧，试作简要解读。

原文：

顺天府清查过蓟州平谷县赋役册总数目并征编规则开列于后

计开

夏税起存共银壹百贰拾伍两陆钱陆分□厘捌丝陆忽伍微秋粮起存共银壹百捌拾陆两捌钱捌厘贰丝陆忽陆微盐钱起存共银捌拾肆钱肆分捌厘站粮共银陆百玖拾壹两玖钱捌分壹厘叁毫陆丝玖忽贰微银差共银捌百陆拾肆两壹钱叁分壹厘经费共银贰千柒拾贰两陆钱陆分叁厘伍毫陆丝贰忽陆微以上六项俱系地亩派征力差共银壹千陆百肆拾两陆钱系口地相兼派征

一 原额征除本色黑豆外夏税秋粮盐钞站粮银差力差经费等项银两通共伍千陆百陆拾柒两叁钱壹厘捌毫□丝伍忽地亩征银肆千柒百叁拾柒两玖钱叁厘捌毫肆丝伍忽人丁银玖百贰拾玖两肆钱

一 原额导壹千壹百玖顷叁拾贰亩每亩征银叁分陆厘贰毫伍丝肆忽共银肆千贰拾壹两柒钱壹厘捌毫肆丝伍忽民地玖百伍拾捌顷贰亩叁分玖厘每亩加力差银贰厘柒毫叁丝捌忽伍微征银贰百陆拾贰两叁钱壹分壹厘柒毫寄庄地壹百伍拾壹顷贰拾玖亩陆分壹厘每亩加力差银叁分共征银肆百伍拾叁两捌钱捌分捌厘叁毫通共征肆千柒百叁拾柒两玖钱壹厘捌毫肆丝伍忽

一 实在人丁叁千壹百肆拾丁中上丁肆拾贰丁每丁编银壹两贰钱中上丁壹百丁每丁编银壹两中下丁壹百陆拾捌丁每丁编银捌钱下上丁壹百壹拾壹丁每丁编银陆钱下中丁叁百壹拾玖丁每丁编银肆钱下下丁贰千肆百叁拾柒丁每丁编银贰钱共编银玖百贰拾玖两肆钱

一 夏税起征小麦银壹百壹拾叁两贰钱壹分贰厘肆毫叁丝柒忽伍微每银肆钱改征黑豆壹石共豆贰百捌拾叁石叁升壹合玖抄叁撮柒圭伍粟

一 秋粮起运粟米银贰百叁拾玖两玖钱壹分玖厘伍毫每银肆钱改征黑豆壹石共豆伍百玖拾柒斗玖升捌合柒勺伍抄

一 马草起存共银陆百肆拾肆两伍钱壹分伍厘每银肆钱改征黑豆壹石共豆壹千陆百壹拾壹石贰斗捌升柒合伍勺以上三项俱系地亩本色派征

以上概县地丁编派银两自足各项钱两粮之数每年照此征编不可毫忽增减如遇审编之年视人丁之多寡以为增减大抵不失原额之数足矣至于每年征收官簿务与由票相同照样式样正月内造完请即给发不许另立纸簿征收开柜在贰月为始每壹月为限分为拾限贰门外立永柜请花户自称秤自行投柜大户止填注簿票每年委佐贰官清查收过银

两寄库如有黑书加派及火在秤收者许花户径自赴告即行座问今将簿式由票式刊刻于后该县永为遵守毋得款变取空作速立石与民知悉

万历拾伍年拾月□日

知县　王准　典史　车大任

译文并注释：

顺天府清查过蓟州平谷县赋役册总数目，并征编规则开列于后。计开：

夏税起存：每年分夏、秋两季征税。“起”是运走，“存”是储存。意思是夏季税粮运走和存放在本地的税粮共折银一百二十五两六分□厘八丝六忽五微。秋粮起存共银一百八拾六两八钱八厘二丝六忽六微；盐钱起存共银八十四钱四分八厘；站粮共银六百九十一两九钱八分一厘三毫六丝九忽二微。银差（差役折银）共银八百六十四两一钱三分一厘。经费（指县衙日常办公费用，是按照朝廷拟定的指标合法征收的）共银二千零七十二两六钱六分三厘五毫六丝二忽六微。以上六项俱系地亩派征（即按照土地亩数，不按人头），力差（徭役，出官工）共银一千六百四十两六钱，系口地相兼（即按照土地和人头相结合办法）派征。

一、原额征除本色黑豆外，夏税、秋粮、盐钞、站粮、银差、力差、经费等项银两通共五千六百六十七两三钱一厘八毫□丝五忽。地亩征银四千七百三十七两九钱三厘八毫四丝五忽。人丁银九百二十九两四钱。黑豆历朝都是单征科目，用途是为军马准备，必须有保障。

一、原额（原造册上的地亩数）地一千一百九十顷三十二亩，每亩征银三分六厘二毫五丝四忽，共银四千零二十一两七钱一厘八毫四丝五忽。民地（普通百姓的耕地）九百五十八顷二亩三分九厘，每亩加力差（出官工）银二厘七毫三丝八忽五微，征银二百六十二两三钱一分一厘七毫。寄庄地（寄存在庄头名下的土地，主要是因瘟疫、战争等灾害死亡或举家迁到山沟的弃种土地，由庄头代管）一百五十一顷二十九亩六分一厘，每亩加力差银三分，共征银四百五十三两八钱八分八厘三毫，通共征四千七百三十七两九钱一厘八毫四丝五忽。

一、实在人丁三千一百四十丁（15 岁以上到 55 岁人口），中上丁四十二丁，每丁编银一两二钱；中中丁壹一百丁，每丁编银一两；中下丁一百六十八丁，每丁编银八钱。下上丁一百一十一丁，每丁编银六钱；下中丁三百一十九丁，每丁编银四钱；下下丁二千四百三十七丁，每丁编银二钱，共编银九百二十九两四钱。

一、夏税起征小麦银（应征小麦改折收银两）一百一十三两二钱一分二厘四毫三丝七忽五微，每银四钱改征黑豆一石，共豆二百八十三石三升一合九抄三撮七圭五粟（古人对于粮食的计量一般起于圭。六粒之粟，十圭谓之一撮，十撮谓之一抄，十抄谓之一勺，十勺谓之一合，十合谓之一升，十升谓之一斗，十斗谓之一斛）。

一、秋粮起运粟米银二百三十九两九钱一分九厘五毫，每银肆钱改征黑豆一石，共豆五百九十七斗九升八合七勺五抄。

一、马草起存共银六百四十四两五钱一分五厘，每银四钱改征黑豆一石，共豆一千六百一十一石二斗八升七合五勺。以上三项俱系地亩本色（按地亩实数）派征。

以上概县地丁编派银两（全县地税和人头税应征银两的数额），自足各项钱两粮之数，每年照此征编（以此为定额），不可毫忽增减。如遇审编（重新核定）之年，视人丁之多寡以为增减，大抵不失原额之数足矣（如遇清查重新编造册，再行改变，但基本保持在原数）。至于每年征收官簿，务与由票（开出票据的存根）相同，照桥（参照）式样正月内造完，请即给发，不许另立纸簿征收。开柜在贰月为始，每壹月为限，分为拾限。贰门外立永柜，请花户□□秤□村投柜（意思是“请纳税户自行过称按标好的业主名称、村名将税粮投入柜内”）。

大户（即大的纳税户）止填注簿票，每年委佐贰官（副职官员）清查，收过银两寄库（本句意思是大户人家不用到县衙投柜，只需坐家在账簿上填写数量即可，税粮或税银由税官直接拉走入库）。如有黑书加派（另行加派）及火（火耗即收散银熔铸大锭有分量消耗）在秤收者，许花户（在花名册上的业主）径自赴告（直接到知县处申诉），即行座问（知县立即问案）。今将簿式、由票式（花名册的样式和纳税后给予的票据样式）刊刻于后，该县永为遵守，毋得款变取空（弄虚作假），作速立石（将此刻在石碑上）与民知悉（让百姓都知道）。

万历拾伍年（1588）拾月□日

知县王准。典史（负责协助知县办公的工作人员）车大任。平谷“征编赋役规则”是明代万历年间宰相张居正提出的一条重要税制改革内容。

明朝万历八年（1581），为了增加明朝政府的财政收入，内阁首辅张居正建议在全国推行“一条鞭法”，把原来的田赋、徭役和杂税合并起来，折成银两，分摊到田亩上，按田亩多少收税。万历十五年开始在全国全面推行。因为实施这一改革的前提是清查土地，所以一条鞭法实行不久便因大地主的顽固阻挠而被迫停止。然而改用银两收税的办法却保留了下来。“一条鞭法”是进步的举措：一是把田赋和繁杂的徭役、杂税合并统一征收，简化了赋役征收手续；二是把徭役部分地摊入田亩，既根据人丁又依照田亩征收；三是田赋、徭役和杂税合为一条后，一律征银。田赋，除政府必须的米麦仍然交实物外，其余以白银折纳；徭役，一律实行银差。“一条鞭法”上承唐代的“两税法”，下启清代雍正帝的“摊丁入亩”，是封建赋税制度的一大变革。

清代，平谷负责夏秋粮食起解的工作可能由上纸寨李家承担，2009年在李家发现几件书折，都是关于运粮的，其中一件名叫《各处斛斗规章》，内中标明北京周边各地之间粮食起解运输到各地粮库，因地区间斗斛之间大小有区别（如同东钱和市钱的区别）需要弥补，于是将各县甚至各镇之间的斗斛差别注明。这也是重要档案资料。

■ 各处斛斗规章

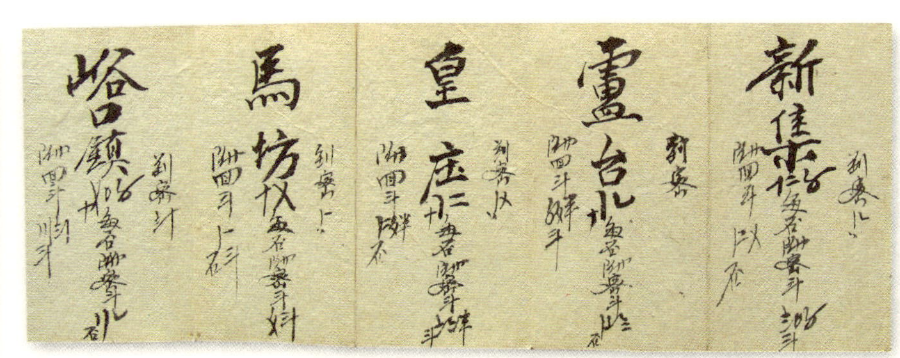

■ 各处斛斗规章内页

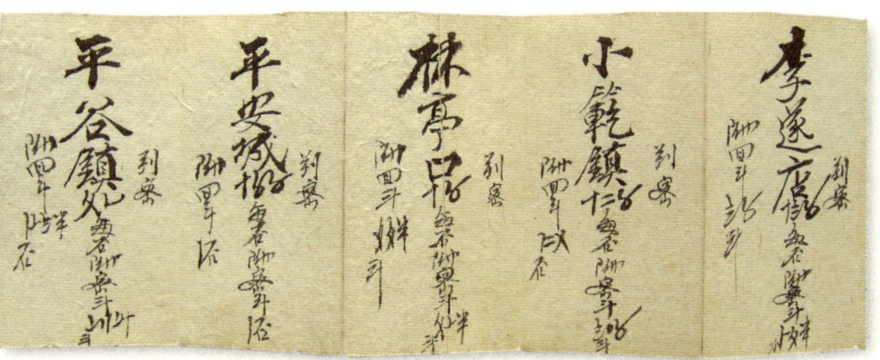

■ 各处斛斗规章内页

第五部分
契约和土地房产执照里的小地名

地名是区别地域的标志。地名的概念是相对的，站在世界角度讲，国家的名称就是地名，站在国家角度讲，各省直辖市自治区是地名，再向下就是地级市，地级市下是县级市和直辖市下属的区县，这些都是国家常用的地名，相对于国家来说，乡镇级就属于小地名，站在区县来讲呢，所属各村就是小地名。村级行政单位是国家最基本的行政单位，也就是区县一级的最小地名，也是国家的基础地名。但站在村级行政区位来讲，所耕种的土地、所流经的河流，所辖有的山川，则又是一个层面的小地名，而且是区分小地域的无法再分化的最小地名，这一类地名是构成国家地名的基本细胞。国家区分地名，主要是按行政区、自然特征（山川、河流、关隘等）、经济地名（水库、水渠、车站、道路、桥梁、隧洞、林场等）、文化历史（名胜古迹、革命纪念地、寺庙）等归类。

村名作为国家的基础地名，其各自的得名由来已久，如夏各庄、祖务、马屯、大小辛寨、北城子、安固、泰务、东高村、英城、独乐河等村名，都差不多有一两千年历史了。平谷地名办在 40 多年前曾组织人力编写过《平谷地名录》和《平谷地名志》（1993 年刊印）。当时记载平谷县一共有 275 个行政村。每个村庄的名称本身就是一个地方的重要文化遗产。平谷区所属行政村挂“庄、寨、营、楼、庙、寺、店、集、镇、屯、务”的比较多，如夏各庄、北寨、甘营、门楼、五里庙、云峰寺、刘家店、靠山集、上镇、马家屯、大旺务等。笔

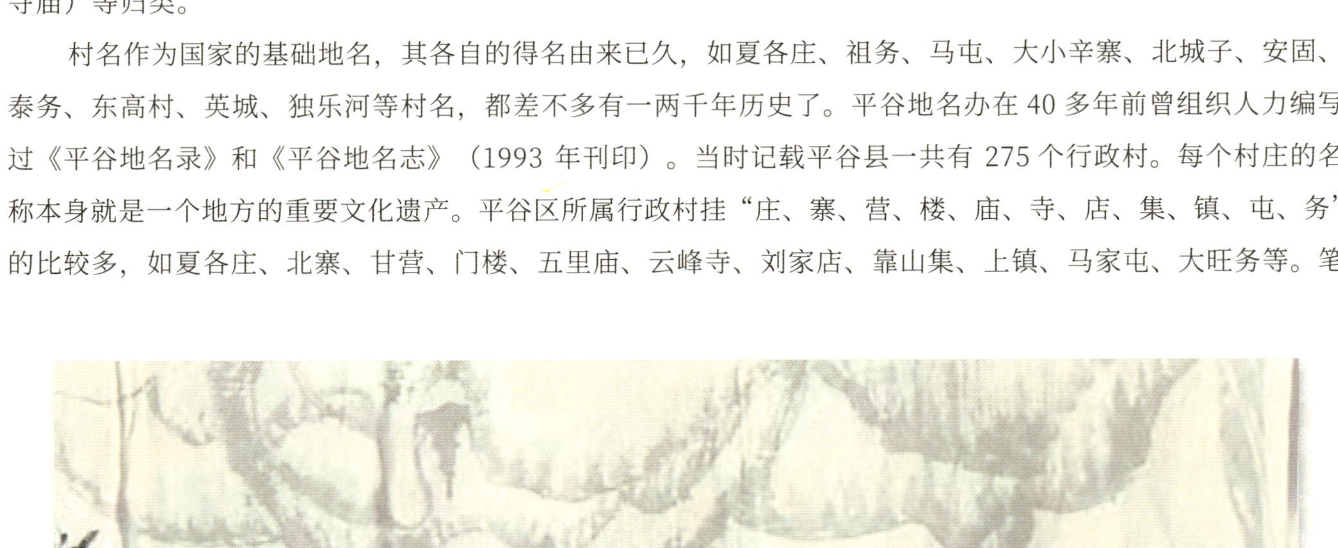

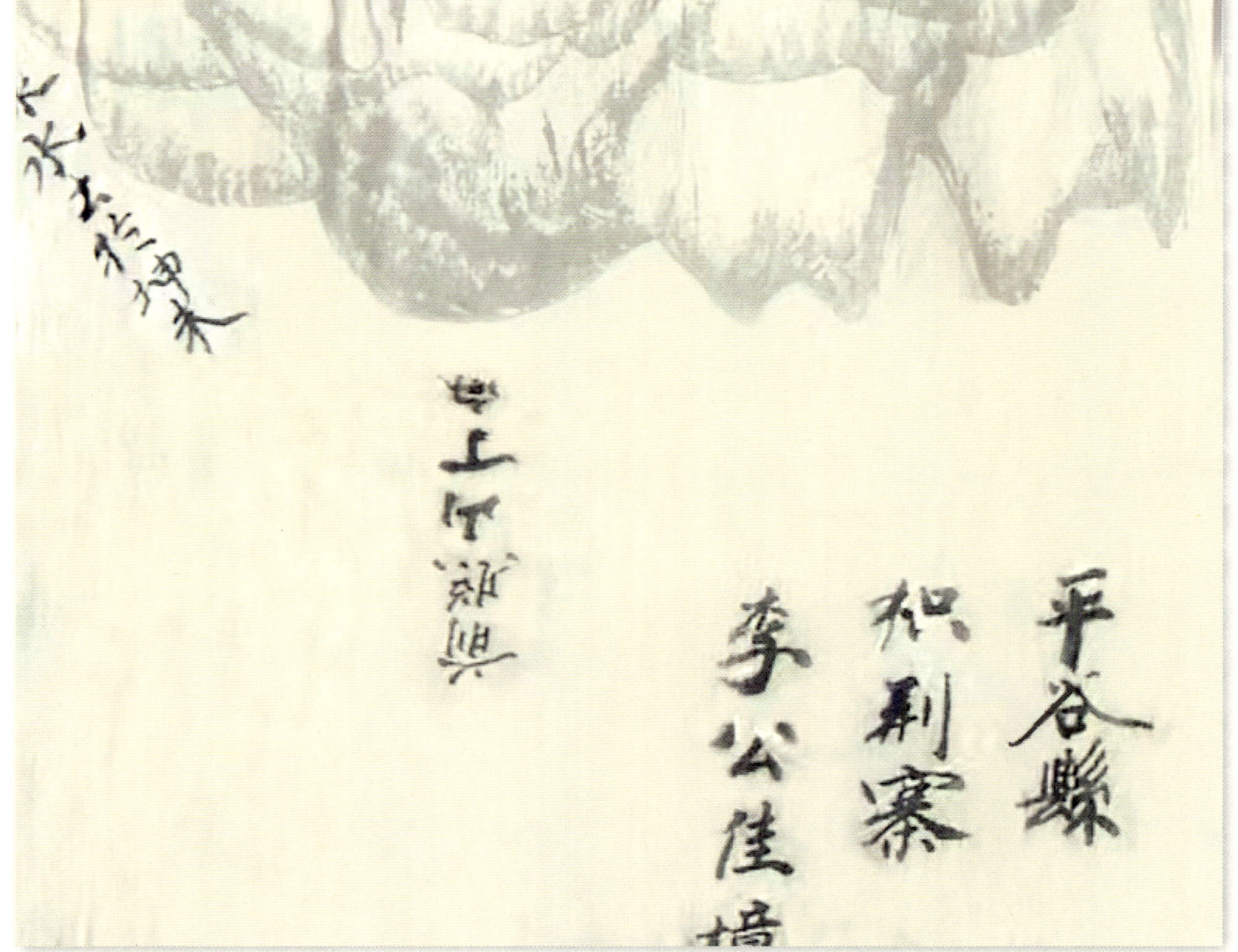

李家坟茔图标注的名称

者理解：“营、寨、堡、镇”这些名称多来源于明代的军事防御工程。“寨”，指的是木制围防御结构的军事驻地，但上、下纸寨称谓另有原因，纸寨原名枳荆寨，盖因那里是个小高台，土坎四周都是酸枣树、荆稍稞子，如同篱笆，故名枳荆寨，因枳荆二字不好写，也不好辨认，遂据音写成指根、芷根等，后便称为纸寨，并由此演绎出为迷惑敌军在这里设立纸糊的营寨的说法，地名志也按此说法收录：“据传元末明初时，为防御北方异族南侵，明军将领采用疑兵计，在现村址处用秸秆扎成架，外糊纸，作为纸营寨，插上旌旗，派兵巡逻。”其实那时元军正被明开国元帅徐达率大军打得七零八落，根本不存在南侵可能，即便有这样情况发生，纸糊的营寨能保存几天？枳荆寨说法是可信的，有上纸寨李家乾隆老地契和坟茔风水图的文字可证，就叫枳荆寨。“营”，指较为正规的建筑群，大多是用砖石结构建造的营房和院墙。如熊耳营、峨嵋山营、镇罗（原名镇虏）营、将军关营等。“镇”最开始可能指的是某某人镇守，如上镇。“岗”则是具侦察用途的高地或建筑。“堡”则指以土石结构为防御主体的军事设施。“堡”有两音，意义各不同。凡由驿站演化而来的读作“铺”（pù），而由军事设施而来的读“保”（bǎo）。

平谷周边明末存有六堡，即高村堡、鹿角堡、泰务堡、山东庄堡、放光堡、望马台堡。另有一些似堡非堡，称墩，只有军情紧急才用，有五个，即西城墩、小埝头墩、安驾会墩、罗家庄墩、辛店墩，下箭务墩。另北部山区边缘还有一些报警烟墩。而以“店、集”等为地名的则起源于民间的经济活动。“店”指某某旅家，如刘家店、东西柏店、辛店等。“集”是设有集市的地方，如靠山集（至迟康熙年间即有集市，时称竭山集。现存菩萨庙内的石碑可证）、峪口集、华山集。明代史料记载有峨嵋山集和碣山集两处，峪口集在三河县志有载。“庄”的本意就是广有土地，一般以一个大户人家姓氏冠以庄名，如马家庄、张家庄、夏家庄、鲁家庄等，民国以后按字音统一改“家”为“各”（家的古音读 ge）。以“屯”命名的村子，在平谷也有几个，都来自古代的军屯或者源自屯粮。“屯”，聚也——《广雅、释诂三》。颜师古注释为“人所聚曰屯”，北方多屯。如“马屯”“韩家屯”“安固屯”“太务屯”等，都是辽金以前的名称。以“务”命名的村子有八个，清代平谷有“六府、两台、八务、七十二各庄”之说。如龙家务、赵家务、大旺务、中胡家务、西胡家务、东胡家务、南、北、中泰务等。祖务属于蓟县，不在内。旧时务府有重叠，如龙家府又称龙家务、赵家务又称赵府、大旺务又称担府，此外有东、西、中胡家府。抗战时期西胡家务以河为界分为二村，分别化名东古、西古，沿用至今。民国以前 “庙、寺”都是宗教建筑来命名的，但寺一般指有僧人主持的寺院，而庙规模较小，不一定有主持者，而且“寺”多指佛教建筑，庙既可指佛教又可指道教，甚至还可指家庭供奉老祖宗场所，如塔寺、石佛寺、云峰寺、大庙峪等。以上是村级地名的大体来源。区县内介绍地名一般只说到村名、山名、河流名称。村内的地名，则是指具体的某一座山、某一块地的名称。山川土地本无名，之所以有名一定是后人附加上去的，附加地名的原始目的就是为方便确权，而确权的目的一则为便于丈量土地保障地租征收，再则为方便土地交易。每个最小的地名的确定也各有一定成因，这也是本章节要探讨的内容。

小地名是构成村镇文史的基础。小地名来源于民间，其形成大概有几个原因：因地貌特征得名，因地势得名、因土地所有权人得名，因事件得名，因用途得名，还有的因山得名、因河流得名、因坟得名、因树得名、因石得名、因草得名等，其中因坟得名最多也最普遍。有些小地名，和历史事件有关，从而成为研究地方史的重要依据。如平谷城西的闫家庄、马圈庄、教军场，城北杨家庄、飞机场、壕沟等，挖掘这些名称背后的真实历史信息，能有效补充地方史资料的不足。笔者从过眼过手的上万份老地契、土地房屋执照及老分家单据中，选择出千余件比较有代表性的原件，结合实际调查，做初步探究。小地名，大学问，非常值得大家关注。

一、平谷镇小地名

平谷城关是全区的核心，所属各村历史久远，为再现新中国成立之初平谷城区各村名称和小地名概况，选择1951年政府颁发给民户的土地房产所有证为解析对象，让读者了解新中国成立之初平谷城区村子名称、部分家庭人口、住房和土改时的土地分配情况。

仁义村小地名

仁义村即现在的和平街。1950年平谷第一区仁义村王姓最多，其余是金姓、崔姓、李姓、刘姓、林姓、吴姓、赵姓、贾姓等。本篇选择部分王姓家族，将户主名、人口、住房和土地信息及相关名词择要解读如后：

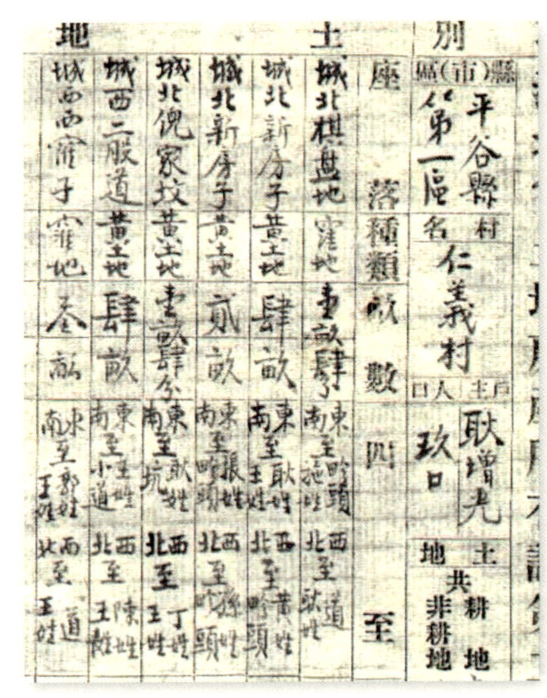

■ 仁义村耿家地契

1. 王芝，六口人，住铜井胡同，瓦房五间，灰房一间。城北杨庄有地二亩，城北小柳树南有地二亩半，城北双石碑地二亩半，城北白石碑，地二亩半。

注：“铜井胡同”是平城内的老胡同，名字从明代就有，因井深，投入石块回音有金属声得名。“灰房”就是土房，只不过在墙的外面抹了白灰，既能防雨冲涮，又显得干净整洁。“城北杨庄”原本是个小自然村，为明代营州中屯卫世袭指挥使通知杨春家族居住地，在城北新车站路北，其家族坟茔设立在今消防队西北公路对面的工商局和粮食局家属自建的二层小楼位置。“白石碑”在新车站附近，为清代光绪年间外交部左侍郎出使韩国大臣徐寿朋墓碑。

2. 王志，三口人，住西城根，瓦房四间。城西马道子有地三亩、城北行宫有地一亩。

注：“西城根”即靠近西城墙位置，在西门内北段。“城西马道子”即登上城墙的马道。“城北行宫”在老武装部北一里，即城外壕沟的北上坎，旧城隍庙演戏说城隍出巡的第一站，名行宫实际不是真的行宫。

3. 王富，二口人，住铜井胡同，瓦房三间，城北西新房子黄土地三亩。

注：“新房子”在今北岔子街后至北斜街之间，1947年成自然村名北辛村，1955年改名太平街，属太平街村的原始住户。

4. 王春，五口人，住塔儿胡同，瓦房三间，城北小柳树南洼地三亩，城北胡家坟洼地六亩。

注：“塔胡同”在西城内，主街北部，原有一座辽塔，碑文有“大王镇罗汉院建八大灵塔记”，重熙十一年（1042）建，塔在康熙十八年大地震中被震坏，塔基在二十世纪五十年代被清理。仁义胡同、塔胡同、铜井胡同是王宇信家族的集中居住地，清代至民国期间是首富之区。

5. 王和，六口人，住塔儿胡同，瓦房三间，城西天齐庙西三亩，城北杨庄一亩半，城北东水盆洼地四亩八分，城东河东沙土地一亩九分，城北田家坟一亩。

注：“城西天齐庙”在今粮食局家属院内。“城北东水盆洼地”在今北斜街东段。

6. 王宪文，四口人，住塔儿胡同，瓦房三间，城西三股道地一亩半，城西十八道河地一亩，城北胡家坟地一亩。

注：“城西三股道”在大马转盘。“十八道河”在影剧院南，旧有小河流甚多，集中流向南北两个大水坑，北水坑1975年被填埋建了电影院，南水坑到1997年因政协提案被填埋，修建了叫响市场。

7. 王玉池，一口人，无住房（彼时无住房不新鲜，没房就找大户的闲置草房串房檐住或住大户场房），城南南套沙土地二亩。

注：“南套”在东寺渠大桥东北紧邻的大块地。

8. 王玉生，五口人，住铜井胡同，瓦房七间。城北井家坟西黄土地七亩，城北小柳树北段地二亩。

注：“城北井家坟”是平谷井姓老坟。

9. 王宪生，五口人，住铜井胡同，瓦房五间。城北湾圈地洼地五亩，城西大道南地五亩。

注：“湾圈地”在新汽车站东侧。湾圈地的地名在平谷沿沟、泇两岸村庄多有出现，大致是河湾的河滩沙地。

10. 南王张氏，住铜井胡同，瓦房二间半。城北小柳树南段洼地一亩，城北白石碑地二亩半，城北马家沟地一亩半。

注：“南王张氏”说明北边还一户也是此名。旧时百姓家的女孩无名，出嫁时将夫家姓氏放前，自家姓氏放后，即可。“马家沟”即大牌楼东北一公里处，今和平街社区服务处南院位置。马家沟在二十世纪八十年代因盖房被彻底平掉。

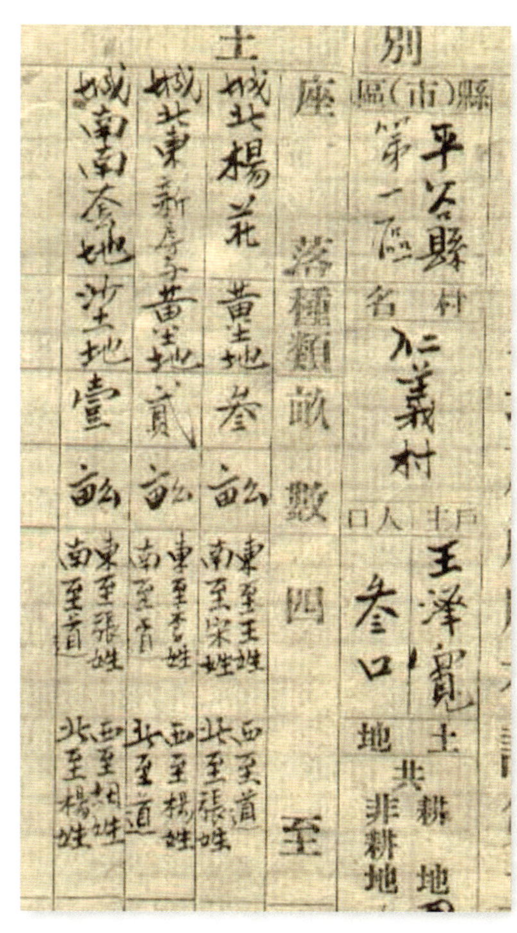

仁义村有杨庄地名

11. 王广田，八口人，住西城根，瓦房三间半。城西陈家坟洼地五亩，城北刘家坟地三亩，城北小柳树南洼地四亩，城北棋盘洼地八分，城北胡家坟地五分。

注：“棋盘地”指比较平整的大面积方框地，近似棋盘，平原大村差不多都有此地名。棋盘洼地则指在一块相对面积较大的低洼地，位置在陈家沟西南。

12. 王泽宽，三口人，住铜井胡同，瓦房三间。城北杨庄地三亩，城北东新房子地二亩，城南南套地一亩。

13. 王政宽，七口人，住北大街，瓦房五间。城南南套沙土地三亩五分，城北小柳树北洼地九亩五分。

14. 王化宽，三口人，住塔儿胡同，瓦房三间。城北倪家坟地二亩，城北三股道地四亩。

注：倪家坟在北斜街，老邮局院内，原为明代万历年间工部尚书倪光荐家族坟茔。

15. 王瑞宽，二口人，住铜井胡同，瓦房三间。城北井家坟西洼地二亩，城北刘家坟三亩半。

16. 王玉宽，四口人，住北大街，瓦房二间。城西大道南洼地二亩，城北马家沟地二亩。

17. 王者宽，六口人，住铜井胡同，瓦房六间半。城北井家坟西地五亩，城北天齐庙四亩。

18. 王兆宽，五口人，北大街瓦房四间。城北湾圈地洼地三亩，城西六道河洼地三亩。

19. 王维宽，六口人，住铜井胡同，瓦房四间。城北湾圈地洼地五亩。

20. 王来恭，一口人，住北城根，瓦房二间。城北刘家坟地二亩。

21. 王义恭，八口人，住塔儿胡同，瓦房四间。城北刘家坟地四亩，城北路家坟地五亩，城北行宫地一亩，城北城梯子地二亩。

注：“路家坟”在老城东北方向，大体在新车站西300米处。路姓是原始军户，在营州中屯卫为把总，最早住今城东街即原路家胡同。

“井家坟”在城北老邮局东百余米，占地面积大，坟头高，有大石碑，民国初期还有看坟户。坟主为杨各庄井姓，正宗满族人，顺治年随龙入关，落户平谷城南杨家庄，行伍世家，光绪二年（1876）有井登屿由武生投效古北口，随军出征奉天，迭次擒获马贼，历升千总（六品）、守备（五品），光绪十七年（1891）因功赏顶戴花翎，光绪二十三年（1897）以游击补用（游击为正三品武官），二十六年充敌忾育字亲军左营步队帮带官，相当于三品武官，副总兵。

22. 王寅恭，六口人，住铜井胡同，瓦房四间。城北湾圈地洼地二亩。

23. 王魁恭，三口人，住铜井胡同，瓦房五间半。城西朱家坟洼地三亩半，城北行宫三亩半，城北马家沟二亩。

24. 王郁恭，六口人，住铜井胡同，瓦房三间。城北杨庄地四亩，城北上坎地六亩。

25. 王靖恭，八口人，住北城根，瓦房六间。城西二股道子地五亩，城北小柳树南节洼地五亩，城北飞机场地二亩。

26. 王建恭，三口人，住铜井胡同，瓦房四间。城南南套沙土地二亩。“南套”在今东寺渠村南、通往三河主路东部靠近泃河的滩地。

和平街王姓有两个来源，其中王敬宽、王宇信家族来得较晚，始迁祖乾隆初年从岳各庄迁来，而岳各庄的王姓始迁祖是王应彬，明初王应彬率三子由山东周村迁来，长子王君佐落户白各庄，被编为辛寨社第七甲，次子王君恒落户岳各庄，被编为辛寨社第九甲，三子王君佑落户周村，被编为辛寨社第十甲。安置稳妥后又返回老家，因有幼子和夫人在那边。王应彬去世后其子将骨殖葬于岳各庄（原只建有明堂）。据周村王姓老人介绍，四清前夕老家来信，说老祖坟的古树要砍伐，因是全家族的家产，有平谷支派的份额，邀请回去“分红”。但经平谷三地族长商议，觉得路途太远，往返费用也高，不如放弃（一说家谱已失，怕没证据去了以后人家不认）。王敬宽、王宇信家族是岳各庄王姓最富庶一支，清初在城关内又开了买卖铺，后举家迁入，清初在城关内有买卖铺，清末还创办了“大生堂药铺”，在城内规模最大，民国初由王温恭父亲经理。王温恭字景虞（王宇信伯祖父），是平谷知名文化人，民国十五年（民国九年编完）印刷的《平谷县志》四个隶书字就是由他题写的，时任平谷教育局长。清末以塔胡同、铜井胡同为核心，有很多房产，解放初的区公所、村公所就用的是他家的部分房产。王宇信的爷爷王寅恭在解放前夕土改阶段曾率家人到北京城内生活一段，1950年又返回原址，父亲王志宽，字育民，北京警官高等学校毕业，曾任平谷女子完全小学校长，1946年因懂法律被任命密云县长，主审地方抓获的日本战俘，完事后辞官不作，仍热心教育。伯父王济宽民国初曾任平谷议事会议员。

和平街的另一支王姓始祖明初由山西迁来，世祖王札最有名。王札，字又季，号蔼青，坊郭社人，顺治六年（1649）拔贡，曾任湖北襄阳县令，因捕盗得法升任陕西靖宁州知州，康熙初年，吴三桂在云南跋扈，隐有异志，边镇将领多欲附逆，怂恿陕西提督王辅臣，王辅臣摇摆不定，王札心忧，暗自防备。康熙十二年十二月三日，吴三桂反，贵州、四川诸镇皆迎合。王辅臣表面给朝廷上奏，诉说吴三桂反，实质首鼠两端，暗中与吴三桂私通，王札则不露声色，暗中准备应对。十二月初四，陕西经略史和王辅臣商议出兵抗吴，被王辅臣属下一个总兵杀害。王辅臣不但不镇压反而号令撤兵，王札知事变，往兰州谒见华巡抚，陈说王辅臣属下总兵杀害了经略史，王辅臣不予追究，说明他也要反，只是他儿子还在朝廷任职（四品官），一时还不敢公开。康熙十四年正月，王札自愿铤身走险，率亲兵百余人前往王辅臣处去劝说，王辅臣派部属迎出四十里，见面后要求王札相助，一起反叛朝廷，王札厉声相劝，王辅臣唯唯诺诺，数日内王札反复做王辅臣工作，康熙十四年正月二十九日王札再次规劝王辅臣，王有所转变，其下属见势不妙，齐聚大厅哄闹，王辅臣默默退出，王札被王辅臣亲信当场杀害。往日曾被王札所厚的医生尹某闻讯前往收尸，备棺贮厝。康熙十五年春，云南、贵州平息，平庆道申请甘肃巡抚提奏褒扬王札忠烈之事，被追赠陕西按察使司副使，其子王渔璜被照顾入国子监读书。闰三月九日，王札遗骸送归平谷峰台村安葬（据说峰台王姓与城关王姓是亲弟兄，祖坟设在峰台），并在平谷城内的家门口修建大牌坊。康熙帝遣顺天府尹徐世茂前来平谷代表朝廷谕祭。康熙十八年平谷大地震，房屋皆倒塌，唯王札牌坊安然无恙。此事记录在河南杞县《孔衍灄文集》和汉中《宁强县文史资料选》，原文很长。平谷老县志亦有载。

从 1951 年土地房产所有证可以看出，仁义村的老地名很多，在平谷城北有：倪家坟、金家坟、胡家坟、高家坟、刘家坟、井家坟、景家坟、郝家坟、何家坟、秦家坟、韩家坟、田家坟、史家坟、马家沟、行宫、行宫下坎、飞机场、杨庄、教军场、六大教、棋盘、石桥（城北五里）、石桥（城北二里）、条濠子、城梯子、新房子、东新房子、三股道、南小柳树、北小柳树、北上坎、北土坑、上马子坑、园子坑（平谷城西、城北大坑有十几个，最大的就是叫响市场下边的坑，南端到平中西南大铁架子处。可能都是明初修筑平谷城时留下来的）、断卦、四不漏（在北小柳树北段）、大石碑、白石碑、双石碑、泉水盆、湾圈地、北坑沿、东城根、北上营村南，上纸寨村北。城西有：马道子、三股道、二股道、墩台、西街、天齐庙、教军场、西城根、新房子、西洼子、六道河、十八道河、大道南、陈家坟、朱家坟等。城南有：南套、南湾圈地、戏台。这些地名用于确定耕种土地方位，在土地使用权和所有权转移时用于书写于契约纸上，因而是最重要的土地标记，也是宝贵的历史符号。这些小地名，各有各的成因，如墩台指的是城西二里大约在今电影院西侧的墩台。墩台为明初军事设施，可见那时为了平谷城的安全，在城西设置了墩台，以作预警之用。其他还有十几个村出现墩台地名，如夏各庄、北上营、中罗庄、小辛寨、东古、刘家河等。“教军场”在城西北二里，大约在今慧慈医院西北院，是用于明清之际守城军队操练人马。北上营、熊耳营也有这样的地名，同样是操练人马的场地。城北的“飞机场”地名，年轻人不知道，但平谷城内老年人仍有能说出的，原来是日本侵占平谷城后，为方便运输而专门修建的飞机场，地点在今千喜鹤食品有限公司位置。据王友信老人介绍，其父辈曾见过小飞机往来，但不经常。机场没有跑道，就是大平地，飞机构造也特殊，后尾下部有两个大铁钩，如同农民犁地的铧犁，飞机降落时后尾先着地，“滑行”二三十米就能停下来。平谷城北有“杨庄”小地名，访之乡间老人，有说确实有此地名，在今新车站西北约三四百米处，传说有杨姓几户，因看坟而成村，后不知所终。查旧县志，有“杨春墓，在城北半里许，明营州中屯卫世袭指挥同知，原籍湖州府人，至其七世杨加猷立石表墓”，可见杨庄之存在或与此墓有关。

明初平谷城内城加上南、北岔子街共百余户，编为十甲，村子以街巷划片区分。那时居民区和市场分开，小市场在西门内路南及南岔子街。仁义村大姓为王、金、倪、李、张。金、倪二姓自清初大部外迁，一小部分在县内散居。明代原有一家郝姓，分支脉在南城根和今园田队一带散居，清中后期又有一支顺义沙岭郝姓迁来，在平谷很有作为，开了中药铺，引进西医，还有杂货买卖铺，1928 年又开办了平谷第一家照相馆。仁义村李姓为土著李姓，明初坊郭社二甲人氏，有一位李素比较知名，洪武年间由岁贡升任户部主事，后升迁湖广督察院右副都御史，洪武七年为江南督察院掌院，正二品，祖茔在大北关。其后人清初投旗，三河李旗庄和南宅、李辛庄的李姓和原夏各庄部分李姓属之。金姓为营州中屯卫军籍，金纯在明景泰甲戌年（1454）考取进士，成化年间（1465 ~ 1487）任桂林州知州，后任山西右布政使，从二品，正德十年（1515）因年老还家，去世后葬于北门外，墓区有石人石马。西门外北部小地名有“金家坟”，在老邮局西 200 多米处，

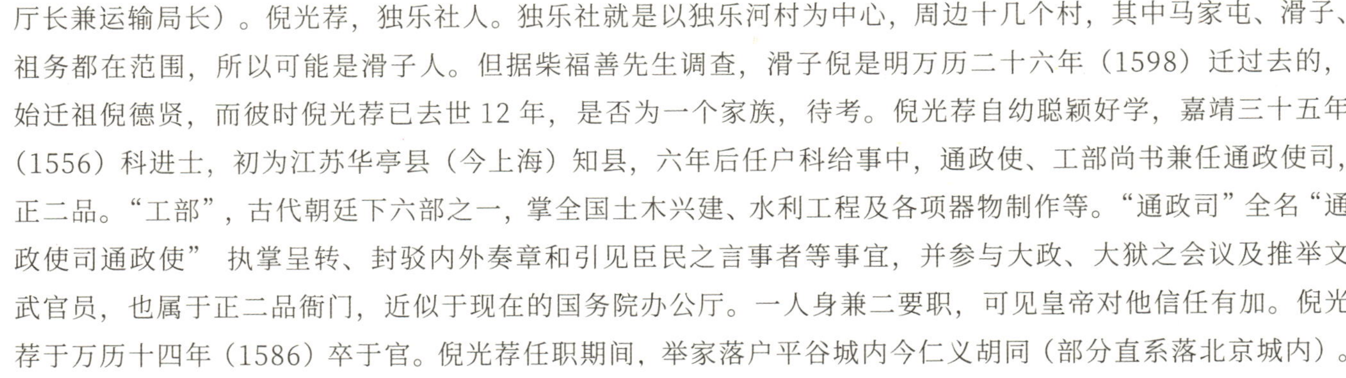

东与倪家坟相邻，都在今北斜街西部北侧。金纯次子金濂，正德辛未进士，曾任职山东转运使（相当于交通厅长兼运输局长）。倪光荐，独乐社人。独乐社就是以独乐河村为中心，周边十几个村，其中马家屯、滑子、祖务都在范围，所以可能是滑子人。但据柴福善先生调查，滑子倪是明万历二十六年（1598）迁过去的，始迁祖倪德贤，而彼时倪光荐已去世12年，是否为一个家族，待考。倪光荐自幼聪颖好学，嘉靖三十五年（1556）科进士，初为江苏华亭县（今上海）知县，六年后任户科给事中，通政使、工部尚书兼任通政使司，正二品。“工部”，古代朝廷下六部之一，掌全国土木兴建、水利工程及各项器物制作等。“通政司”全名“通政使司通政使” 执掌呈转、封驳内外奏章和引见臣民之言事者等事宜，并参与大政、大狱之会议及推举文武官员，也属于正二品衙门，近似于现在的国务院办公厅。一人身兼二要职，可见皇帝对他信任有加。倪光荐于万历十四年（1586）卒于官。倪光荐任职期间，举家落户平谷城内今仁义胡同（部分直系落北京城内）。

平谷城东北部叫东门口，即现在的平安街。民国初改称安乐巷，因县衙门、城隍庙和监狱均在此范围，有求平安之意。1946年新政权建立，称为安乐村。1956年改称平安街村。大姓为胡、张、史、刘、路、王、于（于姓明初迁到城内，不久迁到马家庄。夏各庄有分支）其中于姓为坊九甲六舍。县城南门内叫南门口，1946年起叫文安村，1956年叫胜利街，大姓为安、李、赵、王、马、田、费、徐、郭等。胜利街王有三个来源，大宗王姓为明代营州中屯卫籍王镗家族。王镗曾任河南按察司副使，嘉靖帝入大统，经过河南卫辉，王镗接待甚得体，被嘉靖帝诏儒行宫，赐茶馔。后因丁外艰归田，七十八岁卒于家，墓在今体育中心北部。还有一部分是王札后人。胜利街费姓明初由山东迁到平谷滑子，清代迁到文安街，祖辈传承有锯锅锯缸和修理锁配钥匙手艺。胜利街徐姓为晚清外交官徐寿朋后人。徐寿朋清光绪年间曾任出使韩国大臣，外务部左侍郎，保升二品衔，后补三品京官。其子徐仁辅，外务部主事，清末供职陆军部，奏保四品郎中。另有徐学尹，列贡，驻美国办华工交涉事件，后被钦派到高丽釜山任领事官。徐赵升，保举知县，和徐寿朋原籍均为浙江山阴，而且一同落户平谷。郭姓原属大户，乾隆老县志记载，“郭隆，坊十甲人，乡耆（德高望重的老人）”，现在郭姓已无。太平街原名北岔子，民国初南岔子、北岔子都叫西关。1946年新政权建立时叫北辛村，1956年起叫太平街。王、崔、席、马是大姓。此王与和平街王是一家族。马姓多文化人，乾隆四十二年志中有“马维骐，坊郭社人，高尚不仕，门人私谥平川先生”，“马大有，坊郭社人，任莘县谕元，继骐子。”均为明中期人。南岔子街以西到园田队一带原为中辛村，主要是王、贾、席、李，即后来的建设街。其中贾姓为清初由齐各庄迁来，与放光、中罗庄、西鹿角、山东庄贾是一个家族。园田队民国初称南辛庄和北新街村，1946年南辛庄改称顺利街，北辛街改称民主街，1960年两村合并，改称园田队。园田队村是大姓为王、高、崔、安。园田队在明代属于外来大户集中地，户数不多，所以称为负郭社。安姓源于城内安家胡同，明朝就是大姓，明末有安国泰任武昌府训导，其子安养中顺治元年恩贡，任国子监学正。

1950年中辛村小地名

1. 村公所，四眼井南西胡同，瓦房二间半。

地：天齐庙前非耕地一分三，教场坑十九亩二分五厘，天齐庙前土坑一亩一分五厘。

注：“天齐庙”在今粮食局家属院内。土坑即原粮食局汽车队院南部，解放前村民在此挖土，形成大坑。据访问得知，到二十世纪70年代初，土坑深度达五六米，粮食局将这个大坑买了过来，于1976年利用大坑修建了地下仓库，修完后因防水工程不力而废弃。教场坑现在电影院北。

2. 谢廷方，三口人，无房。

地：耿家地四亩五分。

注： 大旺务耿家为清初平谷大户，不仅在本村地多房产多，而且在城关附近也有很多地。

3. 蔡明贵，四口人，住北胡同，土房三间。

地： 八大窖五亩，陈家坟三亩五分。

注： “八大窖”地名在平原村出现很多，周边村如寺渠、岳各庄西到马昌营都有，同时还有六大窖之名，也有写成八大轿、六大教、六道窖的，名称起因不详。可能就是上等好地，能打多少粮食之意。

4. 曹荣九，五口人，住四眼井南王家胡同，瓦房五间半。

地： 十八道河六亩，陈家坟三亩，小柳树二亩。

注： “四眼井”在南岔子街西，与南岔子街并行，即崔家胡同西口外南北街。

5. 吴凤鸣，九口人，住北胡同，瓦房九间，土房一间。

地： 石羊坟四亩，小套一亩五分，景家坟北三亩，墩台三亩，大荒坎四亩。“石羊坟”即坟前有石羊，是身份较高的家族坟茔。据传是后世给有名望的先祖立的标志。平谷城北石羊坟在城西北，未搞清准确位置。

6. 徐长青，四口人，无住房。

地： 头股道四亩，鲶鱼头八亩。

注： 头股道在旧城街西新华书店西。鲶鱼头不知所在。

7. 于禄嘉，二口人，住南栅栏，瓦房二间半。

地： 马道西五亩。

注： “马道”即大马环岛向南通往三河的旧道。“南栅栏”在南岔子街南头和北头，民国时期有栅栏门。

8. 于浩，四口人，住大石头坑东，瓦房四间。

地：大石碑西二亩，大石碑东二亩五分，大荒坎三亩，十八道河五亩。

9. 常文明，三口人，住四眼井，瓦房七间半，土房一间。

地： 大石碑东二亩五分（有坟九座），教场坑东一亩（有坟九座），马道西一亩，寺渠庄窖西二亩（有坟二座）。

10. 常文瑞，四口人，无住房。

地： 虾米沟四亩五分，天齐庙前五亩，大石头坟南一分六。

注： “大石头坟”位置说法不一，比较可信的说法在利源辉商场西侧，旁边有一巨石，而且倪家坟、金家坟的石人石马也被填埋在坑内。常家是清初大户，贾各庄、东古常姓是一家。

11. 杨树桐，三口人，住北栅栏外，瓦房四间。

地： 二股道一亩五分，三股道三亩。

12. 孙宝玉，四口人，住贾家胡同，瓦房三间。

地： 松树坟三亩，北洼壕四亩。

注： 贾家胡同在新华书店西靠近平三路大道第一胡同。

13. 孙廷春，七口人，住大石头坑西，瓦房二间，土房一间。

地： 八大窖五亩五分，八大窖又一处三亩。

注： 大石头坑就在今利源辉商场位置。

中辛村面积大，今园田队、建设街大部均属之。高、马、张、席、贾、王、崔为大姓，本姓各有胡同，且张家胡同有两个，一是老张家胡同，一是王家坟北的张家胡同。

1950 年文安村小地名

1. 区公所在南城根，有瓦房十二间。文安村在城主街南面，即今胜利街主体部分，区公所相当于现在的镇政府。

2. 林玉珠，二口人，住南城根，瓦房三间。

地：城北井家坟旱地四亩五分。东门外旱地一亩四分。

3. 蔡元陵，三口人，住路家胡同，瓦房一间半。

地：城北下纸寨庄西旱地二亩五分。城北飞机场旱地一亩七分。

4. 高福庆，四口人，住路家胡同，瓦房六间。

地：杨庄一亩九分，井家坟二亩二分，南套头节地一亩九分，西洼子一亩九分。

5. 谢福生，六口人，住交道口，瓦房六间半。

地：城北东新房子五亩五分，东门外二亩，城北西新房子三亩五分。

注：“交道口”在北斜街西头，即大马环岛北 200 米处。

6. 郝寿山，六口人，住大街路南二处，一处瓦房四间，大街路南另一处五间半。

地：城北六大轿三亩，城北郝家坟五亩三分，北门外四亩七分。

7. 倪殿英，四口人。住安家胡同，瓦房五间半。

地：荒城西坎子旱地三亩三分，城北罗庄旱地二亩九分。

注：安家胡同形成于明代，明初由山东迁来，在平谷城内是上等大户，清初有安姓到太平庄、北城子为收租户。荒城西坎未查明在何处。

8. 张世泽，三口人，住安家胡同，瓦房四间。

地：城北六大窖三亩三分。

1950 年安乐村小地名

安乐村在县城内东北，以安乐巷为核心，即现在的平安街。

1. 韩晋卿，六口人，住街东，瓦房七间。

地：二股道一亩八分，三股道三亩一分，胡家坟，三亩八分，中罗庄西（坟地）八分。

2. 史雅轩，三口人，住北街，瓦房三间半。

地：六大教二亩九分，秦家坟一亩四分。

注：六大教也称六道窖。

3. 吴绍孔，五口人，无住房。

地：井家坟二亩三分，飞机场一亩九分。

4. 刘芳，七口人，住街北，瓦房三间半。

地：土坑，六亩，小柳树北截五亩七分，小柳树南截二亩八分，行宫一亩七分。

5. 张廷羡（yang），六口人，住街东，瓦房六间。

地：马家坟二亩，马家沟二亩三分，东新房三亩三分。

6. 王义，二口人，住街南瓦房正房三间，厢房三间。

地：六大叫三亩八分，南埝头三亩八分。

7. 王现文，四口人，住街南瓦房三间，南倒坐瓦房一间。

地：六道轿一亩九分，北门外七分，井家坟二亩六分。（内有坟五家）

注：六大叫、六大轿都是“六大窖”别字。

8. 王焕然，四口人，住街南瓦房四间半，空场一所。

地：西新房六亩一分，何家坟三亩八分，东寺渠王家坟二分，王家坟生荒地二分（原注：因碉堡压着）。

注：“王家坟”在东寺渠大土坎东部位置，旧时有一座碉堡。

9. 王建忠，十五口人，住街东瓦房五间半。

地：六大教八亩六分，十八道河五亩，二股道子三亩四分。

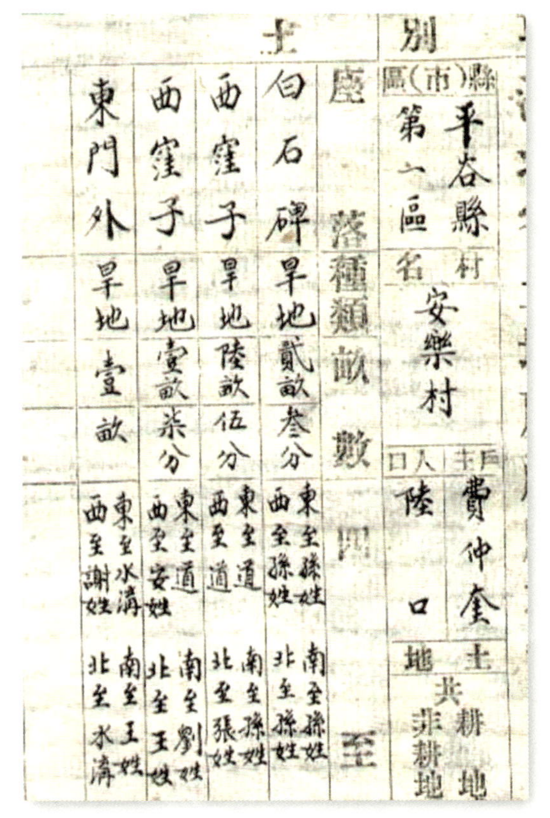
平谷縣 第一區 安樂村
户主 費仲奎 人口 陸口
地土 共 耕地 非耕地

坐落	種類	畝數	四至
白石碑	旱地	貳畝叁分	東至孫姓 西至孫姓 南至孫姓 北至孫姓
西窪子	旱地	陸畝伍分	東至道 西至道 南至孫姓 北至張姓
西窪子	旱地	壹畝柒分	東至道 西至安姓 南至劉姓 北至王姓
東門外	旱地	壹畝	東至水溝 西至謝姓 南至王姓 北至水溝

安乐村有白石碑地名

1950 年南辛村小地名

南辛村（今园田队大部）小地名。高、张、王、崔、赵、胡是大姓。

1. 村公所，在大街西，瓦房四间半。

2. 杜晓建，十二口人，住西上坎，土房三间（大院二亩三分一，树三十棵）。

地：二股道六亩，马家沟二亩，徐壕子二亩，刘家坟二亩。“徐家壕”在今平谷东门桥南侧，清代是马各庄徐家地，徐家是庄头。“马家沟”在徐家壕南，一道泄水沟，那块地旧属马姓家产。

3. 姜德旺，五口人，住西小街，瓦房三间。

地：天齐庙三亩，牛家坟一亩五分，四截地二亩五分，虾米沟一亩三分。“牛家坟”在东门桥南，旧有牛坤家族坟。牛坤墓老县志有记载。“四截地”在东套，即东门桥北侧大块地，分四节。

4. 孙永春，四口人，无固定住房。

地：天齐庙西二亩，杨庄西四亩五分，齐各庄庄头七亩。

南辛庄小地名还有八大窖、飞机场、蛇腰子、盆坑、东大坑、教场坑、松树坟、天齐坟、天西坡等。其中蛇腰子地名在其他很多村都有，指的是地形似“腰子”。“教场坑”，电影院所在地。天齐坟即天齐庙大院西南角的老坟。“天西坡”即天齐庙南口西坡，后来成了粮食加工厂大门，即今慧慈医院西侧。“松树坟”在村东南，与牛家坟隔河相望。

现在的园田队有十几个姓氏，其中高家为永乐年间由山东济宁府高家庄迁来，先落足马各庄，（落在南部，与北部高不是一个家族），后辈又来到这里，占据北部高台，洙水的高是清代由此迁过去的。王姓是稍后过来的。

岳各庄村小地名

岳各庄是城西部第一大村。据平谷档案馆保存下来的岳各庄土地执照统计，1950 年共 380 户，其中王姓 229 户，张姓 96 户，闫姓 13 户，杨姓 14 户，赵姓 15 户。2013 年 12 月统计岳各庄大姓：张姓 443 户，王姓 607 户，陈 75 户，赵 75 户，杨 40 户，闫 33 户。2012 年统计全村农业人口 5684 人，王姓最多，2112 人，张姓次之，1517 人，以下则少了很多，上百户的姓氏依次有：陈姓 273 人，赵姓 271 人，刘姓 239 人，李姓 236 人，杨姓 191 人，闫姓 120 人。不足百户的姓氏有崔姓 89 人，贾姓 73 人、于姓 54 人，马姓 52 人。50 户以下达 150 多姓氏，内中多为婚嫁过来的女性。

岳各庄辽金时是养马场，岳姓为养马官，故名岳家庄。明洪武年间有杜姓由山西迁来，在此立庄，最早的宅基地及向南通道后被称为杜家胡同，是全村核心。不久又有汪姓来此，在东上坎搭建窝棚。不过杜、汪二姓在岳各庄并不发旺，几百年户数不过几十户，因为有张王两大户日益繁荣，于是杜家后支分别迁到峪口、南独乐河、清水湖。汪家则分散到其他一些村，甚至还有的去掉了“三滴水”，改为王姓。王姓是第一人口大户，根据现有简易家谱（某一分支自清代起）记述，结合实际调查，应该是明永乐二年由山东周村迁来。《岳各庄史话》记述是三个儿子抱着王应彬骨殖从山西来的，但根据从白各庄王姓和周村王姓家族调查，都说是山东周村大榆树迁来的，王应彬率三子来此，三子落足安稳后他又回老家了，因为家里尚有老伴和幼子。老大王君佐（有说王君章的）落白各庄，成为新立庄户，移民时被编入辛寨社第七甲，老二王君恒落在岳各庄，被编入辛寨社第九甲，老三王君佑落在周村，被编入辛寨社第十甲。据白各庄王悦（86 岁）及另四位王姓老人说，过去见过家谱，是山东周村大榆树来的，上世纪六十年代前每年清明节都要到岳各庄上坟，老祖坟很大。尤其王悦老人非常肯定地说，十几岁时带铁锹骑驴去岳各庄上祖坟。曾走访周村赵怀才（故宫博物院退休干部。曾在国家文物局工作多年），得知周村王姓和赵姓原是表兄弟，由山东周村大榆树一同迁来。赵怀才现年 74 岁，对历史非常有研究。

岳各庄的地契和土地执照中很多户都有“闫家庄”地名，如土地平分后，岳各庄杨相魁所得四块土地：张家坟地一亩九分五，闫各庄五亩二分，杜家坟二亩，张家坟后二亩四分。这里的“闫各庄”即原来的“阎家庄”，百姓为书写方便，在清中期逐渐不写“阎”而用“闫”。在岳各庄村五十年代初的土地房屋执照中，有三十几户写有“一坟古肚”“一坟咕嘟”“庄头坟”“大坟头”等地名，怎么回事呢？其实都说的是一个地名，这个小地名包含了一件血淋淋的历史事件。

2002 年笔者走访，据当村一些老人讲，因为东边有几个村庄造反，被官府集中给屠杀了，掩埋在一起而成为一个大坟，过去叫“肉丘子”，查小地名未见“肉丘子”字样。王士雨、王贵先老人说得很清晰，闫家庄在岳协医院路南那片，“一坟古肚”在林荫家园位置，马圈庄在南边老电子管厂北，大体是文发市场左近，距离闫家庄一里多地。

据查史料，“阎家庄”“马圈庄”在顺治六年（1650）因参加白莲教造反，率众围攻平谷城，被知县牟云龙率兵镇压。清代县志没有记载。民国县志也只记载了这方面传说，说当时只杀了为首者。根据情节分析，平谷绝不止这两个村的百姓闹事，其他村的也有，为首者被杀后，仍有人继续挑头，结果闹得最凶的“阎家庄”“马圈子”被封了村，全部被屠戮，集中掩埋掉，上边堆了几米高的土，民房也被大火烧掉。马圈庄村民被屠戮后同样被集中掩埋，

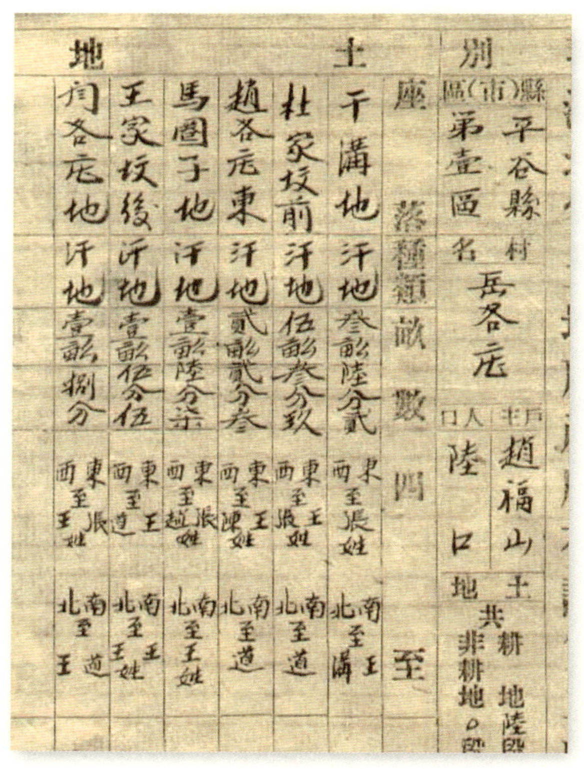
土地 别
平谷县 区(市) 第壹区
村名 岳各庄
户主 赵福山 人口 陆口
土地 共耕地陆亩 非耕地〇亩

坐落	种类	亩数	四至
干满地	汗地	叁亩陆分贰	东至张姓
杜家坟前	汗地	伍亩叁分玖	东至王 西至张姓 南北至道
赵各庄东	汗地	贰亩贰分叁	东至王 西至陈姓 南北至道
马圈子地	汗地	壹亩陆分柒	东至张姓 西至赵 南北至王姓
王家坟后	汗地	壹亩伍分伍	东至王 西至道
闫各庄地	汗地	壹亩捌分	东至张姓 西至王 南至道 北至王

岳各庄有闫家庄地、马圈子地

而且用石板将坟土压实。因而，此坟后被称为“石板坟”。查地契发现，确有“大坟”“一坟咕嘟”“石板坟”等名称，而且出现达几十次之多。据李秀芝老人说，生产队时期“一坟古肚”和“石板坟”都属于他们队地，经常到那干活，“一坟古肚”在岳协医院南，靠近平谷地，石板坟更在东南边，在马圈庄东，大约是现在“崔记饺子馆”附近。去年走访时，王宝玉老人（当年92岁）也说过，过去出工下地干活能见到很显眼的大坟头，石板坟的石板没看到，但坟也挺大，石板可能被人使用了。

岳各庄村大地多，地貌复杂，导致小地名繁多。本章从几百份土改时的土地房屋执照中选取了20户做取样分析，供读者一阅。

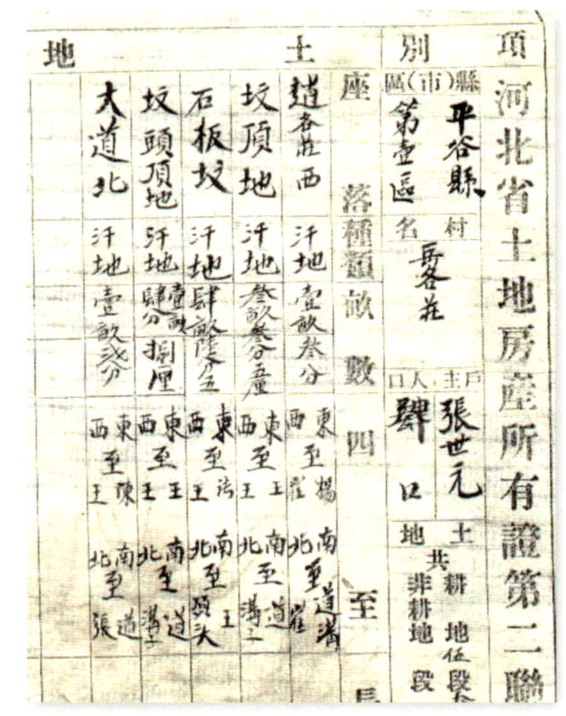
河北省土地房產所有證第二聯

縣：平谷縣　區(市)：第壹區　村名：岳各莊

戶主：張世元　人口：肆口

土地：共耕地伍段　非耕地　段

土地座落	種類	畝數
趙各莊西	汗地	壹畝叁分
坟頂地	汗地	叁畝叁分五釐
石板坟	汗地	肆畝陸分五
坟頭頂地	汗地	壹畝肆分捌厘
大道北	汗地	壹畝叁分

岳各庄有坟顶地、坟头顶地、石板坟

1. 王金，八口人，住张家胡同，瓦房三间，土房一间半。

地：砚窠（多写成燕窝）地三亩五分三，小北圈二亩三分二，小元圈元子地四分六厘，大道沟地七分，马蹄港地七亩七厘，花白坟一亩四分。

注：“燕窝”在今一号地住宅区内。对“燕窝”解释不一，多认为过去泃河西岸有许多大柳树，其中有两棵上有大鸟窝，南北相距一里地，故有南燕窝北燕窝之名。北燕窝在今博物馆位置。“马蹄港”在村西泃河湾，即今泃河大桥南约200米处，旧时曾经建有船运小码头，形似马蹄印迹，故称马蹄港。“小北圈”“小元圈”也在河岸附近，是菜地。

2. 王财库，四口人，住八蜡庙后，瓦房三间。

地：北砚窝地四亩三分三，南砚窝一亩九分二，崔家坟地三亩八分五，龙王庙四分六，小北圈四亩七分四。

注：“崔家坟”在村西南泃河东岸。

3. 王鸿章，四口人，住关帝庙西，瓦房五间半。

地：都堂坟四亩六分五，小北圈三亩一分六，庄后边一亩二分，庄后边九分三，石板坟二亩五分一，后边场非耕地五分一厘。

注：“都堂坟”即张家老坟，因明代张桧、张龠弟兄均官居佥都御史，故称张桧为大都堂，张龠为二都堂，坟茔在今体育中心院北部。二十世纪八十年代那里是苗圃地，墓地石碑横放当吃饭桌。张家是岳各庄大户，而且出现多位官宦，故此处对其家族略作叙述。张家也是山东人，来的是弟兄二人，老大张道玄，老二张道明。老大精通风水学，一直想寻找能够彻底改变家运的坟茔，于是在蓟县居住下来，四处寻觅，没有理想地，于是又东去玉田，滦州双山，然后又寻找到三河的灵山，顺着灵山北行，终于找到一道龙脉，即岳各庄——村东斜向横亘的高土岗，于是在岳各庄定居。老二身强力壮，老大让他去已经发家的王家去扛活，等待机遇。王家一看这个山东大汉，非常满意，时间不长便托人提出要把双目失明的“瞎姑奶奶”许给老二张道明，开始老二不同意，老大为其指点了迷津，老二这才接受。王家一看对方同意了，多年的“包袱”落下来了，于是给了丰厚的陪嫁和土地。老大选择风水最好的位置作为坟茔（据说携带其父骨殖过来的），之后远走他乡。“瞎姑奶奶”并不生育，王家看中了张道明人品，于是又将“老姑奶奶”续嫁给他，之后十余年间，老二连得三子，长子张然，次子张英、三子张弼。三子中老大、老二长大后

走上科举之路，到外地做官（张然做到江西提学副史，张英做到陕西茶马司承，负责茶马古道的运输安全和各驿站的马匹配置），家眷以后也没回来，只有张弼在家继承父业。娶了赵各庄的李氏，李氏去世后续娶杨镇的杨氏，共生四子：驯、云、弘、岩。其中张云，考中正统年间甲子科（1444）举人。

4. 王克宽，九口人，住前大街，瓦房五间，土房五间。

地：马圈子三亩二分五，王家坟三亩四分四，西沙子四分，大道北一亩三分六，棋盘地七亩，石板坟一亩七分六，坟地二亩。

注：“马圈子”就是马圈庄。“王家坟”指王家老坟，在村东，今紫贵庄园院内南部。王克宽与和平街的王敬宽辈分同，用字同，王克宽的父辈和他本人在解放前还常给王宇信爷爷王寅恭送蔬菜、杂粮呢，因为他们种的地产权是王寅恭的。（西沙子在村西靠近河岸。“棋盘”即棋盘地，是相对比较平的方形大面积土地，在村北今岳各庄公交车站北部。）

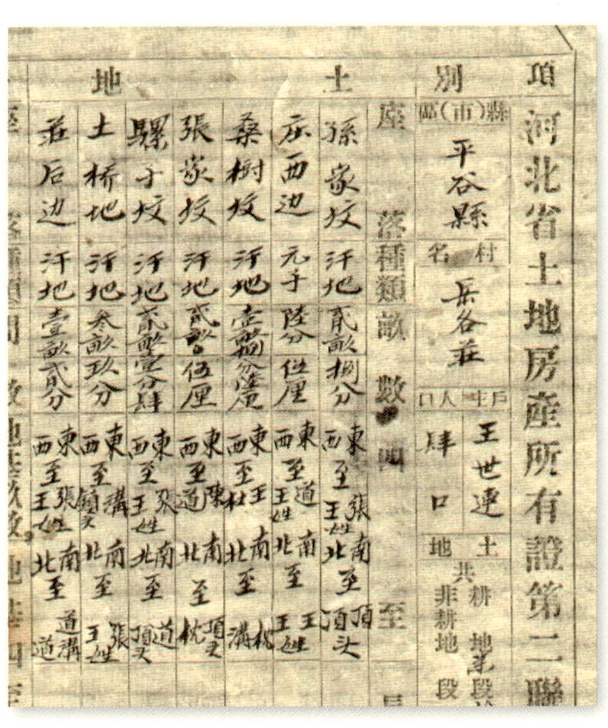
河北省土地房產所有證第二聯

平谷縣 岳各莊 王世連 肆口

孫家坟、庙西边、桑樹坟、張家坟、騾子坟、土桥地、庙后边

岳各庄有骡子坟

5. 王凤先，十八口人，住前街，瓦房九间，土房二间。

地：松家坟（应为松树坟）地五亩七分，大道北三亩二分五，观音庙后（园子）一亩一分，骡子坟地二亩五分一，达子地七亩四分四厘，桥头北六亩五分，江水沟二亩四分。

注：“松树坟”在村东，即王家老坟，坟场有二三百个坟头，有十多棵古松耸立。“观音庙”在村主街北。“骡子坟”据说与历史上一桩案件有关，具体地址不详。“达子地”即鞑子坟地的简称，在村北，今汽车检测场位置。

6. 王自信，四口人，无房。

地：牛犊坟三亩五分。

注：“牛犊坟”在村西南，不知其详。

7. 王殿三，十三口人，住东庄头，土房四间。

地：王家坟四分六厘，长顺地三亩二分二，沈家地四亩五分五，庄头坟三亩八分，坟头顶六亩二分三，坟地六亩五分，孙家坟三亩八分八。

注：长顺地在村东，即较为平整的长条地块。沈家地在村北。庄头坟在村东，一说是王家老坟，一说是达子坟（无主的金元代坟墓）。坟头顶在村东，今岳协医院附近。

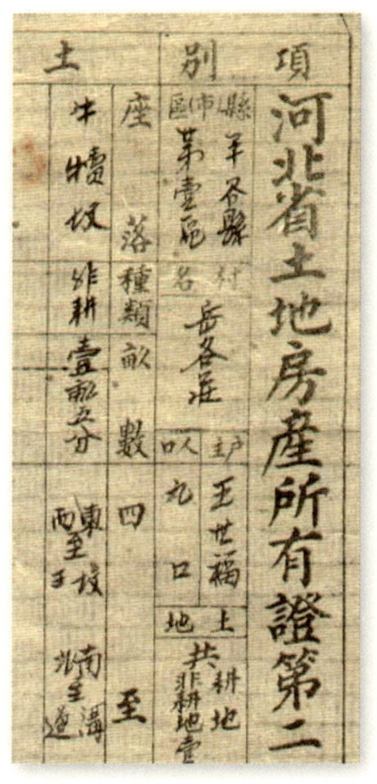
河北省土地房產所有證第二

平谷縣 第壹區 岳各莊 王世福 九口

牛犢坟 非耕 壹畝五分

岳各庄有牛犊坟

8. 王林白，三口人，住土地庙街，瓦房二间半。

地：闫各庄八亩。

9. 王义顺，五口人，住小胡同土房三间。

地：一顷地五亩三分，张家坟西二亩七分九，元子地一亩八分六（内有坟头五个），后井地七分，东上坎一亩五分五。

注：“一顷地”在村南，大概有一百亩上好平地。这里的“张家坟”指的是村东的张家老坟。能说清的张家坟有四处，第一处在村东，即王家陪送的“胭脂地”，位置在大桃环岛偏东南约 200 米处。第二处在村北，即今岳各庄大桥东北 150 多米处。第三处是今紫贵庄园内，西部与杜家坟接壤，南部与王家老坟毗邻，为第三世张弼所立。第四处是第四世祖张铸所立。张铸，明成化辛卯科举人，官至延安同知。第五处是第五世张桧、张龠，他们二人同时考中弘治八年（1495）乙卯科举人，张桧考了第一，为“解元”，张龠于弘治十二年（1499）考中己未科进士，中前者官至右副都御使，从三品，老二张龠是佥都御史，正四品，都属于高官。老县志对他们弟兄有介绍。他们选择的墓地在泃河之湾南岸，即今体育中心的体育场位置。他家之所以不断改坟，是由于当时迷信风水，不同时期请不同“级别”的风水先生看坟所致。“东上坎”在村东，旧时有大土岗，多年用土培平，二十世纪六十年代尚有痕迹。

10. 王永春，十八口人，住闫家街，瓦房十间。

地：北沟子地七亩七分，华尖地四亩六分，闫各庄地五亩二分二，下桥元子（水地）一亩，泉眼地一亩七分六，石板坟十九亩六分二，泉眼南四亩三分七。

注：“闫家街”在村南部，闫姓即清初闫家庄遗民。另有遗民逃到北山投亲。查北部山区仅大峪子村有多户闫姓，可能与此有关。“华尖地”有的写成铧尖地，即三角地，一角呈小角度锐角。泉眼地在村西南靠近泃河处。

11. 王荣太，八口人，住八蜡庙，瓦房七间。

地：桥上边一亩八分六，桥西边二亩五分一，泗河沿二亩八分（内有坟头十五个，松树二十三棵），北沟子三亩七分四，松树坟二亩三分二，贾各庄洼子四亩二分，西空场六分五厘。

12. 王世云，十五口人，住大庙后，瓦房七间。

地：沈家地四亩一分，张家坟二亩四分，一坟古肚二亩五分二，小北圈四亩一分，干沟地二亩六分，杨家坟八亩九分，沈家地二亩三分二。沈家地，沈家坟都与熊耳营沈家有关。熊耳营沈家清代出过拔贡，也出过优秀的工匠（油匠及画匠），是大文化家庭。

13. 王世增，五口人，住北大门街西，瓦房三间。

地：都堂坟一亩八分六，坟顶东四亩三分七，华尖地九分三，坟顶西二分八，杨家坟后五分，土桥地二亩，杜家坟一亩八分六。

14. 王郭氏，三口人，住关帝庙大街，瓦房三间。

地：泗河沿四亩六分五，杨群（多有写成羊群）地三亩七分二。

注：“泗河”为村西南一条小河，注入泃河。据访问得知，杨群为清代人，杨家某一代世祖的名字。“杜家坟”在今紫贵庄园院内。

15. 杜明贤，七口人，住张家胡同土房三间。

地：张家坟东三亩二分五，西河湾一亩八分六，桑树坟三亩三分，赵各庄地三亩七分二，周村地四亩二分，石板坟三亩三分五，指根坟二亩五分。

16. 李氏，二口人，无房。

地：枣树坑二亩五分（张贺利等二十几户有枣树坑地名）。

17. 杨恒茂，六口人，住杨家街瓦房四间，土房二间，东庄窠房基一处。

地：桥头子地一亩，张家坟前地三亩一分六，一坟古肚地二亩，东庄头地七分四厘，八大桥地二亩五分，顺道子地二亩一分，泗河沿地三亩七分二。

18. 闫成璀，二口人，无房。

地：下桥一亩一分，闫家（庄）地三亩一分六，龙王庙一亩二分，下桥地二分。

19. 闫瑞太，三口人，住前大街，瓦房三间。

地：长顺地三亩一分八，闫各庄一亩一分，闫各庄一亩九分五，闫各庄二亩八分，沟南地三亩七分二。

20. 张永生，二十四口人，住南小街，瓦房十四间。

地：崔家坟南六亩八分，崔家坟南十七亩三分七，南庄头园子一亩八分六，大道北地三亩五分三，石板坟地三亩五分三，沈家地五亩一分，沈家地二亩四分。

注：张永生一家二十四口人，在全平谷也算是数得上的人口大户了，但不是最大户，杏园张怀家有二十五口人。

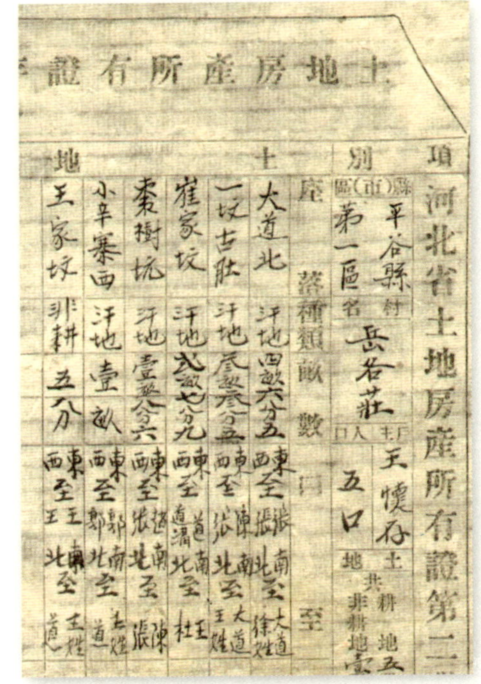
河北省土地房產所有證第二……
土地房產所有證
平谷縣 第一區 岳各莊村
戶主 王懷存　人口 五口
土地坐落：大道北、一坟古肚、崔家坟、棗樹坑、小辛寨西、王家坟

■ 岳各庄有枣树坑、一坟古肚

岳各庄小地名以坟地为名最多，几乎家家地都有带“坟”的地名，甚至有的户分到的五块地都是坟地，如柴正荣家土改时分到手的土地有：王家坟前旱地三亩零七厘，崔家坟东旱地三亩一分，石板坟东旱地三亩五分、石板坟南旱地二亩八分，石板坟南又一处旱地三亩。与此相关的还有 “闫各庄” “闫家庄地” 地名，约有 60 多户土地执照中有出现，如赵福山家分到的土地小地名有：干沟地三亩六分二，杜家坟前五亩三分九，赵各庄东二亩二分三，马圈子一亩六分，王家坟后一亩五分五，闫各庄地一亩八分。张景文家土地小地名有：马圈子地二亩三分九，闫各庄北二亩二分三，闫各庄南二亩八分八，枝根坟地一亩八分六，东坑北八分五厘。王山家小地名有：土桥南二亩三分九，坟地六分，华尖地一亩三分，坟头顶二亩零六厘，坟顶下边三分四。对马圈庄的写法也有“马圈”“马圈子”“马圈庄”三种写法。

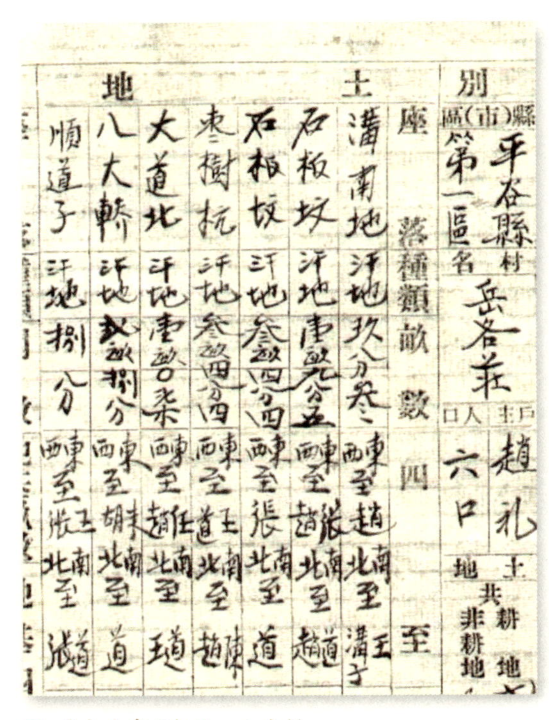
平谷縣 第一區 岳各莊村
戶主 趙礼　人口 六口
土地坐落：溝南地、石板坟、石板坟、棗樹坑、大道北、八大轎、順道子

■ 岳各庄有石板坟、八大轿

还有执照有“八大轿”和“八大窖”地名，先后出现十几次。据王贵先老人讲，“八大窖”是相连着的八块地，都是好地。这个说法比较合理，就是产粮多，如同粮食窖一样。说不清的地名有“万号坟地”（王启贤家地名）“骡子坟”“骡子地”“牛犊坟” “草驴坟” “南然窠” “北然窠”。有的地名多看几次才悟出，如“指根坟” “只根坟”说的就是一片荒坟长满了酸枣树，另如“家庄地”应该是“嫁妆地”，即旧时女方陪送女儿的土地，也称胭脂地。

赵各庄村小地名

赵各庄崔姓顺治年间由平谷城内迁来，始迁祖崔应坤，坊一甲人，其子崔养元、孙崔凤仪，再下子孙越来越多，到第六辈有崔良清，乾隆戊寅年即乾隆二十三年（1758）二月二十四日子时生，道光戊子年（1829）八月二十六日巳时卒，大寿七十一岁。妣石氏太君，生于乾隆戊寅年（1758）四月初八日，卒于道光辛卯年（1831）三月二十三日，大寿七十四岁。其下辈为鹏字辈，有十数人，其中崔鹏万为道光丁酉年（1837）拔贡。也正因为有个拔贡，是地方大文化人，所以有记录家族史的意识。清光绪年间有两个分支迁到密云，民国初有一支迁到兴隆者，家谱都有记载。崔家自乾隆年间以后多文化人，故有家谱记录，而且记述较为详细。到如今已传 14 辈。1950 年赵各庄全村 278 户，其中崔姓 164 户，李姓 75 户、高姓 16 户，没有赵姓。

赵各庄李姓有两支来源，一是清初由城关迁去，能查到的老祖名叫李友实，有二子：李永惠、永禄，永惠五子，长子李熏（次门李佩）、李怀仁、李遇贞、李廷元（本为次子，长子李廷芳无后）、李应祥（同治年间人）、李学文、李大德、李建华、李肇江、李柏松（以下当代未记）。李肇会是第十一辈小门的，1933 年生，曾任平谷县税务局局长。另一支是清乾隆年间由蓟县迁去的。现在的李子臣家族即由蓟县迁去，至李子臣（2021 年 60 周岁）已历七代，始迁祖李守本、李守义（没后），守本下李国栋，国栋下四子：宝财、宝有等，宝财下 9 子均单字：茂、纯、云、宽、祥、江、明、海、成。李茂下广清、广东，广清下即李子臣。李家一支清代道光年间过继到南岔子街，成为现在园田队李姓之始迁祖。

赵各庄的小地名出现在契约上较多的有：南沙坨子、刘珍坟、东达子地、大家地、王家壕、上港、台头港、西下坡、南洼子、八道渠、老坟、老坟坎子（多处出现，据说是赵家坟）、张家坟（岳各庄张家坟）、崔家坟、于家坟、东坟、拔贡坟、高家坟、石碑坟、王家坟、佟家坟、马家坟、马圈坟、东马圈、坡下李家坟、庄东橡树坟、庄南官坟、尖营、东大扇、枣树行、柳树行、后大门、耗子眼、胖家地（可能是庞家地）、大土坑、学产地、学田地、羊妈坟（亦有杨妈坟，应该就是常见的一种野菜，清明节前后出来，花蕾一簇簇的，黄花，长叶子，可以直接采食）等。其中八道渠出现次数多，待考。因为赵各庄与岳各庄、台头相邻，部分小地名也会共用。

北台头村小地名：古时南北台头是一个村，在高土岗上，后土岗被大水冲断，在南部高台上的叫“南台头”，在北边高台上的叫“北台头”，明代老县志里就有此名，后因“南抬头”容易产生歧义，故民国时改称“前台头”。二十世纪七十年代前，两个台头村东西南北都有较高的土台，最高土台高达十多米，土台斜坡处甚至有住房。北台头小地名主要有：南大扇、西大扇、南园子、二甲子坟、烧锅坟、大脑瓜、打劫地、姜家坟、庄西狐狸套、东岗子、上四亩、二五坑、西岗子、南岗子、塔前头、大寺、宋家坟、七十亩地、小八亩地、庄东十二亩地、徐三坟、杜梨坟、常家坟、许家坟、赵家坟、崔干坟、崔谦坟、大尖坟、瓦家坟、杨家坟、蔡家坟、韩家坟、黄莺坟、石桥子、窑后棋盘地、庄南韩家井、西上坎、桑园、老园子等。北台头 1950 年 133 户，最大户是王姓，57 户，其余张姓 10 户、崔姓 12 户、杨姓 13 户，刘姓 12 户。

东鹿角村小地名：崔家地、崔家坟、庄西马家坟、老于坟、张家坟、陈家坟、两半坟、唐家地、唐家坟、后洰、闫家坟、西坟地、北坟地、杨树坟、何家坟、老婆坟、老坟地、粮地、西港地、刘家坟、万禄坟、沙坨子、虾米沟、窑后头、甲河底、花角子、北棋盘、枣行、马卷子、桥上边、桥下边、吕道子、王八盖子、北套地、九沟十八岭地、马道、西佃子、大寺、老爷庙、观音庙、南杨群、柳树行、大庙、饭碗地、里洪地、东里洪、旺水泉、南岗子。

东鹿角明初建村，因在洵河、泇河交汇点河汊纵横，势如鹿角而得名。1950 年共 335 户，大姓主要有于姓 151 户，崔姓 74 户，何姓 26 户，马姓 23 户，王姓 20 户。于姓与西沥津于是一个家族。据传是弟兄两个，由山东大水泊迁来，开始编入负二甲，因东鹿角村初迁民多逃回，在社屯缩编时老二这一支整体迁到东鹿角。崔姓是平谷土著老姓，与赵各庄崔是一家族，由城内坊一甲迁去，时间大概是成化初年。何姓清初由城内迁去，

马姓也是清初由城内迁去。1983 年全村 759 户，3026 口人。

西鹿角村小地名：徐家坟、吴家坟、官坟、贾家坟、郭家坟、八（拔）贡坟、塔前头、东老坟、草驴坟、李家坟、芷芽坟、包袱地、别盖、赵家坟、猴狼卧、龙王庙、史家庙、东店、堡子前、姚家坟、大茔、大营、东港、罗家地、老坟、二甲坟、长坎子、桑园、大柳坟、韩井、北岗子、南岗子、杨坟、刘塔坟、韭菜坟、棉花园、长顺地等。其中别盖、猴狼卧、大茔、好韩井、老坟、徐家坟、贾家坟、饭碗、网圈、堡子（有的写成卜子）南北岗子出现次数较多。“饭碗”是最好地块，产粮稳定之意，堡子是古代的小城堡，很可能是个墩台。有的地名没搞清含义，如猴狼卧、别盖、草驴坟、二甲坟。拔贡坟是宣统乙酉年北台头王允成的坟墓。“拔贡”是科举制度中选拔贡入国子监生员的一种方式。清顺治年间定六年选一次，乾隆七年改为每十二年(即逢酉岁)一次，由各省学政选拔文行兼优的生员，贡入京师，称为拔贡生，简称拔贡。同时，经朝考合格，入选者一等任七品京官，二等任知县，三等任教职；更下者罢归，谓之废贡。选入拔贡后不得再按照科举常规参加会试、殿试。但拔贡在地方上很出名，近似于举人。此外有岁贡、恩贡、列贡，统称贡生，但社会地位均在拔贡之下。

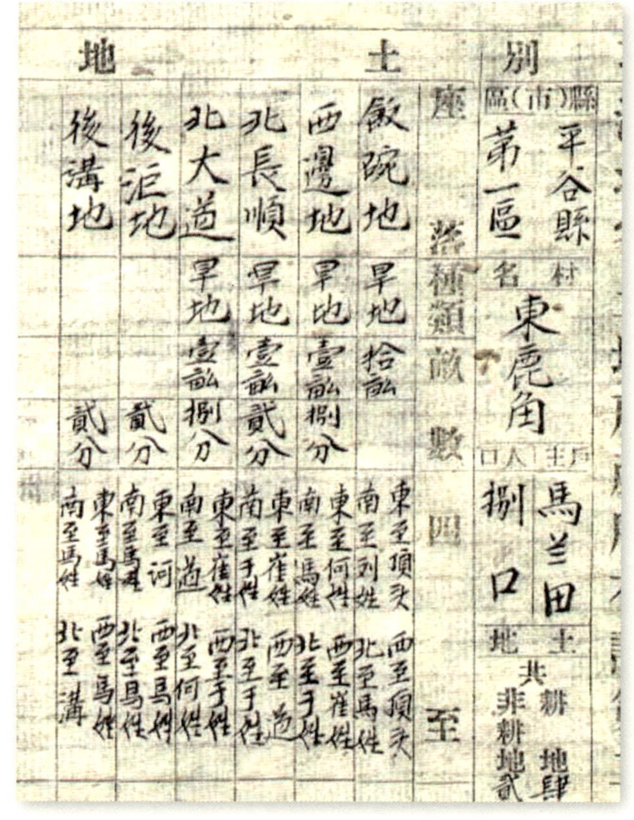

平谷縣 第一區 村名 東鹿角 主戶 馬兰田 口人 捌口

土地 共耕地肆 非耕地貳

座落	種類	畝數
飯碗地	旱地	拾畝
西邊地	旱地	壹畝捌分
北長順	旱地	壹畝貳分
北大道	旱地	壹畝捌分
後泥地		貳分
後溝地		貳分

■ 东鹿角有饭碗地

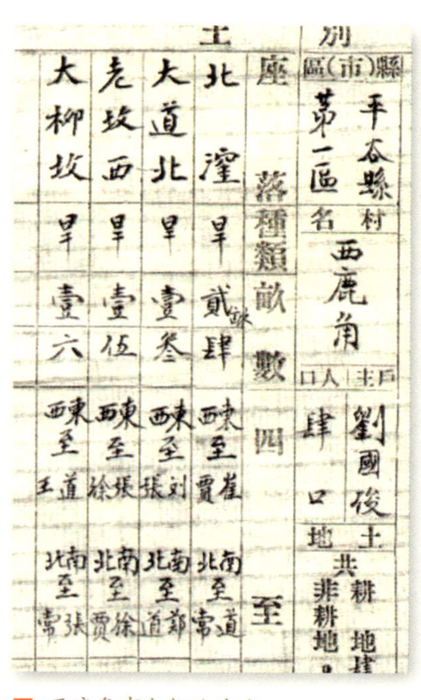

平谷縣 第一區 村名 西鹿角 主戶 劉國俊 口人 肆口

座落	種類	畝數
窪北	旱	貳畝肆
大道北	旱	壹畝叁
老坟西	旱	壹畝伍
大柳坟	旱	壹畝六

■ 西鹿角有大柳坟地名

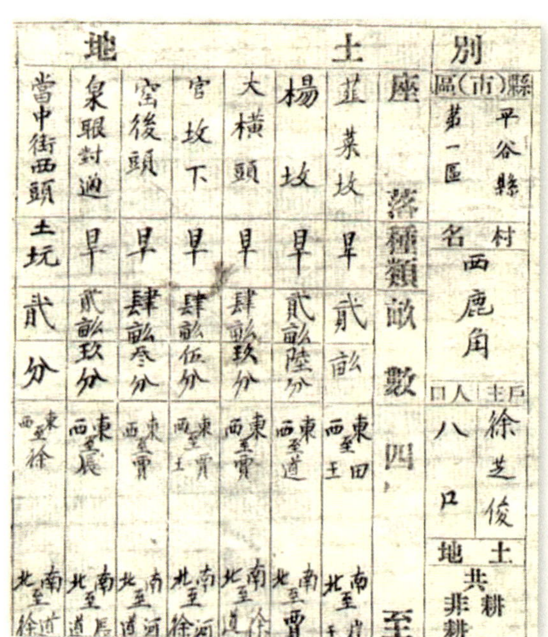

平谷縣 第一區 村名 西鹿角 主戶 徐芝俊 口人 八口

座落	種類	畝數
韭菜坟	旱	貳畝
楊坟	旱	貳畝陸分
大横頭	旱	肆畝玖分
官坟下	旱	肆畝伍分
窑後頭	旱	肆畝叁分
泉眼封過	旱	貳畝玖分
當中街西頭	土坑	貳分

■ 西鹿角有韭菜坟地名

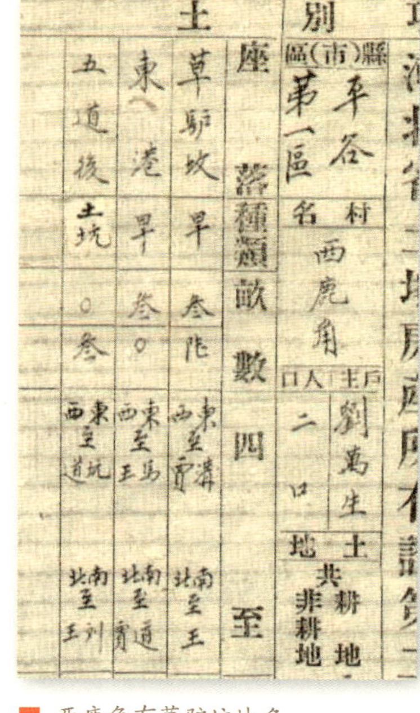

平谷 第一區 村名 西鹿角 主戶 劉萬生 口人 二口

座落	種類	畝數
草驢坟	旱	叁
東港	旱	叁〇
五道後	土坑	〇叁

■ 西鹿角有草驴坟地名

1950年西鹿角村共328户，属于大村，而姓氏只三个，其中最大姓是贾姓，210户，刘姓69户，徐姓49户。贾姓不是一个家族，一个是明永乐年间由山东迁来的，被编入鹿角社第三甲，与安固贾在山东老家是同族。另一个是由齐各庄分过来的，辛寨社第七甲，和放光贾、中罗庄贾是一个家族，始迁祖贾大柱，和放光贾名伸家族到放光的始祖贾大贵是远堂弟，刘姓是万历年间由通州平家滩迁来的，与克头刘姓是亲兄弟。徐姓也是明朝由山东迁来的。据传原有罗姓、郭姓、万姓、姚姓、韩姓等，明初迁来后陆续迁走或回原籍，只有贾姓、徐姓未动。1983年统计，全村1028户，3502口人。西鹿角有静宁寺，金代大定二十年（1180）建，说明那时就有村庄，而且还应该是个大村，有汉砖、辽砖和同时代古币遗存。原有村庄可能于元代战乱时消失。

上纸寨村小地名：上纸寨原名“枳荆寨”，历史悠久，汉代遗址和墓葬群都有发现。上纸寨在明代有“姜蛮子、施侉子、王半庄、谢大户”之说。魏姓也是立庄就来了，原籍山东菏泽，始迁祖魏立，第一站就在这个村，明初被编入坊六甲（有点不合常规），但魏姓一直不发旺，多辈都是单传，以至于现在也不过数户。据被访问人魏天合（60岁）介绍，他太爷爷魏德福，爷爷魏顺、父亲这辈才破天荒地出现了弟兄两个，父亲叫魏永宽，叔叔叫魏永富。清代，魏姓也有些分散到安固、峰台、峨嵋山等村，还有的到了兴隆的青松岭开荒种地。谢家是明初由山东迁来，弟兄三个一起来到上纸寨，因为以前曾经商，“燕王扫北”战乱中败家，所以担着担子来到这里后重操旧业，很快在上纸寨发旺起来，清代和民国时期仍有谢姓开买卖铺，本村有店铺，在平谷、通州也有买卖铺子，抗日战争期间还为八路军跑买卖呢，解放战争时期谢家商号并入大众合作社。谢家老坟在现在烟草培训中心院内，占地三十多亩，有上百个坟头，北边有一道土坝，是人工堆起来的，为了保障风水不漏。新坟在西边200米处，也有一百多坟头，后来又有新坟。姜家是军户，“燕王扫北”时随军过来的，在此落户。夏各庄另一支李姓清代由李旗庄迁来，即李纯志家族。地契部分中有介绍。杨庄户姜是一家。既然被称为“蛮子”，一定是南方人，北方将南方精明而身材矮小

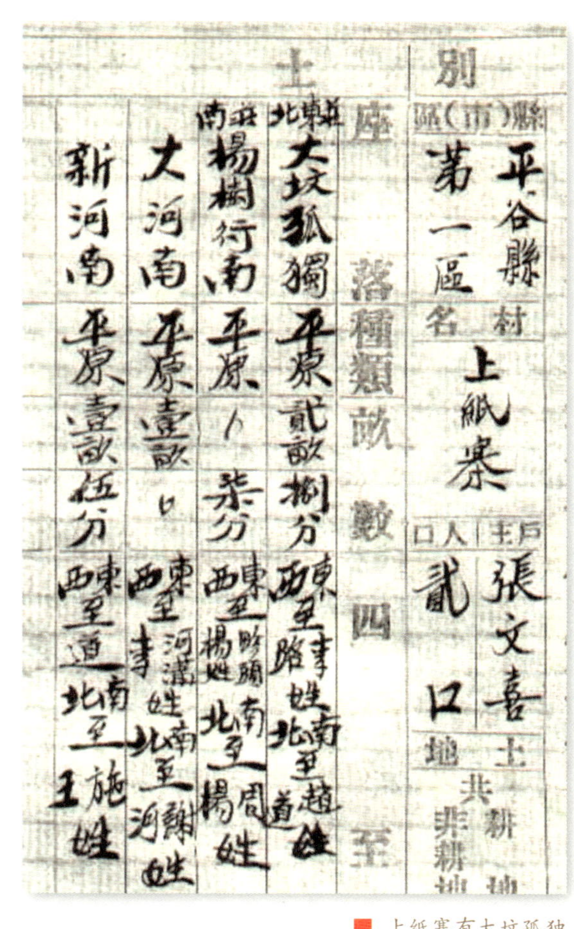

平谷縣 第一區 村名 上紙寨 戶主 張文喜 人口 貳口

座落	種類	畝數	四至
東北 大坟孤獨	平原	貳畝捌分	東至李姓 南至趙姓 西至路 北至道
南 楊樹行南	平原	〃柒分	東至畛頭 南至周姓 西至楊姓 北至楊姓
大河南	平原	壹畝〃	東至河灘 南至謝姓 西至李 北至河
新河南	平原	壹畝伍分	東至道 南至施姓 西至道 北至王姓

上纸寨有大坟孤独

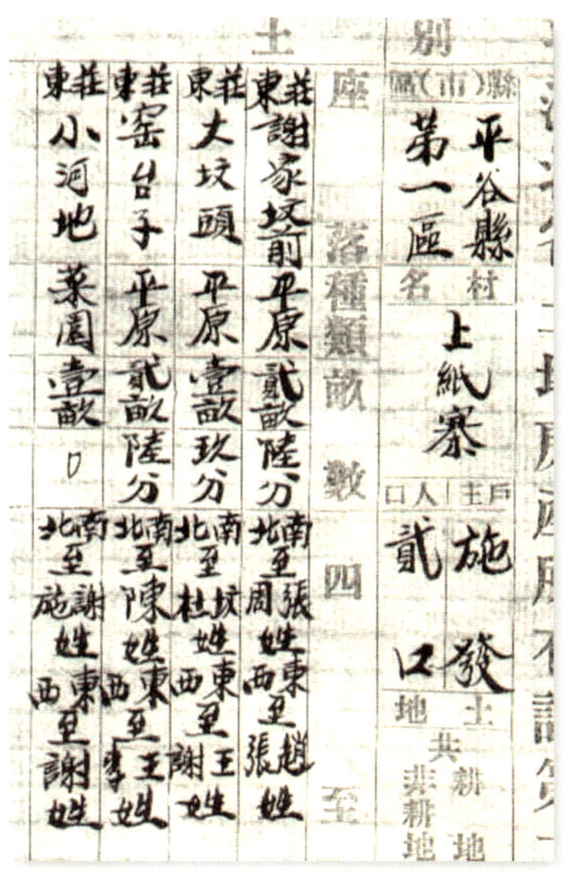

平谷縣 第一區 村名 上紙寨 戶主 施發 人口 貳口

座落	種類	畝數	四至
東庄 謝家坟前	平原	貳畝陸分	東至趙姓 南至張姓 西至張姓 北至周姓
東庄 大坟頭	平原	壹畝玖分	東至王姓 南至坟 西至謝姓 北至杜姓
東庄 窑台子	平原	貳畝陸分	東至王姓 南至陳姓 西至李姓 北至陳姓
東庄 小河地	菜園	壹畝〃	東至謝姓 南至謝姓 西至謝姓 北至施姓

上纸寨有大坟头

的人都称“蛮子”。施姓也是军户，明初是和姜姓一同来的，现在村里户数也不多，都在清初分散了，水峪的施姓也是从这里分出去的。“施侉子”说明也是江南人，说话北方人一点听不懂，故称其为“侉子”。王姓是洪武年间由山西迁来的老姓，“王半庄”说明王姓人口最多，占半个村庄。但自从清初两家李姓来了以后，李姓很快繁衍起来。李姓前边地契部分有介绍，此从略。1950 年全村 288 户，其中李姓最多，57 户，王姓 48 户，谢姓 32 户，周姓 25 户，张姓 16 户，施姓 10 户、赵姓 9 户，路姓 8 户，姜姓 4 户、戚姓 4 户。其余不计。

上纸寨小地名有：庄北汽车道、张家坟（庄南也有张家坟）、王家坟、松树坟、姜家坟、魏家坟、史家坟、马家坟、官土坎子、窑台子、庄东老河底、大泉眼、湾圈地、庄南戚家坟（戚姓家族，满人）、庄东老坟、谢家坟（在东北）、谢老坟、大坟头、大坟瓜独（在庄东北，孤立一座大土封，五十年代被平掉，可能是汉代大坟）、北坟、尚荒子，庄西西关地、土坑、西棋盘地、六股道、秦家坟，庄南张家坟、周家坟（庄南北均有，北为老坟）、东长地、西长地等。

下纸寨与上纸寨原为一村，清初分两个村，小地名大体一致。下纸寨位置原始有秦、齐、刘三户明初由山东迁来，被编入负郭社六甲。据走访的秦姓老人讲，祖上是济南秦家府人，还有说是山东历城县人。查资料应该就是隋唐秦琼秦叔宝后人，现地名济南历城区柳埠镇秦家村。秦姓来平谷后被编为负六甲六舍，夏各庄、魏太务、贾各庄、东寺渠、海子等村的秦姓均是下纸寨秦姓分支。秦姓早年家谱已失，1955 年秦伯芬（民国曾任三河县警察局长）曾整理了他之前七世祖秦业隆之后家谱。秦业隆一子：朝柱。朝柱一子凤。秦凤三子：学明、学圣、学儒。长门学明下三子：炳、耀、焜。秦炳五子：振魁、振英、振民、振元、振恺。秦振英，第四子进昌，清国子监生，有四子：桂馥、桂馨、桂馣、桂馪。桂馣二子：家久、家元。家久字远传，民国时期军官学校毕业。家久二子：大正、大发。档案馆秦立丽即大发之女。

芮姓清初由后芮营迁来，原籍山西芮城县，明永乐年间以军官身份落足三河县王家庄，因其势力大，故改称芮家营，简称芮营。

二、夏各庄镇小地名

夏各庄村小地名：夏各庄是平谷第一大村，村东西高土台上仍留存汉代居住痕迹，至迟在唐宋时期就有了村庄规模，辽金时称夏家屯，明代称夏家庄，民国以后称夏各庄。1950 年有人口 905 户，3560 人。其中李姓 200 户，王姓 150 户，张姓 135 户，马姓 113 户，田姓 39 户，秦姓 37 户，于姓 28 户。1988 年全村农业人口 2100 户，7360 人。夏各庄李姓明永乐年间从山东枣庄大杨树迁来，始迁祖李洪儒、李洪武、李洪贤（瘫子，无后），李洪儒落夏各庄，李洪武落泰务，哥俩以铸犁铧为业。早期家谱“土改运动”中失落。乾隆年间，因社会相对安定，李家也想培养出文人以改变贫穷面貌，故从第十五辈起，使用“文”，如文修、文治、文勤、文兴（在村东部称老四门）、文贤、文亮、文平、文扬等。笔者祖上从李文修与放光贾家结亲（贾名伸家谱有载），经济开始富裕，文修之下四子：李郝、李龙、李虎、李鹿（称少四门）。李文兴之下二子：李管、李用（无后）。李郝之下四子：怀报、怀富、怀德、怀玉。这哥儿四个因家道殷实，在李大街各有一处大宅院，也称少四门，李大街由此形成。怀报下林山、青山、泉山，林山下景合、景云、景明，景云下瑞吉、瑞兴，瑞吉下再岗（早亡）、再峰、再来、再臣。再臣即笔者父，1963 年起担任生产队、大队会计，2003 年满 70 周岁才从村委会总会计职退休。他对乡土人情非常了解，本书夏各庄及周边很多情况都是他提供的。李家在夏各庄是最大门户，每年上坟都熙熙攘攘。清末以后，为避免坟地聚人过多，约定每户只出一人添坟祭祖，中午在坟地吃，名曰“吃官坟”。1930 年到 1936 年间，每年到坟地祭祖人达 36 桌（常用炕桌），韩庄、马兰峪和水峪分支都过来。为便于管理，每年上坟时都选出下一年会头。2009 年采访李满勋老母亲时，她介绍，主食多是两米豆饭和包子，菜也比较简单，六个菜，其中以背阴白菜熬豆腐为主，有一盘肉菜。1936 年赶上她家做豆腐，连泡豆整整做了三天。1938 年正赶上李瑞珍担任会头，由于抗战爆发，这种方式取消。平谷当年很多村的大户均采用这种方式祭祖。传言甘营李姓和夏各庄李是一家，经查，不确。甘营李是明初由山东来的，被编入独乐社五甲，明代中期迁到遵化，清顺治年回迁到甘营，可能在山东老家是一个家族。韩庄李和夏各庄李是一家。顺治元年（1644 年），一个寡妇带两个孩子由夏各庄过去的，因为韩庄蔡姓是第一大户，也是她娘家，所以得以安身。地契中曾见到嘉庆十五年（1810）有李勤之名，经查访，之下有李文芳、文秀，文芳曾在咸丰二年（1852）在河北束鹿当教谕，文芳下李敏修、慎修（同辈有自修、殿修等），敏修下辈

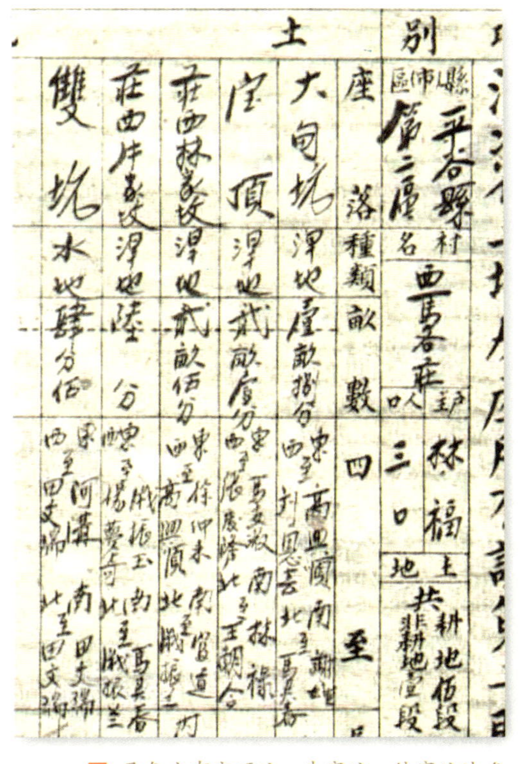

马各庄有宝顶坟、牛家坟、林家坟地名

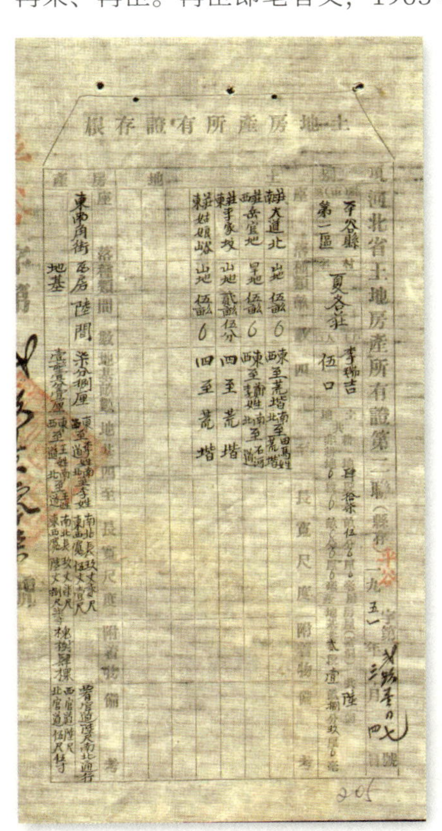

夏各庄李瑞吉（本书作者祖父）土地房产所有证

李连河、连海（李树成曾祖）、连江。连江下辈李大有、李正有。大有下辈长子永伶、次子永丰，老三早亡，老四永年，永年下有子朝元、朝旺，永丰有子朝海、朝元（秀才），朝海下辈春亭，2009 年采访时 75 岁。查旧土地执照，清末至民国时期“朝”字辈和“春”字辈和夏各庄李家排字基本对应。整理夏各庄老地契和分家单据，发现很多地名延续使用有 200 多年历史。同治十一年（1872）刘玉地契中有“坐落见太务二郎庙前”。“二郎庙”是南泰务一座庙，明代就有，这个地名直到土改时还在用。夏各庄另一支李姓清代由李旗庄迁来，即李纯志家族。地契部分中有介绍。

光绪二十四年（1898）刘门史氏卖地契约中有“坐落白道子”。白道子是光绪三年（1877）下大暴雨时将黑峪北坡冲出一道沟，裸露出一道白色岩石沟，上下长约 40 米，东西上宽约 2 米，后人以此地貌特征为山下台地的小地名。

光绪二十一年（1895）安固熊家卖地给夏各庄刘永莲的契约上有一句“坐落夏各庄西龙坡”。“龙坡”这个地名应该很早就有，因为古代这里曾多次发现动物骨骼化石，二十世纪八十年代初文物普查时将这里确认为商周遗址。

民国二十九年（1940）夏各庄刘于氏卖地契中有“坐落茶棚沟”字句，“茶棚沟”地名形成于乾隆三十四年（1769），时值乾隆帝去盘山，在夏各庄村南设置了喝茶的地方，皇帝喝茶不能露天，支撑了一个巨大的牛皮帐篷，因此得名。当地口语讹传叫“茶盘子沟”，这份地契写得准确。高春土地执照有“尖营”地名，和“茶棚沟”一样，都是乾隆皇帝去盘山时留下的烙印。“尖营”说明乾隆曾在此打尖吃午饭。

民国十二年（1923）夏各庄徐志凌退地契中有“坐落乱葬岗”，“乱葬岗”夏各庄在二十世纪 50 年代还能见到四处，即村东桃园、村南石河边、村西老供销社位置、七队社场北的“黄家盖”等。乱葬岗就是古时无人认领的外籍死尸埋葬于此，据传道光元年和四年两次大瘟疫，导致平谷村民大批死亡，之后被官家花钱雇人集中草草埋葬。村西保留时间最长，1942 年甘营打仗一部分尸体也埋那里了，日常夭折的孩子用稻草或干草捆起来放到这里。

民国十九年（1930）夏各庄马子蓝地契有“坐落庄西三官庙后”字句。“三官庙”中的所谓“三官”，指天官、地官、水官，是道教最早尊奉的三位天神，亦称“三官大帝”“三元大帝”。天官赐福、地官赦罪、水官解厄。在原始社会天、地、水是人们生产、生活的必要条件，三官大帝的信仰源于中国古代先民对天、地、水的自然崇拜，所以民间很多村都建有“三官庙”。夏各庄的“三官庙”是明初唐福忠家族刚来此时建的家庙，光绪三年（1877）发大水时主体被冲塌，清末被村民彻底拆除，但“三官庙”地名在解放前后仍沿用。

民国三十六年（1947）马爱泉、马春生土地执照有“白塔子”地名，李启增家的执照有“村东白塔寺后”地名，这一名称在其他十几户地契中也有出现。经向老人咨询，说古代有白塔寺，在夏各庄东大台西南下坎处，即现在的高速路夏各庄收费站东侧。查证史料，老县志没有相关记录，很可能是元代建筑物，因为元代寺院爱建白塔。

1951 年马均土地执照有“上塔布”，李爱勋土地执照有“下塔布”均为书写者笔误，走访得知应为“上搭布”“下搭布”，地点在甘营村西，是夏各庄地，成因未能考证清楚。有一种传说是唐代李世民东征时在甘营有驻军，负责服装制作的供给部门经常在那里晾晒布匹。

1951 年马存家的土地执照中有“庄北杏园”。“杏园”在村东北三队社场附近。李云亭土地执照有“庄东桃园”地名，在老大井东位置，后为第二生产队菜园子，即现在的高速公路入口处。马体顺土地执照有“栗园”，马体清执照有“桑园”。据历史记载，明代开国皇帝朱元璋曾下令农村广植枣、栗、桃、李、桑，以代粮度荒。其中枣树和栗树长寿，故全国各地留下“枣树行”“栗树园”地名最多，陕北、山东乐陵、河南南阳等地至今仍有一米多粗的成片枣树行。平谷至少有 80 多个村子保留相同或类似地名，桃园、杏园也至少有 40 多处，可能都是那个时期留下的地名。

李书勋土地执照有“狼木”“塔根沙地”。“狼木”，太务有地名叫“狼耳木”，应该指的是一个地方，位置在甘营西南的山脚，音“拉儿木”，不知何因成此名。

李广春土地执照有“庄西岳官地”在村西村委会位置，即银河商厦东侧。岳读“要”（yào）。李瑞吉、马山家也有“岳官地”名，不明其因。马春和家地契有“卜家沟、罗家沟、四不漏”“陈家沟子”。“卜家沟”在太务村西，与夏各庄交界地有一道沟，原属卜姓所有，故名。“陈家沟子”在村西北，距离张各庄东 500 米，是水田。“四不漏”在村西和尚坟，即西大井南侧，因地势低洼得名。

马吉祥土地执照有“瓜叠峪”，在村南靠近刘家坟的山坡，俗又称“瓜子峪”，有个大坡叫“瞪眼坡”，过去推小车送粪最犯怵上这个坡。

夏各庄以坟茔为地标的小地名甚多，仅李、刘、马、田、张、王、赵等大姓家族的坟茔就有 30 多处，二十世纪七十年代前有几千个坟头，既有各自的老祖坟，又有多处分支派的新坟，在上世纪平整土地时，都被平掉。

安固村小地名：1950 年安固张姓第一，131 户，熊 105 户，吴 56 户，杨 44 户，何 27 户，陈 12 户。张姓前边已做过介绍。没介绍的有两支，一支是清代从大旺务迁来的，一支是从张辛庄迁来的，差不多都是清代后期。熊姓始迁祖为熊思，顺治元年（1644）由广东开平迁来，落户安固。二世祖熊坤、三世祖熊大有，四世祖熊兆云、熊兆祥，五世祖熊建，字望山，号文杰。熊建有四子：长子熊朝干、次子朝祯（少亡）、三子朝佐（家谱注为嘉庆丙子科进士，查老县志为道光乙酉年岁贡），四子朝甫（无子）。七世以下人口日繁，此不详述。熊家整理家谱时自称迁到平谷已有千年，显系有误。熊家在安固有东熊、西熊之称，东熊居住在村街心的东部，1988 年统计有 80 多户，西熊在村西部，有百余户。缘由是 200 年前的熊兆云、熊兆祥那一支将其父熊大有尸骨迁移到西坟立为“明堂”，故后辈称西熊。先祖立遗嘱各辈取名按照七字诗顺序，共三首，第一首：思坤大兆建朝龙，显英刚（开或自）万世宗。第二首：忠厚传家承衍庆，昭明广继永登庸。第三首：金木水火阳光土，宇宙天地日月星。根据三首取名诗句内容判断，应该是近代形成的。因为民国地契中有“熊宝路、熊满贺”名字，没按谱走。道光元年地契有“熊朝斌”名字，也没在朝字辈谱中。老县志有“熊辅周，字渭滨，安固庄人，光绪年间投入直隶统军充弁，随冠带尹德盛赴朝阳攻剿，保升哨官，后改编热河巡防军，历升管带官”也没按谱排字。可见熊家家谱上边还有很多缺失。

安固陈姓是清代乾隆年间因收租而从张各庄分过去一支，从老地契中可以看到光绪以后的三辈，即单字的：陈坤、勋、秀、喜；云字辈陈志云、作云、力云、广云、永云、彩云；崇字辈有陈崇理。

安固村小地名选取几户做介绍：张才，牛家坟平地一亩三分，寺东（东大寺）山地九分，魏家坟山地九分。安固村小地名还有黄家坟、李湾、南头、张家坟、熊家坟、县道、姜家沟、天元、草家坟、杨家湾、牛家坟、纪峪子、棋盘、龙坡、东石少等。

张荣，牛群平地三亩七分五，西沟平地一亩三分，东石河平地二亩五分五。

注：“牛群”在村南一个山洼，大户在此有牛圈。

张珍，住辛庄街东，瓦房四间。土地有：雪山头平地一亩七分，大坝东平地一亩八分，寺前平地二亩七分，东沟平地三亩二分。

注：“雪山头”指安固庄南一处悬崖，悬崖岩石白色。“辛庄街”在村东头，民国时期新开辟的居民区。“寺前”即东大寺（亦称安固寺），在村东大台，为唐代寺院。

张润远，八口，住大街北草房五间。

地：大井平地一亩三分，西沟台地一亩三分，石少平地一亩六分，王家林台地一亩八分，乱葬岗平地二亩七分，东沟平地一亩五分，山神庙台地一亩八分。

注：“大街”指的是村中心的大街，乾隆三十四年为迎接乾隆皇帝由此经过而扩展的大街，宽三丈六，两侧搭建彩棚。“大井”在村东南。

张振福，住辛庄街西。

地：韩岭山地二亩七分，羊山山地一亩八分，墩台南台地一亩八分，墩台东台地二亩二分，土厂台地五分，后街后平地九分，墩台东台地四亩五分。

注：“韩岭”又称韩家岭，在夏各庄村西南的南峪深谷里，因有“神仙洞”而在当地驰名，旧社会绑票的常潜伏于此洞。“羊山”的“羊”是别字，实际叫杨家山，是安固村东南第一山，曾被辟为采石场。“墩台”在安固村东，与夏各庄交界处，明初在此设立“烟墩”，乾隆皇帝去盘山时由此经过，刻意下马仔细看了看这个墩台。

张梦卿，六口人，住大街北瓦房五间，院一亩三分。

地：北洼平地二亩二分，条道子平地五分，长条坑平地三亩一分，王家沟山地五亩四分，朱家沟山地二亩七分，塔后平地一亩八分。

张梦英，六口人，住大街北瓦房八间。

地：长条坑平地一亩三分，北洼平地二亩二分，条道子平地五分，王家沟山地六亩一分，寺塔山地一亩八分。

注：“条道子”即在大块地边踩出来的小道。这个地名在多村都有，甚至一个村会有几处。“长条坑”在村东部。“塔后”指村南一个古塔基北边。“王家沟”“朱家沟”指的是村南的山沟，最早由王姓和朱姓耕种。

张作然，八口人，住辛庄街西，草房五间。

地：大坝东平地二亩一分，南营山地八亩，南山山地二亩三分，寺后平地六亩三分。

注：“大坝”指的是安固到张各庄之间的大坝，抗日战争期间日军逼迫百姓修建的大坝，以阻挡八路军抗日活动。“南营”指的是村正南的旧军营，明代曾有驻军。明嘉靖年间平谷北部屡遭蒙古人侵掠而撤至北山，以防御北线来敌。

张恩荣，五口人，住大街南，瓦房八间。

地：南峪山地六亩三分，西沟台地五亩一分，寺塔前台地一亩五分。

注：南峪即安固和夏各庄之间通往大岭后的山谷。西沟指的是去往双门洞的山谷。“双门洞”是那一带最富传奇色彩的山洞，如同一副墨镜镶嵌在悬崖绝壁上，因无人敢上，所以留下很多神秘传说，笔者于 1982 年 2 月 24 日带领 5 名年轻力壮的朋友攀登上去才彻底搞清，不过是几米深的天然岩洞。

张福，六口人，住大街北，瓦房六间。

地：东桑根平地三亩，墩台东山地二亩七分，西沟山地三高七分，魏家坟一亩，魏家坟一亩六分。

注：东桑根（也有写成桑耳的）在村北高速路北部，过去有一棵桑树。

安固主要小地名有墩台、牛群、韩岭、西台子、磨尺子、东场、马台子、石少、朱家沟、孙家沟、李斜子、吴家沟、白崖、桃园、东石寺、房后、大墙后、车洼子、黄崖坎、贾家沟、北洼、寺塔、西坑沿、东桑根、松树坟、魏家坟、吴家坟、史家坟、何家坟、杨家坟、雪山头、南十六、窑地、上荒子、羊山、麻铺、田园、牛道、羊道、流水洼等。这里的“松树坟”即老贾家坟，贾家是明初由山东迁来，按照老家习惯，在坟地栽植松树。松树坟地名在平谷区 70 多个村都有，基本都是山东移民户。“老家坟”在村西南兵营处，不知何意。未查到草家坟位置，中罗庄南也有草家坟。

太务村小地名：泰务（清以后简写成太务）一带多土岗，在汉代就有族群居住，村北曾发现汉代墓葬群。泰务之名始于辽金，有永保泰平之意，村名就叫泰务屯。明代析分出三个村，民国以后分为四个行政村。元末这一带村户消失殆尽，洪武和永乐年间多次大量移民。最先来的许姓为明洪武时期立庄户，永乐年间有江南军户见明、见亮弟兄，占据旧废墟，很快发展成大姓家族，故称见家泰务。中部在明初称中泰务，后因京城魏姓大户（有说法是明代大奸臣魏忠贤长兄、天启年间在朝为锦衣卫千户魏钊族人）在此繁衍，称魏太务，魏家势力显赫，家族富庶，明末清初不知何因全被清理，有传说乾隆皇帝来平谷时听到魏家传言“驴驮钥匙骡驮锁，除了皇帝就是我”，因 惹恼了乾隆，下令将魏家彻底“清理”，笔者觉得有可能与明代魏忠贤有关，魏忠贤被杀，家族被株连。主犯被押解到京城，一部分家人逃入北部山区，隐姓埋名，其中蔚姓属之，先在鱼子山一带山沟里偷生，后来有一支在乾隆年间在北辛庄成为佃户。此事未见任何典籍记载，仅存传言。后去的秦、屈、杨姓等组成新村，村名仍称魏太务。清嘉庆十年（1805）有文人纪学增和一位贾姓迁来，在北部新建一个村落，称“纪贾泰务”，因纪姓影响大，简称纪太务。明代北太务有刘、傅、告三姓家族，后来也“消失了”，有传说是受魏太务的魏姓牵连。雍正年间汉旗陈姓带家族人从关外迁来，在此收租，称陈家太务，后简称陈太务。

南太务村从 1951 年土地执照可以查到三个大姓户数，见姓 116、刘姓 48，杨姓 32 户，王 28 户，许 19 户（99 口人，道卜峪许姓是分支，另有一些户为种地分散到其他村，还有去兴隆开荒种地的）。据许家后人许胜（74）介绍，他上世纪七十年代前见过家谱，明初从山东来的，是泰务的原始立庄户，村名叫许家庄，村东有大庙，庙里有一块万历年间石碑，有两米多高，上边是四条龙碑帽，那块碑身明确记载是许家建的村。碑身二十世纪 60 年代初被魏太务杨姓石匠运走，解开制作了几十块“锤布石”。道卜峪许姓是雍正年间由南太务迁过去的。查 1950 年土地执照，南太务有许深、许灿、许合、许满、许珍、许舜、许祥等。下一辈有许文谦、许文会、许文生、许文达、许文岐、许文英、许文明、许文才、许文友等，据被采访人许胜老人介绍，他老太爷叫许祥，许祥有八子，长子中年早逝，留下许李氏带领阖家 11 口人度日，老八是“木石”即没出生父亲就身亡了。许胜的太爷爷叫徐文达，排行老四，也是 11 口人，爷爷叫许谱、父亲许凤海。

南太务小地名主要有青石碑、老家坟、西老坟、杏树底、火龙峪、上搭卜、下搭卜、大榆树、东大庙、四陇沟、狼窝、歇厂、拉耳木、石老虎、魏井、土洞子、破老窑、乱葬岗、大台、魏井等。魏井在村北，据说是明代魏家出资打的大口井，前后村均受益。“破老窑”在村东南台地，那里是辽金遗址，曾出土大量铁器，2009 年笔者考察时仍见残存有四洞窑，结构类似串窑，至少是明清留下来的。向西偏南有汉代窑址，此窑远比汉窑大。青石碑在村东北，碑已失，不知墓主身份，东大庙即许家介绍的大庙，战争年代被毁。

贤王庄村小地名：贤王庄汉代成村，村南村北土岗都有汉代墓葬区。村中有菩萨庙一座，建于辽代，庙宇除了祈福外，

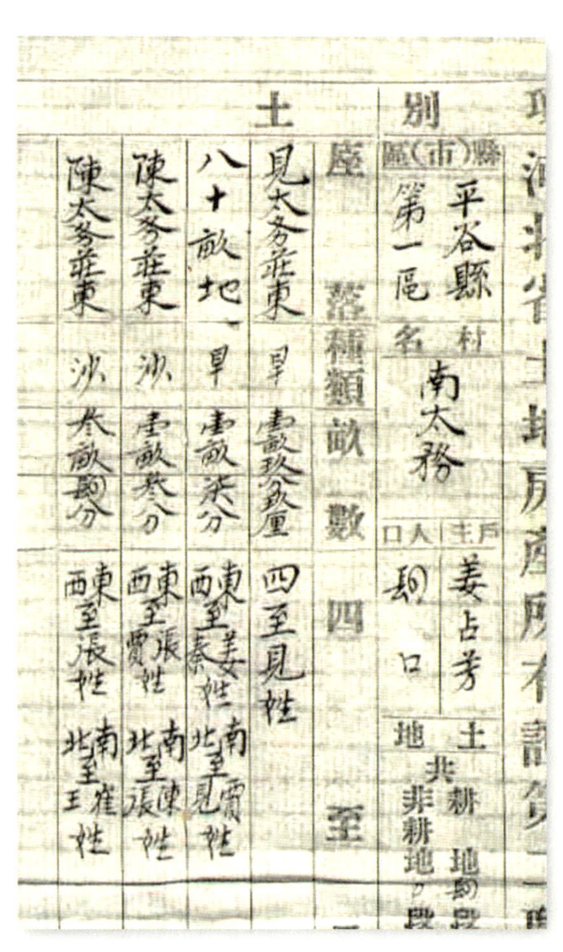

平谷縣 第一區 南太務 村
戶主 姜占秀 人口 四口

座落	種類	畝數	四至
見太务莊東	旱	壹畝玖分叁厘	四至見姓
八十畝地	旱	壹畝柒分	東至姜姓 西至秦姓 南至賈姓 北至見姓
陳太务莊東	沙	壹畝柒分	東至張姓 西至賈姓 南至陳姓 北至張姓
陳太务莊東	沙	叁畝貳分	東西至張姓 南至崔姓 北至王姓

南太务小地名见证南太务与见太务曾是两个村

明清时还曾设为村私塾的启蒙学堂，这是京东农村罕有的校舍。受重农轻商传统理念影响，历史以来村里没有一个做买卖的人，提倡的就是“耕读”，边耕地，边读圣贤书，以保持圣人之道。慢慢地，这个学堂名声越来越大，学堂名演变成村名——先堂。坊间传闻，几百年来村里一些青年人通过这个学堂走上了“学而优则仕”道路，为此，清初村名易为——贤堂。至于后来为什么又叫“贤王庄”，村里流传这样一段故事，说到雍正帝在位时，与雍正帝最为默契的十三弟允祥（即和硕怡亲王。其他兄弟为避讳都将胤改为允，唯独他在去世后特许改用原字）前往京东公务视察农情，入住平谷城里，一日午后闲暇，带保镖顺马家庄小河溯源，来到贤堂村，见这一带景色优美，临时动意入住在古柏参天的菩萨庙内。接触了几天民情后，他察觉当地民风朴实，百姓谈吐儒雅，于是更加来了兴趣，居然在此住了很长时间（据传一年左右）。此后十余年间，这位王爷每次来京东办事，差不多都选择居住在这里。雍正帝得知此情，特颁发圣旨，将此庄赏赐给允祥，并御赐村名“贤王庄”。允祥诚惶诚恐，上书皇帝：虽爱此庄，但不敢据为己有，替村民接受“贤王庄”村名，恳请只保留大庙休息之所即可。雍正帝深感十三弟贤德，特赐一块黄色琉璃瓦镶嵌在十三王爷居住的庙宇正殿屋顶，同时在院外修建了上官庭和下官庭，以显示王爷皇家身份。修成后，贤王只在庙中居住，上官庭和下官庭成了村民谈史论理的地方。“贤王庄”之名一直沿用至今。抗日战争时期化名“幸福村”。1951 年土地执照显示，全村 117 户，付姓是最大户，58 户，付家坟在龙家务北，坟地占很大一片。第二是吴姓 16 户，老坟在安固村东，显然是由安固迁来。牛姓 9 户，祖坟在村西北，新坟两处，一在本村东一在纪太务村东。付姓是明永乐年间由山东柳家口迁来的民户。李、王、刘、吴、耿、牛、于、池姓清代迁来。据查证，牛姓原籍天津静海，在当地是大户，始迁祖牛坤，曾任翰林院侍读学士、云南提督学政，嘉庆八年应同窗好友高拱辰（马各庄人，嘉庆六年拔贡）之邀迁居平谷城内，他们都曾在贤王庄菩萨庙教授弟子。牛坤去世后葬于洵河东岸（县志有载）。其中牛昌箓清道光十四年间由天津静海迁来，来平谷任教谕，受牛坤推荐在贤王庄正式落户，咸丰元年升任正定府教授，病逝于任上，葬于贤王庄西三里洵河之畔。牛坤子牛镇，初始亦贤王古庙里学习，道光年间考取了举人，后由内阁中书升山西汾州知府。道光二十三年捐银 200 两创办平谷学院。同族人还有牛书域、牛昌箓，也有后人落户贤王庄。解放前有牛永、牛顺亨、牛凤元、凤岐、凤鸣、凤田等，没有细考属于哪门。平谷多村有牛姓，皆源于此。池姓现在可知延传到第七八辈，按正常规律推理应该是清代乾隆年间迁来，始迁祖池文，下一辈池大年，其下四子，单字为名：福、旺、兴、禄，池福下三子：德发、得起、得森，得字下又各一子，依次是永泉、玉泉、合泉，再下是“宪”字辈，这一辈人较多，计有宪海、宪余、宪明、宪祥、宪逢、宪荣、宪瑞、宪堂等。再下一辈又是单字，同辈人更多了，其中合泉长子池宪瑞下边是池清，再下即当代的池阳清、阳彬、阳军；次子池宪堂下边是池德，池德仅一子即池维生。再后不叙。贤王庄小地名：上官庭、下官庭、大庙、马家地、杨树、柳树湾、河沿树行、陈家沟、西菜园、庄北坟地、牛家坟、唐家坟、沙河、南坟子、南秀子、上河滩、吴家坟、朱家坟、赵家坟、石岗、大石堆、庄东达子坟、庄东达子地、北屯地、胡仓、草场地、东荒子、北大荒、蛇腰子地、马连道、付家坑、鸭子坑等。

三、东高村镇小地名

东高村小地名：东高村汉代成村，曾称高阜，村南和东南塔山下出现过汉墓群，金元时称高屯铺，元代分出两个村，在东部的称东皋村，西部的称西皋村，清代称东、西高村。东高村民国时期有兴隆街（南观音庙街）、堡子街，王家街等，1958 年调整大街时才有现在的主街。

东高村大姓家族主要有赵、王、张、李、袁等。其中王姓明初从山东潍坊大柳树迁来。据被访问人王长青（76 岁）介绍，早年记得什么甲舍，现在早忘了，只知道是什么什么社二甲八舍。仅有的一点信息也可以推理，的确是明初来的，很可能是高屯社二甲八舍。老祖坟在村正东，足有 100 多坟头，还有一些石碑，西南侧有新坟，也有 100 多坟头，平整土地时都给平了。老坟名字就叫“杨树坟”，因为有几棵特别粗的大杨树。据赵守江（70 岁）介绍，赵姓是明初“燕王扫北”时从山东来的，弟兄两个都落这个村了，一在村东，一在村西，故有东赵西赵之分。西赵人丁旺盛，东赵人少。据张明千老人（86）介绍，张姓弟兄两个从山东来的，一个落在马坊西小街，一个落在东高村，是移民时被安排到这里的。来到东高村的始祖是锔锅锔缸的，即修补铁锅和水缸的，始祖在稻地村锔锅时病倒亡故，就地掩埋了，过几辈家庭富裕了，又把骨殖迁移到了东高村村南。袁姓也是明代由山东来的。

小地名有徐家地、五花天井、徐家天井、许家天井、闫家天井、打鼓台、和尚天井、李家天井、袁天井、罗家天井、龙天井、巨天井、瓢天井、妖气沟、阳气沟、水泉、母峪、老古峪、顶山、港沟子、下煤坑、籽粒地、白龙湾、佘家地（也有写成蛇家地者）、平家地、毫家地、巨家坟、老坟、蒋家坟、花家坟、（也有写成华家坟者）、赵家坟、马家坟、纪家坟、张家坟、刘家坟、姑子坟、岗子、陈家囤子、纱帽翅子地、白塔地、下湾子、白龙湾、塔山、崔码头、饸烙床子、八壙地、龙八叉、西墩台等。

大旺务村小地名：村北有商代遗址，可见很早就有人在此居住。明代有将官在此居住，称“大王府”，有收税任务故又称“大王务”，清代称大旺务。大旺务在平谷南端的青龙山下，山高谷深，台地为主，因水患造成很多深坑，大坑也就成了重要小地名。如 1950 年村公所拥有的财产就有庄东大坑，庄南大坑，庄北大坑，庄内长坑，庄里圆坑等。寺院也是当年的公产。在大街路北，有两处大瓦房，一处五间，一处十五间，都是没收地主的家产，作为村公所办公用（其他大村也多用此法）。村民土地执照上的小地名也明显具有山区地名特征，如崔万富家分到的土地有庄西网圈（小河回湾处）三亩、庄南水泉（大部分山区村的高山下都有水泉）山地二亩二分，庄南南上坎平地二亩。符天民四口人，地在庄东东坑沿平地三亩，庄西下泡平地二亩半，庄东顺水湾山地二亩。吴锡宽七口，地有五处：庄东吊沟峪山地一亩半，庄东獾洞山地二亩一分，庄东蛮子山一亩，庄东北大道山地三亩，庄西二节平地四亩。吕存，五口人，地四处：庄北虎峪山地六亩，庄西枯柳树平地二亩，庄东狗峪山地五亩，庄西六港（这个地名民国前就有，出现在地契上达几十次）平地六分。耿如有，八口人，地四处：庄东桃园山地十一亩（十七段），庄北短圹平地二亩五分，庄南打鼓台山地六亩，庄东黑庙平地四亩。在张九洲家土地执照的地名中，有庄西二节、下泡，庄西有界牌（有的写成牌界，与乾隆年间的“牌楼”说的是一回事）。朱增有地名神堂沟，虎峪、棋盘地等。另有小地名岘山（庄东最高山）、庄东三岔口、庄东知母岛、庄东小埝、庄北梨园、庄北滋家地、庄东老门沟、南台子、神堂峪、黄带子、老坟沟、十八石、石崖、和尚坝沟、狼儿店、杨树坟、松树坟等。乔玉之地名有“大影牌”，在村西，传说是乾隆时代所建的大牌楼。神堂峪、黄带子、老坟沟、虎峪、棋盘等地名在乾隆二十三年二月初九日耿序分家单中有记载，可见这些地名由来已久。

门楼庄村小地名：门楼庄明代成村，因村北旧有一门楼得名。1951年土地执照上有“庄西八窖”“庄东八窖”“庄西曹家坟”（曹庄子曹姓老坟）等地名。崔家庄也有东八窖、西八窖。可见带“窖”字的地名在平谷平原村不少，都是产粮最多的好地块。

北张岱村小地名：北张岱也是个古村，村北有大面积汉代墓葬群，还有一座规格比较高的汉墓。出现较多的地名有“神王墓”“达子坟”“公家坟”“石碑”“钓鱼台”“北岗子”“南岗子”。“神王墓”即保存下来的砖室汉墓，有石墓门。

克头村小地名：克头村1950年共161户，属于中等村，其中刘姓是最大姓，整100户，第二是贾姓27户。克头小地名主要有：北天井、史家庙、大庙、后上坎、沙坨子、岭上、杏树行、柳树行、堂前园林、小棋盘、小石桥、大石桥、花园地、指甲地、坎子下、化家地、贺家地、大坟、后坟、东坟、南坟、刘家坟、贾家坟、苗家坟、吴家坟、蔡家坟、张家坟、赵家坟、饶家坟、付家坟、唐家坟、邱家坟、陈家坟、杜家坟、马家坟、王家坟等。

“克头”是近四十年来使用的简写名，原名是“活沱”二字都上有“雨”字头，现在电脑里查不到这个字。据说是他们自己根据地形地貌特征自造的字，二十世纪七十年代在村街心的拐弯处一家房屋正对西街处的西房山上，仍赫然可见两个老红字的村名，老地契中更是常见。如今，这个地名也成了历史符号。克头村贾姓是清初由西鹿角村迁来的，刘姓与西鹿角刘姓亲弟兄，明万历年间一同由通州平家滩迁来，至今已经十七辈，清代顺治年间曾带地投充成为旗民户。有宣统年间平谷永盛堂抄写的一份光绪三十年诉状可以证实。诉状上的村名就是“活沱”加雨字头。鉴于这份诉状涉史料价值很高，内中及人物多，事件复杂，是考证当时克头村皮户与内务府、平谷县隶属关系以及纳粮、纳皮、庄头权限特别是克头村刘姓家族矛盾等重要史料，故抄录两个相关联的折子，以再现历史。

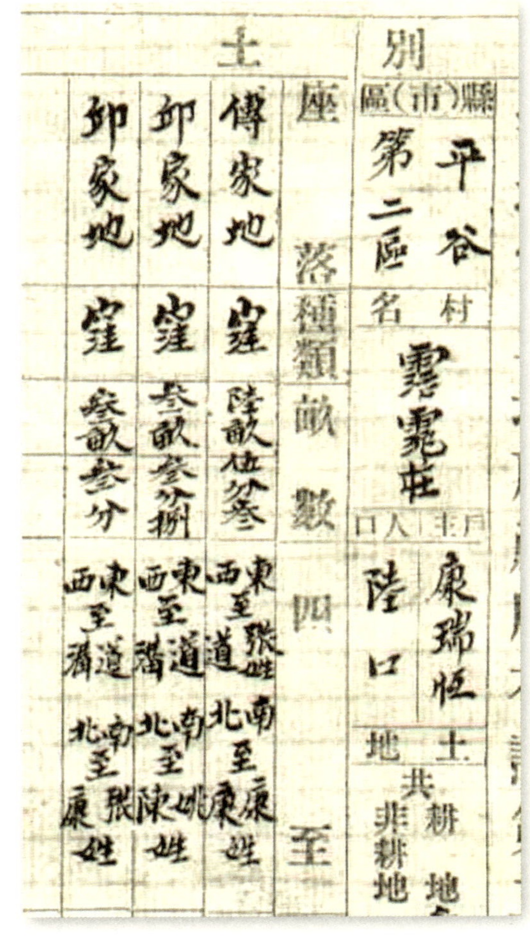

克头本字

克头讼词宣统年间抄本

附：平谷永盛堂抄录光绪三十年（1904）克头村正白旗刘振奋同小辛寨庄武生郭建伦为恳准息免究销案事呈内务府都虞司诉状：

具恳呈克头庄旗人刘振奋同小辛寨庄武生郭建伦为恳准息免究销案事：切（窃）因本庄被革狐皮户庄头目刘文容呈控本庄旗人刘振生等隐种差地不交租项等情一案，只宜静候讯究，

何敢冒昧恳息，情因身等与伊等系属同族亲谊，不忍袖手，出为说合，刘文田有旗地五亩，每亩交租东钱五百文，已令给新头目刘文汗交收清楚，并不短欠，刘振生种有旗地七亩三分，已交收清楚，每年交租钱一千文，又种有差地七亩，每年腊月初八如数给刘文汗交差，刘振宗种有差地七亩，亦于每年腊月初八日如数给刘文汗交差。身等已给伊等共面言明　，对交清楚，均已和好，并无异说，俱愿息讼，未敢擅变，身等冒昧代为，呈恳伏乞仁天大老爷恩施，格外俯准免究，销案施行。上恳具呈。

克头庄皮户头目刘文汗呈报内务府折

内务府正白旗皮户头刘文汗呈，为恳恩赏文札饬平谷县严追差地并底册账目，以免皮户钱粮遗失，而奎（亏）库款事：切（窃）身接办被革头目刘文容之缺六年之久，所有办差账目今被身查明，均系伊新立抄写，并非底册底账。身先已在本县呈明，后查在案，现今查出刘文容隐匿户丁，崔起龙差地十五亩，伊将此差地盗卖与民人王国君、王国斌，伊又拖欠本年应交狐皮二张并差钱五十六千文，又欠租钱二十二千五百文，身又查出亲丁刘振生隐匿差地四段十六亩，身与伊相其理论，伊不但不认，反行横搅扰行凶，似此伊等胆敢侵吞隐匿盗卖置尤干例，荣身若不及早呈明，将来皮户钱粮无着，无奈叩恳大人台前恩准赏文札饬，平谷县严拘刘文容、刘振生、王国君、王国斌等到案押进（禁），差地指交身收领，如蒙恩准，则……

据考，内务府直辖平谷皮户庄头是桥头营周家（正黄旗），享受六品衔。克头刘家是带地投充到正白旗下的，也充任皮户庄头，以交狐皮为主，同时也种差粮地纳税。本案原本是清末克头村皮户庄头刘文汗向平谷县知县控告原皮户庄头刘文容制造假账隐瞒不报税引发的，不久刘文容直接向内务府都虞司控告本村旗民刘振生私种差地不交粮租案，刘振生堂兄刘振奋和小辛寨郭建伦（据传为刘文容内弟）与双方都有亲情关系，得知此事后主动出面为双方调节，调节好后行文上呈内务府都虞司，请求撤案，结果都虞司回文同意撤案。但当时在职庄头刘文汗得知刘文容反诉，于是另向内务府都虞司控告家族弟兄及王姓村民纳粮舞弊别情，并申请内务府下文给平谷县衙，请求拘捕刘文容、刘振生、王国君、王国斌，将差地粮租交由自己处理。从后边残余内容看，后边还有反诉刘文汗状。可见此案之错综复杂。因抄文有中断，不知结果如何。

查“永盛堂”为平谷城内胜利街王家堂号，即胜利街已故老人王沛然（原居南城门内）高祖堂号，在家常教授子弟专门学习诉讼、写契、婚丧嫁娶礼仪等公文格式，因其曾任知县幕僚（师爷），有机会接触各方面案件，时或将典型案例带回家给子弟抄录，以作为学习“范文”，也正因为如此，才有幸保存下这批本地域的实用文书范本。抄录此案的内容真实可靠，客观记录了100多年前克头村发生的互讼案件，也大体还原了当年克头村围绕纳粮纳皮发生的纠纷状况。而今时过境迁，当年克头村民间的恩怨早已随时间的流逝烟消云散，隔了多辈的刘家后人更是将其引为笑谈。

赵家务村小地名：赵家务汉代就有人居住，二十世纪八十年代出土了很多宝贵文物。赵家务小地名主要有：枣树行、老庙、后坡子，水口、姚家坟、崔家坟、黄家地、马家坟、史家坟、湛家坟（今仍有此姓，有写成占的）、庄南湛家坟、牛槽子、下跑、陈家坟、徐家坟、董家坟、北董家坟、付家坟、王家坟、大沙坨子、李家坟、刘家坟、尹家坟、班家坟、南班家坟、东班家坟、薛家坟、瞿家坟、鲍家井、康家坟、丁家坟，苗家坟界碑、舍家地、金家地、蔡家地、黄家地等，均属清初圈占的旗地。另有“城地”出现几次，不知何意。

四、马坊镇小地名

马坊是古代的养马场，辽金元明都是大规模养马场所，而且都是给官府养马，常年养马在千匹以上，每匹马给地 100 亩，故马坊到杨桥一带跟养马有关地名甚多，如马场、马坊、草场等。马坊 1946 年前属三河县。

西大街村小地名：陈家地、白家坟、棋盘、北宫、杨家坟、解家坑、高官营、南聂庄、长陇坟、二节地、西窑、何家坟、焦家坟、史家坟、张家坟、岳家坟、贾家坟、陈家坟、王家坟、李家坟、任家坟、温家坟、蔡家坟、朱家坟、纪家坟、蒋家坟、解家坟、石柱坟（金元时代有经幢的坟墓）、坟上地，南家洼、港地、港家地、楼上、南楼上、鸭子圈、电道（应为垫道，旧时道路都是逐渐踩出来的，民国时期曾派工垫砂土压实成道，全县多处有此名）等。不好理解的地名如八左坟、八座坟、闷胡贯（杨玉昆家地名，还有写成闷胡灌的）短其教（杨玉盛家地名）、短七教（陈自荣家地名）。拉子坟（刘文发家地名）、车网地、车往地等。二条街地名与西大街多重和，之外有老公坟、石河、大道南、大楼、短七窖、徐家坟、宋家坑、刘辛庄、赵庄（寇永和家地名。宋永起家地名有赵庄子。宋永旺等十几家有地名赵屠庄。可能以前确有此村）、王坟、董家坟、寇家坟、钱粮地、北马场（古代确有马场，名兔西马坊，即兔山之西的马坊，又因有大龙河，河北的马坊称河北马坊，后成村名。河北村有三块断碑约略可证）、左通沟、南八十八（地块亩数）。二条街还有北宫、南宫地名。“北宫”是康熙二十四子諴恪亲王允祕墓，在打铁庄原村址（清康熙年间为修建此陵墓将打铁庄北移至今址），“南宫”是其子諴密亲王弘畅墓。刘福山等几户的地名有聂庄子，可见过去有此村名。多家有“草场”地名，一定与古代马坊有关。“圆通寺”地名也罕见，徐士珍等几户有此名。三条街韩殿卿家有“九轿子”地名，说明比“八大窖”的地还好。杨吉利家有“大屯南”（大屯，汉代时东店的名称，平谷地名志有载。现仅有小屯村）。

太平庄村小地名：份子地、官地、北场地、两件地（可能是两箭地，100 多米长）、三十六（地亩）等。

三条街村小地名：有钱粮地、徐家坟、王家坟、南墙外、解家坟、八十八、南宫、北宫、朱家坟、杨家坟、马家坟、焦家坟、九轿子、老公坟、赵庄东、赵庄子、赵家坟、老公坟、姑娘坟、东坟、西坟、宋家坟、董家坟、曹家沟、夏家地、草场地、两仟地、官地等。在马坊蒋家的地契中，发现一些可以弥补史料的小地名。如道光二十六年二月马坊三条街蒋如连指地借钱文约中有“坐落马坊镇东店家西新街”，说明那时东店村名东店家，而且村子的西街刚出现不久。光绪三十四年马坊三条街傅永生退佃地契中有“坐落马坊东店东北，其名马道”，这个马道就是具体小地名，而且历史悠久。经调查得知，原来这里是泃河的渡口，东店是渡口一个旅店，其村后是通往码头的宽道，时称马道。也说明代这里有马场，马群每天由此向东到河边饮水。笔者觉得这两个说法都对。宣统三年（1911）正月马坊蒋清润典地契约中有“地坐三条街东头其名大场”这个大场即明以前码头的存货场。

河北村小地名：河北村是马坊镇古村之一，汉代有城，辽金时代官府借用旧城建马厩。现在村里仍保留一块残碑，上边镌刻有“兔西马坊”。1951 年，村民土地房产所有证上多出现西城坡、西城根、南城坡、南城壕、城后、城里西头、城北坡、北城内、路南等地名，而辽金养马时代留下的地名还有官马壕地（赵维志家地名。官马壕即古代圈马的壕沟）、东岗子地、官马地（赵维伦家地名）及草场、草栏地、东草栏、西草栏、北草栏、马王庙（也有叫马神庙的）等也各出现几十次之多。另如岳家洼、郑家坟、东岗子、北岗子、磨尺子、八叫子、八教子地、范家坟、鲍家坟、丁家坟、孙家坟、中家坟、终家坟、夏家坟、侯家坟、麻家坟、蔡家坟、南坟地、北坟地、西坟、东坟、四福庄（郑保全家地名。今大辛庄镇有三福庄）、宏先生坟（刘俊清家地名）、乱葬岗、官坟地、西草栏、东草栏、北下坡、院内、院内地（刘锡铭家地名）、代庄后（刘士久家地名）、保正坟（刘百盛家地名），查家坟也出现较多，盖因清代有名士查连波家族在这一带有墓地。

塔寺村小地名：塔寺村原名南石渠，村北鱼坑边有块残碑，铭刻着“南石渠”村名。因为北边有个古寺院，寺院有塔，故康熙十八年大地震后新村名以村北原有的“塔寺”为标志而得名。大地震造成村北出现一个很深的坑，西边还有一道很深的裂缝，至今坑尚在，裂缝也约略可见痕迹。这一带小地名主要有和尚坟、高营、二地、北边子、东边子、西边子、、南边子等，在多家的地契或土地所有证上都多次出现。

石佛寺村小地名：石佛寺汉代成村，唐贞观年间建有石佛寺（其中一尊石佛现在博物馆展出）。现在村东北区域有大面积战国到汉代居住遗址。小地名有：短八叫、东坑、南坑、宝坑、庙坑、西岗子、东岗子、东乱葬岗、南乱葬岗、白家坟、鲍家坟、茂家坟、贾家坟、姚家坟、蔡家坟、苍龙地、鞑子地、东兆地、西兆地等。据周村 91 岁鲍姓老人说，平谷三河的鲍姓多源于石佛寺村，他的老祖就是清初由石佛寺迁到周村给人家种地的，到他这辈 14 辈。

早立庄村小地名：早立庄行政村由早立庄、戴家庄、菜园子三个自然村组成，清初成村，以前这里是养马场，清军入关后，在养马户居住地首先迁来民户居住，是为早立庄。不久，有戴姓为首的散户在村东紧邻地立庄，称戴家庄。而另有两户在原养马军人居住地的菜园子居住，日久成村，叫菜园子。三个村 1950 年共 210 户。早立庄小地名主要有：官马壕、官马地、南家洼、蔡家地、解家坑、柴家坑、西老坟、和尚坟、陈家坟、史家坟、施家坟、师家坟、南师家坟、西刘坟、西贾坟、西高坟、李家坟、王家坟、戴家坟、白家坟、许家坟、董家坟、何家坟、罗家坟、耿家坟、查家坟、展家坟、夏家坟、解家坟、曹家坟、马家坟、于家坟、鲍家坟、张家坟、刘家坟、头截地、二截地、大石头地、北宫地（北宫即清代康熙二十四子允祹墓，在打铁庄村南）、西窑、西边子、南边子、后边子、北岗子、西岗子、高营、高营庙、楼上等。这些小地名，见证了该村古代曾有养马场、曾有养马军营，而众多姓氏的坟墓，尤其是罕见姓氏坟墓，表明这一带家族间社会关系之复杂，这些鲜见姓氏，很可能是古时为管理马匹而迁来的军户。

五、马昌营镇小地名

马昌营村小地名：马昌营因明代初有军官马池率部在此驻军得名。马昌营小地名有大教地、查坟、芮坟、于家坟、老坟、海底、北营口、粮船、小粮船、枣树行、南岗子西岗子、天边。注：“大教地”是根据代代相传的口头语书写的，意思应该跟“八大窨”“六大窨”类似。“查坟”即查莲坡后人坟墓。“芮坟”是芮姓大坟，也是芮营最早来的军户。“北营口”是老地名，明代这里是军营，首领叫马池，因而这个营就叫“马池营”，后来叫白了成了“马昌营”。“粮船”即古代这里有河道，军粮运送到此停留。“天边”或许是天井村边之意。有的地名不明何意。

前芮营村小地名：大河南钓鱼台、村东宋家坟、村南破寺、伯各庄大坟、村东石桌子坟、村东北徐家坟、大河南柳树行、河南东叫、村北梨园、村西白擦子、郝家坟、姜家坟、大石桥、村南石碑、大河南东墩。注：“石桌子坟”多处出现，就是墓区摆放有石桌，供祭祖用。“河南东叫”的“叫”也应是“窖”。“东墩”据说是个古代烟墩。有些地名没有查明成因，如“白擦子”“伯各庄大坟”。“伯各庄”的“伯”显系常用的“薄各庄”的“薄”的别字。前芮营 1950 年全村 210 户，姜姓 50 户，郝姓 30 户，靳姓 20 户，李姓 15 户。

东双营村小地名：有瓦岔沟、西寺、坎子西、坎子北、相子坟（应为橡树坟）、杜树坟（杜梨树坟，旧时杜梨树坟在至少几十个村有出现，其中大北关村的杜梨树最粗）、马辛庄、罗辛庄。可证民间传说的“马辛庄”“罗辛庄”这两个小村真的存在过。

北定福庄村小地名：有庄北红宝顶（有写洪宝顶的）、庄北南八窨（十几户有此地名）、庄西大坟、庄北三大坟（见证了三座大土坟的传说）、庄北达子坟、庄南大坟、庄北张家坟、庄西歪大坟、圣坟（南定福有几处盛家坟，应为一处）、庄东王八旦坟、庄北李家坟、庄西骆家坟、庄东草场、庄西十亩园、西北十亩园、东十亩园”、南菜园、庄东埝头、庄北埝头、庄西南张镇道（历史上平谷去往张镇只能走此小道，新中国成立后才修筑了顺平大道）、庄东草场等。注：定福庄原是安家、见家、付家为最早立庄户，原名店子庄，不久刘姓迁来，清初李、张二姓作为看坟户迁来。1935 年以中间大坑为界分为南、北两个定福庄。大坑北岸有个菩萨庙，两村供奉，南定福安姓、见姓、付姓不知何因迁走了，有坟地还在。刘姓明初从山东济南迁来，一条扁担两个框，挑担着三个孩子沿路乞讨而来，因为当地战乱（指燕王扫北）民不聊生很多穷苦百姓不得不背井离乡，三五结群北上。李姓清初由三河李旗庄迁来。这一片土地原是明末皇室宗亲占地，明末定王去世后葬于此，清初没收归礼部主管。李旗庄的李姓是明中后期由平谷去的，明以前就久居平谷，明初被编为坊五甲四舍，到了李旗庄后成为这一带最大皇粮庄头，清初是当地豪强，也是带地投充大户，期间派一分支来此任收租庄头，并召张姓民户来此管理佃户，还有一个名份即为明末定王看坟。笔者理解，“定福庄”三字暗含“定王福地”之意，“福地”指理想的墓地。墓主据传是明末的定王，查资料应该是明思宗第三子朱慈炯，母孝愍皇后周氏。崇祯十六年 (1643) 封为定王。崇祯十七年 (1644)，李自成攻入北京，封朱慈炯为定安公，李自成败退时不知所终，或说自杀后被家族秘密掩埋，南明年间追封为定哀王。据传说他的宝顶坟上顶涂朱砂色，可能有讲究。因本姓朱，墓主不敢立碑，以朱砂色为标志。“庄北红宝顶”这个地名恰好成为佐证。这座宝顶坟民国被盗，抗战时期下部挖空用于藏八路军物资，今仍大体完整，并设置了保护栏，立一块平谷区保护标志牌。北部还有三座大坟，庄南也有一座大坟，据说两丈高，可能有夸大，这些大坟

二十世纪五十年代因兴修水利被毁，可能是汉墓。平谷大的封土汉墓民国时尚有十几座，因无墓主，概以“大坟”名之。新中国成立后仅存北张岱和放光两处。“庄北达子坟”应该是金元时代的坟墓。通过带“园”字的小地名可知，南北定福过去是个产菜区，通过“庄东草场”地名可知历史上曾是牧马区。

英城村小地名：英城原是平谷的一个乡镇级行政区域，旧属三河县，是一个历史久远的地名，盖因这里曾是一座古城，商代至周代就有居住遗址，北魏时称“缑城”，辽代为一座重要城池，守城主将耶律氏，与宋相拒。明代称“英城”。从老地契和土地执照看，英城有地名城子里、城子角、殿前、果木园、塔儿洼、龙口、西老坟、单川坟、黎家坟、范家坟、磨尺子（此名在安固、大旺务、门楼庄等多村都有，不明何意）、南园子、岳树行、柏树坟、查家坟等。英城张姓是最大姓，1950 年全村 224 户，张姓有 151 户，也自称“随龙”来的。何姓仅 20 户，大多在清初去了马坊。张姓始迁祖明初随燕王扫北后从山东（有资料称是安徽来的，系误传）“随龙”来的，应该是个把总级官员，来此占地较多，和唐家庄的唐姓级别类似。村西南有老祖坟，又称西老坟。经营收藏品的张宝军曾发给笔者一些山东河南交界一带张姓家谱图片，说可能与英城张姓有关，看着上边取名按二十个字连脉不断，可英城张姓没有按这个谱走，不能确定和他们有血缘关系。但英城张家和唐庄子唐姓、北埝头王姓（始迁祖王政）差不多，几百年间没怎么走散，为我们研究平谷大姓家族提供了宝贵资源。“查家坟”在马坊英城一带多村都有，其中以河北村、洼里、北石渠比较集中，墓主为查日乾即其子查为仁、查为义、查礼等，均为清代名士。查为仁字莲坡，19 岁中康熙辛卯举人，著有《蔗塘未定稿》《莲坡诗话》等。查礼为湖南巡抚，酷爱古印，著有《铜鼓书堂》。“西老坟”“西坟”“北坟”都是查家坟。“岳树行”可能是栎树行。

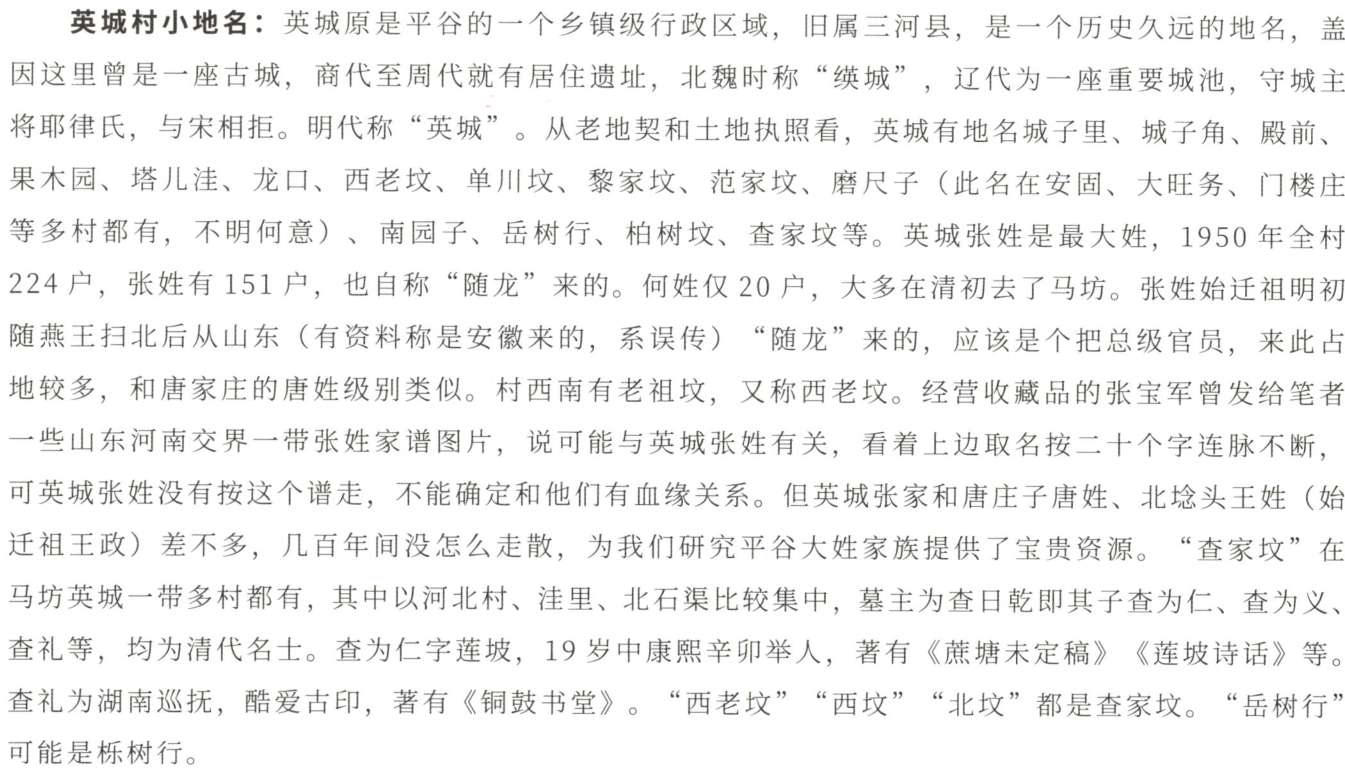

六、王辛庄镇小地名

王辛庄村小地名：王辛庄原名王家辛庄，是西古王姓分离出来的一支，在清中后期立庄得名，清代后期和民国初期名“王庄”（乾隆四十二年平谷县志没有此名，民国九年县志刊登的地图有此名）。查 1993 年版《平谷地名志》“王辛庄”条有一段：明代成村，原属西胡家务一部分，称小南庄户，本世纪二十年代初，为解决赋税纠葛，经当时县政府裁决，从西胡家务分出而独立，当时王姓居多，命名王新庄，演变为‘王辛’”。王辛庄村老地契上出现次数较多的小地名有：西岗子、国家坟、常家坟、老坟、西老坟任家坟、河西李家坟、河南贾家坟、杨坟、庄东陈家坟、老鹳坟、白蹓轴、孔庄、孙家街（旱地）、老窑、河南郭坟、孙家坟、大园子、南墙外、庄东王家坟、南大场（过去是大地主场院，1947 年土改时分成八段分给贫民户），庄后大果园、大石桥、大门前、东门外等。另有白石坟、喇叭桥、村东纸道（指的就是通往纸寨的小道）。国家坟值得一提，常见百家姓中没国姓。据传说清中期小辛寨郭家某一分支出了“差错”，被族长逐出家族，自行改用“国”或“果”字代之。时过境迁，后又大多改回“郭”姓。王辛庄的“国”应该是小辛寨的“郭”。王辛庄、独乐河、山东庄都有“国”或“果”姓，可能出自一个原因。

大辛寨村小地名：南大寺、七圣庙、三官庙、老爷庙、扳倒井、水泉、北水泉、北坟地、东岗子、张家坟、郭家坟、苏家坟、徐家坟、老官坟、包家坟、杨家坟、周家坟、庄西坟地、西套、东港、北港、头朝北、门前、西墙外、城子沟等。苏、包、方都是明代老姓。

小辛寨村小地名：五里桥、大蹓轴、老井（地名出现多次）、砖瓦窑、郭家坟、王家坟、贾家坟、陈家坟、包家坟、和尚坟、香家坟等。据传香姓祖宗姓查，是明初迁来的罪犯来此戍边，因为地位低下，长期受歧视，不得不走散或改姓，后来还是没多大改观，于是又改为“郭”姓。小辛寨和大辛寨明清两代有包、方、苏、香等稀见姓氏，至二十世纪五十年代尚有“香家坟”“包家坟”“方家坟”“苏家地”地名。

贾各庄村小地名：贾各庄是明以前老村。《平谷地名志》记述：顺治六年阎家庄参加白莲教围攻平谷城，被毁村后剩下两个人在北部“重建家园”。为防止再遭袭击，用“假”

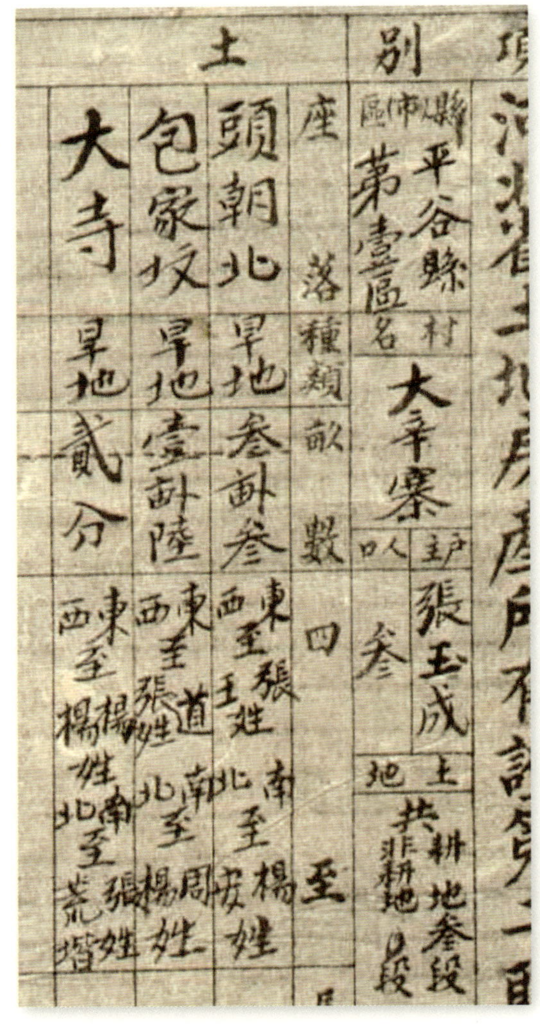

大辛寨有大寺、头朝北地名

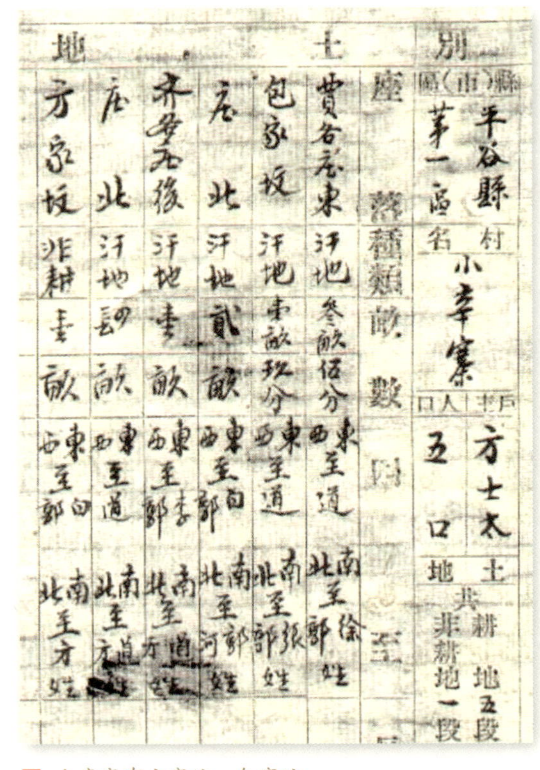

小辛寨有方家坟、包家坟

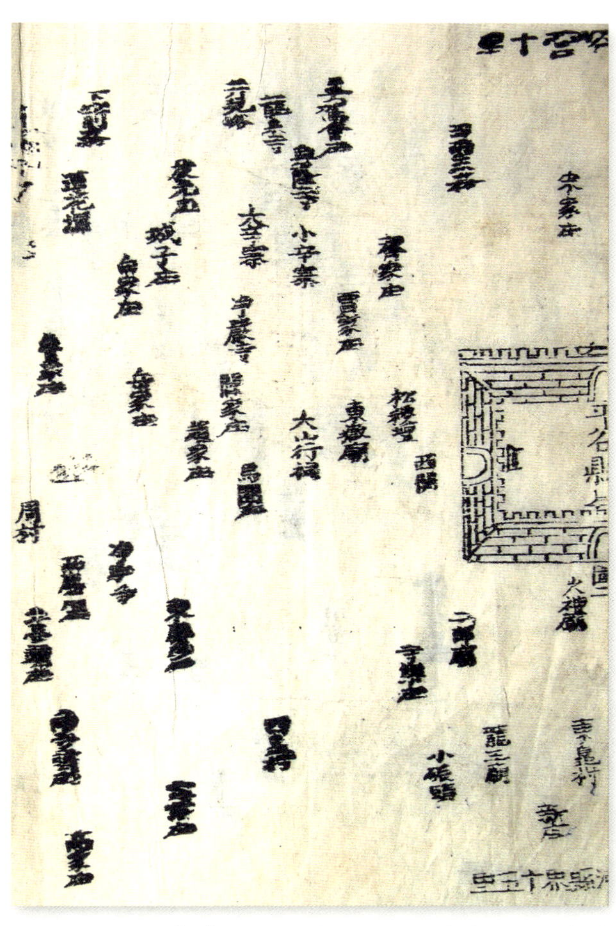

■ 乾隆四十二年《平谷县志》沿用明代老志的地图中贾各庄、阎家庄、马圈庄并存。

字的谐音“贾”命名贾家庄。经核查，这个结论不确，有清代平谷老县志援引的明代老村名字为证。明代该村就叫“贾家庄”，而且与“阎家庄”“马圈庄”并存。1994 年奉韩牧苹老先生之邀调查罗庄韩姓，顺便访问了一些贾姓老人，对贾家家族史有了初步了解，2007 年 11 月结合放光贾家分支的家谱又有针对性地对贾家情况做了一些调查。据访问的贾姓老人介绍，贾家很久以前就在贾各庄，是贾家庄立庄户，时间可能是辽金时期，明初才因贾各庄被军户占据迁到齐各庄，明中后期或清初迁到罗庄。结合平谷史志记载，大体情况应该是明初营州中屯卫由口外移至平谷时，贾各庄及齐各庄周边几个小村因近平谷城，被官军占据，作为家属院。其中齐各庄东为营州中屯卫指挥同知罗继先的家院（正职为指挥使田贡，住城内东门里），贾各庄为下级官员集中居住地，原有民户被迁走，其中贾姓迁到了齐各庄。因先来的李姓比较豪横，有势力，故贾姓陆续迁到周边各村，放光贾、中罗庄贾、山东庄贾、西鹿角贾、平谷西门外贾都是一个家族，差不多都是明中后期至清初陆续从齐各庄分开的。查史料，营州中屯卫由口外移至平谷城内时，最初的指挥使名田贡，涿州人。指挥同知为安徽凤阳府鱼台县罗继先。营州中屯卫洪武二十六年（1393）置，属北平都司，治所在龙山县（今辽宁喀喇沁蒙古族自治县西南白塔子），永乐元年（1403）临时徙到平谷县北城子村，待平谷城东门内房屋建好，迁了过去。田贡祖籍山西汾阳，洪武初祖父移民至涿州，长大后因军功升至指挥使，相当于四品武官，家属就在城内的屯卫院内，被编入坊八甲，后来这支田姓主要在城关及附近村落。指挥同知是营州中屯卫的副职，五品武官，永乐二年迁入时为罗继先（其后人罗希韩，继任营州中屯卫指挥同知），他的家属安排住在城北，占据一个村庄，由此称罗家庄。因其家族

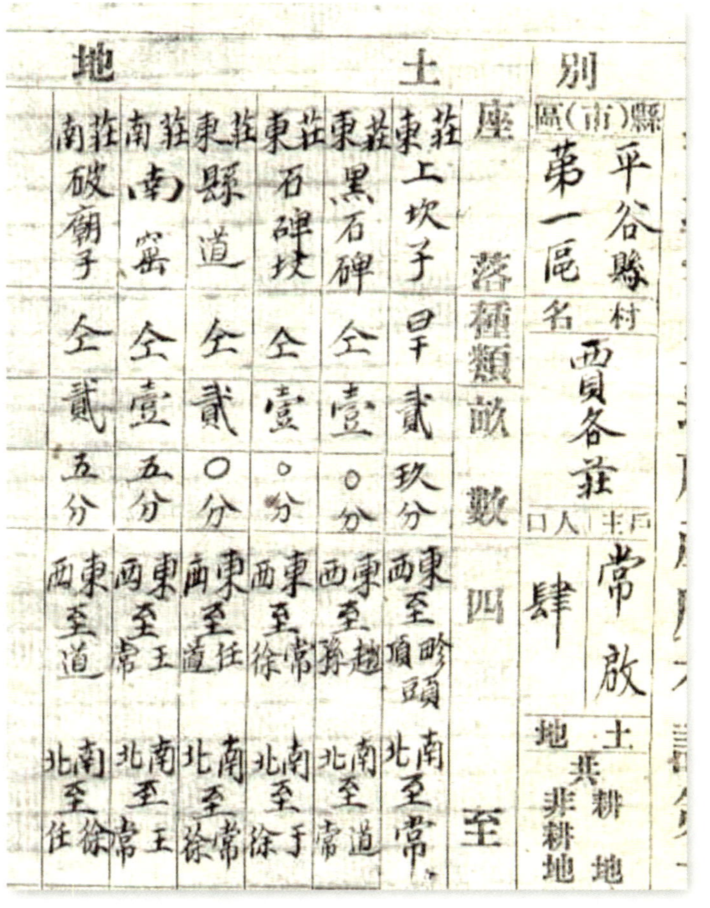

縣(市)區	平谷縣 第一區
村名	賈各莊
戶主	常啟
人口	肆
土地	耕地 非耕地

坐落	種類	畝數	四至
東莊上坎子	旱	貳畝玖分	東至畛頭 西至項 南至常 北
東莊黑石碑	仝	壹畝〇分	東至趙 西至孫 南至道 北至常
東莊石碑坟	仝	壹畝〇分	東至常 西至徐 南至于 北至徐
東莊縣道	仝	貳畝〇分	東至任 西至道 南至常 北至徐
南莊南窑	仝	壹畝五分	東至王 西至常 南至王 北至常
南莊破廟子	仝	貳畝五分	東西至道 南至徐 北至任

■ 贾各庄黑石碑

人丁兴旺，占地较多，明中期以后分前、中、后三个罗家庄，直到1951年，前罗家庄并入中罗家庄。贾各庄老人传说，先有王、边、向“军户”迁到贾各庄，不久任姓也过来了，任姓不是军户，但和他们有关，居住在一起。万历年间几户曾集资铸一口大钟，在大庙的古柏上悬挂，上边有铭刻记录。清初，贾各庄的家园被新来的徐姓占据，原村民任姓、常姓和张姓成为徐家最大佃户，原其他军户也成为佃户（后来逐渐消失），崔姓、于姓是清中后期从东鹿角过去的佃户。查档案1950年贾各庄共175户，任姓44户，徐姓41户，张姓29户，常姓27户（与平谷城关常姓是一个家族），崔姓12户，其余散姓。据查，贾各庄任姓原籍山西，洪武年间到了山东，不久到了宝坻，因与平谷驻军军官有亲戚关系，永乐二十年（1422）弟兄三个一起来平谷投奔军户老乡。老大任朝龙落户贾各庄，老二任朝凤落峨嵋山，老三任朝刚落西樊各庄。平谷任姓基本都是这三支分脉，清末民国初期还有去兴隆开山地的。张姓也是老户，张景洲等几位老人介绍，老祖是明初从河南来的，可能也是来投军户的，来后被编入辛寨社，不知第几甲，只记得后边是二舍。徐姓顺治年迁来的，到老书记徐锁生这辈是第十五辈，原书记徐旺第十六辈，徐震波第十七辈，下边又有新生。始迁祖徐能，二世祖徐育学、三世祖徐德才、四世祖徐金明，以下越来越多。五世祖弟兄三人，徐承现、徐承宝、徐承荣，老大承现去了通州当庄头。贾各庄徐姓是顺治元年从东北“随龙”来的，至于传说中的徐姓是爱新觉罗后人，有女孩被选秀后不从皇帝而自杀，家族因此状告皇帝，并因此被除旗说法（查史料，并无根据，倒是大旺务耿姓之女，有此烈举，乾隆四十二年《平谷县志》中卷有载：“耿烈女，镶黄旗人，年十三，颇解礼义，父因勋，旧屯长，主征女入侍（充当宫女），女惧辱，箧室吞药自杀，其父以女慷慨捐生，亦疾而卒。”可能是民间传闻时给弄混了）。综合马各庄、北辛庄徐姓家族史料看，徐姓是正白旗中的老汉旗。

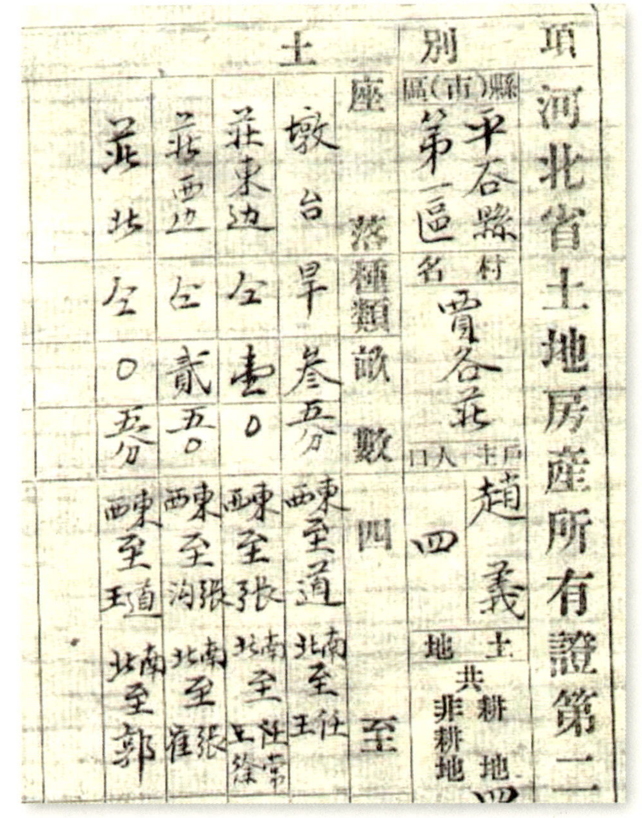
河北省土地房產所有證第二
項別
平谷縣 第一區
村名 賈各莊
戶主 趙義
人口 四
土地 共耕地 非耕地
土 座落 種類 畝數 四至
墩台 旱 叁畝五分

■ 贾各庄有墩台

贾各庄小地名有墩台、石碑坟、大庙、上坎子、东洼子、白石坟、南窑、北窑、棋盘、庄北徐家坟、老坟、庄东常家坟、边家坟、庄东黑石碑、庄东石碑坟、庄南石碑坟、玉石坟、南岗子、庄东安家坟、庄东项家坟、庄南老井、庄西井、八大窖、南园子、南玉石桥、界碑等。黑石碑和石碑坟在该村多处出现，而且不是一个地。

中罗庄村小地名：因营州中屯卫同知罗继先落户而得名。清以前统称罗家庄，清中期以后才分出前中后三个罗家庄。中罗庄小地名主要有：庄西八屋坟、庄南草家坟、果家坟（和王辛庄、山东庄、独乐河的国姓一样，由郭姓隐用而来，后又恢复了郭姓）、庄西白碌碡（还有磂轴、六轴名）、八卦坟、九江口、六道窖、老坟地、庄东石柱坟等。“老坟地”是贾家老坟。“八屋坟”未查明含义，草家坟也没搞清，今平谷没有草姓。中罗庄最大家族是贾姓，1950年全村205户，贾家125户，韩姓42户。韩姓明初迁来。据政协原主席韩凤武介绍，明初由山西大槐树迁来的，历史上很长一段时间是当地大户，有几片面积大、坟头高的坟茔可佐证。清代有一些分支去了大兴庄、东石桥、陡子峪等地。老祖坟在鱼子山沟口西侧凤凰山下，还记得小时候家族成员集体一起去祭扫。已故老领导韩牧苹先生对地方史很有研究，他曾说过祖上是从松江府（今上海）来的。笔者觉得这个说法更接近真实。原因是罗庄建庄是军户罗姓建的，韩姓如果是那时过来的，很可能也是军户。中罗庄贾姓来自齐各庄，而齐各庄贾姓是明初由贾各庄迁来的，很快成为齐各庄大户，明末清初有贾大贵、贾大仁两个支派，贾大贵（贾名伸高祖）一支在清顺治初年迁到了放光村，贾大仁迁到中罗庄，即现在中罗庄贾姓始迁祖。另同族近支贾大柱迁到西鹿角。山东庄和城关西门外贾姓也是近族，清初期迁去。贾名伸在嘉庆年间曾整理过放光贾姓家谱和中罗庄贾姓家谱，他记录的中罗庄贾姓家谱内容是：

一世：大仁。子一，应杰。

二世应杰。子二：国泰、国治。

三世国泰门，子三：文鳌、文衡、文科。

四世长门文鳌：子二：然、焜。

四世二门文衡：子二：煜、炘。

四世三门文科：子二：烟、焕。

三世国治门：子三：良柱、良枝、良月。

四世良柱：子一：红。

五世红：子二：有让、有敬。

四世良枝：子二：纪、维。

五世：纪，子三：有年、有荣、有茂。

五世：维，子二，绪、綵。

六世：绪，子一：有堂。

六世：綵，子一，有印。

二世辈还有（以下的国字辈，不知上辈为谁）：

国瑝，子三：良玉、良选、良勋。良勋子三：秉正、秉中、秉禄。秉禄子一：起凤。

国锦，子二：良谟、良喜。良喜子：秉诚。

国吉，子一：良勇。良勇子二：秉善、秉泰。

国深，子一：良全。良全子二：秉兴、秉旺。秉兴子二：万福、万春。

国英，子一：良善。良善子一：锐。锐子二：正兴、正旺。国仕，子一：良臣。良臣子一：诚。诚子二：起、发。

国琳，子一：良清。良清一子：廷贵。

国宝，子一：良孝。良孝子一：坦。

国玺，子一：良德。良德子三：文、理、盛。

文，子一：起明。理，子一：起显。盛，子一：起通。

国琏，子二：良贵、良辅。良贵子一：密。密子一：起云。

国琦，子一：良珠。良珠子二：训、功。训，子一：起瀛。

国勋，子二：良杰、良佐。良杰，子一：秀。秀子一：有善。良佐子一：纯。纯子一：有道。

国珮，子一：良宝。良宝子二：敬、谨。敬子二：起峰、起岚。谨子一：起和。

国华，子二：番、舆（均有王字旁）。番子三：魁、勇、昌。魁，子一：天高。勇，子一：天秀。昌，子一：天福。舆，子二：元、儒。元，子一：象贤。儒，子二：希贤、齐贤。

故纸留声——平谷田房契约品读

第五部分

契约和土地房产执照里的小地名

应杰（当为错误），子一：介（王字旁）。介，子一：国彦。国彦，子一：良仕。良仕，子三：德、禄、寿。禄，子二：奉实、守实。寿，子一：尚实。

五世红：子二：有让、有敬。有让下无子。有敬，子一：叶桐。纪次子：有荣。有荣，子一：叶鲜。

以上为嘉庆十一年（1806）贾名伸草拟的内容，之后又有十余辈，待日后整理。

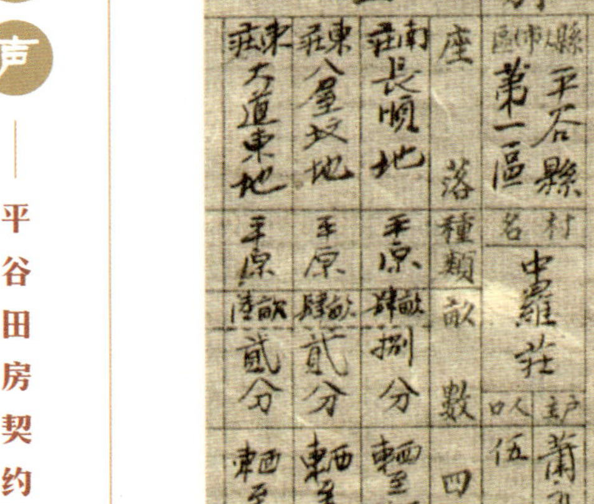

平谷縣 第一區 中羅莊

南長順地

東八屋坟地

東大道東地

中罗庄有八屋坟地名

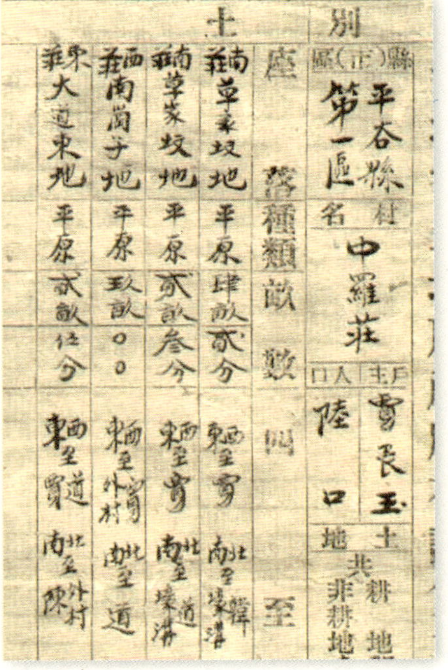

平谷縣 第一區 中羅莊

南草家坟地

北草家坟地

西南崗子地

東大道東地

中罗庄有草家坟地名

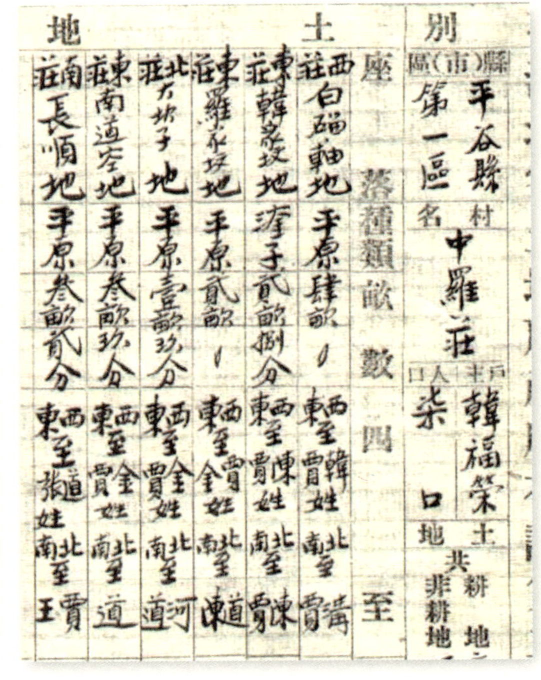

平谷縣 第一區 中羅莊

西白六軸地

東韓家坟地

東羅家坟地

北大坑子地

東南道窑地

南長順地

中罗庄有韩家坟、罗家坟地名

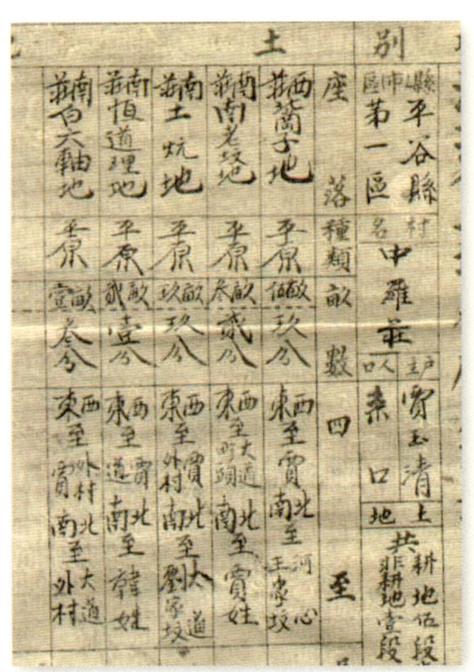

平谷縣 第一區 中羅莊

西崗子地

南老坟地

南土坑地

南恒道理地

南白六軸地

中罗庄有恒道理、白六轴地名

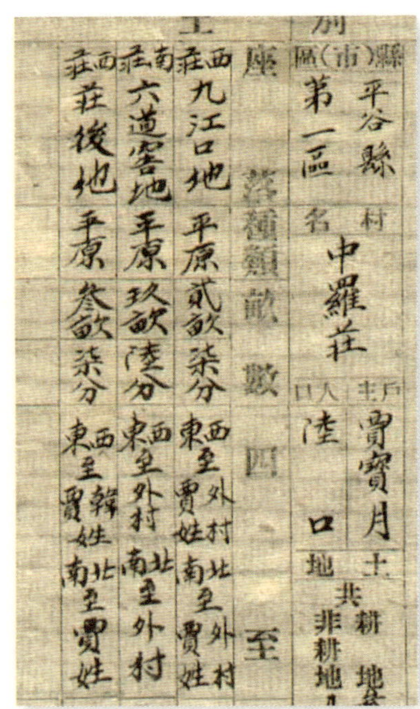

平谷縣 第一區 中羅莊

西九江口地

南六道窑地

西莊後地

中罗庄有九江口、六道窑地名

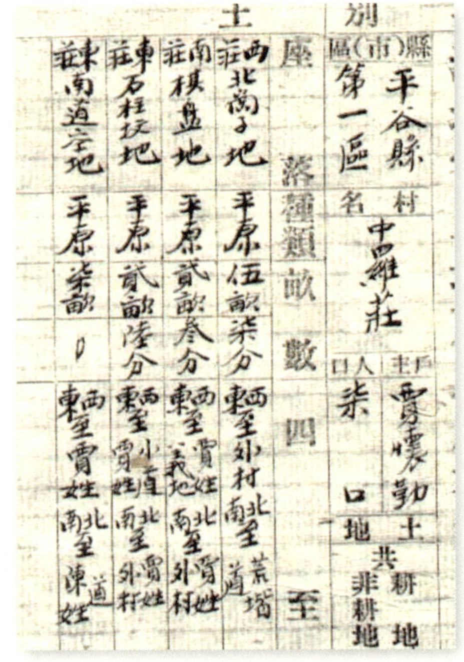

平谷縣 第一區 中羅莊

西北崗子地

南棋盘地

東石柱坟地

東南道窑地

中罗庄有石柱坟地名

东古村小地名：1951 年东古土地执照记载的小地名有庄中街、孙街、白街、马街、大庙、庄北马山坡、官子山、烂死岗（即乱葬岗）孟峪、瓮峪、后坝、大石头、喇叭桥、大厂、北上坎、大地坎、枣树行、双吉山、砚台山、庄北河北墩台、赵家坟、朱家坟、樊家坟、任家坟、老坟、常家坟、沈家坟、李家坟、山神庙，庄东白安（即白衣庵）、白衣庵、孙家坟、庄东坟，庄南砖窑、南墙外、戏台，庄西有西河、西老坟、白模子等。喇叭桥地名很早就有，乾隆三十二年东古王铏地契中即有“坐落北喇嘛桥西”的记载。喇嘛桥有故事。东古北边双山顶上有座庙，地势风景都挺好，据传说清代雍正年间北京来了几个大喇嘛，看中这个宝地，给这里的主持一些银两，占据了这座庙产，还出资修建了山前的这座跨河桥。桥并不宽，大约 10 多米，但都是就地取材用当地石材建筑的，挺坚固，俗称喇嘛桥。

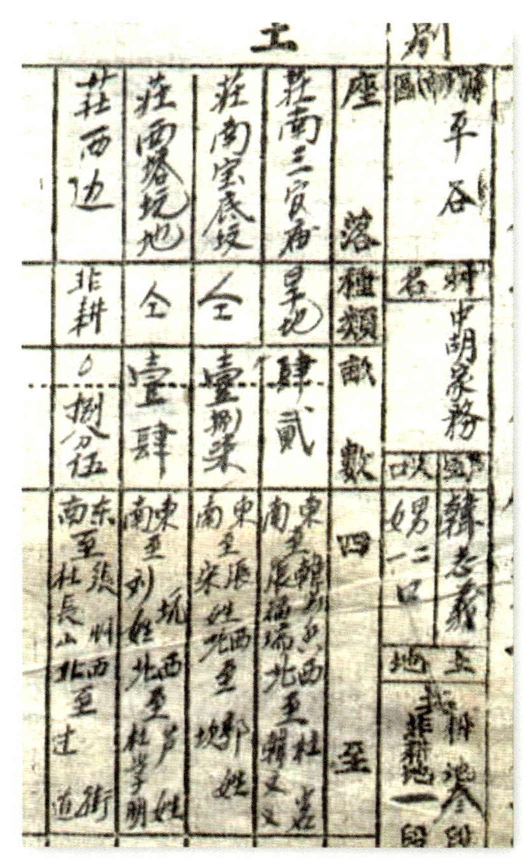

中胡家务有宝顶坟

中胡家务村小地名：中胡家务张家是大姓，明初由山东齐河县到小辛寨，清初张家有四门：张采扶、张彩荣、张彩林、彩芳。老大张彩扶为给郭家管地始迁于中胡务。张彩扶有子二：镇、胜。张镇子一：宝君。张胜五子：宝民、宝卿、宝云、宝珍、宝忠。宝君有四子：恩、仪、槐、凯。现在张凤和一门是张仪之后。

主要小地名有：庄南鱼鳞地、涝地、墩台、窑地、南坑、南大园、李家坟、六十亩地、四十亩地、老坟。庄北大门内、后台子、支家坟、三坟地、石碑坟、杜家坟、松树坟、大楼前、大寺、烟筒沟、立枣树行。庄西三官庙、沈家坟、塔坑、沟子地。庄东坝石地、东石河、立井、坑沿地、寺后、屯后、大庙等。

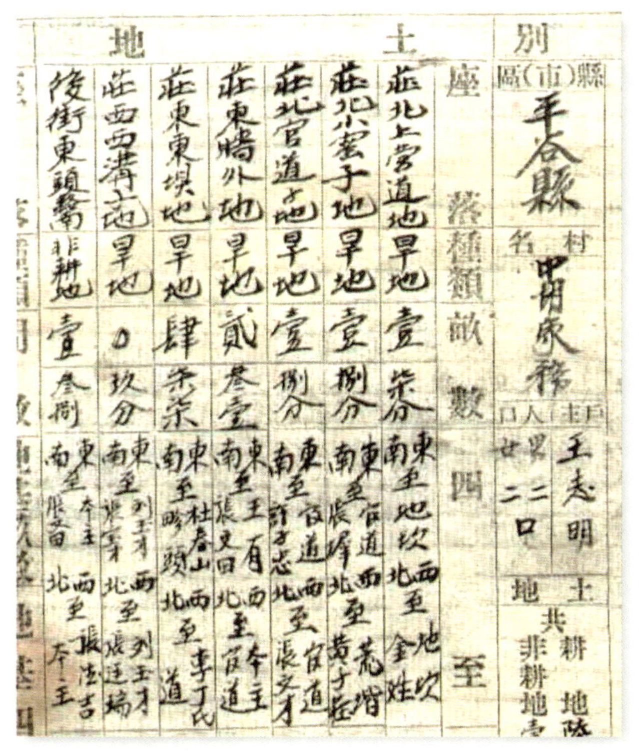

中胡家务多处有墙外地、南墙、东墙、西大门等地名

北城子村小地名：北城子是平谷最古老村庄之一，小地名中也有体现。主要小地名有庄北马道、庄东城坡下、河东大道、河东东港、河东大泉眼、河东四杨坟、九杨坟、河东橡树坟、西老坟、庄东石碑坟、庄西王家坟，东岗子、西岗子、北岗子等。北城子现有村民始祖为明代迁来，王姓最先由山西迁来的，张姓永乐年间由山东迁来，被编为辛寨社第四甲，后来成为第一大家族。安姓是清初由平谷安家胡同搬来，祖上也是山东过来的。“西老坟”在北埝头村南，是张家始迁祖坟茔。“西老坟”这个地名在 60 多个村都有出现，因为那时选择立祖坟一般先选村西或村北。

需要特别说明的是，北城子就是平谷的古县城，明代平谷县志我们没有见到，但清代县志沿用的是明代县志说法“故城在西北十二里”，直到民国二十三年老县志说法也没有变，但近30年来便换了一个说法，说平谷故城在大小北关村南，1990年出版的《平谷县志》也沿用此说。经查，问题出在了明清出版的《顺天府志》，内中将平谷故城写成“在城东北十二里”，一个说东，一个说西，谁是谁非？北京地方史专家自二十世纪80年代以后，参照《顺天府志》和《日下旧闻考》转引的说法，修改了平谷故城位置。查《日下旧闻考·京畿》（卷一百四十二）有：“故城在今县城东北《大清一统志》”“故城在今县城东北十二里，今名城子庄（旧县志）”。幸亏《日下旧闻考》的编著人朱彝尊在附注中的“今县城东北十二里”之后多缀了一句“今名城子庄”，而且还刻意注明是由“旧县志”引用的。于是一切都明白了，错就错在这里。查城子庄是现在北城子的旧名，民国以前一直叫城子庄，后因三河县有个城子庄，遂将北边的城子庄更名“北城子”。显然是历史典籍引用时发生了笔误，而现代的一些北京史专家是参照典籍来的。

平谷故城还有一说法，即北魏时迁到通州北小营村。这可能也是引典之误。因为此说来源于《后汉书武纪》的注释，而后汉光武纪的做注人为李贤。李贤(655—684)，唐高宗第六子李治与武则天的次子。调露二年(680)以谋逆罪名被废，流放巴州。文明元年(684)，武则天废帝主政后，为酷吏逼令自尽，年仅二十九岁。被册封太子后，曾召集文官注释《后汉书》，史称“章怀注”。他所标注的内容，为其雇佣文人所为。标注中所说的“潞”应该指的是新建的三河县。查三河县大事记，唐武德二年(619)置临泃县，分潞县东部为临泃县(即三河县前身)，因濒临泃水而得名，隶属于玄州。唐开元四年(716)，再分潞县东部另建三河县，隶属于幽州。平谷县没有道理在这一时期迁移到潞县北，能够解释通的原因是，这里的“潞”指的是“三河县”，“潞北”也就应该指的是三河县北，即现在的北城子村。通州成为潞县县城，是五代时期的事。2008年2月8日，笔者去通州参加活动时曾顺便察看了北小营村地形地貌，虽然也是个大村，但感觉不出有建立县城的根据（没有明显河流，地貌平平）。民国《平谷县志》编著者王兆元先生对此也做了认真考据，并在卷一《地理志·沿革》篇做了考证性解读，列举了多种平谷故城在北魏时不应在通州北小营的证据。笔者非常赞同。建议再修志时请专家核准修改过来。

白各庄村小地名：白各庄王姓是最大姓，始迁祖王君佐，明初由山东周村迁来，永乐年间大移民被编入辛寨社第七甲，前边有过介绍。白各庄佟姓也是大姓，与杨桥佟姓为一家，是清初由营口过来的满族人。佟姓满族以前姓佟佳，佟佳氏是满族大户，满洲八旗，蒙古八旗和汉军八旗，二十四旗都有其家族人员注册。佟氏家族是助清太祖努尔哈赤兴起的重要家族，努尔哈赤的原配夫人就是佟家。据白各庄佟姓后人讲，他家属于镶黄旗，没有追踪到家谱。查史料，镶黄旗中佟姓属于名门望族，“勋阀世家”。张各庄陈姓来时的陈梦忠母亲即陈弘夫人就是佟姓。

白各庄历史悠久，以前有古寺院，院内四棵古柏，名叫“严直柏”，躯干挺拔如云，两人合抱不交，可能是汉柏，可惜二十世纪七十年代初为烧窑卖砖给砍伐了。

白各庄小地名主要有：庄东：坎下、王家坟，庄南：佟家坟、都堂坟、任家坟、杨家坟、南楼、南窑、南河；庄北：上河、庄北城壕、城坡；庄西：西坑沿、庄西小港、大港、庄西先生坟、烧锅坟、刘家坟、陈家坟、马家坟、杨树坟、黄家坟、韭菜坟、西岗子等。

熊耳营村小地名：熊耳营在明代是一座军营，叫“熊耳峪营”，这座营房的建筑规模应该和峨嵋山营一样也是砖石构筑的营房。营房东侧和南侧有民户，还有一棵千年古柏（已枯死，躯干尚存），在真武庙院内。清乾隆四十二年老县志绘制的地图，自东而西标注的顺序是：大、小北管庄、东胡家务、中胡家务、宋家庄、西胡家务。村名文字记录的顺序也一样，没有熊耳营村，可见那时还将这个地方看做是军事机构，单字熊耳营位置标注的是“宋家庄”。按照标注的方位理解，熊耳峪营与“宋家庄”是共存的，但1993年版《平谷地名志》记录的却是：“熊耳营，明代成村，原名‘青草岭’”。不知源自何处，而且将“宋家庄”认定在杜辛庄附近，说是可能由于康熙十八年大地震而毁。根据这一带村庄的姓氏分布和土地契约上标注的古坟名称推理，宋家庄应该在今北屯位置。熊耳营大姓有王、沈、高、卢、朱等。其中卢姓老祖宗是山东籍，永乐年间老哥仨来到平谷，一个落户熊耳营，一个落在黑豆峪，老三分到耿井，都是军籍守边户。来到熊耳营的老祖叫卢铭，以下排辈不清，向前推第七世是三个字，末字是“德”字，如卢修德、广德、顺德、桂德、润德、盛德、贵德、浩德、信德、成德、炳德等，第八世两个字，如卢春、卢静、卢和、卢恺、卢臣、卢珍、卢印、卢佩、卢琦、卢敏、卢魁、卢会、卢勤、卢盛等九世，下一辈为三个字，中间“芝”字，如芝丛、芝贵、芝俊等，正好在新中国成立前后在世。此外还有名字带“成”字“庭”字“学”字等没有严格按字排。世界可燃冰研究首席专家卢海龙即熊耳营卢家后代，其高祖父卢敏，祖父卢学忠父亲卢殿全。王氏家族清初从河北大名府筛子庄迁来，始迁祖王平带两个儿子友明、友亮同来，王友亮住营北门，王友明住营南门，繁衍至今。陈氏家族根据陈士宽整理家谱，始迁祖是陈永富，以下各辈依次是陈公、陈万梁、陈发、陈义权，义权这一门向下中间福字辈、向下单字、再向下士字辈，到现在繁衍到 11 代。1950 年熊耳营共 212 户，卢姓最多 44 户，王姓 38 户，沈姓 24 户，高姓 25 户，朱姓 17 户。

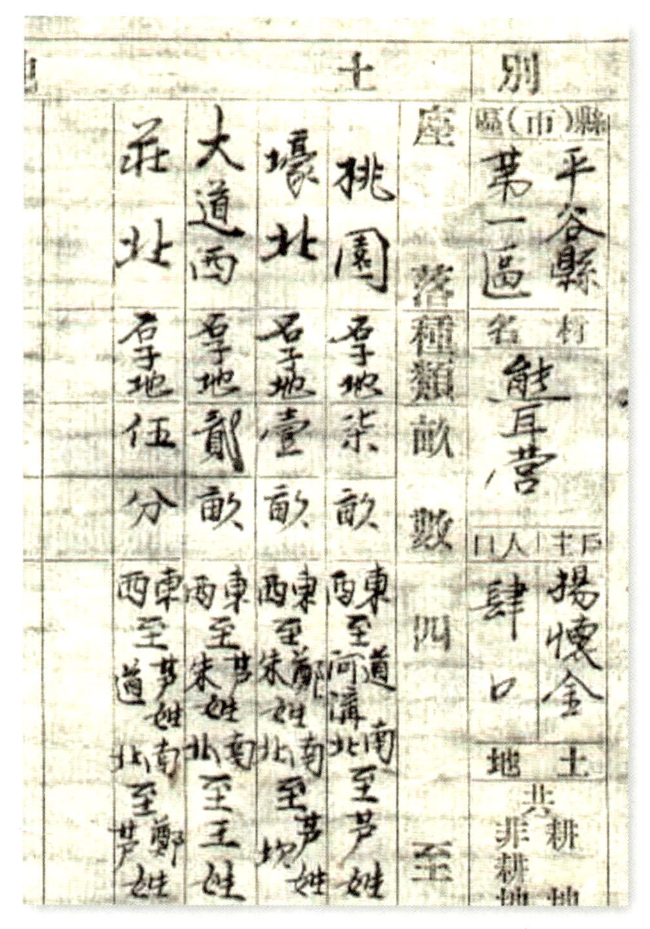

熊耳营有桃园地名

熊耳营小地名主要有：卢家坟、柴家坟、张家坟、刘家坟、冯家坟、常家坟、沈家坟、赵家坟、西坟、王家坟、朱家坟、橡树坟、真武庙、公伙东、工伙、石河北、大楼北、锅伙东、北洼子、壕北、老渠、南胡峪、北胡峪、营门口、操场、西井、大地坎等。熊耳营村地契执照有壕沟北地名指的是 1942 年日本强迫百姓挖壕沟，以封锁八路军供给。北上营村也有壕沟南地名，都是一个原因。熊耳营有西操场、操场、草厂等，其实都是村西部石河滩处的大操场，是明代驻军修建的。村东有墩台地名，村北有城后头、村西有西关、大楼、城坡、营门口以及墩台、发箭台小地名都跟明代的营房有关。大楼就是瞭望塔，在熊耳营与北上营之间。村内有西关路、北寨路也与营房旧街有关。而东、西、南、北墙外地名，或许也是旧营房围墙留下的地名。几个小地名勾勒出明代一个营房的大体面貌。现在没有搞清熊耳营的“公伙”“锅伙”地名为何意，北边的上营村也有类似地名，如“西山锅伙”“西山锅伙房前”，还有西郭户地名，估计都指的是一个地方，不同人根据百姓口语书写出不同字样，大概是因为西山有采石场得名，有采石场就有做午饭的可能，专业采石者建个简易房子，在那里临时做饭。北上营和熊耳营相邻，在明代都是一个军营，熊耳营是主营，是“指挥部”，北上营是军事防御职能，熊儿寨也是所属防御单位。

北上营村小地名：主要有松树坟、屯里庄后、南台子、北胡峪，北枣树行、南大楼、墩台等。南大楼应该是个瞭望台，北胡峪在今大公墓里沟。“屯里庄后”，说的是过去附近有个“屯里庄”，查老县志，民国九年（1920）王兆元编纂的《平谷县志》标明在大北关西有个“屯里庄”，地图也标注很明确，在东胡家务村东，即现在的北屯。“墩”，许慎《说文》平地有堆。本意是高出平地的土堆。北方垒土为墩，又名烟墩。墩台则是军事设施。烟墩为明初所建，大约四米见方，高度不等，上边有收口，主要用于传报敌情，战时有紧急情况有专人在上边燃放焰火。“墩台”地名在平谷境内有十几处，如东古村北有墩台地名，后罗庄村东、熊耳营村北、平谷城西关外、贾各庄、镇罗营、熊儿寨、刘家河、东上营等也有。因军事设施而得名的还有“教军场”“操场”“营门口”“发箭台”（北上营有此名）。

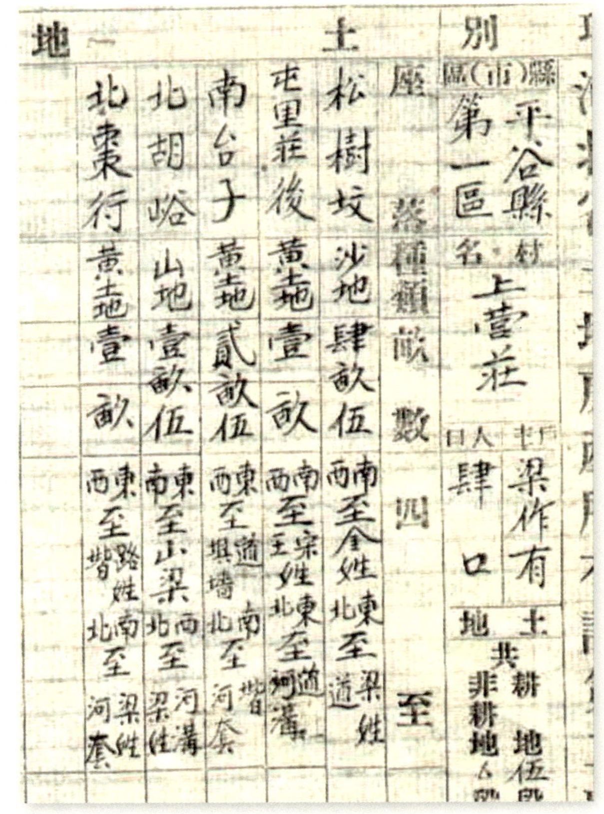
土地 别
縣(市)區 平谷縣第一區
村名 上壹莊
戶主 梁作有
人口 肆口
土地 共耕地伍畝 非耕地

坐落	種類畝數	四至
松樹坟	沙地肆畝伍	南至全姓 東至梁姓 西 北 道
屯里莊後	黃地壹畝	南至宋姓 東至河道溝 西王 北
南台子	黃地貳畝伍	東至道 南至堦 西埧墻 北河垡
北胡峪	山地壹畝伍	東至小梁 西至河溝 南 北梁姓
北棗行	黃地壹畝	東至路 南至梁姓 西堦姓 北河垡

■ 北上营有屯里庄地名

乐政务村小地名：乐政务原名下箭务，据传是金章宗打猎时曾在北土岗上射箭。这里原曾有驿站，猜测可能是古时皇家行围打猎有马队，需要很多箭，单独有马匹运送箭捆过来，在此驿站卸载，故名下箭处，又因这一带收税也在这里进行，故有“下箭务”之称。清代，有知县觉得“下箭”与“下贱”谐音，遂改称“落箭务”［见民国九年（1920）平谷县志］，民国二十三年（1934）县志已使用今名。

乐政务小地名有老坟、松树坟、二楼坟、胡家坟、张家坟、榆树坟、橡树坟、和尚坟、先生坟、马家坟、高家坟、大寺、大渠、小渠、桃盘、大猪圈、吊杆子、杨古道（亦有写成羊股道者）、四角坑、八犁岗、大地坎等。

放光村小地名：放光村历史悠久，村南有一座高规格汉墓。放光村中有古寺院，唐代武宗年间建。寺庙顶部有个铜球，阳光照射，闪闪放光而得名，俗音“房宫” 现在村民最早是辽金时期来的，最初有过家、苏家、方家、陈家四大姓，元代因战乱搬走，仅留下坟地有相关信息。明初有张、武姓三姓在此，编入辛寨社第七甲，后贾、孙、刘、李迁来。李姓由泰务迁来，地契中标明李姓为“泰四甲。李家来时建立家庙，庙号“福顺堂”，地契中可见的老祖为李成江，乾隆初期在放光生活，之后有李怀禄、天禄弟兄及族兄弟加禄、福禄、得禄、怀禄、通禄、魁禄、增禄、营禄等，地契上有名。怀禄后是文宽、文显、文化。文显下守先、守本。守本下李天元，天元下明昌。天仲下永昌、永昌下景生、景明、景祥。贾家前边已有介绍。

放光小地名主要有：老街、李大街、大石桥、西坡、水泉、南河（即洳河）、墩台、西坟、榆树坟、北坟、北大坟、过家坟、郭家坟、陈家坟、李家坟、王家坟、方家坟、杨树坟、东岗子、西岗子、北港、东营、苏家沟（出现几十次）、葱地、逆流河、枣树行等。

北辛庄村小地名：大石门、大石头、乱葬岗、郭家坟、和尚坟、花子坟、陶家坟、柳树园、白毛坟、橡树坟、草厂沟、北大荒、大花峪、白家坟、李家坟。根据1950年土地执照统计，全村259户，陈姓是大姓，122户。梁姓25户，李13户，张13，卢11。据老辈人讲是康熙年间从宝邸来的，兄弟二人，其一落户北辛庄，陈尚志为始迁祖。

一世祖：陈尚志，子二：可谦、可让。

二世祖：可谦、可让。

三世祖：可谦子二：万秀、万良。可让子二：万仓、万延。

四世祖：万秀子一：福保。万良子一：福荣。万仓子二：福华、福贵。

五世祖福保子一：文世。福华一子：文举。从此陈家分南北门：南门始祖陈文世，北门陈文举。

六世祖文世之下子四：宽、尧、范、刚。南门文举之下子三：宏、力、漠。

陈刚以外6人无考，

七世祖：刚。子二：大伦、大本。大伦子一：有林。大本子二：殿英、殿元。

八世祖：有林。友林子二：光前、光普。殿英子三：荫林、荫梳、荫枫。殿元子六：荫樘、荫槐、荫松、荫桐、荫櫃、荫樀。九世祖光前子维忠，光普子二：维发、维勤。荫樘子三：克明、克闵、克信。荫槐子二：克勤、克俭。荫松子一：克阳。荫桐子二：克功、克敬。荫櫃子三：克俊、克纯、克生。荫樀子二：克宽，克允。荫林子二：克举，克珍。荫梳子五：克顺、克忠、克成、克振、克用。荫枫子三：克昌、克念、克正。

以下人口众多，不一一叙述。仅将陈继鸣这一支简要开列：

克纯子德胜，德胜子国顺，国顺子继鸣，现为画家、书法家，平谷区政协委员。

近日，陈继鸣先生将宝坻的老家谱提供给笔者，内中记述宝坻陈家是朱元璋舅父之子陈谊的后代。家谱记录，明太祖起义时，在安徽沛县朱陈村第五都，朱元璋母亲即陈谊祖姑母，朱元璋打下天下后，表侄陈谊因战功被封为龙虎大将军、遵化卫都督佥事，陈谊由此举家迁到丰润城内南街，丰润县志有载。其后人曾任锦衣卫指挥，举家迁入宝坻。清初宝坻陈姓一个分支迁到平谷北辛庄。

七、山东庄镇小地名

山东庄村小地名：山东庄村是平谷古村之一，秦汉便有人居住于此，时有“广成”之名，原村落在东北方向，即林业队位置，南北朝时期有了现在的村址。据该村刘守仁老先生1962年编写的《山东庄村史》初稿记录，他曾见过村西慈福寺院内的六块石碑，其中一块记述唐贞观三年（629）这里已经形成四个小自然村，位于西北大寺附近的叫小桃园，位于正北的叫枣林子，位于村东南的叫白家庄，位于正南即现在大街西头的叫文家庄也叫卜子庄。金大定九年（1169），金世宗完颜雍为了加强统治，实行并村，四个小村实行一统，因在轩辕丘之东，故名山东庄。这块石碑至今在前街井台上，碑文可辨。山东庄村明初仍称广成屯。

山东庄村张姓是最大姓，1950年全村497户，其中张姓137户、王87户，杨77户，李26户，贾26户，刘25户、商姓14户、陈姓12户。其余散姓有汪姓9、包姓8、毛姓4、金姓3、果姓2、隋姓2、安姓2、窦姓1。老土地照上记载的小地名有狼虎峪、坟坨子、毛家坑、张家湾、高家坎、龙卧、庙山、老坟、新坟、商家坟、毛知府坟、和家坟、杨家坟、白家坟、马家坟、李家坟、李家峪、西大门、放光、汪家坟、东门外、壕岗、壕北、老坟道、老坟坎、王坟道、东坟、梨树园等。毛知府坟在村西庙山洼北台上。据刘守仁记载，坟主人毛显，明万历十一年（1583）进士，出任河南安阳知府，万历十九年（1591）任湖北襄阳知府，卒于任，曾有石碑，老县志未见记载。老坟、新坟指的是宝顶坟，老坟在公爷坟村东，据刘守仁记载是嘉庆帝颙琰的四个亲弟弟，为正蓝旗头族，因内部斗争被杀，葬于公爷坟。公爷坟有四座宝顶，1929年被盗。2001年笔者曾根据公爷坟村老书记于景岐介绍，撰文发表在《平谷文史资料选》第七辑上，认为是康熙时代的芮或瑞公爷。于景岐老人说康熙年间有张、白、赵、于四家看坟户，其中于家来自山东大水泊，始迁祖于安德利，来此后改姓于，到于景岐这辈是第八辈（墙上粘贴有简易家谱）。据被文物保护界誉为中国研究清代王爷坟第一人的冯其利推测，应该是辅国公弘曣即康熙朝废太子允礽的第六子家的坟墓。2012年我们都曾应邀为北京电视台编写的《茶余饭后话北京》一书撰写文章，笔者介绍的有公爷坟一文，见面时冯其利提出了他对平谷公爷坟的上述看法，但他也表示不肯定他的说法一定正确，是推理来的。刘守仁在《山东庄村史》草稿中介绍是道光二年（1822）奉旨将公爷坟村的宝顶坟迁到山东庄村东北，即林场位置，叫“新坟”，一定也另有所据。

如今山东庄的宝顶坟仅剩一座，保存基本完整。“白家坟”是白家祖坟，也有一大片，但白姓在本村没有了。商家曾是大富户，是明代从南方迁来的。张家人口最多，有几个来源，不是一个家族，有山西来的，有山东来的。明清两代，小桃源村主要的张、李二姓，枣林子是杨、商二姓，文家庄是王姓，白家庄是白、包二姓。刘姓在四村之间发展起来。刘姓明永乐六年（1408）由山东迁来，始迁祖刘鉴，是军户，任统制。二世祖永安、永顺（入赘西鹿角常姓），三世祖刘成，子四：继祖、继宗、继文、继武。山东庄刘姓为五世祖继祖所传，以下连续五世单传：继祖——广——文远——胜——志通——举，举子三：广成、广斌、广来（广斌、广来之后无载），广成子三：信、桐、春。刘信之子景泰，景泰子珍，珍子福兴。福兴为十四世祖，有子三：忠、义、德（义、德后世不详）。忠子二：长富、长发。长富子：舜。长发子禹。以下人口众多，仅叙家谱整理者刘铁立脉序：十七世刘舜长子思明。思明独子：崑，崑长子尚和，尚和独子献廷，献廷三子启亨，启亨子祖训，祖训子守仁，家谱由刘守仁据老铺整理，其子刘铁立为二十五世。刘姓在嘉庆年间分出一支去了李辛庄。刘家出人才最多，咸丰年间刘献廷考中秀才，成私塾先生，他有四子，长子刘启俊，光绪年间武贡生，次子刘启芳，光绪二年（1876）生，光绪二十四年（1898）中进士入翰林院，光绪二十六年（1900）任开化府知府兼该府统带，民国四年（1915）充四川兵工厂厂长，民国十七年（1928）任滇军总指挥部中将参谋长（县志记载是授陆军少将）。以上民国县志大部分有载。

据刘守仁编写的村史介绍，刘启俊长子刘祖甄，字伯陶，河北高等师范毕业（县志有载），1937 年参加抗日，任八路军冀东军区平三蓟文教科长，解放后任河北省人大代表，河北省文史馆员，1956 年当选平谷县人民委员会委员。山东庄的张锡熀为光绪己丑科（1889）武举，民国元年（1912）平谷县议事会议长，他弟弟张锡嘏是继任议长、张国栋（张锡嘏子，过继给锡熀。1930 年前后任平谷财政局长，张家是富庶一方的大户人家，在山东庄有二十多间三进院大瓦房，在天津有商铺，土改时举家迁到天津，后有分支落大兴。

据刘守仁追记，刘启芳后来任北洋陆军大学少将教练，以后隐居成都，1952 年被朱德推荐为四川省成都市政协委员，文史研究馆馆员，1964 年去世，享年 88 岁。刘启俊长子刘祖甄，字伯陶，河北高等师范毕业（县志有载），1937 年参加抗日，抗日战争期间任八路军冀东军区平三蓟文教科长，后因战争环境严峻，奉李子光之命任伪武清县杨村中学校长，解放战争期间任平谷县教育局长，解放后任河北省人大代表，河北省文史馆员，1956 年当选平谷县人民委员会委员。山东庄的张锡熀（光绪武举，民国元年（1912）平谷县议事会议长）和他弟弟张锡嘏（“嘏”原字为“古”字旁，电脑中查不出，故以“嘏”代之，他是继任议长）、张国栋（张锡熀侄子，过继给张锡熀。曾任第三区公所所长、财政局长），他的家族富庶，在山东庄有二十多间三进院大瓦房，在天津有商铺，土改时举家迁到天津，后有分支落大兴。山东庄杨姓明初从山西迁来，祖坟在阳脖岭（又叫青草坡，被别姓请风水先生取此名给破了）下，坟地很大，有三百多坟头。传下来有三大门。张家有钱财，杨家有势力，旧时代常发生“勾心斗角”活动，“狼虎峪”也是在两家斗势力时找风水先生取名，对“羊”构成威胁，现在都成为历史了。李姓也是明初由山东迁来的，和齐各庄李姓、夏各庄李姓比较近，清代和民国期间多户迁到兴隆、遵化及本地山沟。

大北关村小地名：大、小北关明代是一个村，明代叫北管庄，简称北管。抗日战争期间，大北关化名“芦台”。1982 年统计有村民 426 户，人口 1564 人。根据村北台地古墓群遗址分析，至迟汉代已经有人居住，或者已经形成村落。因为这一带包括东西几十里的山前台地，多有小型河流和泉水，是古人选择居住地的重要条件。与大北关南端相邻的杜辛庄村北曾发现大面积商周遗址，大北关村北也发现过很多“夹蚌陶”，根据座谈描述，应该是商周时代的。村北有很大一个泉眼，70 年前还有直径大约 30 多米的湖，土名“王八坑”，“坑”这里读四声。有座石桥，四米多宽，两孔，每块条石都有八米长，边上还有大长石槽、圆石槽，应该是饮马的大型石器，边上还有码头，位置就在大北关南台子西洼，离大北关村不过二三百米，也是清沟河的真正源头。

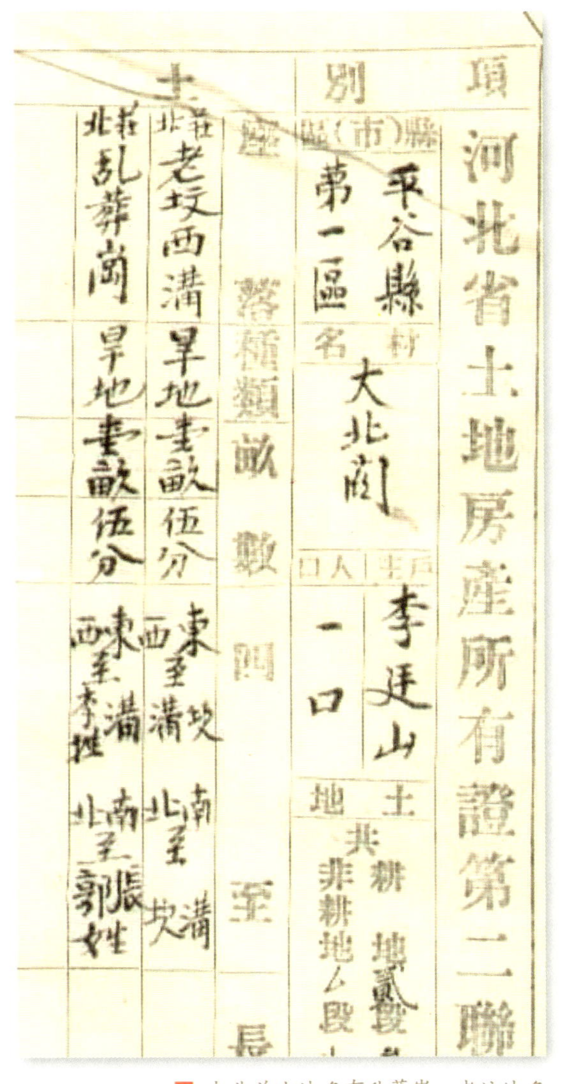
河北省土地房産所有證第二聯
項別
縣(市) 平谷縣 村名 第一區 大北關
戶主 李廷山 人口 一口
土地 共耕地貳段 非耕地ム段
座落 種類 畝數 四至
庄北 老坟西清 旱地壹畝伍分 東至坟 西至清 南至清 北至坟
庄北 乱葬崗 旱地壹畝伍分 東至清 西至李姓 南至張 北至郭姓

大北关小地名有乱葬岗、老坟地名

因为顺天府志将平谷故城写成“在城东北十二里”，大、小北关也就被理解为“城外关厢”的“关”。大北关清代以郭、张、王、李是大户。张姓家族传下来说法是原籍山东，明初到张家口为戍边军户，顺治七年（1651）由张家口迁到大北关，始迁祖张顺，到张庆楼这辈是第六辈，后边又有四辈人了。郭姓来自郭家屯（郭家屯已无郭姓），时间是明末清初。从近年整理的家谱看，郭姓在大北关有十五辈，应该是顺治年间过来的，始迁祖郭隆、以下只记长门，依次是好贤、庆、应选、澄、文达、翠山、世茂、大田、君奎、军柱、剑波等。

大北关有达子坟地名

清代乾隆老县志就已标出“大北管村”和“小北管村”。据大北关五位张姓老人集体回忆，“北管村”立庄户（旧时叫占山户）姓李，山东人，以前村北石碑铭刻的碑文落款为“李愫”，是“李愫”为他母亲立的碑，记述是山东临沂人，直到民国平谷还有不少后人来此上坟。2005年张庆楼、王政曾一起拓过此碑。查老县志，明初有位李素，洪武年间由岁贡除户部主事，有功升福建按察使，寻调湖广都察院右副都御使，洪武七年（1375）加正二品俸。洪熙时因事力谏不纳致仕。可能县志的李素即此李愫。

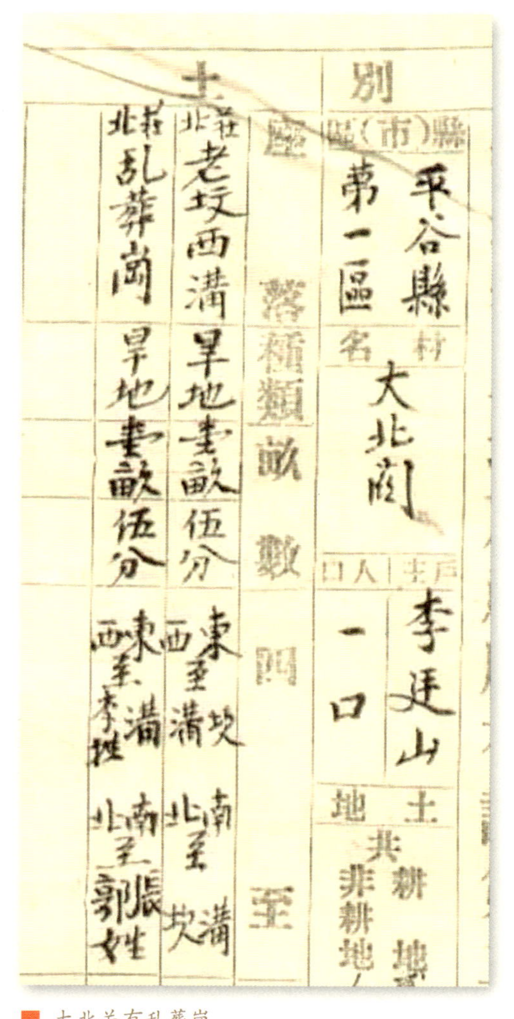
县(市)别：平谷县 第一区
村名：大北关
户主：李廷山
人口：一口
坐落：北庄老坟西满；北庄乱葬岗
种类：旱地；旱地
亩数：壹亩伍分；壹亩伍分
四至：东至满坟 西至满 南至北 北至满坟；东至李姓 西至满 南至北 北至郭姓
土地：共耕地 非耕地

大北关有乱葬岗

大北关的小地名有：庄西包家坟、大郭坟、王家坟、徐家坟、老公坟、宝顶坟、枯木子、老坟、石碑、石磖子、达子坟、莪乱、庄南南台子、庄北黑墩台、白田、中正山、骆驼山等。“老公坟”在村北台地上，即李家坟。“枯木子”村老人有两解，一是说过去那里发现过古墓葬，出土很多器物；一种说是那里有椴木林，很多枯死的树木。“老坟”是村西，大坟头多，没人说出是谁家的坟。“石磖子”即八棱碑，是辽金元三代的“经幢”，是很有身份的墓主才能有的，很有可能是元代墓葬。“宝顶坟”就一座，位于杜辛庄西北300米处，距离大北关约径直距离不足1000米。“大郭坟”在村南。“南台子”，在村南一里地，过去有大平台，约80亩，传说过去耕地耕出古砖，没有说清是什么样的砖，他们村都传说南台子曾是古县城。2013年笔者和柴福善先生一起勘察过，不过有零星汉陶罐残片，后来本人又详细勘察一次，在土坎断面也没发现像样的古砖瓦，这一点远不如北城子、东柏店一带地表残留文物那么显而易见。渔阳郡早在战国燕惠王时（前278）就已设置。而对于渔阳郡的最初设置方位，史书很少有记录，以至于当代一些学者对此产生歧义。笔者综合多种史料和实际地貌分析，在平谷大北关村南的台地可能性最大。民国二十年（1931）《平谷县志志料》大事记中，王兆元汇编的大事记中记述：《蓟州图经》云：州城西北有渔山郡，在山南故名渔阳。按：平谷在蓟州西北，相距仅七十里又曾为蓟州属县，其所谓渔山，当系平谷境内之渔山。依此则平谷为渔阳之中心，故古名渔阳。”有读者可能会反问，怎么大北关没有发现旧城基呢？为何也没有发现批量的古砖瓦呢？要知道，古代建城比较简易，讲究实用，大多夯土而筑。先秦古代城池建设受等级限制。《左传》隐公元年《正义》：“天子之城方九里，诸侯理应降杀，则知公七里，侯伯五里，子男三里。”“周制：天子方千里，分为百县，县有四郡”。战国时期的燕国也不例外，设置渔阳郡一定很简略，充其量就是磊石而围。秦始皇初置三十六郡，编制大郡才设置到密云南之统军庄一带。后来又多地迁移，唐初改渔阳郡为渔阳县。平谷老县衙的牌匾上就镌刻“渔阳故址”四个大字，民国二十三年（1934）县志所刊用的照片可证。从地方官治印或署名看，平谷令多属渔阳公署字样，如《平谷县志》雍正年间补修序序尾署名：“项景倩提于渔阳公署”。乾隆年间补修序署名：“朱克阅书于渔阳之名琴轩”。民国二十三年（1934）志知县为序时落款：“李兴焯识于渔阳官廨”。而同一时期的蓟县、三河、密云等周边县修志署名均未见有带渔阳字眼者。“老公坟”在中正山下高台处，很大一个土包，传说是“太监坟”可能有猜测成分。“达子坟”在村西北台地上，都不知墓主为谁。1935 年，日本为建立“冀东防共自治政府”，对京东各县做过抽村调查，其中将夏各庄、胡庄、小辛寨和大北关四个村做过深度调查，并在大北关安排了一个调查班，经过四个多月调查，写出了 4 万多字 30 多页表格的调查报告，刊登在 1936 年 2 月出版的《第二次冀东农村实态调查报告》上。这次到大北关走访，竟然发现了当年日本在该村调查时一些文献的复印件，其中就有大北关张、王、郭、李四大姓家族史调查统计记录。最近笔者将博物馆珍藏的《第二次冀东农村实态调查报告》调出核对，发现正是其中的一小部分内容，内中对张、郭、王、李四大姓谱系记录清楚，为我们当代研究大北关村史和大姓家族史提供了可靠依据。

注：张庆楼是平谷民间老艺人，1948 年出生，1962 年初中毕业，1965 年被安排去通州培训，搞“社教”，回来即被公社书记赵凤起看中，经过短期培养入了党，四个月后担任支部书记（1966 年 4 月 8 日入党，年满 18 周岁），工作很有成就。他最大特点是有浓厚的档案意识，从 1978 年以后，将村里的村史进行调查整理，对几个大姓的家族史进行深度整理，用毛笔一笔一笔抄写下来，对每一户的家庭信息如人名、出生年月日、结婚、出嫁、死亡日期、身份证号码、家庭电话、手机号码、以及上溯六七辈的家族辈分关系、婚姻关系、生产关系等都记录得一清二楚，而且几十年如一日不断补充修订，至今仍坚持不辍，非常值得我们敬佩。

小北关村小地名：小北关立庄户是杨姓，始祖杨正成（呈），山东德州宁津县人。据杨海山编辑的新家谱介绍，始祖坟在村北，占地十多亩，二十世纪七十年代平坟时发现第一个大坟是空的，第二个是明堂，里边有刻石，从刊刻文字得知二世祖为杨天福、杨天禄。后来他们杨家通过多方内访外调，找到外地一些家谱，经过几年的追踪，确认来平谷的始祖为杨正成（据其族谱上溯，其远祖为杨邦立、太祖杨如宗、列祖杨嘉生、天祖杨忠修、高祖杨元典、祖父杨金，父亲杨应，叔父杨历），杨应为山东宁津守将，其子杨正成是明代守备居庸关东西两山包的把总，二世祖为杨天福、杨天禄，一同来平谷小北关落户，杨家在小北关繁衍很快，清代是带地投充大户。可惜后续修家谱失落。1982 年统计，小北关有村民 565 户，1822 人。现有村民 620 多户，2500 多人。其中杨姓 378 户，1100 多人。能查到杨亚会高祖杨金顺、曾祖杨俊、祖父杨辛德、父亲杨山。杨亚会（74 岁）弟兄五个及其他各门的五世祖也基本搞清。还有分散到河南鹤壁、河北廊坊、天津武清以及京城的。明末一支迁到湖南邵阳武岗大竹萍。

小北关小地名有：大坎子、壕沟、杨家坟、老道坟、马家坟、贾家坟、黄家坟、南坟地、南大坟、郑家坟、峨乱地、庄南思家地、南大坑、庄东邪不由（也有写成邪由的）、上马子地等。“壕沟”就是 1942 年日军强迫老百姓在平谷北部山区开挖的长达 60 多里的深壕沟，深 4 米，宽 4 米，目的是阻止山里八路军和外部联系，断绝经济交通线。“南大坟”不知墓主为谁，原以为是杨家老坟，经走访，被否认。据说50年代时还有两米多高。“邪不由”这个地名现在人说不清，本人估计可能是地不平，怎么平整也总觉得有问题，于是地方土语来表述此地。“邪”应该是“斜”才对。

北屯村小地名：北屯清代到民国期间叫“屯里庄”，紧邻东营防胡府。防胡府是军队后勤部门和军人家属驻地。当时地名还有民庄“宋家庄”，清代乾隆老县志刊登的地图标注在熊耳营位置，熊耳营又称熊儿峪营，是一座营房，里边有驻军，驻军家属在附近分区居住，计有东营防胡府，中营防胡府，西营防胡府，清代后简称为“东胡家务”“中胡家务”“西胡家务”。

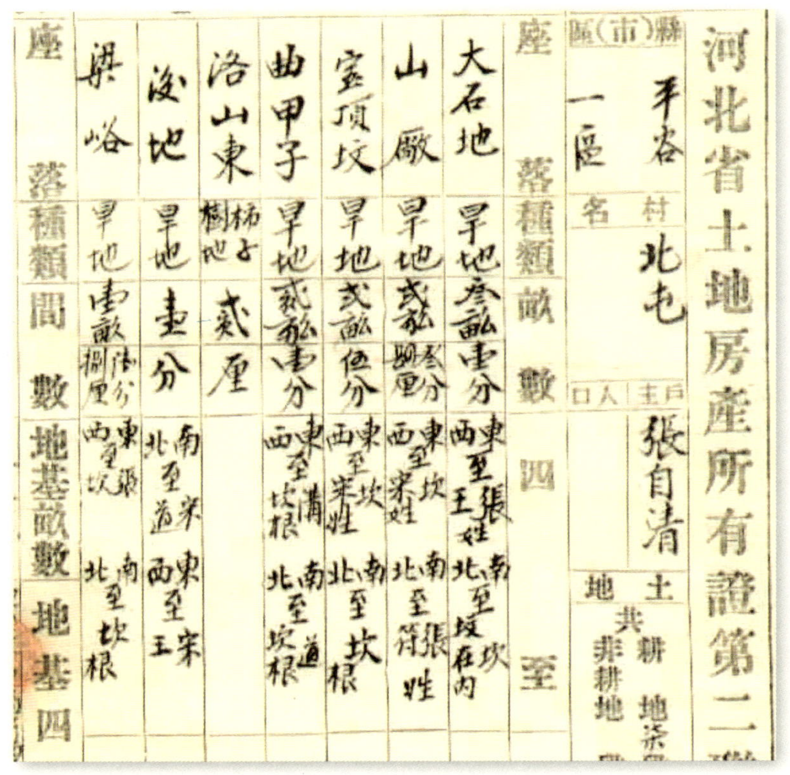
河北省土地房產所有證第二聯
平谷縣(市)區 一座 村名 北屯 戶主 張自清

北屯有宝顶坟地名

清代老县志将“宋家庄”标注在熊耳营位置显然不适当，很可能是标错了。东营防胡府是最晚设的，和“宋家庄”相邻。民国九年（1920）老县志标注在东胡家务村东有个“屯里庄”，就是以前的“宋家庄”，抗日战争期间化名“北屯”。据考，自明清至今，宋姓都是北屯最大姓。1950年全村197户，宋姓占67户，张姓47户，王姓20户。不足十户者卢、郭、周、狄、符、安、蔚、陈等姓。1982年统计，村民489户，1529人，宋姓约600人。据了解，北屯宋姓有两个来源，一支明以前就存在的，据说是由山东来，在村西北的西立沟侧台地上立坟茔，即宋家官坟，坟头满了以后又在村东北的东立沟旁台地上立坟茔，为宋家新坟，也称宋家坟，两下有一百多坟头。另一支由山西迁来，时间在明代，坟茔设在村南，即宋老坟。附近几个村的宋姓基本都是从北屯迁过去的，还有几支去了兴隆。北屯宋姓是平谷宋姓最集中民户，应该就是明代的宋家庄。据访问，北屯原有古树多棵，其中大街上一棵三人合抱不交的古槐，因下边有洞，被日军怀疑是地道口，1944年被砍掉。西大庙门前也有两棵千年古槐，院内有前大殿和后大殿，院子有十几棵参天古柏，宋立普、宋宝悦等几位老人一起座谈时介绍得非常细。可证该村很有历史。明代永乐年间编民时，这一带有“日勤屯”，有嘉勉之意，

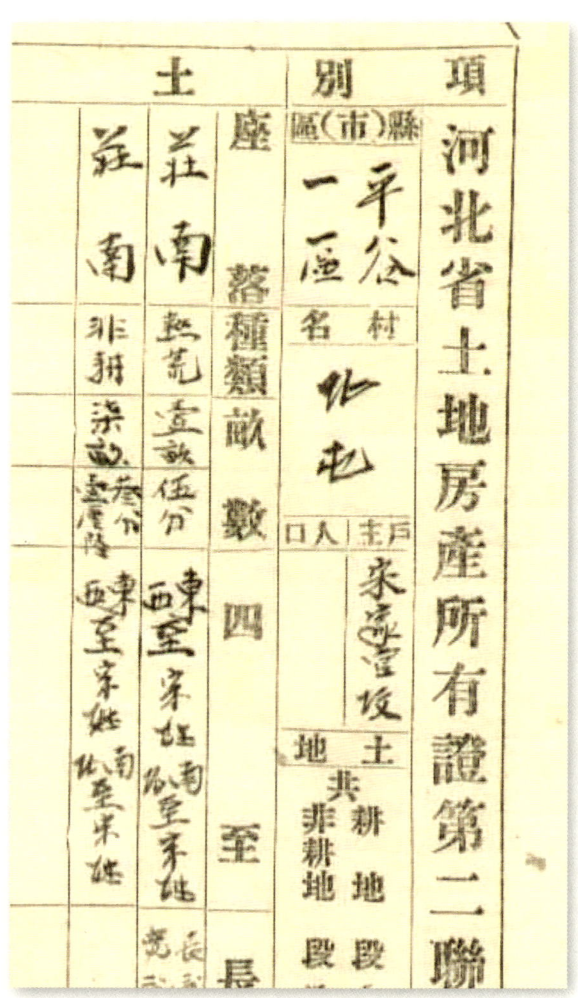
河北省土地房產所有證第二聯
平谷縣(市)區 一座 村名 北屯 戶主 宋家官坟

北屯有宋家官坟地名

与泰务屯、广成屯、广储屯相同，有的名字叫开了，有的没叫开，还用原村名。“泰务”就叫开了，沿称至今。“日勤屯”在清代平谷县志地图标明就是“宋家庄”和“东胡家务”一带。在二十世纪五十年代，北屯村是乡政府所在地，名字就叫北屯乡，下辖十来个村，包括山东庄、大小北关等。可见明代“日勤屯”就是今北屯村为核心的附近几个村庄。据了解，大北关宋姓与北屯宋姓是一家。大北关民户还有 80 余户土地执照都有“庄西家西”地名，可能是指“家在西边”。王连贵家地契中的小地名有“屯庄南”，应是“屯里庄”之南的意思。小北关庄南马品全地契有小地名为“思家地”。这些暗含玄机的小地名，可能正是解开“日勤屯”“屯里庄”“宋家庄”这个历史悬案的“密码”。杜辛庄是清初从中胡务迁过去的杜姓，为佃种土地而建立一个庄窠，年长日久聚集很多佃户而成为新村，称“杜辛庄”，旧时也称“砦笆庄”，盖因佃户盖不起瓦房，都是草房，也没有院墙，而是普遍用最简单的“篱笆”做院墙。

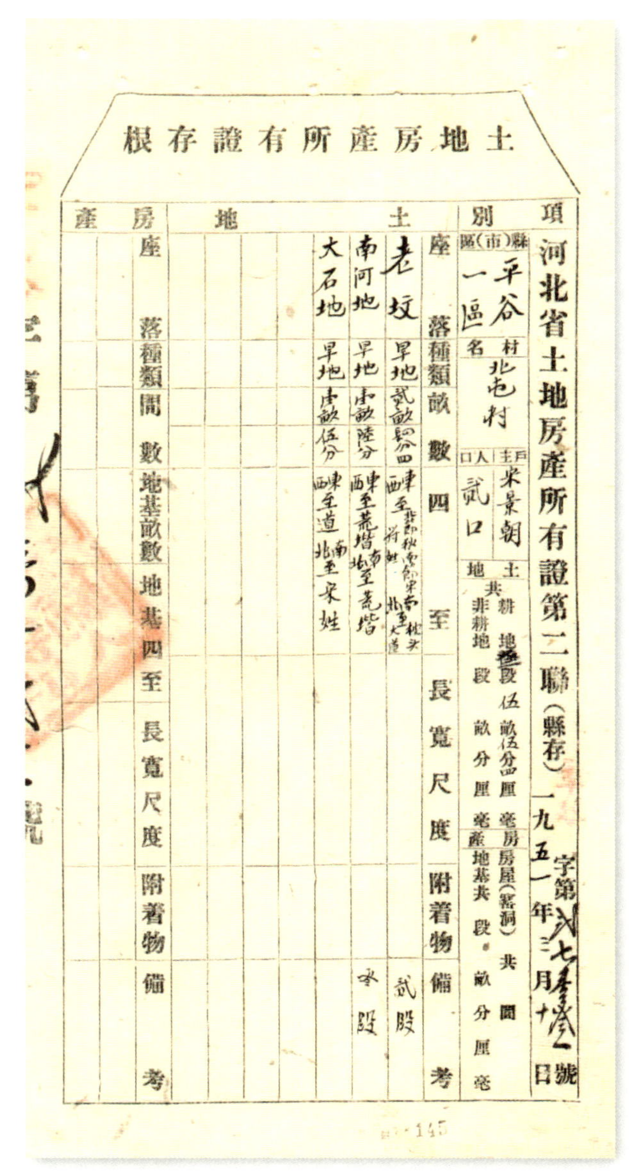
土地房產所有證存根

河北省土地房產所有證第二聯（縣存） 字第 七 號 一九五一年三月十 日

縣（市）區：平谷 一區　村名：北屯村　戶主：宋景朝　人口：貳口

土地：共耕地 段 伍畝伍分四厘 毫；共非耕地 段 畝 分 厘 毫

房產：房屋（窰洞）共 間；地基共 段 畝 分 厘 毫

土地 座落	種類畝數	四至	長寬尺度	附着物	備考
老坟	旱地贰畝肆分四	東至 西至 南至 北至大道			貳股
南河地	旱地壹畝陸分	東至 西至荒塔 南至 北至荒塔			叁股
大石地	旱地壹畝伍分	東至 西至道 南至 北至宋姓			

北屯有宋家老坟地名

北屯村小地名主要有：宝顶坟、松树坟、南坟地、卢家坟、宋家坟、橡树坟、宋家老坟、黑坟子、高家坟、李家坟、狄家坟、闫家坟、南墙外、曲甲子、大石头地、上寺、大寺、落山东等。宋家官坟在村南。“宝顶坟”在村南靠近杜辛庄位置。村民宋景朝 1951 年土地执照中有：老坟二亩四分四，南河地一亩六分，大石地一亩五分。另有一份单独的“宋家官坟”土地执照，记载官坟在庄南，非耕地两块，一处一亩五分，一处七亩一分一厘，坟位占地面积长二十三丈，宽二十三丈，墓地总面积达十余亩。之所以称“官坟”，是因为后辈各支派包括远近村的家族每到清明节都要去那儿上坟，而且在那里“吃官坟（大家族的集体饭）”。资金来源就是坟地种植的粮食和树木，由一户主管，秋收卖掉后扣除自己所得，剩余卖钱于清明节在那里祭祖时“统一消费”。

西沥津村小地名：西沥津历史悠久，张、于、周是大姓，周姓是桥头营根，张姓是老姓，传说跟金代张格有关，在大坎跟几位张姓老人座谈时，自己说不出祖上来历，只是说过去出过大官，访问时倒是提供了一条重要线索，就是在村西崔府君庙正南 100 米处，过去有石人石马，多块石碑，其中一块墓碑有“张伯道”三字，过去曾听长辈们说是“张家老坟”。根据老县志记载分析，极有可能就是元代的“张家坟”，即金代张格后人张伯道、张居仁、张仲文、张德温的家族墓，他们都是元代官员，有都司经历，有奉训大夫，县志记载的位置是“县东北十五里”，但旧志称“历西庄”在东北十二里，略有偏差，说不定旧志编纂者也是估测的距离和方位。1972 年前后，崔府君庙北 200 米处曾挖掘一座古墓，圆形，内部完全砖碹，而且角落、顶檐有很多造型，还发现有三彩罐。按规制应该是辽金元三代的古墓。当年北京市文物工作队在这里发掘了两个多月，很可能就是张格墓。大坎和东洼村的张发、张静来、张希振（85）、张希武（83）、王春祥（90）

等都曾见过石碑和石人石马。沥津在清代乾隆四十二年（1777）县志上叫“历西庄”，而且地图上标出的是南北两个历西庄。民国九年（1920）为便于管理，以大坎为界划分为东西两个沥津庄，1953 年又将东沥津的东洼、大坎、北寺三个自然村分别改为行政村。大坎、东洼一带张、王、路是大姓。现在 600 多户，内中王姓最多，达 200 多户，张姓次之，近 200 户，其余他姓。东洼路姓最多。据王春祥老人介绍，王姓是明初山西来的，老祖坟在桥头营村南，叫“王老坟”。王春祥老人的父亲叫王成，爷爷王久河，太爷爷王力。但问他甲舍时，他说是“都督社几甲”，没有记清。但能说出这个概念，就足证是明代过来的。据他说北寺、刘家河、胡庄、峨嵋山、蓟县洪水庄的王姓都是从大坎分出去的。过去有大庙外一棵老槐树，是平谷最大的古树，三四人抱不下。清代前沥津是一个村，张姓是一个大家族，张辛庄的张也是由此分出去的。路姓是平谷城里路家胡同（二中西门）分出去的，明代来时是军官户。于姓是明代山东大水泊迁来的，可能也是戍边军户，由此分出多支，如东鹿角、夏各庄等于姓都源于此，明初编入负郭社第二甲。

查 1951 年土地执照，西沥津大姓张姓 54 户，周姓 30 户，于姓 30 户，王姓 23 户，崔姓 16 户。东沥津路姓 62 户，张姓 55 户，王姓 33 户，于姓 11 户。

西沥津小地名有：白家地、秦家河、草沟子、南稻畦、大石堆、路家坟、李家坟、胡家坟、铁家坟、印家坟、向家坟、杨家坟、崔家坟、张家坟、周家坟、八屋坟、松树坟、北坟、斜末由、老车园、马家沟、石柱子、龙泉寺、大泉眼、见家地、府君庙等。其中“龙泉寺”也叫“历西寺”，规模很大，过去老人见过，寺外有古柏，院内有高大的银杏树。老县志记载是至元四年（1263）建，或者与张家元代在朝为官有关。

桥头营村小地名：桥头营因村东有一座石桥，石桥西边有军营，明朝建立。清初，有周姓“随龙”来此，因军功赏狐皮户，六品衔，专为内务府提供狐狸毛皮，组织上百猎户长期在平谷区域捕猎（克头有清代皮户诉讼状可证）。主要有狐狸皮、獾皮。据岳各庄、周村、北城子等村老人介绍，以前平谷的狐狸和獾很多，村村有，主要生存在老坟地，从老坟边打洞入住，尤其没有主的荒坟，常年有狐狸出没。北屯宋姓老人介绍，六七十年以前，西沥津、桥头营专门有套狐狸的，拴一支鸽子做诱饵，在远处隐蔽等待，狐狸接近鸽子后，结果被套。据桥头营周姓老人介绍，清代平谷猎户都要把皮子交到桥头营周家。交皮数额达标可免地税，多了可得赏钱。周家再把皮子按定额交到内务府，内务府依质论价拨给周府白银。

1950 年桥头营共 115 户，周姓是最大家族，有 40 户，李姓 21 户，杜姓 10 户，其余于、王、张、牛等。周志成是我国航天科学家，院士，他是中国工程院卫星总体技术专家，也是我国通信卫星工程、航天器动力学学术带头人，曾任我国新一代大型地球静止轨道卫星公用平台（东方红四号）总设计师，长期工作在卫星研制一线，主持研制成功十余颗应用卫星，出版专著 3 部，论文 50 余篇，授权发明专利 19 项。周志成院士 1963 年出生于桥头营村，自幼在桥头营府君庙读小学，初中、高中在平中读书，始迁祖姓名已无考，但多辈世祖均有文化，父亲周维钦是平中老师，爷爷周玥（音 xu，因不好辨认书写时写为周旭，1902 年生），太爷爷周字恒，大约 1878 年生，是闻名乡里的文人，为私塾先生，常为人写诉状、分家单、地契等。其祖上有周伯醇名字，县志“抄录的康熙老志”，即乾隆四十二年（1777）平谷县志抄录的康熙老志记载为平谷县北路乡乡长。还有周颐，为道光年间监生。

桥头营村小地名有：石桥、庄南谢家桥、庄北杨家坟、庄西北杨家坟、赵家坟、东北陈家坟、庄北王家坟、庄北东谢家坟、井北吴家坟、崔家坟、庄西西坟地（周家坟）、西上坟、庄西乱葬岗、南场、庄南水泉地，庄东大泉眼、庄北大墙后，庄北石柱沟、南园子、庄北黄家地、北海、长顺地、府君庙后、庄西陈家坟、庄西姜家坟等。

八、南独乐河镇小地名

南独乐河村小地名：南独乐河商周时北部台地上就有人居住，辽金元三代鼎盛，大庙有古柏和石碑可证。元初时声名最显赫的道家丘处机都曾在这里吃过饭。现在的南独乐河形成于明初洪武年间，最先来的是杨、韩、张三大姓，时有“杨家河滩韩家河套、张家来了铲黄茅草”之说。

南独乐河小地名有：庄东将台，又名点将台，传为李世民东征时在此驻军。点将台在村东电影院位置。古时独乐河有三个大高台，第一是村南王八盖，有三米多高，点将台约二米五高，第三是北岗子，也有两米高，面积都有三四亩地大，北岗子东西长，面积有五六亩。这三个高台都是古代大水冲涮的残存，为此形成的小地名有下坝子、岗上头、岗底下等。此外还有枣树行、杨河寨（杨家最初到来时搭建的柴草棚）、乔家坟、郭家坟、刘家坟、王家坟、观家坟、蔡家坟、南河南，北河北（村南村北都有河，南边叫洵河，北边叫独乐河），王上坎、白石碑、南窑等。

峰台村小地名：峰台位于南独乐河镇西部，原有东西南北四个大土台。远古时这里曾有很厚的黄土层，由于新生代以后雨水丰沛，水患时常发生，导致地表被不同流向的季节性河流切割成四个块台地，后来又经过万千年的延续不断的风蚀水融，台地越来越小，到明代新村民在此立庄时称“四台地”，到清代时只剩下西部一个台地，面积不过一百多平米，高度有十余米。东部、南部遗留面积较大，二十世纪八十年代初文物部门曾在东土台发现有战国到汉代古墓葬，说明这一带很早就有村落出现。后因民间用土过多，近半个世纪以来南、西土台也被严重削减。东、北土台被夷为平地。峰台地处四台地深沟中，水流交叉，故村名又称三河里，抗战时期化名“山口”“富村”。现有居民主要是明永乐初移民，大姓有王、阎、张。其中张姓始迁祖名张国荐，有文化，来平谷前曾任河南掖县教谕，村东张家祖坟有碑为证：“明故始祖张公讳国荐”。张国荐下凤腾、凤翔，再下遇达、遇吉等，这一辈起去了水峪一支。

平整土地时峰台村东张家坟出土一块墓志铭，铭刻“亡女张介妇墓志铭”。墓主人为明重臣李廷相之女李春娇，李廷相之婿即峰台村张文进。李廷相 (1485——1544) 字梦弼，河南濮州人。明弘治十五年 (1502) 康海榜进士第三人，探花，授翰林院编修。正德年间，宦官刘瑾专权，李廷相被降级为兵部主事，刘瑾被诛才官复原职，历官南京吏部侍郎，户部尚书，与父李瓒同朝为官，人皆以为荣。惜其子李孝元溺爱之下并没尽孝道，吃喝嫖赌，骄奢淫欲，变卖了祖父两代创办的“双桧堂”全部藏品（部分被盗），计 16000 册古籍善本及几千件名家字画。

墓志铭中一句“年垂六十”指的是李廷相之父李瓒年六十才得此女（1500 年生，1517 年妊娠七八个月时小产病逝），“正德辛未予乃生一男”说的是 1511 年李廷相才得一子，即李孝元。“吾父左官江右”即李瓒担任江西监察御史。“为人所辱”即被刘瑾所参。因碑文有女儿九岁就知道安慰爷爷，可证被屈含冤是 1509 年即正德四年的事。“六岁许张甥文进，今巡抚山西右都御史汝吉第三男”，意思是女儿六岁就许配给山西巡抚张汝吉第三子张文进。“吾女之生也，弘治庚申二月三日，吾父命名曰春娇”，意思是我的女儿出生于弘治十三年（1500），爷爷给她取名“春娇”。此墓志铭证实墓主为李春娇。“以卒之年十二月十九日庚申葬于平谷峰台原张氏祖茔之傍”，意思是在她去世当年的十二月十九日葬于峰台村张家祖坟之傍。“傍”是“靠近”的意思。李家不愧是大学问家，有知识有修养，心地善良，体谅人，女儿亡故才十七八岁，也没有留下孩子，故不求按“昭穆”式正葬。由此碑也折射出峰台张家多文人。张汝吉应该是张凤翔之子，后来也做了高官，因在外做官没有回来，故峰台村没有直系后代。

峰台张姓到第二十辈是两个字，如张廉、张元、张玺、张谟、张宽、张义等共 15 个，再后辈三个字，中间是“丙”字和“云”字，再后就乱了，既有两个字的，也有三个字的，到张以纯、张以高这一辈是第 23 辈。小地名有小公门、大公门、西坑、王八坑、牛槽子、公爷坟、黑坟、黑枣坟、白家坟、韩家坟、高家坟、杨家坟、张家坟、松树坟、东坟、西坟、西台子、南台子、东岗子、后岗子、乱葬岗、党园、西屯等，因与公爷坟村相连，在民国至新中国

成立初期，两个村为一个行政村，有些小地名多因公爷坟村村民坟地得名。“松树坟”是老王家坟，在村北。西坟是王家从祖坟分出去的支派坟茔。“党园”没人能说清，应该是过去党姓家族的园子地，党姓家族在民国初期去了兴隆。大公门、小公门应是大宫门、小宫门，指的是公爷坟的地宫宫门。“西台子、南台子、东岗子、后岗子”那是四个大台遗址，今西大台只残存一块，立有巨石为碑。查1950年档案，峰台与公爷坟两村共计280户，其中王姓最大，103户，阎姓60户，张姓26户，郭姓13户，赵姓13户、李姓14户，王、阎、张是明初来的立庄户，郭姓清初由小辛寨迁来，李姓清初由北独乐河迁来，赵姓康熙年间与白姓、于姓、张姓一同从山东迁来，是公爷坟的看坟户，公爷坟村到新中国成立初期仍是自然村，有60余户，1958年人民公社时与峰台分开，成为独立行政村。

张辛庄村小地名：张辛庄的村名来源于西沥津张姓，顺治年间有同族兄弟一同迁往城东十二里的小村，不久聚集十几户佃户在此居住，称“东新庄”。据地方史研究者王宝成访查，乾隆五十年（1785）西沥津张怀和家族弟兄又来到这里，当时已有十六户，数姓杂居，住的是茅草搭建的小土房。以后村里盖瓦房的日多，名为张家新庄，民国以后称张辛庄。

张辛庄小地名：庄东大石桥、庄东北坎下大坑、南柳行大坑、哑巴坟、白家坟、松树坟、东松树坟、徐家坟、桑树坟、黑坟、黑哨、大洼子、庙后头、四十二亩地、五十亩地、七十亩地、八十亩地、坝上头、坝下头、牛道地、官场、杨家河、东岗子、大墙外、北台子、南台子、石桌子沟、石桌子地、峨嵋山东沟、北寺庄南、喇叭筒、郭家地、狐狸沟等。

刘家河村小地名：刘家河有村庄历史很久，1977年曾有商代古墓被发现，出土了数十件国宝级器物。村北的小东沟有一眼泉，水质清澈，常年汩汩外流，唐代咸通年间曾建有水峪寺，规格较高。金代村名“文泉”，属礼泉乡。明代称文家庄。明中期后峨嵋山营西侧居民渐多，遂称其为西文家庄，原文家庄称东文家庄。刘家河之名清代地契中已出现，1946年政府开始正式使用此名。现在的村名自1946年开始使用。两个原因：一是本村大户刘姓；二是北部的灵泉水沿小河直接流到每家每户门前，故借谐音为名。刘家河1951年土地房产所有证上出现频率比较多的小地名主要有藕坑、大花峪、小花峪、木头山、墩台坡、东岗子、后园子、大果园、甲合子（也有写成甲河子、贾河子等）、甲园、邢家庄、坝口子、官厅、田家坟、一家刘、松树坟等。

注“藕坑”即村东大坑，1977年曾在坑南侧发现商代遗址。大、小花峪在村东北与黑豆峪相毗邻的两个小山包，“墩台”在村东北第一个山包，上边有古代的烽火台，至今仍有残存。黑豆峪村称此为“黑墩台”。“木头山”即墩台北紧邻的小山包。当地老人说不知何故叫木头山，本人觉得或许因山坡裸露的岩石多呈漩涡纹，酷似木化石而得名。这一带山岭常见此种岩石。“东岗子”在墩台山南坡下，一道沙土岗。“邢家庄”是北独乐河行政村中的一个小自然村。“田家坟”在村西南，是本村田家的祖坟。“松树坟”在村北，是刘家老祖坟。据刘广河先生介绍，祖坟面积很大，有几棵大松树，还有石桌、石座，小时候每到清明就去老祖坟祭祖，但祭典形式比较特殊，要先祭“老乔爷子”，再祭“老姨婆子”，然后再顺序拜祭自己诸辈祖先。何以如此？说刚迁来不久，地方官强逼家人出兵役，刘家只有一个儿子，不愿去，可不去又不行，两难之际，家里乔姓长工主动提出顶替（以后再无音信），使得刘家一辈辈得以顺利繁衍下来，后辈为了报答乔姓青年的恩情，每年祭祖都先给他上香，一直延续几百年。第二个被上香祭典的“编外老祖”是位山西的老太太，据说不知哪一代老祖行善，兵荒马乱之际收留了行乞老婆婆，垂危之际，老太太让把她随身带来的“篚斗子”拿到眼前，要他们拆开夹层，里边有不少黄金片，说是原来家里的积蓄，战乱后家人都死了，她逃荒来到这里，遇到了善人，愿以此金相酬。刘家此际也因战乱生活拮据，用此做本钱逐渐发起家来，所以后辈们也要感恩这位老婆子。

九、峪口镇小地名

峪口村小地名：“峪口”的“峪”是山谷之意，金代平谷曾名“平峪县”也是这个原因。“峪口”还一个名字在民国前很响亮，叫“泃口”，即泃河在此有渡口，可见古时“泃水”之盛。峪口之名主要原因是北山叫“峪山”，该村在峪山出口处，故名。峪口旧属三河县，与怀柔县所属“银洞里”相邻，怀柔老县志的地图上标明了这个山名。峪口村北二阶台地有大量古墓群，其中汉墓最多，可见很早以前就有人在此栖息。峪口还是战略要地，明代之初为防范北边残余的元军袭扰，在此建了军营屯兵驻守，并于四周建立了四个营房拱卫峪口大营。周边现有西营和南营村名，东营即兴隆庄，还有一个胡家营是北营。

民国时期，峪口是个大集镇，经济繁荣，商业发达，有据可查的商号就有 72 家，村镇面积大，跟平谷城相仿。村四周设 13 个大门（其他村大多两个门，多者四个门），以方便村民和赶集的人流出入。13 个大门也成了当地人所熟知的小地名，计有：东大街东门、西大街西门、北大街北门、南楼子街南门、九龙口南便门、西南门、东大寺东门、驴市街东门、毛家街西门、棉花市街小西门、木铁街西门、观音堂北门、北横街北门。而连接各大门的主要街道有：东大街、西大街、南大街、北大街、东大寺街、驴市街、棉花市街、条子市街、串碾子街、木铁街、穿行店街、南楼子街、观音堂街、毛家街、北横街、南横街等。新中国成立后，人口大幅增加，街道建筑也增加了许多，胡同更是数不胜数。查资料，峪口 1950 年 395 户，2708 人，1982 年第三次人口普查时 1536 户，5218 人。2008 年 1500 户，4876 人。2011 年全村农业人口普查数据，刘为最大姓，达到 792 口，张姓次之，585 口，王姓第三，339 口，以下杜姓 272 口，李姓 213 口，马姓 198 口，邢姓 214 口，陈姓 200 口，赵姓 156 口，杨姓 145 口，毛姓 119 口、于姓 104 口，其余不计。

据刘家池老兄介绍，刘家的先始祖刘恒，世居南京城内棉花街，其孙刘鑫是 “燕王扫北” 后“随龙”来到平谷峪口，身份是“商户”。彼时移民多由山西、山东而来，为了繁荣商业，朝廷也从江浙一带拨过来商户若干。刘鑫迁来的时间约是明永乐十九年（1421）。原平谷政协第一任主席刘家骥老先生曾交给笔者一份后整的家谱，中间缺失甚多，但早期部分应该属实。迁来后先找风水先生确定坟茔，选定村西一块宝地，将刘恒的名字，刻在一块砖上，裹上红布，埋在下边，算是“立明堂”，也有“衣冠冢”说法。刘家迁来至今正好 600 年，算是历史久远的大户了。清末峪口刘家有四个堂号，即永和堂、永善堂、永庆堂，永顺堂。

峪口的杜姓是清初由岳各庄迁来，其祖籍是山西，始迁祖顺治年间杜文魁率子孙来到峪口。在村西南立坟茔，到“德”字辈 17 辈，如果从来平谷统算，已 28 辈，大约 630 年历史。邢家也是老户之一，明前期从山西迁来，至今传至 22 辈。清初有分支迁到东长峪、牛角峪以避圈地。邢姓也有说山东来的。实际都应该是明前期由山东过来的，而其祖在山西，洪武年间奉命移民到山东，永乐初年之后，陆续由山东充实到京畿，因为习惯，多数仍称山西是老家，平谷明代移民老姓迁移的路线多沿此轨迹。按正常繁衍规律，如果 26 辈上下，应该是永乐初年从山东过来的，如果是 22 辈，则有可能是成化年以后。明正统、景泰年间，朝廷混乱，时局不稳，京东多县人口迁移出关，三河、平谷人口锐减，于是政府在此用政策吸引山东农民投亲靠友来到这一带。邢、马、李等都是这样来的。平谷毛姓是一家，源于明初江南来的毛姓军官，初在马池营南，其驻地称“毛官营”，后成为村落，祖茔设于山东庄山前龙脉东湾，万历年间有襄阳知府毛显墓在彼。峪口毛姓应该是清初迁来的一个分支。

峪口张姓有两个来源，一是岳各庄迁来，时间应该是清初，那时张家比较有势力，在峪口置地建房，迁移分支。另一支是万历年间从通州迁来的。这一支张家是大姓，祖坟在峪口果园。有一块道光年间墓碑为证。碑阴张佳城记：先世太高组张应节，自通州平家滩庄迁至三河北峪口镇安居立业，传二世世龙，三世弼，四世炳、

五世承基，六世儒。到张佳城是第七辈。落款是男永富谨记。也就是说第七辈张永富。时间是道光十二年（1832）五月。

还一块补立碑，落款“七世孙九品衔张永富率八世孙九品衔宽及九世孙得禄、寿补立。”张家在同治年间又补立一块碑，有“九世孙得禄、寿、爵、位、联及十世孙震、霖、忠、端补立”字样，这些都是考证张家家族迁移的重要依据。

西樊各庄村小地名：按古地舆学说法，东西樊各庄地处“龙脉”的“龙头”前，故带“龙”字的地名多，如龙坡子、龙圈、龙尾子、龙头、龙口、龙山等，清代康熙皇帝的第三子允祉，在去丫髻山设置家族道场时常过往此地，看中了这里的风水，于是定为“百年福地”，东樊各庄村东北原有宝顶坟多座，即“三王爷”墓茔。小地名还有罗家府、石盆、小涧、大涧沟、涝山、下枣树行、枳根山、曾家坟、李家坟、赵家坟、香道（去丫髻山进香的通道）等。

杏园村小地名：据传明代这里有很大一片杏林，前边有村，因杏林得名“杏园”，后因一把大火烧毁了杏林和村庄，再聚时，分在东西两侧建村，民国时期始分称东杏园和西杏园。这一带地处山前远台地，距泃河流很近，是支流大沙河的冲积扇，适宜人类居住。1992 年东杏园村民植树时发现了大面积战国和汉代墓葬群，经勘测墓区面积达 84 万平方米。2006 年因为修北山路，对穿过的埋藏区进行了勘探，清理了内中的 8 座古墓，出土了大批陶器，如陶仓、陶灶、陶厕、陶屋、陶猪圈、陶猪、陶狗、陶骑马俑、陶井、陶耳杯等上百种。说明两千年前这一带已经有大范围民居了。在东南不足 2 公里处，就是北埝头新石器时代文化遗址，曾发现 13 座半地下穴居民宅遗址，此地也可能有过，只不过没能保留下来或尚未被发现。杏园小地名主要有：墩台、甜枣树行、张家坟、王家坟、刘家坟、后柳坑、大地坎、大寺、大荒子地、瓦坑、南园、陈家坟、安家坟、莫尺子（其他村多写成磨尺子）、巴梨岗（也有写成八梨岗者）、果树园、风台洼、棉花坑、三角坑、榆树坑、柳树坑（“坑”字在地方多读成四声）、六十亩地、庄南壕沟、后坑果树园、南圈、东牛道、大猪圈、东大猪圈、界牌石（三河平谷交界）西墙、南墙、东墙、草场地、草场沟、黄坎等。

1950 年杏园村张怀家有 25 口人同居，是平谷发现人口最多的家庭。

北杨桥村小地名：旧名杨家桥，属三河县，文物考察发现汉代古迹古墓多处，辽、金、元、明为养马场，明初在杨家桥头形成现在的村落，旧传与杨家将有关，误。因民户增多，1935 年分为南、北杨桥两个村。主要小地名：桥头、东岗子、西洼子、胡家坟、信家坟、梁家坟、岳家坟、黄家坟、何家坟、薛家坟、马厂、北大寺、和尚塔、王会道、苏桥、石柱子、青林寺等。石柱子即辽金经幢，与和尚塔、北大寺同地。1950 年全村 298 户，胡姓是最大户，99 户。其次大户为刘、李、张。佟姓为旗人，与顺义厂门口、南杨桥、白各庄佟姓为一家。

明永乐年间，胡姓先祖自山西省平阳府洪洞县移民至大官庄村。清乾隆年间，胡万金始迁至杨家桥村。至今已传十四代。

第一世

胡万金。子二：自德、自贵。

第 二 世

自德。子一：登举。

自贵。子一：登衔。

第 三 世

登举。子二：明玉、明珍。

登衔。子二：明山、明全。

第四世

明玉。子二：照、贤。

明珍。子二：才、玺。

明山。子一：福。

明全。子一：俊。

第五世以后人口众多，仅把胡永连、胡九军一支按脉络叙之。

胡福，明山之子。生于道光初年，卒于民国二十年。子五：进武、士武、耀武、全武、殿武。

第六世

景祥，耀武长子。子二：春荣、春旺；两女。

第八世

春荣，景祥长子。生于宣统年间。子四：荣臣、荣华、荣明、荣玺；两女：荣敏，荣珍。

春旺，景祥次子。生于民国初，卒于1960年。子一：荣发；女一：荣凤。

第九世

荣臣，春荣子。子一：永千。

荣发，春旺子。1928年生，2013年卒。

第十世

永连，荣发子。生于1952年生，1989年起任县、区政协文史委员。参与编著《平谷县志》《平谷百科全书》等多种书籍。

永千，子一：九军。胡九军1969年生，现任平谷区政协常委、第六室主任。

十、大兴庄镇小地名

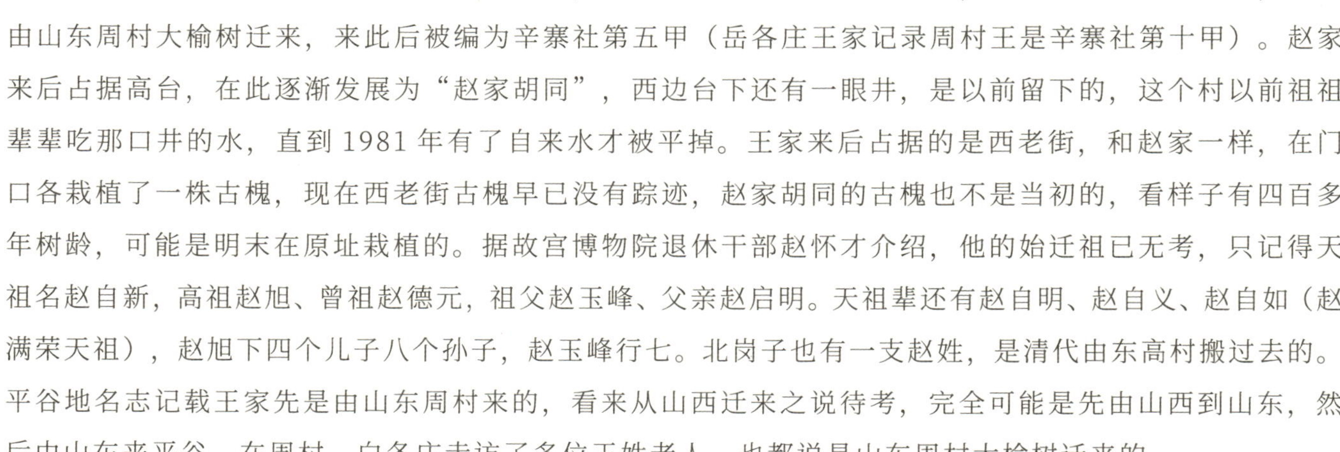

周村小地名： 周村赵姓村民是第一大户，王姓次之。据赵家后人介绍，赵姓和王姓是表兄弟，明初由山东周村大榆树迁来，来此后被编为辛寨社第五甲（岳各庄王家记录周村王是辛寨社第十甲）。赵家来后占据高台，在此逐渐发展为“赵家胡同”，西边台下还有一眼井，是以前留下的，这个村以前祖祖辈辈吃那口井的水，直到 1981 年有了自来水才被平掉。王家来后占据的是西老街，和赵家一样，在门口各栽植了一株古槐，现在西老街古槐早已没有踪迹，赵家胡同的古槐也不是当初的，看样子有四百多年树龄，可能是明末在原址栽植的。据故宫博物院退休干部赵怀才介绍，他的始迁祖已无考，只记得天祖名赵自新，高祖赵旭、曾祖赵德元，祖父赵玉峰、父亲赵启明。天祖辈还有赵自明、赵自义、赵自如（赵满荣天祖），赵旭下四个儿子八个孙子，赵玉峰行七。北岗子也有一支赵姓，是清代由东高村搬过去的。平谷地名志记载王家先是由山东周村来的，看来从山西迁来之说待考，完全可能是先由山西到山东，然后由山东来平谷。在周村、白各庄走访了多位王姓老人，也都说是山东周村大榆树迁来的。

大兴庄村小地名： 大兴庄明代姚姓是大姓家族，村北有二十多亩姚家坟，二十世纪初还有坟茔存在，地名保存到人民公社时期。现在大兴庄韩姓、张姓、陈姓、曹是大姓。邵姓清初来时是内务府安排过来的大庄头，跟他一同来的管家姓罗，和西高村罗是一个家族，清中后期邵、罗都有几个分支回到了京城或到了三河，仅剩一支留了下来，罗姓也一直相伴。韩姓是明初从山东过来的军户，初立庄韩家屯。清初，山姓来此建粮库，召集韩姓、张姓等来此管粮，故称管粮庄（今良庄子）。康熙年间，山姓安排韩姓四兄弟及张姓到大兴庄佃地。与原有民户张姓、邵姓、曹姓组成大兴庄（原名北小庄，清代有秀才改名大兴庄）。清代因良庄子山家来此当大庄头，安排韩姓亲弟兄四个一起来到大兴庄立庄。据韩万发老人介绍，来大兴庄后，家族取名排字，依次向下叫“聪、明、惠、达”，再以后排字按照“永科久国相，长保万年邦”，寓意家族科考顺利，个个成为国家栋梁之才，永保国家江山稳定。韩万发高祖叫韩国玺、曾祖叫韩家相、祖父叫韩长起。

大兴庄小地名有：真武庙、北大坑、西坑、南坑、南大庙、东街、西街等，村外地名都以方位冠之，如庄东、庄北、庄南、庄西、庄西南等，是唯一在契约上以方位冠名的村庄。

鲁各庄村小地名： 从紧邻泃河转弯处的地形就可以判断，鲁各庄一带很早就有人类栖息。村北曾发现大面积汉墓群，东北发现魏晋时期墓葬群，还发现过汉代钱币、铜镜等。鲁各庄最初因鲁姓得名，应该是明以前的事。明代有姚、黄、饶、刘为大姓。康、田二姓是清初立庄户，其中田姓是从夏各庄迁来的。后来的王张两大姓发旺了起来，成为大户。高姓也是清代迁来的。1950 年全村 166 户，649 口人。1982 年 415 户 1479 口人。

鲁各庄小地名有：庄北王家坟、庄北姚家坟、庄北张家坟、庄西北黄家坟、庄南杨家坟、东坟地、庄东田家坟、庄西拉拉坟、庄北石桌坟、粽子坟、庄东大坟、庄东朱统坟（即都堂坟）南坟顶、刘家坟、西岗子、北岗子、庄西短逛、庄东大石桥、碱地、崙子、东套、庄南枣树行、东河沿、庄西乱葬岗、庄西草场等。

十一、黄松峪乡小地名

黑豆峪村小地名：黑豆峪村历史悠久，而且有文字可查。以前就有村庄，叫乐山，元代名叫鞑子坟（据萧家坟而称）。1984 年 8 月黑豆峪村西曾出土金漆水郡夫人耶律氏墓志铭。正文：“皇统元年（1141）十二月，金紫光禄大夫同留守事萧建（后任西安京兆府兵马总管）命子萧谦卜葬其正室故漆水郡夫人于蓟州渔阳县乐山之原”。夫人出身望族，她的父亲是平州节度使，母亲兰陵郡夫人萧氏。耶律家族原是辽代高官，1115 年金败退西京，萧勖和耶律家举城投金，因而继续任职。耶律和萧氏家族多少代都是姻亲，平谷的萧有两处，黑豆峪和萧家院，与蓟县萧家同属奚五帐族，辽早期是一个祖宗。还有一块碑是金故达撒山行军谋克孛谨萧公墓志铭，实际就是萧建的孙子萧资茂的墓志铭。萧资茂是行军谋克，相当于万户都统，女真起家后讲究军政合一，青年农民平时为民，战时为军，名为常备军，行军谋克统管万户，属中级官员。这个墓志铭介绍说他的太爷爷萧勖为辽代西京留守，即西安留守，正三品，因投金而历代受封，爷爷萧建任京兆府兵马都总管、紫光禄大夫正二品，父亲萧谦荣禄大夫，正三品。萧资茂和弟弟资义、资安一同奉命征讨东海县张旺、徐元起义时，因舟船航行时漏水被淹而亡。葬于渔阳县醴泉乡先茔，即黑豆峪祖坟。可知金代这里叫乐山，属于礼泉乡。“礼泉”是个嘉名，如同“泰务”一样，就是后来的刘家河村，周边村属之。因北有灵泉而得名。

明代永乐年间有陈、谭、李、卢几户从山东迁来，因时或有虎豹出没故名“黑虎峪”。村里旧有真武庙，庙的山墙记录叫“黑虎峪”，庙的山门东侧有一棵老槐树。现在老槐树仍在，胸围 3.3 米，根据长势和树形，大约 600 年历史，应该是现在黑豆峪建村时所栽。“黑豆峪”可能是“黑虎峪”叫“白”了，还有可能真的以种植黑豆出了名，因明代养马需要，这一带都要求地租粮交黑豆。

黑豆峪村小地名有：达子坟、西坡、东滩、东沟、峰东、井坡、疙瘩沟、红石峪、南滩、石门口、大曹峪、黑墩台、烟筒洼、杏核沟、木匠房、水胡同、水家胡同、橡树坟、杨树坟、罗家坟、西大坟、陈家坟、卢家坟、谭家坟、崔家安、白云寺、夹板石（在塔洼山梁北面）、狼窝、阴司沟、洪水峪、鸽子堂等。其中卢得坤家九口人，土改分到的土地就在“达子坟”。老地契上的“达子坟”地名处，旧时有经幢，解放后被白云寺村民拉走（白云寺旧时属于黑豆峪的一个自然村）。

黄松峪村小地名：黄松峪明代为长城的一个重要关隘，因山岭多古松而得名，明代有驻军戍边，有驻军就需要维持生计，这样就逐渐聚集了一些民户，加上军户逐渐形成村庄。而且因有河流通过，有山地、有平地也有水源，适合人居，民户越聚越多。1984 年统计全村 625 户，2186 人，属于大村。黄松峪原属蓟县，1946 年划归平谷。黄松峪是明代中期以后逐渐形成的大村，人员来路复杂，既有军户，也有罪犯发配戍边户，还有跟随戍边士兵自愿赶来的山东穷苦民户，甚至有因家族被抄而隐姓埋名者，姓氏达 40 余个。根据土地执照统计，1950 年全村 289 户，最大姓陈姓 45 户，张姓 26 户，王姓 24 户，李姓 24 户，郭姓 20 个，其余多不足 10 户。越姓、符姓、翟姓、长姓是明初罪犯发配来的，入清以后，有的回原籍了有的则作为平原佃户散居他乡了。如高姓是明中期从熊耳营过去的，清初期又从黄松峪去了塔洼，李姓、贾姓、郝姓也是清中期由黄松峪去了塔洼（属于密云县，只有皮户生存，不征粮）。过去，沟口往里几十里基本都属于黄松峪地盘，故小地名极多。主要小地名有：山神庙、大东坡、三里庙、柴家沟、红石壕、南天门、松树坟、张家坟、李家坟、刘家坟、刘家沟、西小河、南台子、磨石沟、大石洞沟、湖洞水、雕窝、越家厂、馒头山、三岔沟等。

十二、刘家店镇小地名

刘家店村小地名：刘家店得名于丫髻山，因千百年以来丫髻山是香火之地，常年香客不断，故有刘姓首先在此开设旅店。刘店这一带的历史比较悠久，在丫髻山东下角，有地名“瓦堂寺”，东汉时期就已有寺院了，辽代、明代都有重修和更名的记录。这一带有水源、有山地，又有寺庙，周边一定有人类栖息。据访问，刘家来源有几种说法，有说山东来的，有说从峪口迁来，没有准确证据。如果是山东来的，也不会是开始就落在这里，因为按照正常人口繁衍规律，应该有二十六七辈了，访问得知大约有十六七辈的样子，可能是明后期来的。过去刘家店村并不出名，真正有名的是“寅洞”村，怀柔旧志有“寅洞里”，明代“里”和“社”同属最小行政管理机构，相当于现在的乡镇。所以称之为“里”，一定选择在这一带最有影响的大村，管辖周边另 12 个小村。

旧怀柔县志记载，刘家店村在 1940 年 107 户 707 人。1950 年全村 205 户，龚姓最大，达 93 户，刘姓 34 户，陈姓、赵姓、韩姓、孙姓、马姓也属于大户。龚姓始迁祖为龚昌奉，二世祖龚可久，三世祖龚文学，四世祖龚存仁。清初从三河邦均镇迁来，至今十四五辈了，真实可信。1982 年人口普查，刘店村人口 485 户，1685 口人。根据龚良才整理的家谱和柴福善先生走访，可知刘家店龚姓清初由三河县邦均镇迁来，始迁祖龚昌奉（去世后葬回邦均祖茔）。一世祖昌奉，子二：可久、可禄。二世祖可久，子一：文学。可久为南龚始祖。二世祖可禄入赘寅洞张家，后又迁回并复姓，落村北部，是为北支始祖。三世祖文学，子二：存仁、存志。四世祖存仁，子四：万仓、万良（无传）、万敖（无传）、万库（南龚西支祖）。存志（无传）。五世祖万仓，子三：良卿、良臣（无子）、良贵。六世祖良卿，无子，过继良贵长子德好，德好兼祧良卿良臣两支。良贵次子德起无传，三子德明为南龚油坊胡同一支的分祖。七世祖德好，子三：永仪（无子）、永爽、永本。因之后分支过多，这里不一一详述，仅将二世祖可禄一支即北支序列简介如后。可禄之下三世祖文礼，文礼下四世祖存祥，存祥下五世祖万财，万财下六世祖良泰，良泰下七世祖德久，德久下八世祖福存，福存下九世祖守奎，守奎下即现在的村支部书记、主任龚士文，区档案馆馆长龚士宏这一辈。按辈分说，在刘家店村，他下边又有四辈人了。

1950 年刘家店村小地名有：村西磕头沟、水泉沟、舍饭台、窑沟子、枣树行、韩家坟、打磨山、小会子、周家会、宫地、娘娘庙、杨台子、橡树林、栗树沟、列背剑西坡，村东纸马铺、东台、老果园、老菜园、马家湾、富家坟、付家坟、齐家坟、象家坟、大牛圈、松树坟、五十亩地，村南舍饭台、大土坑等。小地名中与丫山庙有关地名比较明显，特别是舍饭台就有两处。老果园、老菜园有一说属于香火地，是过去大户人家捐给娘娘庙的庙产。“栗树沟”在丫髻山西南斜对面，一道深山谷，直到 2015 年仍可见 20 余棵二三百年老栗子树。“磕头沟”在西南较远，在去往云岩禅寺的沟口。“大土坑”在村北，不足八分地，但那时用土比较困难，属于地产范畴，出现了多家共用一个土坑问题。在刘店韩秀林家的土地执照上，村政府刻意注明：“东西长十五丈，南北宽三丈一尺，龚为香、龚为海、龚福山、刘福珍、龚守承、龚守政、龚守发、孙九俊、陈连合、龚庆林、韩秀林、韩秀山、龚福合、龚守勤、龚为庄、刁振兴十七家用”。碾盘也属于公产，核定多少家共用。

北店村小地名：村名也因清初有岳家在刘家店北开店而得。1982 年人口调查 167 户，610 口人。主要小地名：南岭子、梨树园、八十亩地、罗岩、窑沟、皂桐峪、南墙外、酸枣峪、转轴子、二层岩、石片沟、西坟、三十六亩地、茶棚、北窑、大瓜园、梨树园、公园等。

前吉山村小地名：前吉山在清代称丫髻山新庄户，与北吉山是一个村。因在桥南称“南吉山”，民国为避忌讳改称前吉山。主要小地名有：桃园、梨园、西园子、东门外、南门外、宫里、宫前、宫后（紫霄宫）南菜园、树母子、周家坟、花峪、曹家坡、戏楼、大核桃树、栗树洼、石门、乱葬岗、松树坟、大虫峪、蜂峪、河套等。“大核桃树”在村西，这一带包括丫髻山、行宫、东山下核桃树较多，其中150年以上树龄的核桃树现仍可见有百余课，加上老梨树、栗子树共有上千棵，其中栗子树、梨树树龄有达300年以上者。“桃园”在北店、行宫、东山下、刘店诸村都有，访问当地老人得知，主要有萱桃、麦熟桃、白毛桃、碧霞蟠桃等品种，可见刘家店种植大桃的历史已经很久远了。前吉山张姓从山东迁来，和山东庄的张锡煐为一个家族，弟兄二个挑着挑子来的，老大落丫髻山前，老二在山东庄（山东庄张启生老人介绍）。

平谷每个村庄都有很多小地名，这里只能选择性介绍一部分。由于时过境迁，加之个人精力有限，很多地名难以查证，留下许多遗憾。当然，还有很多小地名也发生了改变，主要原因是近现代的土地制度变化。新中国成立前后，中国共产党为实现历代农民愿望，实行土地所有权大改革，平谷和全国其他地区一样，本着“耕者有其田”原则，采取“抽多补少，抽肥补瘦”办法，将一个村子内每户的土地集中一起，按照人口比例重新分配。土地改革后，原有小地名的名称中有相当一部分被新土地使用权人的名称所取代。如夏各庄牛峪口有一块十余亩大的平地，原叫西牛峪门口，土改分给李梦林后大家遂称“孟林大块地”；原石坝子四块大小不等的梯田地，两侧是高土坎，土改时分给李增华了，于是大家就管这道沟的土地统称为“增华沟子”，生产队时就用这些名字。1983年以后，集体所有制解体，实行联产承包，于是地名又有了新的变化。原来生产队的土地成了新名称的标志。以夏各庄村为例，一说“丰产坊”大家都知道，就是村西那块最平整的大块地，是“大跃进”时搞的试验田，“台田”“梯田”“大水窖”“东大井”“机井房”“社场”“菜园子”“万猪场”“老学校”“大队部”“桃园子”“瓜园”“试验田”“采石场”“石灰窑”等小地名也一样，都是人民公社时代留下来的名称，现在也都属于“文化遗产”了。

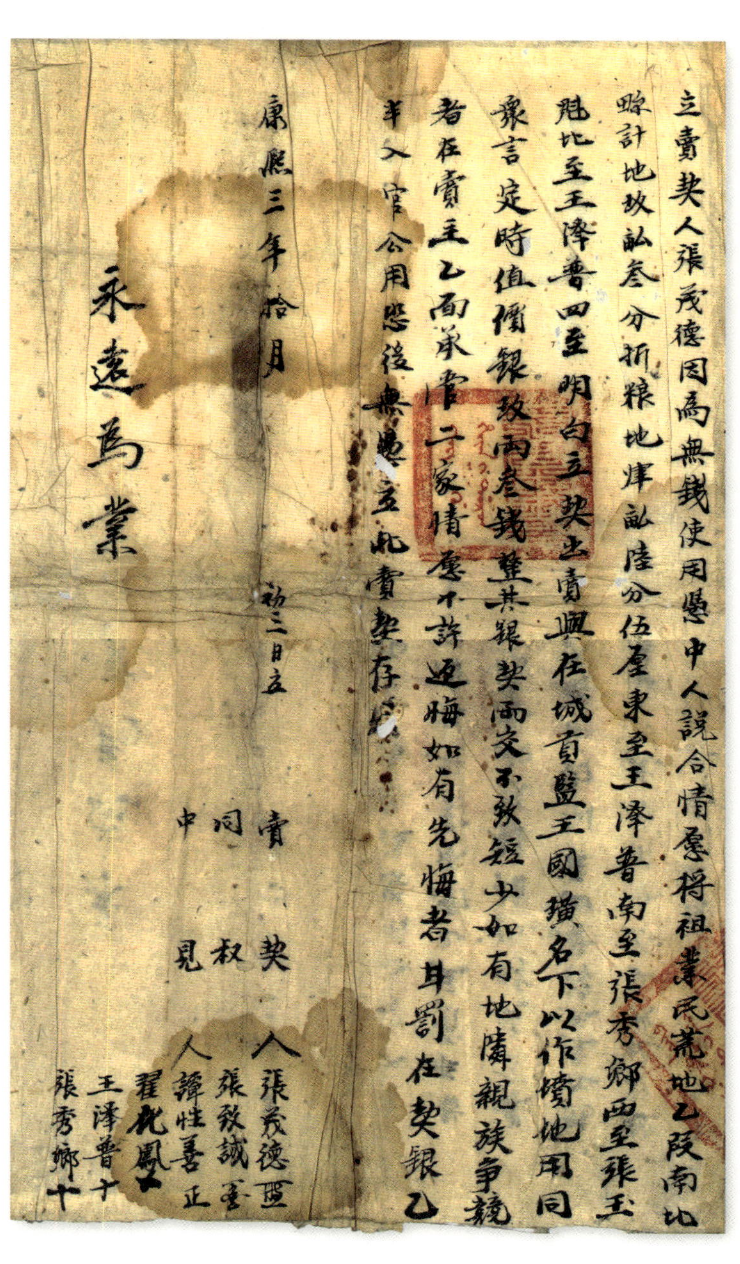
立賣契人張茂德因爲無錢使用，憑中人說合，情愿將祖業民荒地乙段，南北畛，計地玖畝叁分，折粮地肆畝陸分伍厘。東至王澤普，南至張秀卿，西至張玉魁，北至王澤普，四至明白。立契出賣與在城貢監王國璜名下，以作墳地用。同衆言定，時值價銀玖兩叁錢整。其銀契兩交，不致短少。如有地隣親族爭競者，在賣主乙面承當。二家情愿，不許返悔。如有先悔者，甘罰在契銀乙半入官公用。恐後無憑，立此賣契存照。

康熙三年拾月初三日立

賣契人 張茂德押
同叔 張致誠押
中見人 譚性善正
翟九鳳
王澤普十
張秀卿十

永遠爲業

康熙三年（1664）王国璜家地契

附：契约的书法底蕴

通过调研小地名，查找了大量土地执照，在整理过程中还发现一个重要现象，就是平谷民间契约和执照类的书写人书法功底比较深厚，大多代书人都有临习二王基础，有的甚至很深，即便现在的“大流”书法家，也未必达到那样的水准。平谷成为全国书法之乡，看来真有基础。

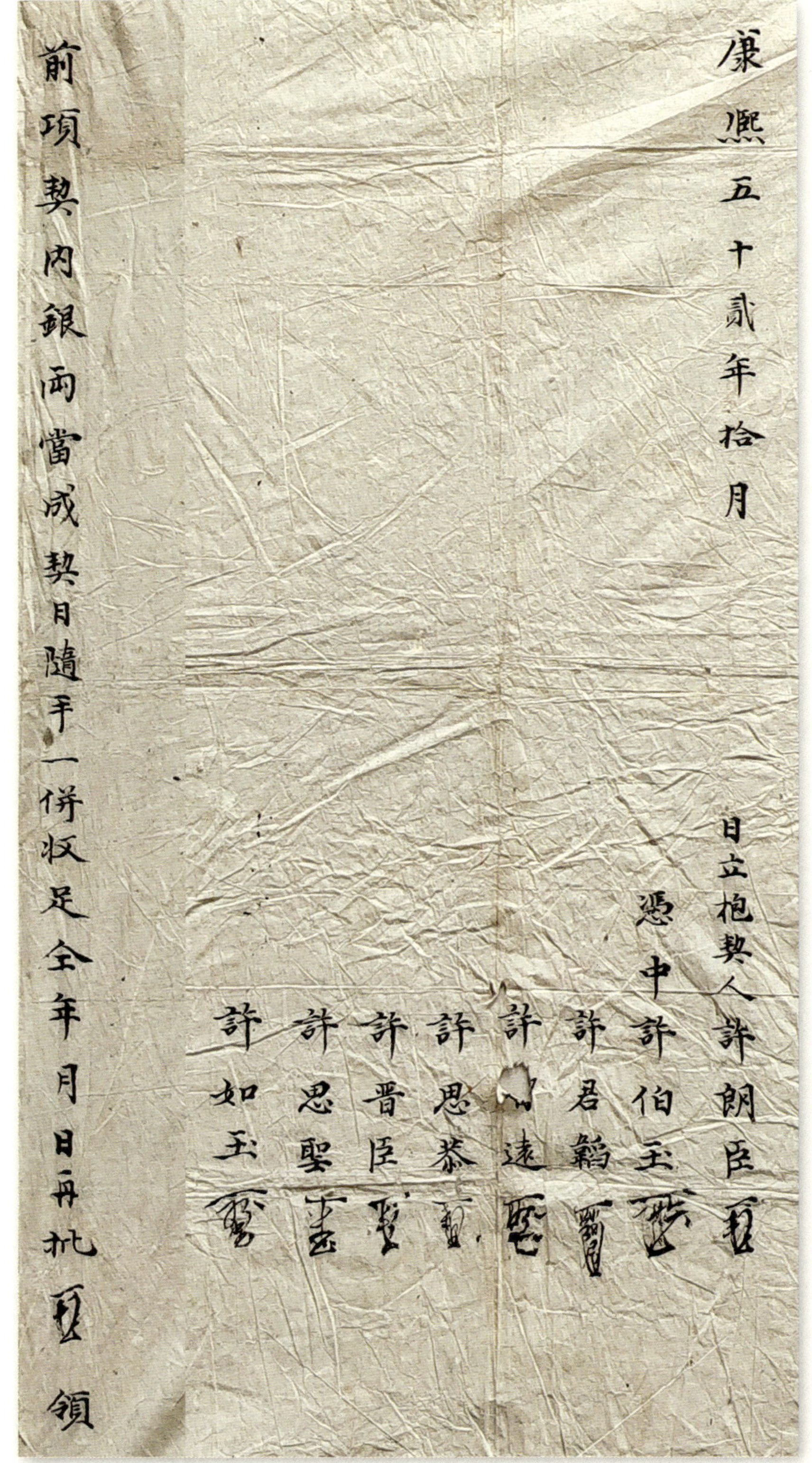

康熙五十贰年拾月　日立抱契人許朗臣（押）
憑中許伯玉（押）
許君爵（押）
許□遠（押）
許思恭（押）
許晋臣（押）
許思聖（押）
許如玉（押）
前項契內銀兩當成契日隨手一併收足全年月日再批（押）領

康熙五十二年（1713）南太务许家地契

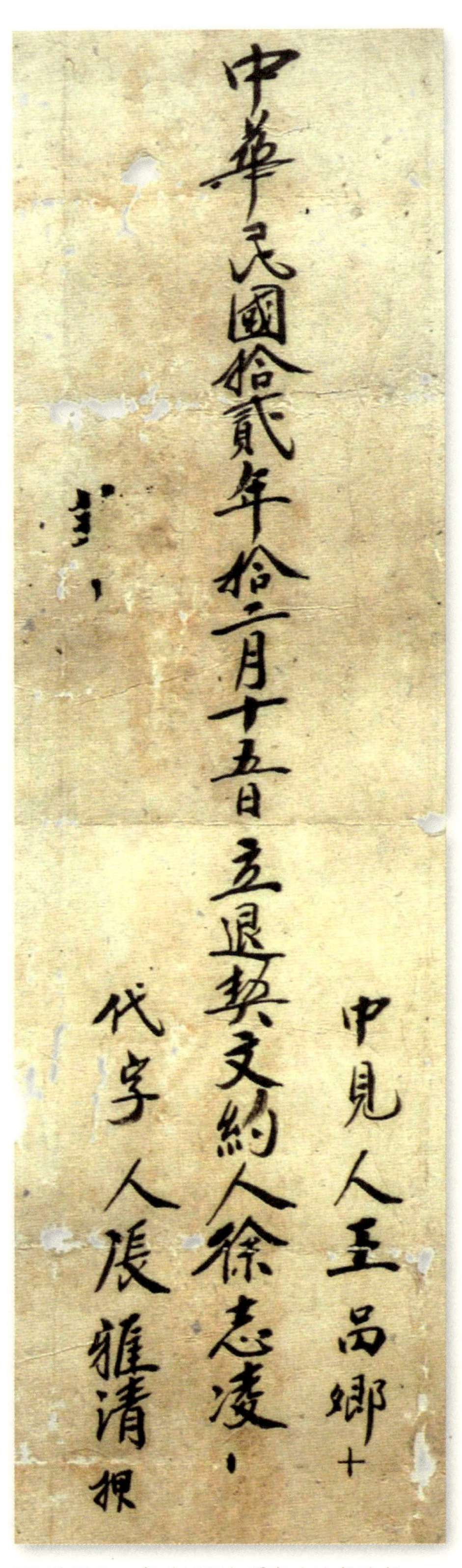

中華民國拾貳年拾二月十五日立退契文約人徐志凌
中見人王品卿 十
代字人張雅清 押

民国十二年（1923）夏各庄地契地契

立兑契人張博為葬越母無錢使用自煩說合將越母本身祈地壹段計地伍畝坐落庄北東西畛東至道西至坟北至本身地南至荒地四至開明今立契出兑與陳邦寬名下承佃同眾言明兑價小数錢叁佰吊整錢契兩交自立契之後與買主相視土宜以為自便此中實無舛錯亦並無爭競人等如有爭競者自有契主與本人一面承管此係在契人等同願各無反悔恐口無憑立兑契為証

錢粮隨帶

大清同治伍年正月十二日 立兑契人承種胥 張博

中說人 王彥 陳邦貴

代字人 張布武筆

■ 同治五年（1866）东古无臂人张布武墨迹

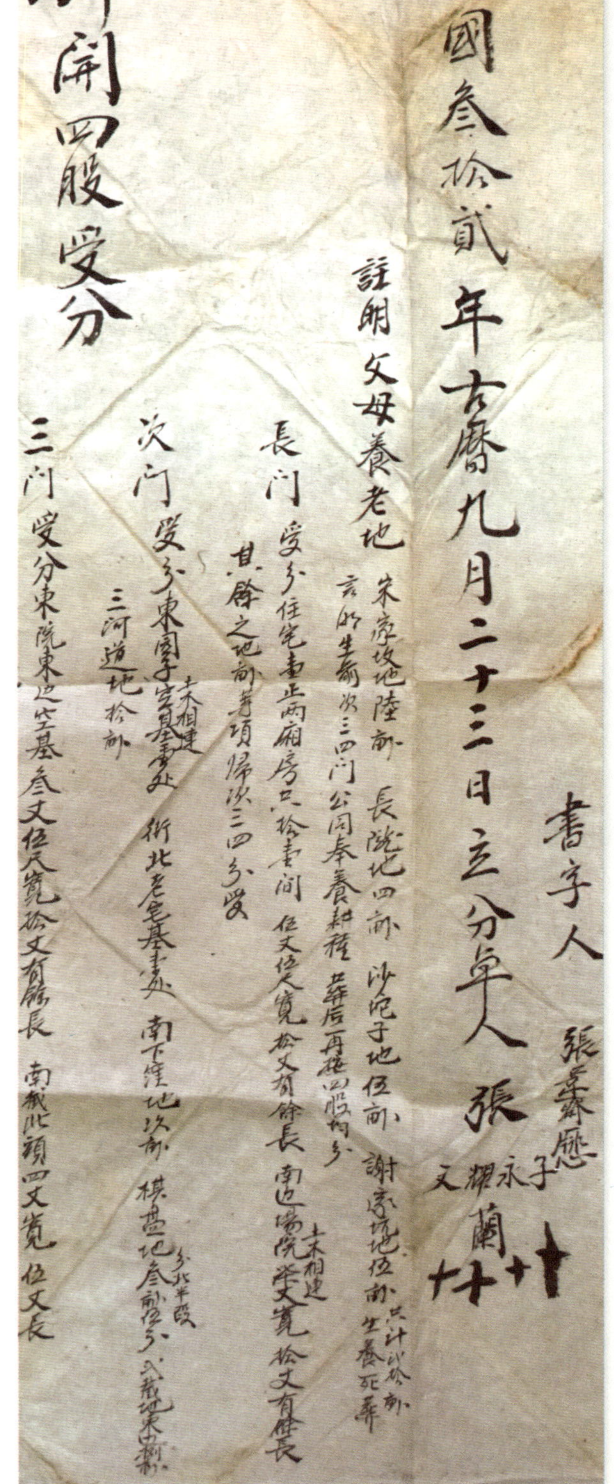
書字人 張巨懋

民國叁拾貳年古曆九月二十三日立分單人 張子永 張文蘭 十 十

註明父母養老地 宋家坟地陸畝 長院地四畝 沙坨子地伍畝 謝家坟地伍畝 共計貳拾畝 言明生前次三四門公同奉養耕種 死后再按四股均分 生養死葬

長門 受分住宅東北兩廂房六間 伍丈伍尺寬拾丈有餘長 南邊場院叁丈寬拾丈有餘長

其餘之地前屬項歸次三四分受

次門 受分東園子宅基壹處 三河道地拾畝 街北老宅基壹處 南下窪地玖畝 棋盘地叁畝

三門 受分東院東邊空基叁丈伍尺寬拾丈有餘長 南截此項四丈寬伍丈長

計開四股受分

■ 1943 年蒋里庄分家单代笔人签字特色

坐落	種類	畝數	四至
縣(市)區	平谷縣第壹區	村名	岳各莊
戶主	王世恆	人口	柒口
土地	共 耕地 柒段 貳[illegible] 非耕地 段		
綱圈地	汗地	陸畝捌分	東至溝 西至張 南至陳 北至張
莊後边	汗地	壹畝貳分	東至張 西至王 南至坑 北至道
小北港	汗地	肆畝貳捌	東至張 西至王 南至道 北至王清
王家坟	汗地	肆分伍厘	東至王 西至王 南至道 北至王
南燕窠	汗地	貳畝□伍厘	東至王 西至王 南至道 北至道
和尚地	汗地	壹畝捌分壹	東至王 西至道 南至張 北至溝
泉眼地	汗地	叁畝柒分貳	東至道 西至張 南至趙 北至張

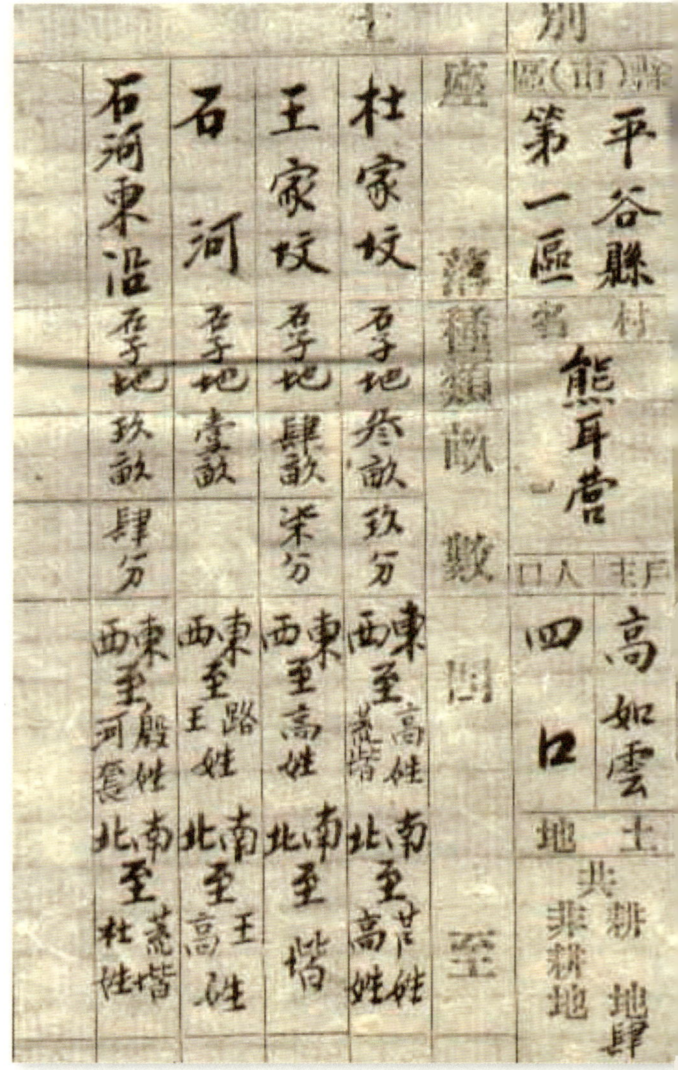

坐落	種類	畝數	四至
縣(市)區	平谷縣第一區	村名	熊耳營
戶主	高如雲	人口	四口
土地	共 耕地 地肆 非耕地		
杜家坟	石子地	叁畝玖分	東至高姓 西至荒堦 南至芦姓 北至高姓
王家坟	石子地	肆畝柒分	東至高姓 西[illegible] 南至堦 北[illegible]
石河	石子地	壹畝	東至路 西至王姓 南至王 北至高姓
石河東沿	石子地	玖畝肆分	東至殷姓 西至河套 南至荒堦 北至杜姓

項別	河北省土地房產所有證第二聯
縣(市)區	平谷縣 第一區
村名	安固村
戶主	楊守田
人口	七口
土地	共 耕 非耕地

座落	種類	畝數	四至
灯籠峪	山地	貳畝叁分	東至嶺 南至李姓 西至吳姓 北至水溝
燈籠峪	山地	伍畝貳分	東至嶺 南至李姓 西至吳姓 北至水溝
井家坟	平地	壹畝捌分	東至吳姓 南至孫姓 西至周姓 北至張姓
大道北	平地	玖分	東至楊姓 南至道 西至熊姓 北至熊姓
寺後	平地	壹畝捌分	東至朱姓 南至熊姓 西至賈姓 北至道
西溝	山地	捌分	東至水溝 南至水溝 西至熊姓 北至熊姓

縣(市)區	平谷縣 第一區
村名	中羅花
戶主	陳伯忠
人口	壹口
土地	共 耕地 非耕地

座落	種類	畝數	四至
東窪子地	窪地	○叁分	東西至王陳 南北至陳
東坡地	平原	○捌分	東西至陳賈 南北至韓
東南道旁地	平原	肆畝壹分	東西至賈韓 南北至賈道
北大坎子地	平原	○柒分	東西至韓 南北至韓

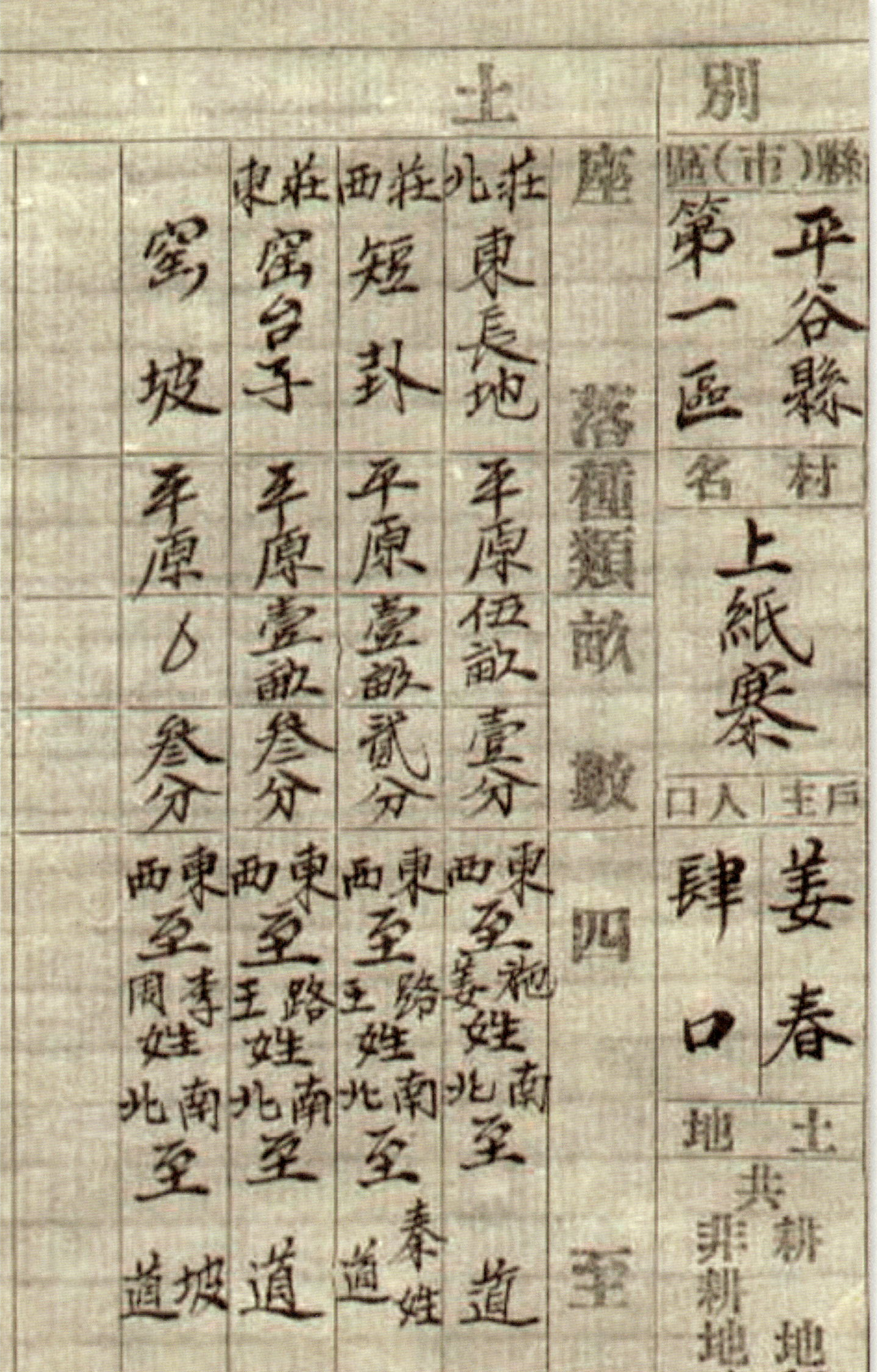

別 土

縣(市)區	村名	戶主	人口	土地
平谷縣第一區	上紙寨	姜春	肆口	共耕地 非耕地

坐落	種類	畝數	四至
莊北 東長地	平原	伍畝壹分	東西至姜祂姓 南北至道
莊西 短趴	平原	壹畝貳分	東西至王路姓 南北至秦姓道
莊東 窑台子	平原	壹畝叁分	東西至王路姓 南北至道
窑坡	平原	[illegible]叁分	東西至李周姓 南北至坡道

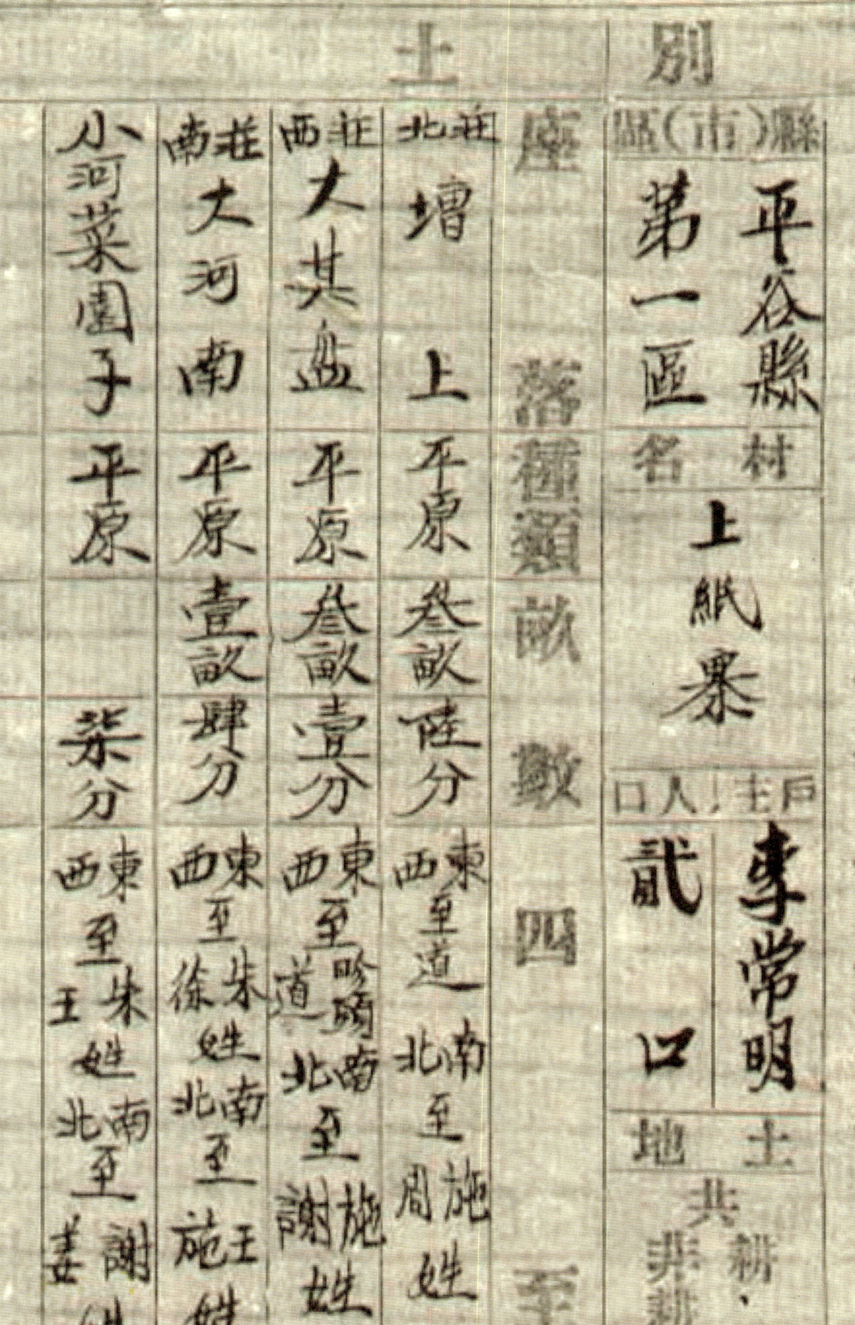

土　别

縣(市)區	平谷縣	村名	第一區	上紙纍
戶主	李常明	人口	貳口	
土地	共耕地			

座落	種類	畝數	四至
莊北 增上	平原	叁畝陸分	東至道 南至施姓 西至道 北至周姓
莊西 大其盎	平原	叁畝壹分	東至略騎道 南至施姓 西至道 北至謝姓
莊南 大河南	平原	壹畝肆分	東至朱姓 南至王姓 西至徐姓 北至施姓
小河菜園子	平原	柒分	東至朱姓 南至謝姓 西至王姓 北至姜姓

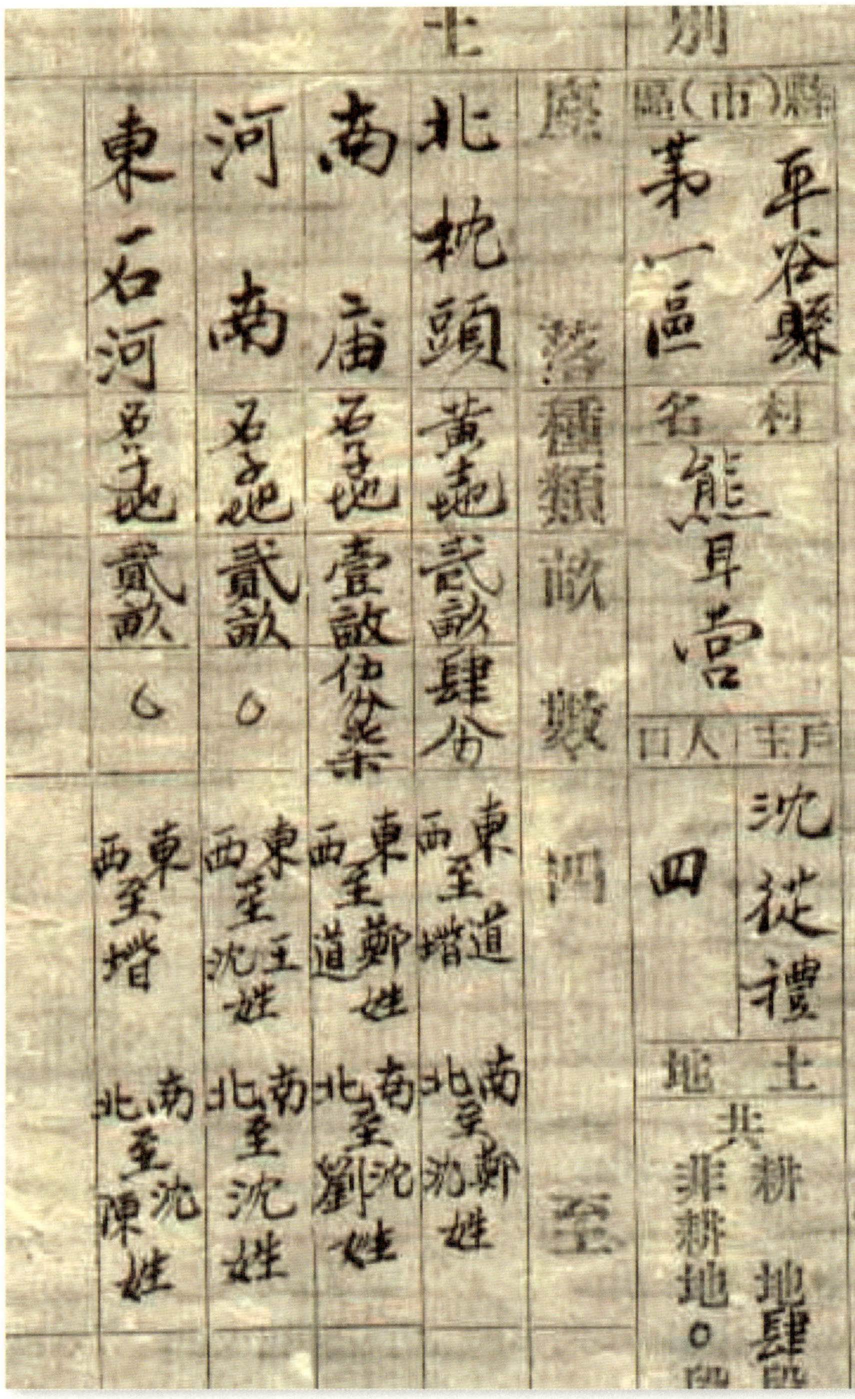

土……别

縣(市)區：平谷縣 第一區
村名：熊耳营
戶主：沈從禮
人口：四
土地：共耕地肆畝 非耕地○畝

座落	種類	畝數	四至
北桃頭	黃荒地	貳畝肆分	東至道 西至增 南至鄭姓 北至沈姓
南庙	石荒地	壹畝伍分柒	東至鄭姓 西至道 南至沈姓 北至劉姓
河南	石荒地	貳畝○	東至王姓 西至沈姓 南北至沈姓
東石河	石荒地	貳畝○	東西至增 南至沈姓 北至陳姓

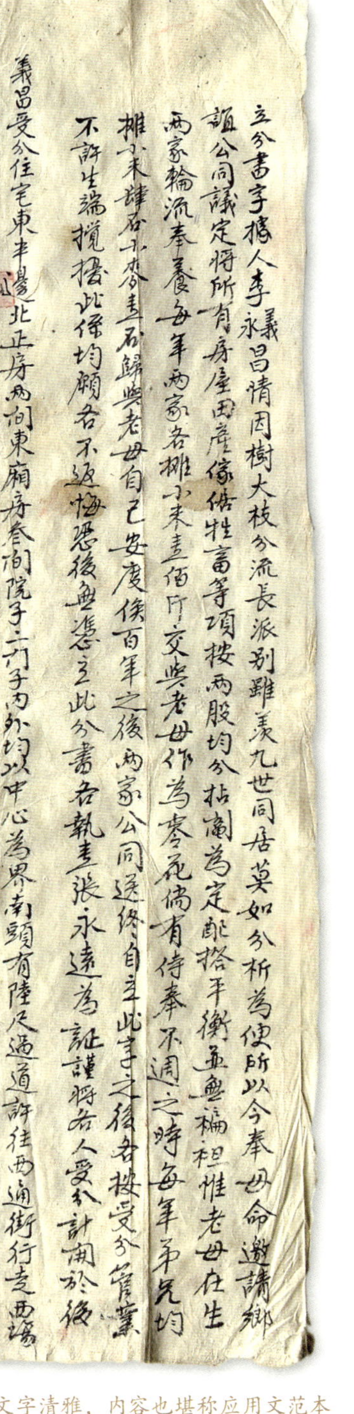
立分書字據人李義永昌情因樹大枝分流長派別雖義九世同居莫如分析為便所以今奉母命邀請鄉
誼公同議定將所有房屋田產傢俱牲畜等項按兩股均分拈鬮為定能搭平衡並無偏袒惟老母在生
兩家輪流奉養每年兩家各攤小米壹佰斤交與老母作為零花備有侍奉不周之時每年弟兄均
攤小米肆[illegible]歸與老母自己安度俟百年之後兩家公同送終自主此事之後各按受分管業
不許生端攪擾此係均願各不返悔恐後無憑立此分書各執壹張永遠為證謹將各人受分計開於後

■ 1953年放光李家分家单，不仅文字清雅，内容也堪称应用文范本

精选十余件老房地契及土地平分时的土地房产执照墨迹进行展示，旨在让世人了解当代平谷书法之乡的底蕴和底色，旨在激励平谷人民传承和弘扬平谷历史文脉，擘画铸就“高大尚”平谷。

著名收藏家李润波先生正在编研平谷田房契约

李润波，1957年生于夏各庄镇夏各庄村，1976年开始从事收藏活动，主要收藏项目有老报刊、田房契约、教育史料、老照片等。2003年以来出版著作十多部，包括《故纸遗音》《老报纸收藏》《晚清新闻画报》《故纸如金》《平谷老照片》《中国体育百年图志》《中国体育史图说（英文版）》《老报刊说党史》《长征记忆》等。因对老契约有研究，2002年起被北京税务博物馆聘为藏品鉴定专家和顾问。

平谷区马坊镇三条街村村民蒋宝庆将家藏时间跨度100余年的35件契约文书捐赠给区档案馆
图为平谷区档案馆馆长龚士宏为捐赠者蒋宝庆颁发收藏证书

平谷区夏各庄镇安固村张殿华将家藏田房契约捐给平谷区档案馆

平谷区王辛庄镇放光村贾光海为平谷区档案馆提供田房契约原件供扫描存档

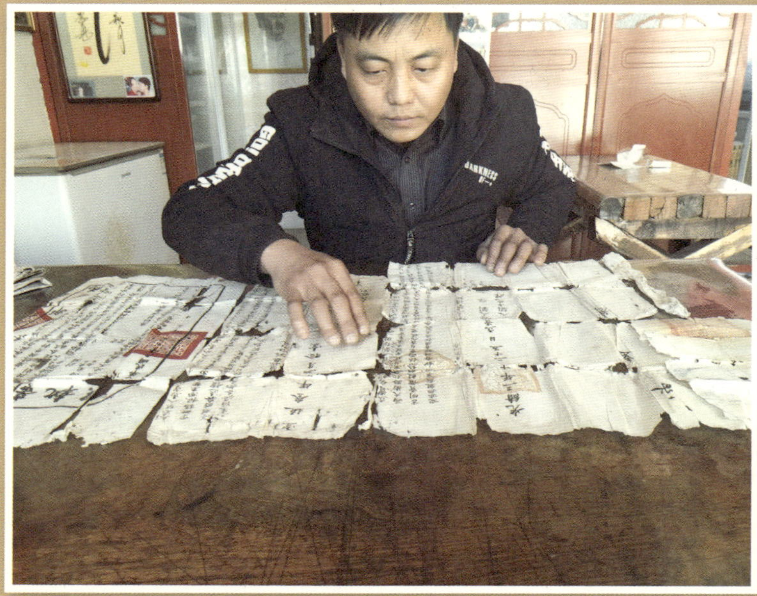

平谷区夏各庄镇夏各庄村马百山将家藏田房契约捐赠给平谷区档案馆

平谷区王辛庄镇放光村李景明为平谷档案馆提供田房契约复制件

■ 平谷区夏各庄镇夏各庄村马晨光将家藏田房契约捐给平谷区档案馆

■ 平谷区平谷镇园田队村李永才将家藏田房契约捐给平谷区档案馆

■ 平谷区档案馆《故纸留声——平谷田房契约品读》编委会成员召开书稿编辑研讨会

后　记

《故纸留声——平谷田房契约品读》付梓，由衷感到欣慰。

编著本书源于2015年参与编著的《北京税务博物馆精品集》，那时觉得自己掌握的平谷契约资源比较丰富，遂萌生编著一部探讨平谷契约史料的书稿，力求以一个新的视角彰显平谷文化底蕴。2019年底与平谷区档案馆龚士宏馆长一拍即合，遂着手制定编研计划，并投入相关工作。

笔者平生酷爱收藏，其中田房契约是三十多年来坚持不辍的收藏项目之一。第一次接触地方田房契约是1986年12月，那时正在平谷粮食局负责编写《平谷县粮食志》，编写组崔同斌同志从家里拿来一些东鹿角村老家地契，我发现每件契约都蕴含着大量的地方史信息，自此开始有意识地收集民间田房契约和分家析产字据。

2009年以后，有幸参加平谷部分老村的村史编写和村史馆建设工作，我总是倡导把老照片和田房契约、家谱作为征集展示的重点。十几年间，在平谷区档案馆征集科的共同努力下，抢救了一大批契约档案。这些契约在考证大姓来源、同姓家族辈分关系和村名沿革方面都发挥了很好的作用，尤其对契约中反复出现的一些名词有了深度的理解，解决了多年悬而未决的疑难。如祖辈相传的“甲舍”问题，我在孩提时代就听爷爷说过，始迁祖叫李鸿儒，以铸犁铧为业，明代永乐年间由山东大杨树迁到夏各庄村，编入“负五甲房十舍”，平谷范围内不同村的李姓可以通过盘问“甲舍”来确认是否为一个家族。当时曾追问“甲舍”意思，未能回答，后来又追问家族的其他老人，也说不出。1997年深秋的一天，去西古村陈华老先生家中观赏轩辕石，意外发现一叠老地契，内中一张乾隆年地契，开首第一句“立卖契人王鉶，系辛九甲民”，茅塞顿开。后来在夏各庄村西大门里刘家又发现一批房地契，内中有“立卖契人鹿九甲民人刘良善”字样，大体明白了“甲舍”的含义，而李兆勋拿出来的咸丰六年地契上居然明白写着“负五甲民人李怀报”字样，也就明白了本家族流传的“负五甲房十舍”的真实意义，结合清代和民国《平谷县志》中有关屯社一节，终于明白了民间盛传的“甲舍”到底是怎么回事。

旧契约是鲜活的民生史料，也是一种特殊的文化载体，但这个领域以前在地方史研究界似乎很少有人正面涉及过，属于历史研究方面空白，所以多年来本人十分热心于本地田房契约的收集，觉得至少有五个方面意义：1、田房契约是本地区历史上最真实、最严谨的财产变动记录。2、田房契约是考察平谷自明清以来到民国时期大姓来源和大家族分布脉络的重要依据。3、契约附带的人名、地名、交易缘由等信息丰富、准确，能为地方史研究提供可靠线索和依据。4、每件契约都是手写（民国以后有了格式化契约后，关键字词也是手写），具有唯一性，因而每件藏品都具有不同程度的文物和档案双重价值。5、契约的执笔人都是当地秀才，每份契约都是一篇“应用文”，有的还属于优秀的“应用文”，具有文学和书法双重价值，聚合起来浏览，可大略察看出平谷几百年来的“文脉”渊源。

本书收录的是平谷区域内从清代早期到新中国初期比较有代表性的土地房产买卖契约、分家析产单据、官府颁发的纳税凭证以及新中国土地改革后政府给民户颁发的土地房产所有权执照，从上万件原件中遴选出近千件作解析，尽管无法保证所有结论都是准确的，但至少考之有据，有些民间传说也被用上了，这并不是编者本意，可眼下又找不出更可靠证据，对一些早年闻到的传说，因被采访人多已故去，为保留线索，所以也大胆采用了一些。

本书定名《故纸留声——平谷田房契约品读》，源于多年来笔者一直从事的旧纸品文献收藏，这次整理地方老契约，觉得故纸滋味更浓，又都是平谷的第一手民生史料，由是定用此名。对一些观点、名词过去地方史出版物没有涉及到或没有交代清楚的做了一些补充，书内对一些过去已成论的说法，书中也有一些新的见解，特别是最后的小地名部分，有很多是新发现。几年来，为探究小地名成因，有针对性的走访了很多耄耋老人，有些老人提供的线索非常有价值，如和平街村王友信，岳各庄村王贵先、张福生老人，南独乐河村刘万章、于朝章、乔润宗老人，夏各庄村田作富、李建勋老人，张各庄村杨福立老人，周村赵怀旺、赵怀才老人等，他们不厌其烦的提供了家族史很多有价值线索；王宝成同志多次提供契约图片和相关信息；刘显武、乔焕然二位老朋友，为支持笔者调查，主动联系南独乐河村本家族耆老，研讨南独乐河村大姓家族史，寻找家谱；大北关村书记郭丽革、熊耳营村书记胡冬梅组织村老干部、知情老人进行座谈，获得了很多宝贵资料，在此深表感谢！王宇信先生是我国著名古文字学家，他是平谷和平街村人，对本书稿非常关注，对书籍编研予以了无私的帮助，在此感谢王宇信老先生。

在走访过程中，还有一个重要发现，就是民间一些老人档案意识很强，很多宝贵资料被他们有意识保留了下来。如夏各庄村退休教师于彩元，50 多年前就注意收集自己家族史料，整编出家谱，自己的小日记本记满了家族（包括岳父家）已故多辈老人的丰富信息；小北关村张敬楼老人是地地道道的农民，但他热爱文史，将自编的家谱工工整整抄写在长达五米的宣纸上，对本村大姓郭姓也做了深入调查，编写出准确的档案名册；山东庄村刘铁立，农民书画家，父辈就是文史爱好者，不仅整理了自家家谱，还在 1961 年和 1962 年编辑过一部内容丰富的村史稿，老人故去后，刘铁立子承父志，用毛笔工整地续写家谱；安固村张殿华，从父辈就注意留存老物件，至今保留着很多解放前的家庭用具，包括生产用具和生活用具，对自家的家族史也非常重视，整理编写出清初以来十几代家谱；熊耳营村陈士宽，75 岁，自 1965 年以后，坚持写日记，家里发生过的大小事都记在本上，走访时抱出一摞日记本，其中一本日记记录了 1967 年家里盖房子全过程，大到柁檩，小到钉子，花多钱，在哪里买的，都有精确记账，他对家族史也很早就做过调查，在日记本中编制了简易家谱。这样的例子还很多，真心感谢这些热爱家乡、热爱家史的志士。

本书的编研，是集体智慧的结晶。本书编辑过程中，得到了区领导葛海斌同志的高度重视和指导，平谷区档案馆更是以高度的历史责任感组织、参与老契约资料的征集编研工作，践行了档案人“为党管档、为国守史、为民服务”职责使命，值得点赞！

鉴于本人只是地方史深度爱好者，并非专家，且书稿内容涉及面较宽，疏漏和解读不当之处在所难免，尚希读者多提宝贵建议，以待修订时增补。

本书在编著过程中，参阅了《顺天府志》《日下旧闻考》《三河县志》《怀柔县志》《平谷县志》《平谷地名志》以及柴福善先生编著的地方史著作、李永明先生编著的《岳各庄村史话》等。特此说明并深致谢忱！

李润波
2022 年 5 月

图书在版编目（CIP）数据

故纸留声 ：平谷田房契约品读 / 龚士宏主编 ；李润波著 . -- 北京 ：北京联合出版公司，2022.7
ISBN 978-7-5596-6198-2

Ⅰ . ①故… Ⅱ . ①龚… ②李… Ⅲ . ①平谷区－地方史－史料 Ⅳ . ① K291.3

中国版本图书馆 CIP 数据核字 (2022) 第 077071 号

故纸留声——平谷田房契约品读
著　　作：李润波
主　　编：龚士宏
出 品 人：赵红仕
责任编辑：王　巍

北京联合出版公司出版
（北京市西城区德外大街 83 号楼 9 层　　100088）
北京恒嘉印刷有限责任公司印刷　　新华书店经销
字数 238 千字　965 毫米 ×635 毫米　1/16　22.75 印张
2022 年 7 月第 1 版　2022 年 7 月第 1 次印刷
ISBN 978-7-5596-6198-2
定价：190.00 元